胡風主編期刊彙輯

第二冊

北京魯迅博物館 編

國家圖書館出版社

收穫

克夫　蕭軍
端木蕻良　須旅
魯迅　惕生
艾青　曹白
茅盾　李霽野
胡風　冬青

收獲

10,5,1937

目次

畫頁：

自刻像（木刻）　F. Valloton

慵 倦（ 木 刻 ）　　F. Valloton

女孩們（木刻）　　F. Valloton

勒成巴赫瀑布上端

W.H.Bartlett 畫
J.T.Willmore 木刻

突塞斯附近 Trou Perdu 坑道

W.H.Bartlett 畫
J.Smith 木刻

瓦爾塞斯式大教堂

Benjamin 畫
B.Winkles 木刻

聖大衛大教堂

Benjamin 畫
B.Winkles 木刻

小說：

一面旗子（德國 維里·勃萊台） 克 夫譯

輣 下 端木蕻良

一面旗子

德國　維里·勃萊台

細雨濛濛下着，黏住了睫毛，潮濕了兩頰與衣服。天氣很冷，濕氣又似要透入皮膚使你的骨頭發痛。安諾特拉起他的衣領，兩手深深地插在袋里。他的臉上都是水點。他從市中心來的，由此不遠他可以看到街道的一角。他向着街道望過去，一個魂靈也沒有。更不見卡爾的影子。

經過一盞街燈時他看了一下他的手錶。再過一分鐘就是卡爾應該來到的時間了。快到半夜時他來過這個地方；他看不到什麽可以引起懷疑。可是卡爾在那里？他不會已經來過吧？也許在幾分鐘以前。一定沒有注意到。站着不動是不行的，應該移動一下。假使有人問我往那里去，我將怎樣說呢？有什麽可說呢？應該想出些可以取信的話來。已經過了半夜。說我失去了門上的鑰匙，所以只得去一個朋友地方借宿。那個朋友？兩果，可而茨，住在林魏格。林魏格二十一號。是的，這麽說很不錯，然後一直向着巴本街跑了。

安諾特站在工廠牆邊。還是不見卡爾到來。他慢慢地走過去。

『喊，安諾特。』他聽到一種微弱的聲音叫着他的名字，但此時他的全身都警醒着，所以立刻就能清楚了。卡爾站在廠門口。當安諾特向他走過去時。他伸出了他的手來。

『什麽事都安當了嗎？』

『是的。』

『你拿了所有的東西來嗎？』

『嘘！嘘！你聽見什麽沒有？』卡爾急忙注視着守門人的房間里半明的窗

洞。

安諾特聽到低微的聲音。

『現在剛好半點鐘，』卡爾細聲說。『看，他正在那里巡視。十二分，至多十五分鐘，他便要囘到這里來。我們眞是倒霉。他還帶着他的狗。我打算到了這點，但也沒有什麽。事情將順利地進行下去。』

『天氣對我們很不利，你想到這一層沒有？冷得結冰的下雨天？老大說，如果覺得太冒險，此時可以放棄原來的主意。』

卡爾、維憲緩緩地搖動着頭，張大着眼睛望着安諾特。『放棄了？爲什麽要白用心思一場空？』

『不，不！他的意思不過是說，天氣壞，更危險，你不要太粗莽了。』

卡爾透了口氣，鬆下來了。『我以爲，你要對我說，整個事都完了。好吧，什麽事都和在塗着油的輪子上樣進行得很好。』

他們在那里站了一會兒，眼睛望着窗，在黑暗中傾聽着。這幾分鐘的時間似乎是無窮盡的。那個黑色煙囱在他們面前高聳着。兩人都注視着它，安諾特臉上帶着凝固不動的表情，卡爾微笑着。『我要和一只貓一樣爬到那上面，明天千萬人將以驚奇的眼光看着它。』

他們聽到了步聲。守門人回來了。他們可以聽見他說話的聲音。他和誰在說着話？當然是和他的狗。他帶着他的狗在一起。於是他進了那間屋子，在火爐旁動作了一會，然後坐了下來。

『是動手的時間了。』卡爾上前幾步。他手里拿着一只桶，安諾特跟着他。一切都預先安排好了，每一個最細微的動作都早就計劃好的。沒有一點問題。每個人都自己知道該怎麽做。

安諾特想勸他把桶留下來。他怎能把它從地下一直拖到上面去呢？但已決定了的事他不願有所改變。

卡爾穿着一件綠色絨短衫，一條寬帶緊縛在上面。有什麼東西在他旁邊擺動着。安謀特走近來瞧着。他在帶子上吊着一雙鉤。這是普通的屠夫用的鉤子。他大概在他的絨短衫下面藏着一大塊紅色的布。

他們穿過街道到那堆着垃圾的廠屋牆脚邊上。安諾特環視四周。看不到一個人，房子上的窗戶都關了。卡爾也不望左面，也不望右面看，只管走至牆邊，放下桶說道：『現在讓我上去。』

他們練習過好幾天，做得已很純熟，此時當然也不會失敗的。可是安諾特的膝頭仍抖動着。他是在非常興奮的狀態中，他也知道。卡爾給人以全然冷靜的印象。他的決心和他的拳頭一樣，堅强穩固。他站在安諾特的肩頭上，等着有東西遞上來，不耐煩地低聲說：『怎麼啦，怎樣啦！』

安諾特正在想，要不要把桶留下來，勸他不要拖上去，可是他無意中一手撑在牆上，一手把桶舉了起來。這是比他想的更重。天曉得，他帶了這桶永遠也不能爬上煙囱去。而且桶會把他拖下來。這簡直是自殺。

『這是太重了，卡爾，留在下面吧！』

『你放心好了，把桶給我吧！』

安諾特把桶遞上去。他得拚着他所有的力氣。卡爾，彎身來取那個桶，幾乎掉下地上來；安諾特的肩骨痛得幾乎要叫喊出來了。

桶隱沒在牆後不見了。卡爾站了起來。安諾特心里只有一個念頭：只要一切進行順利。違反了他們所約定的，卡爾爬過牆以後他還是留在牆邊。他似乎迷亂了；喉頭有一種奇怪的感覺，他跑到街道的另一邊，躲在黑影里面，望着那一團黑的東西，那便是卡爾爬在屋頂上。他用手背拂着額頭，當他發現這上面滿是汗水，覺得很驚奇。

卡爾會研究過怎樣爬過牆與屋頂到煙囱那里。每一個動作要想像過一千遍。他也知道梯子半路上空了一級，其他也鬆脫的。煙囱是個舊的，不少年代沒有用了。

不僅在日間而且在夜里，爬上煙囱的思緒總是纏擾着他。有一次他幹了這件事，站在頂上搖着手。露天的爐火融融上昇，好像這是從地心里發出來的。下面城市睡着。突然間他脫了手，落下來，愈落愈快，愈近地面；但空氣似乎是凝固的物體。他張大着嘴，掙扎着，拚死要呼吸——於是醒來了。這是個可怕的夢。他直躺在床上，正像眞的從高處掉落了下來。他知道要做的事，他並不迷信。

現在他抓住了第一級。他有信心地往上爬。這完全是一個神經的問題。只要不神經錯亂，保持冷靜，就行了。一級一級他爬了上去。吊在他後面帶子鉤上的那個桶重得可怕，隨時威脅着他，要把他拖下。他很快就可把它解下來。要是沒有這桶，爬起來是很痛快的。

卡爾進行得頗小心。在抓住第二級時他先要試一試這是否牢固，并且他從不同時兩手抓住一級。他不能不想起安諾特。他今天的模樣是可笑的。那麽激動而變得神經質，平常他也還鎮靜，大概他站在下面發抖吧。卡爾想到這裏時笑起來了。

什麼時候他好爬到失了一級的空隙處？他停止一會兒，向上一直看到烟囱。他不能辨別出那個空隙來。再往下一望，無意中手握得更緊。他已經到了很高的地方。上面就是屋頂。街道變得很小。他能夠看到下面海蘭納街的一條直線，似乎這是用尺劃出來的。

假使我現在一脫手……無聊！我得再爬上去。那個討厭的桶，拖上來眞不容易。算了，總得上去。

卡爾繼續爬上去。狂想還是潛入到他的腦海裏。只要我把手一放，什麼都完了。唔！上去吧……他努力想把這些思想驅散，但沒有效果，它們還是纏擾着他，從他的頭上蠕動到兩手兩脚，并混入他的血流裏，發生了一種異常的戰慄……他覺得似乎他下面的足沒有踏住在梯級上。

卡爾爬得更快了，迅速地一級一級抓着上去，似乎這樣可以使他撇開他的安想，到了上面就平安無事了。他把桶吊在這裏不好嗎？這確是夠高了。沒有那個桶，着實要容易得多，這似乎是一條長臂正把他往下拖。他的手抓了個空，他着實吃了一驚，但立刻放下心來。他終於達到了另一級。

他把鈎連桶從帶上解下來吊在梯級上。他要休息一會，恢復一點精力，長長地透了口氣。

我爬了多久了？三分，或四分鐘。不會再多嗎？似乎已經過了幾個鐘頭。這裏風括得更緊了。他還在半路上。他不知道安諾特能否看得到他。不容易吧。雨不下了，那是很好的一回事。可是鉄還是潮濕的，而且可怕地滑溜。以後他還要把梯級弄得更滑。是的，他忘了，他爲什麽站着不動。假使有人看到了他，國社黨員或其他的人，那就糟了，卽刻便會聚集一大堆人來，和一羣狠瞧着它們的食物一般地瞧着他。那只得跳下來了……

跳下來。又是妄想。其實這倒是不壞。一個人只要一秒鐘，或不到一秒鐘，就完了……

他對自己大聲說，『我的神經和船的錨索一樣。它要抛出來了。這樣爬高去算得什麼？我又不是第一個人幹這樣的事。』此時他又想起了他的夢來。是的，他知道幹的什麼事，他並不迷信。

他跨過空隙，又爬了上去。現在覺得容易了，把他往下拖的力量沒有了。他總想不往下看，但不能克制這樣的誘惑，他一定要知道他爬得怎樣高了。天哪，求遠不會達到個終點嗎？他往上看，幾乎相信煙囪在長高起來。但這件事總得幹！上天也得去。

卡爾愈爬愈高了。風在磚瓦與他的周圍嗚響着。這是懷惡意的風，由此可以引起不吉利的感覺。它常是擺動的嗎？

卡爾害怕得停止了——！煙囪擺動着。是的，沒有看錯，煙囪前後擺動着。這是很可感覺到的。一種不吉利的感覺，它常是擺動的嗎？

他有一種可怕的誘惑，要轉身回去。轉身回去？沒有做成什麼事就下去嗎？怎這對安諾特？怎樣對朋友？我是個懦夫嗎？我願意功虧一簣嗎？

我所想的全是無聊。上去吧，我說。不要向下看。也不要向上看。只要繼續的爬上去。於是卡爾面對着磚瓦又爬高去了。

……爬高去，爬高去，再爬高去。先這樣想着，然後開始這樣哼着，最後由低而漸漸高聲唱着『我們超越了嫌惡與侮蔑飛昇……』

歌唱對他是有利的。這使他爬起來容易得多……爬高去，爬高去，再爬高去……

卡爾不再感到冷的風，不再注意煙囱的擺動，他的頭腦裏也不再有危險思想，他只是唱着，爬着，爬着。

第二次他的手抓了個空。

這次不再是梯子的空隙而是到了終點。

他小心地摸索煙囪頂的周圍。這比他所想像的堅實得多，他必不能在最後一分鐘失去他的神經。他爬上去，抓住煙囪了，跨坐在上面。

他終於達到了這個目的地•下去是比較容易了。這條路他已弄清楚了。但假定我在邊緣上搖動起來，好像……狂想又來了。幹了你的事，就爬下去吧。

卡爾在這上面感到異常的平安而高興（他已做了要做的事，那面旗就要飛舞了！）他謹愼地解開和一塊圍巾一樣圍披在他身上絨短衫裏面的紅色布，開始把它縛在旁邊的避電針上。他縛得很緊而且很高。

卡爾老是以爲他自己有一個堅決的頭腦，現在他的確是有的，只是隨時有惡魔似的思想來纏擾他，威脅着他掉落下來。他阻止他的眼睛往下看，把全身力量集中於縛緊旗子。他坐在那裏默默地工作着。

現在又要趕緊下來了。紅色的旗一定可以給全城市的人看得清清楚楚。他還要趕緊去塗油膏。他不知道安特諾能看到他否，他的膝頭還在顫抖否，他揥視了一下屋頂，塔，爐，煤堆和城市裏的靠得緊的建築物，然後他在煙囱邊上擺動他的腿，使旗子自由在風中招展。於是他踏下第一個梯級。

下來眞是容易呵，他又唱起來了，此時不是由於恐懼，而是由於歡快與勝利。危險過去了，他幹了那件事。他已經到了那空隙處。桶正吊在這裏。卡爾解下縛在桶上的一塊手巾，浸入桶內。他一手抓住梯級，一手拿浸滿了油膏的手巾在上面的梯級上塗刷。讓那些要爬上去取旗的人滑下來跌死。

卡爾幹得很純熟。梯級上都塗滿了油膏。桶漸漸變空了，天氣雖然還是冷而潮濕，卡爾却流着汗，覺得裏面的襯衣褲黏着身體。

他把空桶鈎住在他的腰帶上。當他跳下在屋頂上，他全身心感到極大的快樂。事情幹完了。一切困難都克服了。他沒有弄出亂子來。

他斜靠在牆頂上。安諾特依照約定跕在那裏。卡爾先把桶遞給他，在牆上搖動了一下，輕輕地溜滑到地上。迅速地，但不慌不忙地，他們穿過街道。在走到海納蘭街時安諾特輕聲說：『括括叫！』

『我幹了多久？』這是此時卡爾最感興趣的問題。

『大約八分鐘。』

『八分鐘？八分鐘嗎？不能的，你一定弄錯了。我化的時間這比多得多了。』

他們無言地走着。安諾特還是帶着那個空的桶。

『告訴我，你在那上面唱飛行歌(Fliegerlied)嗎？』

卡爾點點頭笑着說，『是的。』

『爲什麼唱？』

『我害怕。』

『怎麼？你害怕？眞的嗎？好吧，夜安，老朋友！』

『夜安！』

在卡爾進入自己屋子的門裏以前，他再看一下那個工廠的煙囪頂。在那上面，很小的但很清楚，雖然在夜間，一面紅色的旗在風中飄拂。

（克夫譯　白N·哥而特·凡爾蕭烏耳的英譯文，見一九三六年一月的"I ter-lit"）

軛下

端木蕻良

從小磯特務機關長那兒領來的一百二十元錢，已經花完了，現在祇剩下最後的一毛錢。大同將手伸到口袋裏向着自己惟一的財產嘲弄的播動着。

錢是剛到手時花得起勁，大方，從容。等到漸漸變少時，就想鄙吝也不成了。因爲歸根結底，所餘者全爲必要的消耗，不是爲了飽暖，就是爲了安排晚上睡覺的地方。花寶那兒，不但不能去裝闊，就是偶然硬起頭皮必須得走過藏春里的時候，連掛在門口的那塊銅牌子也都沒有勇氣去瞧一瞧。生怕眞個被那滿口天津話的老鴇子看見了自己身上惟一的灰棉袍，弄的以後再去時顏面上沒光彩。其實也許花寶早把他忘了，不過大同自己不敢這樣想。

『狠心的，你衹管這些日子撇淸我……。』他決心趕快再弄一筆錢來，那麽，這預約中的軟綿綿，一定會兌現到他懷裏來。

那時咱們說：『咱到大連辦一次貨……。』

多體面！他覺着身上已經不太冷，把呢帽向上掀一掀，就如同屁股已經挨在花寶的微陷的床上了。

飄飄然的一陣子，是使他更淸晰的理解了一個要害，他現在所缺的是錢。逼着他，不敢回到日升棧去拜望老闆那副鐵青面孔的也是錢。而且肚子就在咭哩咕嚕。

『剛來時夠「兩水」呀——櫃上開的頭等伙食！現在恁麼？沒的乾「嚼果」，這又不是捨「願粥」，隨吃隨走？』

話是不錯，半月以前，他手裏握着一百二十元。不過從那之後，他也就學會了吃酒、抽煙、玩『床工』。最初滿以爲是消閒，過癮，後來是祇想在乖戾的自戕裏得到生活的意義和滿足。

記得是兩月前，幾個年紀青青的店員們爲了解脫內心的苦悶，就暗地裏互相商量起來。趁着掌櫃的勢逼着他們去參加『建國紀念』的慶祝會那天，表示了抗議。幾個小兄弟便潛逃出來，幹着在黑暗中久已渴慕的工作。大同想從此可以永遠不再給那胖猪大老闆倒『夜壺』了。

從那天起眞是興奮有趣，他生命中第一次動盪着美麗的波瀾。雖說自己懦弱了一點兒，但在李志貫領導之下，也英勇得夠瞧的了。每天都是光明，緊張一直到明天就能組成全瀋陽學徒聯合會了。那可眞算是達到了興奮的高潮！可是當天晚上，幾個爲首腦的小兄弟就被『特務隊』給一網打盡。

那夜大同並不知道這個消息，祇傻咧傻氣的被派在藏春里附近等『關係』。

『小白臉，麼事慌張？』

騰的身畔躍出來一個圓皮球，眼泡、鼻頭都是一色的白胖渾圓，伸出一隻白酥酥的手向他拉扯。

大同心懷小鹿似的卜通卜通直跳。他拔脚想逃。不好，被人識破了！但是脚已經生根，不接受他的支配。而且小腹那兒感到一種恐懼的壓迫，情急的想撒出尿來。

『小兔子，你還沒見識過？』

那一顆油光的頭，鬢邊還插着一串芭蘭花排子，在昏眩中向他浮來。一股膩塞的濃香使他辨不出他是在那裏，在幹什麼。

『小寶貝，你祇管發呆！』

紅漲着臉，掙扎着已經被擒的臂子。偷偷的向發聲那邊偷窺了一眼。那女人已有三十歲光景，濃眉大眼，一身胖肉，裹在一件花絲葛的袍子裏。手上帶着一副包金鐲子，明晃晃的在燈光下直晃盪。他不願再看，祇顧閉上眼，心裏浮出一片憎厭，並且感覺到自己已經失去了神聖的自持，在犯着萬刼不復的大罪了。渾身發着燒熱。

不知什麽時候，錢被人掏去，而且換來一身的疲倦。恨着那顆油頭粉面，更恨着自己；不敢告人，也不敢去找自己的小兄弟。他想起等『關係』的事算完了。便一個人溜進破棧房裏，大大的嘔吐了一陣。

雖然已經陷入罪惡，但也因爲這次的異遇僥倖的救了自己的性命。那些小兄弟都在那個時候被捕了。就剩下他和另外的兩個。被此都尋找不着。據說李志貴已經跑到皇姑屯了，錢大順加入了抗日軍……。

被棧房老闆剝去了衣服，扣下被子，用掃帚將他打到街頭的第五天，李志貴便從皇姑屯的舅母家跑出來看他。

李志貴告訴他已經和鐵血軍有了聯絡。他囘來就是發動店員、車夫和工人。問他有錢沒有，借他兩塊。

大同哭着把失了他們之後所經歷的遭遇講過之後，李志貴拿出當哥哥應有的派頭，陪着着他一道走一道談論着。將頂上的帽子押在小西門一家當舖裏，換來六角錢。兩人吃了五十『鍋烙』，算是給大同一頓鼓勵和安慰。

從此大同又復得了同志和親人。至於轉李志貴的念頭，那是後來……。

有一次自己打扮成一個外櫃模樣，通過藏春里去開會去。正趕上一個帶便帽的浪人打一個女孩。從背後看去那女孩身段非常纖弱苗條。浪人的一隻大手就扳在這腰上，像在用力把一條花枝扭折。那女孩祇管踢打哭叫，浪人用手捻着她的乳房。

『喬喬山……。』浪人露着一口被煙草薰黑的黃板牙。

大同祇想一拳打過去。

浪人得意的走了。

那女孩滿臉淚痕，一回身，看見大同在那兒望着她發呆，她不但不哭，好像並無其事的，向他微微一笑。這女孩後來才知道名字，就叫花寶……。

大同立刻想起第一次把他胃口弄壞了的那個油頭粉面，心頭便一陣子作嘔。可是看見那小女孩的腥紅的嘴唇，細細的眉毛……一種亢進的熱情弄燥了他，他鎮定了一下，拔脚便跑。

沒小心和一個穿庫緞大袍的傢伙擅了個滿天星。那傢伙匀出一隻肥手照着他的左臉就是一掌。沒有打着，他跑回家。

小女人，油頭粉面，關係，庫緞大袍，浪人，……他一夜沒有睡着。

第二天李志貫灰着臉來告訴他『東區』又受着了極嚴重的破壞，官方已經懸賞，通風得報，因而捉獲者一名賞一百二十元……。『我們什麽時候能夠得好呢！」李志貴附加着說。

大同聽見了當哥哥的這句話，又哭了好半天。李志貴給予他以批判。說這裏不容許感傷！

大同想反正一切都完了，他感到疲倦，而且不能忍耐。光明簡直是一句騙人的話，永遠不會到來的。飢餓，寒冷，倒是忠實的同志時刻在跟蹤他。什麼容許不容許，明天又得被趕到街頭上去躊躇了。他決定不告訴李志貴，自己偷偷去自殺。買了兩毛錢的一塊『煙泡』出來，便決定一切都完了，十八歲的年紀，再過一會兒，就要死去了。

走過一家窗櫥底下。那裏掛着冬青樹，枝上放着棉花和銀屑。底下有一個穿紅衣的矮老人，懷裏抱着許多奇奇怪怪的東西，其中有一個用着紅絨作的小狗熊，尖着嘴巴，瞪着圓圓的眼睛，露出令人忍俊不禁的模樣。大同看着那個怪樣子，眞想把它買下來。遠在家裏的小弟弟，該念完初級國語了吧……把這個小毛態買下來寄給他，該不知怎樣高興呢！忽的又警戒着自己應該趕快回到棧房把門反鎖起來，將煙泡吞下……是不是應該留一封信？不，不要了，祇默默的死去。……讓誰也不曉得。倘若活着再過一年，三年『徒滿』了，櫃上外送十元錢，還放囘家，媽媽也該計算着快到了吧。沒出息，竟想這些……。於是便囘到棧房去了，一個人在淚痕狼籍裏偷偷的執行自己最後的計劃！

被人救過來之後，他對死也厭惡了。覺得死也不過和噩夢一樣無聊！

相反的對於未曾經歷過的種種的生，倒意外的激起急急走過去的强烈的意欲。他想把一些自己極端愛的或憎的統統損壞，最後再把自己破壞。不過自殺過於平靜，無聊，不足以饜足願望，於是便取了急性的自戕這條道。便索與在李志貴身上打了主意。在花寶那兒住局，在客棧開頭等伙食……就是從這個時候起。

本來打算一百二十元花光，自己也該死了。那想到錢花光了，人仍存在，而且繼續想活下去的意念却更不可理解的强張起來了。

大同帶着一副貧血的臉，穿着一身從估衣舖廉價買來的沒有校徽的舊同澤中學校服，在一條破亂的街上走着。這個想活的念頭毫不容情的在嚙咬着他。

三天過後，大同已經沒有睡覺取暖的地方了。每他天在十點鐘過後，就跑到日本站三等候車室裏去，混在一些住不起店的流民隊伍裏。睏在從地溝裏開放水汀的地板上過夜。白天便把兩手插在口袋裏到街上流浪。

但是自從昨天遇見了錢大順後，他覺着這一百二十元又可穩穩當當的拿到手了。

錢大順已經作上了抗日軍的分隊長，還有一個堂皇的委印。對着大同講話儼然的是在發命令。

「你得繼承志貴的遺志，你必須要勇敢起來，聽我的領導！」

李志貴活着的時候，不但是自己的朋友，而且是自己的哥哥。指導他時都和家常談話一樣，總是觸到那些自己不敢講出來的苦悶和疑問來作詳細的解答。大同不覺感傷的想到，倘使志貴不死，自己也不會墮落到這步田地了！想着想着不由的流下淚來！

『你這懦夫，你在怕嗎？你在流淚呵！』

錢大順以同志的資格，向他盡了駁斥的責任。

大同離開他時就想：臭官僚！我也不十分懦弱呢，你看着吧！

踽踽的沿着向白骨塔那邊走的路走着。

天氣是『假晴天』，下着『清雪』。一條癩皮狗口裏銜着一塊亂骨頭，夾着尾巴在逃。後邊追着一個胖大的囘子，高高的舉起一塊尖石在趕着，牛皮的圍裙撲撲作響。等他瞄準了那癩皮狗背拍的就是一石擲去，狗的脊樑塌落似的一弓，又啣起了丟落下的亂骨頭飛跑開去。

『狗！』胖大囘子半勝利半懊喪的一面用着紅腫的眼睛瞟着大同一面吐着口

水罵着。然後似乎認爲總算打了你一下子，跑了也就算了。便拖着一雙大『氈鞋』踢踢橐橐的走囘店舖去。

大同無感應的看着，仍然毫無目的的向前走。

拐過一條街便不同了。

不知爲什麽人山人海的圍着許多人，有的將嘴張開，下巴掛着。有的將嘴閉着，不言不笑……。

這種局面用不着十分推測，便可想到了。因爲自從頒布囘鑾詔書之後，幾乎隨時都有。

因爲無可排遣，大同也跳上一家門口的『下馬石』上立定了來看熱鬧。

清雪迷迷的下着，道上兩邊集聚的人却越來越多。

不一會兒，有一輛被捉的粮車，載着幾個靑年轟隆轟隆的走來。四邊坐着持槍的兵士在鎭壓着。

站在大同下邊的有一個患着『漏風眼』的醜老太太，急遽的抹着眼淚，也許那送去槍斃的靑年裏有她的兒子或孫子。

旁邊一個善心的男子，用肘輕輕的拐着她。

『老太太，不許哭，有人看見！』

那老太太用愚騃的固執來反抗他，依然抹着眼淚。

中年男子似乎在可憐着她，並且在原諒她的不知輕重，便又說了一遍。

『老太太，不許哭，小心有人看見！』

『她是個好孩子呀！他沒有錯，我知道的……』老太太非但沒有止住了哭，却開始在辯訴着了。眼淚依然按着原定的速率向下不息的落着。如同這樣才可以流得久遠似的。

中年男子恐怕受了連累，不知什麼時候不見了。這時有一個『賣小工』模樣的黑漢子代替了他的崗位。

『不許哭？哭也不許嗎？……』老太太並不放棄哭泣。低微的自己和自己絮叨不已。

黑漢子冷冷的向她看着，四方的下巴，沿着下牙床的大牙那兒有兩條筋肉被咬動似的抽搐着。

大同一眼瞥見是李志貴在車上綁着。

他烏黑的眼睛迎着寒冷的太陽閃着，身上被蔴繩綑的五花大綁。似乎憎嫌綁得太牢，他有意在微擺着兩肩鬆動鬆動……。

嚶……的一聲，大同的脚像鴕螺似的在『下馬石』上旋着。他想落下去也好，索與死掉了，或者摔在人叢中，免得被李志貴看見。但他終於立定脚根，保持住了原來的位置。

另外一個他也認識，是他從前聯號裏的徒弟。其餘的因爲垂着頭，而且臉部都有些浮腫，長長的頭髮帶着灰垢聳立起來，眼睛第一次遇見陽光都睜不開，半閉着：所以簡直看不出是誰來。

李志貴對着四外瞧望，然後依然用他平日的那種鎮定而强烈的聲音喊着：

『打倒滿洲國！打倒××帝國主義！』

車上有幾聲破碎的回聲配和着羣衆中雄武的答應。於是押解的兵士有兩個站起來，托着槍向羣衆作出放射式。

『打倒滿洲國！把槍口對××人去！』

羣衆裏有人喊。大同不相信自己也在喊。但實在他是在喊着。

那個『監斬官』吃驚的用刀背打着車夫和『轅馬』，車便迅捷的滾過去。

大同突然想起，志貴爲什麽會沒有看見他？不管那眼光是善意的囑託或是訊咒的憎恨，他都願意他最後的好友在臨終時看他一眼，這從地獄裏透入的光明，這火花，能使他得到拯救。

等他抬起模糊的充滿淚痕的眼，他看見李志貴黑亮的眸子正回首和他相遇。

卽使是手在縛着，也好像是向他招手。那眼裏充滿着信慰的微笑，他根本不知道出賣他的就是朝夕相處的大同。從他的目光裏的和悅而平靜，就知道他還在相信大同會踏着他的血蹟前進，會替他復仇。

車過去了，老太太也不見了，羣衆有一部分隨着去了，有一部分也都星散開，回家吃飯去了。

大同跳下了『下馬石』，像踹着棉花似的一步一歪的走着。他想着志貴，自己出賣了他，他還那樣的向他信託，把勇敢與熱情寄付給他。他迷惘了。有一個意念衝蕩着他，踏着他的足蹟，去替他復仇……。他苦笑着，謀殺他的兇犯就是自己；從今天起作一個堂堂的人吧，重新回到屬於光明的這邊來喲！他聽見一片燦爛的聲音在喚他，他重新哭了。

忽然他的臂子被人牢牢的握住。

這是他不情願的。剛剛從醜汚的地獄裏把自己拯救出來，難道還要胡裏胡塗的被捕？一定是密探在他喊口號時隨他跟蹤下來的。

以挑戰的姿式，他將頭向後一擺，兩眼怒目而視。

『我跟你老半天了。』握着他的人怒喊着。

看見了是錢大順，便沒好氣的將臂子一摔，心裏不由的浮出了無限的憤怒和反感。但錢大順却不慌不忙的將他的手臂又重新握住。

『這樣子丟魂失魄的，算什麼樣子呢，你根本失去了戰鬥的能力！這是我的地址，你今天夜裏到我那去，我要好好的和你舉行一次談話！』——小官僚用一個輕藐的一瞥，結束了這段教訓。

然後將一個小紙捲遞在他的手裏，便匆匆的走了。

大同就着路燈看了一下，便掖在大衣的袖頭摺縫當中。心裏重新回落到絕望和虛無裏去，他決定拒絕這個約會。他覺着飢餓已在扯碎他的全身，頭暈，耳鳴，每個神經纖維都在煩燥的振顫。但錢大順從來沒有問到他的健康，他的內心的是否失去平衡。他自己因爲不願向心裏憎惡的傢伙伸手，所以也從來不去對他開口，這時他將錢大順恨入骨髓！

在回到日本站去的路上，盤算着腰裏還有當圍巾的一點錢，可以吃幾盤老豆腐飽飽肚皮，然後混到流民羣裏去睡覺。至於錢大順的約會，根本置之不理。

浪速町的圓球路燈，按着步位排列着。有幾家招幌上誇張的寫着：『込』『大賣出』『子供』。大同也無心去看。

雪已經住了，黃昏的餘光消失在夜色裏。已燃的燈都顯得光亮，映着白雪透出一種明快的調子，雖然天還是陰鬱鬱的。

眼前有幾家賣茶的東洋店舖，在窗櫥裏用棉花作着雪景。有一家將紅粮灑在雪地上，讓幾隻紙作的小雞來吃。

『青鳥』舞廳掛滿了櫻花色的紙燈籠在拱圓形的柴扉上，透出輕脆的碎笑和酒香。

一陣熱氣衝出，兩個梳着「蓬蓬頭」的白臉的舞伎，送出一個短矮的軍官來。

兩個伎女屈着膝，又屈着膝。

軍官祇管向鼻下的牙刷鬍推了一推，如同是假裝上的，怕被街風給吹掉了一樣。

拍車在皮鞋上響着，咔咔的從邊道上一直響下去。

小磯！那軍官分明就是小磯特務機關長。

一百二十元錢！錢大順！臭官僚！花寶！棧房！

大同昏了！心裏推想小磯一定會認識他，因爲他會對他盡過一次忠！祇要他走向他旁邊去，把袖頭那張小紙條獻出，他就會得到獎賞！一百二十元錢，對他有無限的用處，而錢大順這小子可惡，罪有應得！

他血在奔流，受了催眠似的跟在小磯後邊走着。但他不開口，心中莫名其妙的恨着錢大順，覺得這傢伙死了，不但不可惜，而且是大痛快！

『我必須得活着！』他撫着自己已作雷鳴的肚子。『而且要活得更好一些！』

前邊拐過來一輛洋車，車夫用兩腋夾着車把，把手袖起。看見那日本軍官過來，便裝作沒有看見的樣兒急急逸去。

『八嘎！』

軍官搶前了兩步，一皮靴便向着那祇穿着兩條夾褲的腿肚子踢去。

然後跳上車子，將手一指，催着車夫快跑！

大同一看就要失去了機會。昏惑的緊跟後邊飛奔而至，迎在他的車前。一股腥臭的酒氣向他暈眩的腦子灌來。

大概以為是援助那車夫而來的，小磯不但不認識他，而且祇見那隻帶着白手套的短肥粗壯的大手向上一舉，一個沉重的嘴巴便排山倒海的打了過來。

本來已經給北風凍涿了的臉，開花樣的血流出來了。

車夫遲疑了一下，歉仄的望着這個仗義的過客爲了自己而受的無妄之災，但又無可奈何的拉起車子衝着冷風跑了。

大同用手拭去了臉上的血蹟，腦子清醒一點了。這一掌擊醒了他的第二次的一百二十元錢的迷夢。而且心裏正在念着，我的敵人不是錢大順呵……。第一次清晰的感到自己的無恥，而且也是第一次敢於接受這個感覺向下想去，喚起了自己的錯誤和無知的自覺！

天色漸漸的晚了，他的心跳和頭暈，達到了高潮。悲愴的向全身看了一眼，便想着：這些日子是怎樣的在摧毀自己，多麼可怕的一個噩夢！他看見自己已經瘦的不成樣子了。

在路上遇見了一個老荳腐攤，便餓虎撲食的坐下去，得吃點東西吧，把空虛填補起來！

『三個銅子的，五個銅子的？』掌櫃的老頭子拿起了銅杓子問。

『五個的吧！』大同胡裏胡塗的答應着，說完了又後悔。偷着用手數着口袋裏的銅錢。

柔軟的老荳腐便像用黃金換囘的久失的生命似的向肚裏凶狂的流去，不是吃，是在呑。

『先生，這四十斤的一擔，一霎眼就賣完。……。』掌櫃的一面曳長了聲音喊着『老荳腐開鍋：……』一面閒搭着。

『誰的帽子！』老頭子發現了他丟在地上的帽子。

『年青人，帽子，帽子也是隨便扔得的嗎？』

一個拉洋車的放下車把，坐到大同的對面，手裏握着一個花露水瓶兒，裏邊裝着高粮白干。

『您——喝點兒！』向着大同親熱的又卑微的。

『謝謝。』大同接受了他的熱情，不由的喚起了感傷，悲痛，祇管和着老荳腐吞，不敢抬起頭來。

『年青人，帽子隨便丟！』老頭子盛完了老荳腐居然在開腔敎訓他了。『要是失落了，你不好，我也不好。怎麼說呢，從我擔子上丟的。年青人，現在「丟包」的才多呢，什麽「年月」！他把帽子又向大同跟前移近了一點兒。『你那經過……我講給你聽，以後你天天吃我的老荳腐，我天天講給你聽，你記住！』大概他是想用故事來拉攏他的荒涼的顧客吧。『有一個小夥計，給人家送貨，五匹布。他走到半路，要拉屎，到毛廁裏，把五匹布放在脚邊跟前，拉屎……你還吃嗎，再盛一盌……這時，忽然來了一個大漢，在對面掏出了「行貨」來就擺弄，小夥計看着看着就看呆了……等那傢伙擺弄完了，走了。他囘頭一看，五匹布連影兒也沒了。你想想，帽子也是隨處亂丟的嗎？你以後天天吃我的老荳腐，我天天講給你聽，你記住，天天來！』他把帽子又向大同移進一點。

『你是個學生！』忽然對面噴過來一股迫人的酒氣。

大同抬頭看時，對面又添了一個黑瘦的老槍，綠光的眼睛，對他針刺似的閃着，他心裏不由的一跳，暗探！

那傢伙要求和車夫對調了坐位，並排坐在大同旁邊。

『你眞的是個學生？』他用手撫摩着他身上穿的從估衣舖買來的學生服。聲音裏充滿了急切，如同他是個學生他便得救了。

『眞的是個中學生？』而且必須是中學生他才能得救。

他聽見了大同的含渾的答應聲，便興高彩烈的喊：

『老荳腐錢我給！』

然後像鬼迷心似的大說大講起來。『我要收一文一武。武的我已收了、黃天霸！文的，我正在私訪，我私訪賢人！我看你「印堂」發亮，我就斷定是你。我就走過來了，果然不錯。我們是有緣的，我們都是上天的星宿。你從前是文曲星，因爲酒後打碎了玉皇大帝的金汁玉硯，被貶，發到人間，落魄了！和我一樣，我是天昊星。我們早就應該「聚義」，你應該輔佐我！我收你爲徒弟！』他越說越起勁，嘴角掛着兩條白沫，陶醉在歡喜裏。『我們明天趕「〇二」的車到天津去，這條道像踩平道似的，咱們常來常往！』

『你是中學生，我不收大學生，大學生他們不信這個！我的眼睛最毒，我看得出！』

『你一定得答應我，你落魄了，明珠埋在土裏，現在應該出世了。有吃，有穿，有住！外帶高麗姑娘，一天五元錢，你輔佐我，我好你就好了，一佛出世，九祖升天！』

『漢奸！』花露水瓶子抖着，車夫的臉全紅了，眼光如火！大同以爲是在詬詈自身，恐慌的左右盼顧，臉上流着冷汗。如同一個夢游病患者，從房頂上跌落下來，對於方才不屬於自己的命運，現在才覺出不可理解，感到恐懼。面前的人便是自己的一面殘破的鏡子。

黑瘦人挨了當頭一棒，立刻萎縮下去了。但馬上又掙扎的挺起腰來，眼裏的綠光也激成了紅光。

「我手下你們拉車的至少也有五百！」

「放屁！」

「你來罷，我也收你，一天一塊錢！」黑瘦人向他戲弄。

「一塊錢，取個吉利，今天誰來我都要，今天是好日子，我收了軍師，有了輔佐！肏他媽，我這幾年不「吃香」，吊金桶說我短了一隻胳膀，我吃不開，喝，今天我畫龍點睛——寶劍匣中鬧夜嘯，明珠土裏放光輝！時來運轉喜氣逢，運轉乾坤掌握中…… 哈哈！」

「漢奸！」車夫罵着，聲音比方才的那句提高了半個音階。

「你想當漢奸，也沒有人要！」黑瘦人得意似的欣賞他對手的激憤。

車夫失意似的陷在沉思裏，似乎對着他的話感到無可奈何的威脅。

『你們大小孩芽吃麽穿麽都在我心裏，你祇配在我手指尖上撒尿，你逃不出我手心去！』

車夫不作聲了，也不反抗。

『我封你個小隊副，可是你得在御前出過力，我在天上才能保你！』他轉過來對着大同。『你會出天榜，說英文嗎？出安民告示？』

『可是你姓字名誰？……且慢，等我問問祖師，你一定是姓王！』

大同急口的吃着荳腐說出『嚕嚕』的聲音來，算是答覆。

黑瘦人這一喜可非同小可，全身都充滿了笑渦。猛力的向大同肩上一拍，急狂的叫着『呵，有神助呵，有神助，要沒有神助我能知道你姓王嗎？你叫什麽名字？』他兩眼裏閃出一道徼倖的白光，『你叫王，王魁，對嗎？……』他吞吐着說。『要不對，就算我封你！』聲音含糊的在嗓子眼裏。

大同乔老荳腐的聲音，又算給了他一個滿意的答覆。

「呀！」這一喜可非同小可，他每個細胞都爲激越所漲滿了。似乎要讓全世界的人都可以聽見他是猜着了，他在用大聲喊「你叫王魁！祖師爺降壇說的！」

「你斷斷我姓什麼！」車夫在揭破他的陰謀。

「你有根基嗎？你自己問問你有根基嗎？你是文曲星嗎？」

車夫當然沒有根基，他在罵街。

大同此時在黑瘦人的醜惡裏窺見了自己，在這以前他祇是茫然的聽憑一些直覺的支配，任着苦悶的急流漂浮着他。祇想對着不可實現的更好的生加以破壞，對於可以創造的最壞的死急急的迎頭趕上，現在他覺出自己就如一個半夜睡着的人，被人着了鬼服，塗了花臉，漆了頭髮，而自己並不曉得，依然睡意朦朧的在人面前徘徊和往日一樣。忽的一下立在鏡子前面了，才被照見他已被毀壞到了多麼醜惡的無望了呵！

身上黏汗淋漓，祇有戰慄和恐怖。雖然想乘機遁去，但又有一種多向鏡子裏看兩眼的痛苦的要求，所以他還攖起老荳腐的流質像石塊似的木然的向肚裏吞着，耳邊聽着那黑瘦人更其得意的嗓囔。

『神助！』他眼睛裏滿沒瞧見車夫，依然在指出這是神助。

『狗臭屁的神助！』車夫不但毀辱了他，也毀辱了神靈。

『離頭三尺有神靈！』黑瘦人拍的一掌打在自己的天靈蓋上，好像那兒就是神靈。

『你猜猜那賣荳腐的老頭兒，姓什麽，叫什麽，我佩服你！』車夫指着賣荳腐的老頭子又指着自己的鼻尖。

『他個糟老頭子！嘍！』

『你說，他姓什麽！』

『他個賣老荳腐的——』

『你祇說出他姓什麼，我就當場拜你乾爺！』車夫完全被這無恥的惡棍給氣壞了。

『我不希罕！冊子上沒有，他是個「白人」，冊子上不會有的。四萬萬人裏有根基的才有幾個！能註在冊子上的又有幾個！』

『市隱韓康呵！』不期的賣荳腐的老頭兒指着一家藥材店的匾額喟然而嘆。

『呃，吐語不俗，失敬失敬！』黑瘦人作出起身下拜來的樣兒。老頭兒不慌不忙的伸出一隻手來，小心的仔細的如同扶一位受封的大將軍似的將他扶住！天地倏然沉寂，眞像有一道神祕的金光虹霓似的扯起天空不停的搖擺。

『不得好死的！』他在感到澈骨的心痛。洋車夫向地上鄙夷的啐了一口。

於是激憤的罵着。『你是有鬼迷了你，看不見眞人！你祇配一輩子作狗作奴才！迷着心眼說胡話，你還有心肝嗎？』

黑瘦人不期他會來了這一礅，冷水澆頭似的一震，臉上不由的紅頳起來。

『你也有父有母呵，你對得起父母嗎？』提起了父母，車夫的眼是溼潤的。他的表情非常動人，如同人類都是一個母親所生一樣。一個曾經期許過他子女的母親，而今他們在背叛了她。大同心裏針刺似的感到覺醒和不安，也隨着他的語氣想起了自己留在家裏的白髮老母……。

黑瘦人像把他竭力忘掉的東西，而今又被車夫給統統拾回來端端整整的擺在他的胸膛上一樣。他在感到一種從來沒有過的不適和恐懼。

『你爲什麽給小××作漢奸呢，我們中國人還不夠苦嗎？』

黑瘦人現在已經蛻化了內心的矛盾，重整衣冠，又復振振有詞了。

『這是逃不了的「劫數」！彌勒佛出世了，管理陽間！這個是天定的，躲不了的。祖師開壇降過旨的！』他在竭全力的記起祖師，因爲這樣，他便可以忘記了他眼前的面孔和無數的在企圖喚醒他的聲音。

『胡說，屌祖師！要是沒有你們，就是天津他們也佔不去呀！』

『我們是替天行道，祖師爺說過的，幫着他們把大劫快快渡過，好享太平！天下同歸，一統華夷，祖師爺降壇宣示過的！』他在竭力記起祖師，有了祖師他便可以把祖師以外的所有的一切完全不管不理。

『善哉，打破砂鍋買新的！』賣荳腐的老頭兒雙手合十；『亡國算個啥，沒有找一捧土！』

『他懂！』黑瘦人如逢知己的向大同和車夫指着。『他懂！』

『你再吃一盌，我們「拜把子」去，你叫我龍頭大哥，我叫你軍師老弟，你輔佐我，你寫天榜！』他向着大同親切的囑咐。

『可是大隊長，我且問你……。』賣荳腐老頭露出幾分神祕的問着。

黑瘦人兩眼微闔着，擺出專等着人去問道的樣子。

『我且問你，諸葛亮當年是老生？是小生？』老頭子開始問他。

『是老生！』黑瘦人像吐露着神機似的答着。

『周諭是老生是小生？』

『是小生。』

『善哉，善哉！』老頭子笑了。『哈哈哈哈……是老生有用，還是小生有用？』

『我懂了！我懂了！』黑瘦人用兩手揉着眼睛，然後指着大同。『可是他是文曲星，他是天上的星宿，不比那個！』

老頭子敵視的向大同瞟了一眼。『你今年十幾？』

在他眼裏，大概大同還是乳黃未退的小孩子，應列小生者流，封爲軍師，是斷乎不可的。

黑瘦人微微一笑，『貴人語話遲』，他替大同無言的沉默加以辯解，大同此刻心中儲滿了迸然欲爆的怒焰，祇想把那狗東西拿過來折成兩截！

那個黑瘦的魔鬼，並不理會這些，覷着他的沉默，也隨着陷入冥想裏去，夢囈似的自語着。『你們排擠着我，說我落伍，不懂現狀，哼哼……現在，雜種，讓你們瞧瞧，你們敢小看我，洋學生也得聽我的。我畫龍點睛，他懂過洋書，通曉世界五洲……。』於是轉過身來向大同問着。『你筆下來的快嗎？』又連忙替他回答着。『一定快的……出天榜，保境安民，殺無赦……我不懂現狀，落伍，雜種！』他氣喘咻咻的，臉上有一絲兒獰笑。『雜種們，現在你瞧我的，我如虎添翼！』

車夫大笑起來。『你是掉在渾河裏的死鬼，臨死手裏還握一把臭泥！』他的笑容收斂時，有兩顆晶瑩的淚珠搖落下來。大同在那淚水裏遇見了一顆酸苦的赤心。

『你把眼睛都用狗屎糊上了，所以你祇看見了狗屎！你很怕一旦清醒過來，看見你那個無廉恥的樣子，自己也要嚇個倒仰的，所以一定得迷着心，一直裝扮下去！』車夫在掘破了他最後的壁壘。

『雜種，從前是高的大的欺侮我，現在是圓的扁的排擠我，可是你個臭泥腿可也配！臭犢子，大爺受別人的氣還受不過來呢，還受你的氣？你摸摸你的腦袋，我不看今天是個好日子，我先拿你開刀！』

他於是站起來，小心又親熱的摻住了大同的膀子『走，我們走！』

大同積蓄了一切破碎的生命，都在這時吼出。

『狗！』他的眼球也似乎在隨着眼淚噴迸而出。

一股紅熱的溶岩，飛落在黑瘦人的耳裏。愕然的把嘴張着，唇邊兩條猙獰的弧線，慢慢的折成一絲慘然的苦笑，……臨死時狂亂的握住的一把黑泥，現在已從他垂死的手裏紛紛下落了……。

他淒惶的站了起來，身上打着寒熱的冷戰，賣荳腐老頭子用鎮定的目光將他留住。

『先生，我拉你囘家去。』車夫誠實的臉向着大同露出悲憫的微笑。『我不要你錢！』

『不！』大同把口袋裏僅有的一點財產都給了他。

家？這一個字喚囘了他一切的悲哀，他的腿不由的虛弱起來，但他祇把心裏一横，便用着從來未有過的健朗的步調向前走去。

『我保你！』身後是賣荳腐掌櫃的顫微微的聲音『我修鍊過，我到白雲觀裏訪過神仙，一個沒有腿的兵，他們不認得……。』

黑瘦人在地上抓起了一大把塵土揚在老荳腐鍋裏，然後向裏邊吐了一口濃痰。

『先生，我拉你囘家罷！』車夫在後邊趕上了大同。『免得道上也許有人和你找麻煩！』

『不要緊，你該交車了，天太晚了！』

『先生……我當過「便衣隊」，你信嗎？在唐山……。』車夫一個字比一個字低了，最後的聲音都在嗓子眼裏嗚咽。他對着一個認爲完全了解他的人在傾訴他內心的痛苦！

大同心靈已完全破裂，一個聖潔的臉孔在前面領導着他。他一面渴望的注視着面前的那一副純良的臉，一面將手放在自己就要躍出胸口的心上。

『先生 中國人命不值錢呵……你年靑力壯好好的幹，國家，將來，先生好好的，唉，先生……前邊就是車場了，我交車了。』……

黑夜來時，大同回到錢大順那裏去。

但是錢大順已經知道出賣李志貴的，就是他了。於是他以肥厚的手掌歡迎了他。並且決定對他施行了更嚴厲的處罰。『你是活不過今夜子時的！』他將手槍指着他的胸腔。

大同並不以爲他的待遇有些微的不對，自動的向他招供了一切。並且對他說：

『志貴活着的時候，曾對我說過：「在那大的活動裏，那些被懦弱和無知所造成的無恥和罪惡，在槍彈之前是應該低頭的！」在今天以前我反對過你，但是現在我在感謝着你。大順，我今天能用我本身來證實志貴的這句話，我是覺得快樂的！』

於是錢大順的眼睛也有些溼潤了。『但那並不是最好的方法喲！』說完了繼續的沉默着，在黑暗的角落裏玩弄着手中的手鎗。

魯迅先生紀念委員會籌備會啓事

北新書局出有「魯迅紀念集」小冊子一本，下書「魯迅紀念會編」，此「魯迅紀念會」當係另一團體，與敝會絕無關係，深恐讀者誤會，特此聲明。（四月二十日）

病中通信

魯迅

覆曹白

曹白先生：

惠函收到。先生們的熱心，我們是很知道的。不過要寫明周先生的病狀，可實在不容易。因爲這和他一生的生活，境遇，工作，掙扎相關，三言兩語，實難了結。

所以我只好報告一點最近的情形：

大約十天以前，去用X光照了一個肺部的相，才知道他從青年至現在，至少生過兩次危險的肺病，一次肋膜炎。兩肺都有病，普通的人，早已應該死掉，而他竟沒有死。醫生都非常驚異，以爲大約是：非常善于處置他的毛病，或身體別的部分非常堅實的原故。這是一個特別現象。一個美國醫生，至于指他爲平生所見第一個善于抵抗疾病的典型的中國人。可見據現在的病狀以判斷將來，已經辦不到。因爲他現在就經過幾次必死之病狀而並沒有死。

現在看他的病的是須藤醫師，是他的老朋友，就年齡與資格而論，也是他的先輩，每天來寓給他注射，意思是在將正在活動的病竈包圍，使其不能發展。據說這目的不久就可達到，那時候，熱就全退了。至于轉地療養，就是須藤先生主張的，但在國內，還是國外，却尚未談到，因爲這還不是目前的事。

但大約先生急于知道的，是周先生究竟怎麽樣罷？這是未來之事，誰也難於豫言。據醫師說，這回修繕以後，倘小心衞生，一、不要傷風；二、不要腹瀉，那就也可以像先前一樣拖下去，如果拖得巧妙，再活一二十年也可以的。

先生，就周先生的病狀而論，我以爲這不能不算是一個好消息。

專此布覆，並候

健康！

景宋上　六月廿五日

（此信周先生擬稿，令景宋出名寫去的。）

覆時玳

時玳先生：

五日信收到。近三月來，我的確病的不輕，幾乎死掉，後有轉機，始漸愈，到三星期前，纔能寫一點字，但寫得多，至今還要發熱的。前一信我不記得見了沒有，也許正在病中，別人沒有給我看，也許那時衰弱得很，見過就忘記了。

文藝工作者宣言不過是發表意見，並無組織或團體，宣言登出，事情就完，此後是各人自己的實踐。有人贊成，自然很以爲幸，不過並不用聯絡手段，有什麽招攬擴大的野心，有人反對，那當然也是他們的自由，不問牠怎麽一囘事。

作家收稿，是否必須名人紹介　我不知道；我在作家，也只是一個投稿者，更無所謂鬧翻不鬧翻。

我不久停止服藥時，須同時減少看書寫字，所以對于寫作問題，是沒法答復的。

臨末，恕我直言：我覺得你所從朋友和報上得來的，多是些無關大體的無聊事，這是墮落文人的搬弄是非，只能令人變小，如果旅滬四五年，滿腦不過裝了這樣的新聞，便只能成爲像他們一樣的人物，甚不值得。所以我希望你少管那些鬼鬼祟祟的文壇消息，多看譯出的理論和作品。

匆覆，並頌

時綏。

迅　八月六日

覆沈××

××先生：

十四夜信頃收到。肋膜炎大約不足慮；肺則于十三四兩日中，使我吐血數十口。肺病而有吐血，本是份內事，但密斯許之流看不慣，遂似問題較别的一切爲大矣。血已于昨日完全制止，據醫生言，似並非病竈活動，大約先前之細胞被毁壞而成空洞處，有小血管孤立（病菌是不損血管的，所以牠能獨存，在空洞中如橋梁然），今因某種原因（高聲或劇動）折斷，因而出血耳。現但禁止說話五日，十九日滿期。

轉地實爲必要，至少，換換空氣，也是好的。但近因肋膜及咯血等打岔，竟未想及。楊（註）君夫婦之能以裝手勢貫徹一切者，因兩人皆于日語不便當之故也。換了我，就難免于手勢危急中開口。現已交秋，或者只我獨去旅行一下，亦未可知。但成績恐未必佳，因爲無思無慮之修養法：我實不知道也。倘在中國，實很難想出適當之處。莫干山近便，但我以爲逼促一點，不如海岸之開曠。

專此布覆，即請

暑安。

樹上　八月十六日

（註）前次來信謂若到日本，總有通日語者同去，則你較爲省力；鄙意倘一時無此同伴，則到日本後僱一下女，似亦可將就，因從前楊賢江夫婦在日時僱過下女，楊日語不很高明，楊夫人完全不懂，但下女似乎很靈，作手勢頗能了然（原信）。

覆蔡斐君

斐君先生：

惠函早到。以我之年齡與生計而論，其實早無力爲人閱看創作或校對翻譯。何況今年兩次大病，不死者幸耳，至今作千餘字，卽覺不支，所以賜寄大稿，眞是無法可想，積存敝寓，于心又不安，尤懼遺失。今日已彙爲一卷，託書店掛號寄上，乞察收，此後尤希直接寄編輯，或出版者，以省轉折　因爲寓中人少，各無暇晷，每遇收發稿件，奔走郵局，殊以爲苦也。事非得已，伏乞諒鑒爲幸。

專此布達，並請

暑安。

魯迅　八月十八日

答歐陽山

山兄：

信早到，因稍忙，故遲復。書集早託胡兄帶去，或已到。

「安全週」有許多人說不可靠，但我未曾失敗過，所以存疑，現在看來，究竟是不可靠的。姙身之後，肺病能發熱；身體不好，胃口不開也能發熱，無從懸揣。Hili 我不懂，也查不出，Infection 則係「傳染」，「傳染病」，或「流行病」，但決非肺病。不過不可存疑，我以爲還不如再找一個醫生檢查一下 用別的法子，如分析小便之類，倘係肺不好，則應即將胎兒取下，即使不過胃弱，也該治一下子。

診我的醫生，大約第一次診察費二元或三元（以後一年內不要），藥費每天不過五角，在洋醫中，算是便宜的，也肯說明（有翻譯者在），不像白色醫生的說一句話之後就不開口。我寫一張信附上，倘要去看，可用的。

小說座談會很好，我也已看見過廣告。有人不參加，當然聽其自由，但我不懂『恐怕引起誤會』的話。怕誰『誤會』呢？這樣做人，眞是可憐得很。

但我也眞不懂徐懋庸爲什麼竟如此昏蛋，忽以文壇皇帝自居，明知我病到不能讀，寫，却罵上門來，大有抄家之意。我這回的信是箭在弦上，不得不發，但一發表，一批徐派就在小報上哄哄的鬧起來，煞是好看，擬收集材料，待一年半載後，再作一文，此輩的嘴臉就更加淸楚而有趣了。

我比先前好，但熱度仍未安定，所以至今說不定何日可以旅行。

專此布覆，卽頌

時綏。

迅上。八月廿五日。

草明太太均此致候。

廣附筆問候。

覆楊霽雲

霽雲先生：

二十四日函收到。我這次所生的，的確是肺病，而且是大家所畏懼的肺結核，我們結交至少已經有二十多年了，其間發過四五回，但我不大喜歡嚷病，也頗漠視生命，淡然處之，所以也幾乎沒有人知道。這一回，是爲了年齡關係，沒有先前那樣的容易制止和恢復了，又加以肋膜病，遂至纏綿了三個多月，還不能停止服藥。但也許就可停止了罷。

是的，文字工作，和這病最不相宜，我今年自知體弱，也寫得很少，想擺脫一切，休息若干時，專以翻譯糊口。不料還是發病，而且正因爲不入協會，羣仙就大佈圍剿陣，徐懋庸也明知我不久之前，病得要死，却雄赳赳首先打上門來也。

他的變化，倒不足奇。前些時，是他自己大碰釘子的時候，所以覺得我的「人格好」，現在却已是文藝家協會理事，「文學界」編輯，還有「實際解決」之力，不但自己手裏捏着釘子，而且也許是別人的棺材釘了，居移氣，養移體，現在之覺得我「不對」，「可笑」，「助長惡劣的傾向」，「若偶像然」，原是不足爲異的。

其實，寫這信的雖是他一個，却代表着某一羣，試一細讀，看那口氣，即可了然。因此我以爲更有公開答覆之必要。倘只我們彼此個人間事，無關大局，則何必在刊物上喋喋哉。先生慮此事「徒費精力」，實不盡然，投一光輝，可使伏在大纛蔭下的羣魔嘴臉畢現，試看近日上海小報之類，此種效驗，已極昭然，他們到底將在大家的眼前露出本相。

版畫集在病中印成，照顧殊不能周到，印數又少，不久便盡，書店也不存一本了，無以奉寄，甚歉。

專此布覆，並請

暑安。

魯迅　八月廿八日

再：現醫師不許我見客和多談，倘略愈，則擬轉地療養數星期，所以在十月以前，大約不能相晤；此可惜事也。

覆葉芷

芷兄：

七日信收到；記得以前諸函，也都收到的。所以未寫回信者，既非我病又重，也並無「其他的原故」。不過說來說去，還是爲了我的病依然時好時壞，就是好的時候，寫字也有限制，只得用以寫點關于生計或較爲緊要的東西，密斯許又自己生病，孩子生病，近來又有客寓在家裏，所以無關緊要的回信，只好不寫了。

我身體弱，而瑣事多，向來每日平均寫回信三四封，也仍然未能處處周到。一病之後，更加照顧不到，而因此又須解釋所以未寫回信之故；自己眞覺得有點苦痛。我現在特地聲明：我的病確不是裝出來的，所以不但叫我出外，令我算賬，不能照辦，就是無關緊要的回信，也不寫了。此一節請諒察爲幸。

專此布覆，並頌

時綏。

魯迅　九月八日

覆王冶秋

冶秋兄：

八月廿六日的信早收到，而且給我美麗的畫片，非常感謝。記得兩個月以前罷，曾經很簡單的寫了幾句寄上，現看來信，好像未收到。

我至今沒有離開上海，非爲別的，只因爲病狀時好時壞，不能離開醫生。現在還是常常發熱，不知道何時可以見好，或者不救。北方我很愛住，但冬天氣候乾燥寒冷，于肺不宜，所以不能去。此外，也想不出相宜的地方，出國有種種困難，國內呢，處處荆天棘地。

上海不但天氣不佳，文氣也不像樣。我的那篇文章中，所舉的還不過很少的一點。這里的有一種文學家，其實就是天津的所謂青皮，他們就專用造謠，恫嚇，播弄手段張網，以羅致不知底細的文學青年，給自己造地位；作品呢，却並沒有。眞是惟以嗡嗡營營爲能事。如徐懋庸，他橫暴到忘其所以，竟用「實際解決」來恐嚇我了，則對于別的青年，可想而知。他們自有一夥，狠狽爲奸，把持着文學界，弄得烏煙瘴氣。我病倘稍愈，還要給以暴露的，那麽，中國文藝的前途庶幾有救。現在他們在利用「小報」給我損害，可見其沒有出息。

珂勒惠支的畫集只印了一百本，病中裝成，不久，便取盡，賣完了，所以目前無法寄奉。近日文化生活出版社方謀用銅版複製，年內當可出書，那時當寄上。

靜農在夏間還滬回家，從此便無消息，兄知其近況否？

專此布覆，即頌

時綏。

樹上　九月十五日

令夫人令郎均吉

寄許季市

季市兄：

得新苗，見兄所爲文，甚以爲佳，所未敢苟同者，推在欲以佛法救中國耳。從中更得讀太炎先生獄中詩，卅年前事，如在眼前。因思王靜安沒後，尙有人印其手迹；今太炎先生諸詩及「速死」等，實爲貴重文獻，似應乘收藏者多在北平之便，彙印成册，以示天下，以遺將來。故宮博物館印刷局，以玻璃版印盈尺大幅，每百枚五元，然則五十幅一本，百本印價，不過二百五十元，再加紙費，總不至超出五百，向種種關係者募捐，當亦易集也。此事由兄發起爲之，不知以爲何如？

與革命歷史有關之文字不多，則書簡文稿册頁，亦可收入，曾記有爲兄作漢郊記歌之篆書，以爲絕妙也。倘進行，乞勿言由我提議，因舊日同學，多已崇貴，而我爲流人，音問久絕，殊不欲因此溷諸公之意耳。

賤恙時作時止，畢究如何，殊不可測，只得聽之。

專此布達，並請

道安。

弟飛頓　九月廿五日

附記：

信共九封，從一九三六年六月至九月。係就魯迅先生大病後的通訊中擇較有意義的，經廣平再三要求，始許允諾抄錄底稿的。其中通信標題如第四封，他就說：『覆蔡斐君』，第五封：『答歐陽山』，第六封：『覆楊霽雲』，第七封：『覆王冶秋』，第八封：『寄許季茀』，俱於信抄畢時，由先生親口授之者。捧誦遺札，音容宛若，彌增悽愴耳。

曹白先生，因有北方友人函詢先生病狀，特囑我寫些大概。先生得知了，就說：『那許多關係你寫不好的，還是由我擬出罷。』結果是他起稿，

用我名義抄錄寄出 。 我以爲這一封信可以算是先生自己對於病狀的報告文字。當時信底寫好之後，先生頗覺滿足。就說：『如果你寫起來，一二千字也寫不到這樣詳盡呢。』我是除了承認之外，沒有別的話好說。

先生自己作爲文藝者的修養是很注意的。他的胸懷朗豁，對於無聊文字及與人言談上稍涉及『無關大體的無聊事』，就往往設法避開。就是對於我有時因雜務忙碌，一時靜不下來，隨手翻閱一般刊物，也時常警告，說不如拿有用的光陰看別的有益著作。看他給時玳先生的信，深怕『令人變小』。這種管自己放開脚步前進的豪邁心情，多數不爲人所瞭解。說他『氣量小，一點點小事就和人爭鬧』，這徒然是說的人給自己寫照，毫沒有損到先生。

有人說他把持文壇，事實上他日夕希望多些人出來，他從沒有在文壇上擴大私人勢力的念頭。看他對文藝工作者宣言的解釋，對作家的態度，就是一個有力的反撥。

先生夏間大病之後，就有些稿件寄來，囑其閱看，紹介，或者約他會見接談，執筆通信，像平常人一樣。而病實在不容許他有這麽多的精力，所以當收到這些信時，往往感情無旣，太息的說：『他們當我還是靑年，病兩三天就立刻像好人一樣。其實年紀大了，恢復是不會那麽容易的。』

對於徐懋庸先生，大家多以爲他們原有過誠摯的通信，不應該忽然不留餘地。這是估量錯的，他從沒有無緣無故和人決絕相罵，除非再三審度，忍無可忍之後。他的給徐先生的最後囘信是並不作爲對個人的，明白了這樣的心情，態度，纔可以理解他的戰鬭的歷程。

關於太炎先生，先生着重在他的革命史實，使眞假得充分昭示後人。這一點我們從他給許先生的信和遺著『關於太炎先生二三事』等就可以明白。

先生逝世後半週年，廣平讀後謹記。

◀诗▶

春

艾青

生命

艾青

春

艾青

春天了
龍華的桃花開了
在那些夜間開了
在那些血斑點點的夜間
那些夜是沒有星光的
那些夜是刮着風的
那些夜聽着寡婦的咽泣
而這古老的土地呀

隨時都像一隻飢渴的野獸
呧吮着年輕人的血液
頑强的人之子的血液
於是經過了悠長的冬日
經過了冰雪的季節
經過了無限困乏的期待
這些血跡，斑斑的血跡
在神話般的夜裏
在東方的深黑的夜裏
爆開了無數的蓓蕾
點綴得江南處處是春了

人問：春從何處來？
我說：來自郊外的墓窟。

一九三七・四。

生命

艾青

有時
我伸出一隻赤裸的臂
平放在壁上
讓一片白堊的顏色

襯出那赭黃的健康
青色的河流鼓動在土地裏
藍色的靜脈鼓動在我的臂膀裏

五個手指
是五支新鮮的紅色
裏面旋流着
土地耕植者的血液

我知道
這是生命

讓愛情的苦痛與生活的憂鬱
給牠去擔戴罷，
讓牠喘息在
世紀的辛酷的犂軛下罷，
讓牠去歡騰，去煩惱，去笑，去哭罷，
牠將鼓舞自己
直到頹然地倒下！

這是應該的
依照我的願望
在期待着的日子。

也將要用自己的悲慘的灰白
去襯映出
新生的躍動的鮮紅。

一九三七・四。

無花的薔薇：

一、讀報有感

茅盾

從新聞紙上看見了「中國文藝協會上海本會」成立會之紀事。就「被邀出席」的中宣部長邵力子等四位的「致詞」，以及該會的正式宣言而觀，該會這次的表現和兩月以前的第一次籌備（或發起）大會頗有不同之點，想來，這次所表現者，應被視爲暫時的正式而確定的態度了。

使我發生感想的，是邵力子先生的「致詞」。他說：「文以載道這句話，近年以來頗有些文藝作家反對它，尤其是爲文藝而文藝的人特別反對。」但是「許多人反對文以載道的原因，就在誤解了道字，……如果拿走路的道來解釋文以載道，就是文藝可以指示人生以及國家民族所應該走的路。」

我記得，近年來文壇上「載道」「言志」之爭，其原因亦相當深刻而複雜。反對「載道」者之中，有些是「先天」的「言志」家，我們姑置而不論，但也有不少是本在「載道」與「言志」之間，或者是更傾向於「載道」的；徒因恭逢了尷尬時代，雖欲載國家民族以及人生應走之「道」然而××滿天飛，檢查官神經衰弱至於見了「狗」字就犯忌起疑，除了歌功頌德，幾於啼笑皆非，於是乎徘徊於「叛徒」「順民」之間，結果只好朝「風花雪月」乃至「幽閒」裏一躲了事。歷史昭示我們：凡屬風月之談，大都是在那樣尷尬時期興行的。不過在我們這裏呢，「風花雪月」的作家們既對××與檢查官低首，卻又反向在野之「載道派」怒目而至於惡聲，不至稍近於阿Q相而已。

其次，邵力子先生又說：「現在中華民國應走的大道是什麼呢？在現在的時期，左面的路走不通，右面的路也走不通，走進去就有危險；只有中間的一條路可以走。中間的是什麼大道？就是三民主義的大道。」

這裏所謂「左面的路」，想來卽指共產主義；而所謂「右面的路」，當然是法西主義了。中宣部長正式宣稱「右面的路也走不通，走進去就有危險」，就我所知，這是第一次。邵力子先生要作家們走「中間的一條路」——三民主義。善哉！但我旣經見過革命的爲民族求自由解放的三民主義，也見過去了勢的徒存其名的三民主義；我盼望此時此際中央宣傳部長邵力子先生要大家走的，不再是去了勢的三民主義！記得「九一八」的前夜，官方曾經扯起過一面「民族主義文藝」的旂號。當時譃者卽謂：三民主義僅剩了一民主義。但一民猶勝於無民，不料「九一八」與「一二八」接踵而來，「民族主義文藝」的旂號反而不知去向了，而當時在艱難的環境中以禿筆暴露侵略者的凶惡而振奮民族抗敵的情緒的，反是所謂「叛徒的」或「化外的」作家們，然而這些作品的發表並沒「能夠得到相當的自由」。

關於「相當的自由」，邵力子先生明白解釋道：「在不妨礙國家統一，不阻礙民族復興的前提之下，都可以自由的走他的路；否則，絕對沒有自由！」善哉善哉！凡是中國人，誰也不反對。然而我希望邵力子先生注意幾件事實：最近有幾種期刊雖然能出版，却不許登廣告，其中之一是中流；最近又有若干文藝書並遭禁扣，其中有魯迅先生的譯著。這些期刊和書籍如果確有「妨礙國家統一，阻礙民族復興」的言論，黨政機關大可以明令宣布，否則，應當「得到相當的自由」！

然而最使我們痛心的，是漢奸的以及準漢奸的言論却幾乎享有絕對的自由。去年廣州文化界會舉出「十種漢奸」，要求民衆注意。此「十種漢奸」之界說既未見中宣部認爲不對，那麼，凡有合於此十種界說之言論，今後的中宣部是不是決心使用牠的「不許自由」的權力呢？只有靜待事實的證明。

（三月卅一日）

〔附記〕近年來刊物上常見有××，此簡單之記號遂成爲隨處有一意義之東西，然最普通者則爲用代「日本」二字。這裏的××並無代替，只是××之本身而已。相應聲明，免得有人枉費心思。

二、由「人性」到「互利」

胡風

關於『人性』的問題，在咱們中國哲學史上鬧了不少的筆墨官司。有荀子底性惡說，有孟子底性善說，有告子底性無善惡說，有宓子賤等底性有善有惡說，還有揚雄底性善惡混存說，等等，等等，聚訟紛紜，莫衷一是，大有『彼亦一是非，此亦一是非』之概。然而，像人們所說，『眞理』只有一個，而且遲早會要大白於天下的，到中華民國二十六年三月十八日，性善說終於取得了最後的承認，同時還被證明了這一眞理對於救國的偉大作用。讓我說一說這個小小的故事能。

最近幾年來，中日格外友愛，現在且已到了更進一步的『經濟提攜』時期，這是大家知道的；爲了進行這個「經濟提攜」，日本派了一個兒玉考察團到中國來，也是大家知道的。這個兒玉考察團經濟察完，『支那料理』吃夠，在上海匯山碼頭被主人們恭送登輪的時候，不料海關緝察員在這個同一的輪船上查出了幾十萬枚的走私銅元。

照老例，凡海口必幾乎每天有大規模的走私，且很少被查獲，但每被查獲一次，海關人員定要被打得頭破血流，甚至丟掉性命。但這一次却出乎意外，既沒有動武，銅元且被順利地起出了。於是在三月十八日的大公報上出現了一則遺憾與慰藉的短評。『遺憾』的是，『在「經濟提攜」使者的舟上偏偏發生這種「經濟竊賊」的事情』，而『慰藉』的是：

「浪人對於緝私者照例是要行兇的，昨日居然未起衝突，可見浪人亦倘有羞惡之心。這一點人性的存在，用遠大的眼光看，也許可以作爲中日邦交前途的一種慰藉罷！』

這不是『性善說』底鐵一樣的證明，『人性』底偉大的勝利麼？當然，『羞惡之心』是『義之端』，可以說是記者先生在嘉獎那些浪人變成了知『義』的君子，但『惻隱之心』是『仁之端』，也可以說是記者先生在祈禱一切浪人都變成大慈大悲（仁）的善士。後一說固然也能夠解釋爲羔羊對於屠伯的哀求，原始人對於火與猛獸的禮拜，但我們知道，和『義之端』一樣，『仁之端』也是『性善說』底『四端』之一，既然承認了『這一點人性的存在』，那麽，『用遠大的眼光看』，當然是沒有關係的。於是，從那以後，對於走私問題，我們就專等『人性的存在』底收效，放心『慰藉』了。

然而，過了一個月又七天的今天，在同一的大公報上又看到了也是發生在同一的匯山碼頭的不勝『遺憾』的消息。紀事有如『報告文學』，摘錄一點罷：

本市消息：日輪長崎丸昨由日駛滬，……海關依時派行李班關員至匯山碼頭檢查，同時有專門抄查私貨之抄班人員六七名到場工作。至十時輪靠碼頭，乘客登岸，行李亦將卸畢，突來日韓浪人三十餘名，袖藏鐵棍木棍，預備搬運私貨。其時關員已知輪上必有私貨，爲行使職權，首先上船抄查，竟抄獲未報關稅之日本酒與人造絲等。按該酒爲日本上等酒，每單位瓶照章須納一元二角五分關金稅。浪人見貨物被抄，竟然動武，首向抄班關員沈惠人掌頰數下，擬刦取私貨。另一關員曹克同目擊同事被毆，上前援助，又遭浪人鐵棍猛擊頭部，傷成窟窿，血流滿面，立時昏厥……。

一個關員臉上吃耳光，一個關員頭上開窟窿，在受慣了這樣訓練的我們，也許不算什麽，不過，得到了最後承認的『性善說』却不免又起了動搖，我們飄飄然了一個月以上的『慰藉』似乎有點落空了。只要是袖裏有鐵棍木棍，而且敢於『竟然動武』的人，好像只有『惡』而沒有『羞』，更無論那『仁之端』的『惻隱』了。

但這一回，『短評』底記者旣不談『慰藉』，也不談『遺憾』，他在川越大使裏面找着了『希望』：『川越氏歸國在卽，希望他能對政府作一個平實近理的建議，當於中日邦交有些良好的影響。』這希望底來源是什麼呢？一個是，川越氏『關於調整中日邦交的見解，頗爲平正』，還有一個是：『九・一八以來的許多事實……，日本如何？是否因爲侵略鄰邦的結果反而給自己招致許多困難？在這點經驗上，可以發現一個眞理，便是損人者亦不利己，在互利的原則上，中日邦交的前途是遠大的！』

這就和上次的理論大不相同。雖然川越大使底『平正』還是『人性的存在』底餘陰，但已明明白白地躭心『鄰邦』底『招致許多困難』，猷計講求『互利』了。一觸到『利』，就等於承認了『利害之心』，跳出了『四端』以外。但這也不要緊，因爲，再一次『用遠大的眼光看』，『中日邦交的前途是遠大的』。只不過還得在利害說裏面確定『損人者亦不利己』論，使日本政府相信這『一個眞理』，在這以前還不能不暫時耐心地把『對政府作一個平實近理的建議』當作『希望』而已。

四月二十四日

三、刑

蕭　軍

昨天偶然接到了一封信，說到了那地方（不是東北）的許多青年所受的非刑。今天從上海的「文化街」路過，在一家書店裏偶然看到了一本名叫黑流的半月刊，其中有一段也是講到「刑」的。又加上那雜誌裏面關於家鄉的事情也不少，便買了它。接着在路上忽然想起要寫一點關於「刑」的文章。

「刑」這東西若是從頭說起，就得翻一大堆古書、法典等作參考，引一大堆「刑也者」等等的文章作見證，這是毫沒趣味的事。我既沒有古書、法典可引，也不是想寫一部「刑解」，「刑辨」，「刑考」之類的大著，所以還是「就予所知，約略言之」罷。

「禮不下庶人，刑不上大夫」，這大約是孔夫子說的兩句名言。從此我們可以知道了定「刑」的初意不是爲了士大夫的，也就如同定「禮」的初意不是爲了庶人一樣。庶人當然就是老百姓了，從此只要凡爲老百姓的知道「刑」就夠了。如今我們民國却一反所爲，對於老百姓居然也「下禮」了。比方：「不准隨地吐痰」，「對人要和靄」，「洋車夫應該常常洗褲子」等等……畢竟我們這時代是文明得多，也「民」得多了。至於「刑」是否會「上大夫」呢？這却不知道。

因爲我們是庶人，對於治我們的「刑」，似乎也應該有一點兒常識。不然，一觸刑章，便茫然無措，這不獨有喪體面，且也忘了自己「刑有應得」。

早先，鞭、笞、徒、流、杖是所謂五刑。砍頭叫「大辟」。如果比砍頭的罪再大一點，或再小一點，那死法就又不同了。有絞頸、腰斬、大解八塊、千刀萬剮、剝皮揎草、油鍋烹、點天燈……，當然另外還有一些「律無正條」的辦法，那就看當時的皇帝和他的臣子們的創造力如何而定了。

關於女人們的「刑」，好像沒有對於男人們的花樣多。女人們所犯的罪大抵是「謀害親夫」。於是他們可以利用男女生理構造上的不同，除開發賣爲娼以外，爲女人還特備了一種刑，名曰「騎木驢」。至於怎樣騎法，我不樂意在這裏解釋，只要是看過一本刁劉氏小說的人，他們是會懂得的。

早先做官，要想做「清官」，要想頌聲載道，那就非自己能夠發明幾套所謂拿手的「非刑」不可。若僅是打手掌、打屁股、壓滾槓、抽嘴巴、拶手指，那算不得稀奇，懲不了刁頑，也做不了清官。比方：滾釘板，香火燒肋骨啦，這就是做「清官」法門底一例。

上面所說的當然全是有皇上的所謂「君主」時代，也就是「專制」時代了。現在我們是「民國」，一切是「民」主，所謂「共和」了。那時候殺人是用刀把腦袋砍下來，現在我們是用槍斃，用繩絞。雖然有時也用刀砍砍，究竟「剝皮揎草」等等是不多見了。這一點不能說是不進步！至於我接到的信裏所說的用燒紅的銅絲穿女人們的乳頭等等，若是和前清的「大清律」一比，還不能不說是「法外施仁」呢。試想，「謀害親夫」只害了一個人，就得要「騎木驢」遊四街，而後還要刀斬，但如今這些女人們却公然……。

在那本黑流上，除開載着一些東北義勇軍的消息和日本帝國主義者怎樣從各方面在東北四省佈置着統治的網以外，再就是「滿洲國」的「刑」了。我覺得有把它們抄下來的必要，以供有志安邦定國的諸賢們參考，尤其是要做官而又要「淸」的諸賢們。

每年的二、三、十、十一四個月，在滿洲，日本人稱作「犯罪節」。就是說，在這四個月中要特別比平常加力搜捕所謂「不安分」爲人們。關於「刑」可分兩種：一種是要口供用的，一種是處死的。要口供的有下列幾種：

打。灌涼水。灌辣椒水。灌煤油。用有鉛心的膠皮棒抽打肋骨。把脚指或手指的縫際挾上筷子而後再細紮起來。上「大掛」。手指甲內通針。手指甲通竹籤。弔打。釘貫手心。火燒。用木棒打生殖器。用鉗子拔陰毛。把人的手脚細成一個猴子的蹲坐形，名曰「猴生殿」。坐電椅……。

處死的有下列幾種：

槍決。殺頭。活活打死。淹死。抽血作瓦斯。送進特殊機器內絞碎做科學原料。開膛。肢解。喂狗。滾釘……。

所謂「肢解」，就是用一種大的鐵剪，像春天園丁們剪樹的枝椏似的，把人的身體一段段地剪開。「喂狗」，那是訓練一種專爲吃人肉的狗，就用罪人的肉餵養着。「滾釘」，那是把一個剝光了的人，裝進一隻六面箱壁有尖釘突出的子裏，而後放在十字路口，逼着凡是經過的行人就要推一轉，直到箱裏面人死了爲止……。

我不能在這裏再詳細寫下去了。如果有誰要知道得詳細一點，可以買一本黑流（一卷二期）。其中鑛工君所寫的「滿洲國」的酷刑詳紀裏面有實例可考。我這無非要寫文章，並提供一點材料，給想做王道樂土史的人們做參考。

四，十五日。

四、萬樂聲中一點哀

胡風

小時候讀詩，到『萬綠叢中一點紅』之句，不禁大爲佩服。在綠光瀏瀏的無際中嵌着鮮紅的一球，那景色當然不是平俗的『桃紅柳綠』所可同日而語的。據說人有一種本能，遇見自己以爲好的東因就想模倣，我覺得這學說大概是眞的，因爲，自那以後，我就有了模倣一下的欲望。時光如矢，我不斷地搜求題材，不斷地模倣，但總做不成功，而歲月却偷偷地溜走了。然而，眞是所謂『踏破鐵鞋無覓處，得來全不費功夫』，看到三月三十日大公報上的首都風箏比賽紀，就忽然脫口唸了出來：

萬樂聲中一點哀！

以下說明我這句作品底『現實底眞實性』。

據紀事，比賽是在『日麗風和』的三月二十八日在鄧府山上舉行的，『鄧府山上風光無限』。『褚民誼氏站在山上高處，指揮着全部裁判與參與比賽的人員，一聲令下，各組比賽』而分組有鱗介、昆蟲、人物、飛禽、走獸、特別、其他等七組之多云。那盛況——

『來參與盛會的觀衆，熙熙攘攘，不下數千人，有龍鍾的老人，有襁褓的赤子，有顯官達宦，也有鄉村裏檢柴的幼童，男女老幼，五色十光，把偌大的一座鄧府山，平添不少的春意。城外的農夫，也趁閒趕來，做一次十年不遇的臨時生意。在半山腰間，雜錯擺着數十個賣吃食的担子。三三兩兩的摩登少女，也坐在一根扁担穿上兩條木腿的臨時長凳上，很愜意的吃着湯麵。地上的青草，已經發出黃芽；山腰的弱柳，也生出淡綠色的嫩葉。陽光照到山前的小溪，可以看見水底銜尾的游魚，三三五五，往來翕忽。點綴上天空飄蕩着的紙鳶，山上山下的紅男綠女，眞是一幅天然的江南春色圖。」這個可以算得『萬民同樂』的氣象，就使我『靈感』出了四個字：『萬樂聲中』。那麼，下面三個字『一點哀』又是什麼呢？依然照抄如下——

『在山頭的一個角落裏，有四五個流落到江南的北方異客，舞拳弄棒，烟刀練槍的打着『把式』。一套一套的耍來耍去，四周圍得密密層層。等到收錢的時光，觀衆們却多不約而同的一鬨而散。那個練拳的北方老者，一邊擦着額角與髫鬢邊上的熱汗，一邊彎腰來拾地上的銅板，收進來，數了數，總共不過三十幾個銅子。他喘吁吁的歎了口氣，『咳！還不夠一個人的午飯。』記者爲惻隱心的驅使，給了他一角輔幣。這可憐的老者，連他的同伴，一齊都向記者打恭作揖，稱謝不置。他說出他們流落到江南的遭遇，使記者不忍卒聞，原來他們可愛的家鄉，已經毀滅在敵人的炮火之下。所逃出來的，不過僅僅是幾條活命能了。』

據說模倣的作品不算好的作品，而『萬樂聲中一點哀』和『萬綠叢中一點紅』又大有『差不多』的嫌疑。但既已創作出來了，姑存之以待烱之先生所封定的大批評家劉西渭先生叱正罷。

四月二十六日。

五、蒼蠅的故事

須旅

凡戰士，在生前，是總憎惡蒼蠅的。但是蒼蠅拿他沒有法子辦。這因爲他不但屹立不動如磐石，手裏還有青鋒無敵劍，只一幌，蒼蠅就得屎滾尿流，向糞缸邊跌得直踉蹌。怨艾或許是有的吧，却連嗡嗡也不敢。

這不敢一直要到戰士的死亡。當戰士把戰鬥的血液，全部注給了新生之羣，爲死亡拜訪而倒下時，他就只剩一個軀殼了。於是嚇倒了的蒼蠅就轟的一聲飛起：要復仇。它們聚到那死屍的身上，用最臭最臭的糞塗上去。糞，是無論塗到那裏總會立刻長出蛆蟲的。於是蒼蠅就舔舔它們的臭嘴巴，揚聲道：『瞧啊——戰士身上出着蛆蟲呢！』它們從此放胆地嗡嗡——皆大歡喜。

復仇勝利了。——這自然也沒有法子：凡蒼蠅的復仇，是總要在這樣的場台，才能得到片刻的勝利的。

但這樣的蒼蠅，實際上也還很可欽佩，因爲『有仇不報非丈夫』，究竟不失爲男子漢。這事情一到女文學家（蒼蠅之中自然有女性，因此自然也有女文學家）身上，可就另是一番景象了。

她沒有仇：因爲戰士生前連白眼都沒給她一個。但是她的嗡嗡比任何蒼蠅都熱鬧。這是爲的什麼呢？難道因爲她的聲帶特別好，一有機會，就嗡嗡得忘了形麽？不是。雖然說出來不大好聽，但原因是有一個的，那是因爲她淫賣的主顧的主顧會在戰士的劍光下踉蹌，磕掉過一棵吃屎的『蠅牙』，所以她非出力不可了。她一個勁兒爬住了死屍，把肉挖下來，塗上她早已養活了的蛆蟲，綴成一片片斑斑剝剝的大文章，要人看。傳觀過了的蒼蠅們，自然是無不咂嘴叫好的了，但她却還不滿足，要開展覽會。原來她因爲沒有作品，久矣夫不在「文壇」了，而現在則正到了重振文名的時機。於是她到處向蒼蠅頭目（它們往往是兼任編輯的）吊膀子，說道：『求求你給我發表吧』。她碰到了一個潔身自好者的釘子，但其餘的編輯是大都接受了，因爲覺得是『誠實的批評』。於是發表了出來，這裏一篇，那裏一篇。

嗡嗡嗡嗡……

她勝利了，亞門！從此男蒼蠅們會把她捧爲心肝，青年蒼蠅文學家們也會把她供爲蒼蠅「文壇」的女將的吧。但看看蒼蠅以外的戰士之羣，却大抵無言，不知道這是無言的喝采呢，還是無言的輕蔑？

我說下這個小故事，太嘵舌了。

四月二日，北平，清華園。

六、「文人相重」！

惕生

記得前年的年尾有一位大文豪爲一九三五年的中國文壇結賬，據他說：完全沒什麽成績。爲什麽那樣呢？他說是某人連做了七篇「論文人相輕」的原故。文人都「相輕」去了，所以文壇毫無收獲。

這說法不是無所本的：在結賬之前對「輕個不完」的現象，以憐憫之心，作筆伐的急先鋒者有一個叫做炯之的先生。曾摭些不實的論據，仗義執言，最後是慨嘆「一個時代的代表作，結起帳來若只是這些精巧的對駡，這文壇，未免太可憐了。」

最近聽說有人提出「文人相重」的口號了，這當然要算好現象，蓋文人都「相輕」去了文壇一無所獲之說果確，那麽，今年文人都「相重」起來，則年底苟又有人出來結總帳，必定大有所獲的。

其實據我看：「文人相重」的口號雖是新上市，而實際却是行之有年。相反，「文人相輕」之語雖爲古物，而貨眞價實的「相輕」並不多見。有之，贋鼎而已。筆者五年前也曾作過一篇「文人相輕論」，大意是說：「各以所長，相輕所短」的文人並不眞有，因不易見到彼此有什麽「長」，或者不能以至不願看到別人底長，所以除「以短輕短」外，有的是「單輕」和「相親」。當時爲這「單輕」與「相親」很費了一番說明（實行時手法甚簡單，下自明），原文已失，現借用作了七篇論文人相輕的罪人隼先生的話來解釋罷：『……那些高談闊論，不過是契科夫（A.Chekhov）所指出的登了不識羞的頂巓，傲視着一切，被輕者是無福和他們比較的，更從什麽地方「相」起？現在謂之「相」，其實是給他們一揚。靠了這一「相」也是「文人」了。』這就叫「單輕」！

「相親」容易明白，與相重之意差不多，只不過那時相親的文人，並不及今日的堂皇，而是一副怪可憐的臉相，其情景與廟會時空場上玩把戲的山東大漢用雙刀直刺口中，大呼「在家靠父母，出外靠朋友」相似。不過到底是文人，來得

「雅」些而已　被此遇見了，「打拱作揖，讓坐獻茶，連稱久仰久仰」，「相重」一通，再進就可以「相親」起來了。

不過這又是舊話了，今日之「相重」必有所異於往日。前此之「重」，雖也是「相」，畢竟是私行其是，爲效不宏，何況有時難免不有「具着兩張面孔的人」，「翻手爲雲覆爲雨」，利之所在，難言交道呢？故今者求「集體」作法，聚有志「相重」之「君子」於一堂，互明相重之術，共立相重之誓，只要以前或今日確只有一張相重的面孔的人，就應文無長短，兼收並畜。就是文字「短」一點，但靠了這「重」而且「相」，也就「長」了。今年文壇還再能一無所獲嗎？我國文藝復興是指顧間事。

三月二十六日，東京，小青莊。

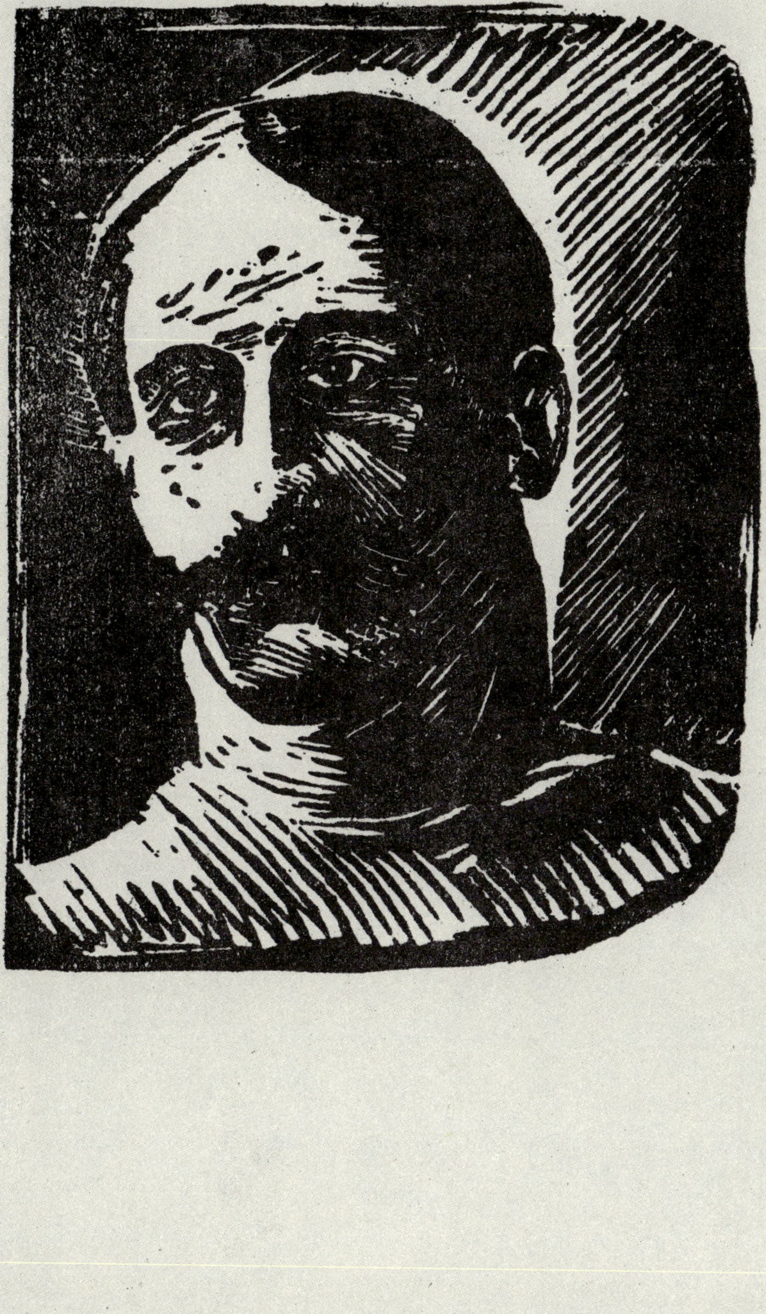

H. 巴比塞像（木刻）　　　　　　杨堤

●散文●

殤音　曹白

一夕話　李霽野

殤音

——憶揚澹生

曹白

KI給我來信，說，澹生在去年春天患了腸窒扶斯，投藥終不見效，死在他的故鄉了，並且告訴我，這消息是轉輾得來的，頗不容易；臨末是慼喟，字裏行間，充滿了對於亡友的哀慼。

我也立刻震動了。我們雖則都是年青人，但近幾年來，却常常聽到同輩朋友的明明暗暗的死。澹生雖是死於病菌，然而惟其如此，我對於他的死，更感到了一種難言的寂寞和悲涼。

澹生是在C湖藝校時的同學，比我高兩班。在一個專科以上的學校裏，高班生對於低班生，總是氣昂昂的，只同鄉和女的是例外。我天生是男子，在高班裏的我的貴同鄉又大抵是學校當局的「弄臣」或「太監」，氣燄萬丈，我迴避尙恐不及，那敢「領敎」！「道不同，不相爲謀」，同我攪在一起的，就只有幾個外省人，而且大抵在本級裏。所以我和澹生的漸次的接近是頗有了一番周折的。

似乎是我考入學校的第二學期的某一個早晨，是秋天，我還是選科生，很早的從自己的寄寓處上學去。走到Q山的林邊時，路旁有一個在寫生的靑年。身穿長衫，頭戴兵帽，一望而知是我們的「高班生」。他將西面一帶的景色用心地細細地畫着。這畫，在我看來，已大可以結束，擱筆，宣布告成了的。但他卻謹愼地强調着畫面上的秋晨的淸麗，把天空的淡漠繪成薄靄的雲彩了。我第一次看見這天空的創造，就站在他的旁邊，出奇地看着。

他忽而側過頭來，眼珠完全發白，强笑着似地對我說：

「怎麼？這畫？請你批評……」

看見了他的白眼珠，自己頓時就寒顫了一下，而且這出意的「歉遜」使我愕然了。我只得連忙訕訕地說：

「那裏……不敢！」

說完，撥轉身就走。一面懷疑他的白着眼珠的「不恥下問」的「歉遜」一定是諷刺。於是立刻結論道：「這傢伙很可惡！」

後來我由選科改做正科，可以住入學校的宿舍了。從此就在校園裏或過道中常常遇見這「可惡」的他。當然是彼此不睬，或者在途中相讓着走過。不過我這才分明的曉得，他的眼是「鬬尖」的，難怪看起人來眼珠白得會使對方「冷水澆」。那一次，或者是自己的「神經過敏」，誤解了他罷？

「九一八」事變爆發，學校裏成立了所謂救國會。這救國會並不統一，記得爲了通過某一條會章引起了極大的論爭。「弄臣」「太監」們，和別的一部分同學顯然形成了兩大對壘，會場裏鬧成一團糟。至於說話很少，而每一發言就痛刺「弄臣」「太監」們的，就是他。

「那映着門尖眼說話的，是誰呀？」我不免問別人。

「楊濬生！」

我這才知道他叫楊濬生。但此後的每一遇見，仍然相讓着走過去，我還一面低了頭。

救國會剛成立，校裏忽然起了「謠言」，說：救國會是被「一八藝社」操縱的。「一八藝社」在學校裏，歷來就是被視爲「異教徒」的。而且，「謠言卽事實」，救國會固然改組，牠的主席卽「一八藝社」的主持人，立刻就被學校撤退了學籍，其餘的幾個執行委員，各記大過二次和小過二次。——再犯一次小過，當然馬上可以除名，如其「偶一不愼」，竟犯大過一次呢，那還要倒欠學校兩次小過的。澹生似乎負有這樣的運命。因爲其時我還沒有同他招呼，更談不到熟識，記不確切了。

同班裏，我們有幾個人要刻木刻，但苦於缺乏參考和指導，有人就這樣提議說：

「找楊澹生去！」

「O??好吧！」我在肚子裏叫着，跟着他們去了。一走進他的房間，就看見了他在Q山邊畫的那張風景畫掛在壁上，分外的熟識：天空和山坡，樹林和房屋，都靜穆在秋天的晨色中，醒目而深邃，分明而含蓄……。

「好！請坐請坐！」

「不必客氣！」我說。

這算是我倆正式的第一次的招呼，而且這才知道了他是「一八藝社」中的佼倰者。座旁就釘有木刻，一如他的油繪的風景，刀觸不亂，畫面是十分淸麗的。他不大笑，但健談，一口南昌音，初聽的時候很難懂。我對他談起那天早晨的事來，他又睜白了眼珠，笑着對我說：

「請你批評，眞的。那時你爲什麼客氣呢？」

我說不出什麼話，笑了笑走了。從此我們就來往了起來。

濬生家境不大好，學費的大部分是靠着本省敎育機關裏的津貼。父親十分嚴厲，據他自己告訴我，要是他不是家裏的獨生子，他的父親早已宣布和他脫離關係了。但我却神往於他所談的他故鄉的那些神祕的戰爭，他講的時候，使聽的人感到似乎在屋邊的Q山巓的林梢上湧起了一團團的烟雲。

離開畢業只賸一學期，他終於不能倖免，同另外三個人在放假時被開除了。他們都是「一八藝社」在學校裏僅賸的社員。但他們平日的成就，是誰都知道的。

當時很熱鬧了一通，呼籲的呼籲，援救的援救，結果也還是一無辦法：校律尊嚴，成命是不能收回的。

假期裏他流浪在C湖，父親寫信來大罵。

由於幾個教師的幫忙，P京藝校准他插最後一學期的班。他於是乎上P京。臨別的時候對我叮囑道：

「要當心!!」

可是到了P京的他，滿腹牢騷，這也不如意，那也不如意，如：教師一禮拜來一次，其實，自己的比他好啦，教室像戲院，一天到晚小東人小東人啦，石膏模型的眼睛都塗黑了，身上也被塌滿彩色，弄成了廟裏的菩薩啦，「獵神」失去了鋼叉，「奴隸」沒有了頭顱啦，等等。給我的信總是細細地寫了兩三頁，字像蚊子一般大。所寫的又大抵是些瘋話或蠢話。此外，他是學生，但常論教育家，他是學畫的，但愛談時事。當他聽到了我的母親硬挺挺地死了的時候，來信說：

「世界是一檯吃人的筵席，你的母親被吃去了，別的許許多多的母親，也會被吃去的。」

「他將不會再畫清麗的秋晨了罷？」我想。

果然，他在P京寄來的木刻，沒有從前的清麗了。然而沈着、謹嚴。這是可喜的，我還寫信去稱讚。他在P京很努力，常用「楊堤」的筆名發表他的木刻，還開展覽會。可是在我的箱篋裏，他的作品連一張都沒有了，現在。

澹生在P京總算挨到了畢業。『畢業卽失業』，這回，他是流浪在P京，我也遭了捕。

我不想說出我被捕的原因來。總之，古今的聖賢，歷來就告誡百姓說：「禍福無門，惟人自召」。我們是「自召」「禍祟」的人，還有什麽話可說呢？……只是，我至今還感到稽稽而且悲哀的是澹生給我所有的信，全部落在探子之類的手裏，去作爲我的犯罪的證據了。因此，我在鐵窗的黯影下，便常常想起善良的澹生來，他在P京不知如何生活的？

出獄之後，我曾各處探聽過澹生的下落。那些囘答眞紛紜：有的說在N京，有的說仍在P京，有的說他囘到老家南昌去了。「莫衷一是」。探聽旣然這樣的飄飄忽忽，起初還感到悵悵，但日子一久，我到底把他忘記了。

一天，我接到了一封信，看看字跡，似乎很熟，但一時又似乎記不起是誰。拆開一看，原來是澹生的。——

「老曹：

「我在Ch那裏，得到了你出獄的消息。你想，我的心情該是投在怎樣的一種激動的狀態中了。但拿起筆來，我眞不知道寫些什麼好：似乎要寫的很多，又似乎一點也沒有。前年我在S市停留到年底，就被我底父親來抓囘南昌去了。接着在一種最嚴重的壓迫之下，和一個紳士底女兒結了婚。這是我一生中最大最大的不幸，我所受的打擊，可以使我短壽五年的。去年五月間，我極力設法跑到N京去。但在七月底，又北上了。因爲N京方面，職業無望，生活程度又高，待不下去。不如P京有不化錢的會館可住，比較易於苟安下去也。在會館裏靠着當東西所得的塊把或幾毛錢來買白菜和米，過着自炊生活。一無辦法。直到十一月初，才從報紙上得到一個機會，考取了一個國家機關裏的繪圖員。月薪三十塊。工作是一天到晚伏在顯微鏡上，用鉛筆作最精細的植物標本的描繪。就這樣，一直到現在了。在現在，要想抽點時間作作畫，刻幅木刻，寫些速寫，那就只有在夢境裏。

「Ch已失業，你該知道了？他此刻正在作一張標本圖，由我拿去給我底上司，請求允許Ch共幹我底職務，即每人每週幹三天，或每人每日各幹半天，各得洋十五元。未知上司可肯答應呢？

「說起來，使我又內疚、又慚愧、又憎恨！我底幾封信，竟被看作『禍水』，我眞非常自責我底粗心和任性。但現在還有什麽可說呢？現在是沒有什麽可說的了。

「正月初，我生了一場病，躺在醫院裏兩禮拜，化了二十多元。眞他媽倒霉！把幾個血汗換來的錢，硬要我寃裏寃枉的化了才收場。

「現實的黑塊，在這樣的社會，在這樣的人間，給予我們的過於重壓了。三四年來，我就弄成這麽一付疲憊不堪的模樣，確比先前陰鬱得多了。但我們總要銘記，時時刻刻；而且前面也未必不是沒有光明的，只要我們敢於踏上去。你要保重你的身體，我們都是青年呢！

「夏天，我決心回南昌。經過S時，我一定來看你。你等着罷。

濬·三月二十四·」

讀完了他的信，使我倒抽了一口冷氣。眼前立着一個身心交疲的青年，宛如一棵孤竹，在狂風裏彎下了牠的身肢。雖然他還想站直，但那叫喊不是比哀訴還低嗎？

我連忙回了信。但他此後就沒再給我寫過一個字。我的生活也被職業所割裂，日漸疏嬾，也並未給他第二封。於是兩邊的音訊從此斷絕。到夏天，我也沒有盼望他的來，而他也並沒有來。

不料他終於死去了。

死者還留給我的，就是上面這封兩年前的唯一的信。以前給我的許多封，那些澹生用心細細地寫來的信件，是鎖在偵探的「密囊」，還是壓在法院的神聖的檔案裏了呢？我不知道。我所確切地知道的是澹生，他已靜靜地長眠在土裏，永遠取不回那些先前給我的信了……

三·二八。

一夕談

李霽野

在薄暮的微光下面，麗莎的微微笑着的臉上罩着一層淺淺的憂傷的輕影。我們低聲談一兩句話，便又沉默下去了；我另換一個題目，也沒有什麽結果。雖然我不知道究竟是怎樣一回事，這樣的心情却深爲我所了解，而且我覺得在這樣時候，我還是保守一時沉默的好。我們默默相對喝了一會茶，漸漸我看見她眼裏彷彿閃着一點淚光，我知道快要到她傾吐心懷的時候了。我只看着她的眼，不久她就輕聲說道：

『我總忘不了我說過一句話，很對你不住。』

這是我怎樣也沒有料想到的，我不禁愕然了。隨着她就加以解释，並且說：

『這每每在我很快樂的時候使我感到不安。從這不安我又往往向遠處想……

……」

「遠處想？」

「是的；你可不要驚異，也不要笑。……」

她莊重的又沉默起來了。我想這恐怕是什麽女孩子所常有的一點不合理的想頭罷，就半莊諧的說：

「不驚異是可以遵命的，不笑可辦不到。」

「說正經呢，我自己這樣想時，也難免有時要笑自己的，所以我希望我說了你不要笑我。這想頭糾纏着我不安，我也擺脫不了；一向都很朦朧不清楚，近來却變成不僅只是一種渺茫的感覺了。」

麗莎停住話，啜了一口茶，我卽使有笑，也要給她那認眞的神氣悶死了。我只用了詢問的眼色使她繼續說她要說的話。

「你知道的，弟弟和他的新夫人一塊到貴州去了，在要到達目的地的時候，船出了險，兩個人幾乎淹死在長江裏了。』

這險遇很使我驚異，但是我却看不出可以憂傷的理由，因爲這事情早已過去，他們已經平平安安的到了地方了。但是我遵命沒有表示什麼驚異，聽她繼續說下去：

『唉，俗語說得對：生死相隔只有一線！死既不擇人，也不擇時，也不擇地。』

『但是死也並不着着勝利，對於他們，他就不會得手，』我以爲她所懷的只是這件事所引起的一點憂思，所以想從這方面慰安她。『死也是人類的一大恩人：因爲他威嚇，大夫們纔有了喫不完的糧食；待到我們有了點年歲，親人和朋友都沒有了的時候，他却一定可靠，並不此親彼薄——有幾個人能像他這樣忠實？自然，他也有惡作劇，甚至存心欺騙的時候，例如抱走了心愛的嬰孩，奪去了乳嬰的母親，分開了親密密的情人；但是，這一點點的靠不住算不了什麼，若是我們看一看人間世……」

「得了，得了，你說得很有道理；不過我所想的就是這點無常，這點偶然，這點惡作劇。我可不是爲自己這樣想；死雖然頑皮，我想現在還不敢開我玩笑。可是一別樣想，也就是我說過的往遠處想……」說到這裏時，麗莎的眼睛憂傷的看着我。

「原來這樣的！派我領這份恩誼，我可不敢承情。」我想用玩笑話打開她的憂鬱。「就憑了剛纔我爲他說的一番好話，死亡也要對我留點面子。」

麗莎勉强笑了一笑，我看她的憂傷絲毫沒有減却。過了些時，她纔又低聲說道：

「弟弟他們走後，父親常常向我們說，很後悔以前對於他的言詞有過嚴的地方，一想起便很難過。經了險以後父親更其有那樣的感覺了。雖然他很欣喜弟弟們沒有出事，他的心總因此常常憂鬱，覺得有對不住弟弟處似的。其實在我們看來也不能再好了。父親又向母親說，以後絕不再因爲點小事起口角；又說對於二弟弟也不願管束過嚴了。談起二弟弟又將遠行，父親很是傷感，覺得一不相見，恐怕心上又要添一番心事。我們看見父親顯然有一種改變，就是從嚴變成慈了。」

我望着麗莎的眼，明亮的閃着淚，面頰也更爲紅潤了。

「這點經歷給了我很深的印象。我心裏一種渺渺茫茫的不安，這時我纔恍然明白了，我總記得我說過一句對不住你的話；我想萬一我們要遠別、長別、或甚至——永別！……」

「麗莎！」我只能喊出她的名字，說不出別的什麼話。她的美麗的心像一個星座一樣在我眼前閃耀。

「你可肯原諒我？」她抬起臉來看着我問。

我吻她，緊緊的握着她的手。「我早巳忘懷，你也莫要自苦了。」

麗莎微笑了——是雨過天晴的微笑。

這以後，我們的談話流暢的繼續下去了。麗莎低着頭先說話：

『今年暑假，你知道，母親大病了一次。母親被送到醫院以後，家裏只剩下年小的弟妹，屋裏顯得連燈都沒有光了。夜裏我去陪伴母親，據大夫說，那是最危險的一夜。我想只有用虔誠的心，繫留着我們的慈母。我不敢向最壞處想，但是我略一閉眼便要看到可怕的事：父親的無可慰安的臉，弟妹們哭哭涕涕的容顏。這時候對於母親平日的勤勞，心裏不知感到怎樣的難過，自恨不會多多分擔一部。母親的平常不必要的小煩惱，我們無意間引起來的，這時都成爲不可原諒的罪過一樣緊壓着我的心，我眞覺得無地容身了。我深深覺得我們沒有愛夠母親，很怕我們將來沒有機會了。』

說到這裏時，麗莎抬起臉，微笑了。

「這樣過了幾天，母親幸而有了轉機了。你想我多高興！待到母親病好回家時，連年歲最小、還不甚懂事的小弟弟，也牽着她的衣襟亂跳着嬉笑，彷彿他也知道我們逃出了怎樣大的不幸。我們笑作一團，不能再快活了！在心緒稍定的時候，我渺茫的有對不住你的感覺，因爲我記起以前的一點事。……」

憂傷雖然離開了麗莎的臉，却潛進了我的心裏了：這段話引起了我對於自己母親的懷想。小時我除了耍牌，沒有一點引母親不歡喜的嗜好，我常常覺得對不住母親的，也都是和這種壞習慣有關的小事體。記得有一兩次因爲不聽母親的勸止，過了應該睡覺的時候，很傷了母親的心；事後悔恨了默然的坐在母親身旁時，母親却極力安慰我。母親逝後，我彷彿覺得有許多可以做了使母親喜悅的事，我都沒有做到。幾次夢見母親，我都抱着她哭醒來。母親病前跌過一交，頭部碰到石上所留的血痕，經久遇雨還殷紅着，我一想到心裏便發軟。這一切從我的心上閃過，我覺得我「沒有愛夠母親」，現在後悔沒有機會了。

記得談起祖母時，母親說過，在世時不覺怎樣，死後却常常想念起來了。這時候我纔了解這話是何等眞確。

從這我也記起來，小時候有一次二弟弟觸犯了我，我在街上足足追了他半個鐘頭，——幸而終於追他不上，減少了許多現在囘想起來我心裏要難免的後悔。然而有兩次，在他犯了別樣的過錯時，我在原諒他之後常常覺得自己太苛刻，想到小時的那一點事體而流了淚。

還有我不能忘記的，是我對於四弟弟的一次過失。說起來也可笑，這完全是爲了顧全做哥哥的虛面子，雖然在當時也似乎頗有其他堂皇的理由。暑假中在北平住着的時候，我聽說他天天只是嬉戲，朋友們談起來，也有人說我太過於放任了。於是拿足了哥哥的架子，塡滿了法官的莊嚴，將化了裝的虛面子認作良心上的責任，我將他好好的教訓了一番。他恭恭敬敬的聽着，沒有做一聲，我想這一囘我可有了哥哥的聲威了。

當晚是非常好的月夜，被一對新婚的朋友所邀，我到北海划船去了。隨談隨笑，我們的船在湖心緩緩的動着。遠遠的有更爲歡快的笑聲，一隻船很快的向湖心划來，引起了我們的注意，我們便停槳凝視。不久船到跟前了，裏面却坐的是我那位弟弟和他的一位小朋友！

這眞是天翻地覆似的大驚駭，立刻使我變成比白天要「地道」百倍，認眞百倍的角色了。我當時厲聲厲色的一番教訓，自己是以爲頗有「天地之正氣」的；所發生的效果也確有可觀：弟弟和他的朋友都無聲無笑了。我覺得我盡了一件了不起的大責任，親眼見到的那一對朋友一定大大佩服了罷。

但風吹得略一清醒，我立刻就看出在責任心的一層薄膜下面，虛面子在向我做鬼臉。

這以後，我就不再有遠播聲威的意思了。

過了約半年，弟弟失踪了一禮拜，好容易纔知道是被人「請去代爲管訓」去了；因爲不相信了自己，對這好意我迄今並沒有感報，使我每以忘人美德爲惜。

經過了這一番管訓之後，弟弟大病了一次，這管訓的責任幾乎輪轉到一隻更爲無情的鐵手裏面。這時我多次覺得對不起弟弟，即使向虛面子上打了嘴巴，也還以爲彌補不了那一次的過失。

兩三個月前，三弟弟憑了自己的經驗，在來信裏說到四弟弟這時期未必肯用功，勸我要嚴一點，甚至「給他點顏色看」。適逢四弟弟前來，我就將這封信給他看了；待他看完，我們彼此笑了笑。我沒有說什麽話，只默想三四年前的那點顏色，怕他還沒有完全忘却罷。這對於我是很有教訓的經驗，所以在覆三弟弟的信中，我告訴他這一次我只借用了他的紅臉。

麗莎定睛看着我，彷彿看出了我心裏的經過。『爲了我的話，引起了什麽不快活的聯想了嗎？』她溫存的問我。『莫要這樣，』過一下她加上說。

輕輕的提了一兩句我的所感安了她的心，我就問她道：『你還記得六七年前我教給你們的那篇 Mary Ann Lamb 所作的 "The Sailor uncle" 嗎？我記得，我曾將我所歡喜的那篇末的一段，反覆爲你們讀了好幾次。』

『大意是還記得的。』

『那你該記得裏面有這樣幾句話：「我們的親愛的朋友和我們在一塊的時候，我們只享受和他們相處的歡樂，並不怎樣思想或考量我們所享有的幸福，也不仔細較量我們日常的行動——我們的心情和愛也罷，不滿也罷，總任意的向他們傾吐；若有什麽小小的口角影響了我們的友誼，在我們的脾氣好些的時候，這只足以使我們彼此更爲親熱罷了。但是愛的對象一旦永遠消失，這些事情在我們的心上却就成了悲痛的過錯。……對於你所愛的人們盡量的和愛；而且要記住，你失去了他們的時候，你絕不會以爲你的和愛到了適當的程度。……」』

麗莎微笑着頻頻的點首。

我酌滿酒杯，彼此暢飲了一杯好酒，——我們所要的菜肴已經擺在面前了。

一九三六年十二月九日，天津。

书评：

「烟苗季」和在「白森镇」　茅盾

关於「思想方法论」　冬青

「煙苗季」和「在白森鎮」

煙苗季，周文作，文化生活社出版，五角。

在白森鎮，周文作，良友圖書公司出版，二角五分。

茅　盾

煙苗季是十四五萬字的長篇，在白森鎮是約七萬字的中篇，煙苗季驅使着衆多的人物，展開了巨大的場面，而在白森鎮則主要人物不過三個，故事的情節也簡單；煙苗季的主人公們是武人，而在白森鎮的主人公們是文官；但這兩本小說却是互相補充的。我們同時讀了牠倆以後，有一個結論是無論如何會得出來的：在中國這個最大最富庶也最黑暗的邊省裏，封建軍閥們——大的和小的，曾經怎樣把廣大的幅員劃裂成碎片，而且在每一最小的行政單位（例如白森鎭）內也成爲各派軍閥暗鬬的場所。昔在中世紀的黑暗時代，歐洲曾經到處是邊疆；煙苗季和在白森鎭所取爲背景的十年前的四川，便也是一縣之內有無數敵國，一年之內要換好多次「主人」的。

軍閥們所爭者，自然是地盤；要保守旣得的地盤不能不有武力，而且不能不時時擴充武力；擴充武力以後就不能不開拓地盤以取得更多的給養，於是敵國似的軍閥間，就要發生戰事了；擴充武力先須有錢買槍，財源的大宗却是土（雅片），爲這土，發生了各軍閥間的戰爭，也發生了一個防區內各存異心打算自謀發展的人們間的暗鬥，結果也得打過明白。煙苗季就是用了藝術的形象將這一切展示給我們的。在煙苗季中，我們看見了以旅司令部爲中心的旅長與參謀長間的暗鬥，旅長的親信和參謀長的黨羽間的鬥爭，而所謂「禁煙委員」這肥差成爲暗鬥表面化的動力，然而在白森鎭却又告訴我們，勢力的對立不但在什麼旅司令部內，或什麼「禁煙委員」的派任，卽在一個不重要的縣裏，軍閥們對立的觸角也不會放過；讀了煙苗季以後最好再讀在白森鎭來補充，然後對於這個「天下未亂蜀先亂」的古怪地方的面目能夠有近乎全盤的認識。

作者告訴我們，這兩本小說寫的都是「一九二四到一九二六年的北洋軍閥時代」，——「卽中華民國十五年以前的時代和人物，且是邊荒一隅的人物，對於目前究竟有着怎樣的意義，自然是很難說的•」（煙苗季後記）三個月以後寫了在白森鎭，作者在後記裏又說：「這裏面所創造的一些人物（指煙苗季和在白森鎭兩書裏的人物。——筆者），據在我十年前的經驗的提示，是曾經有過的；自那時以後，似乎也不見得已經沒有。那末，畫它下來，保存一點歷史的眞實，想來並非全無意義。」其實，以我看來，像煙苗季和在白森鎭所寫的那種醜惡，亦何嘗只限於那「邊荒一隅」，不過是形式略有變換而已；至於那樣的「人物」旣然是封建社會的道地產物，則希冀其沒有，十年的時間似乎也太短，更何況十年的時間所加於這社會本質上的改變只是零呢！我相信那樣的人物現在尙未成爲「歷史的」，不過換過一件外套罷了。

讓我們再回到這兩本小說的本身罷。

煙苗季裏那位旅長，在「捲土重來」奪回了他的「防區」以後，就發揮他的軍閥的本能：一面剝削老百姓，剋扣軍餉，買田地，並且用商人出名來開設商鋪專門承辦旅部的「庶務」，另一方面也買搶，打算成立一個補充團。然而「司令官」方面，表面上承認了「旣成事實」，暗地裏却在提防這位戰勝的旅長養成了實力以致尾大不掉；旅長的參謀長就是司令官的人，旅長手下有一個團長是參謀長的黨羽，有兩個能戰的連長是參謀長的學生，這些是參謀長的實力，却是近在肘腋，而旅長親信的另外兩團人却駐防在外縣，旅長身邊的親信隊伍並不比參謀長的「實力」强些，——或者還不如呢！

司令官的「政策」是減削旅長的實力，扶植他自己的勢力，運用一些有個人野心的人，如參謀長之流，做工具。司令官派了一個祕書到旅長身邊來，這祕書就是一切陰謀的策劃者。參謀長和旅長的敵人「江防軍」有勾結，又有旅長的上司——所謂「司令官」的撐腰，除了兩連人的實力又在旅部裏滿佈着爪牙（兩個參謀和一個能說洋話的軍醫官），甚至在旅長公館裏也有參謀長的腹心在當馬弁，刺探旅長的舉動。

然而這一切，旅長似乎都不大注意；他並不是沒有「情報」，他的私人（軍需官）通過了他的實在是姨太太的太太時常給他「忠告」。不過旅長自命堂堂男子，不大肯聽婦人的話，雖然他對於參謀長早有戒心的。

故事的開場在「煙苗季」到臨而所謂「禁煙委員」快要發表。參謀長要把「禁煙委員」這肥差位置他的私人，這就和也在覬覦此缺的旅長的私人發生了嚴重的衝突，而旅長的私人爲了「自衞」，就加緊的刺探參謀長的陰謀，加以暴露。爲的要使旅長下決心，軍需官他們又使用了不光明的手腕，終於旅長只好騎上虎背了，他在公館裏對副官長下命令：「你此刻馬上去全城給我戒嚴！同時派一連人到參長謀公館去把所有的人抓來！」旅長下命令的時候，當然參謀長那面也在積極準備，一場廝殺大概難免，不過這是在煙苗季的故事以外了。

煙苗季裏多數人物是有生命的。但被充分發展了的性格，却是那位旅長。他能打仗，「在最前綫督戰，……穿着兵衣服　提着手提機關槍，帶領着十幾個弁兵」，把敵方的也在最前綫督戰，一手提着大刀一手拿着手槍的旅長打敗得衷心佩服（頁二一二）。可是他怎樣治軍呢？他進營門時，有一個小兵因爲出其不意見旅長來了趕快跑開忽然跌了一交，於是旅長鉄青着一張臉咆哮起來，給了那小兵二個嘴巴；小兵忍痛立正，一隻黃蜂刺他的鼻樑，他還是緊緊咬住牙齒，仍然腰背筆挺的立正，兩手垂在屁股邊不動。旅長忽然轉怒爲喜，立卽召集全連士兵訓話，指着那被打的兵說：「我剛才打了的，是我們全軍中的模範兵！……他在挨打的時候，連臉都不動一下。隨着一個蜂子飛來在他鼻子上刺了好一會，刺起了一個疱，他連眼睛都不閃一閃，連淚水都沒有，他的立正姿式還是一點也沒有改變。這種精神，是值得嘉許的，這是我們軍人的模範。所以我要立刻提升他當班長！」（頁二二〇）他不是個有權術的人，實在倒在性情粗暴爽快一流，但他沒有主意，常常動搖不定，他理性地想要不爲包圍他的私人們（太太也在內）的挑撥所動，竭力想緩和他和參謀長他們的暗鬥，但他終於被軍需官的小小把戲所瞞過，把參謀長的本家而充當他的貼身馬弁的吳剛當作刺客，因此下決心硬幹了。他在打仗時能親臨前綫衝鋒，奪回了地盤後亟亟於擴充武力，然而他在和太太鬧架後日夜獨居，忽又記起在外省的家鄉來了，「那曾經少年時候住過的家……靠着山脚邊，一條潺潺流水的小河，河彎處一叢森森的樹林」，他總覺得「像恆豐祥老板他們那種生活是舒服的，在鵝毛山脚有一間依山傍水的瓦屋，而且有三個兒子……」（頁一四四），他認識「權力」的重要，他崇拜「權力」，但他不但靜夜時企慕着「恆豐祥老板他們那種生活」，而且當司令官來了電話給他下不去，他感到事情棘手時，他當眞要辭旅長不幹了。直到軍需官的小把戲（誣吳剛爲刺客）證明了他一解職連性命都有危險，這才他決定了主意。

煙苗季裏的旅長是一個典型性格。

參謀長的性格和旅長正相反，是陰險一流，富於權變，也許是因爲這一個對照罷，作者的同情似乎還在旅長那邊，雖然對於旅長那樣的人，作者的根本態度是否定的。

在白森鎭有喜劇的情調，寫的是正縣長和分縣長的爭鬥。「別的縣份都只是一個獨立自由的縣長，而我這一縣偏有這麽一個令人掣肘的分縣長！」——一縣的地盤有人來「分」，無怪正縣長一定要想法解決。但分縣長不是沒有來歷的，他是軍部的參謀長的親戚，因此雖屬王師長心腹祕書的正縣長也暫時只好忍受。

然而機會終於來了。軍部派來的一個服務員（政治軍事學校的畢業生，所以也就是軍長的學生），縣長以爲是來偵察自己的，却原來是個「很容易利用」的

「孩子」，這位年青的服務員自居爲「純潔的青年」，當然是世故不深，常常張着幻夢似的眼睛，背誦他那幾本政治講義上的「洋八股」，空想着怎樣建設，把荒村變成工業的都市。正縣長的陰謀是早已佈好了的，於是用那個服務員做了工具，由他的手，將分縣長的通匪殃民的劣跡（這都是事實，然而正縣長巧妙地製造出證據加以坐實），報告了軍長。

分縣長固然撤職調囘去了，遺缺却由正縣長暫時代理，正縣長知道和分縣長辦移交是一件痲煩事，就將這根濕木梢放在服務員肩上，並且私下訂明了薪水對分。這位服務員欣然上任，在辦移交時被分縣長十足愚弄又加以挑撥。於是想在小小的白森鎭上大展抱負的夢破碎了，青年的服務員感到前途茫茫。

這樣的三個人物中間，年青的服務員是一個典型性格。這人表面上似乎是個熱心做事的沒有經驗的空想者，但本質上的卑怯、愛錢、虛僞、崇拜權勢、乃至無恥，都被作者不容情地輕輕揭露出來了。他在書中故事內雖然確是不懂官場訣

收　獲（木刻）　　　　　　　　力　羣

竅，有點傻氣，然而他一定能夠很快地學會了做官法門，正像他學會了政治講義上的「洋八股」一樣；而且正惟他比那個正縣長和分縣長都「新式」些，他知道有廬梭的人權宣言，會說「首先把一縣劃成許多單位，每一個單位抽出一部份人出來訓練訓練，受一定公民教育，……」會說「不應該用老虎櫈」，所以他若正式做官時，作惡的能力一定還要大。

在白森鎭中這位服務員的描寫應當眞是此種典型性格一個開端。須要有另一篇把牠來充分發展才好。

關於「思想方法論」

思想方法論，艾思奇作，生活書店出版，三角。

冬 青

辯證法眞難懂！難用！這樣的訴苦話，是近年來時常可以聽到的。它的最主要的緣故，當然是由於辯證法本身實在是個奧妙，高深，複雜的學理；但是一般人沒有把它寫得好懂一點，以及沒有把它緊密地和應用聯繫起來說明，這不能不說也是原因之一。

要是一般訴苦的朋友底不懂，和不會用，並不是因了自己懶，我想，這書是能夠相當的幫助他們解决困難的。

這書的優點顯著的有四：易懂，不怎樣枯燥，體系完整，以及與當前的實踐有着高度的統一。不過，在這兒，我倒不想闡揚這書的長處，只想把我所看到的，這書底美中不足的地方加以指出，以及把我覺得有點成問題的加以質疑。我所以這樣做，簡單點說，是因我覺得這樣做，不管在理論上或在事實上說起來，却不會對我所祝福的東西有什麽害處，對我所恨的更無益處的緣故。

首先得指出的，本書的用語太不考究。含糊，勉强的句子很不少。我覺得，爲了行文上的方便，讓那樣的句子留在一本人們該精讀的入門書裏，是不應該的。這，一方面易使讀者誤會，另方面易讓惡意的論敵得到歪曲的根據。

例如在讀認論的一章裏，說到主觀與客觀的相互關係那問題時的話，便是個很好的標本。他說：

『有些崇拜天才的人，以爲人的聰明是完全天生的，這是很大的錯誤。』

在這句話裏，聰明二字的含義是很清楚的。卽是說，聰明不是什麽神妙的東西，祇是主體與客觀在某種優良的條件下發生交互作用的一種表現或結果。但接着他說：

『這種錯誤是由於『它把人類的主觀（思想、聰明）過份的誇大了。』

在這裏聰明二字是指的什麽呢？我想細心點的讀者，一定會從它裏面讀出些和這以前說的不很和諧，不很統一的東西來。在這兒，把思想與聰明，放在和主觀同一意義的位置上使用，可以說，已在某種意味上越出了他自己在前頭對聰明所下的界說的範圍了。在認識論裏，主觀和思想與聰明決不能是個同義語，所以我們可以說，艾先生一個不留意，便已在這兒造成了在某種意味上把人的聰明看作自足地存在於人的頭腦中的東西去了的錯誤。再接下去，他竟說：

『無論怎樣聰明的人，不經過相當的學習，他的聰明決不能發揮出來。』

好了 到了這兒，可能的缺點已變成了現實的缺點。人不經過相當的學習，竟可能是『怎樣聰明的』！學習，在這兒祇不過是使聰明能發揮出來的一種工具或導體了！

自然，我們無論如何不能從而說，艾先生是不懂得聰明人的產生過程的。這，祇是由於艾先生行文上的習慣和一時的大意所弄出來的錯誤。不過，這樣的句子是怎樣的要不得，也是很明白的。

第二，本書材料的分配，似乎不很適當。同是必要的，有的很多，有的很少，有的沒有。

好像絕對與相對那一對立的統一律，在辯證法中本是條有決定作用的法則。看辯證法的歷史，有名的古代哲人，就是在形式邏輯的全盛時代，所以能夠發出那種使它感到動搖，使它感到招架不住的議論，其最重要的原因，就在於他把握到了事物底相對與絕對的對立統一的性質。可是關於這，本書却一句話都沒有說到。無視這法則所生的壞結果，在本書中也是很明顯地存在着。例如在說明人與動物的分別這問題的語句中，便因爲這而弄到充滿了絕對論的氣味。

認識底歷史發展性質的充分敍述，在方法論的闡揚、證明上說來，固然是必要的；可是，在辯證法的學得和運用上說來，這種以省去別的重要的內容來詳盡地敍述它的，費去太半篇幅的說明，却實在有點浪費。這也許是由於作者對新哲學大綱過份推崇所致？——因爲『辯證法』『論理學』『認識論』三者底這樣高度統一的闡述，是祇有在新哲學大綱裏才有的。

在我以爲，整個的認識論在本書中儘可分爲：『在認識的發展過程中的幾個階段的形式和內容』，及『研究過程中的幾個步驟』二節，加以簡略的敍述便盡夠。不知艾先生以爲如何？

第三，『辯證法的應用上應注意的幾點』一章裏，我以爲也有待商榷的地方。它在第二點上說，研究時應注意所研究的事物底發展方向。這似是多餘的。難道一個能用辯證法去研究事物的人，在研究時會忘了自己研究的目的的嗎？在『多方面的把握』一段裏，我以爲最好是加上個『歷史的性質或地位的把握』去。卽是說爲求事物的更徹底的了解，加個縱的把握在橫的多面的把握上是必要的。在『眞理是具體的』一段裏，照理是得更進一步的去告訴運用辯證法的人，不要把辯證法當做無所不能的魔杖，把它亂用到自己不熟習的問題上去。不知艾先生以爲如何？

第四，在人與動物底能力的分別這問題裏，艾先生說：『螞蟻蜜蜂始終只依靠着它們生來的能力去生活。』『螞蟻蜜蜂的窠巢始終是那樣的窠巢，人的住處却由洞穴到草房，由草房到木造屋，……』這樣的說法，細細的體味一下，似是有點犯了抹殺動物進化可能的嫌疑。這裏面是含有很濃厚的非辯證法的氣味。要是『一切都是發展的』這句話是眞理的話，那麼，螞蟻蜜蜂的能力爲什麼便會始終是那樣的，而沒有發展的可能呢？根據目前的進化論說來，誰都曉得它們也是發展的、變動的，就是拿差不多已是大家都知道了的關於螞蟻的事實來說，它便是個能隨着環境的需要而變的東西。它旣能打地洞，又能造高窠，有的還能在樹上造空間巢。它也許還有我們所不知道的更奇妙的能力的表現。不過，就只這些，也已足夠證明它們也是有可能改變世界及改變自己的。這兒，我們應注意的是：它們有着它們的獨特的質，因了質的限制，它們的發展速度及能量的表現便與人的絕然不同。但是，不管是有着怎樣的不同，不管它們的發展是怎樣的微小，不管它們在不變質的限度中的量的可變性是怎樣狹隘，而發展却總是發展的，我們怎能毫無附加地說它們始終是那樣的呢？所以，在敍述人與動物的差異時（其實，對任何事物都是一樣的），要求能精確，是無論如何不能忘了質量互變的法則和對立統一律的更深的把握的。一句話說，不要有一瞬間忘了辯證法！

第五，「人的特色在於能不斷的改變世界和改變自己。」什麼是世界的改變呢？『以樹造弓箭，以鐵造刀鎗……。』人自己的改變又是什麼呢？『有了弓箭，能力比徒手的時候大，有了刀鎗，能力便更大……。』這種的說明實在有點成問題。至少也犯了沒有把握着最主要的一面的毛病。這裏面的改變自己，我以爲最好是解作改變自己的社會地位；因爲人的最主要的特徵是在他的社會性上。所謂改變世界這句話中的世界，當然地應解作包括生產關係的東西去。這正如在第六十頁裏不說中國人的共通性是人一樣。

我還模糊地記得，我們的先進者之一，也會說過這樣的一句話。而他所指的世界正是社會，所謂自己，正是人的社會地位。

在這兒，我得聲明一句，艾先生在第六頁裏說到我們中國的社會這問題時，他也是和我上面所指出的一樣，把世界解作社會，把自己解作社會地位，完全和他自己在前頭說的自然性的說法相反。

第六，在敍述質量互變律時竟用人由青年到壯年的過程做例證，這可眞有點太荒謬了。簡直可說是和拿兒子當做父親的否定，孫子當做祖父的否定之否定一樣滑稽。青年與壯年的質的不同是什麼呢？是不是一個由十幾歲到二十九歲，一個由三十歲到四五十歲的事便可算作它們的質的不同的根據？

要是這兒的質是指性格說的，然而性格的變化，却無論如何也不會恰好在三十歲時候出現。並且，假如是指性格說的，那末作爲它的量變的東西，無論如何也不能是年歲的增加；因爲年歲的增加，與人的性格的改變，幷沒有直接的、決定的、必然的關聯；作爲性格改變的根據的量的單位，在我以爲祇能是那基於它自己的內的條件的發展，和外的刺激，二者所構成的性格本身的醞釀，變動的數量；還有，人的性格在他由青年到壯年的十幾年中也不一定會變，更不要說什麽由二十九到三十了。

由一質到它質的過程中，必然有連續性的中斷，卽突變的存在，因爲不如此他質便永無出現的可能。可是，由青年到壯年的過程，卽使眞的是個性格上的質變過程，他的速續性的中斷在那兒呢？難道由二十九到三十便是個突變嗎？艾先生是非常尊重新哲學大綱和唯物論教程的，不知在這兒爲什麽一點也不把它來拿來參考？

由質到量，通常都是指由新的質引起和舊的質不同的量的變化一事。例如：生產力的發展，由於社會主義的新的質，引出比在資本主義時大了不知多少倍的速度。拿最近的西安事件來說，西安事件爆發後，西安的救國工作的發展速度便遠非事變前所可比擬。可是艾先生却把它解成在三十歲的基礎上增加其歲數的事去了。

另外，關於否定之否定律本來也想說說的，祇因這個問題說起來話很長，而且本書所有的多是根據新哲學大綱和唯物論教程，要說，不把那兩本書裏面的也連帶的說說是不可能，所以我想把它另寫一篇和大家討論討論。

校後記

X·F·

本書出版的時候，已經是多事的五月了。在這裏我們依然沒有什麼可以稱爲特別出力的東西，祇是把認爲可略供參考的稿子集成一本，希望諸君在工餘時閱讀了能夠得到聚思廣益的微效。

但蒼蠅的故事，「文人相重」，關於「思想方法論」三篇是從不相知的同情者底寄稿裏面選出的。前面兩篇，關心文壇盛事的讀者當能明白所說的是什麼，後一篇則是思想問題的討論。原來，我們很希望登載關於思想問題和一般文化批評的文章，但沒有實行，所以在這里高興地把冬青先生底寄稿發表了。艾思奇先生是勞績最著的進步的哲學家，對於這樣具體的討論當表示歡迎的罷。聽說冬青先生在學籍上還是一個中學生，艾思奇先生應該會感到一種高興的。

病中通信九封，我們不但可以看出魯迅先生病中的繁難環境和先生到最後一刻都不隨便的態度，而且，「痛定思痛」地讀來，年青的文化工作者不難生出深刻的警省。

插畫，介紹了 F. Valloton 底三幅木刻。他原是瑞士人，後來歸化了法國，在木刻上開拓了特殊的天地。在中國，據我們底見聞，除開奔流介紹過伊勃生底木刻像以外，這回要算是第二次了。對於木刻創作者，也許可供參考罷。其餘的四幅「畫」「刻」分開時代的木刻，作者底國度時代不詳，因爲中國除死靈魂百圖外，這樣的作品還少被介紹，特用銅版複製四張，但結果依然不好，幾乎看不清線路了。

譯文一面旗子底作者是在德國受過了酷刑和監禁底苦痛，逃出了國外的作家之一，原是工人出身，一直爲勞工解放而鬥爭的，現在住在蘇聯，做着國際作家協會底工作。

（五月四日）

收穫

每册實價二角整
外埠酌加寄費

著者　克夫等
發行者　曹連山
經售者　生活書店

中華民國二十六年五月十日

黎明

胡風　賈植芳　求是　克夫　馬乃蒙　茅盾　青路

文江　人几　紺弩　艾青　端木蕻良　雪葦　楞斯

海上之人有好漚鳥者，每旦之海上，從漚鳥游，漚鳥之至者百住而不止。其父曰：吾聞漚鳥皆從汝游，汝取來吾玩之。明日之海上，漚鳥舞而不下也。

——黃帝第二

宋有狙公者，愛狙，養之成羣，能解狙之意，狙亦得公之心。損其家口充狙之欲，俄而匱焉。將限其食，恐衆狙之不馴於己也，先狂之曰：與若芧，朝三而暮四，足乎？衆狙皆起而怒。俄而曰：與若芧，朝四暮三，足乎？衆狙皆伏而喜。物之以能鄙相籠，皆猶此也。聖人以智籠羣愚，亦猶狙公之以智籠衆狙也。名實不虧，使其喜怒哉。

畫頁：

（木刻八幅）

來，加入我們一夥兒！（木刻）　　陳烟橋

卻爾斯·迭更斯（木刻）　　王天基

黎明

10,6,1937.

目次：

楊朱之弟曰布，衣素衣而出，天雨，解素衣，衣緇衣而反。其狗不知，迎而吠之。楊布怒，將朴之。楊朱曰：子無扑矣，子亦猶是也。嚮者使汝狗白而往，黑而來，豈能無怪哉？

——說符第八

人有枯梧樹者，其隣父言：枯梧之樹不祥。其人據伐之，隣人父因請以爲薪。

——說符第八

人有亡鈇者，意其隣之子。視其行步，竊鈇也；顏色，竊鈇也；言語，竊鈇也；作動態度，無爲而不竊鈇也。俄而拍其谷而得其鈇。他日復見其隣人之子，作動態度無似竊鈇者。

——說符第八

昔齊人有欲金者，清旦衣冠而之市，適鬻金者之所，因攫其金而去。吏捕之得，問曰：人皆在焉，子攫人之金，何？對曰：取金之時不見人，唯見金。

——說符第八

·文化時評·

思想活動底民主性問題

——略評朱光潛先生底中國思想的危機

胡風

最近幾個月，思想活動上的民主的要求，被許多方面提了出來。當然，各人的立場不同，態度不同，因而提出的方法也不同，但要求在思想活動上不受壓抑地自由發展，却是大體上一致了的。

然而，在今天的這一要求，顯然地有着線條粗大的限界：

第一，反對投降的漢奸思想和一切間接地對這有利的反動思想；

第二，對現實問題的批判上不達到破壞現政權的結論；

第三，反對思想統制以及想用思想統制的手段來實現思想統一的企圖。

這限界，一方面說明了思想活動底中心任務在於團結民族的力量，實現抗日的民族革命戰爭，一方面也說明了抗日戰爭行動是一個內部運動底過程，內部發展底過程。因爲，發揮民族底最大力量，保證民族解放鬥爭底最後勝利，這是要由於人民大衆對於社會生活的積極參加和創造力底發揚的。反對思想統制或思想統一，要不外是爲了使各層的生活欲求和意識形態自由地在思想活動上取得反映，互相批判，互相競爭，互相溶合，因而在思想活動底本身上能夠從無盡的生活源泉里面得到發展，得到健康，在思想活動底作用上能夠用經過了批判、競爭、溶合而得到的最大的合理性來推動民族解放的鬥爭。

從這裏，思想活動底必要的前提當然要歸結到爭取集會結社的自由，言論出版的自由上面。所以，如果把思想活動上的困難叫做「危機」，那原因當然是由於對於思想活動的干涉和束縛。一方面，想用政治的法律的力量達到「思想統一」的局面，從這招來了思想活動底殭硬，一方面，活生生的聲色蓬雜的生活現實在思想活動上得不到反映，從這招來了思想活動底貧困。這是多年來的實際情形，也就是今天的思想工作者非首先衝破不可的難關。

然而，有些學者，例如朱光潛先生陶希聖先生，他們底出發點和看法却是恰恰相反的。陶先生所提出的「民主」（五月九日大公報的星期論文思想界的民主）是向着沒有過自由的民間的思想界，朱先生所說的「危機」（四月四日大公報的星期論文中國思想的危機）是瞞怨每個中國人沒有「必定是每個人摸索探討出來的，創造的而不是因襲的」哲學思想。關於陶先生底意見，我不想在這裏觸到，因爲，雖然出發點不同，但他總算也向當局提出了「網開三面」的主張，單就這一點說，和當前的全國人民底要求是一致的，而他所指摘的過去部份地存在的宗派主義，只是用「能立」的口號和「能破」的帽子的那種「理論鬥爭」，原早已成了被批判的對象。在這裏只想從朱先生底文章提出幾個主要的問題，表示一點不同的意見。

首先，爲什麽朱先生所論定的思想底「危機」和我們感到的那樣不同呢？在我看來，恐怕這是由於朱先生只把思想認爲「一種有條理的心理活動」，不肯進一步承認它是生活現實底反映罷。在他心目中的所謂思想，是一人一樣的各成條理的觀念藝術品，它底生活上的根源和對於生活的意義，反而是不在話下的。這就使得他一方面對於思想活動所受的壓迫痲木不仁，因爲那樣的「藝術品」决沒有受到壓迫的危險，一方面對於惟物論的思想活動取了攻擊的態度，因爲惟物論使人們更多地關心到客觀現實底共通要求，這在他看來是並非「創造」的。所以——

第一，雖然朱先生表面上是向着「左」「右」兩方的抗議，但實際上他底筆鋒是專門向着唯物論的陣營的。看他說罷：

……所謂「左」，就是主張推翻中國政治經濟現狀，採馬克思的唯物史觀，實行共產主義，這個旗幟是很鮮明的，觀者一望而知。至於所謂「右」，定義就不容易下，這個曖昧的標籤之下，包含一切主張維持現狀者，雖不滿意於現狀而却不同情於蘇俄與共產主義者，雖同情於蘇俄與共產主義而却覺到現時中國尙談不到這一層者，甚至不關心政治而不表示任何態度者。……

在這裏，我們可以看到朱先生底「掉包」工作了。從物觀條件解釋思想問題的認識態度從來沒有等於過「主張推翻中國政治經濟現狀；實行共產主義」，也從來沒有把「不關心政治而不表示任何態度者」，「不滿意於現狀」的，「同情蘇俄與共產主義」的看成「右」派。事實恰恰相反，思想統制者們差不多把「歌功頌德」以外的一切進步思想活動都看成「左傾」，取着近於敵視的態度。「同情蘇俄與產主義」的固不用說了，「不滿意於現狀」的批評一定犯法，甚至「不關心政治而不表示任何態度者」有時都有不能幸免的危險。最近且在全思想界要求民主權的聲浪中明白地提出了應建設不應破壞的口號，而這所謂「破壞」，却正指的是對於現狀底缺陷或黑暗的揭發，批判。所以，如果是主張無條件地無批判地「維護現狀」，那當然應作別論，否則，談到思想問題，「思想的危機」，甚至主張「自由研究與自由討論」而不指出思想活動不能自由的殘酷的事實，避免對於這種事實的抗爭，甚至不惜歪曲事實替思想統制者洗脫責任，那結果只能是對於讀者的欺騙。朱先生只看到思想活動上的「宣傳麻醉」，而看不到「壓迫」，我想不是偶然的。

第二，朱先生指出了「誤認信仰爲思想以及誤認旁人的意見爲自己的思想的惡風氣」，說青年們「不思想則已，一思想就老是依着那條抵抗力最小的熟爛的路徑前進」，「讓他們的思想器官變成一套極板滯的機械」，所以他對於「思想運動」表示了全的否定。在這裏，朱先生不但不懂得任何進步的思想運動都是在某一角度上在某一程度上描寫着現實生活底要求，不懂得他認爲是「信仰」是「旁人的意見」而不是「思想」的思想却正是因爲這個原故才能夠廣大地被人接受，而且他還把思想力底發生看得過於單純了。在他看來，反對帝國主義，反對復古，以及一切把物觀條件當作源泉的思想之所以能夠在青年中間風靡了一世，只不過是因爲他們底「思想器官」變成了「一套極板滯的機械」，「依着那條抵抗力最小的熟爛的路徑前進」而已。然而，如果思想力當眞能夠這樣發生出來，那倒是一個奇蹟。實際上，青年們底接受思想，參加思想活動，不但是在自己的生活實踐裏面發生着燃燒作用，用情熱底傾注和意志底堅强向實際問題搏戰的結果，而且也是在家庭敎育、學校敎育，以及一切固有的外來的「觀念藝術品」裏面感到了無法自慰的苦悶，因而「摸索探討出來的」皈依。正是因爲如此，朱先生也許聽到過的無數青年爲思想而進牢獄丟生命的事實才能夠得到解釋。只望着表現出來的思想態度底一致性而看不見它底根源，看不見每個份子走到這個目的地的艱難路徑，這正是橫在朱先生底「思想習慣」上的難關。而且這難關，如果照舊離開着人民大衆底爭民族解放爭民族進步的要求，只是用敎授式的「無偏見，靈活，冷靜與謙虛」，我想是無法渡過的。

第三，朱先生反對「以某一派政治思想壟漸全部思想領域」，這當然是非常中肯的，但我以爲：除了用行政的力量或明或暗地束縛作者壓迫出版界，所謂「壟斷」是不能實現的。當然，在思想活動上常有獨斷的强制別人的惡性的傾向，但如果只是止於思想活動，我們應該能夠用思想鬥爭的方式相抗；在思想活動上也常有佔絕對優勢的勢力，但那是他們底思想工作在讀者中間取得的信任，也就是進步的思想工作應有的勝利，如果那裏面含有危險的成份，我們也應該能夠用思想鬥爭的方式進行批判。就是所謂「口號標語」，原是思想內容底集中的表現，用作思想活動底標誌本是當然的，應該被攻擊被批判的只是或者那「口號標語」所代表的思想不是眞理，或者那「口號標語」只是被空洞無物地提出，或者拿着「口號標語」去强制別人，恐嚇別人……。所以，我以爲他朱先生對於他所反對的思想不從具體的問題具體的論點展開批判，只是攏統地否定「思想運動」，否定「政治思想」，恐怕是只有負的意義的。

總之，我贊成朱先生底「自由研究與自由討論」的主張，也認爲思想活動上有「危機」，但不同的是，我以爲這「危機」底根源是行政力量的思想統制和一部份思想家只是攏統地排斥唯物主義的態度而忘記了現實生活和思想活動的姻緣。而且我以爲，對於這「危機」的克服只有反對思想統制，爭取思想活動底民主權底徹底實現。朱先生如果認眞地主張「自由研究與自由討論」，那就應該參加這個運動，否則只不過一句空話能了。

六，八日。

小说■

人的悲哀

贾植芳

小故事十篇

苏联 B.奥列甯

人的悲哀

（自一個人的記憶）

賈植芳

「你快隱藏罷！
罪惡與羞恥是不能隱藏的。
你要空氣嗎？光嗎？
可憐你呀！」

V·哥德：浮士德

我坐在蔴袋店門首靠牆放的板凳上，另外也有幾個人，和我一樣。大家袖着手。早晨焦黃的陽光從匾上溜下，光亮箭一般地在擺得挺直的一排身子上斜穿過，又折進高的剝落了的櫃台裏，在穢濕的地上劃了一個歪肩膀的四方形圈子。那圈子上頭的空際蕩漾着霧樣的沙粒，隨了日脚的拉長，和圈子的被擴大，沙粒漸次擴展到各個角落，整個店子內部像是塞滿了天上的厚重的霧，滲和了淺淡的黃色，變得漸漸模糊，昏眩，好像凝成了一團固體。

大家低着頭，因了光和冷的交迫，眼睛迷悵着。一件薄的棉袍子實在抵不住侵來的寒冷，彼此有點抖擻，無形間越凑越近，漸漸擠做一團了。眼睛有時斜過寬闊的柏油街心，太陽尙未照臨它，沒有車，冷風在上面寂寞地呼嘯，破紙飄揚。瞅得工夫過多了，相信那簡直是一張陰暗低垂的天空的面孔。陰沉，寂寞，無聊，和苦悶在每個心上緩緩地爬着，糾纏着，使人感到生命的繼續在這裏是多餘和累墜。……

有哆嗦的京戲調子在顫動，搖搖落落地飄過來，似乎就在眼前。這引起大家的好奇，鬆弛的靜默如一條橡皮帶子般地漸呈緊張，一羣寂寞而飢饞的眼睛伸出了，灰色裏埋着希冀，在街上逡巡。失望地折回來時，一個短小的乞丐模樣的中年人在門外的步道上出現了。一身襤褸油滑不稱身的黑色短褲褂，發霜的黑禮帽顯得過小地遮着額前的一部份，亂髮從它的下面貪婪地四向伸出，蓬蓬鬆鬆地，包圍着顯得無知和乞憐的兩隻陷進去的眼睛，半嘴吧的亂髭上蕩着一堆稀薄的白氣。他兩手抱緊了前胸，在白氣蕩漾的紫黑厚唇裏發出顫顫的聲音，移近門前，向櫃台上匆匆地瞥了一眼，便身子和聲音一樣地，顫顫的閃過去了。

「……啉……得……我……啊……」

這是什麼戲裏的一句，但被他唱得把那緊張悠揚的韻詞完全破壞了，孤另另地彷彿拆了屋子下來的幾根木料。

「你媽的，吊嗓子哩！——光景離登台不遠了。」

一個短個子頭頂禿了的中年人說。他站在櫃台裏首，顯然是纔從麻袋堆背後的「櫃房」裏趕出來的，他有一隻突出的假眼睛，陳舊的灰布袍子穿得異常整潔。是店子裏的管帳先生，大家喊他「劉大」，小夥計喊他「劉爺」的。他一手拎着布帯子把，輕快的捽着袍子襟，襟就一飄一忽地，向走過的人開了一個玩笑。方而小的臉上和嘴邊刻着世故的圓滑皺紋，在猛然蕩起的烟火般的嘩笑聲裏才悻悻地勝利而逝了。

在騰起的聲音裏，連吐痰和咳嗽的聲音也複雜，彷彿突然由陰晦轉到了風和日麗的天氣。他們顯得炫博地搶着向我說，那過去的傢伙是「打閑的」，住在雞毛洞裏，很可憐，接着說：這幾天天氣霸道，于他們很不利，前天晚上公益成山貨莊貨棧的後門的倒屍就是這一類人；死得像一隻狗，凍得又紅又僵，還要受路人的嘲笑和警察的咒罵；裝一隻「狗碰頭」(註)，挖一個二尺不到的坑埋掉；運

（註）是一種木料薄極的棺材，北方的妓女，窮人，死後便裝這個。所謂「狗碰頭」，意思是，單薄的程度，便是狗一碰，就可以解體。——作者。

氣好的，老天落一場雪，上面那一層土被雪滲着變成了冷泥，算保險了；要不，還不是隨埋隨就給羣狗拖出，吃了，骨頭都湊不到一塊呢！……

隨着又亂說笑了一陣。

我點點頭，謝謝他們的熱誠。一個囘憶此時在我腦裏如山巒叢中的月亮似地，漸漸地昇起。但像蒙了一層薄霧，模糊而曖昧。

記得過去就曾有愛美的詩人，說是讀完了阿爾志巴綏夫和波特萊爾的一切詩文，在城邊的土塚邊，花錢僱了近旁的窮人，挖出整齊的頭骨骷髏，用酒精浸過，說是它象徵着悲哀和恐佈滅亡等等，擺在幽黑的書齋裏。那麼，這就是什麼「打開者」一類人的腦袋了？於是發出顫顫聲音的紫黑的厚嘴唇和它所屬那一顆頭腦，使我猛烈地打了一個寒噤！

我恐佈地望着四週，人們的態度彷彿烏雲退後的太空似地，明快而閒適，閒適得簡直有點殘忍：他們得到歡樂，不再自惱了」！……我知道他們對他是嘲笑，或是咒駡，人間那裏找得到眞正的憐憫和同情呢？……

於是我恍惚地奇怪地想到我在他們眼中的地位，是不是也像「打閑者」？那些人，連學徒也瞧不起：因爲他們沒有職業——「打閑者」！而我呢，卻是一個剛自由不久的囚徒，沒職業是確鑿的，祇靠了家庭的「面子」，能閒住在這裏，而且住到一月之久了。起先他們對我和對一個高貴的客人一樣，這是皮鞋，眼鏡，而最得力的，自然便是那「面子」的力量，和我的「職業」是不相干的；但這態度維持到不久便漸次破壞，而至破滅，算作「歷史」了。這原因，其一自然是我沒有貴客的行爲表現給他們看，再則，他們不惟澈底了解，而且曾紛紛議論的，那便是我已陷於孤立，有成爲流浪者的趨勢，因爲關於我的新「職業」問題，家庭的意見和我離得過遠，簡直是對立的了。掌櫃的態度，便是一具寒暑表，他們分明看到對於我的熱度的一味低降，我的失卻保障於是明如鏡，淸如水，連小夥計當着掌櫃的面也和我對面坐着喝茶，這辦法在一般的商界規法上，對一個客人，是絕不該的。我於是無形間化做了他們的一員，那些老資格的店員，憐憫或是示威地向我談着他們自己的身世，一個個都是受過了辛苦，熬到現在的地步，卻不容易哩。所以，我曾爲那進了監牢的「夢想」，他們以爲是淺薄得可笑的。

「你把時事看得太容易，簡直是胡鬧了。沒有一步越過天的，命裏註定是眞龍天子的，也還要在戰場上九死一生哩！」

囘答他，我點點頭。耳若無聞的樣子閉了眼，耳邊再聽到一陣悠長的嘆息後，一切就鬆弛，靜寂了。

買賣是在歇業的危機中支持着，掌櫃對它像已絕望了一樣。那不是一個常人，或凡人；方而闊的臉面，魁梧的身材，整年穿得和一條緞棍一樣。店子裏很難見到他，他的出入之所，是貴邸，酒樓，妓館，飯店，頭二等車廂，舞場興隆的時候，他也曾是僱客，店子在他不過是偶而過夜的地方而已。他的交際和時髦程度，眞使知道他的底細的人喫驚，羨慕，嫉妒。便是店子的夥計也是一樣。有的譽爲一個天才，有的說是失掉生意人的本分，有的不表示意見，搖頭不絕。但這一切絕不影響他，他毫不在乎。不錯，他出身於荒僻的鄉壞和窮困的家庭，先是學徒，因爲膽大性子暴，升到夥友時，做了幾件使人贊嘆的事情，於是地位鞏固，信用提高，終至自己集股，獨立地開起門面來了。這使一般老商人喫驚而且害怕，便用了「橫財發不長久」，或「沒有天良要遭雷辟」等以灰他的心，而戒告後者，但他卻彷彿看穿了這把戲，認清世界人生了，安居樂業守本分的生涯自然使他不滿足，後來就不顧一切地向前做了。他說，他的天才絕不祇一個商人，還有大的前途，況且，是要人去作事，不是事情作人。於是他的朋友範圍便漸漸擴大了。買賣要塌台的時候，更增長了他的意志，這時候「土藥」公賣，所以他的去處，又增加了一處。回來總是在夜深街靜了的時候，面頰紅噴噴，坐在樓上的椅子上，邊吸着紙煙，把所訂的一份叫做天華報的小報過一下目，或者興致勃然地忘了一切，彷彿祇是要過話癮似地，向我說述着外面聽到的一切，報上登載的什麽新任職的長委之類。他時常顯得平常的樣子，指着向我說，「瞧！這玩意兒，也是什麽鷄巴長了，我們是老朋友呀，天天烟館裏見！哈，哈！」接着便是那個人的身世，甚至軼聞，他都源源道出，十分熟悉。

第二天他九時左右起來，太陽的光塞了半樓，街上已熱鬧非常了。洗過臉，穿戴好，提了手杖，於是脚步一下一下地，彷彿鐵鎚似地，沉重地在樓梯上響着。接着樓下的一切聲音便立刻消滅，像移去了似地空靜，但空氣又緊張得像皮球一樣，地上走着的站定，板凳上的便一字站起。他的圓而尖銳的眼睛透過鏡片平靜地四下掃視，大的紅鼻頭冷峻地一動不動，壓著陣角，八字的黑油胡髭在空中倔強地抖着，像兩個威武非凡的門兵。他邁着方的步武，一身綢緞衣服，沒有華麗，祇顯得嚴肅，一步一步地走出，到了街上，便過了關口般地，脚步放緊，很快便消失在人叢中了。大家如醒來似地透過一口氣，在難堪的沉默裏，老夥友眼睛瞅着地，搖着頭，凄清而憤恨地說：

「這，夜一點以後見！唉，操他媽媽的……」

但這絕引不起一聲歡笑，整個店子像是失了太陽的宇宙一般，人祇是動物般地，顯得渺小和可悲，無知的蠕動和靜止。……

沒有一點生意，櫃台上躺着茶具。電話原是爲叫生意按的，但現在，除過探聽關於掌櫃的消息以外，便沒有別的。和電話接觸一次，大家的眉便皺一次，後來貨物停止買進的命令下了，彷彿是判决了死刑，空氣裏的活氣完全沒有了。存貨在各處堆積着，冷冷地和幾塊大石頭一樣，接起來像一座連綿的山脈，上面蓋着一層濃厚的土液，發着灰黑色。在這座山的懷抱中，夥計們擺桌子喫飯，喝茶，搭床睡覺，聊天，相罵，這店子彷彿開在荒島上一樣，我覺得這些人漸次頹磨下去，動作顯得勉強，無聊，機械，就連勸正我的話也很少聽見了。

「打閑者」過去，嘩笑和一切聲音，就像微風起後的樹葉，不久便漸次停止了飛舞，又是一個灰色的寂寞降到頭上，漸漸濃厚，這裏就祇剩下鐘聲是唯一的活的東西。連陽光彷彿也帶了灰沉，像喝過砒霜的難看的面孔，祇死滯在這裏，等候沒落的命運來臨。我被剛過去的事情弄得異常混亂和苦惱，便離開了板凳，踅入櫃台裏，低了頭，啃了唇，踱着步子。

「他媽的，這老玩意兒又到了。」

彷彿在夢裏一般，我終至給這枯燥乾嗄的聲音驚覺，不加思慮地，我知道是叫做起發的那個學徒的聲音。他是向我說的。他也是一個笑話過「打閑着」的人。此時，一顆焦黑的方頭，像誰從火災裏搶出來的一般，上邊貼了一雙迷緊的眼睛，在我意識裏自然的浮起；背是駝着的，說話時也還看見那又黃又黑彷彿破落般的牙齒。我就抬起頭，向街市瞅去，已佈滿了像是毛氈一樣厚的陽光，和這裏顯得是另一個世界。各種聲音也各處雜凑了起來，街車已經混亂。就在對面的街沿上，一隻稀見的身材高大的羊，毛被太陽照着像一塊成色好的紋銀，下巴下的幾絡鬍子，被風吹着，在陽光裏水銀一樣地顫動得耀眼。態度昂糾糾，背後引了一羣大相懸殊的小羊。它們頗通人性，竟是秩序井然，和有名氣的中學校學生整隊去開什麼紀念大會一樣，悠悠然，在道傍走着。

這並不足為奇，每天都有這一回。至少從我住到這店子起，便是這樣了。但彷彿現在纔經發現，使我頗喫一驚，怎麼回事呢？於是我三兩步趕到門口，細細觀察那領首的老羊，是一隻怪慈祥的傢伙呢，臃腫，整潔，甚至是華貴；兩支角，很有修養的樣子，老烏木一樣的顏色，發潤；一雙窄小，但澄清如水，帶了慈祥的眼睛，高高的凸出於長瘦潔淨的面孔上，溫和地轉動，有如朝陽；裂痕一樣的闊嘴很有主張地閉着，長鬚飄然；全身高大，扑直，雪亮，像一隻駝鳥一般，屁股上蓋了一團濃重的圓尾巴，也還是一塵不染；街道因之顯得寒傖，陽光被襯得陰暗不振。——我，眞喫驚了，這簡直是羊羣裏的一位縉紳，至少也該是個善公，但一方面又不敢置信，因爲生來是羊，歷史上和自然史上寫着，那全盤大功用是供給高等動物做食品的，或鮮吃，或裝在罐頭裏藏着吃，怎麽能泰然自若呢？而且那壽數也大概已經不小，這樣老而整潔的動物，我似乎也曾看見過，那是教堂裏的外國牧師。總之，我實在喫驚，又看到所帶領的那一羣，卻又是那樣的愚蠢，不潔，致人失望，甚而厭惡。他們你擠我，我踢你，頑皮天眞，一身亂汚，卻還是一團溫順地跟着走了去。很快，轉瞬間，就祇剩下一陣腥氣的烟霧，在一切熱鬧的聲音上，寂寞的隨風蕩於街空……。

比「打閑者」還要平凡，除過我，就再沒第二個人注意到牠們。大家照常通行，正像水流，便是那個擺橘子攤的孩子，也正鼓着歪臉，沙沙地直喊。我想，這或許因爲過的太多，大家的神經已經麻痺，而且又大概不明白那羣是作什麽的，或者因爲是羊，不是人，於是很難招徠青睞。連提醒過我的起發，卻也早皺緊一雙鐮刀樣的睡眼瞅着灰濁的麻袋堆，像想心思。

但在我，由他剛才的談話的氣勢上，和親眼看到的事實上，感到它們比「打閑者」的兀突和神祕。我壓着一顆起伏的心，腦子發着熱，但又空白得沒有一個痕跡，在地上踱着。一切是靜寂，等到再沒法忍受下去時，我發問了：

「喂，那一羣是幹什麼的呢？」

「幹啥的？吭——」這聲音使我一驚，扭轉頭，我看見一隻假眼睛幸災樂禍地突出來，隨卽很快地轉做莊重，那一隻眞的卻始終閉着般地迷惘着，祇在開口的一刹那睜了一下，但又藏寶般地趕快閉了。「說是那呀——」

那個提醒過我的嗄聲音，此時卻醒過來似地，突地抽進來嚮亮的一句：

「那老羊好王八蛋哩——操那舅舅！」

但不經意地轉過頭來的時候，觸上眼簾的是那兩尊大砲一樣的兩隻偉嚴的突出的眼睛：一白一黑，彷彿兩個磨光的棋子，都非常嚴重，全世界的力量此刻似乎全集於這裏。他感到失落般的恐惶，連忙把坐着的身子往後移了兩移，一隻手很不自然地把光頭皮摸了摸，眼睛戚然地瞅向動亂的街市了。

假眼睛這時才解了嚴：一睜一閉。他完全勝利，於是他說道：

「咿，你瞧！巧妙的還是人呀！可不是！省事多哩！……你說，祇消養好一隻羊，由羊圈到宰殺場的路子教熟，——羊是最老實，體貼的——每天就由這一隻帶領一羣，不要半個人，就平平安安自然地到屠殺場去了。……背後這些小傢伙，還是你摸我踢，儘玩兒，簡直是不知不覺，稀裏胡塗！不想吃不了一袋烟工夫，就皮是皮肉是肉，掛到架子上稱斤論兩地賣了。……你等着瞧！那老禿崽子，過不了一會就獨個一搖一擺地回來了。每天，就辦這一躺公事，可他媽的不是東西！好殺那媽的——呸！」

一股白鍊似的痰由他口中筆直地噴到地上，撒開成一條斜綫，他的一隻脚悠然地在地上上下地踩了幾下，彷彿是母親拍嬰兒入眠似的。大概這一些話，他很感到安慰罷，於是又呸了一聲。輕俏地，不介意地，把兩手擱在背後，眼睛隨着頸子長長地伸到前邊，鼻頭幾乎要貼到玻璃上，眼神在樂觀悠然自在中多少含點鄙視地，瞅到街上。但突然又折轉頭，彷彿街市一點沒有看頭，態度立刻轉變，整個是煩亂和暴怒，像整個的人生希望完全破碎了似地，向櫃台前喊了起來：「起來起來！不要儘瞌睡，老爺們！多少瞧點門呀！東家拿出白白的洋錢，就僱你們睡覺嗎？——好沒心肝！——瞧點門呀！耳朵沒塞驢毛；聽見罷！」說了以後，他不顧它的効力如何，這只是習慣的奉行故事，有時還摘下柱子上掛的布帚子各處亂拍一通。這時他低了頭，不知是咒罵還是哼小調，脚步錯落地轉過麻袋堆，那光頭在黯然的陽光裏匆匆閃礫了一下，便突地隱去，進入「櫃房」了。

板凳上的大夥計們，被驚悸得身子往後一折，有的猛然清醒了，刻着密密的皺紋的眼皮下的眼睛在困頓裏含着氣憤，但大多數把灰白的眼珠擠到眼角，不屑地，斜着瞥了一下；接着從袖口裏伸出手，在口沿上抹了一把，手掌在櫃台上再一擦，照舊又放進袖口去，漸漸閉了眼，蕩着的上半身終於不動，頭低到胸前，微弱的鼾聲接續響起。

小夥計起發，本就沒睡着的，在吆喝聲裏，蒼蠅伸着翅子似地不聲不響地站起，低了頭，垂了手；那個身子進去以後，他又一屁股地倒下去，陷下的陰晦眼睛裏，帶有紅絲的眼珠拚命地搶向外面，向我瞥視着，聲音乾枯，但卻溫和地說：

「周先生，坐下吓！」

我向他微笑地點點頭，身子一邊歪過去，他把身子往裏擠去，我便坐下了。我看他還是不住地用了畏縮的眼光向身旁那些睡着了的注視；我也照樣袖了手，祗是心裏說不出的紊亂，什麼又在蠢蠢地蠕動了。

「冷罷！你看，嚇，眞冷哩！」

我又點點頭。隨着他的話語卻是有一股寶劍的光芒般的毫光由皮膚穿到心裊，整個的身心是一陣可怕的抖擻。他又自語般地說：

「那老羊看見了罷！嚇，好王八蛋哩，經他的手不知死了多少小羊了，還有多少要預備死。明天你會看見他再過去，後天也一樣，大後天……沒個完！我是去年七月上工的，打那時就看見了。……」

「那麼，跟你看老羊的將來怎樣呢？」

我覺得這問題頗天眞，雖說是懷了忿恨說的。

「將來吓？嚇，你想能有好結果嗎，周先生？心田壞了的人是沒有好結果的，一點沒錯，從古來就這樣。那老羊老得動不彈了，主人就會再弄別的一隻，替過他；老羊呢，也還是要給殺了的，價錢賣得更要便宜：因爲肉乾了，難咬。嚇，簡直不如小羊呢！是不是，周先生？你看我說的可對？……咳？……」

我苦笑，也是得意的笑，彷彿出了一口惡濁的氣。但是對於這天眞誠懇而陰晦的眼光，我感到恐惶和悲哀！什麼使他這樣的陰沉呢？他知道「心田壞了的人是沒有好結果的」，但他卻也曾笑過「打開的」。這是傳染到他身上的，在他算一種娛樂，借此可以笑幾聲？……這世界我看出些微的頭緒了。我想逃走，澈骨般的痛苦迫着我，於是我站起了身，自己也不明白是怎樣說出的，我問：

「吳先生，樓上有人吓？」

「啊啊，周先生，折磨死了，折磨死了！你怎麼也跟我開玩笑呢？你叫罷：起發；我不是吳先生，我是起發，吳起發。……」

他的枯暗的臉，從耳根起漸漸湧起了紅暈，青筋明顯地托了出來，他激動地，揮着發啞的聲音向我辯，這「吳先生」對他彷彿是炸雷似的。但不妨這激動的聲音，驚動了別人，在他的一旁，隨着兩隻可怕的眼睛的出現，嚮起了一個模糊而暴怒的聲音：

「操你媽！賣什麼嘴！還有你講的話呢？終了餓死你賣窩窩操的！……」

紫黑乾裂的嘴唇顫了幾下，枯暗的臉上罩了絕望，兩隻濃厚的眉皺緊着，他低下頭去了。那個模糊地嚼着，嚼到字眼分不清，又睡着了。我覺得一切都不復存在，我像是暴怒，但我苦笑了，我覺得我在囁嚅地說：

「人生下本是一樣的。誰都有自由說話的權利！……」

我不知他聽見我的話沒有，我是再也沒勇氣停留下了。我轉過身，像一隻受傷的獸，忿怒燃燒得不顧那些睡客，脚步沉重地踏着樓梯，上樓去了。

我感到又空虛又憤懣，我把書本用力地歪了一眼，覺得「思想」並不存在於這裏，它是存在於需要裏。書上祇告訴了抽象的學理，很曖昧的，用錢就可以買到，買到的東西算不得眞的東西。但我又覺得眞理是被歷史的沙土埋得重重的，透不過一口氣了……。

這世界大概便靠這沙土維持罷？……

我要把自己化做一隻鐵鍬，在這種意義上，我又感到書本是友人般的可貴！

……啊，我是這樣的矛盾，混亂，和不安！

晚上，我在給一個遼遠的友人寫信，結末我痛苦地說：

「……這世界正在發育：眞理和生命一樣地存在於我們的本體中啊……」

封好了之後，感到一種痛快和興奮；鐘正打過一點，街頭不知由幾時起，已變得沒一點聲音，周圍顫動着寂寞，在陰暗的光亮下，我踱着步子，在心裏重現的痛苦和激動交織着，步子很吃重；突然有一輛汽車由遠處撲來，一陣狂風一般，世界被支配於這個單純的發狂的聲音，它已用不到再叫了，似乎就在門口，突地一下站定，靠街的半面紙窗被振得微顫了一下，整個樓身彷彿也都顯得動搖。在噤住的極端靜寂裏，汽車門響了，又砰的一聲閉了，在剝剝的打門聲裏，馬達又在喘氣般的響動，窗紙一掁一掁有節奏的顫抖着。平靜下來的時候，樓下正喧嚷着一個聲音，我知道是「掌櫃」回來了。他今天顯得和平日的態度不一樣，他在悶氣地講：

「剛才聽到的：土匪過河了，督軍着了急，匪軍有十萬多人呢。哦，普天蓋地而來！……」

「啊！」

這一個喫驚的聲音後，便泛起一片嘁嘁喳喳的私語聲。樓梯於是在沉重地響動，整個樓身在混雜低弱的聲音裏。做夢般的顫慄，步脚聲中雜着手杖的清脆的音響，樓口於是冒出了一頂濃灰的禮帽，接着是穿着咖啡色大衣的臃腫的身軀。脚步踏到樓板的第一聲，全樓便響起一個空前的震動，彷彿是絕望的吶喊。他轉過了身，手杖解放了般的清亮均勻地響，像在小唱。給兩個粗黑眼鏡圈子佔着的上半個臉部外，全臉面是整個的血餅一般的紅潤。小胡髭，像是得了充分灌漑的花草，在清晨精神地開着，挺得很硬。眼睛透過玻璃瞧着分外圓，被玻璃的光一襯，彷彿兩顆劣質的寶石。也沒向我招呼一下，把手裏的手杖向一個黑暗角落裏一丟，手杖像奔波了終日，感到困頓，一點精神沒有似地倒下地去了。他伸平兩臂，大衣便被跟上來的起發在背後脫去，他便趁勢把兩手提得高高的，脚跟支起，淒涼地打了一個大呵欠，嘴城門般地張圓，一下便又猛然地閉緊，兩手隨着死了般地摔了下來。起發在衣架上掛好了大衣，轉過身，往桌上看了一眼，——那孩子的眼睛比白日更爲陰晦，臉上罩了一層黑烟，皺着眉，紫黑的嘴唇高高地翹着，背顯得越躬下，倒了開水，便跌似地下樓去了。

我站着，「掌櫃」則坐在桌旁的椅子上，像個法官一般，閉着一隻眼在抽烟，暫時之間，我在他眼裏的地位和烟土一樣的不重要。過了幾分鐘，樓下清靜下來時，他首先嘆了一口氣，空氣被打破了，嗑了嗑烟灰，懊喪地說：

「簡直沒他媽人活的路了！簡直是他媽的！我操他那媽！家裏頭，土匪進去了，擾得個一塌胡塗，人走鳥獸散，外邊時局不說，買賣一點沒有，東家直嚷着要關門，唉，簡直是操他媽的！……」

他的聲音可怕地在抖動，彷彿是一種氣體，整個樓上的空間都在痛苦着，陰暗地像皺着眉。聲音靜下來以後，卻又和一個童養媳當婆婆的暴怒後一樣，小心翼翼，懷了鬼胎，在恐佈地期待着。他的眼光，我看見漸漸退萎，臉上的紅光也在可怕地剝落，彷彿在一隻無情的殘忍的手的支配下。他忽然又瞪緊了我，憤怒彷彿又要燃起，我的嘴角歪了一下，空氣便被滯住，像一塊堅硬的石頭一般，擔心地懸着，隨時有垂下來的可能。我折轉了身，裝做隨便地踱了幾步。幾分鐘後，我覺得空氣是有點鬆弛下去了，便用一種不關心的態度問他道：

「我怎麽全不知道呢？……你在那裏得的消息呀！恐怕不確，報上一點不顯呢！……」

「哼，報！那些新聞記者敢登這個，他不要腦袋嗎？他們祇會報闊人老太爺過壽，名人兒子結婚，什麽盛況空前，一片昏話！比如今天這報，你看——」他順手把擺在桌子上的小報擎起，在我眼前一捝。小報像躺了整天躺乏了似地，隨又無力地倒下去，一點聲響沒有，外界的侮辱彷彿也顧及不到了。他接着說：

「——你看！鬼娶媳婦！用這大的字登，上頭可又一片天窗，到處空白鬼話！那會有的事呀！我操那姥姥！眞無聊！這就値兩個子兒嗎？……唉！這消息呀，我在煙館裏聽到的，是麻子說的，他是一頭大官，你不看報嗎？千眞萬確！……你看我！消息比你這專喝墨水的靈通呀！哈哈哈……」

他方闊的臉，在笑聲裏恢復了有過的紅潤，而且更加寬闊，光亮；兩隻眼在玻璃後抖動成一片灰暗；那聲音，是野獸般的野，梟鳥樣的陰，似乎有一股寒氣襲來。我失了抵抗地顫抖起來了，祇放大步子，彷彿要把那火一般的燎燃在空間的聲音踏滅。……

傾刻他又恢復了靜寂，像一個木人，打了幾個食嗝；空氣在靜寂裏嚮動，可怕的威脅氣焰逼迫着，煙霧也在漸次地稀疏了。

就這樣過了一段時間，我們各自睡了；我完全感不到床的硬，和被窩的冰冷，失了理性和知覺，祇是一團難解的繩索，在被一隻無形的手翻弄，燈光熄落，靜寂塗了黑暗，死似地冰冷了。我似乎躺在荒原裏或鬧市，許多可怕的東西，漸漸成形，猛獸般地向我襲來，監房的血和鐵鐐，寒冷和陰森，咒罵和溷泣……。再轉來，背負了重壓，我跟着法警在大街上的孤單的影子，歡樂的陽光正在做夢般地照臨着了……。於是突地又展開一幅室內的圖畫，煙霧裏突現着許多頭，大家都在蠢蠢地動，有的放着光，也有這個方闊的臉在。我在這些臉的注視中，彷彿一株荒地的野草，或一根廣場上的擎天的高柱，我憤怒，憤怒的凝結，於是我聽見了這聲音：

「……再說你們這些呀，愛國呀！救社會呀！不平等呀！哇啦哇啦，吵的別人耳朵聾！但人家也好辦！像××的老×，辦法多簡便？捉住這種人物，那就不問三七二十一，反正捉住了，好罷！往麻袋裏一裝，口一縫，哼！和一袋糧食一般——但可沒糧食值錢：糧食可以充飢呀！——搭上火車，運到海邊，一個個塡下去，屍首餵了魚，到魚長大了，被打魚的打起挑進城，於是『鮮魚上市啦！』被送到公館廚房，那看罷，魚的吃法多着呢！結果是搬進食堂，賣國的喫了，：

……你看，就是這麽一個變化，多簡便！哈哈哈……」

這是從那個塗着紅光的方闊的臉上的濃黑的胡髭中嚮出來的，接着一片大的嚮動，彷彿風捲起的海潮一般：這時我彷彿眞在海裏，在被魚們喫着了……。

……我的枕頭冰涼而陰濕，我覺得在哭了。或許是一個噩夢，但我明明白白地聽見樓下床的吱吱聲和人的囈語，甚至翻身的孩子聲音。轉過身，我的眼前是一片漆黑，漸漸變得灰暗，而終於是一片無謂的白色了……。

第二天我醒來時，「掌櫃」已走了。沒有陽光。祇聽見車聲和一切嗡嗡的聲音在街上凑做一團，轆轆地滾動，悶雷一般；屋子的內部已收拾清靜，「掌櫃」的床已鋪疊整齊，但這就更顯得空虛和陰暗；間或臨街的一片紙窗隨着車聲的振動抖兩下，樓下也聽不到一點聲嚮，彷彿還在睡着。我的身子像一堆軟的繩子，祇是頭腦分外沉重，打了一個深沉的呵欠，拭了擠出來的淚花，便起身收拾停當，無力的踏下樓去。

這一夜，彷彿是童話裏的頂得一個極長時間的一夜，一切顯得都有改變。雖然是三月，春深，接着該是夏了，但天氣還是分外寒冷，前幾天是雨中濘着雪，今天天氣又是低垂陰晦。靠牆的板凳上照例又是擠滿了人，照例又都袖了手，祇是比以前更靜寂，基督教教堂是我以前常去的地方，但除了莊嚴，卻沒有這裏的靜得可怕，空氣像一根新的繩子。人們的兩眼都罩了一層黑圈，眼神灰沉無光，挾雜着紅的絲紋，死滯地瞪着。起發垂着手，站在櫃台旁的柱子一邊，那張背顯得更加下躬。我的脚步像不存在一樣，沒人回頭看一下，祇在下樓時一隻脚剛踏到地上，伸出的眼睛便遇見那個假眼睛，那張臉彷彿也改了樣，換了棉袍，一隻活的眼睛向我瞥了一下，帶着畏縮和忿恨，自進「櫃房」去了。

洗過臉，本想在櫃台裏的地上蹀一陣，但看那櫃台外板凳上兩難堪模様，於是就決定不去，改到麻袋堆後的那一條窄胡同般的地方蹀步去。發酵的面粉氣息挾雜着霉氣息在空氣中蕩着，地上潮溼陰暗，頭頂上的頂蓬蒼老模糊，塵埃淚似地撒下。這裏似乎窒得暖一些，但隨了思想的混淆，一切漸又失掉了存在，我整個人彷彿祇是一個腦子，它是一塊燒紅的鐵塊一樣，在放着熱和光。……

外面終於又起了一陣低弱而激動的擾亂，但在我步出時，就已平息。報到了。那正張，被展開高高地擎在空中，前面擺了一堆腦袋，上邊放着急切的光，和一羣螞蟻一樣地四出竄動。我走到門口，沒人注意到，祇是在我的身後有咳嗽和匆忙的脚步聲音，回過頭，是假眼睛從「櫃房」內趕出來了，吐了口痰，便把腦袋湊上去，接着腦袋之間起了一陣調位置的忙碌，於是又是死似的嚴肅。那半張專載小說和戲目的小報，平日最被愛載，今天卻死屍般地躺在櫃台上，隨了微風，有時緩緩地掀起。我瞅了一會，街市是闃闃的，一團亂七八糟的聲音在陰暗裏顯得沉悶和嘈雜。寒風襲來，我打了寒噤，剛要轉身的時候，照例的那一樁事情又到了，那一隻老羊帶了小羊在街的一旁走着，容光煥發，我暫時就把時間用在鑑賞了……。

日子遲緩地度過，報是急切地被需要。那消息不被人當作一項大題目地登載了。每天接了報，大家便爭執地討論着，店子已與他們不相干，連平時沒有來往的小商人也常進店來，坐在板凳上，說着一些傳聞的消息。皺紋在臉上亂動着，有時是靜默的嘆息，有時是瘋狂的笑聲，但這感情都不會維持多久。電話也顯得忙碌了。便是那假眼睛，也常見圍了又寬又厚的圍巾，縮着頸，袖着手，趦出店子，到一些同鄉的店子去了。喫飯是悲慘的舉行。「掌櫃」那張紅臉彷彿也罩了一層陰影，每天走得更早，眼睛顯着疲乏的光。有一夜，他沒有囘來，但在一點多鐘的時候，電話鈴響了一陣，是一個女人的聲音；喂喂了幾聲，一個夥計皺緊的眉笑開了，直到對方沒有聲音，他才掛上了電話，遲遲地說：

「媽的，掌櫃住下了，可稀奇；是那個婊子打的，你聽那腔調，操那妹子的！」

於是在矮弱的陽光裏又是一陣激動，老年的人嘆息着，說「掌櫃」自從前年鬧了病，便沒有再住過，現在卻又住下了；年青的卻說着，「趕早」呀，「摔腿」（註）呀等等的話，但這些全被假眼睛的話壓下去了。燈光熄滅，於是又是靜寂……。

第二天早晨，「掌櫃」回來了，他彷彿溫和了一些，在樓上和我說，市民銀行快要成立，行長呢，他認識，是一個瘦得和柴一樣的傢伙，老子坐過道台，掙的三千多萬，他全抽了烟，段執政時，自己掙的一千多萬也抽光了；他抽大烟，起碼一百口，才睜得開眼，這十幾年閒着，節省了，但現在又交了運。這是一個好人，他身上有路的，「掌櫃」昨日便和他談了半日，很合契……，他又問起了家鄉事，光潤的臉上，又是一層灰暗。

（註）這都是逛下等妓女的術語。——作者。

他睡到過午又出去了；從此晚上就不斷地不囘來。

渴望了許久，家鄉的信始終見不到，彷彿是園林失掉了耕耘，心是荒蕪了。

我持續着沉默，在樓板上的麻袋堆後，幽靈似地踱步。有的人則已絕了食，躺在陰暗的「櫃房」裏抽烟，説着一些模糊的字句。「掌櫃」在百忙中也還時常用電話打聽，夜深囘來時，早有人跟着上樓，在那噴着酒氣的「掌櫃」面前站定，陰慘但很堅決地説：

「我打算囘去，看報情形很不好，家裏又長久沒有信！」

説着，袖子提上去。

「掌櫃」先是一語不發，用大姆指彈下了烟灰，接着站起了。

「怎麼説的，你想囘去？——好傻好傻！我問你，怎麼囘法，咹？」

「走旱路。火車壞了不坐。」

「旱路，」他帶了輕蔑地繼續着，「你還要不要腦袋！現在進境根本危險，走旱路被當做匪探殺了的，老子聽多了。我看還是待下去，聽信就是。——怎麼，還是囘去？啊，天掉下來壓大家，祇你一個人有家嗎？你看我，比你擔心多哩！你呀，家裏會有什麼，敎人拿，問人家要嗎？沒問題。我啊，要比你們被注意，外邊買賣又混不下去，啊！我心亂死了！你下去，天掉下來壓大家！……」

他的眼珠先是要伸出來般地瞪着，之後縮了進去，塗了一層亮晶的光。那個抽搐了兩下下去了，樓梯響得十分重。房內異常地沉默，「掌櫃」踱了幾步後，便又坐到椅子上，任香烟燃着，獃獃地在沉思，半響，在把香烟往嘴上凑的時候，忽然注意到站在陰晦角落裏的我，便死瞅了一眼，把香烟使勁地扔進痰筒了。

我就這麽生活，踱步，思想，過着日子。那個假眼睛一天對我說：

「你看！奔了半輩子，我今年四十五了，沒有田地，就祇有一個老婆，土匪公妻，這下完他媽的，外頭買賣又沒法做！……」

「他公你的，你公他的呀！換換口味不一樣！」

另一個大夥計說了，隨了聲音的激動，一張大嘴在高揚的面孔上佔了小半個面積。假眼睛陰慘地看他一眼，這位便是請求「掌櫃」要步行回去的，是店子裏的跑外。

「眞沒心肝，還樂什麼！」

笑聲蕩起，又平靜下去。起發在翻着一張報，跑外先生正在袖着手蹀步，近日空氣反倒緩和了一些。這時不知怎麼已站到起發的身後，一手猛然搶去報紙，往身旁一擲，在那個臉上，就是一掌，忿忿地說：

「你怎麼也看起報來了！誰准的你？土匪早操了你的媽，孫子！老子告訴你，不必看！……哼，連你也充起來了。怎麼，家鄉反亂，就沒規矩了嗎？告訴

『掌櫃』，敎你孫子活呢！上什麼地方去，家囘得囘去，這裏找的下事情做？告訴你，現在想給提夜壺，也沒有主，你胡塗着哩！……』

這聲音在空中單獨發揮，起發低了頭，後來手伸到眼睛上去，忽然猛獸一般地折囘身，踏着沉重的脚步，跑到樓上去了。

那個吃驚地朝空虛的樓口瞪了一會，隨後吐了一口口水，囘過頭來，瞅了我一眼，又重吐了一口！……

我不能再忍受，天氣是一樣的嚴寒，我開始離開了一向深居的店子，在街上各處走，晚上囘店子安息。舊日的友人，有的還認識我，但離遠了，持着和店夥一樣的態度。我的喫飯成了問題，痛心的是某一些友人，從窮苦中節省下來的一些錢供給我，但我除了喫燒餅，便是到酒缸去。……這地方除了寒冷，雨雪外，我發見了深厚的不平和血腥，人們彷彿是沒聲息的動物，在低着頭掙活。

就是這樣的一個世界。痛苦在嚙着我的靈魂，夜深了，汽車已很少見到，稀疏的洋車夫縮着頸子，在胡同口踅着，電線在高空顫動，世界被支配於一個發抖的聲音。我從一個酒缸出來，在走着回去的路，身子在風裏像要倒下去似地抖着。路燈凄迷，在走到離店子不遠的一個胡同口，我恐懼地瞅了一眼，白的石路被風拂得清清的，胡同口橫搭了有半人高的一條繩子，是表示禁止通行的意思。我住了脚，瞅進去，就在胡同中間靠牆的地方，捲伏着一團，硬硬的，旁邊有一個紅紙燈在閃爍，是一個倒屍。……我像被擊中了要害，在恐怖裏，一個影子在我眼前忽地閃了一下，還有那唱着戲文的冒着白氣的嘴……。

我便突然感到一種稀見的快活！但很快地更利害的一種恐佈向我壓來，一輛汽車吼着從我身邊馳過，沙士擁在身後　彷彿是一羣追兵在吶喊。我狂奔，到一直把身子貼在那個熟悉的黑漆門板上，門開了一扇，我斜着身子，差點倒了進去，摸了頭上的冷汗，我清醒了。似乎在美麗的光亮裏有一種溫暖圍繞着我，但這種難得的溫暖，在一羣靜默憤怒的臉中消失了。燈光是陰沉地在打旋，我看見起發迅速地跑上樓去，那有一隻假眼睛的走近我，打量了一下，說：

「這些日，你不曉得往那裏跑，地面這麼緊；掌櫃回來了，等着你要說話，上去罷！」

我就上了樓，背後是一羣奇驚的眼睛，彷彿送葬行列後的眼睛，飽含着驚奇和悲哀。樓上燈光混着烟霧，許多小光圈星星般地在我眼前閃礫，「掌櫃」臉紅得耀眼，眼向我瞪直，陰森地。我彷彿看見自己和烟土一樣的灰暗衰老；沉默終結的時候，他開口了，聲音是冷酸的。

「出去了？」

我點點頭。

他把香烟熄滅，呑了一口茶，站在一旁的起發，便誠惶地擎起茶壺，於是房中祇有水往下滴的清脆的聲音。酌好茶，「掌櫃」仰起臉來向他看了一眼，他便放下茶壺，跌似地下樓去了。

談話就從這裏開始。

「我也是囘來不久，」他溫和謙恭地說，這態度很使我吃驚，「——哦，我囘來，恰恰你不在。聽他們說，這向你很多出去了，上那裏去呢？呵呵……我說，這向被家鄉事弄得我們沒工夫談，大家心情不好。現在我們可以談一下。呃，你看！家鄉呢，信老沒有，鬧成什麼樣子眞不知道；這裏生意沒有，我整日各處跑，你看見的，也算舊日交了幾個人，現在馬馬虎虎算有一個小事了。……買賣暫時沒法關門，東家再抱怨，也由他了！……不過你住到這裏……噢喝我不在乎，但這地面就不好對付，稍一不愼，就出亂子！你這向又常不在，所以，我格外擔心！你以前是……今天就有消息……自己的事我本不該說出口，何況我們是世交？但有什麼風吹草動，夥計人家受不了，你說是不是？我算什麼呢？我看，你還是想一個辦法的好，自己有目的，就動手做。實在，自己人，我是一片好心話。你卻不要生誤會，其實你住到這裏，喫喝我還在乎嗎？哈哈……」

這話很明敞了，在那笑聲裏，我打了一個寒噤；帶囘的一身疲倦，卻一掃而去了，眼前閃着過去現在和未來的情況，像幾千百隻眼睛……。

實在，我應該走一條路，這路應該是我的舊路。近兩個月的痛苦而神經質的生活，證明我的敵人已不是先前的偵探，而是自己的膽怯；因爲我有了一個避難所，人是慣於苟安的，但現在連這受侮慢的避難所也失去了。

一日一夜我不知是怎麼過去的。有記憶的時候，正是夜晚，我身在火車的三等車廂了……。

（一九三六年底畢。）

小故事十篇

B.奥列寧

一、拉喜莫夫的四個女兒

當烏玆貝克的一個農村工人拉喜莫夫的妻生下第四個女兒時——屋子裏充滿着哀喪的空氣。拉喜莫夫搖搖頭輕聲地說道：

「這眞是不幸呵。」

他的妻，把新生的孩子緊壓在胸口，不怎麽有勇氣地囘答說：

「也許幸福會到我們家來的……也許你將找到更好的工作哩……」

「女人，」拉喜莫夫對她說，「你自己也不能相信自己說的話吧。我的祖父這樣過活來的，我的父親這樣過活來的，我自己也將這樣過活下去。就是我的同胞也是這麽活着。」

這一天他們屋子裏沒有一點吃的東西可以喂養產婦。也沒有一塊煤炭可以把屋子生起火來。

這是多年以前的事。

今天是拉喜莫夫，「西洛夫契」合作社的集體農人的休息日，所以在家閒着。食桌上擺着豐滿的餚饌與糕餅。拉喜莫夫的身上是一套很好的衣服，他的妻穿的是絲織品。他的女兒，羅莎娥，「四不幸之一」，早就畢業於柴皮尼斯學校，後來讀完了工人專修科後又進古比旭夫計劃經濟學院，現在已經作爲一個經濟學家而工作了。兒子加綏姆也畢業於這個學院。由奴士與妲其修完了師範學院。由蘇普，莎密娥與勾耳其赫都在中學裏念書。

拉喜莫夫的妻若有所思地說道：

「幸福已經到了我們家裏來了。但是它會突然之間離去吧？」

「女人，」拉喜莫夫回答她說，「你自己也不會相信自己所說的話吧。這幸福是不會再離開我們家的了，因爲它到了每個人的家裏。它不能離去，因爲人們會舉手表決反對的啦。」

二、夸侖其*在阿拉拉撻河流域

在亞爾美尼亞共和國阿拉拉撻河流域的一個卡馬柳集體農場，最近和建築師聯合總會信札往來，打了一囘筆墨官司。原來是這麽一囘事：這個集體農場的一員，叫做夏赫巴而將的，曾赴他的一個在列寧格拉工作的親戚家裏去作客。於是他去參觀了城裏的許多勝地古蹟，尤其是那個偉大的夸侖其替葉加德琳二世女皇所建造的愛爾米泰奇戲院使他神往。

這座戲院有完全圓形的觀衆廳，張着紅色天鵝絨的幕，非常美麗。夏赫巴而將囘來後關於夸侖其式的戲院所講述的話給卡馬柳的集體農人們發生了深刻的印象。在一次大會上他們便議決：

一、夸命其風格的戲院對於卡馬柳集體農場是必需的。
二、紅色天鵝絨加上亞爾美尼亞少女的面貌。
三、應致函建築師聯合總會，着卽製定建築戲院的計劃。

建築師聯合總會答復集體農人說，依照愛爾米泰奇的夸命其式建築戲院，所費太大，恐集體農場無力籌措。

於是卡馬柳集體農場又去了一封公函，內容如下：

一、目前本場集體農人已募集的有二萬，一萬五千兩筆款子。
二、卡馬柳集體農場從經常收入中劃出巨款以供文化建築之用。
三、無論夸命其式戲院建築需費若干，本場當完全清付。

……………………

戲院——愛爾米泰奇的夸命其式戲院的副本——在阿拉拉撻河流域卡馬柳集體農場裏建築得快要落成了。

三、對話

史凡爾特洛夫工廠廠長普契庚囘家來吃中飯時，神氣不大高興。一邊吃湯，一邊對妻說道：

「我被召到區委去了……」

妻似聽非聽地插上去問道：

「是嗎？湯——味道好嗎？」

「味道好的，」廠長憂鬱地囘答說。

吃肉時他又說道：

「在區委裏受了處罰呢！」

妻還是那麽支吾着問道：

「是嗎？……肉怎麽様——沒有炸得過分吧？」

「肉也炸得好，」廠長仍悶悶地回答了這麼一句話。

把煮熟的菓醬吃完後，他的話更多了。

「在區委裏我被告了一狀……那些工程技術師的妻子們……因爲我直到現在沒有批准她們關於文化事業費用的預算！……」

此時廠長妻葉夫洛西尼亞·羅狄奧洛夫娜·普契庚娜才這樣説道：

「早就該批准了！那末工程技術師妻蘇維埃主席葉夫洛西尼亞·羅狄奧洛夫娜·普契庚娜也不必在區委裏控訴你的了……」

四、一封信

詩人C在莫斯科收到這麼一封信：

「我們的合唱隊還不錯，自己由十四個老哥薩克人組成的。我們唱的都是些舊的歌曲：『再會，星，我要去睡了』，『也爾馬克·蒂莫費也維奧』，『史丁加·雷森』，等等。新的歌很少。我自己也曾寫過一首歌，只是我不是作家，要我作歌有點兒困難。

我作的是這麽一首：

國家只要對我們這麽說：

喊，哥薩克弟兄們！

一瞬時我們就全部準備

開動隊伍上前綫作戰。

我自己也知道這是不很要得的，但也沒有辦法可以寫得好。你，詩人同志，可以給我們寫些歌曲……要我們拿來唱起來，能夠感動人心的。

或許，你能答復我們吧？

此信寄自契欽省蘇循區史連普卓夫鄉KA集體農場哥薩克人蒲羅格蘇洛夫·伊凡。因本人不通文，由哥薩人胥旦爾比寧·亞歷山大代筆。」

五、巴夏娅·米爾巴白也華的統計

巴夏娅·米爾巴白也華年紀十七歲；她——是很遠的基胥拉克地方的烏茲貝克人。

巴夏娅有時手裏拿一支鉛筆坐着，在她的母親沒有把晚飯準備好以前，從事記錄。

她一行一行地這樣寫：

「自安全傘跳落——十五。」

「自動飛行——三〇。」

「高級駕駛的飛行——二〇。」

巴夏娅——很好的飛行駕駛員，她在暑期中速成班里學成的，她的母親威嚇似地說：

「要是你有十五顆心的話，那這也會在十五次的跳落中毀裂的，我的女兒喲！」

巴夏娜回答說：

「我只有一顆心，媽媽，但這——是一顆鳥的心呢。」

這位老阿伊漢．米爾巴白也華，不久以前還不敢當着丈夫的面坐下的，接着說道：

「鳥的心？這眞是我的光榮：母鷄生下了一隻鷲。」

六、馬加丹城的缺點

馬加丹城離莫斯科約一萬公里，離伯力約二千公里。

旅行者被導引去參觀馬加丹城。他走的道路是結實的柏油路。他參觀了專門家會館，交通局，十年制學校，遠東建設局，公共食堂，日報出版處等等美麗的石頭房屋。

他又去看了博物館，文化公園，體育場，動物園。午飯時請他吃從馬加丹城的溫室裏採辦來的新鮮的蔬菜。雪白的桌布上放着一瓶從馬加丹城花房裏摘來的鮮花。晚上旅客在話劇院裏看了羅密與與朱麗葉一劇。後來有人引他到一所舒適的旅館裏去宿夜。他對導遊者說：

「你們的城市好極了。這裏沒有什麼缺點吧。」

回答他說：

「不，馬加丹城有缺點的。」

「什麼？」旅客問。

回答他說：

「馬加丹城還沒有被註明在我們聯邦所出版的地圖上，它建築得比地圖的印刷出版更快。」

七、演員的演說

加列寧省蘇維埃二次非常代表大會的記錄中有加列寧話劇院演員羅巴諸夫同志的一段演說：

……我在這個城裏演了一百個角色，十年工作中演一百個角色。這是我給本城文化生活的一點貢獻。這也就是大會現在要總結的工作的我的一份兒。（鼓掌）。我到這城市來是作客的，却成了這裏的主人。我在這裏被選爲區蘇維埃的委員。我有點兒害怕，當選舉我的人給我這樣的任務時：（一）在本城創立一所用自己的樂隊演奏的音樂會，（二）建造一所新的大電影院，（三）開設音樂學校，（四）組織兒童劇院。

我應報告諸位：所有這些選舉者給我的任務都執行了。（鼓掌）。

八、廚夫安契費洛夫的格言

高羅諾夫同志所指揮的屬於遠東邊防軍的一部分隊伍出發去作戰略的演習。在好幾天的時間中隊伍隔離着根據地，而在荒僻的西伯利亞密林的最繁重的條件中進行演習。

隊伍裏的廚夫安契費洛夫同志在這幾天中發明了一句格言，立刻在全部隊伍裏流行起來：

「也得打仗，也得吃飽，在一切條件中是一個樣子的。」

如果這格言的第一部分應該讓戰士與指揮官們遵守，那末第二部分就得要安契費洛夫自己留意。在荒漠的西伯利亞的密林中他每天給隊伍備膳和在根據地時一樣令人非常滿意。

下面便是安契費洛夫給戰士們預備好的一天的菜單：

早餐：麵條湯。

牛油麵包。

茶和夾肉麵包。

中餐：烏克蘭湯。

炸猪排。

煑菓醬。

晚餐：炒肉麵。

蜂密餅。

咖啡。

安契費洛夫爲了答復戰士與指揮官們對他的感謝，又說出了第二句格言：

——一個人打仗打得愈好，他吃得也愈好。也可以這樣說：一個人吃得愈好，他打仗也打得愈好。

一個指揮官對廚夫安契費洛夫說道：

「你，安契費洛夫同志，造出來的格言似乎比蘇格拉底*的還要強些！」

廚夫安契費洛夫毫不猶豫地回答道：

「可不是嗎？要是蘇格拉底到西伯利亞荒林中來做一碟煮菓醬來試試看：……」

九、發伊蘇拉·由奴索夫的肖像

塔什干報上的一段記事：

「昨今兩日編輯部應接不暇地得到讀者電話與電報的詢問。他們所查詢的都是關於登載於本報第一頁的一個有名的得獎章的集體農人發伊蘇拉·由奴索夫的肖像：『沒有發生誤會吧？沒有弄錯鉛版嗎？』

我們應明白答復讀者。不，我們沒有弄錯。那一張是確確實實的發伊蘇拉·

由奴索夫的肖像，我們曾不只一次在報上登載過。但要認識這肖像也確是困難，因爲它上面沒有了大家所熟悉的可貴的鬍鬚。他本人曾對我們說過：『我的內心變得年青了，所以我的外表也得年青一點才行。』因此他不顧一切古訓而把鬍鬚剃去了。

總之一切順利，發伊蘇拉也安然無恙。只是鬍鬚沒有了……」

十、新的俗語

「敬愛的彼得・考旦爾尼可夫同志：

這裏的同志新造了兩句俗語，我不妨寫出來給你看看。

第一句：

『你怎麽和日本人偷渡密先略可夫溪谷一樣侵犯到別人的土地上來了。』如果有誰無理取鬧，便這樣對他說。

另一句：

『不讓猪玀和飛禽闖入菜園，不給敵人偷越邊境。』

這兩句新的俗語還不壞吧。

自由勞動集體農場曳引機師，葉哥爾•保洛維可夫。」

*譯者註：

（一）夸倫其 Quarenghi (1744—1817)——意大利名建築家，在俄國葉加德琳二世時代頗享盛名，彼得堡（現名列甯格拉）與莫斯科的許多宮殿都是他的創作。

（二）區委——聯共黨的比支部高一級的領導機關。

（三）蘇格拉底 Socrate（西歷前 468—400）——希臘大哲學家，他的許多話都成了後世的格言。

（求是譯自蘇聯 "Lit-Gaz." 二十三期）

L·凡·悲多芬

——逝世一一〇年

苏联 D.加旦夫 作

最出色的古典音樂藝術作品無論在怎樣的形式中總是表現着偉大的民衆精神，他們的愉快與悲苦，幸與不幸，他們的亙古的幻想與對光明幸福生活的追求，他們的爲了要從一切强暴勢力與一切壓迫下解放出來的反抗與革命鬬爭。

所有的民衆的多樣的經歷，他們的意志與感覺也好，他們的鬬爭也好，都能在最大的意大利作曲家的創作中，亨特耳（Haendel, 1685-1756, 德國作曲家）與巴赫（Ba h, 1685-17.0, 德國音樂家）的，海頓（Haydn, 1732-1809, 德國作曲家）與格羅克（Gluk, 1714-1787, 德國作曲家）的，莫札德（Mozart, 1756-1791, 奧國作曲家）與悲多芬的，却可夫斯基（Tchaikovsky, 1840-1893, 俄國作曲家）與模索爾格斯基（Moussorgsky, 1839-1881, 俄國作曲家）的音樂中找到反映。

柳特維格・凡・悲多芬（Ludwig Van Beethoven, 1770-1827）和密蓋耳・昂吉羅（Michel-Angello, 1475-1564, 意大利藝術家），莎士比亞（Shakespeare, 1564-1616,）及歌德（Goethe,1749-1832,）並列地屬於人類最偉大的藝術家的一行。悲多芬已去世了一百十年。可是這一位天才作曲家的音樂只有在蘇聯才得到了第二個眞實的祖國。

悲多芬所處的是個革命的時代，動盪的、酷烈的、尖銳的與流血的社會衝突的時代，充滿熱情與强有力的性格的時代，斷頭台的，勞勃斯比爾（Robespearre, 1758-1794,）與麥拉（Marat, 1743-1793,）的時代。悲多芬在他的音樂中以震撼的力量，英雄的激情與戲劇的力，表達出了這一個轉變時代的先進人類最豐饒的思想，感情與經歷的全部音階。

悲多芬是過去的最大的人道主義者之一。法國的布爾喬亞革命他認爲是在人類歷史中一個開闢新紀元的事件。他會幻想人類理智對專橫的勝利，幻想德莫克拉西，幻想歡快，幸福與自由不是給少數優秀分子而是給人類的大多數所有。他很懂得法國布爾喬亞革命的歷史結局。悲多芬憤怒地毀棄了獻給拿破崙的Es-dur（英雄的）交響樂——在這一行動中表現着他在其意識上的幻滅與轉變。

體驗着這樣的悲劇的不僅是悲多芬一個人，而是一切過去偉大的人道主義者。是可貴的唯心主義，光明的追求，出色的樂觀的幻想，都受到了階級社會殘酷的現實的無情打擊。似乎是對這的一種回擊，悲多芬在他的美好的作品中肯定着並祝頌着他的人道主義的幻想。他的天才的偉大音樂創作可說是莫大內心的緊張與鬭爭的 果，幻想與思緒的强有力的飛躍的結果。

悲多芬——熱烈的革命家，不妥協的雅可賓黨人。他不僅在意志上，在宇宙觀上是個革命者，而且在創作中也是個眞正的革命者。

悲多芬——深信不移的樂觀者，他具有對人類最好的欲望的勝利不滅的信念。他不明白，也不能明白向這勝利去的道路；這道路比他遲幾十年才被指示出來。但他曾企圖克服他那個時代的歷史的階級局限性。

在音樂創作的領域中悲多芬完成了極大的轉變，最大的從不曾有過的革命。悲多芬的音樂——這是音樂藝術三世紀的急劇而熱狂似的發展的總結與完成：他承受了意大利樂器的精華，意大利的民衆歌劇，巴赫的雄偉的重旋律樂曲，格羅克的英雄曲，海頓與莫札德的交響樂。

悲多芬不僅是這豐富的音樂遺產的承繼者，并且是一個有天才的獨創者。接受了先輩的舊的音樂形式，把握了在他以前被發掘的豐富的藝術表現方法與把最多樣的意念、感覺、戲劇的狀態及衝突等音樂化的方法，悲多芬在音樂藝術的發展領域中勇敢地大踏步前進着，他把舊的音樂形式充實以新的，雄壯的內容——偉大的莎士比亞的熱情，戲劇性的衝突，悲劇的哀訴與熱烈的勝利的狂歡。最藝術的形式被他根本改造過，并使之更完成，更豐滿。悲多芬從他的先輩——海頓與莫札德——直接繼承下來的奏鳴曲，交響樂與其他的音樂藝術形式經過他改造以後達到了絕對的完成，直到如今它們依舊是音樂藝術的古典模範。

* * * * *

悲多芬用他的初期的四重奏曲，奏鳴曲與交響樂推翻了百年來關於音樂藝術發展無限的舊觀念。和他同時代的市儈，音樂的俗物，如崔耳丹爾一類的人，從悲多芬的出現起直至他生命的終結，對這位用交響樂的雷鳴破壞了他們的愚鈍的自滿與市儈的幸福的革命的天才，表示不滿，幷加以迫害。他們所不能引爲滿意的是他的辛辣的非協音，異常的音調變化，悲多芬式的音樂的大胆的力學。他們起來反對他的交響樂的自由旋律，高潮的發展與沸騰的激情。

甚至歌德，初次聽到青年孟德而遜（Mendelssohn, 1809-1847, 德國作曲家）的鋼琴演奏第五（C-moll）交響樂時，似乎非常不安，不知所云地說道：「這一點也不感動，只是使人驚奇。這雄偉得很……這是偉大的，然而是狂亂的！可怕得很，房子也會向你倒下來啦。要是所有的人合在一起參加演奏，又將成什麼樣子？」

悲多芬懂得把簡單而明顯的富於表現力的主題發展爲巨大的動作，幷貫澈着他的鐵一般的純粹「悲多芬式」的音樂發展的邏輯，造成不朽的音樂作品，具有空前的，特別的，藝術構思的一致性與形式的完滿。他的交響樂，奏鳴曲，四重奏曲與三重奏曲都是如此，他的第五交響樂，在其完整、不可分割、發展的一致與極端的簡潔上說來，是可驚嘆的。

*　*　*　*　*

悲多芬的音樂——這首先是民衆的音樂，而悲多芬本人，是眞正民衆的天才。悲多芬在他所經過的創作路上總是注意到民衆歌謠的大寶庫，在這裏面他所尋求的不僅是特別富於表現力的與獨特的主旨，旋律及節奏，而且是某些形式的藝術方法與原則。

變奏的方法，這是他的奏鳴曲，絃樂四重奏曲，出名的提琴曲（這和巴赫的

「却康那」同是提琴樂的最好的作品），幾乎一切他的交響樂所特具的方法，也還是取得於民衆的音樂創作。

悲多芬音樂的民衆性不僅表現於利用民歌與舞曲。這旋律的，音調的，節奏的材料經過了悲多芬一番的改造，在他的作品中出現的完全是新的東西了。

悲多芬的民衆性主要的在於沒有誰能給他那樣表達出民衆的精神，生活，歡快與悲苦。沒有一個前輩與後一時代的作曲家能像悲多芬那樣在音樂中表現着民衆的叛逆反抗的精神。沒有誰能像悲多芬那樣在音響中發掘出民衆的革命的天性，使他們和奴役的與壓迫的黑暗勢力相搏鬬，幷引入於勝利，狂歡之路。這便是悲多芬天才之所以特別偉大。

"Dur.h Leiden Freude"（經過痛苦——幸福）——這是傲慢的悲多芬的座右銘，「不應曲解爲愉快寓於苦痛」，如羅曼羅蘭所說的，而眞正的意義在乎：「經過（Durch）苦痛，雖有苦痛——終會有歡快」。悲多芬的第九交響樂——

最偉大的音樂藝術的創作，更深刻，更明顯，更有力地體現了這指導的，中心的思想，這悲多芬創作的重要的主題。

悲多芬音樂的民衆性以極大的力量與藝術的確信表現在怒發而不可遏止的愉快，樂天，瘋狂的節奏與自發的動作，以致這音樂達到了古代巨人般的力。悲多芬的音樂對於我們是非常親切的。在永遠消滅了壓迫與奴役，實現着幾千年來人類對於幸福的理想的社會主義國家裏，悲多芬是最受歡迎的一個作曲家。

（克夫譯自蘇聯文學報第十六期）

●無花的薔薇●

一　「玉碎」　馬乃彖

二　「思想測驗」　茅盾

三　知識飢荒　茅盾

四　門　青路

五　「建設的文藝」萬歲　文江

六　小對話　人凡

七　老子底全集　紺弩

八　自己　文江

一、「玉碎」

马乃蒙

從去年以來，賽金花在新文藝界很出了一點風頭，據我所知，就曾有二個作者以她做題材寫了劇本，都叫「賽金花」。其一是熊佛西氏，其二是夏衍氏；夏衍氏的並且曾經上演過。

又據我所知，兩個劇本似乎都看重了賽金花在義和團亂時向德國瓦德西統帥說情，使當時京津民衆多少免受一些蹂躪的一事的，因此，例如我看過的夏衍氏的劇本，第一，就不免要以賽金花和當時的官員去對照，以襯出當時的官員的愚劣與懦弱；第二，也不免牽强附會地將賽金花過譽爲愛國的英雄似的了。關於第二點，魯迅先生曾說過「連義和團時代和德國統帥瓦德西睡了一些時候的賽金花，也早已封爲九天護國娘娘了」的話，以譏作者，這對於作者實在是一個重要的糾正。

但關於第一點，在我讀了五月二十四日申報所載中央宣傳部長邵力子先生在電影製片業公會成立大會上的演說，我卻想說兩句話。

第一，我想：倘要這麽嚴重地說起來，則賽金花倒來可厚非。賽金花本只是一個小民，而且賤至操皮肉生活，這不是誰都知道的麽？但她確實替民衆做過一點好事，而此外則並無什麽了不起的不可容許的漢奸行爲。作爲一個小民而論，她實無對不起國家民族的地方；與當時的大官要員對照，是事實上投去了諷刺，決非她的罪。至於「瓦全」「玉碎」的道理，她自然是不懂的。邵力子先生卻說道：

「賽金花本人，除在前清庚子年間，曾向外人說情，使平津一帶住民，得滅少其蹂躪之痛苦外，其他實無絲毫可値我人之稱揚處，但現時代與前淸當時，已大不相同，中國今日如再遇外人侵略時，寧爲玉碎，不爲瓦全，決不願向外人爲乞憐式之請求，故此稱劇本，不但不値宣傳，中央且認爲有禁演的必要。」這是對作家的敎訓，也是對賽金花責以「玉碎」的大義了。如此則卽令我們一字不提「現時代」的一再「遇外人侵略」的歷史事實，也很覺不合式！使人想起一句老話：難道中國人眞「只會找娘兒們出氣」的麼？想想看那時候皇帝和政府的大官要員都到那裏去了？

但要對賽金花似的「不足道」的小民責以「玉碎」的大義，也可以而且應該的，不過應當在她面前的是實行「玉碎」的人，卽如阿比西尼亞國王似的人也好，那時則賽金花卽使有更足道的功績，也應該低頭的。否則她也許會扭過粉頭來，抿着嘴對你笑着說的罷：「奴家原是一個窰姐兒，先生們呢……嘻嘻！」

其次，同是小民也何嘗不可以對她責以「玉碎」的大義，但必須首先小民們有「玉碎」的自由。可是「現時代與前淸已大不相同」，「現時代」倘且沒有，何況前淸！

所以，評人論事，應該就事論事，就大論大，就小論小，不可大小倒過來，而且論者還須自省，否則論者自己也被諷刺了。

第二，我倒以爲邵力子先生還是專和我們作家來談「玉碎」的好。並且不但談，尤其應該先給作家做一個「玉碎」的模範的好。我們自然知道抗敵戰爭不是兒戲的事，可以當場做給我們看的；但我們是說：「賽金花」劇本既因沒有「玉碎」精神而「有禁演之必要」，則一切已遭禁和將遭禁的貫穿着，溢滿着抗敵的「玉碎」精神的作品，應卽刻一律開放，不再禁止，流行無阻！這總是宣傳部長邵力子先生可以指顧間做到的事。

否則，那不過只是「玉碎」賽金花和作家罷了，豈但「現時代」的漂亮話掩蓋不了「前淸」的醜事實而已，簡直我們又要在歷史的鏡子裏重照第X次的「現時代」的眞相了。

五月，二十八日。

二、「思想測驗」

茅　盾

六月四日的上海立報第三版有一條新聞道：

大同大學物理學系四年級學生程淡志因厭世於上月廿八日失蹤後，迄無下落，吳淞方面亦未發現程蹤跡。據各方面報告程厭世出走的原因是這樣的：最近有冒名某大學雜誌編者某某訪問程，漫談時局問題，并告以因組織救國會被捕的沈章諸人的狀況及中國政黨的近況，並留書籍一冊。程當時卽覺此事突兀異常，後乃發現此卽所謂思想測驗，因程曾接到一封自北平寄來論及「救亡運動」的信件，未數日，又有××員陳某到程家調查詢問北平發信人的姓名並問程參加過何種組織。程卽告以北平發信人的姓名，並謂在校僅參加理科學會及級友會。該××員陳某又詢程對時局及援沈章等七人的意見，程答援救此七人非國民能力所能及；然除漢奸外，國人無不渴望能以「×日」及「愛國自由」的。後又談及緝私禁毒等具體問題；最後陳某令程作一書面報告，程以此乃不合理的要求，迄未照辦。程體素弱，受此刺激，曾嘔血數次，激忿之餘，遂萌短見。

據另息：程給大同大學校長的信內有：「他好幾次要請××員到校裏來會校長，證明他平素的思想與行動，是否有不軌之處，而都遭拒絕和威嚇。」等語。

「思想測驗」這名詞新穎得很。但觀上引的立報記載，則測驗者所用的方法却還是老調；測驗者既「冒名某大學雜誌的編者某某」訪問一個物理學系四年級學生，而此學生所在的大學又素以讀書不問外事著稱，該「冒名者」扮出激烈派的面目向物理學系四年級生程淡志騙得了「然除漢奸外，國人無不渴望能以×日及愛國自由」——一個中華民國的公民應有的話，於是另一神祕的××員的「調查」和「威嚇」就接踵而來了；這樣一套「測驗」的方法，中國從前有一個名詞，就是「栽贓」！

兩個月前，有一位×縣的公務員曾經對我說起現在施行保甲制的地方有「思想檢查」的保甲長，檢查的方法和上引立報的記載如出一轍；當時我倘將信將疑，現在我不能不信了。

「思想測驗」或「思想檢查」是否能收「思想善導」或「思想統一」的實效，姑置不論，然而用這樣的方法來測驗，不是視民如仇麼？有人說，巡捕每天必須捉到幾個違警犯，才能銷差，於是無辜的黃包車夫便成爲巡捕表示他在盡職的犧牲品了，彼程生所遇之「冒名者」和「××員」不過師巡捕之故智而已，未必是立法者的本意。然而我總覺得誘導「測驗者」使行此種方法的，一定是和他飯碗有關的什麼工作成績的最低標準罷？

像程淡志那樣「受此刺激，會嘔血數次，激忿之餘，遂萌短見」的人，是不常有的，但亦竟有了一個，「失蹤後迄無下落」，方使我們讀報者知有所謂「思想測驗」的內幕。但天下事既如此無奇不有，我們又不能不懷疑到程生之「失蹤」倒底是「自動」還是「被動」了！

三、智識飢荒

茅盾

去年有過一部「好評嘖嘖」的國產影片，名字記不淸了，也沒有上影戲院去看過，只在報紙上連天看見了廣告和「影評」，現在還記得一句警句，說是「靑年失學，失業，失戀的三部曲」。

我相信這部影片一定是好的。因爲只要翻翻報紙上的「社會新聞」，就知道這「三失」是普遍的現象，而且嚴重到每天有悲劇。然而我又敢懸揣這部影片盡其能事亦不過做到了「暴露」，「建設」二字還談不到；因爲也只要翻翻報紙，就知道我們的社會或國家還沒有對於這「三失」做過什麽救濟的工作，影片的編者和導演如果要忠於現實便只好暫時受一句責駡：只有暴露。

但同屬文化事業的出版界却抓起了小兄弟電影界所提起的這問題，來謀救濟了。當然不能三管齊下。「失業」是極大的社會問題，全世界除了蘇聯都沒有辦法，何况上海的出版界？「失戀」呢，問題更複雜了，其中包括有社會的原因，也有個人的原因，而牠在中國之所以成爲普遍而嚴重的問題，主要的還是社會的原因，區區出版界當然對之愛英能助。剩下來只有「救濟」失學。出版界有辦法！

這辦法就是爲失學青年大開方便之門的自修自學的叢書定期刊小册子滚滚而來，成爲去年下季到現在的上海出版事業的洋洋大觀。

給失學的青年開一方便之門，誰說不是功德；雖然印行自修自學書籍的出版業者也有同時製造大量的「色情文化」的（這，是否爲了想安慰青年的失戀呢？），而且自修自學書籍之競出，本意亦在薄利而多賣，但他們肯在失學問題上投機，也就足見可與爲善。雖則大批的自修自學書籍其中頗不乏誤人的粗製品，卽幸而免於錯誤却又不免是高深學者所嗤笑的「未能自度而先度人」，但是在這知識飢荒的現在，「小先生」的卽知卽傳的精神應用到出版界，總是好事一件，卽使敎人以「人之初」者，自己亦剛剛讀到「性本善」，只要「人之初」是該敎的，誰能說他的工作是有害而無益？

中國的青年羣感到知識飢荒，不始於今日。前清末年，辛丑前後，是第一次；「五四」前後，是第二次；一九三〇年前後是第三次；這最後一次依客觀情勢之轉移而日漸深刻而普遍，到去年遂成爲出版家營業競爭的目標。

這三次的知識飢荒，其主體及其所要求的對象，並不相同。在第一次，感到飢荒的，只是少數的知識分子而且尤以世家子弟爲多。他們要求的對象是西歐的政制法律和聲光化電。第二次的範圍可就擴大了；主體是大多數的青年學生和青年知識份子，所要求者是西歐的哲學文學藝術乃至政治思想和社會問題了。最後最近這一次却在青年學生而外加進了大羣的失學青年——店員和小職員乃至小學教員和一部分的青年工人；他們的要求更實際而具體，而且有選擇；他們要求能指引他們到自由解放並能激勵他們的要求自由解放情緒的哲學文學藝術，他們要求能使他們認識自己民族地位及使命的政治思想，國際政治問題和社會問題了。主體的廣大既如彼，而其所要求者之實際而具體又如此，「小先生」們的責任是並不輕的。

對於目前的自修自學的書籍，我覺得有一缺點，即講述國際形勢與初步的社會科學社會問題文藝智識的書籍多於建立想想基礎的著作。並不是說前者不重要，然而後者是人生各種問題的鑰匙，是行動的指南針。三十年前的志士，要求西歐政制法律和聲光化電的知識，但此所謂「新學」後來變成升官發財的敲門磚了；十五六年前的志士談「新文化」——易卜生主義，實驗哲學，羅素……，但「新文化」也成爲攀取利祿的墊脚凳；甚至馬克思主義，普羅文學，也會被聰明的冒險家用作投機的資本。這些敎訓，使我們知道知識固然重要，但尤其不可缺的，是作爲行動的指南針的思想基礎。

六月，三日。

四、門

青 路

「成見」往往不在人，而是由於「門」。

固然也有自己住在門內，怕自己之外的人進去，把門兒緊緊地關了起來的，這叫做「關門大吉」，也叫「關門主義」。這自然就自己養成「成見」了。

但也有門兒並不關，而且終年大開着，人仍不免一望而卽生深刻成見者，則由於那門。這種門，除了閻王殿之類的廟門而外，倘有兩類門。

第一，是衙門，牠雖終年大開着，也的確從未在門首貼過「關門主義」的條子，但只要是中國人，總卽刻在那門板上讀出無字的警告罷：『衙門八字開，有理無錢莫進來！』這樣的開門主義實比平常人的關門主義更易使人有成見，而且更深刻。我們常見抱關門主義的小康人家也常遇偷兒的光顧，而衙門則連鄉下人去完粮都怕進去。這是森嚴之門，使人怕，確是「成見」。

第二，是花邨柳巷的妓院之門。牠更是終年大開着，而且日夜大開着，眞是只有牠才是澈底的開門主義了。自然未領過護照（卽蓋過官印）的私娼，或者要除外，但卽令私娼——卽巡捕看到要抓的——，其自動「破除門戶成見也」則一，仍是澈底的開門主義。但人們仍一樣有成見，正經的愛名譽的人們是連那條路——例如五馬路一帶，輝煌的掛着「月娥」呀，「瀟湘」呀之類的招牌燈的街堂——都避去不走的，生怕給熱人看見，疑心他不規矩。這是所謂「遊戲」之門，使良家的兒女遠避，確也是「成見」。

我想起近來看見的一個標榜着「破除門戶成見」的雜誌，就更相信以上兩層道理之眞了。無論在廣告上或發刊辭上都這樣標榜着，自然是受了「統一戰線」運動的影響，在文藝界也並非春雷第一聲，人們更歡迎之不暇的；但人們向那「門」裏一瞧，則似乎只見幾條英雄大漢和幾個姣小玲瓏的美人，挾着幾個愁眉鎖眼的狠狽的人兒，不知要掀倒打屁股呢還是準備着跳舞，也許兩者都做，煞是一齣官伶合串的文明戲，却並未見「聚全國作家於一堂」。

可見「破除門戶成見」殊非易易，但這場合那原因不在人們，而在那「門」。

五月，廿九日。

五、「建設的文藝」萬歲！

文江

汪精衛先生論列過「經濟建設」，「經濟提攜」之餘，就論到了中國的文藝界，曰：「文藝界有不良傾向，喜歡破壞，這是病態心理。」他於是要求「建設的文藝」。

但是「建設的文藝」却不見！

文藝界人們一向自以爲在建設着「建設的文藝」：怎樣描寫着東北四省的失掉，數千萬人民的被慘殺，華北的被佔領，××旗怎樣的在空中揚飛，農民怎樣的吃泥土和死屍……等等的大建設。然而他們瞎了眼，他們以大破壞爲大建設了，活該被斥爲「病態心理」！原來得到的是「病態」的「破壞的文藝」。

文藝界人們自以爲對於「破壞者」的「破壞」，就是「建設」，自以爲是在建設着「建設的文藝」：描寫着東北義勇軍怎樣的打敵軍，怎樣的「破壞」着敵人的「建國」，描寫着中國的沒有死了的人們怎樣圖謀收復失地，沒有死了的

「心」怎樣的白熱着……，然而他們瞎了眼，他們認「父」作「賊」了，活該被斥爲「病態心理」，——把人的心寫成不是死的而是白熱着的心，不是「病態」而何？原來得到的仍是「病態」的「破壞的文藝」！

文藝界人們自以爲當人家說「我們應當認賊作父」，偏說「不應當」，當人家說「敵人既侵奪了我們的土地，還殺了我們的人民，我們就應當賠不是，再送些土地去」，偏以爲不對，就是「建設」。然而這明明是「破壞」，眞眞是「破壞」，否則，人家的建設早已成功——「中日邦交早已改善」，華北也早已「不成問題」了。這自然更是「病態」的「破壞的文藝」。

這樣的文藝界，竟是怎樣的文藝界！他們的「心」，竟與先前要「顯我們的心給侵略者看」，後來又講「人同此心」的汪先生的「健全」的「心」，差得那麼遠！他們還自以爲即使「病」着終比「全」死了要强呢。於是汪精衞先生不能不加以斥責，而要求着「建設的斥文藝」。

但是，「建設的文藝」却一向不見……

但是，在汪精衛先生的斥責文藝界的一個月以後，「建設的文藝」終於在中國土上產生了。「中央文化實業計劃委員會」已經計劃出「秦始皇……元太祖，耶律太后，拔都……」等四十八人，「徵求傳記」以「表彰民族英雄」了！這纔看見了一點曙光！雖可惜漏掉了淸聖祖，乾隆皇帝等「民族英雄」，但這還只是第一批呀……

那麽，我們正不必等農民吃泥土和死屍的地方都開滿了櫻花，××的「王道」普佈全中國，我們或者詠櫻花詩一千卷，或者捧四六駢體壽文于汪精衛先生的五十或五十五或六十壽辰的時候，才有「建設的文藝」的罷？

怎樣的「建設的交藝」呵！

「建設的文藝」萬歲！

六月，七日。

六、小對話

人凡

1

A：不，無論如何，現在，我們應該積極新文學。

B：怎樣「積極」呢？

A：諾諾，就是將新文學扶上建設去。——建設新文學。

B：怎樣「建設」呢？是不是大家努力，認眞做文章？

A：不，但求作品數量的增加，並不能算是建設，卽使那增加起來的都是所謂『好』作品。

B：哎喲，建設新文學的該是要所謂「壞」作品了，那麽!?

A：不，決不！我們相信文學的眞正建設須是一種積極的精神建設，精神建設要有物質的建設作後盾。

B：是不是先拿津貼，後辦雜誌，用「津貼」做「後盾」呢？

A：媽的！你這「帶白手套」的犬儒，是一輩子只曉得破壞的！

2

皮鞭對手說：你看我多少厲害啊：能把奴隸抽得在地上直滾，屁屎交流，哎喲哎喲的叫！不厲害嗎？

手答皮鞭道：但是，如其沒有我握着你，你怎能去抽奴隸呢？

皮鞭：啊——

手：不過你不要担心。鞭哥，你的令尊雖是牛，我的祖宗雖是人，但我是最最痛恨「門戶之見」的。何况現在更是我們「協力同心」的時候呢！你說不是嗎？

皮鞭：高見高見！！

手：所以，我也並不要同你計較那些功勞，世界上只有俗人會「計較」。那是可恥的，我的「氣量」沒有這麼小！而且抽來抽去，都是給我們老爺服務，對不對？

皮鞭：對對！！對對！！

手：所以，鞭哥，你放心就是了，我會永遠的執着你。

五，二十二。

七、老子底全集

紺弩

讀完了一篇向培良底近著：出關。

老子心造了一些幻象，以爲到處都有「儒家」在迫害他，於是一路「風聲鶴唳」，踉踉蹌蹌地跑出關去。過關的時候，關尹喜請求他「留點教訓」，於是就著書，「要把從前所教給孔子的一併推翻」。可是後來却感到「寂寞」，自以爲不過「拿后羿，逢蒙作藉口，一齊都堆在孔子那個目標之上罷了」。「過去之拚命抗爭，拚命把敵人張揚得非常大，以便把自己也看得非常大，甚至於拚命幻想許多敵人而終至於以幻想爲事實，都不過爲逃避寂寞罷了」。他自己說：「我難道終於只是從空虛走到空虛嗎？」

這樣的一個老子，實在有點兒「老而不死」，「自作自受」；他著的書，既然專門在想推翻「從前所教給孔子的」，足見出爾反爾，一文不值了。

無論把老子畫成一幅怎樣的臉嘴，都隨作者底尊便，反正老子已經死了，死了幾千年，放心吧，他不會從棺材裏頭爬起來回一槍的。

「不過說孔子以及儒家底迫害，全都是老子底「幻想」或「張揚」，似乎有點問題。逢蒙射死了老師后羿的事是有的，或者現在也還有：「孔子那傢伙曾經做過我底學生的，竟敢向我說這樣的話，什麼『烏鵲孺，魚傳沫，細腰者化，有弟而兄啼。』他這簡直明明向我要挾、要我讓開……」，也正是向培良底這作品裏的話；老子死了之後，那些「儒家」的蒼蠅們世世代代，男男女女，都有罵老子的大作；一直到現在，他還逃不了毛延壽一樣的我們底畫師向培良底手筆！那末，他生前的抗爭，果眞是多餘的麽？

最不可解的是，從那作品裏，我們看不出作者對於孔子究竟取了什麼態度。假如老子應該奚落，那竊取了老師底本領，忘記了老師底「循循善誘」地傳「道」的情義，只栖栖皇皇，賣身投靠，甘爲奴才底奴才，稍稍得意，就要挾老師，趕走老師，如果不是跑得快，也許會像逢蒙一樣，飃地一箭射來的浮薄青年，莫非反而是應該容恕或者値得獎勵的麽？

作品裏還有這樣的話：

終於老子把他的書著成了。他整理就緒，交給尹喜，說：「我的作品都在這裏，並且都編製好了，趁我在的時候看清楚，免得將來編不成全集本。」

我們知道：老子底書，只有「五千言」，就是一篇文章。一篇文章，不能成爲「集」，更不能成爲「全集」，這常識，向培良大概是有的；但是爲要奚落老子，就只好和他底常識告了別。——如果老子還有其它作品，被當時的「儒家」懇請「人主」禁止發行了，而向培良却深知這種祕密，自然又當別論。

如果創作不是等於造謠，在向培良底出關裏，就沒有老子底影子。老子曰：「惚兮恍兮，其中有象；恍兮惚兮，其中有物，」那「象」那「物」，不是別的，倒是向培良自己！

五卅，上海。

八、自己

文江

在作家中間，近來時常聽到說看「自己」了。例如：「自己的東西」，「通過自己」，等等。

這自然是不錯，而且很好的。因爲作家應該有自覺，應該知道自己，這是誰也不能反對的。

但作家，特別喜歡說着「自己」的作家（自然也包括寫雜文與批評的人），還應當有「自知之明」，——這也是自覺的一種呢。我們却覺得他們[illegible]自尊之餘，可惟獨缺乏「自知之明」：究竟是怎樣的「自己」呢？

有胸懷廣大，宇宙在他心裏的「自己」，有時刻關心着人類歷史與社會，個人與大衆同呼吸，不論力量大小，只知道工作與戰鬪而忘記了自己的「自己」，也有將自己的個人的利害看得比地球的存亡還要大，什麽國家民族的大事變也從來引不起像對於他個人的毀譽那樣的憂喜，將自己拘囿在比茶杯還小的天地裏的「自己」……究竟是怎樣的「自己」是必須先弄清楚的。如果只是在小天地裏揚揚地得意着，忿忿地不平着，或者狠狠地爭奪着的作家，那麽還要說着「自己的東西」，「通過自己」等等好聽的話，以拒絕和社會與大衆的脈搏相共鳴，則他雖執着「自己」而卽刻就失去「自己」，是明明白白的。

其實，這樣的作家，也不會有「自己的東西」，無從「通過自己」，因爲他的「小我」實在太小了；而他還忿忿地不平，或者揚揚得意地說着「自己」，「自己」，這叫做「自己不知道自己」。無奈現在喜歡說着「自己」，「自己」的人，偏偏就是這類只知自尊，却無自知之明，將自己囿居在比茶杯還小的「小我」裏的人。這實在令人看了「可憐」！

可是，雖道就不應當有「自己」，寫「自己的東西」，倒應當人言亦言的麽？不，應當有「自己」，應當寫「自己的東西」，反對人言亦言。但能夠不是人言亦言，却造成了「自己」，寫出眞眞「自己的東西」的作家，總不是日夜捧着一個狹小的「小我」以自驕自滿的作家。這是古今中外一切著名的作家都早已證明了。大家都喜歡引用高爾基的話，我也引兩句罷。高爾基說：『不要將你的全部注意單停在自己身上，不要單寫你自己的生活和思想。……努力尋找一切勞動者所共通的思想，感情和希望，並努力簡潔，强有力而單純地寫出來！』又說：『……更接近生活，直接利用牠的暗示，形象，畫面，顫動，血及肉……無休止地集中到自己身上，而後將全世界集中到自己心裏。……不可以將自己的精神禁閉在你自己所造成的圈子裏。』這是高爾基寫給青年作家信中的話，這是他對青年作家的敎示；我們的作家想也還不是老年。

看來，這「自己」，「自己」的聲浪，似乎始於所謂「反差不多」運動以後；但如果「差不多」的現象果眞存在，則「差不多」的造成，決非作家「趨附時代潮流」所致，倒恰恰相反地證明着一件事罷：就是作家並未「趨附時代潮流」，他始終悠閒地住在自己的小天地裏呢。誰都應該明白的：如果「趨附時代潮流」，就決不會「差不多」；眞如水一樣：流着的水，或者在奔濤裏跳躍着的浪花，豈是相同的麼？而在死池裏或裝到碗子裏的水，纔眞是「差不多」。人如果不打破自己的狹小的「小我」，而投到時代的潮流中，社會中，大衆中，生活的汪洋大海中，我們未見過會養成「自己」，完成「自己的個性」的事實。在自己的除出小小的名利就別無所有的小天地裏生息着的作家的「自己」，看罷，纔正是個個「差不多」。那麽，藉口「反差不多」的理由，忽然「自己」的嬌貴起來，還說些什麽「反對公式主義批評」的大道理，我們眞非唸阿彌陀佛不可了。

看來，愛說自己的人，也都自以爲自己是天才；但古今中外的天才作家，却未見有不竭力拋去狹小的「小我」，竭力使自己變成「大我」，「將全世界集中到自己心裏」，而能完成他的天才的。在廣闊的天空翔飛着的鷹隼，似乎並不怎樣鑑賞自己，要常常到水邊去照照影子；但是井裏的蛙兒可眞整天價的叫着「自己」。

要叫「自己」，要那麼尊貴「自己」——先須有可叫可尊貴的「自己」；且暫時忘記自己到社會和大衆中去先造成一個「自己」再說！

六月，五日。

艾青作：

黎明

煤的對話

淚

笑

黎　明

當我還不曾起身
兩眼閉着
聽見了鳥鳴
聽見了車聲的隆隆
聽見了汽笛的嘶叫
我知道
你又扣開白日的門扉了……

黎明，
爲了你的到來
我願站在山坡上，
像歡迎
從田野那邊疾奔而來的少女，
向你張開兩臂——
因爲你，
你有她的純眞的微笑，
和那使我迷戀的草野的淸芬。

我懷念那：
同着伙伴提了篾籃

到田堤上的荳棚下
采擷荳莢的美好的時刻啊——
我常進到最密的草叢中去，
讓露水浸透了我的草鞋，
泥漿也濺滿我的褲管，
這是自然給我的撫慰，
我將狂歡而跳躍……

我也記起
在遠方的城市裏
在濃霧蒙住建築物的每個早晨，
我常愛在街上無目的地奔走，

爲的是
你帶給我以自由的愉悅，
和工作的熱情。

但我卻不願
看見你罩上憂愁的面紗——
因我不能到田間去了，
也不能在街上奔跑——
一切都沉默着，
望着陰鬱的雨滴徘徊在我的窗前
我會聯想到：死亡，戰爭，
和人間一切的不幸……

黎明啊，
要是你知道我會對你
有比對自己的戀人
更不敢拂逆和迫切的期待啊——

當我在那些苦難的日子，
悠長的黑夜
把我抛棄在失眠的臥塌上時，
我只會可憐地凝視着東方，
用手按住溫熱的胸膛裏的急迫的心跳。
等待着你——

我永遠以堅苦的耐心，
希望在鐵黑的天與地之間
會裂出一絲白線——
縱使你像故意磨折我似的延遲着，
我永不會絕望，
卻只以燃燒着痛苦的嘴
問向東方：
「黎明怎不到來？」

而當我看見了你
披着火焰的外衣，
從天邊來到陰暗的窗口時啊——

我像久已爲飢渴哭泣得疲乏了的嬰孩，
看見母親爲他解開裹住乳房的衣襟
淚眼迸出微笑，
心兒感激着，
我將帶着呼喚
帶着歌唱
投奔到你溫煦的懷裏。

五，二十三晨。

煤的對話

A Y.R.

你住在那裏？

我住在萬年的深山裏
我住在萬年的岩石裏

你的年紀——

我的年紀比山的更大
比岩石的更大

僞善的面具來掩飾他眞實的面容。人類，究竟也有了幾千年生活紀錄的歷史，今日的羣衆們，對過去經驗的積壘是多少已承受了的，始終不如原始時代那樣的愚蠢了。這是對於無論怎樣瞧不起他們的人，實在也沒有法子好想的事。所以竟連狐狸鬼祟也早有了寶貴的經驗，要先謀減去人類對於它的敵視心理。這在人類本身裏面的惡魔，就是也要「取得羣衆的依附」了。不過一方面要「取得羣衆的依附」，一方面又要滿足自己的私慾，就要有「化裝」的本領和巧妙的法術才行。希特拉的處事方法（對付問題的態度、觀點、把握等），就是在這種意義上結成的。

在處事方法上，希特拉是充滿着唯心的，主觀主義的特徵的。——

在大戰前，所謂的自由出版，只是爲日耳曼人民及國家掘自己的墳墓。

我們不用提起撒謊的馬克思主義的報紙了；撒謊之於他們的生活的需要，好

浪

你也愛那白浪麽——
牠會嚙嚙岩石
更會殘忍地折斷船檣
　　撕碎布帆
沒有一刻靜止
牠自滿地談述着
從古以來的
航行者的悲慘的故事

或許是無理性的
但牠是美麗的

而我却愛那白浪
——當牠的泡沫濺到我的身上時
我會起了被愛者的感激

一九三七，五，二日，吳淞炮台灣。

笑

我不相信考古學家——

在幾千年之後，

在無人跡的海濱，

在曾是繁華過的廢墟上，

拾得一根粘骨

——我的枯骨時，

他豈能知道這根枯骨

是曾經了二十世紀的烈焰燃燒過的？

又有誰能在地層裏

尋得
那些受盡了磨難的
犧牲者的淚珠呢？

那些淚珠
會被封禁於千重的鐵柵，
却只有一枚鑰匙
可以打開那些鐵柵的門，
而去奪取那鑰匙的無數大勇
却都倒斃在
守衛者的刀槍下了

如能檢得那樣的一顆淚珠
藏之枕畔，
當比那撈自萬丈的海底之貝珠
更晶瑩，更晶瑩
而澈照萬古啊！

我們豈不是
都在自己的年代裏
被釘上了十字架麽？
而這十字架
決不比拿撒勒人所釘的
較少痛苦。

敵人的手
給我們戴上荊棘的冠冕，
從刺破了的慘白的前額
淋下的深紅的血點，
也不曾寫盡
我們胸中所有的悲憤啊！

誠然
我們不應該有什麼奢望，
却只願有一天
人們想起我們，

像想起遠古的那些

和巨獸搏鬥過來的祖先，

臉上會浮上一片

安謐而又舒展的笑——

雖然那是太輕鬆了，

但我却甘願

爲那笑而捐軀！

一九七三，五，八日。

腐蚀

□散文□

端木蕻良

甜蜜的滋味常常是一樣的，辛酸却有種種的不同。苦苦便和黃蓮的滋味不一樣……。但每次接觸過一種奇異的苦味，却總像一個負荊的死囚挨了皮鞭一樣的感到滿足……。這沒有什麽學理可以解釋的，祇可以說是一種奴隸的本色……

在衞戍司令部便和在看守所不一樣。

在衞戍司令部裏最使我難忘的，就是那一股蒸人的腐亂溼濕而帶點黏膩的酸氣。

那一股氣息是異乎尋常的，一片壓人的又悶又沉的溼氣。我似乎感覺到全宇宙都爲它所泛濫、所震盪了。在起初似乎在我的神經纖維末梢的微妙的戰慄之下，我可以聽見它把剛剛從昏暗的北平窗紙努力所擠進來的一點一點的新鮮空氣，都吞併了、酸化了、腐蝕了。到後來，便是我的神經漸漸的麻痺而沉昏起來，我已經不感覺外面還有空氣了，就是偶而在牢門的一塊小玻璃上看見了外面風絲的盪動，也以爲這是酸氣的潮頭，因而引起了恐怖的戰慄。但是我仍然毅然決然的擔負起去偵察出這腐蝕的酸潮出現的最初的根原的任務。

但是，終於我不能偵察出酸氣是從那兒出發的，它是從那兒製造出來的，我不能找出！我似乎感覺出圍繞着我們牢房的周遭的就是那一團一團的酷炎而蒸人的酸霧。當夕照的太陽，紅燒的怒焰壁立在西天的時候，我們北向的窗格，也分有了一絲餘燼，就如同太陽和天地，都同在一張紅銅的大鍋口裏，凝結成一根神奇的酸晶柱子，我們這渺小的生物便凝沾在這晶體裏面。

後來，由於我的不懈的偵察，我便決定它是由那年老而頹廢的磚坑裏發出來的。爲了積極的證實，我試探着去掀開一片嫌疑最重的斷磚。我不顧那裏有剛剛逃跑了的七星蜘蛛所留遺下的毒液，我向那磚縫狂嗅。呵！居然被我發現了！這酸氣是從這磚縫裏發出的！從那天起我便心安了的確心安了，好像一個久久失眠的困惑的老人，忽然發現了失眠的原因及是由於左太陽穴不能安靜休息下來的原故，雖然依然沒有辦法，但畢竟是比從前對全身都發出苦悶的怨恨的確是平靜多了，甚至竟是一種驚慰的愉快。

但是當着後來我也意識的去嗅嗅我的長癩瘡的同伴的灰敗的棉絮之後，我便傷心了。原來酸氣在這個纖維質的軟癱的體積之上也是同樣的向外蒸散，絕不稍遜於那塊可欣佩的斷磚。

成了習慣似的，我像一個苦學之士在探討人生的奧密，不息的我在警醒我的嗅覺。因爲它的確漸漸的變爲痲木了。我警醒它，挑撥它、把它打付在不同的角落裏，不同的窟窿、點、線、膿潰裏。我必須追察這酸病的來源。我希冀着我同堵截一個水管的漏孔似的，我把手指不息的壓在那泉源的上面……。我充分的在利用我的鼻子，我盡了最大的努力。

日子在酸霧裏蒸騰開去，然後再飛散下來，落成比先前更加醲重的酸霧，碎塵一樣的塞結在每個空虛裏，使每個空虛，都凝結成爲酸腐的眞實。

一直到我每一掀起我自己的頭髮便毫不遲疑的有一陣酸潮立刻湧現出來，並且還附着糖漬青梅的糖屑一樣的白白的粉末隨落下來之後，我便不再追尋那酸素的來源了。因爲這時，我確乎已經明白，那酸的花朵並不是在和我嬉戲，也不是在結成一個灰色而看不清的圈子向我頭上折疊繞旋，不是，都不是，分明它就生長在我每個器官的中心，是從我的內臟的中心裏散出來的，我的存在便是它出現的惟一的原因。我記不清我入獄以前是什麼模樣了，否則我可以斷定這黏膩溼溽的酸氣就是與我生命同時俱來的，而此時竟變成我的不可失去的生機的一部了……！

我們這些罪人就是浮沉在這酸霧裏的鹹性的汽泡，忍受着那看不見的感覺不出的同化作用，然後在無色無臭的昏暗中靜悄悄的碎裂、消沉、寂靜……，也分解出無所謂的酸質。

昨天又抬出去了一個，我們立刻感到輕鬆和太平，今天那厭人的呻吟聲，和那一雙塗了鼻涕的死魚泡似的大稜瞪眼便都從我們身畔消滅了，不再會使我們討厭了，雖然蟬續他那可悲的命運的繼承者很快的又要來了，但無論如何暫時要算是安靜的了。

我第一天進來時也是在夜裏，我用不嫻熟的手法提住鍩鐐，免得它去用它的惟一的責任來跸我的脚。

看守憲兵喝着。

『不許用手提，再提給你帶手銬！』

屋子向北是三間連廂，南邊臨街，沒有窗子，北邊有隻貓洞樣的小窗都用鐵條護住，有木板窗。一隻門，用鐵皮包着，有巴掌大一塊玻璃，預備給看守向裏望的。

「誰呀！」有人問我，很淸脆的官話。

我尙未坐好，屋裏混澄澄的，我不能看淸。

坑頭裏一個人半擁着被爬起來看我。長長臉，蒼白色，頭髮長長的，睫毛很美的大眼睛柔和的閃着光亮。「學生？……你一天還沒吃東西呢吧？來，吃點，這裏有窩頭，也有水……。你把水遞給他。」

第二鋪一個靑年兵士伸出手在坑沿根底下拿起一個從前裝蜜漬山落紅的小罐兒來……遞在我的手裏……

兵士的面容很端正，屬於很能熟思很能忍毅的那一型。不過他的氣色已完全毀壞了，同乾霉的竹葉一樣，沒有一星兒水份，祇有可厭的白黴。他的鼻子也好像漸漸塌落下來了，頭髮是剛從子宮落下的嬰兒模樣，黏在腦殼上……他的眼睛祇能虛透出一條線，細細的看我。

我吃了他們給我的窩頭和水……便知道了靑年兵士是萬福麟的軍隊，駐在冒平，他是因爲煽惑軍隊，組織暴動被捕的……長長頭髮的蒼白臉則是憲兵隊的班長，因爲狎妓爭風吃醋，開鎗打死了妓女……爲人很愛瀟灑。『平生祇愛捉髻趙（北平唱十不閑的老供奉，很得西太后的寵倖）不愛銀錢愛玩票！』他告訴了我他的人生哲學『……他剛進來不肯對我實說……要不然我給他定個『高着』，他早『滚』（纏訟）出去了……』他指着青年兵士向着我說。他的爲人確很天眞可愛，而且『高着』也極多。比如他的手銬是日夜不許摘下的……可是他却可以自由脫上脫下，開初我以爲是他偷偷藏，有鑰匙……後來他笑着表演給他看，原來是把一隻桃筐的銅鎖的彈條弄鬆了……略略用力向外一拉就能開的……輕輕一推又鎖上了。

『你晚上一定冷，我也不款待你，我這兒有個棉背心你穿，新的，你大嫂，前天探監送來的……這裏不比看守所可以來人看，可是我是例外，我雖然落難，他們還得喊我一聲班長。』

我接過來他的友情，是粉紅色冲駝絨裏的很像個女人穿的馬甲，我謝了他，幸福的穿在身上。

『你不用心急，有我你不會寂寞……我就是好樂……家裏就你大嫂，一個小孩，指望我吃飯，可是我就不成器，關了餉，前門外去了，半夜喝醉囘來，打洋車夫，誰高興給車錢呵，他媽的……我就是樂天派……剛剛來時，還可以弔弔膆子，現在——』他暗啞的咳嗽了兩下。『膆子劈成四半兒了！哎！』他嗆出一口血來，臉色騰的白了。

他的話剛剛停頓，我的全身便一冷……長空一列雁羣在白楊梢頭暗啞的掠過……霜雪就要來了！

酸霧，酸霧……我分明已經覺出，有千百個野獸在我周遭叫嘷，撲跳，我就在看見，祇要我把一隻手伸出，我就可以摩在那軟膩膩溼漉漉的水漬的毛頭之上，慘陰，溼冷……我用鼻寸猛嗅，酸霧，酸霧，我的臉上立刻爲恐懼而虛紅，心靈向下沉落，腦子裝滿了玄祕的黃色……皮膚，癢，膩，發燒……我完全關在蒸籠裏了，我想不到它會來得這樣快……比秋夜草原的霧氣還快，我試探着想逃了，我捉起脚鐐……脚鐐發出錯亂的花花棱花棱的大響。

呵，別人睜大了眼睛驚異的看着我。

我不好意思了 喘着氣，虛汗像雨似的流下。

這一夜我聽着炕梢長癩瘡的、受笞傷的人的大聲的狂呼、夢囈、呻吟，一夜沒有閤眼……我心崩崩崩的跳着，汗水澈夜的流，臉上發燒……酸氣到處壅塞着，哮喘，用看不見的眼向我窺視，塞住我每個毛孔，然後帶着毒質的水珠向裏浸淫，將皮下層的組織破壞……一直侵到我的心房，和我的每個血珠混合在一起，每個呼吸混合在一起……我像長胃病的人一樣的想嘔吐，但我能吐出什麼來呢？除了一口一口的酸氣，而且這酸氣，慢慢的又被我吸進，在胃臟裏發酵、釀肥、吐出……酸霧就這樣的不停的並且加速的釅濃、加重、擴大……我是蒸在蒸籠裏發酵的糟釀了……。

第二天一早，青年兵士用他堅定的目光穩定了我，我感到羞愧，因爲我身子巳經軟癱了……我此時祇是夢幻的活着。

『你很「不善」（有根）！』他用着純粹的東北土話稱讚着我。『看樣子你的身子骰挺「囊薄」（單弱），你眞扃得住……你很「頂搶」！（能支持）！……』

我反覆着他的話，對他我忽然的變爲憎恨了。憤怒漲溢了我的瞳仁，我的瞳仁變大變紅。我好像看見一個專門嘲諷家，坐在我的面前向我玩弄着揶揄的微笑……。我分明巳經最『囊薄』的打了敗仗，可是他却在那兒不明不白的用反話來向我說盡了稱諛。

我看了他的發白霉的半死的臉，陷落了的鼻樑，浮腫的祇透出一道細線的目光的兩眼……他此時向我莊嚴的笑了一笑……一塊腐亂的肉球在患着痙攣症的不由自主的向一塊兒抽縮……。此時我報復他的厭惡達於極點……讓我用惡毒的言語向他詬駡呀，再不然讓我發狂吧！……他在拿着一分經久鍊成的抵抗力在嘲諷一個可憐的新病人……是的他是這樣的……。

但是漸漸的我就明白他已看不清他眼前的事物了，他至少也蒙着一層薄霧在看……我心裏一震，但怒氣並未全消。

這天我一天沒有說話。

到晚上我憤怒的提起脚鍊，發狂的抖着，發出什麽樣的大響我一點聽不見……。我的囚伴們都愕然的望着我，看守一個人不敢進來，叫了兩個同伴，拿着戒尺進來，扯住我的膀子。我還掙扎……從這之後，我才感到一點些微的滿足。體味着這肌肉的苦楚睡熟去了，睡得很安詳。

那是第一次我失去了自已。

漸漸的我就和酸霧妥協了而且融洽了……和一個農夫在大野裏呼吸着交溶在大自然的和諧的大氣並無二致。

我漸漸的也能談笑了，又順從的聽着班長的『高着』，而且竭全力的在向他的吐屬裏發掘出可笑的意味或者可以愉快身心的有價值的見識。

班長用極豐富而令人感動的聲音向我描繪他的『高着。』

『女人，哎，有各色各樣的，和螞蟻一樣，有白螞蟻，紅螞蟻，黑螞蟻，長翅膀的，會盜洞的……你見過女化男身？在上半月是女身，下半月是男身，隨着月亮變！上半月陰氣盛，她就「接客」……化女……下半月陰氣衰了，她的陽具就能露出來，眞的，就像象鼻似的，一捲就不見，一伸就出來了，她還能「仹局」……花名，叫林弟……哩，浪劉似的……直打挺……。』他貪婪的咬着嘴唇，用長長的指甲上身下身的搔划着。『我和她住過，我問她你不覺得不便當，她說沒什麼，照樣吃、穿，你聽聽這話，照樣吃穿她說，可是那塊兒有兩個缺德玩樣，你可說成何體統……這眞得叫生理學家來研究研究了，你們學校可有生理科？」

這眞得叫生理學家來研究研究了怎樣才能防止精神的墮落呢！……我的腦子，在這雲那頃，還能夠愛憎分明的淸晰的問。

日子在酸潮中起落開去，沒有星辰，太陽、螢光、樹葉、青草、嘓嘓兒、地嗡牛……沒有溫存、喜悅、接待……沒有鏡子、梳子、剪子、刀子、鐵絲、針線……沒有文字……沒有節會、年茶、社日、東鄰，西舍，主顧，舊知……沒有風、雨、雪、雹子……我們生活在那裏呢，是的，我們生活在那裏呢，酸霧，酸霧祇有酸霧……我們片片的在酸潮裏腐蝕了！我們在這裏談着、笑着、存在着。

近來班長的「高着」也爲他的不懈的嗆嗽所替代了，流佈於全牢房的是一種絕望的寂寞。

幾個受刑傷的人在酸腐裏膿潰了他的瘡傷，又抬起了澈夜的呻吟。

瘡痛剛剛在潰亂的時候，病人常常是發出不平和抗爭的氣息，無休息的吐洩着哀鳴。可是過了一個相當的時候，潰亂已經成熟了，他們頑强的生活力，都已化作了膿液腥臭的流完，這時他們的呻吟，就變得微弱了，幾乎成了枕邊的細語。由於我們要求安靜的强烈的利已心和對於平凡的生活的憎恨與報復，我們經常的盼望那膿潰患者捷速的走到第三階段——從兩塊門板之上抬出去了，乾淨，省事。

青年士兵的命運到了最後一線，很快的就要判決了，大家都猜出了他應得的快樂，該大團圓了。

青年士兵囘來很少的談論他自己的事，衹是照一種習慣用着幾乎很難說是在睜開的眼，停在某一個角落，某一點塵埃上不息的望着。

班長帶着長者的悲憫，用着關切的心在給他出『高着』。

『你得想辦法了，別衹顧癡着，你總得弄翻了幾個，你得活着……你就說：

上邊先別判決，我情願『咬』出人來，你要饒了我呢，我情願在××主義的旗幟之下效力，在你們同伍的同排的，你記住的姓名你就說呀……不管是不是，湊上一打，我管保你就出去了……傻瓜，你爲什麽去死呢，你祇管咬他們哪！你總得活着！』

青年士兵對於方才他的一席話，由於遲鈍大概並未聽見，祇有最後的一句話才似乎打動了他的耳鼓。

『活着，唉，誰個人不願意活着呢！』他在訥訥的自言自語。

『是呀，弄翻了幾個你就出去了，一會兒提堂你就照我教給你的去說……無毒不丈夫，天有好生之德，爲了求生，老天爺也會體諒你的……。』

『老哥，自從有人類以來，都是死了自己去活別人死了少數人去活那多數的人……那能把人家白白弄翻了許多，來活自已呢？那活着也是一分罪惡。』

『蠢才，蠢才，你祇配當槍靶子去了。』

青年士兵怔怔的看了他一下就和衣睡倒下了。

『槍靶子，提你來了。』班長對他鄙夷的引起了厭憎，故意驚嚇他然後機伶的向我笑笑，用手擺成一個手槍形，『他準得——咔～～～』惋惜的搖了搖頭，加着說。『他不知道怎樣活着！』

第二天，班長的案子宣判了便被過到陸軍監獄去了。他『打』成了一個幫凶，主犯成了和他一道吃花酒的昏頭昏腦的大胖子。他偷着告訴我。聲音很甜蜜的『我明年五月節就能出來了，我上你們學校找你去，石碑胡同，我有的是相識的，嘿，活着就得像樣兒，活着就是一個字，樂！』他滿懷高興的慌慌張張的在鐵門那兒消逝了。

我在門口小玻璃上向他依戀的看着。

『看什麽？』一個憲兵看守麽喝我。『眼氣（羨慕）嗎？明天放午砲時「出你」！說完吐吐舌頭，背過頭去笑了。

黑暗來了，我們的白天又算過去了一天。槍靶子還在那兒躺着，已經補上了班長的鋪位，並沒人提他。

黑暗是發霉了的黃濁最後的氣息，酸潰的糟釀到了腐敗的一息的象徵。於是黑暗來了，淹滅了一切。

明天經過早晨的陽光一漂白，我們再回復到黃澄澄渾噩噩的臭霧裏，保持了我們可能生存的平靜。然後再滴滴搭搭的腐敗下出，發出黑黴，還給黑暗，在漫漫的長夜裏等待着第二天的陽光。

我看着青年士兵的眼，雖在那已經不能辨認出所具備的物質的輪廓裏，我也能看見了他的眼，他的光明，他的眼睛照亮了我。我們的屋子雖然北向，心那陰翳溼溽的厚磚牆上，我也能看見黃金的陽光，而且街上還一定有人在開縱的嬉笑着。我能看穿這疊牆壁的，因爲黑暗教導了我。

……………………。

書評：

從「我的奮鬥」看希特拉

雪葦

關於「善惡家族」

楞斯

從「我的奮鬥」看希特拉

我的奮鬥，希特拉作，董霖佩萱合譯。

雪葦

希特拉的我的奮鬥，是國際法西斯主義中最有名的一本書。從報紙上，我們也常常見着希特拉親手送這個一本，送那個一本的消息，可見得他及他們自己都認爲是「得意之作」的了。我們這裏，跟着這種「歐風東漸」，這本書也得在「民國二十三年四月十五日」以方塊字的形體跟中國的讀者們相見，且纔滿一月就告「再版」，可見得在我們這裏也是很受注意的。但這裏並不打算批評他「軍國主義」的國家觀（第二部），「優生學」式的階級論（二七九頁），「一定會崩潰」的對蘇聯的估計（三四九頁），也不指責他「注重土地掠奪」的「東方政策」（第十四章），對於布爾喬亞不會剝削人民的不斷的操心（一四、五四、三六三，……頁），等等。這裏，我只打算從我的奮鬥這本書來看看希特拉這個人。

我讀了這本書，首先覺得這樣的希特拉，不止會在德意志、意大利存在，而且也在我們的「東方」存在；這個人的特徵，不止要是一個兩個的「名聞四海」的「大人物」才有，倒是在我們每個人的生活周圍都能找得出成百成千的。最多，不過是這樣一點分別：得意或失意，大或小，已成的或「企圖」着的而已。

下面，就是我從我的奮鬥裏看出來的希特拉。

在做人的態度上，希特拉是充滿着獸性的個人英雄主義底特徵的。——

我可以說有些成功的地方是應該歸功於我的；在我演說的過程中，我使成千成萬的兵士歸附他們的國民與祖國。我使軍隊國家化，並且因此能漸次加深軍隊的紀律。再者，我與許多思想與我相同的人接交，他們以後與我一起打定新運動的基礎（一二一頁）。

更出乎我預料之外的，是他們招收會員的方法，我不知道是生氣好，還是笑好。我作夢也未想我是要加入一個已成的黨派；我自己要去創造一個眞的，我從沒有這種意念（一二五頁）。

兩年中，我的意思越能見諸實行，現在單就總領袖只這一點而論，同志們都讚成我的主張（三一六頁）。

自誇自讚，把自己個人看得了不起的態度。——這是一

羣衆歡迎一個嚴酷的統治者，而不歡迎一個祈求者，他們對絕對的法則

較之對不知所用的自由還覺得滿意。他們不以爲人類天賦自由之抹殺這種精神上的虐待爲羞恥，籌劃是他們不能忍耐的，他們也不明白他們地位的本質的屈辱。他們只知道無情的力量與統治者的命令之殘忍。對於這些，他們是服從到底的（一二頁）。

發展純粹理論的工作，……是個人專有的產物。羣衆不能發明，大多數人也沒有組織或思想的能力，只有個人才能發明。

……組織必須安置有頭腦的人於羣衆之上，而使羣衆都聽命於這些有頭腦的人（二三三頁）。

抹殺集體，蔑視羣衆的態度。——這是二。

我克服了我的厭惡心，而嘗試着去讀報紙上關於馬克思主義的東西，但是我愈讀愈討厭；我想法與其中的編輯人認識；自主筆以下，都是猶太人。

只要我能得到手的社會民主黨的小冊子，我都收集起來，並且注意他的作者——全是猶太人。我注意一切領袖的名字：大半都是屬於選民的；不論他是國會議員，或者是工會的書記，是組織中之主席，或街上的煽動者，都表現一付奸惡的相貌……（二七頁）。

……我知道奧國一定要妨害眞正的日耳曼人，並且幫助其他任何人任何事，只要那不是日耳曼的。我討厭維也納城市的混和種族，我討厭捷克人，波蘭人、匈牙利人、羅沙尼亞人（Ruthenians）、塞爾維亞人，和格洛特人（Groats）等等雜色人的集合，最討厭的是每處都遇得見的菌類的生物——猶太人（六六頁）。

單憑主觀情感的，武斷野蠻的態度。——這是三。

那種只要可以滿足自己的私慾，就反叛眞理，反叛人類，反叛歷史發展，反叛一切進化進步都不惜，殘殺、恐怖、虐待一切善良的人民都不眨一眨眼的人；他以爲自己「也許」是天生的王者，羣衆是只生來供他使用、驅使、宰割的，以爲自己可以任意指鹿爲馬，叫牛做羊來壓服別人。不過，如僅根據上面的分析，就認爲希特拉只有着這樣一付單純的蠻相，那又錯了。他還懂得——

泛日耳曼運動失敗之原因，在於他開始未注意到取得羣衆的依附。……（五六頁）。

泛日耳曼運動與天主教會之衝突，很明顯地，是由於缺乏人民心理的了解（五九頁）。

……因爲他對社會問題的意義，缺乏適當的了解，所以這個運動失掉了羣衆鬥爭的力量；……（六〇頁）。

狐狸要惑人，常常搖身一變，幻成個美麗動人的女子；猙獰的惡鬼，也假着僞善的面具來掩飾他眞實的面容。人類，究竟也有了幾千年生活紀錄的歷史，今日的羣衆們，對過去經驗的積壘是多少已承受了的，始終不如原始時代那樣的愚蠢了。這是對於無論怎樣瞧不起他們的人，實在也沒有法子好想的事。所以竟連狐狸鬼祟也早有了寶貴的經驗，要先謀減去人類對於它的敵視心理。這在人類本身裏面的惡魔，就是也要「取得羣衆的依附」了。不過一方面要「取得羣衆的依附」，一方面又要滿足自己的私慾，就要有「化裝」的本領和巧妙的法術才行。希特拉的處事方法（對付問題的態度、觀點、把握等），就是在這種意義上結成的。

在處事方法上，希特拉是充滿着唯心的，主觀主義的特徵的。——

在大戰前，所謂的自由出版，只是爲日耳曼人民及國家掘自己的墳墓。

我們不用提起撒謊的馬克思主義的報紙了；撒謊之於他們的生活的需要，好像貓之於魚一樣。他們唯一的目的就是要破壞國民與普遍的抵抗勢力，以便他們能爲國際資本和他們的主人猶太人而效勞（一四二頁）。

大戰將完時的情形是這樣：國家最多數的中堅層，因爲義務的關係，不消說受相當的犧牲；那部份最惡的小人，因受不良的法律的保護，同時又不服從他們應遵從的戰時法規，所以一個一個都倖免了。這些遺留下來的「潑辣貨」，後來就做革命，而他們之所以能使革命成功，實因國內不再有優秀的分子和他們爭執（二七九——八〇頁）。

像這樣：無論據，無解釋，無分析，觀念武斷。——是一。

在維也納，驚人的富豪與零落的貧困，形成一種很顯然的對照。……

依我觀察，在這種情形之下，只有兩種方法可以改良事實，就是：一方必須有一個社會責任的深刻感覺，爲我們的發展創造一個較好的原則，再加上不顧一切的決定心，以剷除那些不可救藥的贅疣（七——九頁）。

要發展高級的文化，必須有賴於低等文明的種族之存在，因爲只有他們才能替代技術的工具，沒有他們，較高的發展是不可能的。在人類文化之初期中，依賴馴服的野獸的地方很少，利用人類劣等的材料的地方多。一直要等到被征服的種族作了奴隸之後，然後同樣的命運才降到獸類世界；……因爲牽牛的第一是奴隸，然後才是馬。……（一六〇——六一頁）。

「改良」貧困和富豪的對立，「只有」用「責任的深刻的感覺」和「不顧一切的決心」；因爲「發展高級文化」要用「技術的工具」，於是就必須用「低等民族」來做「奴隸」；「因爲牽牛的第一是奴隸，然後才是馬」，所以「奴隸」也得先從人來當起，然後才到馬畜。……像這樣：不問具體的內容，不問實際的狀況，架空的，形式的抽象空論。——是二。

亞美利加共和國的各州做不出合衆國，可是合衆國才能創立許多所謂的各州。……因此，說到亞美利加合衆國的各州時，不應該說各州有自己的主權，應該說各州是享有國家憲法所制定的權利或特權（三〇三頁）。

國家社會主義運動應知道我們國家須努力打倒我們的勁敵，這使黑暗的世界得復見曙光，使亞利安人在生存競爭中更能得到很多利益（三四〇頁）。

不去講正因爲要有「各州」的制度，「合衆國」才能「創立」得起來，反倒說是「合衆國」「創立」了「各州」；不去證明到了「亞利安人」在世界上可以任意橫行，「更能得到許多利益」時，正是世界遭大魔劫，遇大黑暗的日子，倒來說「亞利安」的橫行，反是「世界的曙光」。……像這樣：虛僞的、任意的

「倒裝理論」。——是三。

本存心在「吃人」然而需用和善的面孔來掩蓋；本討厭透了「理論」（因爲眞的理論總是不利於社會人類的叛徒），而却又不得不裝起「理論」的臉孔。於是這種「理論」，在方法上就不得不但憑主觀武斷，用架空的形式的亂扯來迷忽人們的眼睛和頭腦，用任意的構造事實理論的顚倒以濟其窮。這看來還不止希特拉，無論表面是站在什麽立場，發什麽議論的，只要具備爲了個人底自私而不惜虛僞和假裝的這根底者，都具有這樣一種「理論家」的運命和前途！

可是，僞製的「理論」，碰在現實上是很難「一貫」的，只要略一冷靜地加以細密的注意和分析，也就容易發現漏洞。比方這裏，希特拉爲了要建立他猶太人是「低級」的「野蠻民族」的理論，他只好盲目的將「亞利安」說得從自有生物以來就是「高級」得了不得，「文化」得了不得（一五七、一五九、一六一等頁）；然而到了他又需要把「德國只有我希特拉來才弄得好，過去的現在的一切，都是壞蛋。」這「理論」說得方圓時，又不得不對「亞利安」的一切「高級文化」加以澈底的否定：說培養「亞利安」青年的目的只要「體格」跟「一付有用的工具」就夠，「高級教育」全都是罪惡（二一一——一三頁）。他爲了要不得不來「適應」點「世界潮流」，才便於對抗「國際主義」，所以也高唱「世界的理論與世界的黨」（第二部第一章），「人類新社會」（二四一頁）等等；然而爲了少數人的實際利益打算，又不得不在另一面來公開宣佈他的「主義」是「國家主義」的（二四四頁）。……

假如說，現實主義的觀點方法發展到了高度，必然要達到「科學的預見」的境地；那這種主觀主義，抽象空論的觀點方法發揮到極點，就只能有神祕和扯謊了。這理由是很簡單的。凡歪曲事實揑造事實者，在正面了那事實之本身時，不外採取兩個辦法：或自承錯誤，或厚起臉皮當面扯謊。但這些身爲「領袖」「主義家」者，是只有走後一途的。因爲第一，「承認錯誤」並非「英雄本色」；而且，要是「承認錯誤」，那一切「利益」都撈不到手。所以，曾經有這樣的事實：日本帝國主義者說，「滿洲國是滿洲的全體人民自己要求成立的。」但如果有「滿洲的人民」來抗議說：「我們不承認這個滿洲國！」那他一定說：「你們這些都是匪賊（或「共產黨」），該當槍斃！」又有過這樣的事實：某大「政治領袖」說「蘇聯不實行我的主張，只有坐待崩潰。」但後來有人指「五年計劃」的建設成功給他看時，他則說：「這已經是根本資本主義化了，那裏還能用社會主義的標準來分析。」……對於希特立，自然也是這樣。例子——

現在我以爲，我必定要依萬能的主宰者的意旨而行事：與猶太人奮鬥，是爲上帝服務（三一頁）。

但是，國家與任何經濟觀念或任何經濟發展是不相干的。在實施某項經濟目的中，國家並不是商業談判者的集團，國家是一種社會組織，有調合的性質與感情，他的目的是促進或維持他們的子孫，完成上帝指定給他們的命運。這就是國家的目的與意義，其他都不是的（八一頁）。

具有新的偉大的原理的學說，須受嚴格的批評，無論個人怎樣不樂意。馬克思主義有目的，並且也有建設的野心；然而七十年來他沒有受過厲害的批評……（二四〇頁）。

勃倫蒂斯說：「他們的行爲不能以歷史的必然性爲基礎，因此他們傾向於非合理主義或神祕主義。」「不證明而濫說，不深入現實本身的本質而包纏之以神祕主義，正是老朽階級擁護者的眞正目的」（根據小譯叢華實君譯文）。話是極不錯的。但這些「法術」運用的成功，使他——希特拉實現了替「老朽階級」在絕望時發現的一條去路：法西斯獨裁！……

「老朽階級」或急或徐的在世界上崩潰着，於是像希特拉這樣的東西也或稀或密的在世界各處存在，生長。以社會的急變出名的我國，這些東西自然更活躍，更採着非常複雜的特殊的形式發展。他們的根基建築於在激盪中破落下來而「流落江湖」的小資產階層，從而散佈在所有的地方：幫口中的「老頭子」；封建雇傭軍隊裏的大小頭目；新型流氓政黨中的「領袖」；以及撞入「進步」「革命」招牌底下的一切各式各樣的官僚投機分子，這般東西，特別在我們這社會歷史發展的焦燥年代裏，簡直成了跟着無定的狂風捲起來的飛沙走石！這就是那些所謂的「時勢英雄」以及想做這樣的「時勢英雄」的羣類。在我們這畸形的社會裏，這些都是祖傳「打平天下」的「大丈夫」主義（劉邦、朱元璋、李自成張憲忠之流）底末流跟西方「科學」的流氓主義結合的產物。不同之點，外衣的顏色而已。

一九三六，十一，二十六——七日。

關於「善惡家族」

美國 H. H. Goddard 原著，黃素封，林潔譯述。
開明書店出版，實價六角。

楞斯

善惡家族裏記載着「好」和「壞」兩個家族。壞家族共四百八十人，是一個男子（譯本稱張馬廷）和一低能女子私通後的後裔。好家族共四百九十六人，是這個同一的男子和一個健全的女子結婚後所生的後裔。著者說明：壞家族中只有四十六人是普通健全的人，其餘多數都是低能者，下流者，犯罪者，等等。好的一個族系，沒有一個低能者，多數是醫生，律師，法官，教育家，大商人，及地主，等等。這使著者相信，兩個家族的不同是由於遺傳性質不同的緣故。結論必然又歸結到要使民族健全須減少低能者的生育等等老僧常談。

郭達德所記載的家族，一個多是醫生，律師等，另一個多是低能者，犯罪者等等，當是事實，無可批評。但我們可以討論，而且也應該討論的是，造成這等的結果的原因究竟是什麽，是遺傳，還是環境？對於這一個問題，在若干年前，遺傳學者大抵主張由於遺傳，社會學者則主張由於環境，各不相容。但近年來因遺傳學的進步，漸漸覺得生活表現出某一種性質時，它的原因和關係的複雜，很難斷說這性質之來是由於遺傳。比方植物裏有所謂藏報春（Primvla sinensis）的植物，有數種變種。一種開紅花的變種，如果移放在攝氏溫度十五度到二十度的溫室裏，它不開紅花，却開白花，呈現出和開白花的變種相像的性質。在這樣簡單的例裏便可以看出：生物呈現出某一種性質，和環境相關連，竟至分不開。紅花的藏報春開紅花還是白花，是和溫度相關連的。

生長在人類社會裏的人類，智慧的高下，和榮養的優劣，身體的强弱，神經所受的訓練是否適宜，及一切生活環境必有極大的關係。記得美國某心理學者曾做過一種研究，研究私生子在學術方面所得到的成就。研究的結果，知道私生子所得的比例數是極低。但它的原因，並不是因私生子特別笨，只因歐美等基督敎國，對於私生子的壓迫是極重的，他們在學術上就少有成功的可能。善惡家族的著者斷定私生子小馬廷的後代多低能，下流及犯罪，是由於遺傳質不良，實在大有可討論的餘地。雖然看見有人自殺，說他意志薄弱；看見有人犯罪，說他天生有犯罪性；看見妓女，說她天生淫蕩，不知廉恥的謬論現在還很流行。

實際上，郭達德對於社會環境的影響之大，何嘗不感覺到。例如他在三十四頁上說：

『依門得爾定律的推算，張振作和賴華麗的孩子們應當是低能兒，因爲他們的父母都是白痴呢。據我們所知的結果除第四的女子外，事實和推算完全符合。爲什麽第四女兒是例外呢？因爲她自幼被一個上等家庭的主人收去而養育成人。現在她很顯明是個智力健全的人……』

第三十五頁上說：

『振作的第七子，女性，名張茉莉，年三十九歲身亡，尙未字人。茉莉自幼也是被一位上等人家收留敎養，所以她的脾氣和智慧未曾表顯任何愚劣的色彩。』

又三十二頁上說：

『小馬廷最小的小孩叫張美君，行九，智力健全，她自幼也是被一個上等人家收了養育……』

上面的三段文章，要是譯者並沒有把它們改過，表示出著者是何等重視環境，便是遺傳上應該是低能的，只要養育在『上等家庭裏』就能智力健全的。和他處關於重視遺傳質的主張，當然矛盾！

* * * *

大抵狹隘的優生學者常有蔑視「下等」階級的思想，本書作者並非例外。從上面引用的文字，說被收養在上等家庭裏，智力便能健全的話，可以看出。歧視異階級的思想又往往和種族主義的思想關連，郭達德在善惡家族第三十頁上說道：

『……他們有六個兒子，全是低能。其中有一個像黃種人的型式，這是一件很有興趣的事實，他表示在有缺陷的家庭裏，便會產生退化的孩子。』

這一段文章分明說黃種是退化的人種；也就是說白種比較的優秀。但有着事實，反對這種思想的不確，如向來被認爲智能低級的黑種人，現在知道在相似的環境裏，智能並不低於白人，這些事實，便是明證。聽說『友邦』有一些人也在提倡這種主義，但也同樣不會有人相信。

我對於本書大概不很滿意。它或者有可供參考之處，也未可知，但就一般說，著者的議論未免偏狹，有時缺乏眞實性，或內容互相矛盾。至於譯文，覺得很多奇特的地方。例如四十頁上云：『家英的生父加成，原來是一個畜生，是個酒鬼，——然而酒之爲害大矣哉……』這些話如果確是著者的話，未免特別，也未免荒唐。照常情說，歐美著作者往往要保持一種學者態度，對於被研究的人即使怎樣不道德，極少肯呼他們爲畜生，酒鬼之類的。又如『現在張馬廷的事迹被我們源源本本地查出來，任何人都能看見了。我萬分誠懇地希望讀者能夠刻在心頭，切實體行。身家淸白的少年朋友們，一失足便成千古恨，再回頭已是百年身！生殖器是這樣一件東西，善用牠，就能得好果，亂用牠，就要得惡果；牠的功是不能補牠的過！青年的淸白朋友們，你千萬不要冒一時的衝動，就去嫖呀，就去勾引下等的婦女呀！女朋友們，請你們也不要只貪圖低能兒的榮華富貴，冒然以潔白之身，讓他們來作踐糟塌呀！』這等話似乎也有點特別。但我不預備來做校對的工作，理由是：如果原著很優良，有介紹國內讀者的必要時，譯文如有可商榷的地方是有加以討論的必要的，要是原著本來不大高明，也就沒有這必要了。

黎明

每冊實價二角整
外埠酌加寄費

著者　茅盾等
發行者　曹連山
經售者　生活書店

中華民國二十六年六月十日

文藝筆談

胡風作

——文學社叢書　生活書店代售

深刻的理論分析，豐潤的言語，是理論書，也是抒情文，爲文藝批評底寶貴的成績。想了解文藝的，想從事文藝的，在本書裏將得到莫大的歡喜。實價九角，廉價期内對折。

工作與學習叢刊
上海書店

本刊已呈請內政部中宣部登記

七月

編輯人　胡風
發行人　費愼祥
發行所　七月社　上海華周路八詠坊四號
每週出版一次
零售每册二分

敬禮

——中蘇不侵犯條約

高荒

似閃電
　這個消息
　射過了
　飛血的南口，吳淞，羅店……
　射過了
　被踐辱的平津東北……
　射過了
　被鞭驅的日本羣島，
　射過了
　被囚的琉球台灣，高麗，
似閃電
　那露着牙排
　掛着指揮刀
　帽子上嵌着太陽章的
　殺人喝血的東方大盜
　好像在我底面前，
　　　戰慄！

向南京
　我致送一個敬禮！
向莫斯科
　我致送一個敬禮！
你兩個戰鬥底心臟呵，
睽離了十年的日子
又兄弟似地呼應着
　跳躍於亞細亞大陸底狂風中
要在人類解放的歷史上
創造又一個偉大的時期了。

十年的日子——
　第一個五年
　第二個五年
你建設的蘇維埃聯邦呵
　你底土地
　你底工廠
　你底天空
　你底北極帶底冰塊
鏡開着生物底花朵

　機械底花朵
　新人類底花朵，
在這個腐朽的地球上
連你底不會說話的
　生物和機械
也觸電似地敏感
對强暴者怒視
向被壓迫的人們招手而狂呼。

十年——
　五·三
　九·一八
　一·二八
　一二·九……
這一連串的日子
　黑暗的日子
　羞辱的日子
　虐殺的日子
但也正是憤怒了
　成長了
　在血泊里團結起來
向着一個偉大的目標
（打倒日本帝國主義）
開始了神聖的進軍的日子！
你神聖的日子呵，
在這個被辱的土地上
奔赴號招的兒女們
　正在用鮮紅的血液
遍寫着——

　山河咆哮的
　反抗底歌譜……

南京
莫斯科
——你兩個戰鬥底心臟呵
向你們
　我致送一個最大的敬禮，
全世界被壓迫的人們向你們作證：
爲了打碎野蠻的鎖鍊，
你們認清了
　誰是兄弟，
　誰是仇敵！
未來的歷史向你們作證：
爲了征服這個黑暗時期，
你們認清了
　誰是兄弟，
　誰是仇敵！

八月四日

第一期

廿六年九月十一日出版

這里，生命也在呼吸……

曹白

戰爭既然開始，一天到晚坐在屋子裏聽炮聲，爬到屋頂上看飛機，雖說也算得「戰時生活，」但總不是辦法。首先使我想到的，是應該着着實實的做些事情的時候了。但這又並不是說，我自己要上火線上去拿槍桿。槍桿，我是不會拿的。我所能够做的事，大抵只能在後方。

然而這也難。我東奔西走，入會，開會，提議，討論了好多天，毫無結果——什麼事情也沒有。後來忽然聽到一句「諺言」了，那彷彿隱然的說：『救國無門呀！』於是我只才覺悟，在後方，並不是沒有事情，恐怕是在事情的周圍，造了高牆了。

但這種覺悟了的味道，是苦的。

有一天的黃昏，偶然遇見了濃眉毛的H，他瞪着眼，對我描述了平時只會手拿佛珠，口念彌陀的和尚們，這回卻戴着笠帽到火綫上去救護傷兵的勇敢的故事之後，他說起有一個慈善機關正在救濟難民，開辦難民收容所，可惜沒有人去幫他們的忙。我傾聽之下，很欣喜，就馬上決定了：

「我去！」

✡

一去就是辦登記。——我拿了鉛筆和登記的表格，走進難民叢中去，第一個我登記的是一個老頭兒：

「老伯伯，你叫什麼呀？」

「我的家住在楊樹浦，先生。」

「不是，我問你，你名字叫的什麼呀？」

抗日英雄特

記孫殿英

端木蕻良

有人問釋迦牟尼：「大千世界，衆生如許多，如何成佛？」回答說「各人有各人的路！」

曾經有一個共產主義者，在回答「你怎樣成爲一個布爾斯維克的呢？」這一問題時，他說：「各人有各人的路！」在當前中國非常時期，如時常遇合這樣的問題：「怎樣作成一個民族英雄呢？」其實也是各人有各人的路。

用怎樣算學的公式來推算出一個百分之百的民族英雄呢，這是很有趣味的事，但也很困難，按排在代數方程式那一端的X，它的絕對值到底是怎樣呢？當着敵人的侵凌到了絕對慘烈的程度，國民在物質上和心靈上完全失掉安慰，這時那X的代數值，便通過了原始性的誇張而激鉅的增大，民族英雄便被推崇爲「天降異人」「亂世英雄」被排列在「燒餅歌」裏面成爲「超人」或「半神人」了。當馬占山在嫩江抗戰的時候，有許多人將他的像片供奉起來，頂禮膜拜。而在文治光華的盛世時，岳飛又被編派成了「軍閥，」據說秦檜反而爲了他受累一輩子。但不管那些宗教感過分強烈的人，怎樣將自我的感情寄託得過分，或是幾個御前學者的邏輯，又使人感覺得道德上的不足，但岳飛和馬占山的名字都永遠受着民衆的推崇，生活在民衆心中，能够確定一個「英雄」的價值的，恐怕祇有這一個法碼才可靠吧？

我見過孫殿英是在一九三二年，他在熱河抗日的時候。在這之前，他的軍隊很壞，分子龐雜得很，民衆很厭惱他們。他們也常鞭打民衆，強迫輸送給養，掠奪農民馬匹。自從赤峯一戰，負嵎頑抗，平津報上爭相譽載。我看他們隨軍日記，載着軍隊剛開到赤峯，大家都在洗澡，警報一傳，有裸體迎戰者，這是他第一次遇合了民衆的溫情，也是他第一次覺悟着應該擺脫濡閥的痛苦，將隊伍作爲一個堂堂的隊伍。說他想擺脫自身的痛苦，這是很對的，至少他那時很苦惱。他的軍隊名義上是一軍，但因爲到處包裹，越來越多，結果至少也足有兩軍。而政府方面的餉銀卻要按實數照發，並且有一半要在地方安鬻，這時他又極想交好老百姓，取一草芥都按時價清付（有一次三個士兵掠奪民物，沒有給錢，他當面就拔出槍來，把那三個弟兄打死，使幾個告發的老百姓都掩面悲泣起來，）但是又不能太對不起弟兄，所以祇好將未來的天國預支給他們，說將來有好處。這時他是兩隻脚，蹬着四隻船，那一隻船都需要踏穩，那一隻船，又都懸空。而且個人對於目前政治分析又感到不能充分理解，所以他起用了×××來作政訓處處長。這位處長是反對盲動路線而又因循着個人主義的盲動路線的，他想使孫殿英作到盛世才的地位，使他到達沙漠（新疆甘肅，）再在沙漠上建立起王國來。孫殿英因爲四隻船都放不穩，便把沙漠看作了亞諾方舟。沙漠也可覆舟的，那是後來的事。

我加入他們的軍隊，是一名小兵。我在伊克昭盟和

「嘎嘎問我的名字嗎，我的名字叫阿二。」

「姓數呢？」

「姓王——三劃王。」

「你今年幾歲了？」

「我今年嗎？我是三十六歲到上海的，先在偷鷄橋擺一個小攤，後來擺小攤是也難，咳咳，也難過。到四十歲上，我的兒子也到上海來了，諾，就是這個，他叫福郎……」

「你的兒子的名頭，我也要寫的。現在你只要告訴我：你今年幾歲了？」

「嘎嘎，我今年五十一歲了：屬猪。」

「你是那裏人呢？」

「南京。」

「南京嗎？聽你的口音，有點像泰興的呢？」

「不，我不是泰興——我不是江北人！先生，你若是不信，隨便去問那一個去！江北人是黑良心的呀——我的的確確是南京人！不是江北的！」

「不是的，老伯伯，這不打緊的，你那裏人就說那裏人，不要做假。」

「唵唵，先生眞是，我還要做什麼假呢，反正到了如此的地步了！」

「那末，你是做的什麼生意呢？」

「到上海，先擺一個小攤，在偷鷄橋。後來福郎來，他的娘舅是好心腸，他把福郎薦進芋荷去織纙纖……」

「你兒子在怡和廠的嗎？」

「是，是在芋荷。是大英的。我就去燒飯，福郎的娘在上次『一二八』被東洋人一個炸彈，她——」

「那末，我問你，老伯伯你家』——」

卓索圖盟巡行了很久，天天和好京戲的參謀長接觸，土匪的義勇軍，老營混子，忠勇的兵……都在我眼中。本來參加的動機是爲了抗日去的，而回來時候却作了寫故事的回憶。本來想寫一個長篇，但在「遙遠的風砂」裏，祇記下一節而已。

察哈爾的社會機構是落後的，在村落裏的逢五趕集，都還是從G到G，G—M—G的方式，還作不到，紙幣是不被信任的，也無人能辨別眞僞，而一元的硬幣又找不開。在農村裏沒有葱，在鋪子裏不買油，說我們是生活在廿世紀的機械時代，那是全不相干的。有一個村子叫鄭家窰子（居民世襲住土窰內）和張家窰子，還繼承着「血族婚姻」——他們的民族英雄便是孫殿英將軍。

孫殿英很崇拜知識。他是個伙夫出身，但是公文信件都能認得，用口述作信稿也可能，寫字便不成了。身上穿一套灰布軍衣，依然是個伙夫模樣。記憶力很强，常常想作出獨斷獨行的樣子來。他還有心去模彷西北軍的好的傳統。當馮玉祥氏手治西北軍時，階層與紀律都是以封建的道義來作基礎的，他採取了農業社會的家長制度，並且是充分的發展了這種制度的統制性和優良性的第一人。

那時湯鏃麟剛好放棄熱河，帶了兩隻盒子炮逃到他的防線來，他的給養本來不够，還要將一部分給他們的隊伍。招待老湯的是一個旅長，因爲年青，對湯很不客氣，湯便求孫的蔭護，訴說：「他們都說我不抵抗，我不抵抗，我自已都放了兩連子彈啦」老湯的全副馬鞍都是包金作的。

中國的頭腦人物，很工於使落後的羣衆來迷信自已。所以對於他的神話也很多，而他的臥處上邊也經常懸有一隻寶劍。據說這隻寶劍曾經斬滅在墓穴裏向他撲來的一隻守星黑犬，弟兄們也常常以這些來互相傳播。

他有一個師長曾親口說：「我就是孫殿英的狗，他叫我咬誰，我就咬誰！」

在大學第一年沒有完，我到赤城的，馬騎得不好，槍打得不靈，不過隨着風砂到處跑。從東柵子跑到西窰子，從獨石口跑到龍關，生活全在馬上。有一次我們在最前線時，我的馬四個蹄子繞在電雷的電線上。前方的工事建的不算好，因爲察熱兩省，土質鬆散，又沒有樹木可伐鐵板，軌條，更沒有了。但是孫殿英那時是決心抗日的，來了就打。兵士很奮勇，飯送到山上變成冰塊，用刺刀劈着吃。受傷的兄弟，輾轉在冰雪中沒人救護，前線的弟兄，看不見一個陌生人，看見我便都圍得鐵桶似的。「日本人怎樣了？」「後方怎樣了？」「報紙上怎麼說的？」

在孫殿英尚未決定往西開之前，我便向北平了，想念完大學的課程。孫殿英的宅子在西城，屋宇很大。他在前方的司令部是半間茅屋，一座小炕，他有時便蹲在這小炕上吸紙煙。有一部福特車，好久沒開了。後花園一隻送禮送來的黃羊子，腼腆的看着生人。他有一個受傷的副官，到北平來醫治，便住在這裏，偷了我每張五毛錢的米黃色吸墨紙來揩屁股。這宅子曾一度被查封了，現在據報紙載着又被日本人給查封了，想來他的行動對於日本仍然是不利的。在將來，多數的人還會紀念他或否呢？當前是一條路。

「我家就在楊樹浦××里十二號，你若是不信，隨便去問那一個去。這回我和福郎，要是不逃得快，先生，眞是，也要和福郎的娘一樣了……」

「老伯，不要着急，我們打了勝仗了。」

「誰着急呢？打了勝仗了嗎？打到楊樹浦了嗎？」

「打到楊樹浦了。匯山碼頭也奪回來了。」

「好好！」

✡

然而不好。因爲我們的收容所是設在電影院裏的。電影院的建造，本來只爲了享樂的人們，並非爲的受難的百姓。那首先第一的缺點，就是窗牖的稀少。能容二千左右觀客的這麼一個偌大的電影院，還只收了四百多個難民呢，就覺得窒息不堪了。天又熱，而難民們在逃亡之際，總想多帶一點自已的財產，所以有許多箱籠包裹，並且有些人還馱着棉衣或夾襖，情願臉上掛着一條一條的汗流。可是，這樣一來，汗臭霉臭，便充滿了一屋子。

再加呢——說起來，眞要使語堂先生大笑不止的，就是這些難民大抵是粗人，沒有出過洋，用不來抽水馬桶；有的竟至於一面抽水，一面撒污，水污交屏，濺滿了一屁股。所以兩間厠所，不到半點鐘，就一蹋糊塗，變成馬厩那樣了。於是在汗臭霉臭之中，夾以騷氣，充滿了一屋子。

事情既然到了這般地步，我就在難民中選出幾個人，組織淸潔隊，教授抽水馬桶使用法，把厠所洗刷了一番，然而雖然這樣，到底還使有些調查的委員，「慰勞」的摩登女郎們，掩鼻而過，或者載起衞生口罩來。

難民的每天的糧食，是我們上司發下的。發下的是飯。一日兩頓，每人每頓吃一斤——十六兩，據我的經驗，他們要比囚犯吃的少三兩。但能够弄到飯吃，畢竟要算上上了，有的地方，只喝兩頓稀飯哩。——也要過日子！

但那電影院的業主們，確是使我討厭的。單以電燈而論，他就只給難民開了五十支光的兩盞，可是他却偏偏橫說自已是「犧牲」了，豎說自已是「犧牲」了。有一位還竟至於每見我時，總愛側着頭，斜聳着肩胛，直着眼，像一匹傲悍的公鷄。對於難民，他是開口猪玀，閉口猪玀的，以顯出他是高踞「猪玀」之上的大人物。

✡

大概眞是「猪玀」之故吧，有一個難民收容所，被解散了，濃眉的H還幾乎被帶到「局」裏去，但H是平安的。而那些被驅的難民，大部分又向南火車站逃去了。然而，嗚呼，當夜就來了一羣日本的飛機，將他們跟別的一起，炸得無影無蹤了。我想，其中誰是倖免於「難」的？——誰知道呢！

此之謂「難民」。

但自已的收容所裏的難民，也委實會出「難」題目。他們自動集合了二十多個人，全是青年，連王福郎在內，一致要求我代他們設法到前線去，那理由是：

「我們在這裏光是吃吃睡睡，無聊。我們願意上火線，扛子彈，掘壕溝……鎗不會放，力氣是有的。」

我是明知道自已沒有「代他們設法」的能力的，但爲了不使他們失望，也就只好連連點頭，答應了他們。

但是當天的黃昏，王福郎却扯着我的衣角，嘴巴附在我的耳旁，低低地說道：

『先生，你不要告訴我的爹，說我是要上火線去的啊！』

✡

夜晚，我在守夜。

電影院業主們所賜給這四百多個難民的兩盞電燈，放着慘淡的光彩，這龐大的建築物，就顯得異樣的幽黯和昏沉。難民呢，他們大抵擺脫了白天的焦灼和哀愁，漸次入夢了。

我寂寞的環視了這灰闇的戲院，難民的鼾聲起來了。在鼾聲的相互的拍擊中，我發現一支毛竹的扁担，豎在一隻坐椅的背後。走近去看時，我才知道，這扁担是王阿二家的，福郎爲了睡覺的舒服，一隻手還貼緊了扁担的下端。然而那扁担的上端却已開裂了。

我在睡着了的難民的中間，來回的走着，小心翼翼的，惟恐驚醒了他們。偶一回頭，就看見福郎的扁担，在黯然的坐椅中間矗立着。因爲燈光的衰微，它顯得格外的粗大，宛如一支倔强的鉄鑄的臂膊。

十二點的半夜過後，黃浦江中的日本軍艦上的大砲，又在隆隆的轟鳴了。我忽然這樣想，「也許，我就會變成難民的吧？」但我聽得格外淸楚的，却是圍繞在我身邊的四百多條生命的强烈的呼吸。

九月三日夜。

啓事（一）

一，「七月」底內容約分爲民衆活動特寫，抗戰英雄特寫，戰地生活特寫，詩歌，散文，短劇，短小說，木刻，漫畫，短評，通訊，專記等，希望能得到各方底惠稿，篇幅頂好在二千字左右，特別情形者亦請莫超過三千五百字。稿由已在本刊撰稿者轉交。

一九三七年八月十四日

蕭軍

我不想在這祖國的土地上今天又聽到這砲聲。五年前在遼寧九月十八日的夜間那第一聲的砲叫，從睡中把我震醒，躺在炕上聽着那像一隻巨大的鳥雀撲着迅急的翅膀飛過去的砲彈，那時的心境很安寧。因爲那不可避免的攻擊，事先也聽到了一些消息。說過，人對於已知的不可避免的災害底到來，是安寧的。

現在——這是早晨——砲聲和機關槍聲在北方還正在响着，從昨夜黃昏開始，中間間隔了一個時間——大約也許是因爲我睡着了——今晨當我一清醒，這砲聲是淸明地一如六年前。所不同的只是那鳥似的砲彈經過的聲音，沒聽到，所以自己的心也一如六年前那樣安寧——也因爲早就懂得了這消息了。

昨夜，有秋天一般的寒冷——現在還正是挾着風在落雨——雨點也常常從開着的窗口要打進屋裡來；我正是坐在北面屋角，靠近窗子平常工作的小棹上寫着這人類「美麗」的記錄！

窗外滿天走着灰色的雲，五點四十五分了，天還不算明，也許每天這時候太陽要出來了。今天爲了雨，我却把兩扇窗子全關閉起來，這樣，那砲聲就不再聽得淸明。隔着窗上的玻璃，我看着那窗外的遠近的建築物；那些經過那次飄風吹凋零了葉子的如今還沒有復原的黃楊，無停止地飄搖翻擺在風雨裏。靜靜地綠着的菜地沒有標準，到處亂飛的麻雀；失了光芒的眼睛似的人家底窗口……遠遠的雞聲；汽笛聲；街上稀疏地跑着的汽車聲……我不知道在這幾點鐘槍聲砲聲交奏以內有多少生命斷送了！多少壯實的身軀傷殘了……？並且這還在繼續斷送，繼續傷殘……。雖然這是一面是爲了製造戰爭而戰爭；一面是爲了消滅戰爭而戰爭，這人類底不平一天存在它也就要存在。也許有一天，自己也要用這「戰爭」把自己葬埋了。

靜！這附近是死滅了似的靜！沒有人聲，沒有喧叫……L.君還睡在地上，H.和S.是睡在內屋的牀上，我們雖然是國籍不同，民族不同，並且這兩個民族還正在那裏：一面在企圖消滅了一個；而被消滅的却要用自己的血抗爭着。但是我們這裏却共同在吃，在睡……這因爲我們有一條單純和信賴的心，我們有一個共同的信念，那就是消滅這人類一切醜惡底存在。我們用這同一的信念來貫穿起不同的種族，不同的國籍，不同的心！所以這裏沒有仇讎，只有弟兄！

砲聲爲什麼响得更洪亮和連續起來了呢？——六點鐘了。

馬斯南路那個希臘式舊俄的教堂也响起鐘聲來了。這鐘聲是每天早晨要响的，和那工廠裏的汽笛一樣準確。每天當我將醒來，或是被它醒來，似乎還存着一點感謝意味似的，聽着它們那淸冷幽怨的帶有一點溫柔

天空的點綴

蕭紅

用了我有點蒼白的手，捲起窗紗來，在那灰色的雲的後面，我看不到我所要看的東西（這東西是常常見的，但它們眞的載着砲彈飛起來的時候，這在我還是生疏的事情，也還是想像着的事情。）正在我躊躕的時候我看見了：那飛機的翅子好像不是和平常的飛機的翅子一樣——它們有大的也有小的——好像還帶着輪子，飛得很慢，只在雲彩的縫際出現了一下，好像雲彩又趕上來把它遮沒了！不，那不是一隻，那是兩隻。以後又來了幾隻，它們都是銀白色的，並且又都叫着嗚嗚的聲音。它們每個都在叫着嗎？這個，我分不清楚，或者它們每個在叫着的節拍像唱歌似的是有一定的調子，也或者那在雲幕當中撒下來的聲音就是一片。好像在夜裏聽着海濤的聲音似的，那就是一片了。

過去了！都過去了！心也有點平靜下來。午飯時用過的像具，我要去洗一洗。剛一經過遊廊，又被我看見了，又是兩隻。這次是在南邊，前面一個，後面一個，銀白色的，遠看有點發黑，於是我聽到了我的隣家在說：

「這是去轟炸虹橋飛機場」

我只知道這是下午兩點鐘，從昨夜就開始了這戰爭。至於飛機我就不能够別了，日本的呢？還是中國的呢？大概是日本的吧！因爲是從北邊來的，到南邊去的，戰地是在北邊，中國虹橋飛機場是在南邊。

我想日本去轟炸虹橋飛機場是眞的，於是我又起了很多想頭。是日本打勝了吧！所以安閑的去轟炸中國

感的聲音。今天，對它也起了憎惡！我想這是因爲從這聲音使我聯想到和這目前底殘殺有着關聯的人的緣故。

這是爲那些正在消滅下去的人類，響着的喪鐘嗎？——我住所南面那個法國的罩十字架的教堂底鐘聲也响了。它是比較尖銳的。

~~~~

爲了要看一看人民們——更是貧窮的——在這顛狂了的浪潮中是怎樣在處置着自己，吃過午飯，避開了S.和L.夫婦一個人走出來了。在臨行時他們叮嚀我不要到北四川路去，因爲昨天早晨L.由北四川路來時，那裏已入於戰時狀態。

『不去的。』爲了省得他們就心，便這樣答應了。

坐在到外灘去的電車上，看着街兩面流走着各色各樣的人，和坐在人力車上拉着傢俱的，搬場汽車……雖然各自懷抱着一顆不同的心，而要使自己和自己關切的人活下去都是相同的。——又似乎一如五年前。

一股腥臭交混的氣味，開始從碼頭的方面傳播過來了。那裏較起平日更是無秩序地忙亂，從公館馬路東口向南，在牆根下，走廊下，堆積的就全是人，貨物，箱籠……女人們痴呆地張着嘴，奶着孩子；男人們，孩子們，吸着烟，吃着，就地或是鋪着一領草蓆睡着……全是默默地，似乎在逃避着一個命運，又在等待着一個命運……我不知道他們從那裏來，不知道他們將要到那裏去，還是就那樣，一片片乾貝殼留置在沙灘上似的留置在街頭？

下了車沿了碼頭更向南走，在那裏等待着和堆積着的人也就越多。江中心停着幾隻懸掛着英國，美國旗幟的軍艦，那刀魚似的淡藍和發着銀色的船身，靈敏得好像隨時全可以任意飄游到那裏去，任意攻打着。船上面也忙碌地走轉着人……。

一隻笨重到愚蠢樣的汽輪，就在那些軍船的後面停止着，有幾隻小船從碼頭往復地到那裏搖去又搖來。碼頭上，這裏較別的地方人更加多着了，幾乎構成一所人底山丘。問了別人才知道這是等待回寧波避難的。船不敢靠碼頭，那是怕一擁擠上，所以限制地用幾隻小船搖去又搖來……。

那用一條草繩繫在浮橋上一具浮屍，這記憶要想忘掉竟不可能。那發着臭的氣味，那仰天敞着胸膛的身姿；一隻手還在張揚似的舉起着；短褲，鞋存在的；身上的短衫也存在的。脖下，脇下開始了腐爛；身上，面着日光的一面變成不正規的紫紅色，浸在水裏的則是黃色；那每條黑色的脈管也清楚地呈露着。更是那臉，是那樣團圓而浮腫，眼睛翻白地看着天，鼻子只餘了口孔；下面的牙齒長長伸露地抵咬着舌根，舌頭則是一顆球，捲曲得不成形了。

沒有地方探究這死屍的來源，我也不想探究。和我一同在那裏掩着鼻子觀看的人，他們似乎也沒有興味探究這平凡故事底來源。

每一個碼頭上掮扛爲生的碼頭夫，有工作的，還是照常地擠榨着自己筋肉裏最後的一滴汗和一分力量，柱似的邁動着肌肉殭化了的腳和腿，腰背弓下着配合似的响叫着「嗳唷嗳唷」的聲音。

沒有工作的，有的把那棕色的身子，伸直地睡在浮橋的甲板上，仰面對着天，對着遠方，那樣子似乎並不關心到人，也不關心到那奇妙的從水底浮起來的氣味和

的後方，是……一定是，那麼這是很壞的事情，他們這沒有止境的屠殺，一定要像大風裏的火焰似的那麼沒有止境……。

很快我批駁了我自己的這念頭，很快我就被我這沒有把握的不正確的熱望壓倒了：是中國，一定是中國佔着一點勝利，日本受了點到傷。假若是日本佔着優勢，他一定衝過了中國的陣地而追上去，那裏有工夫用飛機來這邊擴大戰線呢？

風很大，在遊廊上，我拿在手裏的傢具，感到了點沉重而動搖，一個小白鉛鍋的蓋子，拍啦拍啦的掉下來了，並且在遊廊上拍啦拍啦的跑着，我追住了它，就帶着它到廚房去了。

至於飛機上的砲彈，落了還是沒落呢？我看不見，而且我也聽不見，因爲東北方面和西北方面的砲彈都在開裂着。甚至那砲彈眞正從那方面出發，因着回音的關係，我也說不定了。

但那飛機的奇怪的翅子，我是看見了的，我是含着眼淚而看着它們，不，我若眞的含着眼淚而看着它們，那就相同遇到了魔鬼而想教導魔鬼那般沒有道理。

但在我的窗口，飛着飛着，飛去又來了，飛得那麼高，好像有一分鐘那飛機也沒離開我的窗口。因着灰色的雲層的掠過，眞切了，曚矓了，消滅了，又出現了，一個去了，一個又來了。看着這些東西，實在的，我的胸口有些疼痛。

一個鐘頭看着這樣我從來沒有看過的天空，看得疲乏了，於是，我看着桌上的台燈，台燈的綠色的傘罩上還畫着菊花；又看到了箱子上散亂的衣裳；平日彈着的六條絃的大琴，依舊是站在牆角上，一樣，什麼都是和平
~~~~

那些噪叫的聲音，睡着了。有的也吸着烟或是爭吵似的談論。也有深陷着自己臉上的每條刀子刻劃似的紋皺，孤獨的沉默在一邊……。這裏雖然也有着千種不同的姿式不同的心，但有一個心却是相同的吧？——要活下去。

折回來坐在電車上，我看到一個戴着破荷葉似的帽子的老年碼頭夫，他的個子很稍長，但是彎曲了。在向幾個正在江灣飯攤上用飯的壯年碼頭夫們求乞着……。

————

從家裏出來時，我雖然答應不到北四川路去，可是那時我已決定了總得要去看一看的，不會有什麼意外。

仍是在法租界公館馬路口下電車，步行着，也仍是沿着江邊。這裏堆積的人，沒有十六鋪那裏人多，這裏的人，他們全移進了平常用鐵練圍繞着的草地裏。那草一半也全枯萎下來。

立在「和平神」的石座下，靜靜地從那「和平神」像的一隻翅膀底尖梢，我看着那微微有一些雲絲在走動着的天，爲了那雲彩底移動，陪襯得好像那石坐也在開始了浮走。

那些金屬製的神像和盔甲，花圈和羽毛筆，當初我不知道是什麼顏色，於今却全變成了黑色。早先，我還曾說過神像立在這裏的意義是曖昧的：爲了奴隸，還是爲了製造奴隸的人？……於今却什麼也不再想，祗是借了那地方休息休息自己的腿脚，好再向前走。

每所聳高的建築物，大約是爲了戰時標明自己的身份，便全高高地弔起各色的旗幟。其中有幾面却使我感到很生疏。

那裏——在蘇州河出口左面江心上——還可以看到有兩隻兵船，鮮明地懸掛着太陽旗。

停止在蘇州河的橋上，看着橋下的流水和右面的外灘公園，記得幾天前報載，因爲有幾個中國青年人在這裏面唱救亡歌，便被拽進了捕房，遭了辱打。後面就是英國領事館，一面英國旗在一條細高的旗杆上飄擺着，這又使我記憶起一千九百三十二年一月二十八日上海的中日戰爭，中國的士兵和人民用血和肉看看要獲得了勝利，而政府却接受了調停，簽訂了停戰協定——聽說就是在這個院落中。

河右岸的「蘇聯大使館，」那屋頂樸素的飄抖着的紅旗，却給我帶來了親切和激動，只有它才不是代表着强盜們的盾牌，而是代表着眞正兄弟們底親切的標記。我向它深深地注視着，這算作向世界上眞正以弟兄待我們底人類，無言的敬禮。

各樣的開始變成一條繩似的車輛通過着，人不能到路那面去。於是第一次我才發見那白渡橋的橋樑是可以和陸地脫離開的呢。中間存在着一條縫線。

四川路口有日本陸戰隊在那裏警備着，每條槍的刺刀，苗細地閃着寒涼的光輝。

我跟着鐵軌電車走着走着……忽然它們停止下來，扯轉了電路，擺着紅旗向回開跑。於是街上的人也開始了奔跑。這又使我想起了一九三一九月十九日的早晨，當我沿着遜寧大東關的馬路向西行走，人們也是這樣跑着的。雖然自己也蒙到了感染，要折回來，但爲了經驗——羣衆多是盲從的，——稍稍清醒清醒自己，仍是繼續前進。必要看一看這眞正的原因。

我停留在良友圖書公司門前，是的，從東面的一條街走過來十個荷槍的日本兵，落拓地走着，顯得是那樣無神和遲滯……。其中有一個幼稚得還是不値得作一個兵的年齡，却也參加了這殺人或將要被殺的序幕。

遇到××社的編輯D.君，於是我才不再前進。

在一同歸來路上他說：

「我們的準備很不善啊，我昨天同B.到××路等處看過了，」他顯着樂觀的說。

「一時的勝負是沒有標準的，單看政府是否決了心；人民們是否決了心抗戰到底。我却有點恐懼這不是敵人，却是內奸……」我說。

「這回許不能了……這不同「一·二八」……」

我們全都默然。

晚間，我們知L.夫婦坐住地上的草席上共同吃着晚餐，遠方的第一聲砲聲響了，我們招起頭每人交換了一次眼光，凄然地笑了笑，不知誰這樣說了一聲：

「打了！」

現在是日間十二時十五分，砲聲一直是響着的。時才一陣更顯得震蕩和繁密的砲聲——齊放——響過了，如今却有點沉靜下來。

常一樣，只有窗外的雲，和平日有點不一樣，還有桌上的短刀和平日有點不一樣，紫檀色的刀柄上鑲着兩塊黃銅，而且還裝在紅牛皮色的套子裏。對於它，我看了又看，我相信我自己決不是拿着這短刀而赴前線。

一九三七，八月十四日。

躍動着青年血液的太原

老沙

我們的募捐運動

軍政訓練班和民訓幹部教練團這兩團體內受訓的學員差不多都是很遠地（有二十省以上的學員）跑來的熱忱救亡的青年和曾有經驗的戰士，蘆溝橋事變的發生為能不使這般熱血沸騰的青年瘋狂呢！

「號外號外」

已是晚上十點多鐘了，同學們早已都睡好了覺忽然這麼一聲，一窩蜂地多跑了出去

「這還了的」

三兩地在討論着這次事變的醞釀間或有一兩個的違紀律也都忘掉了大聲的吼叫，漫罵一晚上誰部沒有睡，這樣的情形普遍了每個寢室

第二天開過了討論會，在會場異口同聲地提出了擴大募捐運動，沒有一個不同意的同時還有許多通過的議案，推代表向政訓部請示去，政訓部也不會無理由的拒絕的甚麼多弄好了

全體出動

街頭，公園，電影院，游藝場，商店……佈滿了我們這灰色軍服的男女大兵，唱歌，吼叫貼壁報，標語，募捐緊張的工作使他們忘記了疲乏，肚子餓，許多的同學從早上跑出去一直到很晚方才回來

女同學們跑進了濶人的公館汽車洋車……更是她們的活動目標她們不但捐來了很多的錢而且使那些嬌生情養的小姐公子們驚訝自愧到萬分

男同學們有的還跑到堂子裏去帶回了意外的收穫

全市的空氣，讓這群灰色動物的呼嘯綳緊了起來，

經過兩天的募捐已經有不上二千元的數目了，負責的人很快地組織了前線慰勞團，每連隊派一個代表參加，分為宣傳，話劇，歌詠三部，大批的藥品食品錦旗，是我們的慰勞品他們這二十多個代表（機盟會亦有代表參加）便帶了這些慰勞品和我們二千多個人的心到前線去了，

在前幾天接到他們由保定的來函報告內有這麼幾點：「……二二十九軍並未撤退，師長說旅長不退，旅長說團長不退；團長說連長不退，連長說排長不退；排長說士兵不退一致抵拳撤退命令……。」三吉（星文）團長曾受傷二次但猶英勇的在前線指揮，他向人講『只要我這一團就夠別的軍隊請上別處抗戰好了。』現在保定傷兵醫院裏住的大半是該團士兵大半是砲彈炸傷的。……有一位受傷了的士兵別人拖他退到後邊的時候他哭着不走『我還沒有殺一個敵人哩！』四一位東北人他隨東聯組織的戰地服務團到長辛店去，因為那裏拒絕他們的要求他便自殺了。

十三個上前線的同學

蘆溝橋的砲聲震驚了這般青年沸騰的熱血我們的十三位流亡的東北同學得着了赴前線打回老家去六年來僅有的機會，經過了政訓部的允許後他們遂於上月十八日的早晨乘正太車出發了

他們在十七日晚上的我們二千多同學悲憤的歡送會上宣過了誓

「我們是黃帝的子孫東北的兒女我們要衝向前線誓死不退後打回老家去為中華民族解放奮鬥到底！

這是血彈的爆炸！

在第二天的破曉一支鐵的巨流在街上流動咆哮——歡

逃出北平

——流亡線上「四等亡國奴」的命運

劉白羽

北平城還睡在黎明的烟雨中。一條列車，蠢擠在東車站，第三月台邊上——車頭上的號碼，原是祖國的工匠塗上去的，這會坐在機件旁的，卻是草黃色的日本兵了。他有殘酷的鼻子和眼睛，嘲笑的，朝着月台上絡繹的人……。

望望吧！這裏，那裏，車站，水泥建築物，鐵絲城墻，都像含着眼淚。

誰也不言語，攜了箱囊匆匆走。

這是八月七日，離蘆溝橋事變恰好一月，不過，十天前——那悲慘的一天，這座城也陷落了。現在是平津試行通車的第三日。

「喂，喂，佔個位子呀！」

雖說是黎明，距開車還有三點鐘，人卻潮水般擁上來。箱囊從頭上的擱板，一直堆到行人道上。常坐兩個人的椅箱，現在擠下三個，有的騎在箱頂，有的沒地位，只好尋個插足地點，立着。要仔細想想，眞會担心車底板會踩掉了。可是這時除了懷疑慘雜着恐佈，誰還會想到旁的零碎事呢！

悶熱。汗，蒸溜水樣，從頭髮裏往下流。

夾在人糞中和鑲在鉄塊里一樣，動一動，也許就擠過一隻屁股，或一條腿，來搶奪地盤。送行的人，只有站在窗外，遙遙的，互相報着會意的苦笑。

苦，煎熬着心臟，嚥下去的淚，油一樣加上。

送他們上車站沸騰了站在路旁揉着眼睛瞧熱鬧的人們的熱血。

「歡送東北同胞打回老家去」

「東北同胞是我們抗敵的先鋒隊！」

我們的怒吼——口號，歡聲像地震般的震動了這晨曦下的灰色的古城。

我們獻給他們十三位的在隊伍的前面打着的「抗敵先鋒」的大錦旗更發揮了牠磊耀的光輝。

流，流，流向了車站了。

「犧牲已到最後關頭土地被搶佔，同胞被屠殺我們再也不能忍受！……」

「上前線去大夥兒在一起驅逐我們的敵人出中國去！……」

「攜起手來，打同老家去！」

在這瘋狂的情緒，悲壯的歌聲和口號裏，這十三位赴前線的同學被一聲長嘯的長蟲漸漸拖遠了。

歡送的人們帶了一肚子的淒涼，悲憤，向後轉的走向原來的道路，遺留在後面的空殼車站，還兀自在躺着喘息。

我們青年的抗戰決死隊

民訓幹部教練團的五百多各地奔來的青年，在平津的烽火正在狂燃的時候，舉行了受訓六個月後的畢業典禮

到那里去呢？我們的家園裏不正來了一夥殺人放火的強盜嗎？

青年抗戰決死隊，就在這客觀的環境下呱呱墮地了

雖然我們有了六個月的軍事訓練，但要應用到戰場上去是絕對不夠的，尤其是運動戰的應用在這裏就有了這麼一個嚴重的問題發生。重新三個月的遊擊戰術和戰場工作的實習，拿來彌補了這缺陷。

在這三個月內，要長途行軍到外處去一方面利用各地多種多樣地形，實習遊擊戰術和行軍，一方面要向民間擴大政治影響。

這是一支怎樣雄偉的政治隊伍呀！

在軍事方面，聘請有好幾個有豐富經驗的游擊教官在政治方面的領導人員，也是頂「刮刮叫」的設備方面比正式軍隊還要完全些。

在原來負責方面的計劃只是容納民訓團的五個隊，和已受過了六個月以上訓練的軍政訓練班的一，三，四，五四個連編為五個隊，但被拋棄在決死隊門外的正在實習戰地工作和看護（女同學）的別的連隊的同學，一再要求加入尤其是女同學們，政訓部怕她們的身體不能支持拒絕了她們的要求；但牠們幾次的向政訓部交涉，堅決的不承認她們的身體吃不消。經過了好幾天的盤旋最後政訓部才接受了她們和他們的要求，於是原定的範圍，便擴大了起來·——將編為九隊。

出發的時期，將在半個月內，

因為現在尚在編制中，政訓部詳密的計劃尚未發表，所以不能對牠的內容有再詳細的敘述。

其他

最近犧盟會將向會員及一般羣衆徵調志願兵，使受過相當的軍事訓練後，開赴前線參戰，同時還組織一個游擊隊，已向各學校招收隊員。

旅行劇團出發到外縣露演受到了羣衆熱烈的歡迎。

因了時局的劇變太原市加緊了防空設備，各機關都搬到城外掩蔽部辦公，公務員等的家眷也都移回了原籍去。「在必要時，將來太原成一空城。」這是在太原防空努力的目標

（八・四）

突然，隔壁的椅箱中出了事。

「我的，我的——滾蛋！」

是一個寬臉膛，矮個子的高麗棒子，兇猛的揮着那椅箱裏的六個流亡者。他挺年輕，豐滿的眉毛向上挺着，結實的胳臂上沾了汗水，背後還跟了兩個女人，穿着喪服似的白褂，抱着小孩，也咕嚕着粗野的高麗話。

憤怒在大家心裏，往下壓。

站起來了。那六個人裏有一個紅臉斑白頭髮，短鬍鬚的老人，也站起來了。

高麗人坐下去。

碎……「哎喲！」

一隻大竹箱，由那高麗人胳膊上，重重跌到老人肩膀上。這時我的屁股都繃起來了。這個重量，那老人怎樣經得住呢。果然，他肩頭扭歪着，頸頸壓得縮下去。臉紅得像就要流出血。一邊「哎喲——哎喲」一喊。用一隻手下勁去推，

高麗人搬起箱子。

這衰老的喊聲卻激起了他的憤怒。剛橫了一眼，立刻就揮動一條胳膊捶下來。緊跟着，又一拳，雨點般落下來……

激怒，使牙齒咬得抖不開

可是那老人，只可憐的用雙手抱着腦袋，挺着肩膀，任他捶打。

給人扯着勸着。高麗人才住了手跳下車去。

咒罵聲迴旋着。

「誰叫他們是頭等亡國奴呢！」

低下頭——我想起二等的滿洲，三等的「冀東，」

血誓

——獻給祖國底年青歌手們

胡風

在北方
在浩漫的俄羅斯大地上
當革命底怒火洶湧澎湃的時候
一個巨人——馬耶珂夫斯基
於烈焰與青空之間
呼嘯着
突然奔現了

開花結果的二十年
俄羅斯底怒火從我們遙遠了，
然而，好一個馬耶珂夫斯基
從他底詩
俄羅斯大地底震顫
　通過我底脚下
俄羅斯民衆底滾雷似的聲音
　衝進我底耳里
還有那烤鍊我的　灼熱的　反抗的呼吸……

馬耶珂夫斯基，
在今天
鎗聲　砲聲　炸彈聲　中華兒女們底怒吼聲
湧動在我底週遭
像被烈火燃燒着
我欲臨空而狂嘷
這時候想起了你

從那被俄羅斯底兒女們
和你底洪亮的歌聲一起
用他們底鮮血冲洗干淨了的
現在怒放着奇花的
六分之一的地球面
向南走
越過年青的自由的外蒙古，
就有着雖然無邊豐腴
然而却是血肉狼藉的
我底祖國，
被枷鎖着
被奸汚着
被虐殺着的
我底祖國——
帶着羞恥底記號
幾十年了
從死里逃生餓里逃生
幾十年了，
到今天
　一九三七年
　七月七日
蘆溝橋底火花
燃起了中華兒女們底仇火
在鎗聲　砲聲　炸彈聲中間
撲向仇敵的怒吼
冲盪着震撼着祖國中華底大地

馬耶珂夫斯基，
　映着高空
　映着大海
中華大地熊熊地着火了！
火在高唱
火在高笑
火在高泣
張手向這神聖的火海

我又想起這片土地——家鄉，嗳嗳，……這片土上的人羣，該是怎樣生活下去呢

我想起黎明前的一刻，離開家衰老的娘哭得淚人一樣，爸爸楞着說不上話，這到底是「生別」還是「死別」呢！

嘟嘟嘟，嘟嘟嘟。

車窗外日兵的重鞋底響着，刺着耳朶。

突然汽笛尖銳的響起來。

汗流着風扇轉着卻不大管事。蒸氣撲到玻璃上凝成了厚霧。我立起來朝着送行的哥哥招手，撇下一條最後的，慘冽的苦笑。車慢慢遠，那我又想起什麼似的，伸出腦袋，朝他喊。

「有一天——我，我會回來！」

我喊向這古老的城牆喊……

風從炮火後的原野上刮來，鑽起鼻尖，我想尋找着這風里的血氣味。

車整整走一天。我每一次抬頭，看見那艱苦地站着的老人，手揩着汗，在那紅紅的臉皮上掙扎着一種艱辛的忍辱，心就慘冽的抽搐一下。

火的笑

艾青

看呀——
火在舞蹈
火在笑
火在黃浦江上笑
火在上海的外灘笑

即使不能像你似地
呼嘯於烈焰與青空之間
歌唱出一五〇〇〇〇〇〇〇個伊凡底叫喊
然而—
燃燒於四五〇〇〇〇〇〇〇個中華兒女們底血仇
燃燒於四五〇〇〇〇〇〇〇個中華兒女們底血愛
我們年青的筆也要笑隨着「我們底行進」
直到仇敵底子彈打得我們血花飛濺的時刻
直到力盡聲枯　在行進中間倒斃了的時刻

直到也許我們苦痛於自己底歌聲不能和祖國底脈
搏　新生的祖國兒女們底脈搏和諧地跳躍　像你似地
把一粒鎗子打進自己底腦袋里的時刻……

八月二十五日我軍與敵人血戰於
獅子林一帶的時候。

附註：「一五〇〇〇〇〇〇〇」和「我們底行進」(Our March)皆馬耶珂夫斯基底詩名。

被枷鎖着的中國，怒吼了！　　李樺木刻

火在亞細亞的
　黑色的天幕下笑
看呀——
火帶着笑
奔過敵人的陣地
奔過那些司令部
奔過那些營房
也奔過那些日本人的紗廠
火追踪着那些潰敗了的敵人
火追踪着那些屠殺中國人的日本兵
火追踪着他們的指揮作戰的長官
火追踪着他們，而且
糾纏住他們的步伐
撕住他們的衣襟
直到把他們燒成糜爛
連他們獰惡的樣子
　也不再出現在我們的國土了
看呀——
火在舞蹈
火在笑
我讚美火
火是我們勝利的典禮。

滬戰大火之夕。

短評

我們決不是孤獨的！

胡愈之

在抗戰開始之前，親日派和恐日派都說中國不能抗戰，因爲中國的抗戰是孤獨的抗戰，沒有一個國家是能够同情中國，幫助中國的。

但是抗戰開始之後所表現的事實却全然相反。英美對日的態度，一天比一天强硬。所有世界的輿論，除法西斯國家的御用報紙外，一律都對中國表示同情，對屠殺中國平民的日本帝國主義，表示極度的憤慨。美國的海員已開始廣大的示威運動，要求援助中國，反對日本侵略。相反地，日本帝國主義雖然用盡百般的造謠宣傳和津貼收買，並沒有人公開支持他們。連他的同盟者希特勒和墨索里尼也不敢公然替日本帝國主義張目。

中國和蘇聯，這世界上兩大民主國，終於訂結了不侵犯條約，共同攜手了。我們的當局聲明，這個不侵犯條約，並不包含蘇聯援助中國的用意，因爲中國要以自力抵抗侵略而不求外力的援助。

不錯，中國既然發動了全民族抗戰，自信可以全民族的力量爭取最後的勝利。中國是決不倚賴他國幫助的。但是從另一方面說，中國抵抗侵略，不僅爲了中國自己，而是爲了全世界。和平是不可分割的。沒有中國的和平，也沒有遠東的和平。沒有遠東的和平，也便沒有全世界的和平。所以蔣介石先生對路透社訪員說，『各友邦干涉是絕對必要的。』這意思就是說，爲了和平人道和正義，一切榮譽的國家和人民都應該起來，積極制裁日本帝國主義的瘋狂强暴行爲。

不是爲了中國，而是爲了全世界一般的利益，爲了各國各自的利益，各國都必須起來，站在我們這一邊。——自然只有德意兩個法西斯國家，或者是例外。中國不必求助於友邦，但友邦却自然要給中國的援助。

所以只要我們眞正抗戰到底，犧牲到底，我們決不是孤獨的。

三七，七，六，上海

掘盡漢奸底根

麗尼

據報載，羅店一地被抓的漢奸，就有一百五十名以上。羅店這地方有多麼大，我們不大清楚，可是在敵人初襲羅店的時候，據報紙說，那地方的守軍也不過祇有一百五十名，從這裏推想一下，就可以知道那地方是不怎樣大的。然而却竟有一百五十名以上的漢奸（這是被抓到了的，未被抓到的有沒有，不知道。）

漢奸之多，的確多得可以駭人聽聞。

但祇要是漢奸，抓來搶斃或者就地打死，當然是一百個應該的、可惜我們還打得不够，抓得不够。更正確地說，是稍稍遲了一步。就上海來說，一二八的時候，打過抓過一陣漢奸。其後就不打也不抓。爲什麼不呢？因爲那以後我們有的祇是「共存共榮的友邦」而沒有侵略我們的敵人，所以也就沒有了漢奸，當然，也就不許可再打再抓了。在敦睦邦交的期間，是不能有漢奸的，而等到要再打再抓的時候，就發現在有的地方漢奸，甚至可以和駐軍一樣多了。

然而，我們以爲，那般多如毛的漢奸，其實是不足慮的，因爲，第一，容易打，容易抓。眼前的事實，在羅店一處地方就可以抓到一百五十名以上，可見是容易肅清的了。所可慮的就是那些不容易打也不容易抓的。

平津抗戰的時候，如毛的小漢奸，大約是給打了不少，也抓了不少的。但說平津的失陷，主要地當歸功於那般藏身於冀察政委會裏的漢奸們以及他們底種種漢奸理論和漢奸措施，當不爲過。

平津的事情是我們的殷鑑。從那裏我們可以看出漢奸的來源，許多年來，我們的恐日病，容忍苟安，退讓畏縮，不抵抗，和由這而產生的種種言論和實際措施，爲漢奸們開了一道大門；有了門，是不會沒有人走進去的；「日本通，」抗戰必敗論者，失意的官僚，無聊的政客，買賣日貨的體面商人，都爲着自己底利益和地位，一齊走了進去。漢奸之多，原是不足奇怪，也更不足氣餒的。

但是，爲漢奸所開的門，現在是非關不可了。現在關，還不算太遲。惟有堅決地抗戰到底，使漢奸和他們所散佈的毒菌根本沒有存在的餘地，這纔能够保證漢奸的根絕。

啓事（二）

二，除償還印刷，紙張，廣告費外，如收回報價尙有贏餘，當按照作者分配。

三，刊名「七月，」係表示我們歡迎這個全面抗戰的發動期底到來，別無深意。

七月社

本刊已呈請內政部中宣部登記

七月

編輯人　胡　風
發行人　費愼祥
發行所　七月社　上海蒲周路八詠坊四號
六天出版一次
零售每冊二分

血，從九・一八流到了今天！

一九三一年九月十八日瀋陽的第一響砲聲使醉生夢死的中國人驚惶失措了，但那卻正是日本帝國主義者數十年來處心積慮的結果，也正是中國當權者數十年來醉生夢死的結果。一九三七年七月七日，蘆溝橋的中國軍隊抵抗了，八月十三日，上海的中國軍隊抵抗了，這兩個多月以來的中國軍隊底英勇的精神使日本帝國主義者驚惶失措，得不不自己取消了「速戰速決策」底海口，但這卻正是中國人民六年來在羞辱裏面努力自救的結果，也正是日本帝國主義者逼得中國人民和政府無路可走的結果。

「血債必須用血來償付，」但今天我們中國人決心了：為了討還這一筆血債，我們願意英勇地用出一筆血本！

六年了，我們底土地被搶去了多少？我們手無寸鐵的老人，婦女，兒童被虐殺了多少？我們英勇的戰士犧牲了多少？

但這些羞辱不能白受，這些血也不能白流：每一個受難了的老人，婦女或兒童在哀傷地招喚我們，每一個為民族盡忠了的戰士在悲憤地招喚我們，連被搶去去了的土地上的一草一木都在期待地招喚我們，要我們為他們報仇雪恥，要我們不再做待死的羔羊，要我們不再不知羞恥地做仇人底奴隸！

「血債必須用血來償付，」到今年的九・一八，除了少數的卑污的漢奸和卑怯的恐日病者以外，全中華民族底兒女們都在走向一致抗日的火線了。我們已經沒有嘆息，悲觀，躊躇，自相殘殺，而是用全面抗戰，全國動員，全中華民族兒女們底悲壯的吼聲來紀念這一個日子！

我們用哀悼一切被難的老人，婦女，兒童的心來紀念這一個日子！

我們用懷念一切在被奪去的土地上受辱，忍難，被殺的同胞們的心來紀念這一個日子！

我們用向寧死不肯屈服，不棄守地的全體殉國的南口方面寶山姚營等偉大的戰士們敬禮的心來紀念這一個日子！

我們用中蘇不侵犯條約的國際愛，國民革命軍第八路軍團結殺敵的民族愛來紀念這一個日子！

我們用一切戰線上的一切無名戰士底神聖的血來紀念這一個日子！

我們用仇敵底卑污殘暴的血來紀念這一個日子！

「血債必須用血償付，」全中華民族底兒女們，如果我們是人而不是狗，在這個神聖的戰爭裏面，我們要向血泊裏赴死，在血泊裏求生！

第二期

廿六年九月十八日出版

蘇州一炸彈

——八月十五日獄中生活斷片

柏山

「八個……八個……」

阿三一聽到弄堂裏外役嚷的聲音，從床上骨剎地滾起來，跑到小洞門口張望去了。我望着他那炊黑的頸脖，伸得像鵝頸那麼樣，仔細地向外看。我知道有什麼不平常的事發生了。

「阿三！」我喊他說。「外役嚷什麼？」

「他媽的！」他失望地回答。「裁縫工發鹹蛋。」

照例他們發賬，對於我們，是很少希望的。可是那股醋勁，總是在每個人的心上發生作用。我爲了避免洩漏這種陰私，就手翻開一本書，把頭低了下來。

突然。八個蛋也從我們小洞口送進來了。這才知道並不是裁縫工發賬，而是代替禮拜六的一塊小肉，（註。）這可使大家樂起來了。同時又有一陣疑雲籠罩着每個人的心坎：爲什麼沒有肉？經過大家左疑右猜，最後判斷：一定是蘇州罷市。

「一定罷市，工廠裏幾天沒有放喊聲。」阿三說。

「對的！」我說「要是眞正罷市，上海一定又在打仗！」

「那麼，明天出去寫信，大家注意打定這件事！」

躺在床上的老陳，也興奮地插上來說了。

由於這樣的猜測和判斷，每個人的心上似乎多增加了一點什麼東西似的。本來，發蛋是十一點鐘，距吃晚飯的時間還很早。可是有的人，已經把書收起不看了。值

失眠之夜

蕭紅

爲什麼要這樣失眠呢！煩燥，嘔心，心跳，胆小，並且想要哭泣。

我想想，這也許就是故鄉的思慮罷。

窗子外面的天空高遠了，和白棉一樣綿軟的雲彩低近了，吹來的風好像帶着點草原的氣味，這就是說已經是秋天了。

在家鄉那邊，秋天最可愛：

藍天，藍得有點發黑，白雲就像銀子做成的一樣，就像白色的大花朵似的綴在天上，就又像沉重得快要脫離開天空而墜了下來似的。而那天空就越顯得高了，高得再沒有那麼高的。

昨天，我到朋友們的地方去走了一遭，聽來了好多的心願——那許多心願綜合起來，又都像一個心願——這回若眞的打回滿洲去，有的說：煮一鍋高粱米粥喝，有的說，咱家那地豆多麼大！說着就用手比量着：這麼大，碗大。珍珠米，老的一煮就開了花的，一尺來長的。還有的說：高粱米粥，鹹鹽豆。還有的說，若眞的打回滿洲去，三天三夜不吃飯，打着大旗往家跑。跑到家去自然也免不了先吃高粱米粥或鹹鹽豆。

比方，高粱米那東西，平常我就不願意吃，很硬，有點發澁（也許因爲我有胃病的關係，）可是經他們這一說，也覺得非吃不可了。

但什麼時候吃呢？那我就不知道了。而況我倒底是不怎樣熱烈的，所以關于這一方面我終究是不怎樣親切。

但我想我們那門前的高草，我想我們那後園裏開着的茄子的紫色的小花，黃瓜爬上了架。而那淸早，朝陽帶着露珠一齊來了！

我一說到高草或是黃瓜，三郎就向我擺手和搖頭：

「不，我們家，門前是兩棵柳樹，樹陰交結着做成個門形，再前面是菜園，過了菜園就是山，那金字塔形的山峰正向着我們家的門口，而兩邊像蝙蝠的翅膀似的向着村子的東方和西方伸展開去。而後園：黃瓜，茄子也種着，最好看的是牽牛花在石頭牆的縫際爬遍了，早晨帶着露水牽牛花開了……」

「我們家就不這樣，沒有高山，也沒有柳樹……只有……」我常常就這樣打斷他。

有時候，他也不等我說完，他就接下去，我們講的故事彼此都好像是講給自己聽，而不是爲着對方。

只有那麼一天，買來了一張東北富源圖，掛在牆上了，染着黃色的平原上站着小馬，小羊，還有駱駝，還有牽着駱駝的小人；海上就是些小魚，大魚，黃色的魚，紅色的魚，好像小瓶似的大肚的魚，還有黑色的大鯨魚；而興安嶺和遼寧一帶畫着許多和海濤似的綠色的山脈。

他的家就在靠着渤海邊不遠的山脈中。他的指甲在山脈上爬着：「這是大凌河……這是小凌河……

班的也開始把碗撒出來洗刷。好像大家都急於度過這一天，等候明天來打聽這消息才安心似的。

果然，開晚飯的時候，外役就來報告日軍佔領吳淞了。

「他媽的！這一次非把他一個個趕到海裏去不可。」

阿三彎脚一跳，兩手在空中亂揮亂舞起來了。我知道他又是被「一二八」戰爭的回憶興奮起來的。於是冷冷地說：

「不要太樂觀了罷？」

「要是聯合戰線成功，我看，也許會抵抗的。」

老陳糾正着我的話說。

「如果聯合成功，我們早已出去了。」

不知誰在旁邊很忿氣的說了一句。

這時，全號子就像一個小小的會議廳，整個上海戰爭，似乎由我們八個人可以決定似的。其中有一個人，始終是保持着沉默的，但他很仔細地注視着每個人的動作。當我從會議中退了出來，望着他兩手抱着後腦，筆直地躺倒在床上。我於是對他會心地一笑，說；

「阿黃！日本鬼子打來了，你怎麼樣？」

「怎怎，怎麼樣，」他口切地說，「我希，我希望一個炸彈，把把我炸死。」

「他媽的！天天說死。還沒有看見你死！」

黃一粟平常最惱的是阿三。又經他這麼一說，就手撒一個枕頭打在阿三的臉上，阿三生氣了，舉起拳頭襲過去。我一把拉住他的手腕，一邊把他推到馬桶旁邊。同時用一種譴責的眼光向他示意了一下。他還是很很的……哼……沒有，這地圖是個不完全的，是個略圖……」

「好哇！天天說凌河，哪兒有凌河呢！」我不知爲什麼一提到家鄉，常常願意給他掃興一點。

「你不相信！我給你看。」他去翻他的書櫥去了：「這不是麼！大凌河……小凌河……小孩的時候，在凌河沿上捉小魚，拿到山上去，在石頭片上用火烤着吃……這邊就是沈家台，離我們家二里路……」因爲是把地圖攤在地板上看的緣故，一面說着，他一面用手掃着他已經垂在前額的髮梢。

東北富源圖就掛在床頭，所以第二天早晨，我一張開了眼睛，他就抓住了我的手：

「我想將來我回家的時候，先買兩匹驢，一匹你騎着，一匹我騎着……先到我姑奶家，再到我姐姐家……順便也許看看我舅舅去……我姐姐很愛我……她出嫁以後，每回來一次臨走的時候就哭一次，姐姐也哭，我也哭……這有七八年不見了！也都老了。」

那地圖上的小魚，紅的黑的，都能够看清，我一邊看着，一邊聽着，這一次我沒有打斷他或給他掃一點興。

「買黑色的驢，掛着鈴鐺，走起來……嗰啷啷……嗰啷啷……」他形容着聲音的時候就像他的嘴裏邊含着鈴子似的在響。

「我帶你到沈家台去趕集。那趕集的日子，熱鬧！驢身上掛着燒酒瓶……我們那邊，羊肉非常便宜……羊肉燉片粉……眞是味道！唉呀！這有多少年沒吃那羊肉啦！」他的眉毛中和額頭上起着很多皺紋。

我在大鏡子裏邊看到了他，他的手從我的手上抽回去，放在他自已的胸上，而後又反背着放在枕頭下面去，但很快的又抽出來。只理一理他自已的髮梢又放在去。

而我呢？我想：

「你們家對於外來的所謂「媳婦」也一樣嗎？」

我想着就這樣說了。

這失眠大概也許不是因爲這個。但買驢子的買驢子；吃鹹鹽豆的吃鹹鹽豆；而我呢？坐在驢子上，所去的仍是生疏的地方；我停留着的仍然是別人的家鄉。

家鄉這個觀念，在我本不甚切，但當別人說起來的時候，我也就心慌了！雖然那塊土地在沒有成爲日本的之前，「家」在我就等於沒有了。

這失眠一直繼續到黎明，在黎明之前，在高射砲的聲中，我也聽到了一聲聲和家鄉一樣的震抖在原野上的鷄鳴。

八月廿二日

啟事

一、本刊各種文字圖畫歡迎讀者投稿，對於戰區生活特寫，民衆活動特寫的文字尤望深入戰區或民衆活動中間的同志，能夠把切身的經驗寫給我們。

二、抗日英雄特寫一欄本期不及排入，第三第四兩期有蕭軍底「記王研石—公敢」和胡風底「記張止戈。」深望讀者肯把有過私人交誼的抗日英雄底肖像畫給我們，東北義勇軍英雄們底特寫我們更想得到。

七月社　九月十四日

稿由上海南成都路寶裕里大衆印書館轉交。

咀罵了。

這一來，看守跑到小洞口很兇惡地叫起來：

「怎麼！你們又在開會，不自愛，一個個拖出來揍！」

於某號子裏好像一爐紅火被澆上一桶冷水似的，一個個倒到床上躺下了。

第二天一起床，一陣汽笛在很遠很遠的地方叫了。接着別一個汽笛也叫了，到末了，連監獄背後的一個汽笛也叫了。而且叫得特別急遽和悲慘。由於過去防空演習的經驗，知道飛機來了。於是大家從鐵窗的格縫中向着天空窺望。埋伏在每個人心下，好像有一把扇子在扇着。並且把每個人的心扇得涼涼的了。但是表面上每個人都勉强支持着鎮靜的態度。

這時，圍牆外邊，汽車嗚嗚地馳過去。人力車閧嚨嚨跑過來。還夾雜些小孩的哭啼和婦人的叫喊。那時，我想，一定要出什麼亂子了。可是，一點鐘過去了，一陣和平的汽笛放過了。天空中還是平平靜靜的。於是黃一粟用拳頭擊着床板叫起來：

「他媽的，要末早點炸死；不然就放出去！」

他說着，又往床上躺倒了。由於他這非常的動作，把我嚇的一跳。於某號子裏的人，也一個個坐下了。但在這時候，誰都不曉得做點什麼事情好。看書固然沒有人，就是睡覺，也沒有一個人肯好好躺下身子。要是聽到外邊些微有點聲音，馬上就有人跑到小洞口去張望。一發現對面洞門口也有人，大家就紛紛議論起來，或者說注意打電話，或者說注意外邊發生什麼事情了，總之，一種恐懼和不安，就像煙雲般地網住着每個人的心思了。我爲了要打破這種微悶的空氣。於是向着老陳說：

「我們想點什麼辦法，打定當局對我們怎麼辦？」

「很難有辦法。」老陳冷靜地回答。

阿三跑過來說：「我有一個辦法，打個報告捐幾塊錢抗日，看他批不批！」

「這也是一個辦法……」

老陳的話還沒有說了，一大隊飛機嗡嗡地出現在天空了。阿三雙脚一跳就踏到窗子脚下的高鋪上望去了。其他的人都像要滿足什麼似的一個個想擠上去。但他嚷道：

「不要看，不要看中國飛機！」

他正在說着，「通！」「通！」「通！」一連三聲高射炮，震得門檻和鐵窗都格格動了起來。在監獄頭門口，步鎗拍，拍，拍，一鎗一鎗朝着天上射起來了。那時，我們想，要是不抵抗，就不會放高射炮，一定是有相當的準備的。突然「轟」地一聲，一個炸彈就像從自己頭頂落下來，整個屋子地震般地動搖起來。那時，我們每個人都像啞了似的，一句話也說不出，彼此面對面地觀望着。由於這一刺激，誰都感覺自己的生命就像一根草似的，祇要風一吹就倒了。

這情景，到晚上更其厲害了。號子裏和馬路上所有的電燈都滅了，四周寂滅得一點聲音也沒有。監房裏，就像停放死人的會館一樣。站崗的看守，似乎怕我們發現他還在站崗，走路都是脚尖點地走的。這時，既沒有人叫我睡覺，自己也沒有人想到要睡。於是把所有的床鋪集攏起來，架一個方洞，八個人就像觀音坐蓮台似的躲進洞底。裏可是愈坐着心裏愈急慌起來。阿三氣怨地衝了出去：

「他媽的！我們應當報告看守長，要求開我們到前線去！」

「要要報——告——，就報告！」黃一粟催迫他說。

於是大家同意請看守長來問他究竟怎樣處置我們。當那綽號叫大狗熊的看守長跑進來，我就迎上去報告。可是，他冒頭就用那沙喉嚨威嚇着說「不准講話！」接着，又很低沉地說：

「你們不要急，上面自有辦法，不會把你們送給日本人殺的！」

他說着，頭也不回，匆匆地跑掉了。這次的他的口氣，好像是誠懇的。

「不管怎樣！」阿三又氣得叫起來了。我們明天不喫飯，要求把一天的伙食費捐助前方戰士！」

「對的！我們不吃飯！」

於是大家嚷鬧起來了。彷彿有什麼鉄掌在每個人的頭上很很的敲了一記似的，把一切的恐怖都打到九霄雲外去了。一邊把床鋪扛下來，開始計議將這個意見流到其他監房裏去共同進行起來……。

但第二天，我和其他的難友，已經自由地走向了蘇州的街上。

——一九三七·九·五深夜，

于小燕病中寫。

「註：」那個獄中每禮拜發一塊小肉，重約八九錢。

我們也要去殺日本强盜！給我們鎗呵！ 陳烟橋漫畫

在死神底黑影下面

曹白

做糾察隊員的四〇三號難民急急地走來向我報告：『樓下有個女人發痧哩。』我立刻跟了他走因爲這是非常的病，要傳染的，而且現在正盛行，我要去看着她病得到底怎樣了。

即使是在白天罷，這戲院子也是墨黑的，兩盞幽幽的電燈，照着這墨黑的人羣，我跟着忠實的糾察隊員走，旁邊有一個老婦在哭泣，我不睬她──而停止在生着虎列拉的所謂發痧的女人的跟前了。

我彎下身去摸一摸她的額骨，冰冷。再捏一捏她的手心，也冰冷。她閉着她的凹陷的眼睛呻吟着，吃力地掀動着鼻翼；但她一隻手却護定了她自己的一個最小的孩子，還有兩個大的孩子在偎着她。恐怕就是這三個孩子也曉得他們的媽媽的病是如何的沉重了，不然三張小臉上何以會掛滿了淚的呢！

我苦惱地直起身子來，想「醫生要隔兩天來一次，這該怎麼辦？」

但「想」是要有閒暇的，而這女人的病是到了這麼地步！不許可我再作有閒的空想了。我即刻離開這墨黑的人羣，奔上樓去打電話──叫我們的上司去想法：

「喂喂，我們是××收容所，我們這裏一個難民快死了！快要死了！──怎麼還要等一等嗎？死了怎麼辦呢？──你說他不會死，請你來看看喂喂，無論如何請設法：她生的虎列拉呀；要傳染哩！而且她已經渾身冰冷了！──是的是的，渾身冰冷了！只剩了一口氣；快死了！」

說完，我惱怒地將聽筒向電話機上一慣，掛斷了。電話機由此而發出「客」的一聲響，清澈地散在這枯燥的屋子裏。

「媽的，」我脫口地說了，「只說『病重』不說『快死，』他們是不會來把病人接去的，就單讓病人默默地死在收容所裏。」

但用「死」去騙取一條生命的「活」，在我是一種難堪的悲哀。

但無奈只有用這「騙」才弄得上司到底開來了一輛白汽車，把那全體冰冷的女人接進醫院去了。臨行時，三個孩子看見了他們的媽媽被人扶上汽車去，齊聲狂哭了。我無法只得再來「騙」他們。

✡

三個孩子已經不哭，我安心了一點，當我的脚移開這墨黑的人羣時，却被一個人擋住去路了：是那個我剛纔沒有睬她的老婦。定神一看，她的白髮默默地壓在她的頭腦上，那是人世的辛苦的標記，而她的皺臉却完全浸在淚水裏面了。

「先生，」她愈加靠近我一點，嗚咽着說，「我有一件事求你──你來吧。」

我就跟她走，

她在她自己的舖位邊停下了。那舖上，那破綻了的席子上。四脚洛巴的睡着一堆小孩子──也是三個。他們輕微的發鼾在做着白日的好夢。

「我求求先生，我把這三個孩子一起交給你。──我要到外邊去看看去。」

「老太太沒有要緊的事還是不要到外邊去的好。外邊流彈多，前幾天先施也不是炸了嗎？人炸死了多少呀！」

「勿，好先生，你──」她抹一抹淚，「我要把這三個孩子交給你。我要去看我的女兒去。我一定要去的！」

「你的女兒在什麼地方呢？」

「在白利南路，在申新一廠。」

「啊，好遠啊！──你坐車子還是跑？」

「自然跑─」

「這麼遠呢，可是！要走二十里！」

「三十里我也要走，我一定要去看我的女兒的，好先生，我求求你罷？我剛剛在樓梯脚邊聽說聽新來的一位爺叔講：申新一廠炸光了，在上半天的九點鐘……」

兩包眼淚湧出來，她哀號起來了：「我的女兒還不被東洋飛機一起炸光了嗎？……」

別的難民們把我和這哀號的老婦密密地圍住，唏噓着。於是我又只好騙：

「沒有的事，老太太，我上半天到梵王渡去，看見那裏還是好好的，申新怎麼會炸了呢？你別去相信別人的話？」

「勿勿，好先生，我一定要去看看的？我把這三個孩子交給你，我去看要是我的女兒沒有了，我也不再到這收容所裏來了，我還要活嗎？──那時你求求好先生，請你把我的這三個小孩子送到孤兒院去罷……」她幾乎要昏厥過去了，悲痛到了極點。我連忙扶住她，並叫糾察隊馬上去拿熱茶來給她喝。」

「那末我就給你去打電話去！」我只得懇摯的對她申說了，「我就給你去打電話去，問問申新一廠看看到底怎麼樣，好嗎？」

她也似乎痛楚得無力了，艱難地點了一點頭。只有兩隻凹陷了的眼睛是發閃的：全是淚水啊！

✡

打電話的結果非常好：申新一廠的確是很平安的。我高興極了，就走過去告訴她：「申新一廠沒有炸！」

「啊啊，」她的嘴唇在淚水中掀起，慘然微笑了：「沒有炸嗎？」

「沒有炸！」

「眞的嗎？」

「誰騙你呢？」

不過其實，我是「騙」過別人的。單以目前而論，騙上司和騙孩子。但我並不認爲我在犯罪或欺侮。而這老婦身邊的三個孩子也委實很安祥，他們仍然輕微的發鼾，仍然在做着白日的好夢。我想，他們該不再是懦怯的痛苦的伙伴，是應該成爲勇敢的快樂的使者的。

✡

第二天上午。因爲另外有點別的事，我沒有到收容所裏。去下午去的時候一走。進門我被一個聲音罩住了：

「謝謝你呀，先生，」

抬頭一看，喔：原來是昨天要到白利南路去的哀號的老婦，她張着一副嘻笑的臉，讓白髮在風口裏抖着，迎着我。但我却莫名其妙了：

「爲什麼要謝我了呢？」

「今朝上半天，我到申新一廠去了回來了！」

「啊！怎麼？炸了嗎？」

「沒有炸，好先生。說是東洋飛機飛是飛過的，飛到別地方去炸去了，設有炸申新！」

「我原說沒有炸的，是不是？」

「眞是，昨天我要是沒有先生，我眞是要去尋……」

「那末，現在老太太總可放心了」？

「放心了！你的公館在那裏呢？好先生？」

我大吃一驚，一面想：「我有公館嗎？」想來想去，沒有。有的只是亭子間，亭子間裏有的是吃血的臭蟲的羣。堂堂的公館裏怎麼會有臭虫的羣呢？於是我連連的說：

「我沒有公館的！我沒有公館的！」

「你怎麼會沒有？你不要騙我，」她攔着我「我的女兒對我說，等時局平些，我們一家都要上你的公館來道謝。謝謝你的好心腸！」

「我的心腸也算得好的嗎？」對於這慈祥的老婦人，我眞地好笑起來了。如其在別人緊急的時候打了一個探詢的電話的人就算「好心腸，」世界上的「好人」將如「過江之鯽，」要漫天塞地了。而實際上呢，這些漫天塞地的「好人」們，也的確大抵都有「公館」的——而且大抵是洋房。我同意這老婦的觀察，但一面得要解救自己因爲我被她攔住去路了。

「眞的沒公館！」我把她的手撥開，說「我眞的沒有公館！」便跳上樓梯去。

✡

還只踏進辦公室，電話響了。拿下聽筒來一聽，是上司來的。那消息是多麼糟糕啊！說是生了虎列拉的女人昨夜死去了……

放下聽筒，我渾身淒楚，汗毛淋淋了。耳朶又響着「公館」兩個字的沉重的聲音，這更使我感到了痛苦。但我不由自主地急急地奔下樓去。去看看那死了的女人遺在樓下的三個幼小的孩子。昨天別人把他們的母親扶上汽車的時候，他們是狂哭了的，而現在，他們將永遠看不見自己的媽媽了……

但當我走近他們的身傍時，他們正睡着，三個人一道橫在破蓆上，在做着白日的好夢。我感到一陣辛酸，想伸手摩撫他們，然而停住了。什麼時候才能夠把媽媽的消息告訴他們呢？

在苦痛中我忽然堅決地想着了：這命運會鍛鍊他們，他們將不再是懦怯的苦痛的伙伴，一定會成爲勇敢的快樂的使者，

九月十二夜半

保衛我們的城池！

野夫木刻

給怯懦者們

胡風

有一個
　古老的傳說：
眉間尺——
好漢的
　少年伙子，
只因為
生父底
　血海冤仇
把他底寶劍
　還有
他底頭顱
交給了
　黑色的勇士
寶劍閃處
仇敵底頭顱
　和頸項分離！
仇人見面
　心如煮，
好一個
眉間尺
　年少的頭顱
追着　跳着
　撲上去
向它搏擊

寶劍閃處
　黑色的頭顱
　　和頸項分離！
好一個
黑色人
　大勇底頭顱
追着　跳着
　撲上去
向它搏擊
　年少的頭顱
黑色的頭顱
一頭顱
二頭顱
追着　跳着
　撲上去
搏擊那
君臨着
　千頭顱
　萬頭顱的
屠殺了
　千頭顱
　萬頭顱的
仇敵底頭顱，
好一個
　年少的頭顱

好一個
黑色的頭顱
追着 跳着
擊得它
咬得它
只剩有
稀爛 糢糊！
我用一頭顱二頭顱
嗚呼仇乎仇乎
仇兮仇兮
嗚呼愛兮愛兮
愛乎愛乎
嗚呼嗚呼……
在今天
被辱的
祖國上
仇人虎集
仇人虎踞，
在今天
被辱的
祖國上
好一女
吼聲如海
流血成渠
在今天
心頭火
燒得我
歌唱了
這個故事，
只因爲
怯懦的你們
怯懦的靈魂呵
聽着那
神聖的吼聲
對着那
神聖的血液
還不能
跳躍 歡呼
忘不掉
「權位」
就心着
「享受」
吝嗇着
力量
收藏着
手脚
更無論
你們底寶劍
和
你們底頭顱，
只因爲
怯懦得狼心似的
你們呵
造謠言
買外匯
當奸細
在火邊搶獵
替仇人做狗，
只因爲
你們同樣是
來是一個歷史搖籃的
活在一個地母胸膛的
我底兄弟
祖國底兒女……
爲你們
我歌唱
這個故事
歌唱着
歌唱着
分不清
是憎恨？
是憐憫？
還是愛心？
心頭火
燒得我
滿眼熱淚
全身顫抖……

八月二十七日

附注：眉間尺和黑色人底故事被寫在故事新編底鑄劍里。

伸出我們真誠的手臂

蕭軍

來！兄弟們——是時候了……
應該伸出我們眞誠的手臂，
向世界，
向全人類，
尋找：
同情我們的，
援助我們的，
以「人」看待我們的人。
來！兄弟們——是時候了……
應該伸出我們眞誠的手臂，
向世界，
向全人類，
尋找：
同情我們的，
援助我們的，
和我們鎖在同一枷鎖裏的
兄弟！
來！兄弟們——是時候了……
舉起我們眞誠的手來罷！抓緊各
自的武器——
向世界，
向全人類，
向——
殘殺我們的，
奴隸我們的，
枷鎖我們的，
吸着我們底血而肥胖起來的……
打下去——
不是戰勝，
就是死亡。

九，十一，晨。

「不是戰勝，即是死亡」

田軍

人家全說中國要想打勝仗，第一要抱抵抗到底的決心；第二要發動民衆整個的力量；第三要獲得國際的助力。自己細想了想，覺得確實很有道理。便也要借題說幾句，所謂「人云亦云。」

第一先說「決心」一個字眼或是一句話它們常常要有幾方面用法和解釋的。比方日本要佔領整個的亞洲，臣服歐美的決心，聽說「明治天皇」的時候是就「決」了的；他死了，他的龍子龍孫，臣民奴僕們，就不得不戰戰兢兢承繼這遺志，現實這決心了。這在「田中奏摺」裏面已經說得很具體。後來所謂「帝國主義」這東西一出現，加起來，就又有一個「大亞細亞主義」出現了——據說這是日本自己發明的，無論誰發明，我想決不會有人仿製或翻版。——至於消滅中國，也無非是這大遺志中的一部小遺志而已！當然，現在我們也就不再故做驚慌。

早先不必說了，單就近百年來我們執有國家大權的皇帝或官員給與我們的「決心」——也可說遺志——是什麼呢？細想了想，只有「西太后」（？）的兩句名言還存留在我的腦子裏

「寧送外寇，不送家奴！」

那時所指的家奴，當然就是要想推倒它們的老百姓了，就所謂「漢族。」當然，這我們也不必驚訝，那時的朝庭，本來就是「外寇，」外寇之間彼此把自己獲得的一點土地，家奴，相互送送禮，也並不算什麼不合體的事；應該驚訝的卻是這「家奴」隊裏一部得了手，卻也要學着「外寇」的樣子，把自己的兄弟，自己的土地……雙手送給「外寇，」這卻值得有點痛心！不過再仔細一想，當然也就不必。

如今，我想我們底現政府一定是決了心，要抵抗到底。這樣「中國必勝」的第一個條件，大約已無問題。

第二要說到發動民衆整個的力量。人家全說這是決勝負的最重要一條：軍隊沒有民衆作支援，換句話說，就是軍隊若不屬於民衆的，不生活在民衆的期望和需要裏，就成爲絕了源泉的溪流，失了土壤的樹木，脫離水的魚……那結果——只有滅亡！

不是麼？我們「貴敵」的軍隊，如今就是這樣彼它們的民衆這樣欵待着了。

至於怎樣發動民衆？發動起來又怎樣領導他們底行動？我想從事這些運動的人，比我要知道得多，一定也會做得很好。我呢，下面寫的這點意見，算作一點參考，這當然也是「人云亦云」的老話。

A 認識——我盼望進步的民衆運動者，千萬不能存一點「民可使由之，不可使知之」的傳統臭味。一定要使民衆們澈底認識我們底敵人，澈底理解自己的「非戰勝即死亡」的運命和任務，澈底了解我們底過去和未來……所謂死也死得個明白，活也活得個清楚——爲誰？爲什麼？

B 知識和技術——有了「認識，」還要有當前切要的知識和技術。除開防空，防毒，救護……這些知識以外，對於「游擊戰術」更是切要的。前者屬於消極的防守；後者卻是需要於積極的進攻。（新近「東北知識」一卷三期有兩篇關於「游擊戰爭」的文字，很切實，深盼從事民衆運動工作的人，有機會能參看一下。坊間所出的一些「游擊戰術」一類的書物，是不切實的，僅是一點原則上的說明。）

第三點該談到國際的助力了。這題目看來很簡單，關係卻也很微妙複雜。但這也很容易，就是凡是以「人」待我們，援助我們的，甚至消積不妨礙我們的，就是朋友，我們向它伸出眞誠的手；反之，以「奴隸」待我們的，企圖間接直接殘害我們的，就是仇敵！對正正的敵人，把我們的手臂舉起來——打下去。對側面的或間接的敵人，要用種種的方法，在國際上得到使他們不能加害我們的形勢。

看罷！這世界上誰在以「人」以「弟兄」的眼睛看待我們，以「人」以「弟兄」的同情先伸出它們援助底手？我們這四萬萬五千萬奴隸的羣隊也就向它伸出我們眞誠的手臂來——擁抱它。

九月十一日

第一期目錄

機械的招引

端木蕻良

中國今後非要接受機械的招引不可，中國是必須接近機械，主領機械，運用機械，而在機械裏得救。

强盜們聽着中國不會亡的，杜甫所歌頌過的家鄉怎能會滅亡呢？孔子的式車所經過的土地怎能會滅亡呢？荊軻的壁劍所曾磨勵過的易水，於今猶有寒氣，而西施浣紗的池畔，也茵碧的漂着菱藕。女媧不會枉費了如許的石塊，黃河之水自天上來，五千年的文化，六分之一的陸地怎能憑空的在世界上飛去。

我們給世界的已經不少，我們把竹造成紙，把蠶育成絲。我們發明了火藥印刷術，指南針。我們給世界上的已經不算少！

我們也許過分的信慰了自己的文明，我們便對機械的承認遲了一步，反而讓沒有文化的隣居去佔了先。但是我們的覺悟已經有了三十個年頭，這三十年來中國人是用血來鍛鍊自己。遭歷的黑暗，也許比過去任何年代更可怕，愚蠢的活動也許比任何年代高踞了更優越的位置，命運也許跌落到完全悲慘的地步，但在血的哺養裏，「覺悟」在產生！「八一三」這個不祥的日子，便是一把利刃，把新中國和舊中國的鎖鍊切開，從今新的民族自覺，將抖擻抖擻昨夜的夢魘，在握有了自主的人格了。「八一三」的到來，原是一棵應受歡迎的啓明星，黎明的脚步就跟在它後面！

中國的抗戰不會不把敵人打倒，因爲中國對他的敵人看得太清晰了，而且也明白打落水後的瘋狗，上岸之後忘形的瘋狂。過去的中國的不抵抗，姑息成日本軍

「泥足」已在脆裂了

馮仲足

上海抗戰從爆發到現在已經滿了一個月。在這短短的一個月中，我們英勇戰士前仆後繼的壯烈的前進，已寫下了中華民族抗戰史的不朽的第一頁。我們堅强的戰鬥力量粉碎了「失敗主義」的謬論，我們堅定的抗戰決心博得了全世界熱切的同情。我們的勝利是更有把握了。

在另一方面，猙獰的日帝國主義卻已在漸漸顯露它「銀樣蠟槍頭」的原形。當戰事發生之初，敵人曾經大言不慚地誇說幾天裏面可以解決我軍；不久以前，那位拜到軍部麾下的「近衛公」也曾妄言馬上要把中國「擊至屈膝。」過去一月來，敵人派來了七萬「精銳」的陸軍，一百多艘的軍艦，三百餘架的軍用機，想就此達到它「速戰速決」的目的。可是結果怎樣呢？結果是六十幾架的軍用機給我們擊了，十餘隻的軍艦給我們毀了，有三萬多的將士是死的死傷的傷了；而敵人所得到的至多不過是沿江的十二里的土地。這就是說，敵人每進一里路，要化兩天多的時間，死傷兩千多人纔能够。就算這樣打下去，淞滬一帶就够敵人幹一年，再加以華北以及其他別處長迢迢的戰線，看這隻「蠻牛」有沒有這樣的勁兒？

沒有，沒有！原來日帝國主義的軍備雖然强過我們，經濟和社會的基礎卻是異常之脆弱，它決沒有支持長期戰爭的力量。英國歐脫萊女士曾經用「泥足」譬喻日本，說支持日帝國主義的基礎正像「泥足」一樣的脆弱，在今天看來，確乎[illegible]沒有了。

抗戰爆發以後，[illegible]本國內經濟的狀況已陷於極度的混亂。物價一天一天的暴騰，債券一天一天的暴落，人民生計已感受莫大的威脅。今年五十四億的預算籌措顯有極大困難。戰爭延長只有使日本財政破產，必然惹起軍需工業以外的資本家的反對。

日本在華的利益也已蒙受巨大的損失，日本國內和在滬的資本家叫苦連天，起了很大的恐慌，甚至有爲了這次戰事自殺的人。據說日本產業界已在醞釀着反戰運動。同時候，人民悲痛他們的丈夫和兒子無端的到中國送死，對於軍閥的憤恨日益加深，這種憤恨也必有爆發爲行動的一天。除此之外，我們又看見韓國台灣琉球等地的民族運動的火星已在劈拍地閃爍，這對於日帝國主義當然又是個非常有力的打擊。

這樣支持日帝國主義的這雙泥足一隻足「經濟恐慌，」一隻足「社會矛盾，」經不得我們轟轟烈烈的抗戰烈燄的焚燒，一定有從脆裂而崩潰的一天！

九，一四，晨。

部的特別膨脹，現在也讓中國來剪除這手造的臃瘤吧。我們古人有一句諺語說『解鈴還讓繫鈴人！』中國的不抵抗，使彼邦軍部氣焰萬丈，騎在馴良的老百姓頸子上，弄得民不聊生。如今也讓中國抵抗的炮火來消除他們水深火熱的痛苦，來與中國的老百姓一道獲得狂喜的拯救吧！中國的抗戰，不僅是解放中國本身，同時，也解放日本老百姓！

中國的抗戰祇有勝利，沒有滅亡。拿破崙的威名，要比日本的什麼小鬍子的陸相要有出息多多吧，當他侵入了腐敗的，落後的，封建的，農業社會的，沒有精銳武器的，俄羅斯的草原的時候，呆子依凡却用苦笑來迎接了他。並且戰勝了他。拿破崙沒有打過敗仗，敗過一次就永遠敗下去了。楚霸王沒有打過敗仗，敗了一次便自刎完了，日本的軍部也沒有打過敗仗吧？但敗了一次便要剖腹完了！（眞是不勝惋惜之至呢！）他們軍部的頭腦是經過訓練的，槍桿是直的，他們的頭腦也是直的偶爾有一兩根螺旋線，也和槍桿裏的螺旋線一樣，是專爲放射子彈用的。中國有什麼「民氣」「自覺」「團結，」這些他們是不打在估計之內的，他們嫌惡它太微妙了，太唯心論了。他們的估計是明年的軍費要增加到三十八萬萬！中國的「空軍」也被不看在眼裏的，在他們的觀念裏，中國人祇會放紙鳶，對於天空的觀念，不會高過「國際飯店」的。至於在遠東，那些對於毫無戰鬥意義的「同温層」的科學的追求，讓傻氣的蘇聯去担任吧，至於有着充分戰鬥意義的向非戰鬥員難民羣來投擲炸彈，這種勇敢行爲，讓日本高强的空軍來完成吧！多麼英雄的豪語：『日本帝國海軍，無論在任何種情形之下，若果做出違反人道的事，都是意想不到的……。」眞是太多了的日本違反人道的事，是何等的令人意想不到呵！

上海抗戰一個月以來，我國士兵的英勇，發揮了最大的力量。敵人調來了十幾萬軍隊，裏邊包有了他們最精銳的久留米師團，三易其將，七十餘艘軍艦，三十餘艘運輸艦，二三百架軍用飛機，結果得到的是「速戰速決」之策宣稱失敗！我們爲求得民族解被所迸濺的血肉，原來並不算在他們的估計之內的。（他們不過把我們黃色的血肉與黑色的泥土等量齊觀！）而現在這威力的磅薄，又使他們感於無從估計了。

但我們決不想以血肉爲戰勝的惟一要素。

我們的方程式是：「血肉十鐵」

我們的空軍突然出來迎戰。我們最新式的大炮發揮「準確的射擊。我們的防禦坦克車炮，摧毀他們的鐵馬。我們用魚雷擊傷了他們的出雲艦。我們用地雷來使他們遭遇埋伏，處處證明我們並不以血肉的奮勇爲最高的滿足。我們要把機械來接引血肉，使我們的手臂按照幾何的基數揮動出更大的威力來！

我們已有這種認識，而且向這方面進，我們急劇的增加飛行引擎的字數和駕駛員的胳膊，就是很好的明證。據說有人提議「千機救國論」了，我覺得這提議是非常清醒而且明快的。這種服從機械的招引，而提高着對於運用機械的信心，是好的傾向。這傾向必被擴充而且實踐起來倘要有人說：「我們有一千個頭腦就够了！」這種感情是充分原始的。我們必須在一千個頭腦上按置一千個新式的「頂針」否則是放射不出去的。我們已經粉碎「唯武器論」的恐懼和愚痴，但我們絕不想對機械搖手，相反的，我們更要接近它，主有它，運用他。我們要有一切建設者所具備的耐心，向最基本的底層堆砌上鋼骨的火磚去。這樣我們需要一個國防建設五年計劃。現在動手絲毫不晚，我們即使從今天開始來訓練駕駛員，將來那棵炸彈也會落在近衞的頭上的。一切都不晚。要選擇最適中最持久的地方來安置我們的建設重心，把理想趕快接近現實，用數目字和巨炮的口徑來報告我們的工作。

倘若我是狄克推多，我手裏必須掌握一所超特的鍊鋼場，倘若有個鍊鋼場該多好呵，給我自己宣傳的傳單，我都用極薄的鋼板來印刷它！我要這樣的！

倘使我們要隱藏我們的悲憤，讓我們用鋼鐵的意志來鍊成意志的鋼鐵吧！我們還是竭力的減少我們聲帶的運用吧！

中國是需要怎樣克服種種的阻撓和潛沈的耐力來向機械走進呵。不是不可以達到的，比如現代的「化學戰劑」並不是怎樣可怕的。因爲他的效果還去理想很遠。但是在「八國聯軍」攻進天津口岸的時候，他們却違反人道來向我們的士兵施放了。那時我們固然不懂得什麼是防毒面具，但也不曉得往後潰退，所以敵軍的統帥在戰後檢點陣地，甚稱我軍饒勇，窒死的士兵依然把着槍桿面向前方。如今三十餘年了，我們的一團忠勇的士兵，也慘烈的被敵人的毒氣給窒死了。又過了二十天，在盤山又有一團忠勇的士兵，也慘烈的被窒息死了。他們也都和三十年前的守卒一樣勇敢，一樣端着槍直向前方。但是從此之後，我們必須要在「忠勇」之上罩上一具防毒面具不可了。這個簡單的東西是人人可以造的，從前我記得在××大學，他們工科學生都可以親手製造，而校役也可造，原料並不太貴，能够多造一具就多造一具吧，能够多運用一點機械就多用一點喲！

機械對我們並不是怎樣不可接近的東西，祇要我們回答它的招手，我們是可以和它合作的，一點一滴的加强國防機械化！

應用一千八百個日子將機械管理在手裏，發展在手裏，東方馬奇諾的防線的偉大的完成，將用我們的血肉誇耀着最鞏固的堡壘，使侵略的小鬼，日夕流汗而死！

本刊已呈請內政部中宣部登記

七月

編輯人　胡風
發行人　費愼祥
發行所　七月社　上海肇周路八詠坊四號
六天出版一次
零售每册二分

炮火下的第二次國際作家大會

煥甫

中國抗日民族統一戰線萬歲！
為西班牙爭取民主自由而戰！

兩年前，由世界優秀的先進作家在巴黎互助廳成立的『保護文化的國際作家協會』為了堅定執行牠第一次大會的決議，把本年應舉行的第二次大會，不顧德意兩國法西斯瘋狂的飛機大炮轟炸，而仍在馬德里舉行。來馬德里參加第二次大會的五十二國代表，他們對於西班牙人民反對法西斯侵略，保衛世界和平的鬥爭表示萬分誠懇的同情與敬愛。在代表和西班牙人民的聯歡會上，當中國作家蕭三君高呼『打倒×××××××！』『西班牙人民自由獨立萬歲！』的時候，西班牙城市中鄉村裏戰壕內的人們，無論老少男女，聽到廣播之後，都同聲高呼『打倒日本帝國主義』『中國抗日民族統一戰線萬歲！』等等口號來回應。同時，西班牙人民都盛稱在國際義勇軍內參戰的中國戰士的英勇；並說若一旦中國進行抵抗日本帝國主義的民族自衛戰爭時，各國人士亦必組織國際義勇軍前往中國助戰。總之，凡是蕭三君所至之地，都受到西班牙人民熱烈的歡迎。

國際作家協會，早有不少的投筆從戎的會員，在西班牙前線以炮火或短槍與獸行的德意法西斯及其走狗——西班牙叛軍，西班牙託洛茨基匪徒作戰。著名的匈牙利作家查爾卡，世人共知的國際軍中旅長之一的盧嘉錫將軍，英國作家浮斯克，西班牙作家羅爾嘉等，都已在西班牙前線流了他們最後的一滴血。現在前線作戰的作家，還有德國的梭·漢斯，荷蘭的蘭斯梯等。但最大多數的會員，雖未親履戰地，或竟仍如昔日未曾離開門庭；而他們確都義憤填胸地為西班牙人民為反對法西斯為爭自由民主而戰的英勇奮鬥作同情的呼喊，來喚醒世人團結一致來援助西班牙人民。協會理事之一的法國著名同情中國作家馬里洛，會用他的寫作與號召，為西班牙人民軍募得戰鬥飛機一隊，這自然不亞於個人在前線作戰的英勇。可是大會仍秉着自我批評的精神，批評協會過去對於援助西班牙人民反法西斯的工作不够代表的發言，均一致以蘇聯作家及蘇聯全國人民積極援助西班牙的努力為模範，同時，大會號召各國一切進步的作家，迅速地響應蘇聯人民領袖斯太林氏說的『……西班牙從法西斯反動的壓迫下解放出來，不是西班牙人民底私事，而是一切先進的與進步的人類底共同事業』的名言。

在大會的決議案上，更確定他們對西班牙人民應有的任務。決議案內說：『大會的參加者，應負有這樣的義務：無論西班牙民主共和國受到任何的威脅，我們都得擔起保衛西班牙民主共和的責任。為達到這項目的起見，必須喚醒一切動搖者及迷誤者，使之也得加入我們的隊伍，共盡保衛之責。』

蘇聯作家柯爾崇夫在大會上說：今日的情形，我們對法西斯的態度，祇有『贊助』或『反對』，絕沒有第三者立場的可能。蘇聯的斯大林憲法，不僅與美法英的國會制度大不相同，就與西班牙的國會制度亦相隔甚遠，可是我們相信在反對毀滅人類文明的法西斯的共同事業上，蘇聯人民和各國人民是可以而且必須站在一條線上的。

法國負有高名的紀德，年來亦唱『高調，』假裝做『中立者』或『批評者』，來寫書誣蔑詆毀蘇聯。大會代表一致地認為紀德這種態度，是法西斯泥坑中的俘擄的哀鳴。一致地認為在今日法西斯猖獗情形下，如果不堅決地或不完全地站在蘇聯方面，就不能做一個社會主義者，甚至不能做一個忠誠的民主主義者。

大會代表一致地贊成肅清法西斯走狗的託洛茨基匪徒。蘇聯代表極負盛名的作家A·托爾斯太稱託洛茨基素來鄙視俄國人民，不相信俄國人民有創造能力，所以甘作亡國奴，甘作賣國賊，甘作德日法西斯的走狗。

這次大會，算是別開生面。開幕禮於七月四日在西班牙新首都瓦稜薩舉行。後遷至馬德里，使許多在前線作戰的作家得以參加。又曾遷至毀滅了託洛茨基匪徒巢穴後的巴塞羅尼開會。而閉幕禮則於七月十七日深夜中在巴黎舉行。這樣的旅行式會議，完全表現着世界先進作家是與世界反戰反法西斯前線的民衆之一致力量的偉大，當然與在象牙塔中的會議不可同日而語了。

第三期

廿六年九月二十五日出版

・抗日英雄特寫・

王研石（公敢）君

——兩月前申報駐津記者王研石（公敢）君被日憲兵捕殺——

蕭軍

如今人的生命好像還不如一頭蒼蠅，一棵植物那樣容易延續了。蒼蠅還可以自由飛來飛去躲避着死亡。我窗邊盆裏的一棵小松樹，如果不蒙到意外的迫害，它也會自然而然地結束了自己的天年，只有人却是每時每秒在把自己的生命願意或是不願意，知道或不知道地縮短地結束着。至於這「結束」爲了什麼？這「結束」帶來了怎樣的價值？這「價值」又是如何地不同？又當別論。不過這「結束」則是同一的。

近年來，無論自己還是別人，關於紀念和哀悼的文字從各方面看來寫得不算少了。一方面這可說是會寫點文章的人底結習，不過另一方面，如果這文字不僅是爲哀悼而哀悼爲紀念而紀念，當然也是需要的。至少還對死者，爲他留一點人類的遺跡，作爲生者的路標；對那被「不義」迫害而死的……也還可以算做一筆「血債」。

我自己寫過的幾篇紀念文字，那全是哀念我所尊敬的人或是自己的友人的。這樣做無非使自己的感情有個歸宿的地方，使自己輕鬆一些。當然這也就容易近於「爲哀悼而哀悼」「爲紀念而紀念」寫的文章。不過，寫這樣的文章的時候是不大好過的，也曾決心過不再寫這類的文章，可是於今又寫起來了，並且還是爲一個不大相干的人，誇張點說，還是個「敵人」——也實在爲了這題材隨處皆是的緣故。

我和王研石（公敢）君的認識，還是在一九三二年的夏天他在哈爾濱國際協報做編輯，我則是在那個報紙上投投稿。有時候也代理那編副刊的朋友君P發發稿，校校對，這樣便要常常到報館來「辦公」了，有時就常常要碰到他。起始誰也不理誰，後來好像經過P君介紹了一通，算答話了，可是見了面除開略略點點頭以外，還是誰也不理誰。在我，是不高興他那樣頭髮留得很長，抹得很光，走路時的「故做莊嚴」的高等華人的樣子和神情，最使我憎惡的還是他手裏經常拿一條打狗似的棒子和鼻子下那叢黑黑的「維廉鬍」。因爲一些日本人多是這樣裝飾着的。同時我那樣光頭赤臂而裸腿的樣子，衣服既不整齊，人也顯得不謙和……大約他也是不高興和我往來。並且我早先還有一個主見，就是不獨討厭報館這一類地方，連新聞記者也是在討厭之列。當然，他這樣子就更增加這厭惡了。

不知爲什麼P君忽然和他彆扭起來了。同時因爲P君在報上寫了一篇「打針」和「鮑魚之市」的文章，得罪了當時的市政府和警察機關：「打針」是說爲人民們注射防疫針的人們，並不把針頭消毒，只是打完了這個又打那個……。「鮑魚之市」則是一九三二年秋哈爾濱剛漲過入水，街道很臭，那時哈爾濱的市長是鮑冠瀅，這題目當然是指他而發的了。於是市政府就指令報館當局，把P君撤職。這時研石君却借故登了一則很厲害的啓事，說明了P君撤職的理由。這使P君受了侮辱，同時我也似乎感到很激憤，覺得研石君不應這樣假公濟私，於是就要來個打抱不平。這時研石君却說：

「三郎，你給報紙寫稿是和P君的關係呢？還是和報館的關係？」

「當然是P君的關係了。若僅是你報館，就是一千元一千字我也許不寫呢。」事情發生的那天我還正在代P君發最後的一次稿。

「雖然P君走了，你是仍可以給報館寫稿的……稿費照舊……這副刊你可以編下去……P君每月給你多少稿費呢？報館除開編輯費，另外每月還有三十元稿費呢……P君給你稿費嗎？」

「不。我在P君家裏吃飯……爲什麼我還要拿錢呢？——報館的稿我決定不寫了。」

那時候我雖然貧窮到沒有第二條褲子，但是還終於拒絕了這買賣。也許現在這年頭我也不再這樣講義氣，這樣固執，但那時却覺得他在離間着我的朋友，這提議簡直是侮辱了我的「人格」。

P要去和他理論，但又恐怕自己吃虧。因爲研石君身量比P君要高出一個頭，又相當壯實；P君是江南人，既無力氣，身材又小，於是我只好做了這朋友的臨時「保鏢」。

到得那裏，研石君正在批閱當天的新聞原稿。一張膠質的綠色的光遮閃出在他的不甚高廣的額頭上，那濃密的眉毛和那雙不甚大的日本人似的黑眼睛，在那綠色籠罩下就更顯得陰暗和有點毒狠味了。並且連坐也不抬一抬那樣傲慢地接待着P君。這使我更增加了激怒，我先走出來等候在外室，時時提醒着自己的拳頭，等待，只要P君一有了委屈，我便衝進去第一拳是先擊破他那凹大得和他的顯得有點方形的大腦袋不大相配的鼻子，而後再打擊他那延伸出來的兩腮……。

從門外看去，P君是顯得那樣侷促了，一個孩子似的坐在椅子裏。平常是蒼白的臉於今却變紅了，言語不清，只聽到研石君一個人傲慢的聲音。我不能等待終於走了進來，也忘了自己的身份裏應該說的話，却祇是相同一個土似的，對雙方申斥着。當然「理由」是要拖到P君這一邊來。

研石君對我這樣暴燥的調解，却啞了聲音，手裏只是不停地整理新聞稿，最後只是說：

「三郎你不知道，這裏面原因很複雜咧！這是我和

P君的事……你不要這樣激憤……」

後來我確也知道了這原因是複雜的。並且朋友P君還找了一次日本人,這使我對他感到了一點寒涼!同時對研石君,當日本初次進哈爾濱。憲兵隊把他捕去,他並沒表示屈服,也沒肯爲日本作賣身投靠的歌頌文章,這一點我開始覺得他比P君要强了。於是也就減輕了對他的憎惡,雖然他的頭髮還是那樣光,小鬍子還是照樣地存留在鼻子下……。

我們最後一次衝突,是在一九三三年秋天。那時我們印着一本書,他呢也正在爲他們自己的報紙寫着每日連載的章回體小說。他的書出版了,我們的書後來也出版了。他因爲自己有報紙,可以隨便作宣傳文字,還在說他的書是文壇的了不起的收穫。本來他出這書和寫這書時也和我商量過,並且還會要我來寫,我說我不能,於是他才自己動起手來。爲了報紙的銷路,他說專靠新小說是不行的,當然我也了解這一點。同時我也勸過他要從事新文學。可是他說新文學的能人太多了,他知道自己不會有什麼成就,也頂不了天並且他說自己只希望以一個「報人」終身。我當然也就不再勸他。至於在報紙上誇揚一點也沒什麼要緊,反正這一類的東西壽命已經不會再有幾天。可是一個朋友從北方回到哈爾濱,他竟看不過去這現象,便寫了一篇文章刊在了另一家的報紙上。這文章的題目是關於我們底書,可是一面也就是對於研石君的章回體小說給了一棍子。這使研石君冒火了,於是第二天便在自己的報紙上大罵起來,說了一些不入題的話。同時復知照那家報館——這時P君已在這裏編副刊——的當局,不許再登載這邊的文章。並且沒登完的文章也不准再登下去。這使我和其餘的朋友們却感到一點不平,於是我也和其餘的朋友寫了幾篇文章開始了「應戰」。

自從P君脫離國際協報,我也就不再爲那報紙投稿。後來,P君我們的友情也繼續不下去了。我們由他家搬出,那時國際協報副刊編者又換了一個熟人,爲了生活,於是又開始了投稿。每月固定稿費十五元錢。有幾次在報館遇到研石君,我們說話也比較多些,有時也說一說玩笑,但我始終還是遠離着他。有一時我也要作個新聞記者,他也給了我一個「專訪」名義。並且還給了我兩個試驗採訪的機會——一個是訪問水災後的貧民窟;一個是參加一個軍醫學校畢業典禮——同時也很熱心的教給我一些關於「新聞學」上的知識。可是我的正式新聞記者終於還是沒做成。

直到我們筆戰開始之前,每月我還是拿十五元稿費;一份義務報。開戰的時候我當然自動放棄這撰稿的位置了,他也就很小氣地把義務報紙停送。我把曾借過他的三元錢,也用信封裝起託人送還了他,大約這也使他很心痛,我知道他是很要我們做一做朋友的。一次他看見報紙上我的一首舊詩,背地還同他的同人們說過:

「三郎的舊詩眞好!可惜他不努力了。」

一次,那是秋天了,我正在報館借打電話,他走進來用手裏的棍子輕輕觸着我的腿肚說:

「秋天了!你還光腿肚哩!」

「這關你什麼事?」他這擧動使我很氣憤,他又說:

「不知道我的帽子和衣服你能穿不能穿?」

「你的是你的……。我高興這樣光腿肚……。」

於是借了題目我把自己的氣憤一齊向他排壓出來。他說:

「我想你不能永久這樣下去,現在你窮,所以你看我這樣打扮不順眼;待你到了我這樣環境裏你自然就要改變了。比方作新聞記者的,像你這樣穿着,是連大門也進不去的呢……」

那時我正戀愛,他反對我戀愛,却讓我仍去當義勇軍。他說他有一天還要到軍中去試試。但是我要戀愛,當然就不理他。

我們底筆戰開始了,這使他很狼狠。同時我又寫了一封很長的警告信給了他們底社長,通知他像這樣倚勢欺人的辦法是不中的。而我們和截斷我們稿子的報館的社長——「滿洲國」的官——幾乎還動了手槍。

我和P君的友情這時也決裂了。後來這故事過去了,我又到國際協報去,遇到了研石君,他說:

「爲什麼早幾天你不來?」

「那時候我們是敵人……」我笑着說。

「P是你的朋友,我也是你的朋友,爲什麼你要幫着他?」

「這是立場的關係……因爲你不能這樣欺壓人。」

「我知道你們有個團體的……」

「你知道就好辦……朋友是朋友,該打仗還得打仗。」

「噯!朋友,是那裏全可以相見的……」他沉重地嘆息了一口氣,接着說「你們不用打,不久我就走了!——這可不是你們打走的……我不想再和你們打下去,還要保持我的印象呢……」

我聽了他這話雖然笑了,同時不知怎麼,却感到了一點淒傷!

「你幾時走?到那裏去?」我問。

「還沒決定……大約去天津,我不能在這裏給「滿洲國」盡忠下去。」

「好,幾天內我去看你。」

待我去看他時,他正傷着風。過了兩天聽說他們就走了。

他有一個年老的媽媽,一個不時髦的太太,幾個孩子。雖然他是奉天人,但他却說:

「我却討厭奉天人啊!勢利!封建!」

我想不到今天却來爲這樣一個「敵人」寫紀念的文章。他是死了呢,還是活着?無論怎樣,如今我却要以一個兄弟的敬禮,向他伸出我的手臂!

·救亡運動特寫·

記一二、九

端木蕻良

在一二·九的當兒，我早已離開學校了，那時我已寫完「科爾沁旗草原」快一年了，不能出版，我那時左腿正鬧着輕微的Atborthesis）一直到迻魯迅先生的殮都還未好，）沒有寫什麼也沒想什麼，祇盼腿快好，我可以到南方來。那個宅子，是個古老的府第，我住在東跨院，和主宅完全隔離，在過去應該是屬於一位待字的小姐的起臥處。我每天除了「烤電」以外，便坐在葡萄架下的搖椅上，看見葉子繁密了，變黃了，脫落了，一直坐到深夜，很晚很晚才睡。

朋友自西郊來，說施樂建議，或者招一口棺材到街裏游行，棺材裏裝滿傳單，在游行時散放出來！或者……

後來北平學生並沒有採取那種可悲的示威辦法，而雄壯的在街頭出現了。第一次的遊行，固然像胡適之博士所說，人不算多，秩序還很整齊，言外之意就是遊行一次也好，沒有什麼，算了吧！當時主其事者也沒有想到會動員到兩千至三千人之多，從這取獲了更大的信心。於是就發動了第二次的擴大行動。第一次是猝不及防的，軍警都已失去約束能力，而這次（十二月十六日）在佈置上便相當艱苦了，必須守絕對祕密，使他們無從知曉，所以決定的日期，集合方法，都是秘密的。

我參加的是燕京大學的隊伍。先一天晚上我便到校裏去住了。母親問我幾時回來，我說，「不回來了！」母親笑一下，沒說什麼，祇說「烤電不要就誤了，你出門坐車，不要步行！」

當天晚上開會的時候，主席說——

「當心身畔有沒有陌生的人，免得奸細混進來！」

大家互相回看着，嚴肅而又有趣的猜疑一下。一個眞正的同學被三個熱心家包圍住了，一直盤問到他拿出借書証來爲止。我安詳的坐在那裏，沒有人疑惑我，我也沒人以爲我面孔陌生。

「我們現在開會，連燈光都不敢開亮，怕被外面監視我們的軍警看見亮光撲進來！同學們，我們此時的感情是悲憤的，我們惟有用行動來克服這種恥辱。我們決定再來一次擴大遊行，明天六時集合，出發！」

那天夜裏，已有一部先遣部隊派到城裏去，因爲上次燕京清華兩校都被關在西直門外，結果城裏看不見兩校的旗幟。有一位同學臨行時，大哭一通，說決定不回來了（後來他果然被捉了去。）總之，這次出發是很危險的，因爲大家都曉得一定開槍，段祺瑞的血手又要在宋哲元叫胳膀上運用一次了。

第二天早起有女同學到各樓房去催喚，大家在一樓前面集合。有的帶了「圍巾」出來，連忙又送回去，因爲上次有許多位同學被追在後面的警察扯住圍巾提去了。每人發一個布條作標幟，每人在冊子上簽了名字。

不知怎樣我成了第二隊隊長，我想我並非本校同學，不大好，便作了個小隊長。不過那位第二隊隊長很沉默，動作也很遲緩，所以後來第二隊的事，都是由我來號召的。攻入西直門之後，我一直便沒見着他。大隊共分三隊，第一隊隊長是個女的，號召能力很堅强。出校門時，四個人挽起，向前衝，軍警用扇面形式包圍我們，一則他們人少，二則以爲我們無論如何進不去城，所以也沒十分阻擋。一個面部帶點稍稍困惑的表情的女同學，當時暈倒了。有兩位女同學跑過來，躊躇了一下，便決定留下來看護她。沿途居民都還沒醒來，有的披衣起來觀望，同學把傳單散給他們。到了西直門，門關得緊緊的，有人想爬城，爬是可以爬上去的，但不能大家都進去。留下來討論，一面對警察傳散單，講演。清華同學也來了。這時已有一千四百人的光景，於是大家決定到阜城門，因爲據說×學校三百人已經爬城進去了。到了阜城門也不成，於是轉到西便門，這時已走三十里路了。西便門上邊的守兵，便向下邊丟石子，磚頭，瓦塊。大家喊：「歡迎抗日的廿九軍參加我們的隊伍，中國人不打中國人」他們果然就不打了。西邊門門上有鐵片包着，中間是一個大鐵鎖，用鐵鎖鎖牢，下邊一個二尺高的石攔石。大家便來推門。

推不開，有幾個同學力氣也使光了。我想，這樣不大好，便讓大家分撥來推，一批四十人，喊「一二三四！」推，一二三都是一小推，到四算是大一推。這些人力盡聲嘶了，再由另外一批來接着推！裏邊不曉得有帶刀的兵沒有，大家祇想推，最前一排，有幾個人向我身上推，我是在兩扇門的夾縫那裏，眼睛看見那鐵鎖在屹然不動不過嘴上卻喊，「就要開了，就要開了，鐵鎖快斷了！」人的力量越來越猛，身子便被一推一送地擠在門板上。有人喊我，他們認出了是我，是從前的同學，有一個眼裏充滿了淚，喘着氣，對我說「前邊這排都是東北人，我們都加入衝鋒隊來的！我……」後邊的力量把我們重新擲在門上。他是清華的。門的波動加大了，「就要開了，鐵鎖快斷了！」忽然嘎然一聽，鐵鎖就斷了，於是人們便蜂擁過去。把隊伍整理一下，向彰儀門去進發。這時口號必叫得更響了。宋哲元此時已接到報告，不曉得那時他脈搏的次數跳得如何。以前清華的同學到喜峯口去，給他們修公路，拾傷兵，慰勞。現在是面對面的站在兩個極端了。

在彰儀門大街那裏，前邊有大隊警察堵截我們，街上滿是打折了的棍棒石塊，磚頭，密如星羅。顯然先前已經混戰過了。這次他們帶了皮鞭，鐵撅（舉起打頭部，）大刀，棍棒，竹桿子，槍把子，水龍，趕來如在對付一羣瘋狗，或是逸籠的野獸。沒有人向後跑，一聲衝，大家衝上前去了。提棒竹桿皮鞭齊下，大家就在地上拾起磚頭回擲他們。有兩個不相識的女同學蒼白着臉，把手挽在我的胳膊上，我便丟了手中的石塊，拉着她們向前跑。衝過三道防線，警察完全失了效用。有一個警察被大家打在地上，一個同學拿起石塊便向他頭上砍。我說「不要打死他，讓他去吧！」他便他把的帽子提起來，丟在一家磚牆裏去用脚在他身上亂踢。到了師大附中，他們因爲被軟禁在裏面不能出來，便從鐵門裏拿棍棒給我們，我們如虎添翼。前邊有一隊警察一露頭我們喊一聲：「追」他們便跑走了。有一個從前和我同班的女同學，頭帶着小紅帽子也跑來跑去，脚下的半高跟鞋很妨礙了她。這時聽說北大的同學在城裏被打傷的很多，他們把水管奪過來，對警察身上射。中學的小女同學尤其奮勇，親手奪水龍。

大隊到了前門，我們已經會合了輔仁，平大，北大一部……各校都全了。城門已閉，在東交民巷那邊有半邊開着，半個門洞裏提槍的很多。先是雙方商議着和平的進城去，祇一刻鐘，和平便絕望了。他們大隊開來堵住那裏。裏邊還有軍隊在演操示威。

一位大個子隊長出面交涉。這時外國記者雲集了來拍照。大家不散去，要求和裏面的取得聯絡。那位隊長，非常老練。態度很沉着。忽然站在「派出所」石階上的保安隊兩三個壯漢，好像午覺剛睡醒，上身祇穿白小褂，頸領也沒結，拿出槍來，「你們退不退」沒有人理他，祇有一個燕京同學，指問他爲什麽不穿軍服，「你看你那像軍人樣嗎？頸領也不結上？」「你們退不退？退不退開槍了！」燕京的隊伍站在最前面，第一槍便開了。大家很有秩序的向後一退，並沒逃。四邊鋪子便連忙關門，有的人向裏邊跑，有的開了門放進去，有的便拒納。我蹲在一個二尺半高的四寸寬的水門汀的石柱那兒向前看。聽見槍不響了，大家又集合起來，有人說誰受傷了，誰不見了。人數減少了三分之一。

在這之前，大家招開市民大會，決定八個議決案，反對領土分割，政治分割。由一個穿青衣服的同學主席，他態度很從容，處理得有條不紊，聲音很清楚。當時的「北平時事報」的記載，我還保有，可惜不在手邊，我希望炮火不會尋找到他。

這時那穿披風的保安大隊長，便說爲避免摩擦起見，頂好在宣武門進城。於是大隊便向宣武門移動。這是個騙局，前邊燕京清華走到西河沿，便發覺後方被他們切斷，於是便掉轉頭來重新銜接一起。而到達宣武門時，門裏北大的同學的喊聲我們都可以聽見。祇是比前門還難得打入。這時騙局才完全被証實。聽見城內悲壯的聲音，心靈彷彿受了一種磁石的吸引。兩棵碩大無朋的心臟在凶狂的鼓動的時候，中間祇隔一道鉄板——宣武門！何況門上還有同學向下面報告「祇要你們進來就成了！」「他把我們同學打傷了六七十，捉去了三十」「你們必得把城門打開」於是便有清華的那位女英雄，爬過城門去，從城門下爬過去的，到裏邊好把門拉開。那天她穿一個皮短衣，工人褲，像個不大健康的男孩子似的爬了過去。那邊正好有警察等待了她，捉住了她。

天漸漸黑下來了，有人去吃一點東西，喝一點茶。因爲從早起出來，連一滴水也未入口。我的腿明天必須「烤電」了。有一位東北同學，個子不大，急燥的跳過來，對每個吃東西的人大鬧起來。「你們還想吃東西，喝茶，你們還有心腸嗎？」有的便不吃了，退回隊伍來。我覺得那杯茶並不妨礙我們的示威，我仍坐下來喝完它。他便對我咆哮起來。我說「你喝口茶再來嚷，你聲音可以提高些」他一氣就跑走了。

這位唐・吉訶德的悲憤是完全失敗了。有許多救亡團體或慈善團體或者同情中國的外人都送麵包來了。也有人去吃麵去了。不過還有人不想吃，我因爲肚子被悲哀裝滿，也沒吃。

天已黑下來，清華燕京同學決定回校去。但是有一部過於熱情的同學，尤其是東北大學的同學他們不走。一定等到非把宣武門衝破了不可。他們決定露宿在那裏。有些女同學，臨時在前門外開旅館去住。街上便黑壓壓坐了滿街人，他們準備在這裏渡過這漫漫長夜。

在十時左右，在夜的寒風裏有計劃的軍警便伺伏在四邊了，他們把鐵柵欄拉住，先斷絕逃走的路。於是將街燈熄滅，木棍大刀皮帶從各方面紛逼而來，有人逃到角落裏蹲伏了一宿皮帶大刀趕着打。有人失去了鼻子，皮帶大刀追趕着打。在夜裏二時，附近的居民還聽見慘烈的呼聲！宋哲元想將人類的憎恨種到痙攣的血肉裏去，這一點他是成功了，他將憎恨和認識栽種在青年的心中。……

從此便繼續着遊擊戰術和鄉鎮宣傳，將燎原的火種推廣到鄉區裏去，交給它眞正的主人。

一二・九運動是反對中國領土分割的運動，是號召全民族對日抗戰的很好的開端。一二・九的行動者比五・四時代要更富於政治性和行動性。將一二・九運動和「西安事變」的因果關聯起來，再來認識由蘆溝橋到八・一三的抗戰，則這一運動在中華民族對於自己命運的認識上有着決定的義意。

我沒有烤完電便蹩着脚到南方來了，那不是我母親所希望的，但她也並不願我靜待什麽可恥的黑手的擒拿！

「我的槍……」

胡蘭畦

我們的救護車經過劉行的時候，房子又比前一天打壞得更多了。滿地都是破的瓦礫，到處都有斷的樹枝，地面上也添了無數的大洞。我想日本鬼一定企圖從這一面攻進來。但計算這一條路的長度，他們也很難達到目的。

過了劉行鎭，天巳昏暗了，我們的卡車還是前進。我們很想一直開到戰壕去，然而事實上却不可能。還離戰壕三里遠的地方，就被傷兵把我們的卡車攔下來了。滿地上睡着的，坐着的，都是傷兵，田邊，路邊躺睡的都是傷兵。就情勢看來，重傷很多，輕傷也不少。一個兵炸去了手幹，露着那剩下來被血染得鮮紅的火一樣的禿臂，也有把腰桿打斷了，睡着動不得的。各種各樣的傷痕，一件一件地陳列進我的眼前，但我巳經看慣了，也不感覺得可怕。

地下橫列着幾付死屍，據說是才死不久。他們受了更重的傷，巳經流盡他們最後的一滴血，爲了這莊嚴神聖的戰爭而犧牲了。他們的屍身就橫在我的脚前，我一面在幫助救護那些還活的傷兵，一面默默地在給死者致敬：

「你被犧牲者的靈魂呵！你們聖潔的血液，將要洗盡我們的汚辱，要培養出文明的鮮花。你被犧牲者的肉體呵！你們堅强的筋骨，將要建好人類的自由大道……」

一個重傷兵，他的手上緊握着一根斷了的樹枝，我看他快要死了。他老以爲他手上握着的樹枝是他的槍哩。我聽着他微弱的聲音還在那兒低叫：「弟兄！拿去呀，我的槍！完……完了，我！我不…不行了！不要落……在……東洋鬼的手，拿去呀！……對準敵人……不要落在東洋鬼的手上！」他的聲音越叫得高了。這聲音擾亂了我的心，我放下活的傷兵去扶着他，直扶到他漸漸地沒有氣息。我看見了戰士的血，我看見了戰士的屍骸，我聽見了戰士的最後的呼聲，我沒有話說，也沒有眼淚，我所受到的感動也沒有筆墨可以形容。我戰慄，我敬仰，這景象將永遠引導我走向前去……。

一·二八的兩戰士

柏山

在戰爭沒有到來之前，我聽到許多人都叫着抗戰抗戰；一到戰爭開始了，我又聽到回家回家的聲浪。剛才，我的一位最親近的友人V君跑來，告訴我他明天也要動身了。我很詫異他去了，我不覺有些寂寞起來。橫身躺倒床上，凝視着空空的四壁。這里惟一安慰我的伴侶，就只有掛在寫字檯旁邊的一個亡友的遺像。由於他的死，我却回憶起一·二八的兩個要好的朋友的壯烈的犧牲了。

他們兩個人之中——一個男的梁得安。他是我小時候在一個工業學校的同學。關於怎麼和他相識以至和他親近起來，這些一點也記不起來了。祇有一件事，如今我還記得：那時是我做低年級的班代表，在一九二六年以前的事。當時在一個所謂不使人知道的會議上，議決一件不利於我們這一班的決議。我很氣憤，把這件事向同班的同學說了。後來梁君却因爲這事暗地裏監視我。當我發覺的時候，我對於他一直懷着一種憎惡的感情。過兩年，他到上海來我也離開C城到上海來了。我們漸漸親近，漸漸了解，漸漸友愛起來。

有一天晚上，外邊下着很大的雨。弄堂裏什麼聲音都沒有了。我坐在武定路某幢房子的一個亭子間裏。窗帘拉下來，屋子裏倒顯得十分清靜。那時我正翻開日記簿進行整理白天積下來的紛亂的思想。窗戶外邊熟悉的老梁的沙喉嚨，叫得異常急促。我跑下去開了門。因爲過道上沒有電燈，周圍漆黑的，當我已經摸到上樓的梯級，在自來水管旁邊，「唉喲」地一聲叫了。從那清脆的聲音裏，我辨別他的背後還跟來一個女人了。

我趕先爬上樓，把日記簿收到屜子裏。跟着，老梁揮着額上的雨水跑進來。立在他的背後的，就是那位全身被雨淋得像落水鷄似的小姐了。我一時却慌亂起來。名姓也不問，就從床底下箱子裏檢出幾件女人穿的舊棉衣放在床上，隨即推開門預備往外去。

「你跑那裏去」老梁驚異地向着我問。

「我外邊站站，你們好換衣服。」我羞澀地回答。

「在前方那麼多人，又怎麼辦！」

跟着，她在旁邊嘻嘻的笑起來了。我於是無可奈何地打開窗子探看着外邊的天色。從閘北傳來的炮聲，和那紅光滿天的火焰，如同山崩海嘯似的使人陷於一種狂亂和興奮的境界中。於是我想到他們整天整夜在前方，怎能够和那些高枕而臥的人們一樣的安安靜靜的睡覺呢。可是當我回轉頭來，那小姐已經縮進我的被窩裏打起鼾來了。

我覺得她那樣粗魯有些生氣起來。望望她那清秀的眉睫帶着一種甜密的睡意，如同小孩子躺在母親懷裏那樣安靜，又有些感動了。「眞的，她是需要睡眠，」我安慰着自己自語着。

最後是老梁逼着我一道擠在一張床上睡着了。

第二天，一清早他們爬起來，連我也被攪醒了。我頭靠着床桿望着他們把衣服穿好，還沒有起來的意思。老梁似乎忘記自已所應帶來的一件什物似的對我說：

「你們還不認識，這是我們的大姐姐！」他拉着她的手說：「這是小林的愛人」

這時，我才知道她是和林一道在前方做看護工作的，當我正想開口探聽林在那裏的生活，她却驚訝的叫起來：

「你是陳嗎？小林昨晚上受傷了。」

這彷彿是一個地雷無端地在我的脚跟下轟炸起

來。我於是愕然了。

「你不要相信她的話，」老梁帶笑地說。「她會騙小孩子，也會騙大孩子！」

他的話，我並沒有聽在耳上。並且老梁的性格，平素我就知道他對於一個人的死或傷，似乎看得太多了，一點也不掛在心上似的。於是我把房子裏東西稍稍收拾一下，勉强跟着他們坐着運傷兵的車子到前方去了。

在汽車裏，那位大姐姐對着老梁的耳邊啾啾嘴，隨即帶着一種勝利的微笑轉過臉去了。開始，我想到一個初見面的人決不會開玩笑的，而且她說話的態度，又那麼嚴重，那麼認眞；可是從她剛才那一笑的當中，我疑惑自己被騙了。然而汽車已經駛到大通路，周圍的炮聲和機關鎗聲，好像幾百隻「烟火燈」在自己的身邊開放了。於是一種緊漲的情緒塡塞住我的心胸，什麼恐怖都被蝕鎭壓下去，內心所喚起的是一種到戰場上的快樂的情緒。

汽車停下來，我們一羣人擁進一所江北人住的平房裏。小林正端着一個盌給一個被炸斷了手的士兵喂牛奶。大姐姐跑上去抱着她的後頸接一個吻叫道：

「小妹妹，替你把愛人接來了。」

她這麼一說，却使我害臊了。小林茫然地轉過頭來。從我的頭打量到我的腳上，彷彿看見一個從沒有見過面的人似的，顯得十分奇異，冷冷地說：

「你自己不是有事情，跑到這裏來幹嗎？」

「她說你受傷了。」我埋怨地回答。

「受傷怎麼樣？死了又怎麼樣？」

他說着很氣忿地回過頭去喂她的牛奶去了。

這時，我毫無意思地看着醫生在門角落裏替一個頭上帶花的士兵洗傷口。從醫生的手腕底下，一個突出的顴骨，如同醫生的罩衣一樣慘白，然而他還咬着牙骨聽憑醫生在他頭上施手術。我於是想到戰爭的慘酷，同時又想到戰士的勇敢了。

大姐姐和一位年青的醫生，在我的背後出現了。她手裏裹着繃帶，嘴裏笑着說：「你問我過去的事情幹嗎？我做過理髮匠，住過婼子，現在我會打襪子，」她說着把繃帶送到醫生的鼻尖上一聞，就跑到那些躺在門板上的傷兵跟前分麵包去了。

我看着她那輕蕩的樣子，又憶起昨晚上睡覺的情形，因而把林對於我的冷淡的態度，也歸過於她。於是一種憎惡之感又從心底浮了起來。

當我正在對她進行着一種道德的譴責，她已經撇了一塊磚頭坐在林的旁邊，給一個全身包在稻草裏的傷兵切麵包。那士兵傷的什麼地方，沒有看見。祇從他那明亮的眼睛上，可以看出他帶的花是輕的，稍爲休息下又要上火線了。

「大姐姐！」他模做人家的稱呼說道。「麵包你自己怎麼不吃？」

「這是慰勞你們的，」她笑着說。「我們怎麼好吃呢！」

「現在我又來慰勞你，你吃點好不好！」士兵很誠懇地說。

「我們女人，不能拿鎗，慰勞你們是應該的！」

「那末，我們拿鎗的軍人帶了花，不也應該嗎？」

由於他們這種誠懇的談話，把我激動了。於是我開始明白在殘酷的人與人的對立中，同時到處存在着人與人的親愛，把剛才譴責大姐姐的卑劣的心思，譴責着我自己了。

晚上，這位快樂的天使，更把我陷於悲慟的情緒中了。

那是把昨天下來的傷兵送回後方去，新的傷兵運進來以後。突然她從隔壁那個救護所跑過來，嘴裏嚷着「老梁！老梁！」眼角邊上却流着點滴的小眼淚。

老梁正坐在我旁邊商量叫救護隊不要帶傳單在身上的事。他一望着她那哭喪的臉，就迎上去抓住她的手問道：

「什麼事？」

「小王帶傷了。」

「誰？」我插上問。

「六十二師的小王嗎？」老梁似乎預先知道似的。

大姐姐沒有回答。

「他口渴死了。」她聲帶嘶啞地說。「你同我到那邊草棚裡去搬一個鍋去。」

老梁望着門外。雨正在淅瀝的響着。炮火響得更其激烈。子彈飛過屋頂，孔翁——孔翁地叫着。他把頭低下來，似乎在看着他腳上的破皮鞋。大姐姐生氣了。

「去就去，不去拉倒！」她說着身子一歪轉過頭往後走。「你以爲他眞的是我什麼親人！」

「老梁，」我對着他那躊躇的臉問道。「路遠不遠？」

「路並不遠，」老梁勉强地回答。「好吧，好吧，你不要生氣，一同去！」

他把身上的長衣脫下來，蓋住大姐姐的頭和他自己的頭。倆個人相互用手抱着腰，縮在那件長衣下，好像新婚的夫妻似的走出去了。

這時，一陣炮聲就像在我們背後響着似的，屋子都地震般動搖起來。我耽心他們在路上遇到危嶮；立在門口望着他們在漆黑的雨水中用手電照着道路走着，一直到電光被雨水淹沒了他們的背影，在我的眼前消失了。

他們在我的眼前消失了。已經是第五個年頭。然而祖國的大地上，整個華北踏滿了敵人的腳跡，閘北的火線打得比一二八更長了，而我還依然活着。在大家嚷着回家的聲浪中，我依然無家可歸。朋友！你們已在我前面完成了生的任務，而我還留戀着什麼呢？我默想着他倆那盞着長衫的頭影，我的心和我的臉灼熱了……

在明天……

曹白

向來，對于所謂紀念日——無論它是「國慶」或「國恥」，我是毫不關心的，那原因就是，這一天和別一天的太陽，也如除夕和元旦的太陽一般，並無不同，倒是徒然增添了我們的「議論家」的一通熱鬧：或慷慨，或激昂，或勉勵，或訓斥，記者還給他仔細地錄下，報紙也給他很大的篇幅。然而他在慷慨，激昂，勉勵，訓斥之後，便悄悄地溜去，留下了台下臉孔熱辣辣的羣衆，而農夫却依然耕種着他的貧瘠的泥土，漁人也依然出沒於奔濤駭浪的海洋……但也却悄悄的溜去了，待第二年再來。

其次呢，我想，無論牠是「國慶」或「國恥」的紀念日，這些日子是都用血換來的。用血去換來的「國慶」，我們應該加意保護，單「嚷嚷」是不行的，得阻止別人去踐踏，應該在血痕上日加修繕，建造自己的王國。用血去換來的「國恥」呢，那代價之大，我們想想吧……然而在這些日子，除了扯扯「全旗」或「半旗」外，便不許再有別的了。我們一任那幅國旗在灰黯的天空中寂寞地飄揚。

但我們的旗幟是應該插入自由的廣闊的空際，那自由的廣闊的空際的!

✡

明天又是「九一八」的六週紀念了，而在我們的收容所，却連一片小小的旗子都沒有。

然而我們却不管這些，在默默地預備着明天的節日，這黑暗的血污的日子，這憤恨的日子。在現在，這日子是跟我如此的親切，它逐漸逼近我，同我膠在一塊了，同我的週圍也膠在一塊了。我此刻的周圍，全是吳淞，寶山一帶的農夫啊!現在是連他們昔日耕種着的一點貧瘠的泥土都被強暴者挖成壕塹，而自已們却被逐出家園，流離在這海邊上，變成「難民」了。

是的，他們是游走在黑暗和血污中的魂靈們，是憎恨的魂靈們。在明天，他們的憎恨將和我的一同燃燒起來……。

✡

「旗子既然沒有，那麼，就去買兩面吧。」我對愛而說。

「錢呢?」

「都用光了嗎，領來的?」

「領來的都用光了，連吃晚飯的，錢也沒有了。」

「好——那末我去借。」我直起身子來，看看窗外，天空是墨黑的，在悄悄地洒着牛毛雨。

在借錢的途中，雨却格外的大了，但總算G君待我是好的，在我說明來意後，便隨手摸出伍元來，給了我。

「祇要三塊呢!」我笑着說。

「沒有單的——你拿去就是了。」

「那末，三天之後，我領了錢來就立刻還給你，行嗎?」我明白在這「非常時期」大家的手裏都揑得很緊，所以就給了他歸還的日期。

「行行，——隨你的便吧?」

「明天的紀念會，你來不來呢?」

「我嗎?」G搔一搔頭，「你得當心『三道頭』啊!——」

「曉得。——來不來，隨你的便吧!」

匆匆地走出G君的寓所，馬路上的雨比來時還要大。默默地在密密的雨條裏穿過，儘讓它們淋着我，我渾身掛滿了水珠子，髮梢上一粒水珠還滴到我的嘴角邊，我把它舔了舔，是淡淡的味道。當我踏上收容所的階石時，我的心裏輕鬆得什麼似的，彷彿跨入自已的家園了。

走進門，我恨不得一步跨到辦公室，因爲我的外衣已溼到襯衫了，得馬上脫下來。但幾個孩子却住攔了我的路，他們質問我：

「先生，明天我們每個人都有一面國旗嗎?」

「不，這又不是國慶——我們只對國旗鞠鞠躬。」

他們訕訕的退後了幾步，似乎全都失望了，我把袋裏的伍元鈔票使勁的揑了揑，很悔恨自已說出了這麼一句話。我想，在明天，我們的旗子是應該插入孩子的心田的。

✡

旗子買回來了，面積比七月的開本大不了多少，然而血紅，碧藍，像深秋的無雲的高天。我對旗子的那麼親切，似乎只有這一次。

「行嗎?」愛而對我問。

「行!」

「『中山像』呢?」

那是一張月份牌樣的東西。但我說：

「也行!」

「好了!」愛而嚷着說，「我明天司儀，司到『向國黨旗及總理遺像行最敬禮』時，不至於對着白粉壁了!」

大家哄笑了。

其時左因已把一條丈餘的竹布攤在地板上，這是一條捐來的竹布，已經舊了，上面有着好幾塊淡黃的汚漬。在哄笑中，我屈着膝蹲下地去打草稿。這是一條標語，在這上面得寫大大的八個字。我們不管牠上面有着怎樣的淡黃的汚漬，已經決定將字泊去那些汚漬了。

寫到第三個字，我的脚已經酸麻，便立起來伸了個懶腰。一個孩子衝進來，是兒童團裏的捕蠅隊的一員，名叫榮華的，對我說：

「我今天拍到蒼蠅一百十八隻！」

「好本事！」我稱讚他，一面接過他的袋子來，一看，確是一袋子烏濃濃的死蒼蠅。

「好本事！」我又稱讚了他。「叫衛生隊給你獎品吧！」

榮華笑了，兩隻眼發出榮耀的光彩。

我從新蹲下去打草稿——寫八個字。

「你寫的什麼呀？」榮華和我一同蹲下來，這麼問。

「你看看！」

「我曉得的：打倒東洋人！」

「是的。是——打倒日本帝國主義！」

✡

天空只是暗下來，滲入黃昏了。從前，我在過的收容所，只裝兩盞電燈，幽幽的照着四百多個人，我是爲此而很發過脾氣的，可是現在的這個收容所，連半盞電燈也沒有了，一到夜晚，我們只有點起七盞馬燈來。馬燈是馬厩裏面用的啊！

然而明天是「九·一八，」而且決定上午九時就開會，所以在今晚得把事情弄得妥貼才好睡。

馬燈的燈光是黃的，一如那竹布上面的汚漬。我們就在這汚漬的照耀裏，默默地將旗子掛上牆壁去，在旗子上面掛上竹布的標語去。然而那「打倒日本帝國主義」的八個字，在幽暗中牠們顯得格外的烏黑了。旗子上的紅色，也變成了沉重的暗紅，彷彿是一堆舊了的血跡。……

忽然，我的肩上發現了一隻粗硬的手掌。回頭看時，是一個高大的老人，——

打日本

同胞起來：

周海嬰

背着槍

拖着砲

上前綫，

勇敢的衝過去！

衝過去不怕慌

打倒日本鬼子！

打倒日本鬼子！

「先生，明天幾點鐘，我們才開會？」

「九點鐘。怎麼？」

「諾，我和阿華的爸爸失散了，明天我要出去我。」

我一時裏想不出什麼話。

「阿爺，」榮華說，「你看竹布上的字寫得多好啊！——就是這先生寫的！」他用一個小手指指定我。我低下頭去了。

「寫的什麼呢？阿榮，你讀了五年書了，識得那些字嗎？」

「識得的：打倒日本帝國主義！」

「噢，好的，讓我們打倒他吧，這强盜！」

✡

已是夜晚的十點左右了，我還必須到外邊去走一次。雨已不落，然而天空黑得沒有底，楊樹浦那邊滿天緋紅，好大的火啊！頭上的機飛在嗚咽，有時而一陣機關鎗星火滿天，宛如惡毒的流螢，我的心在跳着，因爲我覺得一個流彈飛過來，我的生命立刻就會粉碎的。

「月黑殺人夜，風高放火天」啊！……

然而我已決定出去了。是的，我們是游走在黑暗與血汚中的魂靈，是憎恨的魂靈，在明天，我們將憎恨放在一起，燃燒起來罷！

九月二十日

古意新傷

紅糧

失我黑龍江，
不見紅粮；
失我松花江，
漁網不張。
失我遼河，
狐兎不蕃；
失我凌河，
如何泊船！
失我熱河，
不見麋鹿；
失我白河，
失我鹽場。
失我渾河，
衣無棉裳。
失我沙河，
食無酒漿。
我欲棉裳，我欲酒漿，
吾將執起長槍，撻此虎狼
時日易喪，予及汝偕亡！

旗手

李樺木刻

啓事

到這一期和讀者相見的時候，「七月」已經出版了三期。因爲刊物不能寄往外埠各地，和本刊基本撰稿者大半陸續地離開了上海，決定從第三期起停刊，籌備移到漢口即日出版。

這三期，在反映戰時生活上，我們略略盡了一點報告和批判的責任，抒寫了一點中華兒女底悲憤，但較長的作品如小說，劇本，論文等却是沒有的。在漢口出版的時候將擴大篇幅，除原有內容：民衆活動特寫，抗日英雄特寫，戰地生活特寫，地方通訊，詩歌，散文，漫畫，木刻，雜感外，將容納較長的(七千字以下)創作，誘發在血泊里含苞的花朵。

希望在戰地，在各地民衆里工作的，以及負傷在醫院里休養的知識份子軍官士兵能把切身經過的感人故事寫給我們，因爲我們相信這些是一代底偉大的歷史材料，是培養抗戰魂魄的寶貴糧食。稿件暫由漢口漢潤里四十二號轉交。

向一切對我們給過鼓勵給過助力的朋友和讀者致眞誠的謝意！

七月社 九月二十二日

窗邊

蕭紅

M站在窗口，他的白色的褲帶上的環子發着一點小亮，而他前額上的頭髮和臉就壓在窗框上，就這樣很久很久地，同時那機關槍的聲音似乎緊急了，一排一排地暴發，一陣一陣地裂散着，好像聽到了在大火中攤下來的家屋。

「這是那方面的機關槍呢？」

「這槍一開……在電影上我看見過，人就一排一排的倒下去……」

「這不是嗎……砲也响了……」

我在地上走着，就這樣散散雜雜地問着M，而他回答我的却很少：

「這大概是日本方面的機關槍，因爲今夜他們的援軍必要上岸，也許這是在搶岸……也許……」

他說第二個「也許」的時候，我明白了這「也許」一定是他又復現了他曾作過軍人的經驗。

於是那在街上我所看到的傷兵，又完全遮沒了我的視線：我們在搬運貨物的汽車上，汽車的四周是插着綠草，車在跑着的時候，那紅十字旗在車箱上火苗似地跳動着。那車沿着金神父路向南去了。遠處有一個白色的救急車箱上畫着一個很大的紅十字，就在那地方那闖蓬着的傷兵車停下，行路的人是跟着擁了去。那車子只停了一下，又倒退着回來了。退到最接近的路口，向着一個與金神父路交叉着的街開去，這條街就是莫利哀路。這時候我也正來到了莫利哀路，在行人道上走着。那穿着草的載重車就停在我的前面，那是一個醫院，門前掛着紅十字的牌匾。

兩個穿着黑色紗大衫的女子跳下車來，她們一定是臨時救護員，臂上包着紅十字。這時候，我就走近了。

憶矢崎彈

——向摧殘文化的野蠻的日本政府抗議

胡風

九・一八的下午，有幾個朋友來。談話中間，D君說：

「這次日本政府可逮捕了不少的知識份子了」

「聽到了確實的消息嗎？」因爲這樣的事雖然早在意料之中但還沒有見過具體的報導，我注意地問了。

「還沒有看見今天申報登的，還有你底名字呢！」

「啊怎麼的？」我不禁奇怪了，因爲我分明還自由地住在上海。

「說是被捕的作家和中國左翼作家王統照胡風等往來……」

於是我就找出了照例留到晚上看的材料龐多的申報，果然有了：被捕者有「新進作家」矢崎彈，因爲「矢崎今春曾遊上海，與中國左翼作家王統照胡風等往來，歸國後與中國人民戰線派聯絡，以文藝謀大衆左傾化，故致被捕」云。

夜里，聽着隆隆的飛機聲和敵軍陣地的手忙脚亂的高射砲聲，我知道這是中國空軍在用着壯烈的戰鬥來紀念今天了。聽了一會以後，還是翻出沒有詳有的申報來重讀了那條「東京民衆覺悟反軍閥空氣濃厚」的消息。日本政府的手忙脚亂的慌張情形也和黃浦江上亂放的高射砲相差不遠，使我禁不住一陣滑稽之感，但縈繞在我底腦子里不能消去的却是矢崎底眼鏡里帶着誠樸的臉色；再一聯想到我自己身受過的日本警察底野蠻的拷問方法，就感到了一種氣憤和懷念混和着的感覺底侵襲。

像那消息所說，矢崎是今年春間到過上海的，但月份日子我已經忘記了。一天鹿地亘對我說，有一個叫做矢崎彈的到上海來了，大概想見見中國作家，但聽說他是提倡「日本的東西」（即認日本民族底特點爲最好的東西之意）的，所以打算給他一個封鎖。我從來沒有聽到這名字，當時笑着問答「他提倡『日本的東西』但我們這里只有所謂『支那的東西』，我們當然用不着見面了！」

但三四天之後再見到鹿地的時候，他說已見過矢崎，從前所聽到的是謠傳，這人思想結實，腦子銳敏，雖然還衝不過某種限界，但對於日本文壇和日本文學傳統持有很透闢的見解，臨末是問我可否見一見。矢崎自己托他致意：如果聽到別人說過他是提倡「日本的東西」的，希望我能够相信那是誤解云。

第二天或第三天的下午我如約到內山書店去，他已經先在了。背向外地坐着，扶着一根手杖，黑地白點的西裝上面是頭髮濃黑眼睛有神的面孔。交換了幾句客氣話以後，我笑着問他：「怎麼樣，是不是覺得有些害怕？」他對這突然的襲擊感到意外似地閃了一閃眼，但隨即微笑地回答了：「剛到的一兩天，實在有些害怕，但現在已經能够一個人自由自在地在街上逛來逛去了。」

十分鐘後，我們坐在了一家咖啡店里，談話繼續了一小時以上。除了回答他中國新文學的要求和傳統底桎梏是在怎樣一種相尅的情形下面這一問題以外，第一，他充份地承認了魯迅底雜文在文學史上所開拓的戰鬥的傳統，第二，對於中國新文學，他讀過茅盾底動搖和追求，從那里看出了中國文學是直接地接受了西洋文學底現實主義的精神，不像日本文學似乎走入了歧路，第三，關於所謂「日本的東西」，歸根到底就是所謂「物之哀」，而「物之哀」就是對人生妥協的態度：……但最使我感到興趣的是從他聽到了日本文壇底內幕，也就是壓迫新生力量的文壇勢力底分佈地圖。

第二次是偶然在鹿地那裏碰到了的，一共有七八跟着那女救護員，就有一個手按着胸口的士兵站起來了，大概他是受的輕傷，全身沒有血痕，只是臉色特別白。還有一個，他的腿部扎着白色的綳帶，還有一個很直的躺在車板上，而他的手就和蟲子的脚爪攀住了樹木那樣抓緊着車箱的板條。

這部車子載着七八個傷兵，其中有一個，他綠色的軍衣在肩頭染着血的部份好像被水浸着那麼濕，但他也站起來了，他用另一隻健康的手去扶着別的一隻受傷的手。

女救護員又爬上車來了，我想一定是這醫院已經人滿，不能再收的原故。所以這載重車又動搖着，響着，倒退着，衝開着圍觀的人，又向金神父路退走。就是那肩頭受傷的人，他又從原來的地方坐下去。

他們的臉色有的是黑的，有的是白的，有的是黃色的，除掉這個從他們什麼也得不到，呼叫，哼聲，一點也沒有，好像正在受着創痛的不是人類，不是動物……靜靜地靜得好像是一棵樹木。

人們擁擠着招呼着，抱着孩子，拖着拖鞋，使我感到了人們就像在看「出大差」（註）那種熱鬧的感覺。停在我們脚尖前面的這飄蓬的人類是應該受着無限深沉的致敬的呀，

於是第二部插着綠草的汽車也來到了，就在人們擁擠圍觀的當中兩部車子一起退去了。

M的腰間仍舊是閃着那帶子上的一點小亮，那困惱的頭髮仍舊是切在窗子的邊上。寧靜，這深夜的寧靜，微風也不來擺動這桌子上的書稿……只在那北方槍砲的世界中高冲起來的火光中把M的頭部拱把出來一個圓大沉重而安寧的黑影在窗子上。

我想他也和我一樣戰爭是要戰爭的，而槍聲是並不愛的。

八月十七日

（註）即殺人。

個人，因爲人多，而且有三個女性在內，所以幾小時的時間都是在笑談里過去了。晚飯由蕭軍請客，是每人兩角或三角的俄國菜，外加沃德卡酒，那沒有拘束的滿座哄笑，似乎使矢崎非常興奮，臨末且出去買來了一個表示敬意的鮮豔的花籃，說這樣的集會在日本是不能做到的。

頭一天我收到了他底論文集「過渡期文藝底斷層」和他的同人雜誌「星座，」曉得他是在無氣節的日本文壇上走着孤獨的路。這時候我不禁想像了一下他底心境。

第三次的會見是在新雅，除了他所希望會見的茅盾以外，還有鹿地夫婦和張天翼。他向茅盾提出了幾個關於創作態度的問題以後，大家縱談了一通中日文壇的情形和觀感。這一次他談得更興奮，散席之前且致了一個簡單的謝辭，那開頭是「……到了無論從那一方面說都是先進的國家中國以後，我才真切地成了一個人道主義者（humanist）。……」

後來在「星座」上看到的，在他和王統照的對話里面，就提到過人道主義的問題「在日本的現代人道主義，一方面是普羅文學被彈壓後退了以後的一個抵抗方法，另一方面是被現在的政情刺激了的知識人良心底自覺底表現。」那麼，從他底原有的工作和「星座」底主導態度看來，他原就是人道主義者了。現在再申明「更真切地成了一個人道主義者」是什麼刺激了他，是更進向了什麼方向呢？我想也許可以在他所說的中國文學底「政治情熱底激烈和方向底明確」里得到答案罷。

第四次會見是在他離開上海的頭天晚上，同座者有蔡楚生，藍蘭女士，地方是鹿地底寓所。我原想聽一聽他第一次談話時提到過的，關於長篇小說底危機這一問題的詳細意見的但沒有時間，只談了一些電影方面的事情，他因爲要赴另一個約會，匆匆地握別了。

他回東京後寄來了三封信。第一封除照例表示謝意外，囑寫一篇關于「中日文化的交流」的短文，第二封是催稿的。於是寄了一篇短稿，附一封回信，文章題爲「我的心境，」大意說，要寫的題目一時寫不來，只好就我自己參預過的介紹中國新文學到日本去的意思說一說罷，那就是既不是像某一批評家所說，想把中國作家送上世界文壇，也不是像美國的電影商似地把黑奴底黑皮厚唇或南海蠻女底曲線送到白人老爺底眼里掉換口味，要不過是爲了向日本讀者，尤其是進步的讀者傳達一點中國人民在怎樣受難，怎樣掙扎，怎樣成長而已……。那以後是接到了稿件後的照例客氣的回信和那份「星座，」但我却沒有回覆了。原因是曾經申明了就是被封也要介紹中國新文學的「星座，」這時來了一個「社告，」說是「看到了最近的中國底軍事政治行動底態度，」他們底計劃非停滯不可。我懂得他們底窘迫情形，但這說法使我大大地不快，在沒有出版的八月號文學的一篇短評里面，我就提到過，還有，這時候蘆溝橋的抗戰已經發生了，日本警察底不講理和無孔不入，我是領教過的，我想他還是得不到我底回信爲好。

但現在他居然遇到了日本政府底鐵爪。

我平鋪直敍地在這里記下了我和矢崎間的「往來」和通信的經過，不曉得以「憲政」立國的日本政府有什麼權力這樣栽贓問罪，警視廳的「支那通」們也應該害臊：你們不是逼中國只有抗日民族統一戰線而沒有人民戰線的事情都不知道麼？

矢崎被捕後的結果會怎樣呢？我想只有兩條路：不是日本政府用恐怖手段使矢崎和星座屈服，放棄對於中國文學的敬意甚至贊成侵略中國的強盜行動，就是矢崎固守自己底思想立場，弄到本身入獄，星座倒掉，但無論是那一條路，結果同樣是摧殘了矢崎和星座底人道主義的進步的文學活動，壓迫民衆和侵略中國本是日本帝國主義底强盜政策底兩面，一切爲文化底進步而工作的日本知識份子們，應該向這個屠殺文化的政府投去堅決的反抗

「七月」

魯迅先生逝世週年紀念特輯

1

中華民國廿六年十月十六日出版
中華民國廿六年十月廿五日再版

七月 第一期

廿六年十月十六日出版
廿六年十月廿五日再版

編輯兼發行 七月社 漢口漢潤里四十二號樓上
編輯人 胡風
發行人 熊子民
總代售 生活書店 漢口交通路
印刷者 新昌印書館 漢口小董家巷 電話二一〇四五

本刊每月一日十六日出版
另售每份實價國幣一角

全民一致的力量

查沃木刻

願和讀者一同成長

——代致辭

七月社

當這一本薄薄的雜誌送到讀者的手裏的時候，我們曾經費去了一個月以上的籌備時間。

有人說到這樣的緊急關頭，應該放下筆來。然而，我們沒有不但沒有，爲了得到用筆的機會，還不得不設法越過了種種的困難條件。

中國的革命文學是和反抗日本帝國主義的鬥爭（五四運動）一同產生，一同受難，一同成長。鬥爭養育了文學，從這鬥爭裏面成長的文學又反轉來養育了這個鬥爭，這只要看一看九一八以後中國文學的蓬勃的發展和它在民衆精神上所引起的巨大的影響，就可以明白。

在今天，抗日的民族戰爭已經在走向全面展開的局勢。如果這個戰爭不能不深刻地向前發展，如果這個戰爭底最後勝利不能不從抖去阻害民族活力的死的渣滓，啓發蘊藏在民衆裏面的偉大力量而得到，那麼，這個戰爭就不能是一個簡單的軍事行動，它對於意識戰線所提出的任務也是不小的。

中國社會好像一個泥塘。巨風一來，激起了美麗的浪花也掀動了積存的汚穢。這情形現在表現得特別明顯：一方面是驚天地而泣鬼神的英雄行動，一方面是卑劣無恥的出賣民族的現象。在這兩個極端中間，交織着各種各樣的態度和思想。

不錯，在今天，可以說整個中華民族都融和在抗日戰爭的意志裏面。但這還是一個趨勢，一個發生狀態；穩定這個趨勢，助長這樣發生狀態，還得加上堅苦的工作和多方面的努力。意識戰線的任務就是從民衆的情緒和認識上走向這個目標的。

發刊一個小小的文藝雜誌，却提到這樣偉大的使命，也許不大相稱，但我們以爲：在神聖的火線後面，文藝作家不應只是空洞地狂叫，也不應作淡漠的細描，他得用堅實的愛憎眞切地反映出蠢動着的生活形相。在這反映里提高民衆底情緒和認識，趨向民族解放的總的路線。文藝作家底這工作，一方面將被壯烈的抗戰行動所推動，所激勵，一方面將被在抗戰熱情裏面踴動着成長着的萬千讀者所需要，所監視。

工作在戰爭底怒火裏面罷，文藝作家不但能够從民衆裏面找到眞實的理解者，同時還能够源源地發現從實際戰鬥里長成的新的同道伙友。

我們願意獻出微力，在工作中和讀者一同得到成長

這里，生命也在呼吸……

曹白

戰爭旣然開始，一天到晚坐在屋子裏聽炮聲，爬到屋頂上看飛機，雖說也算得「戰時生活」，但總不是辦法。首先使我想到的，是應該着着實實的做些事情的時候了。但這又並不是說我自己要上火綫上去拿槍桿，槍桿，我是不會拿的。我所能够做的事，大抵只能在後方。

然而這也難。我東奔西走，入會，開會，提議，討論了好多天，毫無結果——什麼事情也沒有。後來忽然聽到一句「謠言」了，那彷彿隱然的說：『救國無門呀！』於是我這才覺悟，在後方，並不是沒有事情，恐怕是在事情的周圍造了高牆了。

但這種覺悟了的味道，是苦的。

有一天的黃昏，偶然遇見了濃眉毛的H，他瞪着眼，對我描述了平時只會手拿佛珠，口念彌陀的和尚們，這回卻戴着笠帽到火綫上去救護傷兵的勇敢的故事之後，他說起有一個慈善機關正在救濟難民，開辦難民收容所，可惜沒有人去幫他們的忙。我傾聽之下，很欣喜，就馬上決定了：

「我去！」

★

一去就是辦登記。——我拿了鉛筆和登記的表格，走進難民叢中去，第一個我登記的一是個老頭兒：

「老伯伯，你叫什麼呀？」

「我的家住在楊樹浦，先生」

「不是，我問你，你名字叫的什麼呀？」

「噢，噢問我的名字嗎？我的名字，叫阿二」

「姓數呢？」

「姓王——三劃王。」

「你今年幾歲了？」

「我今年嗎？我是三十六歲到上海的，先在倫鷄橋擺一個小攤，後來擺小攤是，也難，咳咳，也難過。到四十歲上，我的兒子也到上海來了，諾，就是這個，他叫禍郎……」

「你的兒子的名頭，我也要寫的。現在你只要告訴我：你今年幾歲了？」

「噢噢，我今年五十一歲了：屬猪」

「你是那裏人呢？」

「南京。」

「南京嗎？聽你的口音，有點像泰興的呢？」

「不，我不是泰興——我不是江北人！先生，你若是不信，隨便去問那一個去！江北人是黑良心的呀——我的的確確是南京人！不是江北的！」

「不是的，老伯伯，還不打緊的，你那裏人就說那裏人，不要做假。」

「嘀嘀，先生眞是，我還要做什麼假呢，反正到了如此的地步了！」

「那末，你是做的什麼生意呢？」

「到上海，先擺一個小攤，在倫鷄橋。後來禍郎來，他的娘舅是好心腸，他把禍郎薦進芋荷去，織綢織……」

「你兒子在怡和廠的嗎？」

「是，是在芋荷。是大英的。我就去喂飽禍郎的娘在上次『一二八』，被東洋人一個炸彈，炮——」

「那末，我問你，老伯伯你家——」

「我家就在楊樹浦××里十二號，你若是不信，隨便去問那一個去，這回我和禍郎，要是不逃得快，先生，眞是也要和禍郎的娘一樣了……」

「老伯伯，不要着急，我們打了勝仗了。」

「誰着急呢？打了勝仗了嗎？打到楊樹浦了嗎？」

「打到楊樹浦了。匯山碼頭也奪回來了。」

「好好！」

★

然而不好因爲我們的收容所是設在電影院裏的。電影院的建造，本來只爲了享樂的人們，並非爲的受難的百姓。那首先第一的缺點，就是窗關的稀少。能容二千左右觀客的這麼一個巨大的電影院，還只收了四百多個難民呢，就覺得窒息不堪了。天又熱，而難民們在逃亡之際，總想多帶一點自己的財產，所以有許多箱籠包裹，並且有些人還駝着棉衣或夾襖，情願臉上掛着一條一條的汗流。可是，這樣一來，汗臭，霉臭，便充滿了一屋子。

再加呢——說起來，眞要使語堂先生大笑不止的，就是這些難民大抵是粗人，沒有出過洋，用不來抽水馬桶；有的竟至於一面抽水，一面撒污，水污交屛，濺滿了一屁股。所以兩間側所，不到半點鐘，就一蹋糊塗，變成馬廄那樣了。於是在汗臭霉臭之中，夾以糞氣，充滿了一屋子。

事情既然到了這般地步，我就在難民中選出幾個人，組織淸潔隊，教授抽水馬桶使用法，把側所洗刷了一番。然而雖然這樣，到底還使有些調査的委員，「慰勞」

的。摩登女郎們掩鼻而過，或者戴起衛生口罩來，

難民的每天的糧食是我們上司發下的。發下的是飯。一日兩頓，每人每頓吃一斤——十六兩。據我的經驗，他們要比囚犯吃的少三兩。但能夠弄到飯吃畢竟要算上上了，有的地方只喝兩頓稀飯哩，——也要過日子！

但那電影院的業主們確是使我討厭的。單以電燈而論，他就只給難民開了五十支光的兩盞，可是他卻偏偏橫說自己是「犧牲」了，豎說自己是「犧牲」了。有一位還竟至於每見我時，總愛側着頭，斜聳着肩胛，直着眼，像一匹傲悍的公鷄。對於難民，他是開口猪玀，閉口猪玀的，以顯出他是高踞「猪玀」之上的大人物。

★

大概眞是「猪玀」之故吧，有一個難民收容所被解散了，濃眉的H還幾乎被帶到「局」裏去，但H是平安的。而那些被驅的難民，大部分又向南火車站逃去了，然而，嗚呼，當夜就來了一羣日本的飛機，將他們跟別的一起，炸得無影無踪了。我想，其中誰是倖免於「難」的？——誰知道呢！

此之謂「難民。」

但自己的收容所裏的難民，也委實會出「難」題目。他們自動集合了二十多個人，全是青年，連王福郎在內，一致要求我代他們設法到前線去，那理由是：

「我們在這裏光是吃吃睡睡，無聊。我們願意上火線，扛子彈，掘壕溝……鎗不會放，力氣是有的。」

我是明知道自己沒有「代他們設法」的能力的，但爲了不使他們失望，也就只好連連點頭，答應了他們。

但是當天的黃昏，王福郎卻扯着我的衣角，嘴巴附在我的耳旁，低低地說道：

『先生，你不要告訴我的爹，說我是要上火線去的啊！』

★

夜晚，我在守夜。

電影院業主們所賜給這四百多個難民的兩盞電燈，放着慘淡的光彩，這巨大的建築物，就顯得異樣的幽黯和昏沉。難民呢，他們大抵擺脫了白天的焦灼和哀愁，漸次入夢了。

我寂寞的瞭視了這灰闇的戲院，難民的鼾聲起來了。在鼾聲的相互的拍擊中，我發現一支毛竹的扁担，豎在一隻坐椅的背後。走近去看時，我才知道，這扁担是王阿二家的，福郎爲了睡覺的舒服，一隻手還貼緊了扁担的下端。然而那扁担的上端卻已開裂了。

我在睡着了的難民的中間，來回的走着，小心翼翼的，惟恐驚醒了他們。偶一回頭，就看見福郎的扁担，在蕭然的坐椅中間矗立着。因爲燈光的衰微，它顯得格外的粗大，宛如一支倔强的鐵鑄的臂膊。

十二點的半夜過後，黃浦江中的日本軍艦上的大砲，又在隆隆的轟鳴了。我忽然這樣想，「也許，我就會變成難民的吧。」但我聽得格外清楚的，卻是圍繞在我身邊的四百多條生命的强烈的呼吸。

九月三日夜。

江邊

鄒荻帆

儂在江樓懷故國的弟兄嗎？
你看江邊蘆荻的蕭瑟，
是誰品玉笛的時候？
白綫的波紋長翠着水鳥的銀翅，
江風駛向了叢林，
從天外送來的是誰的歸帆呀！

江邊是寂寞的，
我愛寂寞，
寂寞的山中會寂寞地生長過千仞青松，
松針是無數樂鍵，
它奏過江潮澎湃的調子，
叫起了滿山的蟄虫。

夜來了，
江潮緊一陣，又緊一陣，
我朝着一星漁火的岸邊摸索，
倩魚舟載我渡過這長江，
我將折蘆音吹奏故國的曲子，
用淚水潤着歌喉，
低唱着「故國呵……」

蘇州一炸彈

——八月十五日獄中生活斷片

柏山

「八個……八個……」

阿三一聽到弄堂裏外役嚷的聲音，從床上骨剝地滾起來，跑到小洞門口張望去了。我望着他那炊黑的頸脖，伸得像掲頸那麼樣，仔細地向外看，我知道有什麼不平常的事發生了。

「阿三！」我喊他說。「外役嚷什麼？」

「他媽的！」他失望地回答「裁縫工發鹹蛋。」

照例，他們發賬，對於我們是很少希望的，可是那股醋勁，總是在每個人的心上發生作用。我爲了避免洩漏這種陰私，就手翻開一本書，把頭低了下來。

突然，八個蛋也從我們小洞口送進來了。這才知道並不是裁縫工發賬，而是代替禮拜六的一塊小肉（註。）這可使大家樂起來了。同時又有一陣疑雲，籠罩着每個人的心：爲什麼沒有肉？經過大家左疑右猜，最後判斷：一定是蘇州罷市。

「一定罷市，工廠裏幾天沒有放嚎聲。」阿三說。

「對的！」我說，「要是眞正罷市，上海一定又在打仗！」

「那麼，明天出去寫信，大家注意打聽這件事！」

躺在床上的老陳，也興奮地插上來說了。

由於這樣的猜測和判斷，每個人的心上似乎多增加了一點什麼東西似的。本來，發蛋是十一點鐘，距吃晚飯的時間還很早。可是有的人，已經把書收起不看了。值班的也開始把碗搬出來洗刷，好像大家都急於度過這一天，等候明天來打聽這消息才安心似的。

果然，開晚飯的時候，外役就來報告日軍佔領吳淞了。

『他媽的！這一次非把他一個個趕到海裏去不可。』

阿三雙脚一跳，兩手在空中亂揮亂舞起來了。我知道他又是被「一·二八」戰爭的回憶與奮起來的。於是冷冷地說：

「不要太樂觀了罷？」

「要是聯合戰線成功，我看也許會抵抗的」

老陳糾正着我的話說。

「如果聯合成功，我們早已出去了。」

不知誰在旁邊很忿氣的說了一句。

這時，全號子就像一個小小的會議廳，整個上海戰爭，似由乎我們八個人可以決定似的。其中有一個人，始終是保持着沉默的，但他很仔細地注視着每個人的動作。當我從會議中退了出來，望着他兩手抱着後腦，筆直地溜倒在床上。我於是對他會心地一笑，說：

「阿黃，日本鬼子打來了，你怎麼樣？」

「怎，怎，怎麼樣，」他口切地說「我希，我希望一個——炸彈，把把我炸死。」

「他媽的天天說死，還沒有看見你死！」

黃一粟平常最惱的是阿三，又經他這麼一說，就手撈一個枕頭打在阿三的臉上。阿三生氣了，舉起拳頭襲過去。我一把拉住他的手腕，一邊把他推到馬桶旁邊。同時用一種譴責的眼光向他示意了一下。他還是狠狠的詛罵了。

這一來，看守跑到小洞口很兇惡地叫起來：

「怎麼！你們又在開會，不自愛，一個個拖出來揍！」

於是號子裏好像一爐紅火被澆上一桶冷水似的，一個個倒到床上躺下了。

第二天一起床，一陣汽笛在很遠很遠的地方叫了。接着別一個汽笛也叫了。到末了，連監獄背後的一個汽笛也叫了。而且叫得特別急遽和悲慘。由於過去防空演習的經驗，知道飛機來了，於是大家從鐵窗的格縫中向着天空窺望。埋伏在每個人心下，好像有一把扇子在扇着。並且把每個人的心扇得涼涼的了。但是表面上每個人都勉强支持着鎭靜的態度。

這時，圍牆外邊汽車鳴鳴地馳過。云人力車閙囉囉跑過來。還夾雜些小孩的哭啼和婦人的叫喊。那時，我想，一定要出什麼亂子了。可是一點鐘過去了，一陣和平的汽笛放過了。天空中還是平平靜靜的，於是黃一粟用拳頭擊着床板叫起來：

「他媽的，要末早點炸死；不然就放出去！」一他說着，又往床上躺倒了。由於他這非常的動作，把我嚇的一跳。於是號子裏的人，也一個個坐下了。但在這時候，誰都不曉得做點什麼事情好。看書固然沒有人，就是睡覺，也沒有一個人肯好好躺下身子。要是聽到外邊些微有點聲音、馬上就有人跑到小洞口去張望。一發現面洞門口也有人，大家就紛紛議論起來，或者說注意對打電話，或者說注意外邊發生什麼事情了，總之，一種恐和不安，就烟煙雲般地網住着每個人的心思了我。爲懼了要打破這種微悶的空氣，於是向着老陳說：

「我們想點什麼辦法，打定當局對我們怎麼辦？」

「很難有辦法。」老陳冷靜地回答。

阿三跑過來說：『我有一個辦法，打個報告捐幾塊錢抗日，看他批不批！』

『這也是一個辦法……』

老陳的話還沒有說了，一大隊飛機嗡嗡地出現在天空了。阿三雙脚一跳，就踏到窗子脚下的高鋪上望去了。其他的人都像要滿足什麼似的。一個個想擠上去。但他嚷道：

「不要看，不要看中國飛機！」

他正在說着，「不通！」「不通！」一連三聲高射炮，震得門檻和鐵窗都格格動了起來。在監獄頭門口，步鎗拍，拍，拍，一鎗一鎗朝着天上射起來了。那時，我們想，要是不抵抗，就不會放高射炮，一定是有相當的準備的。突然，「轟」地一聲，一個炸彈就像從自己頭頂落下來，整個屋子地震般地動搖起來。那時，我們每個人都像啞，似的，一句話也說不出，彼此面對面地望着。由於這一刺激，誰都感覺自己的生命就像一根草似的，祇要風一吹就倒了。

這情景，到晚上更其厲害了。號子裏和馬路上所有的電燈都滅了，四周寂滅得一點聲音也沒有。監房裏就像停放死人的會館一樣。站崗的看守，似乎怕我們發現他還在站崗，走路都是脚尖點地走的。這時，既沒有人叫我睡覺，自己也沒有人想到要睡，於是把所有的床鋪集攏起來，架一個方洞，八個人就像觀音坐蓮台似的躲進洞底裏。可是愈坐着心裏愈急慌起來。阿三氣怨地衝了出去：

「他媽的！我們應當報告看守長，要求開我們到前綫去！」

「要要報——告——，就報告！」黃一粟催迫他報告。

於是大家同意請看守長來問他究竟怎樣處置我們。當那綽號叫大狗熊的看守長跑進來，我就迎上去說。告。可是，他冒頭就用那沙喉嚨威嚇着說：「不准靜話！」接着，又很低沉地說：

「你們不要急，上面自有辦法，不會把你們送給日本人殺的！」

他說着，頭也不回，匆匆地跑掉了。這次的他的口氣，好像是誠懇的。

「不管怎樣！」阿三又氣得叫起來了。「我們明天不喫飯，要求把一天的伙食費捐助前方戰士！」

「對的！我們不吃飯！」

於是大家嚷鬧起來了。彷彿有什麼鐵掌在每個人的頭上狠狠的敲了一記似的，把一切的恐怖都打到九霄雲外去了。一邊把床鋪扛下來，開始計議將這個意見流到其他監房裏去，共同進行起來……。

但第二天，我和其他的難友，已經自由地走向了蘇州的街上。

——一九三七，九，五深夜，

于小燕病中寫。

「註」那個獄中每禮拜發一塊，小肉重約八九錢。

七月社啓事

本社徵集得的創作木刻，達一百八十幅左右，包含優秀的木刻作家十八位。題材內容十分之九以上爲救亡運和動抗日戰爭，有敵人底兇殘面貌，有中國民衆底悲慘生活，但更多的是神聖的民族戰爭中的各種壯烈的圖像。現已得到各方的援助，籌備最近在武漢公開展覽，一以紀念中國革命文學之父，同時也是新興木刻藝術底首倡者魯迅先生底逝世一週年，一以紀念「七月」在武漢的發刊，希望能够得到武漢文化界底支持，在提高抗戰情緒這一意義上呈出我們底貢獻。一俟地點日期確定後，即當登報通知。

十月十四日

在明天……

曹白

向來，對于所謂紀念日——無論它是「國慶」或「國恥」，我是毫不關心的，那原因就是，這一天和別一天的太陽，也如除夕和元旦的太陽一般，並無不同，倒是徒然增添了我們的「議論家」的一通熱鬧：或慷慨，或激昂，或勉勵，或訓斥，記者還給他仔細地錄下，報紙也給他很大的篇幅。然而他在慷慨，激昂，勉勵，訓斥之後，便悄悄地溜去，留下了台下臉孔熱辣辣的羣衆；而農夫卻依然耕種着他的貧瘠的泥土，漁人也依然出沒於奔濤駭浪的海洋……但也卻悄悄的溜去了：待第二年再來。

其次呢，我想，無論它是「國慶」或「國恥」的紀念日，這些日子都是用血換來的，用血去換來的「國慶，」我們應該加意保護，單「嚷嚷」是不行的，得阻止別人去踐踏，應該在血痕上日加修葺，建造自己的王國。用血去換來的「國恥」呢，那代價之大，我們想想吧……然而在這些日子，除了扯扯「全旗」或「半旗」外，便不許再有別的了。我們一任那幅國旗在灰黯的天空中寂寞地飄揚。

但我們的旗幟是應該插入自由的廣闊的空際，那自由的廣闊的空際的！

✱

明天又是「九一八」的六週紀念了，而在我們的收容所，卻連一片小小的旗子都沒有。

然而我們卻不管這些，在默默地預備着明天的節日，這黑暗的血汚的日子，這憤恨的日子。在現在，這日子是跟我如此的親切，它逐漸逼近我，同我膠在一塊了，同我的週圍也膠在一塊了。我此刻的周圍，全是吳淞，寶山一帶的農夫啊！現在是連他們昔日耕種着的一點貧瘠的泥土，都被強暴者挖成壕塹，而自己們卻被逐出家園，流離在這海邊上，變成「難民」了。

是的，他們是游走在黑暗和血汚中的魂靈們，是憎恨的魂靈們。在明天，他們的憎恨將和我的一同燃燒起來……。

✱

「旗子既然沒有，那麼就去買兩面吧。」我對愛而說。

「錢呢？」

「都用光了嗎，領來的？」

「領來的都用光了，連吃晚飯的錢也沒有了。」

「好——那末我去借。」我直起身子來，看看窗外，天空是墨黑的，在悄悄地洒着牛毛雨。

在借錢的途中，雨卻格外的大了，但總算G君待我是好的，在我說明來意後，便隨手摸出伍元來給了我。

「祗要三塊呢！」我笑着說。

「沒有單的——你拿去就是了。」

「那末，三天之後，我領了錢來就立刻還給你，行嗎？」我明白在這『非常時期』大家的手裏都捏得很緊，所以就給了他歸還的日期。

「行行，——！隨你的便吧？」

「明天的紀念會你來不來呢？」

「我嗎？」G搔一搔頭，「你得當心『三道頭』啊？」

「曉得。——來不來，隨你的便吧！」

匆匆地走出G君的寓所，馬路上的雨比來時還要大。默默地在密密的雨條裏穿過，儘讓它們淋着我，我渾身掛滿了水珠子，髮稍上一粒水珠還滴到我的嘴角邊，我把它舔了舔，是淡淡的味道。當我踏上收容所的階石時，我的心裏輕鬆得什麼似的，彷彿跨入自己的家園了。

走進門，我恨不得一步跨到辦公室，因為我的外衣已溼到襯衫了，得馬上脫下來。但幾個孩子卻攔住了我的路，他們質問我：

「先生，明天我們每個人都有一面國旗嗎？」

「不，這又不是國慶——我們只對國旗鞠躬。」

他們訕訕的退後了幾步，似乎全都失望了。我把袋裏的伍元鈔票使勁的捏了捏，很悔恨自己說出了這麼一句話。我想，在明天，我們的旗子是應該插入孩子的心田的。

★

旗子買回來了，面積比七月的開本大不了多少，然而血紅，碧藍，像深秋的無雲的高天。我對旗子的[illegible]親切，似乎只有這一次。

「行嗎？」愛而對我問。

「行！」

「『中山像』呢？」

那是一張月份牌樣的東西。但我說：

「也行！」

「好了！」愛而嚷着說，「我明天司儀司到『向國黨旗及總理遺像行最敬禮』時，不至於對着白粉壁了！」

大家哄笑了。

其時古因已把一條丈餘的竹布攤在地板上。這是一條揩來的竹布，已經舊了，上面有着好幾塊淡黃的污。

在哄笑中，我屈着膝匍下地去打草稿。這是一條標語，在這上面得寫大大的八個字。我們不管牠上面有着怎樣的淡黃的污漬，已經決定將字泊去那些污漬了。

寫到第三個字，我的腳已經酸麻，便立起來伸了個懶腰。一個孩子衝進來，是兒童團裏的捕蠅隊的一員，名叫榮華的，對我說：

「我今天拍到蒼蠅一百十八隻！」

「好本事！」我稱讚他，一面接過他的袋子來一看，確是一袋子烏濃濃的死蒼蠅

「好本事！」我又稱讚了他，「叫衛生隊給你獎品

吧！」

榮華笑了，兩隻眼發出榮耀的光彩。

我從新匍下去打草稿——寫八個字。

「你寫的什麼呀？」榮華和我一同匍下來這麼問。

「你看看！」

「我曉得的：打倒東洋人！」

「是的。是——打倒日本帝國主義！」

★

天空只是暗下來，滿入黃昏了。從前我在過的收容所，只裝兩盞電燈，幽幽的照着四百多個人，我是為此而很發過脾氣的，可是現在的這個收容所，連半盞電燈也沒有了，一到夜晚，我們只有點起七盞馬燈來。馬燈是馬廄裏面用的啊！

然而明天是「九●一八」，而且決定上午九時就開會，所以在今晚得把事情弄得妥貼才好睡。

馬燈的燈光是黃的，一如那竹布上面的污漬。我們就在這污漬的照耀裏，默默地將旗子掛上牆壁去，在旗子上面掛上竹布的標語去。然而那『打倒日本帝國主義』的八個字，在幽暗中它們顯得格外的烏黑了。旗子上的紅色也變成了沉重的暗紅，彷彿是一堆舊了的血跡。……

忽然，我的肩上發現了一隻粗硬的手掌。回頭看時，是一個高大的老人！……

『先生，明天幾點鐘，我們才開會？』

『九點鐘。怎麼？』

『諾，我和阿榮的爸爸失散了，明天我要出去找。』

我一時裏想不出什麼話。

『阿爺，』榮華說，『你看竹布上的字寫得多好啊！——就是這先生寫的！』他用一個小手指指定我，我低下頭去了。

『寫的什麼呢？阿榮，你讀了五年書了，識得那些字嗎？』

『認得的：打倒日本帝國主義！』

『噢，好的，讓我們打倒他吧，這强盜！』

★

已是夜晚的十點左右了，我還必須到外邊去走一次。雨已不落，然而天空黑得沒有底，楊樹浦那邊滿天緋紅，好大的火啊！頭上的飛機在鳴咽着，時而一陣機關槍，星火滿天，宛如飄蕩的流螢，我的心在跳着，因為我覺得一個流彈飛過來，我的生命立刻就會粉碎的。

「月黑殺人夜，風高放火天」啊！……

然而我已決定出去了。是的，我們是游走在黑暗與血污中的魂靈，是憎恨的靈魂，在明天，我們將憎恨放在一起，燃燒起來罷！

九月二十日

最後關頭 許生木刻

●抗日英雄特寫●

記孫殿英

端木蕻良

有人問釋迦牟尼:「大千世界衆生如許多,如何成佛?」回答說:「各人有各人的路!」

曾經有一個共產主義者,在回答:「你怎樣成爲一個布爾斯維克的呢?」這一問題時,他說:「各人有各人的路!」在當前中國非常時期,如時常遇合這樣的問題:「怎樣作成一個民族英雄呢?」其實也是各人有各人的路。

用怎樣算學的公式來推算出一個百分之百的民族英雄呢。這是很有趣味的事,但也很困難。按排在代數方程式那一端的X,它的絕對值到底是怎樣呢?當着敵人的侵凌到了絕對慘烈的程度,國民在物質上和心靈上完全失掉安慰,同那X的代數值便通過了原始性的誇張而激鉅的增大,民族英雄便被推舉爲「天降異人」「亂世英雄」,被排列在「燒餅歌」裏面,成爲「超人」或「半神人」了。當馬占山在嫩江抗戰的時候,有許多人將他的像片供奉起來,頂禮膜拜,而在文治光華的盛世時,岳飛又被編派成了「軍閥」,據說秦檜反而爲了他受累一輩子。但不 那些宗教感過分强烈的人,怎樣將自我的感情寄託得過分,或是幾個御前學者的邏輯,又使人感覺得道德上的不足,但岳飛和馬占山的名字都永遠受着民衆的推崇,生活在民衆心中,能够審定一個「英雄」的價值的,恐怕只有這一個法碼才可靠吧?

我見過孫殿英是在一九三二年,他在熱河抗日的時候。在這之前,他的隊伍很壞,分子複雜,得很民衆很厭惱他們。他們也常槍打民衆,强迫輸送給養,掠奪農民馬匹。自從赤峰一戰,負隅頑抗,平津報上爭相舉載。我看他們隨軍日記載着,軍隊剛開到赤峰,大家都在洗澡,警報一傳,有裸體迎戰者。這是他第一次遇合了民衆的溫情,也是他第一次覺悟着應該擺脫落問的痛苦,將隊伍作爲一個堂堂的隊伍。說他想擺脫自身的痛苦,這是很對的,至少他那時很苦惱。他的軍隊名義上是一軍,但因爲到處包裹,越來越多,結果至少也是有兩軍,而政府方面一的輸錄却要按實數照發,並且有一半要在地方妥籌,這時他又極想交好老百姓,取一草芥都按時價清付(有一次三個士兵掠奪民物,沒有給錢,他當面就拔出槍來,把那三個弟兄打死,使幾個告發的老百姓都掩面悲泣起來,)但是又不能太對不起弟兄,所以只好將未來的天國預支給他們,說將來有好處。這時他是兩隻脚,蹬着四隻船,那一隻船都需要踏穩,那一隻船又都懸空,而且個人對於目前政治分析又感到不能充分理解,所以他起用了×××來作政訓處處長。這位處長是反對盲動路線而又因循着個人主義的盲動路線的,他想使孫殿英作到盛世才的地位,使他到達沙漠(新疆甘肅,)再在沙漠上建立起王國來,孫殿英因爲四隻船都放不穩,便把沙漠看作了亞諾方舟。沙漠也可覆舟的,那是後來的事。

我加入他們的軍隊,是一名小兵。我在伊克昭盟和卓索圖盟巡行了很久,天天和好京戲的參謀長接觸,半土匪的義勇軍,老營混子,忠勇的兵……都在我眼中。本來參加的動機是爲了抗日去的,而回來時候却作了寫故事的回憶。本來想寫一個長篇,但在「遙遠的風砂」裏,祇記下一節而已。

察哈爾的社會機構是落後的,在村落裏的逢五提集,都還是從G到G,G—M—G的方式,還作不到,紙幣是不被信任的,也無人能辨別眞僞,而一元的硬幣又我不開。在農村裏沒有菸,在舖子裏不買油。說我們是生活在廿世紀的機械時代,那是全不相干的。有一個村子叫鄭家窨子(居民世襲住土窖內)或張家窨子,還繼承着「血族婚姻」——他們的民族英雄便是孫殿英將軍。

孫殿英很崇拜知識。他是個伙夫出身,但是公文信件都能認得,用口述作信稿也可能,寫字便不成了。上身穿一套灰布軍衣,依然是個伙夫模樣。記憶力很强;常常想作出獨斷獨行的樣子來。他還有心去模彷西北軍的好的傳統,當馮玉祥氏手治西北軍時,階層與紀律都是以封建的道義來作基礎的,他採取了農業社會的家長制度,並且是充分的發展了這種制度的統制性和優良性的第一人。

那時湯繡麟剛好放棄熱河,帶了兩隻盒子炮逃到他的防綫來。他的給養本來不够,還要將一部分給他們的隊伍。招待老湯的是一個旅長,因爲年青,對湯很不客氣,湯便求孫的蔭護,訴說:「他們都說我不抵抗,我不抵抗,我自已都放了兩連子彈啦!」老湯的全副馬鞍都是包金作的。

中國的頭腦人物,很工於使落後的羣衆來迷信自已。所以對於他的神話也很多,而他的臥處上邊也經常懸有一隻寶劍。據說這隻寶劍曾經斬滅在墓穴裏向他撲來的一隻守屋黑犬。弟兄們也常常以這些來互輾傳播。

他有一個師長曾親口說:「我就是孫殿英的狗,他叫我咬誰,我就咬誰!」

在大學第一年沒有完,我到赤城的,馬騎得不好,槍打得不靈,不過隨着風砂到處跑,從東柵子跑到西窨子,從獨石口跑到龍關,生活全在馬上。有一次我們在最前綫時,我的馬四個蹄子繞在電雷的電綫上。前方的工事建的不算好,因爲察熱兩省,土質鬆散,又沒有樹木可代。鉄板,軌條,更沒有了。但是孫殿英那時是決心抗日的,來了就打。兵士很奮勇,飯送到山上變成冰塊,用刺刀劈着吃。受傷的兄弟,輾轉在冰雪中沒人救護,前綫的弟兄,看不見一個陌生人,看見我便都圍得鐵桶似的。「日本人怎樣了?」「後方怎樣了?」「報紙上怎麼說的?」

在孫殿英尚未決定往西開之前,我便回北平了,想念完大學的課程。孫殿英的宅子在西城,屋宇很大。他在前方的司令部是半間茅屋,一座小炕,他有時便蹲在這小炕上吸紙煙。有一部福特車,好久沒開了。後花園一隻送禮送來的黃羊子,驪的看着生人。他有一個受傷的副官,到北平來醫治,便住在這裏,偷了我每張五毛錢的米黃色吸墨紙去揩屁股。這宅子曾一度被查封了。現在據報紙載着又被日本人給查封了,想來他的行動對於日本仍然是不利的。在將來,多數的人還會紀念他或否呢?當前是一條路。

英雄特寫·抗日·

王研石（公敢）君

——聞兩月前申報駐津記者王研石（公敢）君被日憲兵捕殺

蕭軍

如今人的生命好像還不如一頭蒼蠅，一棵植物那樣容易延續了。蒼蠅還可以自由飛來飛去躲避着死亡。我窗邊盆裏的一棵小松樹，如果不蒙到意外的迫害，它也會自然而然地結束了自己的天年，只有人，卻是每時每秒在把自己的生命願意或是不願意，知道或不知道地縮短地結束着。至於這『結束』爲了什麼？這『結束』帶來了怎樣的價值？這『價值』又是如何地不同？又當別論。不過這『結束』則是同一的。

近年來，無論自己還是別人，關於紀念和哀悼的文字從各方面看來寫得不算少了。一方面這可說是會寫點文章的人底結習，不過另一方面，如果這文字不僅是爲哀悼而哀悼爲紀念而紀念，當然也是需要的。至少這對死者，爲他留一點人類的遺跡，作爲生者的路標；對那被『不義』迫害而死的人們也還可以算做一筆『血債』。

我自已寫過的幾篇紀念文字，那全是哀念我所尊敬的人或是自己的友人的。這樣做無非使自己的感情有個歸宿的地方，使自己輕鬆一些，當然這也就容易近於『爲哀悼而哀悼』爲『紀念而紀念』寫的文章。不過，寫這樣的文章的時候是不大好過的，也曾決心過，不再寫這類的文章，可是於今又寫起來了，並且還是爲一個不大相干的人，誇張點說，還是個『敵人』——也實在爲了這題材隨處皆是的緣故。

我和王研石（公敢）君的認識，還是在一九三二年的夏天。他在哈爾濱國際協報做總編輯，我則是在那個報紙上投投稿。有時候也代理那編副刊的朋友P君發發稿，校校對，這樣便要常常到報館來『辦公』了，有時就常常要碰到他。起始誰也不理誰，後來好像經過P君介紹了一通，算答話了；可是見了面除開略略點點頭以外，還是誰也不理誰。在我，是不高興他那樣頭髮留得很長，抹得很光，走路時的『故做莊嚴』的高等華人的樣子和神情，最使我憎惡的還是他手裏經常拿一條打狗似的棒子和鼻子下那叢黑黑的『維廉鬍』。因爲一些日本人多是這樣裝飾着的同時我那樣光頭赤臂而裸腿的樣子，衣服既不整齊，人也顯得不謙和……大約他也是不高興和我往來。並且我早先還有一個主見，就是不獨討厭報館這一類地方，連新聞記者也是在討厭之列。當然，他這樣子就更增加這厭惡了。

不知爲什麼P君忽然和他彆扭起來了。同時因爲P君在報上寫了一篇『打針』和『鮑魚之市』的文章，得罪了當時的市政府和警察機關：『打針』是說爲人民們注射防疫針的人們，並不把針頭消毒，只是打完了這個又打那個……。『鮑魚之市』則是一九三二年秋哈爾濱剛漲過大水，街道很臭，那時哈爾濱的市長是鮑冠澄，這題目當然是指他而發的了。於是市政府就指令報館當局把P君撤職。這時研石君卻借故登了一則很厲害的啓事，說明了P君撤職的理由。這使P君受了侮辱，同時我也似乎感到很激憤，覺得研石君不應這樣假公濟私，於是就要來打個抱不平。這時研石君卻說：

「三郎，你給報紙寫稿是和P君的關係呢？還是和報館的關係？」

「當然是P君的關係了。若僅是你報館，就是一千元一千字我也許不寫呢。」事情發生的那天我還正在代P君發最後的一次稿。

「雖然P君走了，你是仍可以給報館寫稿的……稿費照舊……這副刊你可以編下去……P君每月給你多少稿費呢？報館除開編輯費另外每月還有三十元稿費呢……P君給你稿費嗎？」

「不。我在P君家裏吃飯……爲什麼我還要拿錢呢？——報館的稿我決定不寫了。」

那時候我雖然貧窮到沒有第二條褲子，但是還終於拒絕了這買賣。也許現在這年頭我也不再這樣講義氣，這樣固執，但那時卻覺得他在離間着我的朋友，這提議簡直是侮辱了我的『人格』。

P君要去和他理論，但又恐怕自己吃虧。因爲研石君身量比P君要高出一個頭，又相當壯實；P君是江南人，既無力氣，身材又小，於是我只好做了這朋友的臨時『保鏢』。

到得那裏，研石君正在批閱當天的新聞原稿。一張膠質的綠色的光遮，閃出在他的不甚高廣的額頭上，那濃密的眉毛和那雙不甚大的日本人似的黑眼睛，在那綠色籠罩下就更顯得陰暗和有點毒狠味了並且連坐也不抬一抬那樣傲慢地接待着P君。這使我更增加了激怒。我先走出來等候在外室時時提醒着自已的拳頭，等待，只要P君一有了委屈，我便衝進去，第一拳是先擊破他那凹小得和他的顯得有點方形的大腦袋不大相配的鼻子，而後再打擊他那延伸出來的兩腮……。

從門外看去，P君是顯得那樣侷促了。一個孩子似的坐在椅子裏。平常是蒼白的臉於今却變紅了，言語不清，只聽到研石君一個人傲慢的聲音。我不能等待，終於走了進來，也忘了自已的身份裏應該說的話，却祗是相同一個王似的，對雙方申斥着。當然『理由』是要拖到P君這一邊來。

研石君對我這樣暴燥的調解，却啞了聲音，手裏只是不停地整理新聞稿，最後只是說：

「三郎你不知道，這裏面原因很複雜咧！這是我和P君的事：；你不要這這激憤：：」

後來我確也知道了這原因是複雜的。並且朋友P君還找了一次日本人，這使我對他感到了一點寒涼！同時對研石君，當日本初次進哈爾濱。憲兵隊把他捕去！他並沒表示屈服，也沒肯爲日本作賣身投靠的歌頌文章，這一點我開始覺得他比P君要强了。於是也就減輕了對他的憎惡，雖然他的頭髮還是那樣光，小鬍子還是照樣地存留在鼻子下：：。

我們最後一次衝突，是在一九三三年秋天。那時我們印着一本書，他呢也正在爲他們自已的報紙寫着每日連載的章回體小說。他的書出版了，我們的書後來也出版了。他因爲自已有報紙，可以隨便作宜傳文字，還在說他的書是文壇的了不起的收穫。本來他出這書和寫這書時也和我商量過，並且還會要我來寫，我說我不能，於是他才自已動起手來。爲了報紙的銷路，他說專靠新小說是不行的，當然我也了解這一點。同時我也勸過他要從事新文學。可是他說新文學的能人太多了，他知道自已不會有什麼成就，也頂不了天。並且他說自已只希望以一個，報人，終身。我當然也就不再勸他。至於在報紙上誇揚一點也沒什麼要緊，反正這一類的東西壽命已經不會再有幾天。可是一位朋友L君從北方回到哈爾濱，他竟看不過去這現象，便寫了一篇文章刊在了另一家的報紙上。這文章的題目是關於我們底書，可是一面也就是對於研石君的章回體小說給了一棍子。這使研石君冒火了，於是第二天便在自已的報紙上大罵起來，說了一些不入題的話。同時還知照那家報館——這時P君已在這裏編副刊——的當局，不許再登載這邊的文章。並且沒登完的文章也不准再登下去。這使我和其餘的朋友們却感到一點不平，於是我也和其餘的朋友寫了幾篇文章開始了『應戰』。

自從P君脫離國際協報，我也就不再爲那報紙投稿。後來，P君我們的友情也繼續不下去了，我們由他家搬出，那時國際協報副刊編者又換了一個熟人，爲了生活，於是又開始了投稿。每月固定稿費十五元錢。有幾次在報館遇到研石君，我們說話也比較多些，有時也說一說玩笑，但我始終還是遠離着他。有一時我也要作個新聞記者，他也給了我一個『專訪』名義。並且還給了我兩個試驗採訪的機會——一個是訪問水災後的貧民窟；一個是參加一個軍醫學校畢業典禮——同時也很熱心的教給我一些關於『新聞學』上的知識，可是我的正式新聞記者終於還是沒做成。

直到我們筆戰開始之前，每月我還是拿十五元稿費；一份義務報開戰的時候，我當然自動放棄這撰稿的位置了，他也就很小氣地把義務報紙停送。我把曾借過他的三元錢，也用信封裝起託人送還了他，大約這也使他很心痛，我知道他是很要我們做一做朋友的。一次他看見報紙上我的一首舊詩，背地還同他的同人們說：

「三郎的舊詩眞好！可惜他不努力了。」

一次，那是秋天了，我正在報館借打電話，他走進來用手裏的棍子輕輕觸着我的腿肚說：

「秋天了！你還光腿肚哇！」

「這關你什麼事？」他這舉動使我很氣憤。他又說：

「不知道我的帽子和衣服你能穿不能穿？」

「你的是你的：：。我高興這樣光腿肚：：」

於是借了題目我把自已的氣憤一齊向他排壓出來。他說：

「我想你不能永久這樣下去。現在你窮，所以你看我這樣打扮不順眼；侍你到了我這樣環境裏你自然就要改變了。比方作新聞記者的，像你這樣穿着，是連大門也進不去的呢……」

那時我正戀愛，他反對我戀愛，却讓我仍去當義勇軍。他說他有一天還要到軍中去試試。但是我要戀愛，當然就不理他。

我們底筆戰開始了，這使他很狼狽。同時我又寫了一封很長的警告信給了他們底社長，通知他像這樣倚勢欺人的辦法是不中的。而我們和截斷我們稿子的報館的社長——『滿洲國』的官——幾乎還動了手槍。我和P君的友情這時也又決裂了。

後來這故事過去了，我又到國際協報去，遇到了研——石君，他說：

「爲什麼早幾天你不來？」

「那時候我們是敵人……」，我笑着說。

「L是你的朋友，我也是你的朋友，爲什麼你要帮着他？」

「這是立場的關係……因爲你不能這樣欺壓人。」

「我知道你們有個團體的……」

「你知道就好嚇……朋友是朋友，該打仗還得打仗。」

「噯！朋友，是那裏全可以相見的……」他沉重地嘆息了一口氣，接着說「你們不用打，不久我就走了——這可不是你們打走的……我不想再和你們打下去，還要保持我的印象呢……」

我聽了他這話自已雖然笑了，同時不知怎麼，却感到了一點凄傷！

「你幾時走？到那裏去？」我問。

「還沒決定……大約去天津，我，不能在這裏給『滿洲國』盡忠下去」

「好，幾天內我去看你。」

待我去看他時，他正傷着風。過了兩天聽說他們就走了。

他有一個年老的媽媽，一個不時髦的太太，幾個孩子。雖然他是奉天人，但他却說：

「我卻討厭奉天人啊！勢利，封建！」

我想不到今天卻來爲這樣一個『敵人』寫紀念的文章。他是死了呢？還是活着？無論怎樣，如今我卻要以一個兄弟的敬禮，向他伸出我的手臂！

用羞恥換取生命

黃慕韜

爲了童，我惟有犧牲，即使不犧牲生命也得犧牲靈魂！不然，童立刻就要慘死於殘忍的日本軍官的手裏。

童啊，屏來救你了。

只要我肯犧牲，童馬上就可以安然脫離虎口。那個賊總司令前天進村的時候，我們爲了想留下一條命，大家都含垢忍辱去歡迎他，我和童也當然逃不了這個命運。

那天的午後，那個猙獰的賊總司令，帶領着一大隊賊兵，高跨在馬上，耀武揚威的進了我們底黃華村。一個堂皇的黃氏宗祠，此刻就變成了他的司令部。

當我和童跟着全村的民衆往村口的大道旁歡迎的時候，我提心吊胆地躲藏在童的背後，爲的想避却敵人的賊眼，要不然，我也許早已成爲狗賊的俎上肉了！

我想，當時如果有一架機關槍，那末我和童要對準敵人掃射一個痛快，任殷紅的熱血洒在生我的士地上面！

…………

童喲，屏爲你不顧犧牲！童喲，屏爲你又不得不犧牲！

我懷着滿腔的悽楚和愴痛走向黃氏宗祠去。想起昔日和童朝朝暮暮在這祠堂裏伴着百來個天眞的兒童們談笑，唱歌，唸書，如今，那裏却滿踞着凶惡的敵人！我不願進去，然而，要是不進去，那就永遠，永遠見不到童了！此刻不知童怎樣了，他正在眼巴巴地盼望着我去營救呢，還是已被敵人殘害了？也許此刻正在慘受着毒刑。

…………眼前一陣朦朧，淚水泉湧似地滾流了。

「我要見你們的總司令，煩諸位通報一聲。」

祠堂的大門口站着四個威風凛凛的賊兵，手中各擎着上了雪亮的刺刀的槍。前面蹲着兩架機關槍，大門上飄盪着太陽旗子。

『要見我們的總司令嗎？這很好，請姑娘跟我進去。』一個矮賊向我獰笑着做了一下鬼臉，於是由這個矮賊把我引到後進的中廳上去。

『哈！今天姑娘大駕來此，想有什麼指敎。』

『請總司令大發慈悲，放了他罷。』我連頭也不敢抬。

『呵！那個漢子是誰？是姑娘的哥哥嗎？』

『是的…………』心頭一陣酸痛，眼淚就涔涔地淌了下來。

『哈哈！姑娘怎麼好端端地哭起來啦？我們很優待妳的哥哥呢！』他（賊總司令）握着我的手

『多謝總司令，我們永遠不忘你的大恩』

『姑娘眞聰明』

『…………』我始終不敢抬起頭來。

『支那底姑娘都是這麼美麗聰敏的。』他把我拉到一張椅子上坐下來，他自已也搬過一個凳子坐在我底身邊。

『姑娘，肚子餓嗎？』一壁撫弄我的頭髮。我底心頭像烈火一樣的在燃燒。

『不請總司令放了他，好跟我一道回去。』

『請姑娘放心，我們決不爲難妳的哥哥』

『就讓他同我回去吧，我們一定不忘總司令的恩典！』我哭喪着臉哀求，正如失却自由的籠中的鳥兒。

『我依了姑娘，但姑娘也得依我。』矮賊將我拉在他的懷裏，嘴巴親着我們臉，鬍子刺來像針刺一般地疼痛。

『姑 眞可愛，叫我歡喜啦』！

我不敢抬頭，怕看見他那夜叉的臉孔，我不敢掙扎，爲的想保全童的性命。

呵！痛憤的心頃刻間就要爆炸了！假使當時有一根手槍，或一把尖刀，也許這賊總司令的狗命會立刻斷送在我的手裏！

回到家，和童擁抱着痛哭了一場。

童雖安然脫離了虎口，保全了生命，但我呢？我卻犧牲了靈魂，永遠地犧牲了！我唯有對長天而狂號：天呀，從此，我將永遠塡不平這無底的恨海！

逃出北平

——流亡線上「四等亡國奴」的命運

劉白羽

北平城還睡在黎明的煙雨中。一條列車，靠攏在東車站，第三月台邊上——車頭上的號碼，原是祖國的工匠塗上去的，這會坐在機件旁的，卻是草黃色的日本兵了。他有殘酷的鼻子和眼睛，嘲笑的，朝着月台上絡繹的人……。

望望吧！這裏，那裏，車站，水泥建築物，綉綠城牆，都像含着眼淚。

誰也不言語，攜了箱囊匆匆走。

這是八月七日，離蘆溝橋事變恰好一月，不過十天前——那悲慘的一天，這座城也陷落了。現在是平津試行通車的第三日。

「喂，喂，佔個位子呀！」

雖說是黎明，距開車還有三點鐘，人卻潮水般擁上來。箱囊從頭上的擱板，一直堆到行人道上。平常坐兩個人的椅箱，現在擠下三個，有的騎在箱頂，有的沒地位，只好尋個插足地點，立齊。要仔細想想，眞會担心車底板會踩掉了。可是這時除了懷疑，慘雜着恐佈，誰還會想到旁的零碎事呢！

悶熱。汗，蒸溜水樣，從頭髮裏往下流。

夾在人叢中，和鑲在鉄塊里一樣，動一動，也許就擠過一隻屁股，或一條腿，來搶奪地盤。送行的人，只有站在窗外，遙遙的，互相報着會意的苦笑。

苦，煎着心臟。嚥下去的淚，油一樣加上。

突然，隔壁的椅箱中出了事。

「我的，我的——滾蛋！」

是一個寬臉膛，矮個子的高麗棒子，兇猛的攆着那椅箱裏的六個流亡者。他挺年輕，豐滿的眉毛向上挺着，結實的胳臂上沾了汗水，背後還跟了兩個女人，穿着褻服似的白褂，抱着小孩，也咕嚕着粗野的高麗話。

憤怒在大家心裏，往下壓。

站起來了。那六個人裏有一個紅臉斑白頭髮，短鬍的老人，也站起來了。

高麗人坐下去。

碎……「艾喲！」

一隻大竹箱，由那高麗人胳膊上，重重跌到老人肩膀上。這時我的屁股都繃起來了。這個重量，那老人怎樣經得住呢。果然，他肩頭扭歪着，頸頸壓得縮下去。臉紅得像就要流出血。一邊「哎喲——哎喲」喊，用一隻手下勁去推。

高麗人搬起箱子。

這衰老的喊聲卻激起了他的憤怒。剛橫了一眼，立刻就揮動一條胳膊捶下來。緊跟着，又一拳，雨點般落下來……。

激怒，使牙齒咬得抖不開。

可是那老人，只可憐的用雙手抱着腦袋，挺着肩膀，任他捶打。

給人扯着勒着，高麗人才住了手跳下車去。

咒罵聲迴旋着。

「誰叫他們是頭等亡國奴呢！」

低下頭——我想起二等的滿洲，三等的「冀東，」

我又想起這片土地——家鄉。噯，噯……，這片土上的人羣，該是怎樣生活下去呢！

我想起黎明前的一刻。離開家，衰老的娘哭得淚人一樣，爸爸楞着，說不上話，這到底是「生別，」還是「死別」呢！

嘟嘟嘟……，。

車窗外，日兵的重鞋底響着。刺着耳朵。

突然，汽笛尖銳的響起來。

汗流着。風扇轉着，卻不大管事。蒸氣撲到玻璃上凝成了厚霧。我立起來朝着送行的哥哥招手。撇下一條最後的，慘例的苦笑。車慢慢遠啦，我又想起什麼似的，伸腦袋，朝他喊。

「有！天——我，我會回來！」

我喊，向這古老的城牆喊……

風從炮火後的原野上刮來。聳起鼻尖，我想尋找着這風里的血氣味。

車蹩蹩走一天。我每一次抬頭，看見那艱苦地站着的老人，一手揩着汗，在那紅紅的臉皮上掙扎着一種艱辛的忍辱，我底心就慘烈的抽搐一下。

日本掉頭

路野

「奉 縣令本鄉應征民夫六百七十二名每閭十二名 貴村應攤一百六十八名於明晨四點鐘由村長率領至王家莊聽候使用此致王家村 ××縣第三區旺郭鄉鄉公所印」×月×日

我到家的第四天，村公所前貼出了這樣一張公事。村中的學究們都在咬文嚼字地唸。老五坐在大楊樹下含着烟袋絲拉絲拉地吸着，火只是着不上來，在地上磕了幾下。

『他媽的，一反日本就老下雨，烟也潮了。日本鬼子從陷這裏上陸攻青島打德國的那一年，也是不停地下雨，人們都是在水裏把穀穗和高粱穗割了下來，說是日本掉頭……』

「哈哈！日本掉頭，日本掉頭！」孩子們高興得全這樣喊起來了。

『別噪！大人說完了話你們再噪。』老五又繼續下去：

『今年又是在秋天反日本，縣裏不是有命令不叫殺稭嗎？老這樣下也只好割穗了。日本鬼子掉頭的日子又到了！』地一口氣說完了。

『前天我看見北坡六三家的穀生了芽，和反日本的那年一樣。唉，眞是什麼年頭！』三老爹一面說着一面

步行傳信記

陳舒風

我們兩個人已經脫離了流彈橫飛的陣地，直起了腰，依着授命長官指定的路線，小心地走着，因爲身上正帶着重要的文件。

「嗚——拍！」一粒子彈從融君的眼前掠過，落到了右面田裏了。我們連忙臥下，向左看下去，有兩個人在田裏用着海狗式向我們蠕動着。離我們二百米左右。

融推推我；同時取下了槍，開了保險機。我連忙爬到右面田裏，把文件從身上取出掩到莊稼裏，壓上一塊小石子。

「嗚——拍！」又一粒子彈打了過來。

「拍——」一聲，是融放的。

「山任！」融輕輕地喊我：「藏好了快來！快快！快呀！一個死了，那一個在逃呢！快」

我們都爬起來追了上去，對方已逃到沒有掩蔽物的地方，我和融各開了一槍，他應聲倒下了。本來我們兩人身上一共不過有十五發子彈，現在用了五分之一。幸虧是我們槍發得早，沒有損失。既冒了這個險，不敢再逗留，拿了田裏的文件放在身上，又趕起路來。

在路上走了一會，才發現融的左肩被子彈擦傷了，鮮血涔涔地透出了衣裳。

「痛麽？」我指着血跡問他。

「不——痛！」他滿不在乎地笑着說：「一塊皮換了兩條性命還不值麽？」

經過一個崗位，和哨兵互相行過禮。他看見我們不十分黃黑粗糙的臉時，露出懷疑的臉色，後來看見我們的符號才向我們笑笑。

好容易到了××長的地方，是一所小小的磚屋。到時已是十一點半，我們是八點一刻出發的，因爲路上有就擱，比標準速度慢了一小時零一刻鐘。好在我們還不是特別限定時間的。

我到門前用第二指敲了×下門，喊一聲：「傳令！」

「進來！」

我們推門進去，脫帽對長官行了一個禮。他正坐在小窗前桌子旁，慈祥而莊嚴的臉，因我們走進而調轉過來，點了點頭。

桌子旁邊還坐着兩位便衣男子和一位女子，桌上除文件和筆墨外，還堆了許多包裹。

我把東西呈上後又退下立正了。

「請稍息，隨便坐坐。」

我們實在疲倦了，便在門旁地上靠壁坐下，在我們旁邊已有兩位學生低着頭坐着。他們幾乎睡着了，覺得我們坐下，張開眼向我們點點頭，又合上了眼，這算是代替了敬禮。

這時我才注意地向那幾位客人看看，看到那女子，她的目光也正驚奇地對住我。

「唉！你們也在服務麽？」她輕輕地問，好像怕減少

撫着他的白鬍子。

村公所裏騷鬧着，孩子們齊聲唱着日本掉頭。突然一個孩子哇的一聲哭了。三老爹歪了歪頭。

「這些東西，在一堆就打仗！」

還是長發給他們拉開，把這倆孩子拖了過來。

「他說日本掉頭，日本掉頭，上來就給了我一拳，說是打日本……」孩子越說越怨，更抽咽了起來。

「桐這個孩子整天價皮，別哭啦，等會我告訴他娘，叫她狠狠地打他一頓！」

孩子見有人出氣，也就噑着去了。

「三老爹！許家莊住了兵，一團呢！」長發終是年輕，說話也衝。

「怪不得黑夜我聽着幾溜撲蹬地直響，我當是關東客。」三老爹還追念着九·八以前的關東發財的關東客和闖北京的京官都是騾馬成羣地載着東西回家。

「我今兒在集上聽說北京和天津也叫日本鬼子佔了。」

「什麼？皇上住過的北京也佔了？」三老爹的聲音有些僵。

三老爹十五歲的時候就闖京，一直到五十多才回了家。不過他並沒發過什麼大財，據說他的命不好。如今將近八十，兒子早死，孫子娶了妻，在長春學買賣，今年春天叫日本鬼子挑去當兵，街坊都知道，只是瞞了他，他時時渴望着孫子發財來家侍候他。

「那有這會事，都是謠言，中國兵在北京有三四十萬，他會丟了？」老五早聽說政府往北京發了好幾十萬大兵，所以他絕不相信才打了幾天就會丟掉兩個大城。

「日本鬼子不敢佔，那裏皇上住過！」三老爹像是得到了安慰，他也相信是謠言。

長發却待不住了，他跑進村公所嚷着要去挑戰壕。他是從關東逃回來的，在關東他飽嘗過日本鬼子的耳光槍托。他知道這裏的村莊都要住兵，住打日本的兵。一提到打日本他會跳高。他想一旦開了仗，他一定拿起鋤頭來去鋤日本鬼子的頭。

村公所裏還是騷鬧着，大家在討論着派人挑戰壕的事情。

忽然來了一個雷，東北方烏雲奔騰上來。樹上的家雀嘰喳地亂叫，它們知道這是暴風雨的先兆。村公所前面的人也都起身回家。

「反日本就下雨，日本就掉頭！」老五恨恨地說着，一手攙起了三老爹。

「嗯，日本掉頭。」三老爹點點頭。

遠遠地也傳過孩子們「日本掉頭」的喊聲。

了軍隊裏的莊嚴沉着的空氣。

「哦！你是李小姐！你胆子眞這樣大，到此地來，不怕流彈麼，一個人來的？」

「不，這兩位朋友和我一起來的，其實流彈也不會這樣巧！你們很苦吧！」

「你看看，神氣吧，我掛彩了！」融笑着把左肩給她看，她伸了伸舌頭。

「你是從會裏來的麼？慧工作努力麼？」我問……

「是的，慧一天忙到晚，熱心極了，我眞愧不及她……」

「拍！」一粒子彈從門板上穿了進來，大概因爲力量小了，就落在門內不到一尺的地方。

三位客人驚得站了起來，我們倆却向前一撲，還有兩位也在睡夢朦朧中學着我們一撲。

「起來！」長官從容地說，「你們眞是孩子，受過訓的人還是這樣膽子小？請你出去看一下。」他指着坐在緊靠門的一位。我們又坐下了。

長官還在批閱着文件。那位去了一會回來說，沒有什麼，我們這門向着東北，大概是流彈。

「你們三個人，」×長站起來拿一着個信封，我們也連忙站了起來，他說「把這個繼續送到×部去，要當心點。」

「是！」融接下了，同時三個人行了一個禮，又對客人點點頭說聲「再見！」他們臉上還是驚慌未定的神氣。我們剛一開門，又進來了兩個弟兄，是剛才從前綫和我們一起奉命傳同樣的信件，並且同時出發的，因爲路綫不同，竟比我們還遲到許久。

最快意的是今天沒有敵機，我們只嘗了陸戰的滋味，現在我們三個比齊了脚步，大膽地向陣地最後方×部走去。

覆命時竟比來時還平順，毫無障礙地回到了前方，除掉偶然飛過來一兩粒槍彈。

失眠之夜

蕭紅

為什麼要這樣失眠呢！煩燥，嘔心，心跳，胆小，並且想要哭泣。

我想想，也許就是故鄉的思慮罷。

窗子外面的天空高遠了，和白棉一樣綿軟的雲彩低近了，吹來的風好像帶着點草原的氣味，這就是說已經是秋天了。

在家鄉那邊，秋天最可愛；

藍天，藍得有點發黑，白雲就像銀子做成的一樣，就像白色的大花朵似的綴在天上，就又像沉重得快要脫離開天空而墜了下來似的，而那天空就越顯得高了，高得再沒有那麼高的。

昨天，我到朋友們的地方去走了一遭，聽來了好多的心願——那許多心願綜合起來，又都是一個心願——這回若眞的打回滿洲去，有的說：煮一鍋高粱米粥喝；有的說，咱家那地豆多麼大！說着就用手比量着，這麼大，碗大，珍珠米，老的，一煮就開了花的，一尺來長的，還有的說；高粱米粥，鹹鹽豆。還有的說，若眞的打回滿洲去，三天二夜不吃飯，打着大旗往家跑。跑到家去自然也免不了先吃高粱米粥或鹹鹽豆。

比方，高粱米那東西，平常我就不願意吃，很硬，有點發澀，（也許因為我有胃病的關係，）可是經他們這一說，也覺得非吃不可了。

但什麼時候吃呢？那我就不知道了。而況我倒底是不怎樣熱烈的，所以關于這一方面，我總究是不怎樣親切。

但我想我們那門前的高草，我想我們那後園裏開着的茄子的紫色的小花，黃瓜爬上了架。而那清早，朝陽帶着露珠一齊來了！

我一說到高草或是黃瓜，三郎就向我擺手和搖頭：

『不，我們家，門前是兩棵柳樹，樹蔭交結着做成個門形，再前面是菜園，過了菜園就是山，那金字塔形的山峰正向着我們家的門口，而兩邊像蝙蝠的翅膀似的向着村子的東方和西方伸展開去。而後園黃瓜，茄子也種着，最好看的是牽牛花在石頭橋的縫際爬遍了，早晨帶着露水，牽牛花開了……』

『我們家就不這樣，沒有高山，也沒有柳樹……只有……』我常常就這樣打斷他。

有時候，他也不等我說完，他就接下去，我們講的故事彼此都好像是講給自己聽，而不是為着對方。

只有那麼一天，買來了一張東北富源圖掛在牆上了，染着黃色的平原上站着小馬，小羊，還有駱駝，還有牽着駱駝的小人；海上就是些小魚，大魚，黃色的魚，紅色的好像小瓶似的大肚的魚，有黑色的大鯨魚；而興安嶺和遼寧一帶畫着許多和海濤似的綠色的山脈。

他的家就在離着渤海邊不遠的山脈中，他的指甲在山脈上爬着：『這是大凌河……這是小凌河……哼……沒有，這地圖是個不完全的，是個略圖……』

『好哇！天天說凌河，那兒有凌河呢！』我不知為什麼一提到家鄉，常常願意給他掃興一點。

『你不相信我給你看。』他去翻他的書櫥去了：『這不是麼，大凌河……小凌河……小孩的時候在凌河沿上捉小魚，拿到山上去，在石頭片上用火烤着吃……這邊就是沈家台，離我們家二里路……』因為是把地圖攤在地板上看的緣故，一面說着他一面用手掃着他已經垂在前額的髮梢。

東北富源圖就掛在床頭，所以第二天早晨我一張開了眼睛，他就抓住了我的手：

『我想將來我回家的時候，先買兩匹驢，一匹你騎着，一匹我騎着……先到我姑姑家，再到我姐姐家……順便也許看看我舅舅去……我姐姐很愛我……她出嫁以後每回來一次臨走的時候就哭一次，姐姐哭，我也哭……這有七八年不見了！也都老了。』

那地圖上的小魚，紅的，黑的，都能夠看清，我一邊看着，一邊聽着，這一次我沒有打斷他，或給他掃一點興。

『買黑色的驢，掛着鈴子，走起來……啷啷啷啷……』他形容着聲音的時候就像他的嘴裏邊含着鈴子似的在響。

『我帶你到沈家台去趕集。那趕集的日子，熱鬧！驢身上掛着燒酒瓶……我們那邊，羊肉非常便宜……羊肉燉片粉……眞是味道！唉呀！這有多少年沒吃那羊肉啦！』他的眉毛和額頭上起着很多皺紋。

我在大鏡子裏邊看到了他，他的手從我的手上抽回去，放在他自己的胸上，而後又反背着放在枕頭下面去，但很快的又抽出來。只理一理他自己的髮梢又放在枕頭上去。

而我呢？我想：

『你們家對於外來的所謂「媳婦」也一樣嗎？』

我想着就這樣說了。

這失眠大概也許不是因為這個。但買驢子的買驢子；吃鹹鹽豆的吃鹹鹽豆；而我呢？坐在驢子上，所去的仍是生疏的地方，我停留着的仍然是別人的家鄉。

家鄉這個觀念，在我本不甚切，但當別人說起來的時候，我也就心慌了！雖然那塊土地在沒有成為日本的之前，「家」在我就等於沒有了。

這失眠一直繼續到黎明，在黎明之前，在高射炮的聲中，我也聽到了一聲聲和鄉家一樣的震抖在原野上的雞鳴。

八月廿二日

敬禮

——祝中蘇不侵犯條約

胡風

似閃電
　這個消息
射過了
　飛血的南口吳淞羅店，……
射過了
　被戲辱的平津東北……
射過了
　被鞭驅的日本羣島，
射過了
　被囚的琉球，台灣，高麗，
似閃電
那露着牙排
　掛着指揮刀
　帽子上嵌着太陽章的
　在漫畫上看够了的
　殺人喝血的東方大盜
　好像在我底面前，
　　戰慄！
向南京
　我致送一個敬禮！
向莫斯科
　我致送一個敬禮！
你兩個戰鬥底心臟呵，
睽離了十年的日子
又兄弟似地呼應着
跳躍於亞細亞大陸底狂風中
要在人類解放的歷史上
創造又一個偉大的時期了。

十年的日子——
第一個五年
第二個五年
你建設的蘇維埃聯邦呵
　你底土地
　你底工廠
　你底天空
　你底北極地帶底冰塊
競開着生物底花朶
　機械底花朶
　新人類底花朶，
在這個朽腐的地球上
連你底不會說話的
　生物和機械
也觸電似地敏感
對殘暴者怒視
向被壓迫的人們招手而狂呼。

天空的點綴

蕭紅

用了我有點蒼白的手，捲起窗紗來，在那灰色的雲的後面，我看不到我所要看的東西（這東西是常常見的，但它們眞的載着砲彈飛起來的時候，還在我還是生疏的事情，也還是理想着的事情。）正在我躊躕的時候，我看見了，那飛機的翅子好像不是和平常的飛機的翅子一樣——它們有大的也有小的——好像還帶着輪子，飛得恨慢，只在雲彩的縫際出現了一下，雲彩又趕上來把它遮沒了，不，那不是一隻，那是兩隻，以後又來了幾隻，它們都是銀百色的，並且又都叫着嗚嗚的聲音。它們每個都在叫着嗎？這個，我分不淸楚，或者它們每個在叫着的節拍像唱歌似的是有一定的調子，也或者那在雲幕當中撒下來的聲音就是一片。好像在夜裏聽着海濤的聲音似的，那就是一片了。

過去了！都過去了！心也有點平靜下來。午飯時用過的傢具，我要去洗一洗，剛一經過遊廊，又被我看見了，又是兩隻。這次是在南邊，前面一個，後面一個，銀白色的，遠看有點發黑，於是我聽到了我的隣家在說；

『這是去轟炸虹橋飛機場。』

我只知道這是下午兩點鐘，從昨夜就開始的這戰爭。至於飛機我就不能够分別了，日本的呢？還是中國的呢？大概是日本的吧！因爲是從北邊來的，到南邊去的，戰地是在北邊中國，虹橋飛機場是在南邊。

我想日本去轟炸虹橋飛機場是眞的，於是我又起了很多想頭。是日本打勝了吧！所以安閑的去轟炸中國的後方，是：：一定是，那麽這是很壞的事情，他們這沒十年——
五、三
九、一八
一、二八
一二、九……
這一連串日子
黑暗的日子
羞辱的日子
虐殺的日子
但也正是憤怒了
　成長了
　在血泊里團結起來
向着一個偉大的目標
（打倒日本帝國主義）
開始了神聖的進軍的日子！
你神聖的日子呵，
在這個被辱的土地上
奔赴號招的兒女們
正在用鮮紅的血液
遍寫着——
　山海咆哮的
　反抗底歌譜……
南京
莫斯科
——你兩個戰鬥底心臟呵
向你們
我致送一個最大的敬禮，
為了打碎野蠻的鎖鍊，
全世界被壓迫的人們向你們作證：
你們認清了
　誰是兄弟，
　誰是仇敵！
未來的歷史向你們作證；
為了征服這個黑暗時期，
你們認清了
　誰是兄弟，
　誰是仇敵！

九月四日

十月十三日止所收到之寄贈期刊

戰鬥（旬刊）　第二期第三　武昌小朝街朝陽街三號
風雨（週刊）　第二期第三期第四期　開封同樂街四十一號
天明（兩週刊）　第一期　武昌文華園

有止境的屠殺，一定要像大風裏的火燄似的那麼沒有止境：：

很快我批駁了我自己的這念頭，很快我就被我這沒有把握的不正確的熱望壓倒了，是中國一定是中國佔着一點勝利，日本受了些對傷，假若是日本佔着優勢，他一定衝過了中國的陣地而追上去，那裏有工夫用飛機來這邊擴大戰線呢？

風很大在遊廊上，我拿在手裏的傢具感到了點沉重而動搖，一個小白鉛鍋的蓋子，拍啦拍啦的掉下來了，並且在遊廊上拍啦拍啦的跑着，我追住了它，就帶着它到廚房去。

至於飛機上的炸彈落了還是沒落呢？我看不見，而且我也聽不見，因為東北方面和西北方面的砲彈都在開裂着，甚至那砲彈真正從那方面出發，因着回音的關係，我也說不定了。

但那飛機的奇怪的翅子，我是看見了的；我是含着眼淚而看着它們，不我若眞的含着眼淚而看着它們，那就相同遇到了魔鬼而想教導魔鬼那般沒有道理。

但在我的窗外飛着飛着飛去又來了，飛得那麼高，好像有一分鐘那飛機也沒離開我的窗口，因為灰色的雲層的掠過，眞切了，矇矓了，消滅了，又出現了，一個去了，一個又來了。看着這些東西，實在的我的胸口有些疼痛。

一個鐘頭看着這樣我從來沒有看過的天空，看得疲乏了，於是我看着桌上的台燈，台燈的綠色的傘罩上還畫着薔花，又看到了箱子上散亂的衣裳，平日彈着的六條絃的大琴，依舊是站在牆角上，一樣，什麼都是和平常一樣，只有窗外的雲和平日有點不一樣，還有桌上的短刀和平日有點不一樣，紫檀色的刀柄上鑲着兩塊黃銅，而且還裝在紅牛皮色的套子裏，對於它我看了又看，我相信我自己決不是拿着這短刀而赴前線

一九三七八月十四日

炮火下的第二次國際作家大會

中國抗日民族統一戰綫萬歲！

爲西班牙爭取民主自由而戰！

煥甫

兩年前，由世界優秀的先進作家在巴黎互助廳成立的『保護文化的國際作家協會』，爲了堅定執行它第一次大會的決議，把本年應舉行的第二次大會，不顧德意兩國法西斯瘋狂的飛機大炮轟炸，而仍在馬德里舉行。來馬德里參加第二次大會的五十二國代表，他們對於西班牙人民反對法西斯侵略，保衛世界和平的鬥爭表示萬分誠懇的同情與敬愛。在代表和西班牙人民的聯歡會上，當中國作家蕭三君高呼『打倒希××，墨××！』『西班牙人民自由獨立萬歲！』的時候，西班牙城市中鄉村裏戰壕內的人們，無論老少男女，聽到廣播之後，都同聲高呼『打倒日本帝國主義！』『中國抗日民族統一戰綫萬歲！』等等口號來回應。同時，西班牙人民都盛稱在國際義勇軍內參戰的中國戰士的英勇；並說：若一旦中國進行抵抗日本帝國主義的民族自衛戰爭時，各國人士亦必組織國際義勇軍前往中國助戰。總之，凡是蕭三君所至之地，都受到西班牙人民熱烈的歡迎。

國際作家協會，早有不少的投筆從戎的會員，在西班牙前綫以炮火或短槍與獸行的德意法西斯及其走狗——西班牙叛軍，西班牙託洛茨基匪徒作戰。著名的匈牙利作家查爾卞世人共知的國際軍中旅長之一的盧嘉錫將軍，英國作家浮斯克，西班牙作家羅爾嘉等，都已在西班牙前綫流了他們最後的一滴血。在前線作戰的作家，還有德國的梭·漢斯，荷蘭的蘭斯梯等。但最大多數的會員，雖未親履戰地，或竟仍如昔日未曾離開門庭；而他們確都義憤填胸地爲西班牙人民爲反對法西斯爲爭自由民主而戰的英勇奮鬥作同情的呼喊，來喚醒世人團結一致來援助西班牙人民。協會理事之一的國際著名同情中國作家馬里洛，曾用他的寫作與號召，爲西班牙人民軍募得戰鬥飛機一隊，這自然不亞於個人在前綫作戰的英勇。可是大會仍秉着自我批評的精神，批評協會過去對於援助西班牙人民反法西斯的工作不够。代表的發言，均一致以蘇聯作家及蘇聯全國人民積極援助西班牙的努力爲模範。同時大會號召各國一切進步的作家，迅速地響應蘇聯人民領袖斯太林氏說的『……西班牙從法西斯反動的壓迫下解放出來，不是西班牙人民底私事，而是一切先進的與進步的人類底共同事業』的名言。

在大會的決議案上，更確定他們對西班牙人民應有的任務。決議案內說：『大會的參加者，應負有這樣的義務：無論西班牙民主共和國受到任何的威脅，我們都得担起保衛西班牙民主共利的責任。爲達到這項目的起見，必須喚醒一切動搖者及迷誤者，使之也得加入我們的隊伍，共盡保衛之責。』

蘇聯作家柯爾索夫在大會上說：今日的情形，我們對法西斯的態度，只有「贊助」或「反對」，絕沒有第三者立場的可能。蘇聯的斯大林憲法，不僅與美法英的國會制度大不相同，就與西班牙的國會制度亦相隔甚遠，可是我們相信，在反對毀滅人類文明的法西斯的共同事業上，蘇聯人民和各國人民是可以而且必須站在一條綫上的。

法國負有高名的紀德，年來亦唱「高調」，假裝做「中立者」或「批評者」來寫書誣衊詆毀蘇聯。大會代表一致地認爲紀德這種態度，是法西斯泥坑中的俘擄的哀鳴。一致地認爲：在今日法西斯猖獗情形下，如果不堅決地或不完全地站在蘇聯方面，就不能做一個社會主義者，甚至不能做一個忠誠的民主主義者。

大會代表一致地贊成肅清法西斯走狗的託洛茨基匪徒。蘇聯代表極負盛名的作家A·託爾斯太稱：託洛茨基素來鄙視俄國人民，不相信俄國人民有創造能力，所以甘作亡國奴，甘作賣國賊，作德日法西斯的走狗。

這次大會，算是別開生面。開幕禮於七月四日在西班牙新首都瓦稜薩舉行。後遷至馬德里，使許多在前綫作戰的作家得以參加。又曾遷至毀滅了託洛茨基匪徒巢穴後的巴塞羅尼開會。而閉幕禮則於七月十七日深夜中在巴黎舉行。這樣的旅行式會議，完全表現着世界先進作家是與世界反戰反法西斯前綫的民衆之一致力量的偉大，當然與在象牙塔中的會議不可同日而語了。（巴黎通訊）

九月二十六日

憶矢崎彈

——向摧殘文化的野蠻的日本政府抗議

胡風

九·一八的下午，有幾個朋友來，談話中間，D君說：

「這次日本政府可逮捕了不少的知識份子了！」

「聽到了確實的消息嗎？」因爲這樣的事雖然早在意料之中但還沒有見過具體的報導，我注意地問了。

「還沒有看見今天申報登的？還有你底名字呢。」

「啊？怎樣的？」我不禁奇怪了，因爲我分明還自由地住在上海。

「說是被捕的作家和中國左翼作家王統照胡風等往來……」

於是我就找出了照例留到晚上看的材料龐多的申報。果然有了，被捕者有「新進作家」矢崎彈，因爲「矢崎今春會遊上海，與中國左翼作家王統照胡風等往來，歸國後與中國人民戰線派聯絡，以文藝謀大衆左傾化，故致被捕」云。

一夜里，聽着隆隆的飛機聲和敵軍陣地的手忙脚亂的高射炮聲，我知道這是中國空軍在用着壯烈的戰鬥來紀念今天了。聽一了會以後，還是翻出沒有詳看的申報來重讀了那條「東京民衆覺悟，反軍閥空氣濃厚」的消息。日本政府的手忙脚亂的慌張情形也和黃浦江上亂放的高射炮相差不遠，使我禁不住一陣滑稽之感，但縈繞在我底腦子里不能消去的却是矢崎底銳敏里帶着誠樸的臉色；再一聯想到我自已身受過的日本警察底野蠻的拷問方法，就感到了一種氣憤和懷念混和着的感覺底侵襲。

像那消息所說，矢崎是今年春間到過上海的，但月份日子我已經忘記了。一天鹿地亘對我說，有一個叫做矢崎彈的到上海來了，大概想見見中國作家，但聽說他是提倡「日本的東西」（即認日本民族底特點爲最好的東西之意）的，所以打算給他一個封鎖。我從來沒有聽到這名字，當時笑着問答：「他提倡『日本的東西』，但我們這里只有所謂『支那的東西』，我們當然用不着見面了！」

但三四天之後再見到鹿地的時候，他說已見過矢崎，從前所聽到的是謠傳，這人思想結實，腦子銳敏，雖然還衝不過某種限界，但對於日本文壇和日本文學傳統持有很透闢的見解。臨末是問我可否見一見矢崎，自已托他致意：如果聽到別人說過他是提倡「日本的東西」的，希望我能够相信那是誤解云。

第二天或第三天的下午，我如約到內山書店去，他已經先在了，背向外地坐着，扶着一根手杖，黑地白點的西裝上面是頭髮濃黑眼睛有神的面孔。交換了幾句客氣話以後，我笑着問他：「怎麽樣，是不是覺得有些害怕？」他對這突然的襲擊感到意外似地閃了一閃眼，但隨即微笑地回答了：「剛到的一兩天，實在有些害怕，但現在已經能够一個人自由自在地在街上跑來跑去了。」

十分鐘後，我們坐在了一家咖啡店里，談話繼續了一小時以上。除了回答他中國新文學的要求和傳統底性格是在怎樣一種相剋的情形下面這一問題以外，第一他充份地承認了魯迅底雜文在文學史上所開拓的戰鬥的傳統，第二對於中國新文學，他讀過茅盾底動搖和追求，從那里看出了中國文學是直接地接受了西洋文學底現實主義的精神，不像日本文學似地走入了歪路，第三，關於所謂「日本的東西」，歸根到底就是所謂「物之哀」，而「物之哀」就是對人生妥協的態度……。但最使我感到興趣的是從他聽到了日本文壇底內幕，也就是壓迫新生力量的文壇勢力底分佈地圖。

第二次是偶然在鹿地那裏碰着了的。一共有七八個人，因爲人多，而且有三個女性在內，所以幾小時的時間都是在笑談里過去了。晚飯由蕭軍請客，是每人兩角或三角的俄國菜，外加沃得卡酒。那沒有拘束的滿座哄笑，似乎使矢崎非常興奮，臨末且出去買來了一個表示敬意的鮮麗的花籃，說這樣的集會在日本是不能做到的。一天我收到了他底論文集過渡期文藝底斷層和他的同人雜誌星座，曉得他是在無氣節的日本文壇上走着孤獨的路，這時候我不禁想像了一下他底心境。

第三次的會見是在新雅。除了他所希望會見的茅盾以外，還有鹿地夫婦和張天翼。他向茅盾提出了幾個關於創作態度的問題以後，大家縱談了一通中日文壇的情形和觀感這一次他說得更興奮散席之前且致了一個簡單的謝辭那開頭是「：：到了無論從那一方面說都是先進的國家中國以後我才眞切地成了一個人道主義者（humanist）：：」

後來在星座上看到的在他和王統照的對話里面就提到過人道主義的問題「在日本的現代人道主義，一方面是普羅文學被彈壓後退了以後的一個抵抗方法另一方面是被現在的政情刺激了的知識人良心底自覺底表現。」那麼從他底原有的工作和星座底主導態度看來他原就是人道主義者了。現在再申明「更眞切地成了一個人道主義者，」是什麼刺激了他是更進向了什麼方向呢？我想，也許可以在他所說的中國文學底「政治情熱底激烈和方向底明確」里得到答案罷。

第四次會見是在他離開上海的頭天晚上。同座者有蔣埜生，藍蘭女士，地方是鹿地底寓所。我原想聽一聽他第一次談話時提到過的，關於長篇小說底危機這一問題的詳細意見的但沒有時間只談了一些電影方面的事情他因爲要赴另一個約會匆匆地握別了。

他回東京後寄來了三封信第一封除例地表示謝意外囑寫一篇關于「中日文化的交流」的短文第二封是催稿的於是寄了一篇短稿附一封回信文章題爲「我的心境」大意說要寫的題目一時寫不來只好就我自己參預過的介紹中國新文學到日本去的意思說一說罷那就是既不是像某一批評家所說想把中國作家送上世界文壇也不是像美國的電影商似地把黑奴底黑皮厚唇或南海蠻女底曲線送到白人老爺底眼里掉換口味要不過是爲了向日本讀者，尤其是進步的讀者傳達一點中國人民在怎樣受難，怎樣掙扎，怎樣成長而已：：。以後是接到後稿件後的照例客氣的回信和那份星座。但我却沒有回覆。那原因是，曾經申明了就是被封也要介紹中國新文學的星座，這時來了一個「社告，」說是「看到了最近的中國底軍事政治行動底態度，底他們底計劃非停滯不可。我懂得他們底窘迫情形，但這說法使我大大地不快，在沒有出版的八月號文學的一篇短評里面，我就提到過，還有，這時候蘆溝橋的抗戰已經發生了，日本警察底不講理和無孔不入，我是領教過的，我想他還是得不到我底回信爲好。

但現在他居然遇到了日本政府底鐵爪。

我平鋪直敍地在這里記下了我和矢崎間的「往來」和通信的經過不曉得以「憲政」立國的日本政府有什麼權力這樣蹂躪問罪！警視廳的「支那通」們也應該害臊；你們不是連中國只有抗日民族統一戰線而沒有人民戰線的事情都不知道麼？

矢崎被補後的結果會怎樣呢？我想只有兩條路：不是日本政府用恐怖手段使矢崎和星座屈服，放棄對於中國文學的敬意甚至贊成侵略中國的强盜行動，就是矢崎固守自己底思想立場弄得本身入獄，星座倒掉。但無論是那一條路，結果同樣是摧殘了矢崎和星座底人道主義的進步的文學活動。壓迫民衆和侵略中國本是日本帝國主義底强盜政策底兩面，一切爲文化底進步而工作的日本知識份子們應該向這個屠殺文化的政府投去堅決的反抗！

七月社明信片

本刊前在漢口報紙登出預告的時候，定名「戰火文藝，」後因登記手續不合被主管機關駁回，故沿用本社在上海出版的週刊「七月」原名重行登記。

「戰火文藝」預告登出後，收到鼓勵我們的信件和稿件多到出於我們底預料。除應復的信件分別答復可用的稿件陸續選用外在這里一律表示我們謝意。

在上海出版的「七月」週刊，因爲同人大半遷來武漢，從第三期起宣告停刊，加大篇幅到三倍改成半月刊在武漢出版。但「七月」週刊既未被內地讀者見到，而內容又爲作者們在抗戰大潮中面用眞誠吸取的觀感，所以現在把沒有失去時間性的作品選出在半月刊重行發表。

本社社址設於漢口漢潤里四十二號樓上，但只爲接受信件及接洽出版事務之用，本社社員各個散居，無論因公因私的會面得另行先期約定，免得徒勞往返。

「不是戰勝，即是滅亡」

田軍

人家全說：中國要想打勝仗，第一要抱抵抗到底的決心；第二要發動民衆整個的力量；第三要獲得國際的助力。自己細想了想，覺得確實很有道理。便也要借題說幾句，所謂「人云亦云」。

第一先說「決心」。「決心」一個字眼或是一句話，它們常常要有幾方面用法和解釋的。比方日本要佔領整個的亞洲，臣服歐美的決心，聽說「明治天皇」的時候是就「決」了的。他死了，他的龍子龍孫臣民奴僕們就不得不戰戰兢兢承繼這遺志，現實這決心了。這在「田中奏摺」裏面已經說得很具體。後來所謂「帝國主義」這東西一出現，加起來就又有一個「大亞細亞主義」出現了——據說這是日本自己發明的。無論誰發明，我想決不會有人仿製或翻版。——至於消滅中國也無非是這大遺志中的一部小遺志而已。當然現在我們也就不必再故做驚慌。

早先不必說了，單就近百年來我們執有國家大權的皇帝或官員給與我們的「決心」——也可說遺志——是什麼呢？細想了想，只有「西太后」（？）的兩句名言還存留在我的腦子裏：

「甯送外寇，不送家奴。」

那時所指的家奴，當然就是要想推倒它們的老百姓了，即所謂「漢族」。當然這我們也不必驚訝那時的朝廷，本來就是「外寇」，外寇之間彼此把自己獲得的一點土地，家奴相互送送禮，也並不算什麼不合體的事；應該驚訝的卻是這「家奴」隊裏一部得了手，卻也要學着「外寇」的樣子，把自己的兄弟，自己的土地……雙手送給「外寇」，這卻値得有點痛心！不過再仔細一想，當然也就不必。

如今我想我們底現政府一定是決了心，要抵抗到底。這樣，「中國必勝」的第一個條件大約已無問題。

第二要說到發動民衆整個的力量。人家全說：這是決勝負的最重要一條。軍隊沒有民衆作支援，換句話說，就是軍隊若不屬於民衆的，不生活在民衆的期望和需要裏，就成爲絕了源泉的溪流，失了土壤的樹木，脫離水的魚……那結果——只有滅亡！

不是麼？我們「貴敵」的軍隊，如今就是這樣被它們的民衆這樣欵待着了。

至於怎樣發動民衆？發動起來又怎樣領導他們底行動？我想從事這些運動的人比我要知道得多；一定也會做得很好。我呢，下面寫的這點意見，算作一點參考，這當然也是「人云亦云」的老話。

A 認識——我盼望進步的民衆運動者，千萬不能存一點「民可使由之，不可使知之」的傳統臭味，一定要使民衆們澈底認識我們底敵人，澈底理解自己的「非戰勝即滅亡」的運命和任務，澈底了解我們底過去和未來……所謂死也死得個明白，活也活得個清楚——爲誰？爲什麼？

B 知識和技術——有了「認識」，還要有當前切要的知識和技術，除開防空，防毒，救護……這些知識以外，對於「游擊戰術」更是切要的。前者屬於消極的防守；後者卻是需要於積極的進攻。（新近「東北知識」一卷三期有兩篇關於「游擊戰爭」的文字，很切實，深盼從事民衆運動工作的人有機會能參看一下。坊間所出的一些「游擊戰術」一類的書物，是不切實的，僅是一點原則上的說明。）

第三點該談到國際的助力了。這題目看來很簡單，關係卻也很微妙複雜。但這也很容易，就是：凡是以「人」待我們，援助我們的，甚至消極不妨礙我們的，就是朋友，我們向它伸出眞誠的手；反之，以「奴隸」待我們的，企圖間接直接殘害我們的，就是仇敵！對正面的敵人，把我們的手臂舉起來，決心打下去；對側面的或間接的敵人，要用種種的方法，在國際上得到使他們不能加害我們的形勢。

看罷！這世界上誰在以「人」，以「弟兄」的眼睛看待我們？以「人」以「弟兄」的同情先伸出它們援助底手？我們這四萬萬五千萬奴隸的羣隊，也就向它伸出我們眞誠的手臂來——擁抱它，

九月十一日

致讀者和作者

一，本刊內容方向爲：民衆活動特寫，抗日英雄特寫，戰地生活特寫，漢奸特寫，地方通訊，詩歌，散文，小說，劇本，漫畫，木刻，雜感，專論等。因爲篇幅有限，來稿頂好在三千字以下，但如果認爲必要，七八千字的長稿亦願發表。

二，因爲人手有限，忙不過來，爲了節省時間和精力，來稿請留下底子。

三，本刊爲本社同人籌辦，又因印刷紙張奇貴，尙無力向作者致酬，但如果收支相抵尙有贏餘，當按照來稿篇幅，平均分配。

四，「步行傳信記」，「用羞恥換取生命」，「日本掉頭」，「江邊」，是從來稿里面選登的。第一期就能够加入了未見面的同志底力量，在我們是非常高興的。

魯迅先生的一生

鷲 百木刻

人與魯迅

紺弩

魯迅先生說：『我總覺得我周圍有段長城在圍繞，這長城的構成材料是舊有的古磚和補添的新磚。』（華蓋集頁五〇〇）這幾句話本是寫一九二四年以後某一時期的現象的，我以爲借來說近代中國，也非常恰當。那古磚是中國的封建勢力，新磚是國際帝國主義底侵略。中國的人民就不見天日地生活在用這兩種磚造成的長城裏。近百年的中國社會潛伏着一種要衝破這長城的偉大的思潮，這思潮不斷地爆發各種各樣的改革運動，洪楊革命，戊戌變法，義和團，辛亥革命，五四運動。

有人把五四運動比之于歐洲的文藝復興，文藝復興底根本思潮，又被稱爲人的覺醒，那就是說五四運動也就是中國社會的人的覺醒。其實豈只五四運動，百年來的各種改革運動，無一不帶有人的覺醒底氣分，不過那些改革者們未必充分地把握着罷了。

原來封建制度建築在農民剝削這一基石上，是最不把人當人的東西。從反映在政制上的君臣觀念看來：所謂「普天之下，莫非王土；率土之濱，莫非王臣。」所謂「君要臣死臣不敢不死。」所謂「君者發令者也；……民者出粟米麻絲以事其上者也；……民不出粟米麻絲以事其上則誅！」可見民，一向只有兩條路：獻出辛勞的成果——「粟米麻絲」，或者被「誅」。然而出了粟米麻絲，果眞就天下太平，百事大吉了麼？！并不，還要隨時準備脫褲子給那些聖君賢相派來的青天大老爺打屁股，隨時挨受地主老爺紳士老爺們底凌辱，還要準備給盜賊像黃巢張獻忠之流來殺戮，不然，就給本族的或異族的有道明君或無道昏君像永樂乾隆之流來殺戮！天才們給中國人民取了一個雅號：「蟻民」。就是說，人民的生命像螞蟻一樣地不值錢，生命尚且不價錢，別的什麼自然更談不到。如果是鳥，應該有翅子，嘴或爪子；如果是獸，應該有角，爪子或牙齒；然而不是，他們是人！說是人，豈不是也該有人的羽翼或爪牙的麼，像思想，智慧，慾望之類？有大概也有的吧，然而聖君賢相們用刀，火，牢獄，鞭笞和仁義道德之類來剪掉了！于是他們變成鳥中的雞鴨，獸中牛羊！多麼長的日子喲，我們人民生活和死亡在這黑暗的世界里！

滿清末葉，國際帝國主義的鐵蹄踏到中國來了，中國人民在舊的壓迫之上，添加一重新的壓迫。那些帝國主義者，根本把殖民地半殖民地的人民都當作應該征服，虐殺的野蠻人看待，所謂「有色人種」，除了日本帝國主義，就是人以外的一種特殊的名詞。殖民地半殖民地比之于帝國主義國家，眞也有些落後或甚至野蠻的地方吧，然而落後或野蠻就不是人，就應該征服。虐殺的觀念，卻是他們「文明人」所獨有的東西！

文章寫到這里的時候，日本「皇軍」底飛機正在天空盤旋，雖然這里離對壘的前綫是遙遙千里；機關槍和炸彈的聲音，使窗子的玻璃在格格地發抖，積年的揚塵，暴雨似地從天花板上落下來，此時此刻，不知又有多少中國人死在這響聲中間了！只要那聲音再近一點，我和周圍的人和雞，犬，老鼠或貓，都會化爲灰燼，是不用談的！因此，我似乎不必舉什麼另外的例子，敵機的空襲，就是充分地說明中國人在近百年來怎樣遭受了國際帝國主義尤其是日本帝國主義底濃渥的恩惠！

我們底改革運動就是在這種情形之下爆發起來的。

然而以前的改革者們，都把改革看得十分簡單：政治家以爲只要一道皇帝的聖旨，革命家以爲只要打倒一個皇帝，實業家以爲只要開幾個工廠，教育家以爲只要興學校，軍事家以爲只要有槍炮戰艦，鄉下老百姓以爲只要趕走或殺掉幾個洋教士……到了五四運動，才覺得以前種種，只是部分的，形式的或者枝節的，雖說除了皇帝底聖旨，什麼都需要，可是總合起來，仍舊是不够的。如果人民沒有獲得人的生活，人的知識，那些改革是沒有保障的，因此，眞正的改革，還須從人民生活和知識上的每一個具體的問題上着手。于是男女平權，婚姻自主的要求被提出了，歡迎德先生賽先生的口號被提出了，文學革命，思想革命上的多多少少的勝利被獲得了……一句話，人的覺醒這根本思想才被切實把握到了。

首先在自已的作品里具體地明確地指出了這一根本思想的卻是偉大的天才魯迅。

中國古代的聖賢說過很多漂亮話，「民吾同胞」，就是其中之一。但是那只是一句空話，那精神在什麼地方表現出來，恐怕誰也沒有看見，只有在魯迅底作品里我們才第一次知道中國眞有人有着這樣偉大崇高的情操。他告訴我們「中國歷來是排着吃人的筵席，有吃的，有被吃的，被吃的也曾吃人，正吃的也會被吃」（答有恆先生。）他告訴我們「仁義道德」底「字縫里」只有「兩個字吃人」！在這四千年來時時喫人的地方，他高叫：

「你們可以改了，從眞心改起！要曉得將來容不得吃人的人活在世上」。

「你們立刻改了，從眞心改起……」（狂人日記）

且聽他說他拿起文學的筆來的動機吧：

有一回我竟在畫片上忽然會見我久違的中國人了，一個綁在中間，許多站在左右，一樣是强壯的體格，而顯出麻木的神情。據解說，則綁着的是替俄國做了軍事上的偵探，正要被日軍斫下頭顱來示衆，而圍看的便是來鑑賞這示衆的盛舉的人們。

……從那回以後，我便覺得醫學并非一件緊要事，凡是愚弱的國民，即使體格如何健全，如何茁壯，也只能做毫無意義的示衆的材料和看客，病死多少是不必引以爲不幸的。所以我們的第一要着，是在改變他們的精神，而善于改變精神的是，我那時以爲當然要推文藝，于是想提倡文藝運動了。

（吶喊自序）

在藤野先生里也有過同樣的記述，并且示衆那篇小說，也顯然是以這一段經歷爲題材。

這就是人的覺醒的最具體的說明。

這里我們必需注意到「愚弱的國民」這幾個字。五四運動和文藝復興雖然同是人的覺醒，卻也有顯然不同的地方：文藝復興期的歐洲社會只受到封建制度的束縛，所要推翻的就只能是封建勢力，到了五四時代，歐洲的資本主義已經發展到了帝國主義階段，它底無情的侵略已經加到中國頭上，所以中國的思想革命，不僅是要中國人民從封建傳統解放出來，同時也要中國民族從帝國主義鐵蹄之下解放出來。這里的「愚弱的國民」是含有充分的民族的意義的。

然而這民族的覺醒和人的覺醒是不能分開的，我們不能從魯迅的作品指出那一篇是屬于前者，那一篇卻是屬于後者，自然他曾專門描寫過帝國主義的壓迫像談香港之類；也曾表示過弱小國民底悲哀，像藤野先生里所記的日本學生對中國學生的歧視；更時常發表對于高鼻子和「高等華人」之流在中國橫衝直撞，「勿要哇啦哇啦」的憤懣，像踢推了里所表示；隔膜，買小學大全記，病後餘談等許多文章，又明目張胆地指出異族統治中國的黑暗。雖然這樣，這些文章也仍舊統一在人的覺醒這一基本思想之中，無一不是人的喊叫，正像別的專談中國的文章也無一不帶着濃厚的民族色彩一樣。

中國人一向是被同族或異族屠戮，奴隸，敲掠，刑辱，壓迫下來的，非人類所能忍受的楚痛，都身受過，每一考察，眞教人覺得不像是在人間（病後餘談）。

他把「異族」和「同族」并舉，那意思是：凡不把人當人的東西，就都是人底敵人，正不必問那是國貨，那是舶來品。

反映在狂人日記以後的孔乙已，風波，藥，故鄉，祝福，阿Q正傳這一連串的光輝的作品里的中國人民底生活完全是黑暗的。魯迅不但對於那些被侮辱被損害的人們底生活苦痛，并且對於他們在那苦痛生活中養成的愚昧，卑怯，誇妄的性格，也給與了深的發掘。普希金，死魂靈寫出了舊俄羅斯人民底悲慘，魯迅底作品應該不在死魂靈之下的，不同的是他所寫的是中國，不僅以現實爲題材的這些小說，就是那些以歷史故事爲題材的小說故事新編也完全反映着中國人，甚至是現代中國人底生和性格和情感。此外有些記叙文其實是注了眞名實姓的小說，像阿長，阿金，衍太太之類的人物也和阿Q，孔乙已，閏土，祥林嫂一樣使我們不能忘記。

至於那些浩如烟海的雜文更是直接地向我們指示。辮子，小脚，雅片烟，姨太太以及爬和撞，推和衝，無論大小精粗，只要是非人的東西，一經他瞥見就必然會抓住，提出，并且好像在大聲疾呼「你們可以改了，從眞心改起！」我不知道魯迅底雜文究竟有多少字，但是我相信那每一個字都充溢着「人」的思想。

或者有人說，人的覺醒本是資產階級底東西；歐洲的資產階級有了這種覺醒，才從封建束縛解放出來。現在把它和魯迅結合一起，豈不像在說：魯迅底思想就是資產階級的思想麼？不錯，人的覺醒是資產階級的，但這是指新興的革命的資產階級，并不是指落沒的，腐爛的資產階級。五四運動底領導者正是新興的民族資產階級，魯迅又在五四時代就已經是個倔强的戰士，假如說他底思想和那時革命的民族資產階級簡直沒有關係，豈不是很奇怪的麼？不過歷史告訴我們：資本主義一繁榮，資產階級就不是以前的資產階級了（指歐洲的）。封建制度固然建築在農民剝削上，把人不當人，資本主義卻建築在勞動者剝削上，更把人不當人，於是所謂人的覺醒，卻變成了資產階級底自私的貪慾的個人主義。這就是說，資產階級雖然有過人的覺醒，卻并沒有眞誠地實現這一覺醒；人的實現還須等到更高級的社會，人的覺醒，如果不中途褪色，變爲利己的個人主義，就恰恰是到高級社會的一種準備。因此，魯迅底思想雖然曾經和某一時期的資產階級有多少關係，卻斷不是「資產階級的」所可包括。

魯迅有幾次說過這樣的話：譬如一羣人被關在一座鐵屋子里，明知無法出來，與其把他們叫醒使他們敏銳地感覺自己底苦痛，不如讓他們睡着昏昏沉沉地死去。有人說這是悲觀主義。光看這幾句，誠然是悲觀，如果和魯迅底全部作品一齊讀，那意思就變爲：徒然的覺醒是無用的，如果不能實現，倒不如不覺醒好。怎樣實現那覺醒呢？依魯迅底指示，就是戰鬥。

魯迅一生的歷史就是戰鬥的歷史，誰都知道的。他和一切壓迫中國人民的惡勢力戰，和一切壓迫者底幫忙幫閒的正人君子們戰，和一切有利於壓迫者的道德或教訓，如貞操觀念復古思想之類戰，和人民在黑暗生活中被養成的自私，自大，卑怯，苟安，中庸，微溫……等劣根性戰，乃至和一切假裝前進，或假裝并不不前進的份子戰。五四時代他反對舊文化最激烈也最澈底；五卅三一八前後，反對上海英國巡捕槍殺市民，反對段政府槍殺學生，反對章士釗陳西瀅那班「媚態的貓」「吸人的血還要預先哼哼地發一通議論的蚊子」，也最堅決；九一八以後更是不斷地反對日本帝國主義，反對李頓調查團，反對恐日，媚日的中國人們。一直到死，差不多無時無刻不在戰鬥中討生活。

讓我們聽他關於戰鬥的教訓吧：

世上如果還有眞要活下去的人們，就先該敢說，敢笑，敢哭，敢怒，敢罵，敢打，在這可咀咒的地方擊退了可咀咒的時代。（忽然想到之五。）

我們目下常務之急，是：一要生存，二要溫飽，三要發展。苟有阻礙這前途者，無論是古是今，是人是鬼，是三墳五典，百宋千元，天球河圖，金人玉佛，祖傳丸散，祕製膏丹，全都踏倒他。（同上之六。）

我之所謂生存，并不是苟活；所謂溫飽，并不是奢侈；所謂發展，也不是放縱。（北京通訊。）

然而戰鬥并不是一件輕而易舉，悠閒自的的事件，隨戰鬥而來的是刀鋸鼎鑊，飢寒困苦，譏笑怒罵。古人說：「富貴不能淫，貧賤不能移，威武不能屈」，到這種程度，總該可以戰鬥了，說不定還會被父兄底訓誨，妻子底規諫，師友底誘導，輿論底指摘所動搖，所以往古來今，固然有不少的戰士，但是退縮的，投降的，悔過的「戰士」，卻更多。那末，有什麼法子呢？有，一個字：「韌！」

魯迅解釋這韌字說，天津某處的碼頭工人很有這種工夫，假如你要他搬一點東西，他說：「一塊錢！」你說東西很輕；「一塊錢！」你說路很近；「一塊錢！」「你說……」「一塊錢！」一個戰士就要有這種工夫。他又有一個很好的比喻：

我有時也偶爾去看看學校的運動會……競走的時候，大抵是最快的三四個人一到決勝點，其餘的便鬆懈了……假若偶有雖然落後，卻儘跑的人，大家就嗤笑他。大概是因爲他太不聰明，「不恥最後」的緣故吧。所以中國一向就少有失敗的英雄，少有韌性的反抗，少有敢單身鏖戰的武人，少有敢撫哭叛徒的弔客；見勝利則紛紛聚集，見敗兆則紛紛逃亡。（華蓋集頁一五〇。）

因此戰鬥就必需這樣：

他走進無物之陣，所遇見的都對他一式點頭……頭上有各種旗幟……頭下有各樣外套……

但他舉起了投槍。

……一切都頹然倒地……

但他舉起了投槍。

他在無物之陣中大踏步走，再見一式的點頭，各種的旗幟，各樣的外套……

……

但他舉起了投槍。

他終於在無物之陣中老衰，壽終……

但他舉起了投槍！

自始至終不屈不撓，要有這種精神，才能戰鬥。魯迅自己就是這樣一個戰鬥者！

魯迅先生周年祭作

作者附記：讀者可以看到這篇小文是虎頭蛇尾地結束了。作者底本意是想從魯迅先生底偉大精神來指明目前在抗日戰爭中消極怠工和積極替敵人當儈子手的那些非人現象底社會原因，作爲後方工作底參攷，但因爲精力不濟，時間倉卒，以及參攷材料不夠，終於沒有能夠接觸到主要論點。對讀者對自己都是非常慚愧的。希望不久有補過的機會。

「活的依舊在鬥爭」

柏山

人在寂寞的時候，常常會想到自己的朋友，正如在熱鬧的時候容易忘記朋友一樣。我一生沒有過熱鬧的日子，所以凡是我的朋友——無論死者或是活着的，常常和着我的血液在我心底湧動。其中，魯迅先生要算是湧動得最利害的一個。雖然我沒有看見他死，但是他給予我的印象卻特別的深切。

最近胡風兄在離滬之前，邀集七月社的幾位朋友商量出一個魯迅先生紀念號。當時我的回答是：用筆墨未必能寫出我對於他的敬意。所以我在這里既不想敘述我怎樣和他接近，以至他怎樣教育了我；也不打算用簡單的幾句話論盡他偉大的一生。我所記下的，只是在聽到他的死耗的那一剎那，我的心境所起的一點小小的變化而已。

誰都知道，魯迅先生是去年十月十九日逝世的。並且那幾天報紙上的紀載，已經哄動了全中國甚至全世界的民衆。然而那一天我卻坐在蘇州一間黑屋子裏給魯迅先生寫問安的信，並且託他給我買兩本書。說起來，我已經是一個埋葬了而沒有記憶的活人罷了。

突然，在二十四的早上，同號子的小黎由外邊寫信回來，臉色變得慘白。好像被看守抄去了什麼「條子」似的（註一）。我當時正端着一碗稀飯在手上，望着他那種愁煩的樣子也就無心喝下去了。

「你還喝稀飯，魯迅已經死了！」

他帶着一種斥責而又悲慟的語調向我說了。

我心裏猛然一跳，好像什麼虻刺觸上我的背脊似的。可是為了避免旁人知道我和他有關係，也就按捺住自己的感情，不說什麼話。同時又想到小黎的話，說不定是外邊傳來的謠言。因為這種世界，惟願他早死的並不是全無人在，就是說不少也沒有什麼過份。於是打開包袱，拿出G最近給我的信。上面並沒有說到魯迅先生怎麼危險，只有五月的信上寫着；

「……豫翁年高，事又多，近來又生病了。今天我去看過他，瘦得很。」下面補上一句，「大概不久會好起來罷！」

跟着這信，又說他已經能够出來走動，並且還能勉強寫文章。我想，要是萬一死了，我應該是先得到信的。由於這些事實的推斷，我決定小黎的話一定是謠言。

「你的話不見得靠得住！」我不在意地回答小了。

「好罷，你說靠不住，惟願靠不住，」他對着我那那冷淡的樣子生氣道：「人家從『耶蘇』（註二）那裏來的消息……」。

這在我卻不能不有些疑惑了。本來，我吃過稀飯之後，還有兩碗乾飯好吃。今天卻不知怎麼的，肚子裏很飽了。早飯過後，照例要給幾個盜友教書，然而我已經沒有心思。就是自己拿着一本書，也怪煩膩的。於是破例的拿出一張蓆子，攤在鐵窗跟前的一個高鋪上，兩手抱着腦袋，畢直地躺着。從鐵窗的格縫中凝視着蔚藍的天空。從那浮動的白雲中間，我感覺人生的虛空。一股酸淚不知不覺湧到眼角邊上了。然而我懂得流淚是恇怯者的特徵，於是很很的咬一咬牙，把眼淚吞進咽喉裏吃下了。

可是我為要驅走心上的不安，重又翻出G的全部來信。想從那些信裏確切證實這消息的不可靠。然而事實上使我陷於更難堪的境地了。那原由是，二月裏我自己也生過一場病。當時為要和病魔鬥爭，我寄了一封信給G，要他給我買一點藥。同時帶問了魯迅先生一句：「我是不是還能和他見面呢」！由於這一疑問，我自己都明白了是充滿着頹傷的氣氛。於是再加上一句：「啊啊，再見罷！」我用「再見」兩個字表明我對於生的懷戀。然而懂得我這一點點的微意的，恐怕除了G，只有一個魯迅先生了。

這信，照例寄到內山書店。魯迅先生又兼做了綠衣使者了。過幾天，回信有了，藥和錢也同時寄到。末了，G申明：藥是豫翁送給你的。同時安慰我說；

「人不能在順境裏認識人生，要在痛苦裏，在被人遺棄的生活裏，才能認識這繁華的世界的面目……。」

當時，我接着這全部的禮物，沒有回信，只是醫治我的病。的確，我覺得我年青，應當活下去，就是多活一天，也是有一天的意思的啊！不知是藥的功能，還是心理的作用，果然，我的病一天天好轉起來，而且身體一天天健壯了。可是沒有想到希望我活着的人卻先我而死了。我不禁想起那能不能再見面的一句話，如今應驗了。我還有什麼話好說呢？感覺整個世界對於我彷彿失去了聲音和色彩似的了。

這樣的日子，怪沉悶，也怪難受。於是索性打開那本讀過兩遍的死魂靈重讀起來。可是每讀一字，我的脈就跟隨着魯迅先生那嚴肅的臉和他那沉重的心一同跳動。雖然，我也明白我年青，他年老，按照自然的法他則遲早是先死的。可是失去慈母的嬰孩卻又怎麼能够不哭呢？！唉唉！

一直待到G來信說：「逝者是永劫地不會回來了，我們得用精神的微光去和死者的靈魂相抱」，我那沉重的心這才跟着有些轉機了。是的，我應當在工作裏埋去自己的悲慟。於是隨意地問小黎說：

「魯迅先生死了，你怎麼樣」

他簡短的回答道：「我打算寫篇詩追悼他！」

我沒有作聲，只是奇怪自已怎麼一個字也寫不出來。

那時，坐在我們旁邊的，只有一個老李。往常，他對於我們的談話——無論是好或壞，他都不插嘴的。這一次，他可破例的發話了。

「我是不大懂得魯迅」，他很自然的說。「據我看過他答取消派的信，應當作為一個戰士來追悼他，這才合理。」

由於他的話的提示，我才明確的意識到，他不止是我的導師，也不止是一個文豪，他還是一個革命的鬥士。於是我們決定由我起草一個簡短的哀啓，徵求其他號子裏參加，舉行一個平常的追悼會。末了，附註：如果同意，請在門上的空格裏擺兩塊肥皂。

第二天一早，我從小門洞裏偷窺對門的號子，肥皂都擺上了。跟着，電話就來了。認為空洞的追悼是不够的，應當還要有行動，這可使小黎興奮了。

「蔣特金死了，」他激昂地揮着手說，「德國女牢監的犯人在運動場上由一個人猛然叫一聲口號，隨着，大家唱起歌來……。」

我知道他是有些小孩子脾氣，經不起興奮的一個人。於是糾正他的話說：

「這里不是德國女牢監囉！」

「如果你怕叫，我來！」他生氣的說，「打軍棍，釘鐐，我一個人去！」

「那麼你一個人去追悼，不更便當。」

他聽着我堵住他的嘴，也就沉靜下來了。

最後，我們議定三項：一，向當局要求發還石板；二，允許我們讀洋文；三，批准我們自已訂雜誌。這意思是從文化教育的爭取，作為對於我們的革命文豪的追悼的意義。此外，擬於三十日各號子分別舉行一個簡單的哀悼的儀式。為要實現這一決定，又進行徵求所有的普通的難友一致參加。

不料第二天，一開始寫書面報告，就受到阻礙了。寫報告的次序，我們是挨到第三。站崗的那個麻皮看守，一發覺前面有兩張同一要求的報告，冒頭就問我們道：

「打什麼報告」

「打一張要石板的……」

我立在小洞門口說。

「不准！」

「為什麼不准？」

小黎從我背後插上來說。

「啊！你想出風頭，要來命令我，」那麻皮看守頭也不回，就跑到辦公室報告去了。接着威風凜凜的跑回來，把鐵門一拉開，高聲的叫着：「出來！你們兩個大漢。——」

「出來就出來！」小黎嘰咕着，同時我也跟了出去。

辦公室是在第三道鐵門口。那是像雞窩一樣小的屋子。其名曰：「小辦公室」。跨進門，就看到掛在壁上的鐵鐐和手銬，好像屠戶的肉桌旁邊掛着的鐵鉤和屠刀一樣。然而所謂司空見慣，也就沒有人把他看在眼上。小黎挺直腰幹站在那張小小的紅漆桌子跟前。我就靠着他的肩膀立下來。

「啊！又是你們兩個！」綽號叫劉大簍子的看守，向對我們做着一種險惡的獰笑說，「沒有話講，伸出手來！」

小黎很機械地把手伸了出去。那已經不知打爛過多少人的手心的長竹板，如同農夫柴似的，一板子又一板子打下去。我望着他的手漸漸由紅變紫，由紫變黑，最後像木杓一般臃腫了。可是小黎卻咬咬牙關，一聲也不響。我對他呶呶嘴，意思是要他叫喊。但是憤怒之火，已經燒得他的兩頰通紅，滿眼熱淚了。我的心血也就登時沸騰起來。最後挨到我，我也只咬咬牙忍根受了。

兩個人壓住心火走出了辦公室，彼此把兩隻紫黑色的手抱住頭磨擦。什麼着也不說，默默地走回來。一到號字門口，老李已經拿着一張大紙在寫報告。小黎跳進門對着號子裏的人苦笑道：

「他媽的，橫豎不講理！」

「不管他講理不講理，」我批判他的話說，「報告寫了，就是打幾十手心，也還是我們勝利！」

這時，所有號裏子的人都立起來。誰也沒有說什麼。只從每個人的瘦癟的臉色上，可以出看每個人的心都是火紅的。等着吧，這憤怒之火，總有一天燃燒起來的！從此，我深切地悟解了有的名的囚歌中的一句話：

「死者已經犧牲了，活的依舊在鬥爭！」

這一爭鬥，已經同魯迅先生的死過了一年了。然而我已不在蘇州，卻在這兒一面聽着閘北的炮聲，一面寫着這樣紀念的文章。我的生活依然沒有熱鬧的日子，所以凡是我的朋友——無論死者或是活着的，依舊和着我的血液在我心裏湧動。其中魯迅先生要算是湧動得最利害的一個——雖然我沒有看見他死，但是他給予我的印象卻特別深切，而且這深切的程度將隨着我的年齡的增長一同增長下去。

註一・「條子」即秘密信件之類。

註二・「耶蘇」即報紙的隱語。

週年祭

蕭軍

於本年七月十七日「魯迅先生紀念委員會」正式成立了。假地上海南京路的華安大廈，除開幾個委員因故未到外，大部全到了。當時提出討論的程序是這樣的：

一．由許廣平女士及茅盾先生分別報告這一年中籌備進行的經過，收到捐欵的數目（約三千幾百元）等。

二．推定經常負責辦事人員，於北平上海分設辦事處。

三．改「魯迅文學獎金」名義為「魯迅學術獎金」

四．擴大徵募基金運動。

五．定每年十月十九日為「公祭日」，人民自由參加。

六．每年一進十月中，即發動關於魯迅的學術及思想等講演，到各學校各文化團體由紀念委員或聘人分別担任。

七．於「公祭日」以前，將兩本紀念冊編竣。

紀念冊共分兩種：一種是印刷紙張裝訂等比較精美，由對於魯迅先生的學術思想有相當認識的人担任撰文。另一種則是把自從先生逝世到本年一月止，所收到的關於各項哀悼文字，圖片…等擇要編輯起來。內容計分：獻詩，遺照，自傳，年譜，譯著年表及筆名，各項墨跡，喪事經過略紀，入殮出喪時各照片，悼文（由各雜誌及報章選出者，約計一百二十篇），新聞摘要（由先生逝世到安葬，國內外各地哀悼情形，摘要輯錄），函電（係將國內外各地的唁函，悼電摘要輯錄），輓聯辭（摘要）通訊（國內外各地追悼會特寫）附錄（贍養遺容及參加送殯人數團體等統計，各項歌詞製版）。全輯共約八百頁。於八月十三日以前，已經校好了十分之九，再得兩個星期就可全部裝成。無論旁人怎樣說，我個人總覺得這是一部有用的輯錄。它可以帮助後來者知道一

在東京

蕭紅

在我住所的北邊，有一帶小高坡，那上面種的或是松樹，或是柏樹。牠們在雨天裏，就相同在夜霧裏一樣，是那麼朦朧而且又那麼寂靜！好像飛在枝間的鳥雀的羽翼的音響我都能夠聽到。

但我真的聽得到的，却還是我自己脚步的聲音，間或從人家墻頭的樹葉落到雨傘上的大水點特別地響着。

那天，我走在道邊，我看着傘翅上不住的滴水。

『魯迅是死了嗎？』

於是心跳了起來，不能把『死』和魯迅先生這樣的字樣相連接，所以左右反復着的是那飯舘裏下女的金牙齒，那些吃早餐的人的眼鏡，雨傘，他們的好像小型木橙似的雨鞋，最後我還想起了那張貼在廚房邊的大畫，一個女人，抱着一個舉着小旗的很胖的孩子，小旗上面就寫着「富國强兵」。所以以後，一想到魯迅的死，就想到那個很胖的孩子。

我已經拉開了房東的格子門，可是我無論如何也走不進來，我氣惱着；我怎麼忽然變大了？

女房東正在瓦斯爐旁邊斬斷着一根蘿蔔，她抓住了她白色的圍裙開始好像鴿子似的在笑：『傘……傘……』

原來我好像要撐着傘走上樓去。

她的肥厚的脚掌和男人的一樣，並且那金牙齒也和那飯舘裏下女的金牙齒一樣。

報紙上的標題是魯迅的「偲。」這個偲字，我翻了字典，在我們中國的字典上並沒有這個字。而文章上的句子里，「逝世，逝世」這字樣有過好幾個，到底是誰逝世了呢？

第二天早晨，我又在那飯舘裏在什麼報的文藝篇幅上看到了「逝世，逝世」，再看下去就看到「損失」或「殞星」之類。這回，我難過了，我的飯吃了一半，我就回家了。一走上樓，那空虛的心臟相同鈴子似的鬧着，而前房裏的老太婆在打掃着窗欞和蓆子的噼拍聲，好像在拍打着我的衣裳那麼使我感到沉重。在我看來，雖是早晨，窗外的太陽好像正午一樣大了。

我趕快乘了電車去看一林。我在東京的時候，朋友和熟人，只有她。車子向着東中野市郊開去，車上本不擁擠，但我是站着，「逝世，逝世」，逝世的就是魯迅？路上看了不少的山，樹和人家，它們却是那麼平安，溫暖和愉快！我的臉幾乎是站在玻璃上，為的是躲避車上的煩擾，但又誰知道，那從玻璃吸收來的車輪聲和機械聲，會疑心這車子是從山崖上滾下來了。

一林在走廊邊上，刷着一雙鞋子，她的扁桃線炎還沒有全好，看見」我，頸子有些不會轉彎地向我說.

『啊？你來得這樣早！』

我把我來的事情告訴她，她說她不相信。因為這事情我也不願意它是真的，於是找」一張報紙來讀。

『這些日子病得連報也不訂，也不看了』她一邊翻着那在長桌上的報紙，一邊用手在摸撫着她頸間的藥布。

而後，她查了查日文字典，她說那個「偲」字是印象的意思，是面影的意思。她說一定有人到上海訪問了

些，對於他們的先生底死，在歷史上是激起了怎樣一個不同的浪花從每面，從每人……他們是用着怎樣的看法，來決定這偉大的人底標位；這人類的金鋼石在他的時代裏又是怎樣用着它的棱角，它的光芒和企圖損害它的仇敵們戰鬥着，照耀着他的後來者……。可是這「緝錄」於今却祇能停滯在那裡。這也只能感念那侵害我們的賊人他們會在「公祭日」用他們底槍炮聲代替了我們底悼歌！

當九月二十八日我們由上海西站乘車，路過虹橋路的時候，我看着窗外向西展伸去的大路，同時向S說：

「從這裡跳下去，就可以到墓地去了。」

「草一定長得很高了啊：」她長長地吸了一口空氣，眼睛無變地對着西面那被晚雲包裹了的天……。

在上海的時候，每到一個週月，無論風雨，我們總是要到他的墓地去看看的。從不肯間斷。有時候因為買花不方便，便就墓，附近尋找些野蒿野花來替代。這樣做，似乎感到一點酸味的慰安；同時把這一月中黏貼在人底靈魂上的瑣碎的渣滓，也洗滌一次，而後再安寧地回家。我們不是宗教徒，但却似一個愚蠢的宗教徒似的虔誠，來膜拜我們所尊敬的人底骸骨！

賊人的砲火在不久的將來，也許就轟碎了他這片小小的埋葬的土地，他的屍身將要隨着那硝煙一同消滅了……；這全是意中事。他的敵人摧毀他生前的血肉灰天年；如今的賊人却要轟碎他的僅有的一片埋身地，和化他的最後。一塊骨什……我們能說什麼呢？——這是應該這就是一個偉大者為他底民族，為人類底不公而戰的酬勞，美麗的花冠！

他墓周的草高茂到怎樣了呢？臨行之前，我們本要去看一次，但是未能夠。秋天來了，那草也要枯落下來，這只有等待明年的春天來看墓周那些更新的草芽罷

一九三七，十，九夜

魯迅回來寫的。

我問她『那麼為什麼有逝世在文章中呢？』我又想起來了，好像那文章上又說魯迅的房子有槍彈穿進來，而安靜的魯迅，竟坐在搖椅上搖着。或者魯迅是被槍打死的？日本水兵被殺事件，在電影上都看到了，北四川路又是戒嚴，又是搬家。

但她給我的解釋在阿Q心理上非常圓滿，她說：「逝世」是從魯迅的口中談到別人的「逝世，」「槍彈」是魯迅談到一二八時的槍彈，至於「坐在搖椅上」她說談過去的事情，自然不用驚慌，安靜的搖在搖椅上又有什麼希奇。

出來送我走的時候，她還說：

『你這個人啊！不要神經質啦！作家上中滿上他都寫了文章，他的身體可見是在復元期中……。』

她說我好像慌張得有點傻，但是我願意聽。於是在阿Q心理上我回來了。

我知道魯迅先生是死了！那是廿二日，正是靖國神社開廟會的時節。我還未起來的時候，那天空開裂的炮竹，發着白煙，一個跟着一個在升起來。隔壁的老太婆呼喊了我幾次，她阿拉阿拉的向着那炮竹升起來的天空呼喊，她的頭髮上開始束了一條紅繩。樓下，房東的孩子上樓來送給我一塊撒着米粒的糕點，我說謝謝他們，但我不知道在那孩子的臉上接受了我怎樣的眼睛。因為才到五歲的孩子，他帶小碟下樓時，那碟沿還不時的在樓梯上磕碰着。

靖國神社的廟會一直鬧了三天，教員們講些下女在廟會時節的故事，神的故事，和日本人拜神的故事，而學生們在滿堂大笑，好像世界上並不知道魯迅死了這回事。

有一天一個眼睛好像金魚眼睛的人，在黑板上寫着：魯迅大罵徐懋庸，引起了文壇一場風波……矛盾起來講和……。

這字樣一直沒有擦掉。那捲髮的，小小的，和中國人差不多的教員。他下課以後常常被人圍聚着，談些個兩國不同的習慣或風俗。他的北京話說得很好，中國底舊文章和詩也讀過一些。他講話常常把眼睛從下往上看着：

『魯迅這人，你覺得怎麼樣？』我很奇怪，又像很害怕，為什麼他向我說？結果曉得不是向我說。在我旁邊那個位置上的人站起來了，有的教員點名的時候問過他：『你多大歲數？』他說他三十多歲，教員說：『我看你好像五十歲的樣子……』因為他的頭髮白了一半。

他作舊詩作得很多，秋天中秋遊日光，遊淺草，而且還加上譜調讀着。有一天他還讓我看看，我說我不懂，別的同學有的借他的詩本去抄錄。我聽過了幾次『你沒再作詩嗎？』他答『沒有喝酒呢。』

他聽到有人問他，他就站起來了：

『我說……先生……魯迅這個人沒有什麼，沒有什麼了不起的，他的文章就是一個罵，而且人格上也不好，尖酸刻薄。』

他的黃色的小鼻子歪了一下。我想去用手替他扭正過來。

一個大個子，載着四角帽子，他是「滿洲國」的留學生，聽說話的口音還是我的同鄉。

『聽說魯迅不是反對「滿洲國」的嗎？』那個日本教員，抬一抬肩膀笑了一下：『嗯！』

過了幾天，日華學會開魯迅追悼會了。我們這一班中四十幾個人，去追悼魯迅先生的只有一個。她回來的時候，全班的人嘲笑着她，她的臉紅了，打開門，用腳尖向前走着，走得越輕越慢，而那鞋跟就越響。她穿的衣裳顏色一點也不調配，有時是一件紅裙子綠上衣，有時是一件黃裙子紅上衣。

這就是我在東京所看到的這些個不調配的人，以及魯迅的死對他們激起怎樣不調配的反應

即使尸骨被炸成了灰燼

胡　風

因爲要離開上海，而且離開了以後的命運是和戰鬥着的祖國底命運一同决定的，不能不清理了一下書籍和什物。有一個裝着信件和扎記卡片之類的匣子，清理着，把原來打算保存的東西大半撕碎扔掉了，但忽然發現了一張用小型洋紙信箋寫的已經汚皺了的條子。那上面寫的是：××路××里××號×先生旁邊另一種筆跡添寫着：午前五時三十五分。

抓着這，我底手馬上停住了，同時感到心頭被罩上了一抹陰雲，臨行前的繁忙和焦燥消失得無影無蹤，心情沉靜下去，好像走在通到親人墳墓去的陰森古道上一樣。那上面的我那時的住址是景宋夫人寫的，旁邊添寫着的時刻卻是內山完造氏底筆跡。接到這個條子是一九三六年十月十九日上午六點多鐘，當上海的電波將要顫抖地向全中國全世界傳送魯迅先生逝世的哀音的時候。

頭一天，十八日，我最後一次離開先生寓所是大約下午五時左右。當時S醫生還在，用平常和先生談話的口氣大聲地說着「不要緊不要緊」，但看先生底樣子卻非常衰弱，好像不大有精神答話，因爲義牙取下了，兩頰陷落下去，使得口部底動作顯得異常地吃力，聲音也似乎有些改變了。但我沒有想到這就是永別。

那晚上沒有睡好，精神很不寧帖，到天色微明的時候，朦朧中似乎隔壁的電話在響着（那時我是借用隔壁房東家的電話的）但等我清醒後抬起頭來細聽又沒有了。這樣地經過了兩次，終於睡着了不知道睡了好久，好像有人在喊，掙起身子一看，是女工站在床前，說是有人來找，一面遞給我一張條子。搶過條子匆匆一看，一種模糊的不吉的預感通過了我底全身，馬上跳起來跑到前門。站在那里的是認識面孔而不知道姓名的內山書店的中國的青年店員。

「周先生死脫啦，請你馬上去，汽車等在外邊……」

像是一聲霹雷，又像是被澆了一身冷水，我沒有說一句話，但即時竄回房里，全身冷得打顫，胡亂地穿上衣服，除了向驚醒了的M說了一聲「周先生死了……」以外，我不能說第二句話。

怎樣出門，怎樣上車，現在已完全模糊了，只記得由住所到衖外的一段路，我和那位青年店員都是用着跑步的。但上了車子以後人反而平靜了，平靜地坐着，沒有注意那向後倒退的淸晨的市街，思緒也不能注集到什麼上面，平靜地坐着，好像願意就這樣地被車子載着儘是飛奔，飛奔，飛奔到無盡的久遠，飛奔到無盡的邊際，但同時又有一個相反的感覺：渴想馬上趕到，也許先生還是含着烟捲沉思地躺在那把破舊的籐椅上面。

然而先生的房間里是一片靜。走進去，望見了先生底面部覆着一幅白色的手帕靜靜地躺在床上，幾張悲哀的面孔靜靜地守在一邊。我搶到床前，內山老板把那塊白色手帕掀開了，那是使我們感到了無比的眞誠和智慧的面孔，但現在卻閉着眼睛，昨天顯得動作吃力的口部是永遠地靜止了！我陡地低下頭來，一股辛熱的氣息衝上了我底眼里……

大約在一小時以後罷，「治喪委員會」成立了。要我起草一篇簡單的傳記。那時候不但推辭，連猶豫是都不能够的，於是和其他的幾個人圍着樓下客廳里先生平日接見來客的長桌子坐下，用我底顫抖的手提起了筆來。當最後寫到「……不管他是否願意，是否放心，肉

哀魯迅先生一年

端木蕻良

我最反對穿拖鞋，在我以爲拖鞋本身包含一種懶惰的質素，他使人失去緊張和嚴肅，動作迂緩，想起貪逸。在過去我祇穿過幾天，是因爲那雙的樣式好，穿起來很有羅馬武士風，並不顯出鬆懈來，但也祇穿了幾天就厭棄了。而這次我卻穿了一個很長的時光了，而且當我知道了這雙拖鞋的歷史的時候，我在這雙快要破了的鞋子上不但看不出一點兒懶惰的遺跡，卻祇感到無限的激怒和震憤來。這鞋子在我之前曾經過兩個主人，他們兩個無比的天才都曾踏在它的上面將中國的文化光輝的創造過了。這兩個主人不是別人，就是瞿秋白和魯迅。感謝這鞋子，能够在他們繁鉅的工作當兒拖來一點兒有限的寬鬆，使他們能够更充分的發揮他們的精力和思維。倘若拖鞋這個字所代表的意義是一點兒舒適，是一點兒平靜，對於他們我絕不反對，而且我但願它能代表的更多些，能够越多些越好。

這鞋子是瞿秋白買回來的，他去了，便留給魯迅先生。

當着我每一念到：「夕陽明滅亂山中，落葉寒泉聽不同，已忍伶俜十年事，心持半偈萬緣空」詩句時，我便感到一個忍受苦難忍受顛沛的巨人的一生苦惱的心境。倘若是政治稍稍底定的晨光，他也可以好好的幹一點宜於休息的事吧，但是爲了不能休息，他祇有丟下拖鞋踏上芒鞋去了，從此沒有回來。這雙鞋子將是他惟一的遺物了。

當着我寫這篇文字時，我正住在魯迅先生生地附近的鄉下。當着汽車在「會稽」經過的時候，看見那道小河，想起「故鄉」中所描寫的烏蓬船就曾在這裏划行過的，（聽說這裏的櫓都是用脚來搖的，那一次眞想

體底衰亡終於壓迫着他不得不放下了戰鬥的筆，把三十年來用他底血液集結成的寶貴的文學遺產以及求民族解放求民族進步的神聖的工作留給了年青的戰鬥者們而儵然長逝了……！」的意思的時候，全身底抽搐，全身底顫抖，使我完完全全地沉溺在熱淚里面。

這個悲慟的早晨到現在快要一年了。在這一年中間，我在先生逝世後不久就計劃了的兩件直接紀念先生的工作，連着手都沒有，現在且把那些材料留在敵人炮火下的上海，來到這個也曾受過敵人底轟炸，然而卻依然保持着歌舞昇平的氣象的「後方工作重心」的武漢。

臨行前的某一天，曹白來，我們談到萬國公墓底安全問題，說是很想去看一次。時時刻刻都被青年的熱血燃燒着的曹白馬上跳起來叫了：

「好的，我去交涉來一部紅十字救護汽車，大家一道去！」

這提議使大家興奮了，於是一面收拾行李一面期望地等待。在等待的中間我忽然起了一個想頭：如果去得成功，我們得帶幾十個麻袋去裝起沙土來堆在墳墓上面，從敵人底炮火保護先生底尸骨。

然而，一天兩天，渺無消息。顯然地，在這樣緊急的時候想借用紅十字救護車是頗不容易的。同時聽景宋夫人說，前些時她曾去過，路上非常艱難，五步一哨崗十步一「障礙」，單身人都得側着身子走過，而且到墓地後望望就非趕快離開不可。而我們也就匆匆地從上海出走了。

想不到在這里，我們居然有簡單地紀念先生的機會。然而，一連三個晚上，我對着稿紙坐着，一提筆就萬感交集，無法寫出我底紀念先生的心。先生自己在哀悼柔石等的時候就曾說過他懂得了向子期底思舊賦為什麼剛一開頭就完了的道理，而我卻幾乎連開頭都無法落筆。

但柏山底文章寄來了。恰巧當我出門的時候從郵差的手裏接到的。我一面在街邊走着一面讀，那里面所記的引起了我許多記憶，當讀到「我們得用精神的微光去和死者的靈魂相抱」，雖然是在人行道上，我底熱淚也不禁奪眶而出了。

於是記起了蕭紅底話。她說「現在大家寫紀念周先生的文章，一定脫不掉，呵，周先生死了一年了，現在我們和日本帝國主義打仗……一定脫不掉這一套！」

大家笑了。

但過後一想，她底話倒是說出了一個偉大的眞實。一切求民族解放求民族進步的鬥爭又怎樣能夠不和魯迅先生連在一起呢？先生三十年來的戰鬥路綫是新文化運動底主脈，而新文化運動底基本任務是反抗被帝國主義壓迫被帝國主義殘殺的中華民族底悲慘命運。所以，先生底精神和帝國主義是不能兩立的，今天在敵人的炮火下來紀念先生，對先生，對我們，都是難得的光榮。只要這神聖的民族革命戰爭能夠取得健康的發展，能夠爭到最後的勝利，即使先生的尸骨被敵人炸成了灰燼，我們也用不着悲傷，因為先生的精神將眞正地活在自由平等博愛的祖國地上，將活在自由而幸福的中華兒女們的心里。

十月十二日深夜

坐它一次看看。）想起那呼呼的風吹襲着船蓬的荒涼味，心中忍不住受着一次悲哀的襲擊。河岸上觸目的可以看見節烈的牌坊，市街裏則是進士第，大夫第了。數不清。魯迅的筆，為了可哀的靈魂而拚命的故土，是這樣的。

昨天三哥從紹興買回梨子來，甜味很淡，菓肉有點粗糙，不知魯迅先生也愛吃這故鄉風味否？這種問話將永遠得不到他親切的回答了。

想起在他病的當兒，我因怕攪擾他的寧靜，忍下極大的熱望，避免去親自看他，僅將痛苦的心情用「詩」來寄給他。

彤雲黯黯八表昏，道阻且長夜混沌。阿Q睡棄隨鞋轉，小栓咳喇任血噴。齧齒願着賊一口，鑄字曾入木三分，老氣由來多嫵媚，四十年代倍傷神。

曾歷人間百丈酸，調盡文章不作甘。淚灑蒲劍誅小鬼，血滲毛椽掃大奸。吶喊舉臂終蟻聚，彷徨荷戟是螺旋。風波不任秋風老，血炬心花到底燃。

我因怕引起方家多心，以為我有野心比附風雅，所以自題為「斧中魚打油詩草」，免得他們害怕。

誰知此後便祇有悼亡詩好作了。送葬回來，家徒四壁，一燈熒然，哀先生並自哀，歌曰：

流離已是漂泊淚，輾轉何妨裸獨窮。賣血文章無人買，含辛糟醨有自傾。曾經凍骨難為暖，除卻冰心不向同。未接慈暹先知死，夜夜開眼怒秋風。

如今我們的民族終於在偉大的斥責之下掙扎起來了，而先生卻不能親眼來看這破碎了頸上的環鎖還一瞬間所噴迸的喜悅了，能不哀哉！

從今，我將脫下拖鞋，踏上芒鞋去了。

七月

2

中華民國廿六年十一月一日出版

·目録·

本刊已呈請主管機關登記中

七月
第二期
廿六年十一月一日出版

編輯兼發行　七月社　漢口漢潤里四十二號樓上
編輯人　胡風
發行人　熊子民
總代售　生活書店　漢口交通路
印刷者　新昌印書館　漢口小董家巷　電話二一〇四五
本刊每月一日十六日出版
另售每份實價國幣一角

受難的人們

曹白

在死神底黑影下面

做糾察隊員的四〇三號難民急急地走來向我報告：「樓下有個女人發痧哩。」我立刻跟了他走，因爲這是非常的病，要傳染的，而且現在正盛行，我要去看看她病得到底怎樣了。

卽使是在白天罷，這戲院子也是黃黑的，兩盞幽幽的電燈，照着這墨黑的人羣。我跟着忠實的糾察隊員走，旁邊有一個老婦在哭泣，我不睬她——而停止在生着虎列拉的所謂發痧的女人的跟前了。

我彎下身去，摸一摸她的額骨，冰冷。再捏一捏她的手心，也冰冷。她閉着她的凹陷的眼睛，呻吟着，吃力地掀動着鼻翼；但她一隻手却護定了她自己的一個最小的孩子，還有兩個大的孩子在偎着她。恐怕就是這三個孩子也曉得他們的媽媽的病是如何的沉重了，不然，三張小臉上何以會掛滿了淚的呢！

我苦惱地直起身子來，想：「醫生要隔兩天來一次，這該怎麼辦？」

但「想」是要有閒暇的，而這女人的病是到了這麼地步，不許可我再作有閒的空想了。我卽刻離開這墨黑的人羣，弄上樓去打電話——叫我們的上司去想法：

「唸唸，我們是××收容所，我們這裏一個難民快死了！快要死了！——怎麼？還要等一等嗎？死了怎麼辦呢？——你說他不會死，請你來看看！唸唸，無論如何請設法：她生的虎列拉呀，要傳染哩！而且她已經渾身冰冷了！——是的，是的，渾身冰冷了！只剩了一口氣；快死了！」

說完，我惱怒地將聽筒向電話機上一慣，掛斷了。電話機由此而發出「吝」的一聲響，清澈地散在這枯燥的屋子裏。

「媽的，」我脫口地說了，「只說『病重，』不說『快死，』他們是不會來把病人接去的，就單讓病人默默地死在收容所裏。」

但用「死」去騙取一條生命的「活，」在我是一種難堪的悲哀。

但無奈只有用這「騙」才弄得上司到底開來了一輛白汽車，把那全體冰冷的女人接進醫院去了。臨行時，三個孩子看見了他們的媽媽被人扶上汽車去，齊聲狂哭了。我無法，只得再來「騙」他們。

★

三個孩子已經不哭，我安心了一點。當我的脚移開這墨黑的人羣時，却被一個人攔住去路了：是那個我剛纔沒有睬她的老婦。定神一看，她的白髮默默地墜在她的頭腦上，那是人世的辛苦的標記，而她的皺臉却完全浸在淚水裏面了。

「先生，」她愈加靠近我一點，嗚咽着說「我有一件事求你——你來吧。」

我就跟她走。

她在她自己的舖位邊停下了。那舖上，那破綻了的蓆子上，四脚洛巴的睡着一堆小孩子——也是三個。他們輕微的發鼾，在做着白日的好夢。

「我求求先生，我把這三個孩子一起交給你。——我要到外邊去看看去。」

「老太太，沒有要緊的事還是不要到外邊去的好。外邊流彈多，前幾天先施也不是炸了嗎？人炸死了多少呀！」

「勿，好先生，你——」她抹一抹淚，「我要把這三個孩子交給你。我要去看我的女兒去。我一定要去的！」

「你的女兒在什麼地方呢？」

「在白利南路在申新一廠。」

「啊，好遠啊！——你坐車子還是跑？」

「自然跑！」

「這麼遠呢，可是要走二十里！」

「三十里我也要走，我一定要去看我的女兒的，好先生，我求求你罷！我剛剛在樓梯脚邊，聽說，聽新來的一位爺叔講，申新一廠炸光了，在上半天的九點鐘……」兩包眼淚湧出來，她哀號起來了：「我的女兒還不被東洋飛機一起炸光了嗎？……」

別的難民們把我和這哀號的老婦密密地圍住，唏嘘着。於是我又只好騙：

「沒有的事！老太太，我上半天到梵王渡去，看見那裏還是好好的，申新怎麼會炸了呢？你別去相信別人的話！」

「匆匆，好先生，我一定要去看看的！我把這三個孩子交給你。我去看，要是我的女兒沒有了，我也不再到這收容所裏來了，我還要活嗎？——那時，你求求好先生，請你把我的這三個小孩子送到孤兒院去罷……」她幾乎要昏撅過去了，悲痛到了極點。我連忙扶住她，並叫糾察隊馬上去拿熱茶來給她喝。

「那末，我就給你去打電話去！」我只得懇摯的對她申說了，「我就給你去打電話去，問問申新一廠，看看到底怎樣，好嗎？」

她也似乎痛楚得無力了，艱難地點了一點頭。只有兩隻凹陷了的眼睛是發閃的：全是淚水啊！

★

打電話的結果非常好：申新一廠的確是很平安的。我高興極了，就走過去告訴她：「申新一廠沒有炸！」

「啊啊，」她的嘴唇在淚水中掀起慘然微笑了：「沒有炸嗎？」

「沒有炸！」

「眞的嗎？」

「誰騙你呢？」

不過其實，我是「騙」過別人的。單以目前而論，騙上司和騙孩子。但我並不認爲我在犯罪或欺侮。而這老婦身邊的三個孩子也委實很安祥，他們仍然輕微的發鼾，仍然在做着白日的好夢。我想，他們該不再是懦怯的痛苦的伙伴，是應該成爲勇敢的快樂的使者的。

★

第二天上午。因爲另外有點別的事，我沒有到收容所裏去。下午去的時候，一走進門，我被一個聲音罩住了：

「謝謝你，呀先生。」

抬頭一看，喔，原來是昨天要到白利南路去的哀號的老婦。她張着一副嘻笑的臉，讓白髮在風口裏抖着，迎着我。但我却莫名其妙了：

「爲什高要謝我了呢？」

「今朝上半天，我到申新一廠去了回來了！」

「啊！怎麼？炸了嗎？」

「沒有炸，好先生。說是東洋飛機飛是飛過的，飛到別地方去炸去了，沒有炸申新！」

「我原說沒有炸的，是不是？」

「眞是，昨天我要是沒有先生，我眞是要去尋……」

「那末，現在老太太總可放心了？」

「放心了！你的公館在那裏呢？好先生？」

我大吃一驚，一面想：「我有公館嗎？」想來想去，沒有。有的只是亭子間，亭子間裏有的是吃血的臭蟲的羣。堂堂的公館裏怎麼會有臭蟲的羣呢？於是我連連的說；

「我沒有公館的！我沒有公館的！」

「你怎麼會沒有？你不要騙我，」她攔着我。「我的女兒對我說，等時局平些，我們一家都要上你的公館來道謝。謝謝你的好心腸！」

「我的心腸也算得好的嗎？」對於這慈祥的老婦人，我眞地好笑起來了。如其在別人緊急的時候打了一個探詢的電話的人就算「好心腸」，世界上的「好人」將如「過江之鯽」，要漫天塞地了。而實際上呢，這些漫天塞地的「好人」們，也的確大抵都有「公館」的——而且大抵是洋房。我同意這老婦的觀察，但一面得要解救自己，因爲我被她攔住去路了。

「眞的沒公館！」我把她的手撥開，又說：「我眞的沒有公館！」便跳上樓梯去。

★

還只踏進辦公室，電話響了。拿下聽筒來一聽，是上司來的那消息，是多麼糟糕啊！說是生了虎列拉的女人，昨夜死去了……

放下聽筒，我渾身淒楚，汗毛淋淋了，耳朵又響着「公館」兩個字的沉重的聲音，這更使我感到了痛苦。但我不由自主地急急地奔下樓去，去看看那死了的女人遺在樓下的三個幼小的孩子。昨天別人把他們的母親扶上汽車的時候，他們是狂哭了的，而現在，他們將永遠看不見自己的媽媽了。……

但當我走近他們的身傍時，他們正睡着，三個人一道橫在破蓆上，在做着白日的好夢。我感到一陣辛酸，想伸手摩撫他們，然而停住了。什麼時候才能够把媽媽的消息告訴他們呢？

在苦痛中我忽然堅决地想了：這命運會鍛鍊他們，他們將不再是懦怯的苦痛的伙伴，一定會成爲勇敢的快樂的使者。

九月十二夜半

「活魂靈」的奪取

我已說過兩遍了：電影院的業主們是只給難民裝了兩盞電燈的。除此之外，就連辦公室裏的電扇，你還只開了三四分鐘呢，一個夥計便怒氣沖沖跑過來，「叭」的一聲關上了：不給你風涼！

接着我便想，在繁忙的工作後，在九十多度的秋熱中，一夾背心的汗，開了電扇來讓自己透口氣，這該不能算是作了大孽的事罷。然而，他怒氣沖沖跑過來，「叭」的一聲關上了，讓我們的汗流滲透了襯衣，渾身浸濕，像跳過黃浦似的。

所以，每當夥計把「開關」關上的時候，我便用力睜大着眼睛，仰起頭，看着掛在天花板上電扇的四張烏黑的大翅膀，由急遽的舞動而漸漸地慢了，漸漸地慢了，——停止了。咳咳！

但他總算還給你三四分鐘的風涼的。到了五號那一天，他就直截了當的割斷了電扇的電綫。無論你去怎樣的開，也開不出風來。於是掛在我們頭上的，是一具死了的風扇，兀兀地怔着，四張翅膀還做着攫抓的姿勢，對我們。

我無話可說了。可是從此便悟到，我們幾個管理員和這羣黑色的難民，在業主們的眼裏，是「一視同仁」的。而實際上呢，也的確並沒有兩樣，我們都是這一代的——

這一代的受難的一羣。

★

割斷了電風扇的電綫的後三天，好傢伙，初秋竟有那麼熱，看看寒暑表，水銀已經爬到九十九度了。上海人將這種熱天氣叫作「秋老虎」。

那是下午兩點鐘，我們吃中飯了——！我們吃中飯是常常要到兩點多鐘的。「秋老虎」的太陽已經偏走，陽光從西窗跳進辦公室，彷彿被誰擲進了一團火，滿屋子發燒，不必說，我們是一面划飯一面揩汗，一面划飯，一面揩汗的。那死了的風扇是多麼討厭啊！然而不幸得很，「令令令令，」電話又來了。

我丟下了飯碗，便跳到電話機旁去，嘴裏還含着滿口的飯，就拿起了聽筒——

「蘇唔？」不妙，我立刻把飯嚥下，從新問：

「誰呀？」

——是y來的電話，囑我馬上到他的上司，也是我的上司那里去，說是有重要的事情。是什麼重要的事情呢？我正想問他，只聽得電話機裏「叭」的一聲響，y那邊已掛斷了。

★

老實說，上司，我是怕見的。彼此之間，不但是職位的不同，而只總似乎永遠有距離，見了他們，會弄到不會說話，或無話可說，自己成了呆子了。何況他們會皮笑肉不笑，厲害得連眉毛都會說話呢。——但他們卻天天在念佛。

然而，這回卻打電話來叫我了，而且有重要的事情，莫非要割去我這小小的「管理員」了嗎？那是最好不過的！我來來去去的車錢不知化了多少，並且再也不必看電影院業主們的冰霜的白眼，和那不會動彈的死了的風扇了。但卽刻又推翻了自己的懷疑：割職，開一個紙條兒就夠，用不着「面論」。然而我又懷疑到別的方面，別的可怕的方面去

就這麼疑神疑鬼，提心吊胆，在關着成排的店門的街道上，擦過了行人的肩胛，我一面揮汗，一面前行。終於到了上司那里了。

一走進那間古雅的的辦公室，便看見有一位什麼長在認眞的抱着一把水烟袋；y就走出來，笑嘻嘻的揑住了我的手：——

「總之是對不起就是了。總之是對不起就是了。」

我莫明其妙，楞住了。

楞時遲，那時快，上司已經走近我，而且隨卽把一封信向我的手裏一塞，開口說：

「對不起，對不起，看看難民的面上吧！」

什麼事呢，我不得要領地抽出了信箋，一看，啊喲喲：幸乎不幸乎。——

「茲聘

台端爲本會救濟戰區難民委員會互頌收容所主任國難方殷哀鴻滿目尙請

慨予担任卽日視事無任企荷……」

看到這里，在y和上司的面前，我惶急地跳起來了——

「這怎麼能呢？我怎麼幹得了呢？連小小的管理員都不會做。……」

「哈哈，哀鴻遍野，大慈大悲，罷：你幹得了的。」上司說。

「不敢不敢！我實在……」

「不要實在不實在罷，你能幹，有經驗，幹得了的！」上司又說。

「好了好了，兩邊都不要客氣。」y說，同時把我微微的一推，「去吧，去吧，五百個難民在等着你呢。」

木已成舟，我强不過他們了，但跑出那間古雅的辦公室，心裏這樣咒罵道：

「這簡直是綁票！」

而旁邊卻飄來一陣輕淡的水烟的清香。

★

「×主任！！」這是一個昂朗的聲音，從一條幽暗剎落的的走廊的那端响過來的；漸近身邊時，這才知道是在叫着我。我認識的：他也是我的上司，這時便覺到一種微微的驕傲，但隨卽又深深地憎惡了。

「×主任？！」他又這麼昂朗地叫了我一聲，在他的背後卻閃出一個黑影來。『這里——我介紹一下吧：這是一位田先生，我叫他到你這里來幫幫你的忙，做個管理員。」

我覺將來勢，，，便連連答道，「那是無有不可的！那是無有不可的！」同時便看了一看田先生。

「喔喔！×主任！指教指教！指教！」田先生向我拱拱手，江北口音，看來是一個塾師的樣子。

於是我做定了「主任」，便帶着這位田先生，挾着登記表，鉛筆，硯台，墨，白竹布的箋條，「上任」去了。那邊有五百個難民在等着我們哩。

★

我和田先生，進了自己的新的收容所——這是一家銀行，但已停業四個月，滿屋是蛛絲，當門的一個櫃台，從前金錢鈔票們是在這里很翻了一通筋斗的，而現在，卻堆積積厚厚的灰塵。撲過來的是很重的霉臭，還有老鼠們的尿屎的味道，我知道，這已成了耗子的樂園了。

然而難民是苦的，他們就在烟塵陡亂裏迂緩的活動，像一羣黑色的動物，鼻尖上都蒙着一層淡淡的烏黑，那是灰塵的粒子。

我和田先生將整個屋子瞧了一遍，難民並沒有象y說的那麼多：大約不過三百人。但我所憂愁的，是兩只抽水馬桶都壞了，將來會和有些收容所一樣，滿屋汚穢，一敗塗地的，卽在此刻，身旁的田先生就已經在蹙眉撅鼻，搖頭嘆氣了。其次呢，銀行老板們把水電裝置完全折除，這一點，當然！他們的算盤比電影院老板們的，不是更勝一籌嗎？

但由此而又增加了我的憂愁了，將來辦事，該會格外的棘手的罷，便覺到了前途的黯淡。眼睛偶而向破了的窗外瞥了瞥，天空裏有五隻鋼鐵的蜻蜓在飛翔，嗚嗚有聲，啊，我認得的：這是日本的飛機！

★

忽然有三個穿着印度綢衫的漢子走進門來了，一肥二瘦，肥的一個高聲的叫着問：

『誰是這里的負責的？』

『我我。』我慌忙地跑過去應和。

『你嗎？』肥的把眼睛睞了睞：『我們奉了上頭的命令，——這里的互頌收容所是yB的同鄉會開的，這里專收yB的同鄉。我就來負這個責任的！』

『怎麼？』我搔搔頭皮根。『不，上司叫我到這里來負責的！—你貴姓？」

『要你問什麼屁姓呢！！』瘦的一個跳上來，搶着說，同時指定了肥的：「這里是他負責的，你强什麼呢？」他簡直暴跳如雷了。

啊喲，天，這是怎麼一回事啊？——但我終於摸出自己的聘書，表白我並非到這里來冒充。

『是是，』另一個瘦的比較溫和的說，「我們知道的！你主持的是隔壁的止太收容所」

「但上頭是叫我來主持互頌的，沒有叫我去止太」

「是的是的。你不相信，去問你的上頭去！」

「好，」我立卽撥轉身，挾着登記表，鉛筆，硯台，墨，白竹布的箋條，帶着一肚子的寃屈和田先生，忿忿地走去見上司，去問問他，這事到底是怎麼的。

憤恨敲擊了我，使我在街道上儘命的闊步，渾身浸在汗汁裏了。面田先生吃力的隨在我的屁股後，氣吁喘喘地說：

「豈有此理吶，眞眞。」

總算又到了那間古雅的辦公室，但y和上司都不在，不知在那里，而當門的抱着水煙袋的一位什麼長倒是在的。他的眼睛朝着我睞兩睞。

「請問，」我走上一步，「互頌收容所劃給yB同鄉會了嗎？」

「嗡。」

「那末叫我去主持止太收容所的嗎？但聘書上又為甚要寫互頌的呢？」

「嘀嘀，我不知道。」

天哪，我難道應該陷在這山窮水絕之間的嗎？炮火漫天遍地，一個人的汗水又只有這麼多，開什麼玩笑啊！——回轉身時，看見田先生閃在一旁，低着頭，眼睛看定了地板不動，像一段木頭。

「怎麼辦呢，田先生」

「隨便『主任』吩咐我罷……！」

還來什麼「主任」不「主任」！我異常的憤怒了，立刻說：

「那末你現在回去，等明天再商量。」

「好好好明天……」田先生向我拱拱手，搖着身子出去了。

★

又從那條古老的剝落了的走廊裏穿過，我懊喪，無聲無氣的也預備回去。不回去又猷在這里幹麼呢？

那走廊彷彿一條無光的隧道，印度綢衫的漢子和黑鼻的難民的一羣身影，扭成大塊，在我的眼前搖晃着。但背有後透來了水烟的清香，在九十九度的悶熱中，我幾乎抖起來了：我是委實感到傷心的。想，被炸彈炸出來了的難民，難道變成十八世紀的俄國的農奴，可以作爲財產的嗎？

「嘸嘸，大主任！」一個聲音在背後拉住我，我轉過頭去，是上司，「你去主持止太收容所罷。道翁來說過情——我強不過YB同鄉會，我把互頌給了他們了。」

我向上司憤憤地看了看，啊，老實說，上司，我是怕見的。，出大門時，頭頂上面的空際又盤旋着兩隻鋼鐵的蜻蜓，嗚嗚有聲。我認識的，這是日本的飛機！但又立刻迫切的想

「難民每頓的十六兩飯，現在這個劃歸了YB同鄉會，實際上不是YB同鄉的難民們，也許要減成十四兩了吧。」

九月三十日

·救亡運動特寫·

記一二、九

端木蕻良

在一二、九的當兒，我早已離開學校了。那時我已寫完「科原沁旗草原」快一年了，不能出版。（我那時左腿正鬧着輕微的(Athorthesis)一直到送魯迅先生的殯都還未好，）沒有寫什麼，也沒想什麼，只盼腿快好，我可以到南方來。那個宅子，是個古老的府第，我住在東跨院，和主宅完全隔離，在過去應該是屬於一位待字的小姐的起臥處。我每天除了「烤電」以外，便坐在葡萄架下的搖椅上，看見葉子繁密了，變黃了，脫落了，一直坐到深夜很晚很晚才睡。

朋友自西郊來，說施藥建議，或者抬一口棺材到街裏遊行，棺材裏裝滿傳單，在游行時散放出來！或者……後來北平學生並沒有採取那種可悲的示威辦法，而雄壯的在街頭出現了。第一次的遊行，固然像胡適之博士所說，人不算多，秩序還很整齊，言外之意就是遊行一次也好，沒有什麼算了吧！當時主其事者也沒有想到會動員到兩千至三千人之多，從這獲取了更大的信心。於是就發動了第二次的擴大行動。第一次是猝不及防的，軍警都已失去約束能力。而這次（十二月十六日）在佈置上便相當艱苦了，必須守絕對祕密，使他們無從知曉，所以決定的日期集合方法，都是祕密的。

我參加的是燕京大學的隊伍。先一天晚上我便到校裏去住了。母親問我幾時回來，我說，『不回來了！』母親笑一下，沒說什麼，只說『烤電不要耽誤了，你出門坐車，不要步行！』

當天晚上開會的時候，主席說——

『當心身畔有沒有陌生的人，免得奸細混進來！』

大家互相回看着，嚴肅而又有趣的猜疑一下，一個眞正的同學被三個熱心家包圍住了，一直盤問到他拿出借書證來爲止。我安詳的坐在那裏，沒有人疑惑我，也沒人以爲我面孔陌生。

『我們現在開會連燈光都不敢開亮，怕被外面監視我們的軍警看見亮光撲進來！同學們，我們此時的感情是悲憤的，我們惟有用行動來克服這種恥辱。我們決定再來一次擴大遊行，明天六時集合出發！』

那天夜裡，已有一部先遣部隊派到城裏去，因爲上次燕京清華兩校都被關在西直門外，結果城裏看不見兩校的旗幟。有一位同學臨行時大哭一通，說決定不回來了（後來他果然被捉了去。）總之，這次出發是很危險的，因爲大家都曉得一定開槍，段祺瑞的血手又要在宋哲元的胳膀上運用一次了，

第二天早起，有女同學到各樓房去催喚，大家在一樓前面集合。有的帶了『圍巾』出來，連忙又送回去，因爲上次有許多位同學被追在後面的警察扯住圍巾捉去了。每人發一個布條作標幟，每人在冊子上簽了名字

不知怎樣我成了第二隊隊長，我想我并非本校同學，不大好，便作了個小隊長。不過那位第二隊隊長很沉

默，動作也很遲緩，所以後來第二隊的事，都是由我來號召的。攻入西直門之後，我一直使沒見着他大隊共分三隊，第一隊隊長是個女的，號召能力很堅强。出校門時四個人挽起，向前衝，軍警用扇面形式包圍我們，一則他們人少，二則以爲我們無論如何進不去城，所以也沒十分阻擋。一個面部帶點稍稍困惑的表情的女同學，當時暈倒了。有兩位女同學跑過來，躊躇了一下，便決定留下來看護她。沿途居民都還沒醒來，有的披衣起來觀望，同學把傳單散給他們。到了西直門，門關得緊緊的，有人想爬城，爬是可以爬上去的，但不能大家都進去，留下來討論，一面對警察散傳單，講演，清華同學也來了，這時已有一千四百人的光景，於是大家決定到阜城門，因爲據說××學校三百人已經爬城進去了。到了阜城門也不成，於是轉到西便門，這時已走三十里路了。西便門上邊的守兵，便向下邊丟石子，磚頭，瓦塊，大家喊：『歡迎抗日的廿九軍參加我們的隊伍，中國人不打中國人』。他們果然就不打了。西邊門上有鉄片包着，中間是一個大鉄銓，用鉄鎖鎖牢，下邊一個二尺高的石擋石，大家便來推門。

推不開，有幾個同學力氣也使光了。我想這樣不大好，便讓大家分撥來推，一批四十人喊『一二三四！』推，一二三都是一小推，到四算是一大推。這些人力盡聲嘶了，再由另外一批來接着推。裏邊不曉得有帶刀的兵沒有，大家只想推最前一排，有幾個人向我身上推，我是在兩扇門的夾縫那裏，眼睛看見那鉄銓在屹然不動。不過嘴上却喊『就要開了，就要開了，鉄銓塊斷了！』人的力量越來越猛，身子便被一推一送地撞在門板上。有人喊我，他們認出了是我。我是從前的同學，有一個眼裏充滿了淚，喘着氣，對我說：『前邊這排都是東北人，我們都加入衝鋒隊來的！我……』後邊的力量把我們重新擲在門上。他是清華的。門的波動加大了，『就要開了，鉄銓塊斷了！』忽然嘎地一聲，鉄銓就斷了，於是人們便蜂擁過去。把隊伍整理一下，向彰儀門去進發。這時口號就喊得更響了。宋哲元此時已接到報告，不曉得那時他脈搏的次數跳得如何。以前清華的同學到喜峰口去給他們修公路，抬傷兵慰勞，現在是面對面的站在兩個極端了。

在彰儀門大街那裏，前邊有大隊警察堵截我們，街上滿是打折了的棍棒石塊磚頭，密如星羅，顯然先前已經混戰過了。這次他們帶了皮鞭鉄掀（舉起打頭部），大刀，棍棒，竹桿子，槍把子，水龍，趕來如在對付一羣瘋狗，或是逸籠的野獸，沒有人向後跑，一聲衝，大家衝上前去了。棍棒竹桿皮鞭齊下，大家就在地上拾起磚頭回擲他們。有兩個不相識的女同學蒼白着臉，把手挽在我的胳膊上，我便丟了手中的石塊，拉着她們向前跑，衝過三道防綫，警察完全失了效用，有一個警察被大家打在地上，一個同學拿起石塊便向他頭上砍。我說：『不要打死他，讓他去吧！』他便把他的帽子提起來，丟在一家磚牆裏去，用脚在他身上亂踢。到了師大附中，他們因爲被軟禁在裏面不能出來，便從鉄門裏拿棍棒給我們，我們如虎添翼。前邊有一隊警察一露頭，我們喊一聲：『追！』他們便跑走了。有一個從前和我同班的女同學，頭帶着小紅帽子也跑來跑去，脚下的半高跟鞋很妨礙了她。這時聽說北大的同學在城裏被打傷的很多，他們把水管奪過來，對警察身上射。中學的小女同學尤其奮勇，親手奪水龍。

大隊到了前門，我們已經會合了輔仁，平大，北大一部……各校都全了。城門已閉，在東交民巷那邊有半邊開着半個門洞，裏邊提槍的很多。先是雙方商議着和平的去，只一刻鐘，和平便絕望了。他們大隊開來堵住那裏。裏邊還有軍隊在演操示威。

一位大個子隊長，出面交涉。這時外國記者雲集了來拍照。大家不散去，要求和裏面的取得聯絡。那位隊長非常老練，態度很沉着。忽然站在「派出所」石階上的保安隊，兩三個壯漢，好像午覺剛睡醒，上身只穿白小褂，顏領也沒結，拿出槍來，『你們退不退』沒有人理他，只有一個燕京同學，質問他爲什麼不穿軍服，『你看你那像軍人樣嗎？顏領也不結上？』『你們退不退？不退開槍了！』燕京的隊伍站在最前面，第一槍便開了。大家很有秩序的向後一退，並沒逃。四邊舖子便連忙關門，有的人向裏邊跑，有的開了門放進去，有的便拒納。我蹲在一個二尺半高的四寸寬的水門汀的石柱那兒向前看，聽見槍不響了，大家又集合起來，有人說誰受傷了，誰不見了，人數減少了三分之一。

在這之前，大家招開市民大會，決定八個議決案，反對領土分割，政治分割。由一個穿青衣服的同學主席，他態度很從容，處理得有條不紊，聲音很清楚。當時的「北平的時報」的記載，我還保有，可惜不在手邊，我希望炮火不會尋找到他。

這時那穿披風的保安大隊長便說，爲避免摩擦起見，頂好在宣武門進城。於是大隊便向宣武門移動。這是個騙局，前邊燕京清華走到西河沿，便發覺後方被他們切斷，於是便掉轉頭來重新衝接一起而到達宣武門時，門裏北大的同學的喊聲我們都可以聽見只是比前門還難得打入,這時騙局才完全被證實。聽見城內悲壯的聲音,心還彷彿受了一種磁石的吸引兩顆碩大無朋的心臟在凶狂的鼓動的時候中間只隔一道鐵板——宣武門!何況門上還有同學向下面報告『只要你們進來就成了!』『他把我們同學打傷了六七十捉去了三十!』『你們必得把城門打開!』於是便有清華的那位女英雄,爬過城門去,從城門下爬過去的,到裏邊好把門栓拉開,那天她穿一個皮短衣,工人褲,像個不大健康的男孩子似的爬了過去,那邊正好有警察等待了她捉住了她。

天漸漸黑下來了,有人去吃一點東西喝一點茶因爲從早起出來連一滴水也未入口。我的腿明天必須「烤電」了。有一位東北同學,個子不大,急燥的跳過來,對每個吃東西的人大鬧起來,你『們還想吃東西,喝茶,你們還有心腸嗎』有的便不吃了,退回隊伍來。我覺得那杯茶並不妨礙我們的示威我仍坐下來喝完它。他便對我咆哮起來,我說「你喝口茶再來嚷,你聲音可以提高!些」他一氣跑走了。

這位唐·吉訶德的悲憤是完全失敗了。有許多救亡團體或慈善團體或者同情中國的外人都送麵包來了,也有人去吃麵去了。不過還有人不想吃,我因爲肚子被悲哀裝滿也沒吃。

天已黑下來,清華,燕京同學決定回校去,但是有一部過於熱情的同學,尤其是東北大學的同學,他們不走,一定等到非把宣武門衝破了不可。他們決定露宿在那裏。有些女同學臨時在前門外開旅館去住,街上更黑壓壓坐了滿街人,他們準備在這裏度過這漫漫長夜。

在十時左右在夜的恶風裏有計劃的軍警便伺伏在四邊了,他們把鐵柵欄拉住先斷絕逃走的路。於是將街燈熄滅,木棍大刀皮帶從各方面紛逼而來有人逃到角落裏蹲伏了,宿皮帶大刀趕着打有人失去了鼻子,皮帶大刀追趕着打在夜裏二時附近的居民還聽見慘烈的呼聲!宋哲元想將人類的憎恨稱到瘋癲的血肉裏去這一點他是成功了,他將憎恨和認識栽種在青年的心中……

從此便繼續着遊擊戰術和鄉鎮宣傳,將燎原的火種推廣到鄉區裏去交給它眞正的主人。

一二·九運動是反對中國領土分割的運動,是號召全民族對日抗戰的很好的開端一二,九的行動者比五,四時代要更富於政治性和行動性將一二,九運動和「西安事變」的因果關聯起來再來認識由盧溝到八,一三的抗戰則這一運動在中華民族對於自己命運的認識上有着決定的意義。

我沒有烤完電便蹩着脚到南方來了,那不是我母親所希望的,但她也並不願我靜待什麼可恥的黑手的擒拿!

七月社明信片

因爲時間完全忙在「七月」上面,所以木刻展覽會未能早期舉行,謝謝來信探問的熱心讀者。第二期出版後,當努力在第三期出版前把這個心願實現。

對於來稿和來信,有些未能馬上答覆,這是因爲時間不够,希望大大地原諒。

陳舒風先生:你底步行傳信記已在「七月」第一期發表,但你人在前線,寄稿時沒有寫通信地址,所以無法把刊物寄上。祝你平安,希望「七月」上能有你底更英勇的報告。

有些讀者問:爲什麼魯迅先生週年祭的消息報上沒有?這原因我們也不明白,但無論如何,責任是不在新聞記者身上的。現在武漢出版的刊物都有簡單的紀載,算是略略彌補了這個不應有的空白。

特別希望在前綫的,在戰區的,在傷兵醫院的,在後方民衆如農民工人店員中間工作的同志把切身經驗到的生活寫給我們。但在這個工作里面應特別注意幾點;一,得抓住要點,避免冗長的平鋪直述;二,作者底感應須眞實,冷淡或誇張都是不好的;三,得有批判的精神,任何黑暗或汚穢的東西,都應大胆地揭出;四,須在文字上去掉概念的抽象的議論。

有些外地的不認識的友人寫信來告訴我們:他們在困難的條件下面出版刊物,要我們寄文章去。對於他們底努力,我們是只有高興的,但我們精力有限,在本地都忙不來,實在無能爲力,只有希望原諒了。

特寫·好漢

游呂菊芬

紺弩

「游呂菊芬」這名字，是不會從中國歷史上搽掉的。因爲她是大日本帝國皇軍底前驅，并且和她底同志大詩人黃秋岳即黃濬祕書父子一道，壯烈地殉了她底神聖的職務。榮幸得很，這位女英雄底先生曾和我有三十天師生關係，說起來她應該是我底師母。「不爲之後，雖盛不傳，」我似乎有傳一下她底盛事的義務；現在就讓我們來追念她底一點嘉言懿行吧。

國民政府定都南京那年的秋天，南京唱經樓到黃泥岡之間，出現了一個「東文補習夜校，」那夜校附設在一家醫院里面。辦夜校的是一位叫做游××（無爲？）的福建人，瘦高身材，黑黑的面孔，薄薄的嘴唇，像是有點精幹的傢伙。那夜校里有十幾個學生，我就是其中的一個。

不知怎麼一來，我們底老師游先生知道我在某機關作事了。有一回下課之後，竟請我到一間什麼房里去坐，說是有話跟我談。那房里先有一個女人，很矮很瘦，臉色蒼白得像新刷的石灰壁子；青的脈絡，一條條地凸出着。眼睛似乎有點近視，又似乎並不，不過很無神。經過游老師底介紹，知道是他底太太，名叫呂菊芬，在這醫院里當產科醫生。這產科醫生，當時以及後來所給我的印象是，沉靜，像永遠都不動，不開口；就是動，開口的時候，也像沒有動沒有開口的一樣。想在她臉上或別處找出一點表情什麼的，幾乎不可能。

我們底老師首先很客氣地向我表示他剛從廈門來，打算在南京找點相當的工作，一時還沒有成功，只好暫且教日文混混。隨後就和我談關於宣傳方面的事。據他打聽，這是我底本行。他說：國際宣傳頂要緊，應該叫全世界的人都來研究信仰我們底主義，應該收羅各種外國語人才，把三民主義翻成各種外國文傳播到全世界去。慚愧得很，我對於我底職業，除了每天坐在辦公室里，覺得腰背酸疼，想吃點「兜安氏紅色補丸」以外，並沒有考慮到這些問題。現在一聽，真是頓開茅塞，覺得自己自然不足道，就是那些在黨國負宣傳重任的人，豈不也個個都是飯桶麼？

「其實，」游老師說，「其實這是很容易辦的呀，只要肯做，不愁沒有人翻，比如我，早就用日文翻好了一部三民主義，可是沒有地方出版。……」

「聶先生！」太太接着說，她是這們客氣，反稱我爲先生，「您那邊聽說不是常常印很多書麼？您可不可以去問問看，如果肯出版，就把他底稿子拿去。」

「我得申明，」先生接着說，「完全無條件，只要於宣傳主義上有點幫助。……」

即使「世故淺」是句好話，我也只好用這話來恭維我自己。因爲我當真去上官那里問遍。上官擺着經驗豐富的面孔說：你沒有到各個旅館去看看麼？那里滿抗滿谷，盡是找差事的；上書建議的也有，光只賣賣字賣賣文章的也有；自然賣外國文的也有。你瞧，——他教我看他背後的一口立櫃——里頭全是黨義底譯稿，也全是那些人們送來的。你以爲真有譯得好的麼？一個也沒有！如果有這樣多的譯手，我們底事情就好辦得多了。

我似乎受了點侮辱：我底老師，何至于這樣蹩腳呢，於是力爭這個人怎樣與衆不同。好在上官也並不十分固執，多收一份譯稿，也未必增加多少麻煩，就叫我把稿子拿來看了再說。可是等我很高興地去拿稿子的時候，你猜那位老師怎樣？他說：「要先講妥呀！講妥了才好動手翻咧。」原來他還連手也沒有動。夜校辦了一個月就不辦了。原因是老師已經在什麼軍事機關找到了「相當工作，」上最後一課的時候，他已經「戎裝革履」，精神百倍地告訴我們說「沙約那拉」。於是一個月的工夫，四塊錢的學費，過了幾天連五十一個字母，都爲了先生「沙約那拉」了的緣故，也跟我們「沙約那拉」了。

「沙約那拉」之後一年光景，我在臚政牌樓一帶發見了原先掛在唱經樓的那塊「呂菊芬產婦科」的招牌，現在掛在一家產科醫院門口，并且只有那一塊醫生招牌，顯然現在是獨立門戶了。正在這時候，有一個朋友底太太要打胎。

年青的女士們，大概也和男士們一樣，雖然有了愛人，甚至結了婚，但交幾個異性朋友，那怕并不就和戀愛之類有關吧，也決不覺得是一件毫無趣味的事。在和異性做朋友的時候，男士們也一樣，如果別人不知道，往往不大願意表白自己已經「物各有主」；好像一表白，那點可憐的友誼就完了。豈但不表白，還惟恐別人從別的方面知道。如果并沒有申明已有配偶，忽然一天被人發見肚子大了,在年青的女士們,總會有些難堪的。何況還有其它許多理由,都唆使是女士們裁制自己底肚子!

不過我底朋友底太太要打胎,并沒有這些高貴的理由;簡單得很:那朋友底收入太少,她又已經養育着三個小孩。朋友曉得我認識那位呂醫生,一定要派我去接洽;我呢,我也自認為有担任這工作的義務:如果因為熟人接洽而可以減省多少費用,於我底朋友,實在是個不小的帮助。

誰知道呢,誰知道我竟去碰了一鼻子灰!

「這怎麼行呢!這……」呂大醫生說,「這樣的事……我們醫院雖小……人格……良心……道德……這樣的事。……」

有誰看見過尊貴的人麼?比如說皇后,皇太后,忽然意外地碰見了什麼骯髒的東西,比如說——叫我說什麼好呢,總了是頂頂骯髒的東西,那該是什麼神情呢?我說,那不稀奇,就是呂醫生聽見說要請她打胎的時候的神情。不過,那居高臨下,那以正懾邪,那鄙夷,那喘之以鼻的神情,却仍同是沒法形容的。那時候,人們似乎還沒有熟習一種被稱為漢奸的人底品格,如果熟習,我想在她看來,也還在要打胎和替人接洽打胎之流的人底十等以下。在那時候,我才第一次看見我自已底卑下,卑劣,乃至卑賤!

然而我們底尊貴者底話還沒有完,她說:

「年青人做事不好拆爛污……敗壞人家底閨門,也敗壞自己底德行,這樣的事……」

說到這里我才吐了一口氣,才恍然大悟她之所以深信不疑地取了那尊貴的態度的理由:她所能理解的打胎,和我現在所要介紹的打胎,完全是兩件事。唉唉。我還能對她說什麼呢?

然而一年以前我就應該明白我不能對她說什麼的,她和我底先生即我底日語老師,曾經有一件事教我看到了我和他們之間的障壁。

也是一回晚上下了課,打一間空房間門口穿過,看見那房里紅燈大亮,并且聽見許多人嚼嚼的聲音。把頭伸進去一看,那里頭跪着一滿屋子人:醫院院長,院長太太,醫生,幾個學看護的小姐,我們老師底太太,一齊捧着手,閉着眼睛,抬着頭,望着那壁上排的一張彩色的耶蘇或者別人底畫相,口中念念有詞(不知念的什麼)越念越快,越念越快,就像正在受戒的和尚,熬不住頭頂上的艾絨的燃灼,只有口里不住地「阿彌陀佛……」一樣。過不一會,我們底老師也擠攏去跪在一塊兒如法泡製起來了。只有幾位看護小姐,似乎不及別人虔誠,一發覺有人在旁邊偷看,就低着頭,掩着口,甚至笑出聲來。

「那是做什麼呢?」

過後,我問我們底老師和他底太太,他們說是「降神。」太太並且說這降神會有怎樣怎樣的好處,比如說,降到誰身上,誰就不生病,有病的就好,做官就一帆風順地往上升;一句話,「有意想不到之效力!」

我笑了笑說:「我倒是個想升官的,應該來參加,只怕神不肯降到我身上來。」

「哪里哪里!」太太說,「只要信仰,只要誠心信仰……」

「你大概不相信的,」老師接着說,「的確是件奇怪事。別的不容易知道,神一來,人就失了知覺,不曉得自已說的什麼。以後,就精神也健旺,力氣也大了……」

「那是什麼道理呢?」我問。

「不曉得呀,」老師答,「所以奇怪!起初我也不相信……這醫院里的人也都不相信,後來我勸他們試試,於是……奇怪得很。」

言下大有勸我也試試的意思。

從這時候起,就完全覺得他們是另外一路的人,要是早記起來,我不會去向她談什麼打胎不打胎,以致自討沒趣的。

那末,為了呂醫生底正氣,中國就多了一個國民,我底朋友底太太底胎沒有打成麼?不,後來還是打了。那一定是別的醫生那里打的了?不,還是在她那里,不過換了一個接洽人,預先講好手術費一百元,藥費住院費在外,結果,那位朋友花了兩百多塊,不但自己,就是朋友們(我也是一個)底錢都扯得光光如也了。

後來,朋友底太太說,那醫院里同時住着三個病人,就有兩個是來打胎的,阿彌陀佛!

現在這位女英英已經成了仁,同時也成了名,我自然慶幸我有寫這篇追念文章的光榮,可是也有一點小小的遺憾:不知她底偉業和她十年前的那「降神」的盛舉有沒有關係?如果有,則早應該追隨她和她底先生之後去參加一下那莊嚴的大典的,那麼別的不說,進篇文章底材料總會豐富些吧。

魯迅先生週年祭日

餓死也不被漢奸收買

沃查木刻

記魯迅先生周年祭

羅衣寒

早晨的報紙上刊載着一條消息:魯迅先生逝世周年紀念,由武漢各文化團體發起,定於午後二時在市青年會舉行周年祭。這消息代替了請柬,千百個青年人的心,互相地呼喚着,結成一個行列,向民族解放的革命先導一個偉大的永生的靈魂獻祭。

一條橫布,寫着:「魯迅先生逝世周年紀念大會,」在大禮堂的門額上掛着。不到一點,禮堂裡面已經熱鬧起來,這里有學生,作家,店員,音樂家,失業者,工人,公務員,教員,影人,劇人,流亡者……。都爲這偉大的光輝溫暖着,在心底里活着,滋長着魯迅精神。

禮堂的佈置很簡單,然而是嚴肅的,正中間是一幅很大的魯迅先生的墨畫遺像,上邊懸着　總理遺像和黨國旗,主祭台上燃着一對巨燭,圍着鮮花和花籃莊嚴的紀念會開始了,主祭者是胡風,馮乃超,洪深,蕭軍,胡繩,聶紺弩,何偉,光未然。首推胡風致祭詞,大致說魯迅先生的一生就是戰鬥,三十年來,從反封建到反帝國主義,這堅韌的精神是一直到先生放下了那支戰鬥的筆,是始終繼續着的,我們要紀念魯迅先生,要學習魯迅先生,就必須繼續魯迅先生的堅韌的戰鬥精神。

接着講演的有胡繩,洪深,陽翰笙,何偉,蕭軍,柯仲平等,講演完畢後,由王瑩小姐朗誦高蘭的我們的祭禮(載戰鬥旬刊第四期,)聲調是柔和然而悲壯的,特別是最後一段,那聲音掀動着每一個參加者:

「我們獻上了這祭禮——抗戰!
這里有血有淚有火也有光,
這里有生有死也有光榮的創傷,
這里也有奴隸們反抗的吶喊,
這里也有永恆不滅求生的烈燄;
魯迅!你『曠野吶喊者的聲音。』
魯迅!你『與熱淚俱下的皮鞭』
請你來饗吧,
大的祭禮在明年的今天!」

這時候,有許多提案送上了主席台,歸納成爲三項:(一)呈請中央即日出版魯迅全集,(二)呈請中央設立紀念魯迅學術奬金,(三)呈請教育部推行新的拼音文字作爲教育大衆的工具。提案由全場一致通過。

在高昂的熱烈情緒中,由曾君領導全體唱紀念魯迅先生歌,歌畢,高呼口號:

魯迅先生精神不死!

中華民族自由萬歲!

一·二八的兩戰士

柏山

在戰爭沒有到來之前，我聽到許多人都叫着抗戰抗戰；一到戰爭開始了，我又聽到回家回家的聲浪。剛才我的一位最親近的友人V君跑來，告訴我他明天也要動身了。我很詫異。他去了，我不覺有些寂寞起來。橫身躺倒床上，凝視着空空的四壁。這里惟一安慰我的伴侶，就只有掛在寫字檯旁邊的一個亡友的遺像。由於他的死，我却回憶起一、二八的兩個要好的朋友的壯烈的犧牲了。

他們兩個人之中——一個男的梁得安。他是我小時候在一個工業學校的同學。關於怎麼和他相識以至和他親近起來，這些一點也記不起來了。祇有一件事如今我還記得：那時是我做低年級的班代表，在一九二六年以前的事。當時在一個所謂不使人知道的會議上，議決一件不利於我們這一班的決議。我很氣憤，把這件事向同班的同學說了。後來梁君却因爲這事暗地裏監視我。當我發覺的時候，我對於他一直懷着一種憎惡的感情。過兩年，他到上海來，我也離開C城到上海來了。我們漸漸親近，漸漸了解，漸漸友愛起來。

有一天晚上，外邊下着很大的雨，弄堂裏什麼聲音都沒有了。我坐武定路在某幢房子的一個亭子間裏窗帘拉下來，屋子裏倒顯得十分淸靜。那時我正翻開日記簿進行整理白天積下來的紛亂的思想。窗戶外邊熟悉的老梁的沙喉嚨，叫得異常急促，我跑下去開了門。因爲過道上沒有電燈，周圍漆黑的，當我已經摸到上樓的梯級，在自來水管旁邊「唉喲！」地一聲叫了。從那清脆的聲音裏，我辨別他的背後還跟來一個女人了。

我趕先爬上樓，把日記簿收到屜子裏。跟着，老梁揮着額上的雨水跑進來，立在他的背後的，就是那位全身被雨淋得像落水雞似的小姐了。我一時却慌亂起來，名姓也不問，就從床底下箱子裏檢出幾件女人穿的舊棉衣放在床上，隨即推開門預備往外去。

「你跑那裏去？」老梁驚異地向着我問。

「我外邊站站，你們好換衣服。」我羞澀地回答。

「在前方那麼多人，又怎麼辦！」

跟着，她在旁邊嘻嘻的笑起來了。我於是無可奈何地打開窗子，探看着外邊的天色。從閘北傳來的炮聲，和那紅光滿天的火燄，如同山崩海嘯似的使人陷於一種狂亂和興奮的境界中。於是我想到他們整天整夜在前方，怎能夠和那些高枕而臥的人們一樣的安安靜靜的睡覺呢。可是當我回轉頭來，那小姐已經縮進我的被窩裏打起鼾來了。

我覺得她那樣粗魯有些生氣起來。望望她那淸秀的眉睫帶着一種甜密的睡意，如同小孩子躺在母親懷裏那樣安靜，又有些感動了。「眞的，她是需要睡眠，」我安慰着自己自語着。

最後是老梁逼着我一道擠在一張床上睡着了。

第二天，一清早他們爬起來，連我也被攪醒了。我頭靠着床桿望着他們把衣服穿好，還沒有起來的意思。老梁似乎忘記自己所應帶來的一件什物似的對我說：

「你們還不認識，這我是們的大姐姐！」他拉着她的手說：「這是小林的愛人！」

這時，我才知道她是和林一道在前方做看護工作的，當我正想開口探聽林在那裏的生活，她却驚訝的叫起來：

「你是陳嗎？小林昨晚上受傷了。」

這彷彿是一個地雷，無端地在我的脚跟下轟炸起來，我於是愕然了。

「你不要相信她的話，」老梁帶笑地說。「她會騙小孩子，也會騙大孩子！」

他的話，我並沒有聽在耳上，並且老梁的性格，平素我就知道他對於一個人的死或傷，似乎看得太多了，一點也不掛在心上似的，於是我把房子裏東西稍稍收拾一下，勉強跟着他們坐着運傷兵的車子到前方去了。

在汽車裏，那位大姐姐對着老梁的耳邊吸吸嘴，隨即帶着一種勝利的微笑轉過臉去了。開始，我想到一個初見面的人決不會開玩笑的，而且她說話的態度，又那麼嚴重，那麼認眞；可是從她剛才那一笑的當中，我疑惑自己被騙了。然而汽車已經駛到大通路，周圍的炮聲和機關鎗聲，好像幾百隻「烟火燈」在自己的身邊開放了。於是一種緊張的情緒塡塞住我的心胸，什麼恐怖都被牠鎭壓下去，內心所喚起的是一種到戰場上的快樂的情緒。

汽車停下來，我們一羣人擁進一所江北人住的平房裏。小林正端着一個盌給一個被炸斷了手的士兵喂牛奶，大姐姐跑上去抱着她的後頸接一個吻叫道：

「小妹妹，替你把愛人接來了」

她這麼一說，却使我害臊了。小林茫然地轉過頭來，從我的頭打量到我的脚上，彷彿看見一個從沒有見過面的人似的，顯得十分奇異，冷冷地說：

「你自己不是有事情，跑到這裏來幹嗎？」

「她說你受傷了。」我埋怨地回答。

「受傷怎麼樣？死了又怎麼樣？」

她說着很氣忿地回過頭去喂她的牛奶去了。

這時，我毫無意思地看着醫生在門角落裏替一個頭上帶花的士兵洗傷口。從醫生的手腕底下，一個突出的顴骨，如同醫生的罩衣一樣慘白，然而他還咬着牙骨聽憑醫生在他頭上施手術。我於是想到戰爭的慘酷，同時又想到戰士的勇敢了。

大姐姐和一位年青的醫生，在我的背後出現了。她手裏裹着綳帶，嘴裏笑着說：「你問我過去的事情幹嗎？

我做過理髮匠，住過炮子，現在我會打襪子，」她說着把綳帶送到醫生的鼻尖上，一開就跑到那些躺在門板上的傷兵跟前分麵包去了。

我看着她那輕蕩的樣子，又憶起昨晚上睡覺的情形，因而把林對於我的冷淡的態度，也歸過於她，於是一種憎惡之感，又從心底浮了起來。

當我正在對她進行着一種道德的譴責，她已經搬了一塊磚頭坐在林的旁邊給一個全身包在稻草裏的傷兵切麵包，那士兵傷的什麼地方沒有看見。祇從他明亮的眼睛上，可以看出他帶的花是輕的，稍爲休息下又要上火線了。

「大姐姐！」他模倣人家的稱呼說道。「麵包你自已怎麼不吃？」

「這是慰勞你們的，」她笑着說。「我們怎麼好吃呢！」

「現在我又來慰勞你，你吃點好不好？」士兵很誠懇地說。

「我們女人，不能拿鎗，慰勞你們是應該的！」

「那末我們拿鎗的軍人帶了花，不也應該嗎？」

由於他們這種誠懇的談話，把我激動了。於是我開始明白，在殘酷的人與人的對立中，同時到處存在着人與人的親愛，把剛才譴責大姐姐的卑劣的心思，譴責着我自己了。

晚上，這位快樂的天使，更把我陷於悲慟的情緒中了

是把昨天下來的傷兵送回後方去，新的傷兵運進來以後，突然她從隔壁那個救護所跑過來，嘴裏嚷着「老梁！老梁！」眼角邊上却流着點滴的小眼淚。

老梁正坐在我旁邊商量叫救護隊不要帶倕單在身上的事。他一望見她那着哭喪的臉，就迎上去抓住她的手問道：

「什麼事！」

「小王帶傷了。」

「誰？」我插上問。

「六十二師的小王嗎？」老梁似乎預先知道似的。

大姐姐沒有回答。

「他口渴死了。」她聲帶嚅囁地說。「你同我到那邊草棚裏去搬一個鍋去。」

老梁望着門外雨正在淅瀝的響着。炮火響得更其激烈。子彈飛過屋頂，孔翁——孔翁地叫着。他把頭低下來，似乎在看着他脚上的破皮鞋。大姐姐生氣了，

「去就去，不去拉倒！」她說着身子一歪轉過頭往後走。「你以爲他眞是的我什麼親人！」

「老梁，」我對着他那躊躇的臉問道。「路遠不遠？」

「路並不遠，」老梁勉強地回答。「好吧，好吧，你不要生氣，一同去！」

他把身上的長衣脫下來，蓋住大姐姐的頭和他自已的頭。倆個人相互用手抱着腰，縮在那件長衣下，好像新婚的夫妻似的走出去了。

這時，一陣炮聲就像在我們背後响着似的，屋子都地震般動搖起來。我就心他們在路上遇到危險；立在門口望着他們在漆黑的雨水中用手電照着道路走着，一直到電光被雨水淹沒了他們的背影，在我的眼前消失了。

他們在我的眼前消失了，已經是第五個年頭。然而祖國的大地上，整個華北踏滿了敵人的脚跡。閘北的火線打得比一二八更長了，而我還依然活着在大家嚷着回家的聲浪中，我依然無家可歸。朋友！你們已在我前面完成了生的任務，而我還留戀着什麼呢？我默想着他倆那蓋着長衫的頭影，我的心和我的臉灼熱了……。

「我的槍……」

胡蘭畦

我們的救護車經過劉行的時候，房子又比前一天打壞得更多了。滿地都是破的瓦礫，到處部有斷的樹枝，地面上也添了無數的大洞。我想日本鬼一定企圖從這一面攻進來。但計算這一條路的長度，他們也很難達到目的。

過了劉行鎮，天已昏暗了，我們的卡車還是前進。我們很想一直　到戰壕去，然而事實上卻不可能。還離戰壕三里遠的地方，就被傷兵把我們的卡車攔下來了。滿地上睡着的，坐着的，都是傷兵，田邊，路邊躺着的都是傷兵。就情勢看來，重傷很多，輕傷也不少。一個兵炸去了手幹，露着那剩下來被血染得鮮紅的火一樣的禿臂，也有把腰桿打斷了，睡着動不得的。各種各樣的傷痕，一件一件地陳列進我的眼前，但我已經看慣了，也不感覺得可怕。

地下横列着幾付死屍，據說是才死不久。他們受了更重的傷，已經流盡他們最後的一滴血，爲了這莊嚴神聖的戰爭而犧牲了。他們的屍身就横在我的脚前，我一面在帮助救護那些還活的傷兵，一面默默地在給死者致敬：

「你被犧牲者的靈魂呵！你們聖潔的血液，將要洗盡我們的污辱，要培養出文明的鮮花。你被犧牲者的肉體呵！你們堅强的筋骨，將要建好人類的自由大道……」

一個重傷兵，他的手上緊握着一根斷了的樹枝，我看他快要死了。他老以爲他手上握着的樹枝是他的槍哩。我聽着他微弱的聲音還在那兒低叫：「弟兄！拿去呀，我的槍！完……完了，我！我不…不行了！不要落……在……東洋鬼的手，拿去呀！……對準敵人……不要落在東洋鬼的手上！」他的聲音越叫得高了。這聲音擾亂了我的心，我放下活的傷兵去扶着他，直扶到他漸漸地沒有氣息。我看見了戰士的血，我看見了戰士的屍骸，我聽見了戰士的最後的呼聲，我沒有話說，也沒有眼淚，我所受到的感動也沒有筆墨可以形容。我戰慄，我敬仰，這景象將永遠引導我走向前去……。

上海三日記

蕭軍

八月十四日

我不想在這祖國的土地上，今天又聽到這砲聲。五年前在遼寧九月十八日的夜間那第一聲的砲叫，從睡中把我震醒，躺在炕上聽着那像一隻巨大的鳥雀撲着迅急的翅膀飛過去的砲彈，那時的心境很安寧。因爲那不可避免的攻擊事先也聽到了一些消息，說過，人對於已知的不可避免的災害底到來是安寧的。

現在——這是早晨——砲聲和機關槍聲在北方還正在响着，從昨夜黃昏開始中間間隔了一個時間——大約也許是因爲我睡着了。——今晨當我一清醒，這砲聲是淸明地一如五年前。所不同的只是那鳥似的砲彈經過的聲音沒聽到，所以自己的心也一如五年前那樣安寧，——也因爲早就懂得了這消息了。

昨夜，有秋天一般的寒冷——現在還正是挾着風在落雨——雨點也常常從開着的窗口要打進屋裡來；我正是坐在北面屋角，靠近窗子平常工作的小棹上，寫着這人類「美麗」的記錄！

窗外滿天走着灰色的雲。五點四十五分了，天還不算明，也許每天這時候太陽要出來了。今天爲了雨，我却把兩扇窗子全關閉起來，這樣，那砲聲就不再聽得淸明。隔着窗上的玻璃，我看着那窗外的遠近的建築物；那些經過那次颶風吹凋零了葉子的如今還沒有復原的黃楊，無停止地飄搖翻擺在風雨裏。靜靜地綠着的柔地沒有標準，到處亂飛的麻雀；失了光芒的眼睛似的人家底窗口……遠遠的雜聲；汽笛聲；街上稀疏地跑着的汽車聲……我不知道在這幾點鐘槍聲砲聲交奏以內有多少生命斷送了！多少壯實的身軀傷殘了……？並且這還繼續在斷送，繼續傷殘……。雖然這是一面是爲了製造戰爭而戰爭；一面是爲了消滅戰爭而戰爭。這人類底不平一天存在，它也就要存在。也許有一天自己也要用這「戰爭」把自己葬埋了。

～～～～

靜！靜這附近是死滅了似的靜！沒有人聲，沒有喧叫：……L。君還睡在地上，H.和S.是睡在內屋的牀上。我們雖然是國籍不同，民族不同，並且這兩個民族還正在那裏：一面在企圖消滅了一個；而被消滅的却要用自己的血抗爭着。但是我們這裏却共同在吃，在睡……這因爲我們有一條單純和信賴的心，我們有一個共同的信念！那就是消滅這人類一切醜惡底存在，我們用這同一的信念來貫穿起不同的種族，不同的國籍，不同的心！所以這裏沒有仇讎只有弟兄。

砲聲爲什麼响得更洪亮和連續起來了呢？——六點鐘了。

馬斯南路那個希臘式舊俄的教堂，也响起鐘聲來了。這鐘聲是每天早晨要响的，和那工廠裏的汽笛一樣準確。每天當我將醒來，或是被它醒來，似乎還有着一點感謝意味似的，聽着它們那淸冷幽怨的帶有一點溫柔感的聲音。今天，對它也起了憎惡！我想這是因爲從這聲音使我聯想到和這目前底殘殺有着關聯的人的緣故。

這是爲那些正在消滅下去的人類，响着的喪鐘嗎？——我住所南面那個法國的單十字架的教堂底鐘聲也响了。它是比較尖銳的。

～～～～

爲了要看一看人民們——更是貧窮的——在這顚狂了的浪潮中是怎樣在處置着自己。吃過午飯，辭開了S.和L.夫婦，一個人走出來了。在臨行時他們叮寧我不要到北四川路去，因爲昨天早晨L，由北四川路來時，那裏已入於戰時狀態。

『不去的。』爲了省得他們就心，便這樣答應了。

坐在到外灘去的電車上，看着街兩面流走着各色各樣的人，和坐在人力車上拉着傢俱的，搬場汽車……雖然各自懷抱着一顆不同的心，而要使自己和自己關切的人活下去却是相同的。——又似乎一如五年前。

一股腥臭交混的氣味，開始從碼頭的方面傳播過來了。那裏較起平日更是無秩序地忙亂，從公館馬路東口向南，在牆根下，走廊下，堆積的就全是人，貨物，箱籠……女人們痴呆地張着嘴，奶着孩子；男人們，孩子們，吸着烟，吃着，就地或是鋪着一領草蓆睡着……。全是靜默地似乎在逃避着一個命運，又在等待着一個命運……。我不知道他們從那裏來，不知道他們將要到那裏去，還是就那樣，一片片乾貝殼留置在沙灘上似的留置在街頭？

下了車，沿了碼頭更向南走，在那裏等待着和堆積着的人也就越多。江中心停着幾隻懸掛着英國，美國旗幟的軍艦。那刀魚似的淡藍和發着銀色的船身，靈敏得好像隨時全可以任意飄游到那裏去任意攻打着。船上面也忙碌地走轉着人……。

一隻笨重到恐蠢樣的江輪，就在那些軍船的後面停止着，有幾隻小船從碼頭往復地到那裏搖去又搖來。碼頭上這裏較別的地方人更加多着了，幾乎構成了一所人底山丘。問了別人才知道這是等待回寧波避難的船，不敢靠碼頭，那是怕一擁擠上，所以限制地用幾隻小船搖去又搖來……。

那用一條草繩繫在浮橋上一具浮屍，這記憶要想忘掉竟不可能。那發着臭的氣味，那仰天敞着胸膛的身姿；一隻手還在張揚似的舉扣着；短褲，鞋存在的；身上的短衫也存在的。脖下，和下開始了腐爛；身上，面着日光的一面變成不正規的紫紅色，浸在水裏的則是黃色；那每條黑色的脈管也清楚地呈露着。更是那臉，是那樣團圓而浮腫，眼睛翻白地看着天，鼻子只餘了口孔，下面的牙齒長長伸露地抵咬着舌根，舌頭則是一顆球，捲曲得不成形了。

沒有地方探究這死屍的來源，我也不想探究。和我一同在那裏掩着鼻子觀看的人，他們似乎也沒有興味探究這平凡故事底來源。

每一個碼頭上掮扛爲生的碼頭夫，有工作的，還是照常地擠榨着自己筋肉裏最後的一滴汗和一分力量，柱似的邁動着肌肉僵化了的脚和腿，腰背弓下着，配合似的喊叫着「嗳唷嗳唷」的聲音。

沒有工作的，有的把那棕色的身子伸直地睡在浮橋的甲板上，仰面對着天，對着遠方，那樣子似乎並不關心到人，也不關心到那奇妙的從水底浮起來的氣味和那些噪叫的聲音，睡着了；有的也吸着烟或是爭吵似的辯論，也有深陷着自己臉上的每條刀子刻劃似的紋皺，孤獨的沉默在邊……。這裏雖然也有着千種不同的姿式，不同的心，但有一個心却是相同的吧？——要活下去。

折回來坐在電車上，我看到一個戴着破荷葉似的帽子的老年碼頭夫，他的個子很梢長，但是彎曲了，在向幾個正在江邊飯攤上用飯的壯年碼頭夫們求乞……

從家裏出來時，我雖然答應不到北四川路去，可是那時我已決定了總得要去看一看的，不會有什麽意外。

仍是在法租界公館馬路口下電車，步行着，也仍是沿着江邊。這裏堆積的人，沒有十六鋪那裏人多，這裏的人，他們全移進了平常用鐵鍊圍繞着的草地裏，那草一半也全枯萎下來。

立在「和平神」的石座下，靜靜地從那「和平神」像的一隻翅膀底尖梢，我看着那微微有一些雲絲在走動着的天。爲了那雲彩底移動，陪襯得好像那石坐也在開始了浮走。

那些金屬製的神像和盔甲，花圈和羽毛筆，當初我不知道是什麽顏色，於今却全變成了黑色。早先，我還曾說過神像立在這裏的意義是曖昧的；爲了奴隸，還是爲了製造奴隸的人……？於今却什麽也不再想，祇是借了那地方休息休息自己的腿脚，好再向前走。

每所聳高的建築物，大約是爲了戰時標明自己的身份，便全高高地弔起各色的旗幟，其中有幾面却使我感到很生疏。

那裏——在蘇州河出口左面江心上——還可以看到有兩隻兵船，鮮明地懸掛着太陽旗。

停止在蘇州河的橋上，看着橋下的流水和右面的外灘公園。記得幾天前報載，因爲有幾個中國青年人在這裏面唱救亡歌，便被捕進了捕房，遭了辱打。後面就是英國領事館，一面英國旗在一條細高的旗杆上傲慢地飄擺着。這又使我記憶起，一千九百三十二年一月二十八日上海的中日戰爭。中國的士兵和人民用血和肉看看要獲得了勝利，而政府却接受了調停，簽訂了停戰協定——簽訂就是在這個院落中。

河左岸的「蘇聯大使館」那屋頂樸素的飄抖着的紅旗，却給我帶來了親切和激動，只有它才不是代表着強盜們的盾牌，而是代表着眞正兄弟們底親切的標記。我向它深深地注視着，這算作向世界上眞正以弟兄待我們底人類，無言的敬禮。

各樣的開始擰成一條繩似的車輛通過着，人不能到路那面去，於是第一次我才發見那白渡橋的橋樑是可以和陸地脫離開的呢，中間存在着一條縫線。

四川路口有日本陸戰隊在那裏警備着，每條槍的刺刀，苗細地閃着寒涼的光輝。

我跟着鐵軌電車走着走着……忽然它們停止下來，扯轉了電路，擺着紅旗向回開跑，於是街上的人也開始了奔跑，這又使我想起了一九三一九月十九日的早晨，當我沿着遼寧大東關的馬路向西行走，人們也是這樣跑着的，雖然自己也蒙到了感染，要折回來，但爲了經驗——羣衆多是盲從的，——稍稍清醒清醒自己，仍是繼續前進。必要看一看這眞正的原因。

我停留在良友圖書公司門前，是的，從東面的一條街走過來十個荷槍的日本兵，落拓地走着，顯得是那樣無神和遲滯……。其中有一個幼稚得還是不值得作一個兵的年齡，却也參加了這殺人或將要被殺的序幕。遇到××社的編輯D.君，於是我才不再前進。

在一同歸來路上他說：

『我們的準備很不壞啊。我昨天同B.到××路等處看過了。』他顯着樂觀的說。

『一時的勝負是沒有標準的。單看政府是否決了心；人民們是否決了心抗戰到底，我却有點恐懼，這不是敵人，却是內奸……』我說。

『這回許不能了……這不同「一·二八」……』

我們全都默然。

晚間，我們和L.夫婦坐住地上的草蓆上共同吃着晚餐，遠方的第一聲砲聲响了，我們抬起頭每人交換了一次眼光，凄然地笑了笑，不知誰這樣說了一聲：

『打了！』

現在是日間十二時十五分，砲聲一直是响着的。時才一陣更顯得震蕩和繁密的砲聲——齊放——响過了，如今却有點沉靜下來。

八月十五日

整個的夜，是用了炮聲和間歇下來的機關槍聲貫澈着；再混雜着不規則的風雨，這聲音就不規則的遠遠近近。有時炮聲太近了，窗上的玻璃就蒙到震動，我們想這大概是停泊在蘇州河邊的日軍兵艦發射的；遠方的炮聲，那大概是我軍。

我寫這篇日記的時候，正是早晨的八時三十分，外面還在落着西風雨。炮聲停止有一個鐘頭的樣子了，現在又開始了兩响。在這停歇中，兩軍的炮兵又作了新的「射擊準備」嗎？還是在陸地的一面又變換了新的陣地？在這樣的雨天，炮兵變換陣地是艱難的；飛機飛行也是艱難的，雙方只好全作堡壘戰。這樣敵軍是有利的，他們可以籍着時間修理器械，重振士氣，堅固防禦工事等待援兵——今天報載日本增派了一個師團到滬應援了，携帶大批軍火及飛機。如果實在，那在幾天內日軍要舉行反攻，或竟以戰船爲根據地，作炮擊戰了。

日來報載的幾乎全是中國軍隊勝利的消息：轟炸敵艦，擊落飛機，佔領大豐紗廠敵軍司令部的消息等等，聽起來似乎感到一點興奮，但是這興奮的後面，那是有着一片巨大而殘酷陰暗的黑影，值得使人戰慄的，就是，這人類屠殺的海洋的涯岸竟是那樣遼闊的存在着！

陸軍方面，如果中國政府和地方眞心抗戰下去，日軍是沒有勝利底可能，他們底勝利是要用海軍和空軍來獲得。他們要用各種最殘酷的手段屠殺中國人民，瓦斯彈，燒夷彈，他們一定要大量地使用。

物質方面不論，單就人的方面，中國人一般地有着這樣的缺點：打勝不打敗；先緊後鬆；組織不嚴密……這不獨是軍事上的缺點，也是中國民族性幾千年來養成的，日本人却是比較不這樣的多。

昨天報載，從滬戰一開始，原先在日本各工廠做工的工人，如今失業的有十四萬餘人；逃難的難民由「慈善機關」收容到的達五萬餘人，這二十萬窮苦的人，如今又要把他們的重量分担到其餘人的身上……我不想推究這原因和結果，事實是這樣存在着：戰爭——無論什麼戰爭——犧牲者多數總是窮苦的人。就是因爲窮苦的人佔有了一個國家，一個世界上的數目太多了。爲了要消滅這窮苦烙印的戰爭，爲了縮短這窮苦運命的戰爭，又怎能免呢？一個窮苦的人；一個愛眞理和正義的人，又怎能不執行這戰爭？但戰爭的本身却是人底仇敵！人不獨要消滅執行這戰爭的劊子手，還要消滅它底根源。

昨天早晨在金神父路高乃依路口一枚爆彈偶爾落下來了，傷了一所房屋，幾個行人。

也是昨天，中國飛機和日本飛機在空中交戰，中國飛機的爆彈機毀壞了，炸彈落下來，死傷了大世界附近幾百人。南京路東口一家英國大旅館的樓房炸破了，也傷死了一百多人，外國人在內……這當然全是安全人所在的安全地方，可是這偶然的炸彈竟使安全的地方也有點不安全了。

上午L.君單獨的從外面回來，他顯得很愴惶，用着不完全的中國話說：

『一個日本警察來過啦！他到我住過的地方問了：「這裏有日本人住嗎？」他們說沒有，他就嘵嘵地騎車跑了，我想他們是來找我……』

『你要怎樣決定呢？回去？留在這裏？』我問他。

『慢慢的再說，推移下去……』

我們全沉默住。他找到了一本七月號的文藝，點起一枝紙煙，躺着去看書了；我又來繼續寫我的日記。

早晨我們也曾討論過，他留在這裡，也許被當做「

間諜」被人民們侮辱或殺了；也許日本警察尋獲了他，疑心他們爲什麼住在我的家裡，這對於他們不方便，所以他們要換一個地方。我說：暫時也許不要緊，久了也許會出點問題。關於中國人殺「漢奸」這一方面他是不必担心的，担心的是日本人來尋回他們。不樂意回歸他們的祖國，也不樂意ㄅ到那不愉快的集團被一些不義者們保護着。他們愛中國，要留下，還要爲中國盡一點自已所能盡的力量……可是他們又不能脫離那羈絆，那樣會斷了他們底生活的源泉，永遠不能再歸去，也永遠不能再在本國內從事文學工作……我想，他們如今一定被一種悲哀撞擊着。儘可能我總要作爲一個同志那樣盡我的援助，雖然明知自已也被屏棄在所謂「國家」底保障以外。

昨夜他們宿在M處，一隻小貓還在我們這裏單獨地留住。

有人談論過，如果到戰爭瘋狂的關頭，從前反對政府的左傾的堅決一點的份子，借了「漢姦」這名義要被大量殺戮的，不然它們將來還要存在不住。我但願這是神經過敏者的謠言。

吃過午飯從家裏走出，漫然地走着。到麥根路那裏從卡德路起，也是堆擁着人。蘇州河的一條橋樑，由商團及巡捕看守着；蘇州河水還是那樣安然渾濁地發着腥臭流着，古敗的木船上也是塞滿着人和碎亂的傢具。我不知道他們將要到那裏去。

這裏的人沒有羞恥也沒有隱蔽，就在那男人和女人的圍繞中，人却安然地拉着屎，女人們似乎也沒有心思再躲避起自已的眼睛。

河那岸一個草綠色服裝的中國兵，槍上閃耀着刺刀，靠近一帶砂囊，輕輕地走來走去。有時也停止住，看一看這岸，看一看水面，吐一口安閒的吐沫。看過去，他的年齡似乎還不大。

沿着河北沿，向東走着同一服色的幾個中國兵，前面的一隻手提着槍，一隻手揮動着一根竹竿，正在驅走着屯積在墻根下和路上的難民。難民之中似乎有的還在爭辯着什麼，那兵似乎也在同他解釋着什麼，但終於所有的人全似一些敗葉似的，被這「人底掃帚」掃集着，沿了橋邊一帶接連起來的浮船走向這岸來。

那兵之中，最後的一個還提着一柄藏在鞘裡的大刀。

岸這邊，商團底外國籍的團員們正在忙碌地堆積着沙囊。在他們那高傲的動作裏，似乎在表明着他們的眼前這些受難的人民，祗是一些人類的渣滓；不可愛的牲畜！但這些牲畜，如今對我却是親切的，無論他們在別人的眼裏是如何地有着殘缺。他們是一樣的人，有着優良的環境，一樣是能够發展着人類具有的智慧和聰明，他們不會比誰更不如些。

晚間睡得很早，感到一點昏沉和疲乏。

八月十六日

早晨九點二十五分。

前此五十分鐘，正當我寫着昨天的日記底時候，高射砲接連地響過了。那時，我爬上了窗台，一架飛機正是向北飛行。從黃浦灘方向響着的高射砲的聲音更繁密了，那一團團凝聚在空中的黑色的彈煙，幾乎要包圍了那機身，但那機身仍是用着同一的速度，微微高昂一點地進入到雲中，接着它竟逆着這發砲的方向向東飛去，於是機關槍和砲聲就響得更焦煩。那飛機似乎也感到了一點威脅，沒能有多久的停留，僅是繞了一個半徑就折向西北飛去。

那黑色的彈煙，爲了今天晴明，很久才和着外來的雲朶結合起來，一同消散。

接着又是一隻——從西北飛來——一直投向楊樹浦的方向，接層也是一陣槍炮的焦灼的繁響，接着那機身也就很乖巧地沒入了雲中。

早晨還在睡着的時候，幾聲很大的爆響震醒了人。這聲音似乎發自南方，窗上的玻璃全蒙到了震蕩。我想這大概是日本的援軍底來到，在示威。同時從西北有五隻機身作成人字隊形遠遠的飛着，我想這次日軍也許要用大量的爆藥去轟炸內地的重要部市和軍區。

昨夜炮聲未響，現在又開始響了，預料今夜和下午或明天的拂曉將有惡戰。

昨天早晨S.到大世界去看過前天落下來的彈痕。回來共同吃過午飯，我便一人也走出

L.夫婦住在×那裏，看來很相宜，有桌子可以寫字，L.像一個主人似的笑着。我們彼此似乎簡單得誰也不想說什麼話，只是H.說：

「前天你不回來我很怕，我想你是死了」

「不容易……」我笑着向她說。

臨行的時候，我囑咐L.不要到街上去，買東西可由H.負責。

把留下的小貓也給他們帶去了。行在路上，那小東西竟那樣不安地咪叫，時時企圖要從車上摔下來。那時

我想，人的生命全是這樣每時每秒地死滅，這無用的小東西却還要使它存留，於是就想要任它去死罷！但却沒有這樣做。

M大約很忙，我給她留下的「紀念冊」裝事經過報告的原稿她竟沒有看，「自傳」也沒有尋出來，於是只好帶了那原稿去印刷局，印刷局的鉄門鎖了，從那鉄條的格縫我問着坐在裏面的人「怎麼？」

「沒人啦……」這個答話的就是平常管理印刷部的那個人。身材很高，臉色蒼白，一個很有點威儀的人。我向他笑了笑。

又把原稿送回M那裡，於是才又開始了馬路底巡行。

落着雨，我沿着霞飛路走着，這條路平常是那樣顯着有豐韻地拉長着身子，於今却是只有荒涼和破落。沿路可以蔽雨的地方也全出現了堆積着的受難的人民，霞飛坊弄堂門前豎立着一塊請求佈施的招牌。

鉄軌電車斷絕了，商家也全釘好窗門，人行路上也再看不到縩縩地邁着輕俏而有分寸的步子的，作着有訓練的表情姿勢，談着話的外國男人和女人……好像還是整個的世界停止了營業，整個地球停止了運行……

……

一隊從日本回來的留學生及「文化界婦女救國會」的宣傳旗子，方的和尖的，引誘了我，我便跟着他們後面走……

在一個弄堂裏他們停下了，一條街上停下了……講演着，唱着歌，喝着口號……羣衆們愚蠢地茫然地似解非解的聽着，望着，圍聚着，揚起乞求似的臉……我也就停止在一邊，看着那淋漓在雨中嘶着聲音的宣傳員們……一個女宣傳員她說她是「東北」人，我聽着那過度熟習的土音，那不甚流利的演說……那身上脚下濺染着泥和水的衣和鞋……世界上如果有眞正的奴隸底羣隊，那只有這個國家的人民……才是一切奴隸羣隊的榜樣！不是麼？

爲了還要到別處去看看，便只好默默地分別了。

大世界的西面一些焦爛了的半焦爛了的汽車底鐵骨，還有十幾架停留在那裏。西南面一家藥店的前壁破碎了，門前也堆積着一些人力車，老虎車，獨輪車，脚踏車……的殘碎的骨骼。還有一片曲捲的燒焦了的人肉皮。

大世界的一部份窗玻璃和門面碎了；旁邊一家平常賣排骨麵的店鋪底門窗也碎了。從釘着的板條看進去，夾雜在細碎的碟碗中，一絡煮熟了的麵條還很安全的留置在那裏。

巡行完了這四周，我才尋到那彈痕！幾乎正在十字路的中心，以一個長約一丈寬約七八尺，深約五尺的黑色的洞窟出現了。下面正在流着從城市排出的穢水。從這裏到四周的房屋，每面還不足五十——七十米達。

有兩具人底屍體還遺留在路邊。一具的後腦殼不見了，那顯露的顏色蒼白的菲薄的骨碴底殘臏的腦殼裏，腦髓還有一些存留。另一個男人的屍體是掩蓋在一條麻袋下，旁邊還挺出一隻嬰兒的脚，是瘦得那樣地出奇！爲了那孩子的脚我揭開那覆蓋，嬰兒不足一歲，瘦得要不存在了；男人的屍體也是同樣瘦得只餘了皮膚和骨骼，凋零地透露在地上。

——人類是脆弱的動物！却能發明堅強的殺害人類的兇器！

我懷着這樣的感想，沿着西藏路向北行進。忽然走着的人起了慌亂，開始了奔跑，我停止下看一看，天東有着飛機和炮擊的聲音；頭上也行走着飛機，人們大概是想到過去的恐懼，自已想了一想，同時緊一緊牙骨，就這樣下了決定：

——這時候，「安全」是不存在的！

繼續的走着，逆着這奔跑下來的人羣……

～～～

行走得有點疲乏了，便在四川路橋右邊一個荒涼的小花園裏停留下。

星星散散地還在落着雨。我坐在靠近河邊一條長椅子上，距離不遠的一間茅草的亭子裏也充滿着人，大約也是難民，這邊却是冷淸的。我面着一棵洋梧桐樹，從那葉子上滴流到地上的水滴，單純的發着細響，搭配着蘇州河水時時翻着堤岸發出來的有點激烈的聲音，酬答似的時時還更換着韻節，我似乎也忘了河底那岸，那個守衛的日本兵，游戲似的時時在向我這面瞄着他的步槍，自已這大概還是以一個詩人似的心意，在這裏靜自聆聽着自己的心音。

外白渡橋北頭，那裏也安置好了鉄條網，有日本兵四五個在那裏正檢查行人。有幾個「苦力」裝束的他們要通過，在還沒有走到檢查的地方，先自己把兩臂從身體離開，擧向上面或是像一隻新折斷了翅膀的鳥雀似的垂掛在兩邊。我也曾企圖要冒着一點危險過去看看，但自已一檢點自己身上的服裝，怕是不容易通過去，即是通過，那裏一定還有麻煩存在着。於是作罷。

倚在靠東面的桅欄，看着那動蕩着的江波，小船們梭似的來去穿走着，那隻有着太陽旗的軍船，還仍是留泊在原來的地方。「蘇聯使館」樓頂的紅旗今天却顯得迅急地擺抖在風雨裏，顏色也還是那樣樸素的鮮紅，惟旗脚好像有了點殘缺。

南京路口的左側，那座七層紅樓的外國飯店，一層却遭了炸毀。馬路沿邊正堆積着一些殘碎的磚瓦和玻璃。它的對面，平常有着黑色金邊的尖塔形的屋頂的石頭的那所九層樓房，幾扇窗的玻璃也破碎了。我拾了一塊殘片——那總有一分五釐厚的樣子——於今放在我棹子上算做了我的「書壓」。

平常當我在那路口等待電車的時候，從那紅樓的窗口看進去，那屋內的地面幾乎和窗口等齊，閃着木質的光。那上面一些西洋的男人和女人常常是靠在桌子邊，講談着……年青的女人們多是塗着厚厚的脂粉的，穿着奇奇怪怪的裝束，手指上閃耀着過大的各色石頭戒指；肥胖得連呼吸全要停止了似的老大婆也常出現。……男人們閃着白亮的胸衣，紅着脖臉，使那稀疏的幾根毛髮，平整地伏貼在頭頂上，用一種淡漠的姿態和神情臨着脚下的那些紛亂的人羣……所以對於這裏面死傷了的人，無論那一個種族的人，我却抱着一種偏狹的主見：沒有憐惜，也沒有同情，那些生命是還不如大世界門前死掉的那個嬰兒。在這樣的場所裏是很少有不是以吸血爲生的臭蟲，

經過在每個銀行之類的窗前，時常也可以看到槍彈彈着的痕跡。

火綫外（二章）

蕭紅

窗邊

M站在窗口，他的白色的褲帶上的環子發着一點小亮，而他前額上的頭髮和臉就壓在窗框上，就這樣，很久很久地，同時那機關槍的聲音似乎緊急了，一排一排地暴發，一陣一陣地裂散着，好像聽到了在大火中攤下來的家屋。

『這是那方面的機關槍呢？』

「這槍一開……在電影上我看見過，人就一排一排的倒下去……』

『這不是嗎……砲也響了……』

我在地上走着，就這樣散散雜雜地問着M，而他回答我的却很少：

『這大概是日本方面的機關槍，因爲今夜他們的援軍必要上岸，也許這是在搶岸……也許……』

他說第二個「也許」的時候，我明白了這『也許』一定他是又復現了他曾作過軍人的經驗。

於是那在街上我所看到的傷兵又完全遮沒了我的視線：他們在搬運貨物的汽車上，汽車的四周是插着綠草，車在跑着的時候，那紅十字旗在車箱上火苗似地跳動着。那車沿着金神父路向南去了。遠處有一個白色的救急車箱上畫着一個很大的紅十字，就在那地方，那飄蓬着的傷兵車停下，行路的人是跟着擁了去。那車子只停了一下，又倒退着回來了。退到最接近的路口，向着一個與金神父路交叉着的街開去，這條街就是莫利哀路。還時候我也正來到了莫利哀路，在行人道上走着，那穿着草的戴重車就停在我的前面，那是一個醫院，門前掛着紅十字的牌匾。

兩個穿着黑色雲紗大衫的女子跳下車來。她們一定是臨時救護員，臂上包着紅十字。這時候，我就走近了。跟着那女救護員就有一個手按着胸口的士兵站起來了，大概他是受的輕傷，全身沒有血痕，只是臉色特別白。還有一個，他的腿部扎着白色的綁帶，還有一個很直的躺在車板上，而他的手就和蟲子的脚爪攀住了樹木那樣緊抓着車箱的板條。

這部車子載着七八個傷兵，其中有一個，他綠色的軍衣在肩頭染着血的部份好像被水浸着那麼濕，但他也站起來了，他用另一隻健康的手去扶着別的一隻受傷的手。

女救護員又爬上車來了，我想一定是這醫院已經人滿，不能再收的原故，所以這載重車又動搖着，響着，倒退着，衝開着圍觀的人，又向金神父路退走。就是那肩頭受傷的人，他也從原來的地方坐下去。

他們的臉色有的是黑的，有的是白的，有的是黃色的，除掉這個，從他們什麼也得不到，呼叫，哼聲，一點也沒有，好像正在受着創痛的不是人類，不是動物……靜靜地，靜得好像是一棵樹木。

人們擁擠着招呼着，抱着孩子，拖着拖鞋，使我感到了人們就像在看「出大差」那種熱鬧的感覺。

我坐在江邊的碇泊柱上，風雨還在飄着，那江面就顯得有點輕狂，江水也好像突然有了增加。一隻小船很輕靈地奔來了，穿過着那疊疊的潮浪。潮浪卻戲弄似的，一刻把它搁在了肩頭；一刻又擲落下來……每一隻用人搖着的「猖猖船」幾乎像停留在一個沒有輪廓的巨大的動物底巨大的吻唇上，只要那顫抖再大一些，再大一些……那是要什麼時候吞滅下就可以吞滅下去的。

那小船靈捷地靠了岸了，出來了一個人，接着它又靈捷的離去……這時候，忽然起了一個念頭，就是要自己跳進這船，一齊飛去罷！到那裏去呢；這是沒有想及的。那是一隻「海關」用的船。

~~~~~~

黃昏了，我已經是走在了歸家的路上。雨也暫時停止。

爲着順便要到城內看看，便從鄭家木橋街老北門折進了城內名叫民國路的一條街。

這裏荒涼殘落得又是一番景象。這裏好像在度「新年，」人家門板上貼着大小的紅白紙片，但這寫的卻不是「恭喜發財，」是「暫停營業。」

有幾處街頭上，也有着堆積的沙囊，沙囊後面也有幾個守衛的中國兵。

西門不通了，只好從原路歸來。巳經完全昏黑，一種疲乏開始輕輕地侵襲着我。……

停在我們脚尖前面的這飄蓬的人類，是應該受着無限深沉的致敬的呀！

於是第二部插着綠草的汽車也來到了，就在人們擁擠圍觀的當中，兩部車子一起退去了。

M的腰間仍舊是閃着那帶子上的一點小亮，那困惱的頭髮仍舊是切在窗子的邊上，寧靜，這深夜的寧靜，微風也不來擺動這桌子上的書篇……只在那北方槍砲的世界中高冲起來的火光中，把M的頭部烘托出來一個圓大沉重而安寧的黑影在窗子上。

我想他也和我一樣，戰爭是要戰爭的，而槍聲是並不愛的。

八月十七日

小生命和戰士

「你看那兵士腰間的刀子，總有點兇殘的意味，可是他也愛那麼小的孩子。」我這樣小聲的把嘴唇接近着L.的耳邊。

其實渡輪正在進行中的聲音，也絕對使那兵士不會聽到我的話語的。

其中第一個被我注意的，不是那個抱着孩子的，而是另外的一個，他一走上來，就停在船欄的旁邊。他那麼小，使我立刻想到了小老鼠。兩頰從顴骨以下是完全陷下來的，因此嘴唇有點突出。耳朵在帽子的邊下，顯得貧薄和孤獨，和那過大的帽遮一樣，對於他都起着一種不配稱的感覺。從帽遮我一直望到他黑色的膠底鞋：左手上受了傷，被一條掛在頸間的自布帶弔在胸前，他穿着特爲傷兵們趕製的過大的棉背心，而這件棉背心就把他裝飾成一隻小甲蟲似的站在那裏。等另外兩個兵士走近前來的時候，他就讓開了。

這兩個之中的一個，在我看來是個軍官，他並不怎樣瘦，有點高大，他受傷的也是左手，同樣被一隻帶子弔在胸前，在他微微的蹺着的時候，那黑色皮鞋的後半部不時的被那黃呢褲的邊口埋沒着，當他同另外的一個講話的時候，那空着的，垂在左肩的軍中黃呢上衣的袖子，顯得過於多餘的在擺蕩——因爲他隔一會就要抬一抬左肩的緣故。

我所說的掛着刀的兵士，始終沒有給我看到他的正面，因爲那受傷的軍官和他談話總是對立着。我所能看到的是他脚上的刺馬針，腰間的短刀。他的腰和肩都很寬而且圓。那在懷中的孩子時時想要哭，於是他很小心的搖着他，把那件包着孩子的軍外套隔一會拉一拉，或是包緊一點。

不知爲什麼，我看他好像無論怎樣也不能完全忘掉他腰邊的短刀，孩子一安靜下來，他的左手總是反背過來壓在手柄上。

渡輪走近一個停在江心的貨船旁邊時候，因爲那船完全熄了燈火，所以好像一座小城似的黑黑地睡在江心上。起重機上還有一個大皮囊似的東西在高懸着。

我是背着鍋爐站着的，背後的溫暖巳經增加到不能忍耐的程度，所以我稍稍離開一點，可是我的背後仍接近着溫暖，而我的胸前卻向着寒涼的江水。

那軍官的烟火照紅了他過高的鼻子，而後輕急的好像從指尖上把它一彈，那煙火就掠過了船欄而向着月下的江水奔去了。

我一轉身就看到了那第一個被我注意的傷兵，就站在我的旁邊，似乎在這船上並沒有他的同伴，他帶着衰弱或疲乏的樣子在望着江水，他好像在尋找什麼，也好像他要細聽一聽什麼，或者也都不是，或者他的心思完全繫在那隻弔在胸前的左手上。

前邊就是黃鶴樓，在停船之前，人們有的從坐位上站起來，有的在移動着，船身和碼頭所激起來的水聲，很響的在擊撞着。即使那兵士的短刀的環子碰擊得再響亮一點，我也不能聽到，只有想像着那緊站在兵士胸前的孩子的心跳和那兵士的心跳，是不是他們彼此能夠聽到？

十，廿二日。
~~~~~~

我們不能逃走

——寫給農民

蘇金傘

我們不能逃走，
不能離開我們的鄉村：
門前的槐樹有祖父的指紋，
——那是他親手栽種的；
池邊的洗衣石上有母親的棒槌印，
水裏也或有母親的淚，
——受了公婆或妯娌們的氣，
無處擺理，淚偷滴在水裏；
還有，地裏紅薯快熟了，
根下掙起一堆土，
凸吞吞的像新媳婦的奶頭；
場上堆着沒有打的黃豆，
熱騰騰的腥香向四面流。
這一切我們都不能捨棄，
怎肯忍心逃走？

我們不能逃走，
不能離開我們的家：
碓臼已舂了幾輩子米，
犂耙和鋤欒都被我們的
手掌磨出深深的汗窩；
棉油燈夜夜看姑嫂們紡花，
紡花聲把我們的夢
纏得又密又重，
像蛛絲裏住一個槐花虫，
就是驢踢槽也驚不醒；
蟋蟀在牆根勸說織布人：
別栽嘴，再織一會就到三更！
這一切我們都不能拋丟，
怎肯忍心逃走？

還有土地——那位老乳母，
她撫育過我們幾十代的祖先，
又哺養我們和兒孫；
一年四季不拾閒，
忙着張羅棉麻和粱米，
到冬天雪蓋了原野，
她還預先埋藏下麥根。
我們對她也真熟悉：
知道哪一塊地有多少土坷垃，
哪一塊地離家幾步遠，
就是黑夜沒有光亮，
也能用腳試出哪一塊是自己的田。
我們命定了和莊稼一樣在土地裏生長，
挪到別處就要枯黃。
我們不能逃走，
不能離開我們的故鄉。

年來日子過得不算好，
但那都是鬼子苦害了我們的：
他不等你爬起來，就趕緊給一腿。
如今他搶到一個地方到處放火，
黑烟和火光利利拉拉幾十里，
連老鴉窠也得燒不賸一個；
年輕人抓去挖戰溝，背子彈，
老婆子和小娘子也被奸淫，
一不對眼就活埋或剝皮。
為了報復這些污辱與仇恨，
我們也不能逃走，
要拿起傢伙跟鬼子拚一拚！
一個人是一個鐵圈，
扣在一塊就是堅强的鐵鍊，
把那載我們的大船鎖靠牢穩，
永遠不叫那毀滅人類的海盜擊碎。
等把鬼子趕跑了，
再細細品嘗那藍天下的
倚着鋤頭時的一管烟的滋味罷。

十月十日，開封。

附記：這里有些河南的方言，河南的老百姓是懂得的。

血誓

——獻給祖國底年青歌手們

胡風

在北方
　在浩漫的俄羅斯大地上
　當革命底怒火洶湧澎湃的時候
　一個巨人——馬耶珂夫斯基
　於烈焰與青空之間
　呼嘯着
　突然奔現了

開花結果的二十年
俄羅斯底怒火從我們遙遠了，
然而好一個馬耶珂夫斯基
從他底詩
俄羅斯大地底震顫
　通過我底脚下
俄羅斯民衆底滾雷似的聲音
　衝進我底耳里
還有那烤鍊我的　灼熱的　反抗的呼吸……
馬耶珂夫斯基，
在今天
鎗聲　炮聲　炸彈聲　中華兒女們底怒吼聲
湧動在我底週遭，
像被烈火燃燒着
我欲臨空而狂嘷

這時候，想起了你
從那被俄羅斯底兒女們
和你底洪亮的歌聲一起
用他們底鮮血冲洗干淨了的
現在怒放着奇花的
六分之一的地球面
向南走
越過年青的自由的外蒙古，
就有着雖然無邊豐腴
然而却是血肉狼藉的
我底祖國
被枷鎖着
被奸汚着
被虐殺着的
我底祖國——
帶着羞恥底記號
　幾十年了
從死里逃生餓里逃生
　幾十年了，
到今天
　一九三七年
　七月七日
蘆溝橋底火花

燃起了中華兒女們底仇火
在鎗聲　炮聲　炸彈聲中間
撲向仇敵的怒吼
冲盪着震撼着祖國中華底大地
馬耶珂夫斯基，
　映着高空
　映着大海
中華大地熊熊地着火了！
火在高唱
火在高笑
火在高泣
張手向這神聖的火海
即使不能像你似地
呼嘯於烈焰與青空之間
歌唱出一五〇〇〇〇〇〇〇〇個伊凡底吶喊
然而——
燃燒於四五〇〇〇〇〇〇〇〇個中華兒女們底血仇
燃燒於四五〇〇〇〇〇〇〇〇個中華兒女們底血愛
我們年青的筆也要追隨着「我們底行進」
直到仇敵底子彈打得我們血花飛濺的時刻
直到力盡聲枯　在行進中間倒斃了的時刻
直到也許我們苦痛於自己底歌聲不能和祖國底
脈搏　新生的祖國兒女們底脈搏和諧地跳躍　像你
似地把一粒鎗子打進自己底腦袋里的時刻……

　　六月二十五日我軍與敵人血戰於
　　獅子林一帶的時候

附註「一五〇〇〇〇〇〇〇〇」和「我們底行進」
（Our March）皆馬耶珂夫斯基底詩名

十月十日在延安

孫陵

我走在滿貼着紅的綠的紫顏色的，各種式樣不同話句不同的標語中間的一條不很寬闊的馬路上，馬路兩邊是鹽店，米店，機關合作社，民衆圖書館，閱報所，軍隊聯絡站，載重汽車停留場……；在這些店舖機關的門前，停放着羊肉，蒸饃，水菓……各種小本經營的攤床。

馬路是泥土的，然而泥土上面並不堆積着灰塵，在不整齊的各種建築物的中間，保持住了每條淸潔的大街和小巷。

在這些街道上走着的，十分之九是軍隊，學生，和機關的職員們。他們和她們都穿着同樣的裝束，他們和她們沒有長官和士兵，老爺和小姐的分別。他們和們她穿的是同樣簡單的，機質的軍裝。這裏絕對沒有燙髮，沒有高跟鞋，沒有花邊旗袍，沒有長統馬靴。有的是一種新的信念，新的精神，充分而且堅强地從他們和她們那矯健的面孔上和步伐中間表現了出來。是這些人們將這座偏遠的老朽的，從來不被人們注意的土城活躍了起來，帶來了一股不可比擬的新鮮的氣象和力量。

現在，這種力量正在强有力地向四面八方開展着。——這是被壓迫者的民族革命精神，一個民族走向人類繁榮階級的開端。沒有任何東西可以阻撓，妨害，壓迫牠的發展。

我走在這些人們的中間，我覺到我是走入另一個時代，另一個社會，另一個環境了。對於他們和她們，這羣艱苦奮鬥的從全中國地方每一個都市和鄉村滙集來的最優秀的兒女們，使我起了一種深深的敬愛和感激的心情。他們和她們的中間，有大多數全是拋棄了家庭，拋棄了一切，不顧困若艱難地跑到這裏來（或者再分散到外邊去）甘心忍受所有的折磨和犧牲，甘心供獻出自己的青春和生命，從事那偉大的革命的鬥爭。

我在這樣充滿着新鮮的朝氣的中間向前走着，突

暴風雨的一天

京平

暴風雨迅急地馳過了北面高山底峰巔，用一種驚人的，巨粗的力搖撼着山腰上的岩石和樹林，使它們發出絕望的呼叫，彷彿知道它將要殘暴地把它們帶走，越過百里外的高空，然後無情地擲落下來，教它們在無可挽救的災難中寸寸地斷裂而解體……暴風雨——它爲了飛行的過于急驟而氣喘，彷彿疲倦了，隱匿了，在低落的禾田和原野上面，像詭詐的蛇似地爬行着，期待失去的力底恢復，時而突然地壯大了起來，在一種無可抵禦的暴力底行使中，爲了勝利而發出驚歎和怒鳴，用悲哀的調子在歌讚强健，美麗的自己……。

暴風雨迅急地馳過了北面的顫抖而失色的原野，用它底全力在襲擊那爲繁茂的樹林所環抱的村子底四週。

在馬松欒底屋子的近邊，有一株兩丈多高的松樹倒下了，和地上相觸而折斷的枒枝帶着新泥土直射的到半空里去，在半空里捲旋着，像一羣鴿子似地互相追逐，然後一齊地被擊落下來——暴風雨，在它無限制的力的行使中似乎還蘊蓄着不能排解的悲憤，爲了勝利而發出驚歎和怒鳴，用悲哀的調子在歌讚强健，美麗的自己……。

馬松欒底母親，那六十多歲的老太婆用淚暈濛的眼睛在注視這大自然底可怕的變動，哭泣而歎息，使目己墜入深沈的憂愁。

——好了！好大的風雨，不要再來了！松欒在外面要受不住了！她喃喃地說着，顫巍巍地跪倒下來，又開始作着禱告：

——要是風雨再大些，松欒那孩子會不會莽撞地就走回來呢？唉，我實在躭心，松欒一定找不到一個藏身的地方，那麼他就要被迫走回來了！菩薩可憐我吧，我屢次告誡他，他總是不聽話，要壯大着胆子呵，如果風雨再大些也不要走回來！

馬松欒今天很早就出去了。他是一個杜健勇敢的孩子，小小的年紀，已經參加了芒山地方底農民所組成的隊伍，執行着對日本侵略瘋狗的殘酷無情的戰鬥。——芒山鎭和這里相距不過七里多遠，從那邊開出的日本軍隨時可以出現在村人們的面前，村人們像一羣兎子，隨時有被獵取或擊殺的危險，在這里，有三個時間表示了最高的恐怖：黃昏和淸曉，——這都是敵人襲擊村子，捕捉農民的好機會，而最嚴重的是暴風雨中，當所有的人們在山谷與原野之間失去了隱身的處所，不能不縮回到自己的屋子里的時候。

暴風雨像從地殼里噴出的山洪，一陣猛烈似一陣，禾苗和田野都佈列着它底疾速地馳驟而過的足印，——遠遠地圍繞在這村子四週的羣山似乎互相碰觸起來了，隱隱地發出痛苦，低扼的噪音，彷彿從千萬人的嗓子里發出的歌聲，爲了痛苦的忍耐而使歌聲突然地向高處昇起，直入雲霄，剛强而沈毅，企圖在最牢固的障礙上面發出暴烈的回應，然後停息下來，讓人們用最大的虔誠在追慕這歌聲的餘韻，把暴風雨失去的力重新喚醒，繼續它底爲了勝利而發出的驚歎和怒鳴……。

馬松欒的屋子底墻根緊張而顫抖，近邊的高大的柏樹，在暴風雨底襲擊中痙攣而俯伏，用它底樹梢箒子似地在屋頂上拚命地作着掃動，屋頂的瓦片跟着暴風雨底飛舞而昇騰了。——馬松欒底母親慶幸馬松欒那孩子有着在外面和暴風雨相對抗的好胆量，然而當她稍爲嫩弱下來的時候，她卻爲了馬松欒那孩子在暴風雨底吹打中還不能不露身在野外這事而沈入了陰闇的幻夢……。她彷彿瞧見馬松欒突然在山腰上倒下來

然從十字路口那邊，送過來一陣咣咣啷啷的鑼鼓聲音，於是圍着這聲音的四週便聚起一堆來。在中央，是幾個穿着青布制服的學生。除去三四個從事敲打鑼鼓工作的學生而外，另一個正在揮動着帽子，舉起一隻手來向人們演說。

「今天是十月十號，」他向聽衆們說道。「是中國的國慶日，是紅軍的會師紀念，是我們八路軍抗敵勝利……。」

他不大會講話，而且說起來有一點口吃。但是，從他們的動作上充分表現出了他們的熱烈的情緒。

「……我們正受着敵人——日本帝國主義的侵略……我們要打倒……」

「我們要紀念慶祝，今天午後……兩點鐘，民衆大會，大家全要去呀！……」

聽衆們發出了各種不同的零碎的話句：

「民衆大會。」

「你去麼？」

「當然，你不去？毛主席還來發表談話呢。」

隨着又是一陣咣咣啷啷的鑼鼓聲，這幾個學生便向另外的地方走去了。

擁護統一陣線

一轉身，我看到一家皮貨店的學徒正在門旁貼着，在整張紅紙上寫着這樣字句的大標語。在標語左邊下角的地方，還註了一行小字：

×源興製

午間，接到成仿吾先生派人送來的一封信，信上寫

了，爲了暴風雨底暴烈的叫聲過于昇高，石頭和馬松傘底身體作着交絆，在山腰上默默無聲地滾動着。她知道，在這樣的情景中，馬松傘底靈魂像一隻失羣的孤單的燕子，暴風雨要奪去它底生機，又從而無情地鞭打他，蹂躪他，教他永遠地不能救出痛苦的自己。……

馬松傘底母親像一隻熊，她蜷伏在灰暗的屋角里，用暈濛的眼睛凝視着從屋頂底罅隙里打下來的雨水，屋里全都潮溼了，地上底孔隙成了無數的水池，急驟的雨水繼續從屋頂噴射下來，藉着天空底穢濁的光亮的照映，透明的雨點猶如那帶了脆弱的火末在夜間飛散的螢虫。

……現在，松傘那孩子也許忍熬不住了！老太婆心里想；要是他這下子就走回來，怎麼辦呢！日本兵就要神出鬼沒地開到了！他還能逃走嗎？他爲了修補一張橙子，在 木頭的時候冷不防把左脚的母趾砍傷了，以後每一次逃走都要滴出血來！這樣的大風雨的時候，要是還不懂得忍耐，那就糟了！

但是這當兒，她又淸楚地瞧見着，這也許是眞的，暴風雨重重地震撼着她底靈魂，使她墜入了更深的憂慮。——馬松傘在山腰上跌倒了，爲了暴風雨底暴烈的聲音過于昇高，石頭和馬松傘、底身體作着交絆，在山腰上默默無聲地滾動着……

馬松傘底母親悲切地堅決地無視了暴風雨底襲擊，從她底屋子里掙扎出來。她開始覺察了自己底愚昧，這風雨太猖狂了，這是一條暴脹而澎湃的風雨的大河，——她覺察了自己剛才所作的禱告是錯誤的。敵軍也許還沒有在這時候冒着暴風雨從芒山開出的勇氣，松傘那孩子應該走回家里來，爲着好好地防護他自己

不久之後，馬松傘的母親底出現驚動了所有全村的人。——這里全村的人們本來應該和馬松傘一樣離開了屋子遠，避到山谷或野原里，然而他們都走回來了，爲了抵不住那猛烈的暴風雨。現在他們正從各人底屋子里爬出來，帶着驚異的目光，把那老太婆包圍着；那老太婆像一隻給擊碎了肋骨的狗似地躺倒了，在一條小溝渠的旁邊躺倒了，暴風雨狂烈地在她底身上鞭打着，她也不在乎。她彷彿正用了期待死亡的虔誠在尋求最後一瞬的安寧。她底衣服全溼了，銀白色的頭髮滿結着砂石和爛泥。——這是一個奇蹟，在所有的生物都向着自己底窠穴躲藏的暴風雨中，只有那羸弱不堪的老太婆獨自出現！

——哦，你們都回來了！你們都安穩？他躲在自己的屋子里了！可是松傘呢？松傘沒有母親的嗎？松傘是不要的嗎？……你們好安穩呀！

她作着對一切的仇敵尋求報復的神情，用令人顫慄的嚴峻的聲音質問着。然而她底聲音低微下來了，她底身上突然地起了可怕的變動，她騰白色的雙眼睜得又圓又大，對那瘋狂了的紫黑色的天空緊緊地凝視着。

人們騷亂起來了，他們把老老太婆底屍身擱開不管，在暴風雨底鞭打中，爲着尋回失去的馬松傘而動員了他們底全體。

暴風雨繼續不停地用牠底巨粗而驚人的力震撼着大地。他們尋遍了山谷，田野，樹林，——他們終於發見了，那馬松傘。壯健，勇敢的孩子，今日正担任了南路的哨位，一點也不錯，他絕不會在山腰上跌倒下來，還是壯健地勇敢地在活着，在村子底南面，在一個高聳的陰綠色的小丘底巔峯上，馬松傘底黑灰色的影子像一塊揷在田塍上的小小的界石，在暴風雨底襲擊中屹然不動地站立着，時而在迅急地掠過的烟雲中隱沒了，時而全身畢現，把他無視暴風雨的短小的雄姿泰然地完全顯露……。

（一九三七，十，十二，濟南。）

着：

「昨天對不起了，今天大會場上見面罷。

仿吾」

昨天傍晚四點鐘的時候，我曾出城到陝北公學去看過他，正好參加會議去了，於是我便留下一個紙條今天他寫信來約我。

廣場是在城東南部的角落上。在會場入口，搭着一座簡單的彩坊，主席台便在廣場南部的城牆脚下。旁邊掛一幅白布，正面畫着兩個人，一個是新編八路總指揮朱德，另一個便是毛澤東先生。

一點半鐘的時候廣場上已擠滿了各種不同的隊伍，有軍隊，有學生，有武裝民衆，有機關職員，商店代表，和從外邊來的參觀者新聞記者一類人。

「坐下！大家全坐下！」

這時主席台上有人講話了。於是所有的隊伍全隨着這聲音坐了下來。

「喂！毛主席還不來？」

「一定會來，你忙甚麼。」

「推舉大會主席團，聽着，」台上的人又講話了，隨後又說出六個人的名字來，問大家

「有反對的沒有？同意舉手！」

「沒有。」這是羣衆的聲音。馬上幾萬隻堅强的拳頭，很整齊的舉了起來。

「好，通過。」

台上的人做了一個手式，叫大家放下手來。於是各種不同的救亡歌曲便從每一個隊伍中間發出來了。每一個隊伍中間，全有一個人站立起來指揮着他們自已的人們。

「不要唱了，現在由×××同志報告一二四方面軍北上會師抗日經過。」

於是另一個人從主席台上出現了。他很詳細地報告完了會師經過之後，又是幾個不同人們的演說。這樣經過一些時候，最初談話的那個又出來了。

「現在，」他用很大的聲音說道：「由一位新來外國新聞記者登台演說。」

隨着是一陣熱烈的掌聲，在羣衆的掌聲裏，一個高身材，寬肩膀，三十多歲的西洋人從台下走了上來。

「中國的朋友們……。」

他開始很安詳地說道：

「我是一個外國人，作爲一個中國友人的我，能够參加你們這樣熱烈的大會，我是感覺得十分榮幸的。」

他談話的聲調很動聽，他做着各種不同的手式，他說的是英語，他說完一段，便由另外一個人給他譯一段，全翻譯成了中國話。他這樣繼續着說道：

「在東方和西方，正開始了兩個很大的鬥爭和屠殺。在西方是西班牙一年來的內戰，在東方便是中國爲抵抗日本帝國主義的侵略而發的戰爭。在蘇聯，在法國，在英美這幾個愛好和平的國家裏，所有的人們正在用他們的全力注視着這兩個戰爭的開展，而且他們都在儘可能的從精神上物質上設法援助被壓迫被侵略的國家和民族。」

忽然台下起了一陣掌聲。

「中國是爲抵抗侵略，力求民族生存和解放而戰的，所以，中國定可得到全世界人的同情和援助……」

又是隨着一陣掌聲。

「然而中國不應當倚賴外國的幫助，因爲蘇聯，法美，英國全有她們自身的許多困難問題圍困着，……但最後的勝利，必然是屬於中國的……」

又是在一陣熱烈的鼓掌聲中，這位外國新聞記者走下了台去。

「現在我們來喊幾個口號。」另一個人走上來說道：「我領導各位同志一齊喊。」

「擁護國共合作！」

台上的人喊一遍，台下的羣衆便喊一遍。這時所有的人們全站立起來了。

「打倒日本帝國主義！」

「中華民族解放萬歲！」

「…………」

「…………」

這時，每個隊伍都在開始挪動了。

「不要走，不要走呀！」台上的人高叫道：「我們還遊行去呢。」

「毛主席怎麼不來？」

忽然又有人提起毛主席來。

「毛主席今天晚間在大禮堂晚會上見面。」

另一個人這樣回答。忽然有人握住了我的一隻手，他是一個新朋友。他告訴我說今夜毛主席在大禮堂招待科長以上的幹部，他對我說可以去參加，同時可以看看這邊的遊藝。

回來，我正逢到通行的隊伍，高喊着救亡的口號，象鋼鐵一樣進行着。

走向戰鬥着的黃土層上

駱方

一　西安掠影

西安之可稱為「古城」是無疑的,但要如北平加上「文化」二字卻很勉強。文化的氣氛很淡,這與沒有「最高學府」有關,將來臨時大學開課後一定能給西安城裏散佈一點兒洋裝書和綫裝書的氣味。有拉丁化「新文字促進會」,街頭上有一邊漢字一邊新文字的壁報,這是別處所沒有的;有「西北實驗劇團」想來總公演過幾次的。左明領導的上海救亡劇團第五隊比我先一天到西安,報紙副刊上有「訪問記」「觀……後感想」之類的文章,已經公演過幾天,擬聯合西安各劇團演出保衛蘆溝橋。報紙種數很多,副刊不見精彩,當地出版的雜誌見過三四種(純文藝刊物僅見沙河一期,有丁玲文章一篇。)

火車站下的城門口有「……國防根據地的西北」這句標語,在我這樣對軍事是外行的人,比「四川為民族復興根據地,」底意義更不好懂。把僻居西部的省分作為什麼根據地似乎有敗北主義的傾向,所幸現今已經毅然實行全面抗戰,這種傾向已一掃而空了。各處街道中心正在挖掘防空地窖,挖至地面下十餘尺,比在南京街道上所見的要安全多多。聽說敵機雖到過陝西但未「光顧」過「西安」。

在西安不論軍政商學界沒有一個舊友,只在四天的停留期間中因天天蕩街而認識了西安城的模糊的外貌。沒有玩一處名勝古蹟,沒有錢進一次戲館,只在街上吃過一次北平味的炸醬麵和一碗燉羊肉。我喜歡西安,因為它很像我頂愛的北平。

二　行路難

素聞陝西公路交通發達,故在南方聽說從西安坐兩天汽車便可抵達我的目的地時,就深信不疑。可是天曉得!今天已是我抵陝後的第二十天,還滯留在離西安僅白里的一個鎮上!抵陝的頭天便聽說今年陝中多雨,公路處處沖毀,河水大漲,汽車不能涉河而過,北路不通汽車已一月有餘,兩月後能通便算好的。要我在西安呆待兩三個月?——

『如果心急的話,』辦事機關人員說;『步行也可以去的。十來天便可到達」

這個消息對于我直如晴天霹靂,如像被人欺侮的孩子,頗有要到暗地背人處去哭泣一場的慾望。

『只要有勇氣,』那臉色蒼灰的,年歲雖很輕而頭髮已半白的辦事員用十分誠懇的口氣勸慰我;『什麼樣的困難都可以克服,沒有什麼事幹不成功的。這一嚮來往這段路的人都走步行,女人,甚至十多歲的孩子。況且途沿可僱牲口,驢或騾。過大河不必脫衣,可以僱人馱過去。』

這幾句話的效力勝過服一粒定心丸。我便不時喃喃着下面這兩句話以鼓勵我的勇氣:

『再會吧!小布爾根性!』

第二天晚上到了一個由北邊步行來的人,據說好幾處山塌下來,把公路壓沒,牲口都不能通過。辦事機關里的人員許多是「兩萬五千里」過來的,看他們的模樣並不壯健,女的中間有一兩個甚至彷彿弱不禁風。我相信什麼樣的困難都可以克服的,和在千苦萬難中生活過來的這些人同住三四天以後,我想像中的「行路難」也就不自覺的克服了。

開頭百里汽車還通,可以到涇陽縣屬的一個鎮雲陽,路好的時候本可以不經過那個鎮,但現在卻要到那裏後才可以決定如何去法。那裏也有一個辦事機關。頭兩天下雨,第三天雖晴,但據說路上一定走不得(當時我很不相信。)第四天亦晴,『試試看吧!』于是我們四十個人登上三輪運米車離西安城而去了。

所走的路是全國經濟委員會化幾百萬元重修過的西蘭公路的頭段。路基很寬,但有幾段名之白公路實在很勉強。路面十分崎嶇,窪處積着尺許深的水,前車造成輪跡深度達一兩尺。汽車後軸上的分速輪箱要擦地而過。當車子側至彷彿要翻身過去的時候,坐車的人『呀!呀!』的驚呼着。似乎曾在那兒見過一篇文章對于化幾百萬元重修的西蘭公過嘖有煩言,現在才知道那也難怪,關中平原一片黃土,不見一塊石頭,沒有石塊,公路是修不好的。

行兩小時抵渭水渡頭,就在隴海鉄路渭水大橋的旁邊。汽車一輛二輛裝在蠢拙的方頭船上撐過去,每次需半小時以上。等候在岸邊的汽車積至一二十輛,還有一二十輛騾馬大車從上午十一時等候到下午四時才渡過去，看見鉄路橋上駛過火車三次。一輛車子上渡船時不愼，後輪滑出跳板，就擱了整整兩點鐘，天晚了，不能前進，遂決定在渡河過去僅四五里的咸陽城宿夜。一天行五十里！

咸陽城墻離渭水僅十餘尺；城很小（由我們江南人眼光看來，）東西不足一里，南北更窄，地理教科書上說咸陽『商賈輻輳，貿易興盛，』一見之下頗令人失望。城東北里許有一規模相當大洋房簇新的工廠矗立在田野上，不知是什麼工廠。黃昏星光朦朧中立在河岸上聽渭水流聲，有詩句在腦子裏蠕蠕而動。

咸陽北去路更壞，因已非西蘭公路。濘滑處後輪飛轉而車不前進，非大家下來推它不成。推不動時要挖泥。走這路的車子都帶得有鉄鍁。兩次陷在泥地裏，三四十人在飢渴交迫中推的推，拉的拉，挖泥的挖泥。第一次費三小時起出，第二次兩小時。這哪能稱汽車道？畢全程共計下車推拉不下二三十次，五十里地從早晨六時半走到下午四時半！

怎樣繼續北上？步行呢，僱不着牲口（沒有牲口不能攜行李，）也沒有那麼多的錢。辦事人員說：『等等吧！不久可以通車』。已經天晴半月，車子開出兩次，第一次的到了宜君，第二次的還不知道能到什麼地方。聽說許多著作家搭北車走了，我若留在西安，一定也已走了。地方當局因運輸關係，不用說很着急，在分六段兵工修路。

結隊步行的每隔一兩天總有一兩隊出發，背上馱個小包袱，漱口杯和電筒掛在腰眼里，每天走七八十里，要走十天（天雨就說不定。）我若是一到雲陽便打定主意步行，現在早到達目的地了！

「無忍耐力者不能成大事，』這話不知是誰說的。我頗相信『學習，再學習，努力，再努力，加緊，再加緊，』在我寓所的門上有這麼歪歪斜斜的三句，大概是一個出獄的工人政治犯寫的。讓我的在這里苦待算作學習忍耐吧！

三　第一次見「紅軍」

個別的「紅軍」的外表與以前由耳聞和報章雜誌上的描寫而凝成的想像中的大不相同了，因爲現在已改編爲國民革命軍，「紅軍」名義已經取消了，那頂綴一個五角紅星的運動帽式的帽子只有尚未發着青天白日帽徽帽子的還戴着（一部分後方部隊尚未發下正規服裝，）再看不見西安事變時的那種衣着（『什麼亂七八糟的衣裳都穿上，甚至女人的紅的綠的小褂，』一個給我們送飯的老伙夫告訴我們。）服裝不大整潔，多半沒有皮帶，破爛的草鞋，布鞋，或橡皮底鞋，換了帽子的有些像五六年前的貧瘠省分的「白軍」。有些個蓄着長髮，全貌農民的「紅軍」十多天來只看見一個（若不是肩膀上倒掛着一支步槍，你一定要以爲他是莊稼人，）他大概可以視作從前的「紅軍」的標本。

引起我極大的注意甚至吃驚的是我發見他們全是不折不扣的「中國人」，「中國人」「中國的子孫」，吃驚是由於我以前對於中共的認識不足。膜拜馬克思和列寧等人，以馬克思主義列寧主義爲行動和思想的核心，我總以爲他們一定被教養訓練得多少有點兒區別於「中國人」（懷這種見解的人一定不少。）從第一天見「紅軍」便發覺我以前的想頭完全是錯誤的。他們保存着各省各地的土音，掛念．他們的家鄉和親屬娓娓地談到他們本鄉的風俗人情習慣他們全從是土地中生長出來的莊稼人的面貌，他們身上帶着泥土氣。他們的心跟一般老百姓的是一個模子里鑄出來的，若把他們雜列於一羣農民行列中間，不會看出一點兒分別，他們每一個都是最熱列的愛國份子。

因這發覺，我由心的感覺到「紅軍」的偉大。以「舊」的中國人而堅苦奮鬥地把中國推拉上『新』的道路，除偉大二字外，我不知道用什麼字眼形容他們。敎育他們領導他們的人是百分之百的先知先覺，中華民族若不「返老還童，」將不能生存繁榮于地球面上。必得身體內部的五臟六腑澈底改造過，才能「返老還童」。「紅軍」在過去與現在做着澈底改造工作的先鋒，他們之所以能夠獲得廣大的愛戴和巨大的成功，該是有着先決條件和必要條件的關係吧。

幹部和指揮員（即官長）與戰鬥員（即士兵，改編後符號上寫着列兵）衣着完全一樣，不掛三角皮帶，沒有符號和領章（據說前方部隊這些都有。）當他們出入大門口的時候，衛兵行敬禮（大不其他如軍隊威嚴，在街道上就從未見過誰向誰立正敬禮者，）頭幾次看見的，會問：『他是什麼人？』聽說開往前方的隊伍中的官長全都不要官階。『我們上將的薪水還不如普通的一個特務長。我們也沒有二等兵。』在一篇敘述他們出征的速寫中有這麼兩句。這里後方部隊「官」「兵」一律每月發零用一元（因經費困難，九月份的扣下供給前方，十月份的還不知道發不發，）「官」無公費，實銷實報。伙食也完全一樣，每人每天米一斤四兩（

原爲一斤六兩，近來減少二兩，）菜錢四分（油鹽燒柴均在內。）

我曾兩次參加慰勞負傷紅軍（離雲陽七八里處有一傷兵病院，容六七百人。）各省人都有轉輾沙場四五六七八年不等；老的大部鬍鬚，小的十餘歲之兒童（後者多于前者，）有缺一條腿的，有少一隻臂膀的。每天上兩堂課：政治課，識字課；每人有兩本課本：抗日軍人讀本，人民抗日紅軍識字課本（後者每頁邊上註有拉丁化新文字。」時常開討論會。入伍幾年的沒有不識字的（識字多寡當然有程度上之差別，）有不識一個漢字而能寫一手好拉丁化新文字的，他們有句標語「學習是我們永久的工作」伙食與各部同樣。物質方面的困苦一眼便見，缺乏醫生和藥品。他們喜歡滔滔地談「二萬五千里」「從江西到陝北」以及身歷其境的戰事的經過。他們都說傷後好要上前方去。殘廢的退伍回籍，路費視路之遠近及入伍期間之長短等而定，至少有四五十元。

我曾看見一個以前是某軍團政治委員，活像其他軍隊里的勤務兵的人跟一個兵士嬉戲打架，「紅軍」全部沒有一點兒架子，如犯錯誤， 的部下可以制裁他。好多高級幹部只能寫不方正的字，不十分通順的信，原來他們在十多年前的秋收暴動什麼暴動時是班長或勤務兵，種田老百姓的游擊隊員，或什麼廠里的工人。他們沒有進過軍事學校，但能百戰百勝，幾乎沒有不帶過花的（帶花卽掛彩，）而且很少只帶過一次的。

「紅軍」之所以能够無堅不摧，固由于他們的打仗是「爲我們自己，爲勞苦大衆謀幸福，爲國家民族謀獨立解放」（個個都能說這幾句話，）也半由于上下同甘苦。這種軍隊現代史上僅有一個先例：俄國大革命時代的紅軍。蘇俄紅軍消滅台尼金打退帝國主義列强的十字軍；中國「紅軍」（應該說第八路軍）一定能給日本軍閥「予打擊者以打擊。」現在不是從晉北頻頻傳來八路軍的捷報嗎？前幾天報上有這麼兩句幽默的新聞：「晉北戰綫在雁門關以內，但八路軍現在長城口外，」我們等待着「八路軍收復大同」的捷報吧！

改變土地政策（不打土豪劣紳，不均分土地）問題早已討論過了，統一戰綫問題也討論過了。他們敬仰，愛戴，和服從他們的先知先覺的領導人物。

以上所記或許多半是明日黃花，因爲「紅軍」這名詞已經收入歷史寶庫了。不久以後將很少看見五角紅星帽（聽說在誓師出征掉換帽子時沒有一個肯拋棄他們的舊帽子，全都收藏進他們的包裹）。但或能由此知道一點兒從「九一八」便提倡抗戰的，「二萬五千里」長征是爲北上殺敵的將以舉世聞名的游擊戰給日本法西斯蒂軍閥『予打擊者以打擊』的第八路軍的概況。

四　出獄政治犯·平津流亡學生

到陝第一天卽與新近出獄的政治犯打在一夥，住西安的四天與他們同榻共眠四夜。他們大多來自南京蘇洲等地的監獄或反省院，來陝學習和什麼的。吃官司（卽坐牢）期間長的九年，短的三四年（原判多數在十年以上，無期徒刑的也不少。）都是二三十歲的青年夥子，有歐洲留學生，有大學畢業生，有中小學教師，有中學生，有機械工人，有道地的農夫，有愛國警察（我所知道的僅這幾種）

十九是蒼白的臉色，長時期的「天天吃黃荳芽」的生活使他們大多數患着貧血或胃病神經衰弱的亦不少，看幾頁書便覺頭痛有些穿不整不潔的長袍，有些穿學生裝，有些打扮「紅軍」（把便服向退伍的兵士掉換軍服，）有些穿短衣因爲剛出獄不久，留起長頭髮來的很少，乍見之下你沒有法子識出誰是受過高等教育的或誰是不識字的（我知道僅有一個。）

大概很少不曾受過吊打或鼻子裏灌油等等毒刑的吧，然而沒有一個做過叛徒或寫過悔過書的——顯得過份軟弱的或做過害羣之馬的根本就不被允許上這邊來。當過晝伏夜行的游擊隊員的，「一二八」在上海與日本軍隊作過你死我活的肉博，「我們是幾次幾乎要生的人，」只知工作忘却自我的，視生命輕若鴻毛的人，雖天崩地陷亦不能使他們動搖。他們之中有許多急不及待要上前方去。這決不是搖旗吶喊。

飛出籠子的鳥，當招朋呼友握手話舊時，臉上流露着天眞的笑，冷的有人借給衣裳，窮的能收到幾毛錢的饋贈，病的有人給他買藥。在這裏，他們彷彿一羣圍在母親身旁的孩子，也彷彿一羣天堂裏的天使。一口幾粒砂子的飯和幾乎看不見油的菜，棉梗上的地鋪，誰都不覺得苦，「比我們更苦的多着呢，」何況「我們是揩前方戰士的油！」

我張大着好奇的眼睛注意他們，得了一個愚昧初啓的結論：鐵人的心也是溫柔的慈愛的。整個身心寄托在理想上，彷彿一具大機械上的一個螺小絲釘，幾次死裏逃生，人間最苦的東西都嘗了，但是，「我不吃，那上面有蒼蠅登過。」當你聽見這句話，不覺得詫異嗎？當你看見三翻四覆的刮鬍鬚，不會失笑嗎？當你看見因掛念久無音信的父母妻子而悵悵然若有所失，你能不幾乎要爲他掬一把同情之淚嗎？凡人都是一樣的；我現在更相信這句話了。誰生了三頭六臂？誰見流血不心酸？理想給人裝甲，忠于信仰的人是裝甲的鉄人。誰不願意我們的世界是產極樂的天堂？與他們在一塊兒生活幾天，我學習到了一點東西，我深深地被感動了。

每天過着有規律的生活，每天開討論會。統一戰綫問題，目前形勢，抗日救國十大綱領等，熱烈地被討論着研究着。解放週報，過去兩年間中一切文件，和革命理論書籍，普遍流覽着。靠着用箱子或石塊堆成的桌子勤懇地寫着，輪流發表意見，每人都要研究，留學生與工人同等看待，誰的理解力不比誰差。陸續步行北上，或入抗日軍政大學，或入其他學校。

「小布爾的智識份子都很高傲，都帶英雄主義色彩，總以爲自己理解力强，眼光聰明，做事能幹。」大學畢業生的A君告訴我；「從前我也這樣想，但早已發見這是大謬不然的。我見過自覺的學習過的工人做事之熱心，才幹之强，一百個大學生中找不出一個這種人來。他們學習之勤懇十分可驚，白天做了十多小時的工，晚上埋頭讀書，讀英文，讀俄文。他們對於教育他們的夥伴異常熱心。你只消瞧瞧這裏的幾個工人——還是比較差的呢——你說他們的理解力哪一個不如我？那一個不能獨當一面做事？並且智識分子容易動搖，工人却如鉄般堅硬。」

「吃過官司的人知道忍耐，學會鎭靜，更不怕法網。」從前是機械工人的C君文質彬彬的說。他們這羣現在是救亡運動的核心，「坐幾年牢勝于讀幾年大學」過來的人無疑的將立刻成爲抗敵救國的最勇敢的戰士，最能幹的領導人物。

我現在澈底瞭解了「釋放全國政治犯愛國犯」的意義。我希望我們的賢明的政府當局把少數尙未開釋的全體放出來（聽說在南京的已經全放出來了！）

與我同屋住的三分之一爲平津流亡學生。他們由北平走天津，由天津搭輪船到烟台，經濰縣濟南徐州而來到陝西，持介紹信投考新辦的陝北公學。十之八九爲中學程度的學生，年齡大多在二十歲以下，半數爲女的。

一個十五歲的「小妹妹」（我們這麼叫她）僅只小學畢業，主持考試的因她程度差，頗有不令北上之意，她傷心地伏在枕上哭了。跋涉千里而來的怎忍硬要她回去？並且回那哪去？最後終於讓她去，介紹她去入劇團或歌舞團，她天眞地笑了。是東北人，父親現在北方前綫作戰，哥哥也新從陝西去前方。受命於父親而來，由一個也是來入陝北公學的少婦（丈夫現在平漢路前綫）從北平一直陪伴到此。她有一張紅紅的臉，一雙伶俐的眼睛，喜歡唱歌，時常笑得前仰後合，老是咕嚕着說不懂別人的話。

在南京時曾幾次往平津流亡同學會探望朋友，路過徐州時也曾遇着他們一大羣（其中有一個前年我住馬神廟時的鄰居，他是去太原投奔馬占山部下的），所以關於他們冒險南下的經過情形早已略知一個概梗。當詢問他們如何南來時，他們總喜歡把在天津東站受檢查的經過說得有聲有色。『「你一定要死掉！」我的父母一定不讓我走，』一個女學生很興奮的向大家敘述；「可是那種生活怎麼受得了？現在不是很安全的到達了嗎？你瞧，我比初到幾天長胖了呢！哈 哈……」她很快樂的笑着，大家也笑着。

他們參加慰勞傷兵，參加慶祝雙十節游藝會，參加鄉村宣傳隊。他們讀解放週報，一切文件，和救亡理論書籍。他們時常學救亡歌曲，最喜歡唱那支凄涼的松花江上，因爲他們很多是東北人，也都是小布爾。他們很喜歡跟出獄政治犯談天，很虛心的請求指敎。他們喜榮揚揚的出發北上，背上馱一個小包袱，漱口杯，電筒掛在腰眼裏……。

頭兩頓吃飯時有些個不能下嚥，頭兩夜爲跳蚤擾得不能睡覺時有些個暗自流淚。但一兩天後一切都習慣了。在流浪中，大自然中，和舉目無親的大社會中生長和教育出來的青年人，一定要比在溫暖舒適的學校畢業出來的堅强得多。

十月十四日，陝西雲陽

建議

宋之的

（十月二十七日來信一段）

抵洛陽始於書肆購得在漢出版之同人誌「七月，」甚興奮，當即盡一日力讀竟。弟之意見，以爲倘能以重各地救亡運動之現狀及各種實際問題的報告，自更能生色也。……來陝晤以羣，知友朋散處各地者，幾已遍全國，則弟之建議，當更易實行。……

·隨感·

事實教育

李立

人家把刀架上了頸子，只要一閃眼就可以做到所謂「身首異處」的地步。但是在這一閃眼間將要做些什麼呢？趕緊用手推開別人握刀的手；把頭一閃向後退兩步；情急智生的襲擊敵人一下……以及屈膝哀求。但這種種你總得選擇一種，不能說就甘心聽着那「克察」一聲響就了事。但是無論採取那一種姿式，你總要做得準確，譬如拿哀求與反抗來比，你首先總得考慮那一種最有效！這似乎就是所謂的「責任」問題。

人家總愛說「小學教員的責任重大，」但是我自己總沒有覺得成天的領着幾十個天眞活潑的孩子作要，到也無所謂苦與樂，從沒有想到「我的責任」這上面自己，因爲還沒有十足的脫掉孩子氣，所以也愛領着孩子們玩。縱然有許多世故先生在腦後指着說：「這小子到有個教育家的派頭，」無論他是應我是讚我，我都漠不關心。在學校裏，在書上，曾有不少的「生產教育，」「民族教育，」「復古教育」……往我腦子裏鑽，騐嗡的像許多蒼蠅鑽來。我是最惡這種口號教育的，罵舊教育是刻板式的教育，這不是刻板是什麼？日本的小孩子一坐到沙坑里就用沙來堆砌飛機，坦克車，大炮，據說這是他們武士道精神的初步訓練。天曉得他們這是什麼教育！

畢竟日本的武士道擴展得開，中國遍地都有他們的足跡！上月飛機到了武漢，大施其武士道慘無人性的精神，數百人接受了牠的恩惠。在飛機「嗚嗚」響的時候，有一個孩子因爲跑慢了點不能回家，緊跟着我躲飛機。孩子的爸爸是一位軍官，現在正挺直了腰在上海殺敵，他們一家人從上海到杭州，到南京，又從南京到了武漢，這孩子逃的經驗到相當豐富。所以他說：

「那里都有日本的飛機！我跟着媽媽到過杭州，到過南京，現在又到了武漢，可是那個地方都有日本飛機，那一個地方他都擲炸彈！——先生，三位的除法至今我還沒有學會，每一個學校我都沒有上到三星期的課，日本多麼可恨呵！」

這叫我有什麼可說呢？加强了我的責任。我緊握了孩子的手說：

「孩子，你得學你爸爸的樣子，很勇敢的長吧！」

日本人總說中國的小學施行「排日」教育，但日本人也得想一想他們給中國小學生看的是什麼事實！

「奴隸」之爭在今天

惕生

四個月以前，我寫了一篇短文，談的是「奴隸」這兩個字，因爲那時候各報都載了政府一通命令，禁止在任何公文上用「奴隸」二字，理由呢，我中國根本沒有「奴隸」。這時候並有立法院某專家引經據典的罵了一頓，說中國確有「奴隸」者的錯誤。我的短文是對命令的讀後感而已，然而那篇文章當時竟排不出。

三個月以前，仍是看報，得知在上海外灘公園乘涼的人，有唱：「不願作奴隸的人們，起來！……」因而被捉到巡捕房去，我笑了一下，再無感想之類，更談不到寫短文。

兩個多月以前，和一個朋友在東中野（東京市外的一區）的一角樓上悄悄地收南京中央廣播電台的播音，當聽到播出：「不願作奴隸的人們，起來！……」時，那朋友興奮得在蓆子上翻觔斗，我含淚歡笑，說不出心頭的甜酸。

現在我可放開喉頭，在自己的國土上高唱「起來」了。

不過，高興還不是時候。如果這時光已不禁說「奴隸」二字，則那位專家的意見還有商討的必要，或許這專家那時自認是統治奴隸的主子，實則雖身爲奴隸，但不意識的變成効忠主子壓迫同伴的奴才。不過他或者至今猶不覺得自己是奴隸。

「在現代世界中，每一個人都同時是奴隸制度的成員，又是人類共同生活的成員。這資產社會的奴隸制，從他的外表上看來，是最大的自由，因爲看起來它似乎是完成的個人獨立底形式，個人不受任何公共鍊條和任何他人之拘束與牽制，他有任意處置他自己身外的生活原素，如財產，事業，及其他等第的自由權。。。然而這種自由權，反過來卻正是這種社會底完成的奴隸制度和人類的卑汚點。過去的特權（Privilege）這時被法權（Right）所代替了。」——神聖的家族

四十年代的外國情形，就不必專家也知道。。。不同于今日的中國，因爲那些奴隸制度的成員在表面上還有最。。。大的。。。自由，即作爲卑汚點的 Right 又何嘗是我們今日所可求得的呢？我們整個的民族沒有自由權，敵人要我們每個人都變成奴隸，而事實上，我們每個人所受的痛苦已比奴隸更多些。抗戰，是不願作奴隸的表現，是全人類奴隸解放戰的前茅，是「魔與道」決戰的先導。自然，我們並不很低的去估計敵人的戰鬥力，每個不願作奴隸者要懍乎責任的艱巨，我們要正面向想奮主子者放槍，更要防甘作奴才者的在後扯腿。積極的助敵人作戰的叫奴才，消極的防害戰士作戰的亦是甘作奴才，目前奴才們的通名叫「漢奸」，我們不願作奴隸的人們，起來！

起來殺絕那要我們作奴隸的侵略者！

起來殺絕積極或消極妨害抗戰的奴才！

十月二十一

·戰訊·

從上海寄到武漢

曹白

一

風兄：

二日并四日的信均收得——是今天上午十一時接到的，我剛從火線上回來，一夜未睡，乏極。自你走後，我便常到前線去，因爲第○師，第○○○師，第○○○師都要我找担架隊，救護隊，宣傳隊，我眞是忙忙碌碌，大有『要人』之概了。然而由此我也更看到了黑暗的面目，這實在是『媽媽的』的事。

第一次上前線去，心裏很悸動，神經是很緊張的。但後來，也就漸漸的平靜。我什麼都不怕，我只怕飛機，因爲那東西實在太厲害。然而農人（男的和女的）是不怕的：他們安然的在田間工作，飛機『來了』，視若無睹，心裏便生有無限的佩服。在砲火中，我常常覺得自己有減滅裏的美諦克的質素，自己便惶慚起來了。一面也就佩服法捷也夫的那眞切的手法。

紀念周先生的文章我終於沒有寫成功，是件憾事。但我是曾經起了一個頭的，後來究竟支持不下，擱筆了。我此刻，只有夜裏十時過後的時間是我的。而我還要常常借錢，竟至香烟沒有抽，也是常有的事。可是辦這淘氣的收容所，難民的煩，我是不怕的，怕的是上司。他常叫我去算賬，防我『揩油』，天呀！到前線去，同怕敵人的飛機一樣的怕的，是上司的糊塗，他常常使我立在斷橋上，欲進不能，欲退不得。我得老實告訴你，我的心是悲涼的。但一面也就使我常常憶起周先生，每當深夜開赴前綫經過萬國公墓的時候，我在夜色中睜着眼看着那遼闊的墓地。然而我不能叫車子停下，——不，我是嘗試過一次的，被車夫跟別人訓斥了一頓，那理由是：『死了就算了，看他做甚！』話是不差的，死了就算了，一個人死了就算了，一百個人死了就算了，一萬個人死了就算了，——我們有四萬萬人呢！但我在前天下午，決心步行去，頭上有飛機在盤旋。我立在周先生的墓前，不由自主地鞠了一個躬。……滿墳是蔓草，青草長得要沒去脚踝了。我叫看墓的人來，叮囑他修理，他答應了。但不知他究竟修理了沒有？墳上盆裏的樹大都枯黃，那是缺少肥料的緣故。人吃樹皮草根可以過活，但植物是非肥料不行的………

我的生活忙和窮——因爲什麼地方也不給我一個錢薪水——外，什麼都好。河南的事已無希望，我決在上海待下去。

文章一寫好就寄來，但不能決定日期。因爲在亂雜中掃出一片清淨的土地來實在是難事。但我總不會辜負你——你們的好意的。

……本來只想寫一點，但寫成這樣了，趕快帶住，我還要到紅十字會去交涉車輛到前線去！

祝好！蘐良，紅，軍，都在你那邊嗎？就是不在，也代表問候他們罷。

弟　曹白

十月十三日下午一時半

二

蕭紅軍二兄：

我能接到你們的信，是我意想不到的。上海，大家都不願而也不能在這裏待下去，而現在把我一個人掉在這海邊上，是使我愁苦的，使我寂寞的。如其軍事上不會停頓，我想在這兒永遠的待下去了，如有別的變化，我將隨着軍隊，流到別的地方去。然而，我是多少的想念你們呀！

但周先生的紀念的文章，我一句也沒有寫，你們那邊不知怎麼樣，上海寫文章的人是很多的，有的人還寫到兩三篇，我想，我忽然不高興動筆了。但這並不是和老胡鬧怠工。大家都記得他，自然很好，但紀念周先生不單「紀」，更要緊的是「實做。」可是有許多人又把這「實做」看做是光做紀念文章了，我掃興得很。

我比較的忙，而且不僅只是難民的工作，我還得幹前方的工作。××師××師××師都要我招募担架（伕子）隊救護隊，還有宣傳隊，我陸續的送去二百多人了。他們還要我募捐，所以我常常在深夜乘着紅十字會或佛教會的汽車到火綫上去。我這才親切的聽到端木兄的小說里的馬叫的聲音：「晞爾——爾——爾——爾，——」使我興奮。但端木不知可會和你們在一起否，現在？代我問他的好吧！

在這樣混雜的生活里，掃出一片清靜的土地來寫文章，眞是難事情，爲此，現在離寄第一篇稿時已快一月了，而第二篇尚未動筆，自然，要寫的很多，可是我寫不出。

十八號有一個什麼團體在女青年會開周先生的紀念會，跑去參加時，鐵門已關上。裏面有兩位西裝筆挺的招待員把着鐵門，說是裏面人滿，不能進去了，把我阻擋在鐵門外。我想，奇突！既然叫我來，又何必把我阻住？我有點氣忿了。當時的我的臉孔該很難看的吧，一位西裝朋友說，「給他進去吧，」我也就進去了。果然，人很多。許先生，三先生，海嬰，都在。其時××正在講演，口才拙劣之至，我轉了兩個圈，就走了。

十九號是又開了一個什麼文藝座談會，凡會我是領教過了的，一陣亂哄哄，算是討論幾個人說話，算是演講。這回我更吃虧，被騙去了大洋五角，而只吃到牛奶茶一杯蛋糕一塊餅乾一片。會議的結果是說要有一個總的組織云云，且看下文吧。

我的生活無可報告，跌傷了一隻腿，但就會醫好的，勿念！除此之外，我是依然的忙和窮，忙，那是不在乎的，窮就有點吃勿消，我此刻雖然担任許多事，但沒有一點薪水，而收容所的上司常常和我搗蛋，說我揩了難民的油，天下還有比這種事情豈有此理的嗎？但無論如何，在工作的立場上，我是應該不顧這些，幹下去的。

要寫的自然還很多，到下次再寫吧。匆問安好！總之，請你常來一點消息，免除我的紀念和寂寞！

曹白

十月廿一日

三

風兄：

十四日的信不知有未接到？念念。今天是十七號了，而我的紀念周先生的文章尚未作成，我也想不再作它了。昨夜又去前綫，到了目的地，我叫停車，但車天還聽不見，還只是急駛着車子，我想不妙，他會把我載向別處去的，於是我就跳下來，沒有跳車經驗的我，跌破了一隻膝蓋，流血並少，而且是皮傷，不要緊的，所要緊的是我一條唯一的褲子跌破了，走起路來一拐一拐的露一個膝蓋骨，很不雅觀，使我在上司的面前怯怯的走路。

我去了前綫五六次，總想寫一點文章給你，然而，不能够它給我的感想太多，它給我的印象太慘。故事是那樣的偉大而熱血是那樣的奔突，凡這些，都是叫我無從下筆的。墨寫的字能够表現血寫的事嗎？不能够的啊。

但是，我要告訴你，我要告訴全世界的和平的人們，日本帝國對我們忠勇的士兵發射的是達姆達姆彈！可是，這並非是我要求國聯去制止日本的「皇軍」進攻中國，說他們違反了國際公法了，五年前的李頓爵士的嘴臉，我們見過了的。我祇是說，「皇軍」是如此的殘酷的在屠殺。……一個傷兵被担架隊員扛進傷兵收容所來了，不是一個傷兵，那簡直是一團發紫的血塊，頭，手掌，腳，腿都受傷了，醫官將褲管剪開，再剪掉綁腿，在悽血的左腿肚上，我看見筷子頭一樣大的傷口了。然而在右腿肚，醫官剪去右腿肚的綁腿的時候，半個腿的肉就順打的落到了地上。在燭光下的發黑的鮮血，像綫一般的往下流，而這一團血塊似的傷兵努力的咬着嘴，醫官皺皺眉，隨手按去了這傷兵的眼睛，說：

「姆！達姆達姆！」

這傷兵也到底苦痛的呻吟了。我不忍看，扭過頭去，西斜的落月是橙紅色的，像發窘，像哀愁，似乎在宣告着災殃的到來。

災殃是早已來到了的，我們的士兵中「達姆達姆」的毒彈，受傷了，然而他還沒有死。

但是死的却很多，風兄，他們都戰死了，爲了我們這可憐的祖國。「男兒當馬革裏屍還葬」這是古人馬援的壯語，但是葬地在那里？今人說「死在戰場上是光榮的」，也許的罷，然而戰爭是殘酷的，帝國的對于中華是殘酷的。

我們就在殘酷中忍受這殘酷的襲來罷。而日本的炸彈也果然在非武裝的人民頭上亂丟了，還轟炸樹林，竹園，田禾，難道日本預備將這民族的仇恨，不但貫穿了中國大衆的心，還連樹林，竹園，田禾也要貫穿的嗎？還在我們連我們的子孫都覺得是悲憤的事。

活在悲憤裏的人們的心是跳躍的，活在悲憤裏的人們的血流是急湍的，最前的壕塹與敵軍的相隔僅僅只有二三十碼的樣子，據說兩邊連講話的聲音都能聽到的，戰令一下，士兵便奮身肉搏，喊殺上前，自然敵人的兵器是利害的，他能將我們奮不顧身的士兵大半的擊斃，然而後面的又湧向敵人去了，又擊斃，然而又湧上去了……就這樣，我們的士兵爬過自己兄弟的屍首所造成的血肉的城墻，總於跳進了敵人的陣地，殺死了他們——我們的敵人。……

這兒，我不能對你多說了。因爲這是忙。這封信，本是寫做「通訊」的，然而陸續從十七號寫到今天二十二號，仍寫了這麼幾個字。給蕭軍的信，却是屏着一口氣寫下的，倒比給你的寫得長，你也仔細看看吧。

最後，要請你原諒我。第二篇稿何子日寄上，實無把握。這並不是我的「滑頭，」你寫信問柏山就好了，我簡直天天在緊張中生活的。

「戰火」與「烽火」同名，有點不大好。但既然定了，也只好由它去。注意你的身體，我是好的，除跌傷的膝蓋外。

平安！！

小弟××

十月二十二日傍晚。

從廣州寄到武漢

歐陽山

胡風:

你底短信和三份七月都收到了。今天是雙十節,日本飛機在頭上飛着,我們底高射砲集中火力向牠們射擊,我坐在房裡給你寫回信。草明到村外的鳳凰崗買米,借錢,買小菜去了,還沒回來呢。

村中寂靜得很。現在——上午九點鐘了,這樣的寂靜:沒有人聲和狗聲,沒有叫賣猪腸糕和熟蕃薯的,沒有挑水的哼聲和小孩子們底叫鬧,反乎尋常,好像在嚴重地進行着甚麼大事一樣,這是日本飛機向我們進行空襲的時候。有幾十次正當空襲警報帶着恐怖的嗓子响徹雲霄的當兒,我在馬路上走着。我看見賣零食小販在街邊緩緩走着,行人挨着牆根走,每隔五六丈遠的騎樓底下,站着有穿白制服的警察和蟹青色的憲兵,而我們底塗了保護色,又矯捷又勇武的鐵甲車在馬路當中不停梭巡,廣東人在這個時候表示出鎮靜,莊重而無所畏懼。不論在街上或在屋裏,我從沒有想到我會遭遇甚麼危險,——不是沒有那樣的可能,只是沒有那樣的預感。市民們都是一個樣,看見十字馬路中心的警亭插起紅旗,或巡視警底機器脚踏車上插出紅旗,便把談話聲放低一點,而照常走路,抽煙,或到鋪子裏吃點甚麼。他們只在一個理由之下停止一切活動,那就是我們底防空軍以高射砲向敵人的飛機放射的時候……市民們全停下來,鐵青着臉孔,緊張地沉默着,向中國的武器致敬禮;倘若廣州底市空有中國機和敵人戰鬥,他們就更加純潔和虔敬。

草明回來的時候,警報還沒有解除,已經十點多鐘了。無恥的日本飛機又來襲擊。這回是一架重轟炸機,投下一顆炸彈,响聲延續到十秒鐘以上。前幾天我們這裏聽到那些毒狠的軍艦攻打虎門的砲聲,我憤怒得幾乎發瘋了。我手裏沒有武器,又看不見我底敵人,心裏比坐在上海法租界家裏聽日本飛機轟炸南站時更加難過。我要駡出來了,但是我底週圍全是跟我一樣憤激的人,他們也鐵青着臉孔,沉默着,看樣子也正跟我一樣難過!我走過窗前,窗外是人家一個荒亂的草園,秋天的微風在園中攀折着芭蕉樹和扁豆棚,一羣甲虫打窗前飛過,有幾隻好像落葉似地飄了進來,天空是一泓的海藍。看不見飛機,炸彈,砲彈炸裂的烟。我又坐下來給你寫信。

無論如何,我們要不被日本砲聲擾亂才好。我們底精神的武裝是非成爲最堅固最犀利的抗戰力量不可的。我們自己武裝起來,還要把全中國民衆的頭腦也武裝起來,我們應該劃出十年時間做着使每一個中國人都成爲一個戰鬥單位的那麼一件大事。

你已經做了,就一般的情形看來,七月是很好的,希望你在任何困苦遭遇里維持着牠底生命。我們這方面已開始印刷一種和七月一樣大小,和牠半月出一期的刊物,叫做光榮。

我們一寫好稿子就寄與七月,而且代你約些很有希望的年輕人,叫他們努力多寫一點,選出些值得奉獻給讀者的寄給你。你給光榮寫詩,湖北通訊,和一些短文章吧,一定寫來吧。你那邊的朋友也由你負責代光榮索稿。我們這裏和你們那邊要是能成立一種經常交換稿件的工作,確信那眞是再好也沒有了。

漢口雖然只受過敵人一次的攻擊,但是漢口的人民該從此接受到苦味的有益的教育而獲得前所未有的進步。我念着漢口的許多朋友,也渴望知道那邊的人民已經有了怎樣的決心和準備。廣州人民一天遭遇三次以上的空襲,他們很想知道他們底兄弟正在用着怎樣的步伐和他們一道上路。

光榮有小說,詩歌,雜感,漫畫,木刻,地方通訊,人民生活特寫,戰地速寫,地方批評,小翻譯和創作,國際現狀,政治形勢,軍事形勢等四種問題的講話。你歡喜寫那一個都行。只要你和別的朋友們都出力幫忙,我想鬧着饑荒的廣東讀者一定是十分歡迎的。

朋友們,逗留在上海的在內,都知道下落嗎?請你告訴一點消息。如果你知道天翼他們底通訊處,也請告訴我。紺弩,蕭軍夫婦,曹白都在漢口嗎?

特別紀念着柏山,他底身體和精神都健康吧?

祝我們有愉快的再會!

草明囑筆問好。

山上 十月十日

從杭州寄到武漢

艾青

風兄:

前幾日接你由滬所發的信,知你即動身赴武漢,想你接此信時,早已安然在家了。

我曾於十日前寄一信至武漢給你,同日,即發出一信給武昌美專××兄,未知你們已曾會商否?木刻展覽會籌備到如何了?

杭州幾乎沒有一天不發空襲警報,人的心理却比上海時不安。自己就很怕在這令人歡喜的日子裏寂然長逝。我現在的悲哀就是無能表現這胸中的强烈的歡喜。昨天,前天,我用泥土做了一個浮雕——畫面是三個機關鎗手在迎擊敵人。改天一定把這浮雕攝成照片寄你請政。

武漢是我極欲到的地方,現在又有你在那裏(我會有一次在夢中感到離別的悲哀。)我希望這半年拖過去,一學期能在××兄那兒找到一個吃飯處,那我就來——我依然能用熱情來創作藝術(這在我做浮雕時又很明顯地感到了。)

竹如問安

澄 十月六日

七月

3

●目　錄●

本刊已呈請主管機關登記中

七月

第三期

廿六年十一月十六日出版

編輯兼發行　七月社　漢口漢潤里四十二號樓上

編輯人　胡風

發行人　熊子民

總代售　生活書店　漢口交通路

印刷者　新昌印書館　漢口小董家巷　電話二一〇四五

本刊每月一日十六日出版

另售　每份實價國幣一角

寄在戰爭中成長的文藝火鎗手們

端木蕻良

「在今天，抗日的民族戰爭已經在走向全面展開的局勢。如果這個戰爭不能不深刻地向前發展，如果這個戰爭底最後勝利不能不從抖去阻害民族活力的死的渣滓，啓發蘊藏在民衆裏面的偉大力量而得到，那麼，這個戰爭就不能是一個簡單的軍事行動，它對於意識戰線所提出的任務也是不小的。」

我對於這些回答都是肯定的，它對於意識戰線所提出的任務不但不是小的，而且幾乎是空前的。而且它之所以展開軍事行動的基因也是意識戰線六七年來所收割的果成。而今更健全的認識和行動將從抗日的民族戰爭裏得到更堅實的生長。

想一想吧，將有多少個文藝戰鬥員，報告員要從敵人的兇殘的刺刀之下出生入死地吸收這一部爲全人類所謳歌的史詩。我們不必想起鐵流那樣飛星走矢的行列，我們也不必尋找夏伯也夫那樣悲壯的英雄，那些在不久的過去是和我們那樣親切那樣熟識，猶如二八少女在身畔低低的回溯我們過去經驗過的命運一般的文字。但在現在，那些卻都離開我們遠了，我們別有活的歌稿，是用中華民族的血液寫成的，現在需要我們來將它翻譯，傳鈔，使大家都可懂得，而且得到慨嘆和振奮。這一切活的詩稿，即使是殘篇斷簡也好，比一切印刷精美的鐵流對於我們都更加有用，更加恰當其時，因爲那是詩品，而這卻是地道的創作，而創作的本人又是夏伯也夫們他自己。

我祝福你們未來的光榮和成功一定屬於你們。在過去，由於一般的知識的略取被限制，生活的體驗被限制，多少天才在鬥爭的過程中死滅了，萎落了。如果說中途死亡了或萎落了，就是技術和支持力的不够格，那是十足的妄人；我認爲在枯瘠中萎落是可能的，其理由與在豐肥裏使貧之者可以豐富可以滋榮者正同。而今後一切的智慧都可以在減少顧慮和不良的阻撓之中擴大起來，動員那最雄厚的力量，收獲將更要令人滿足。在不久的過去，有幾個作家因爲經驗過幾種不易爲常人所經歷的生活景場，於是便覺得前無古人，後無來者，坐在屋子裏廂，在自己的周圍畫了一個圈子，黏黏的站住，不肯丟開手，還高聲的向旁人擺手，『不要踏壞了我的圓！』現在這樣的居奇現象都要爲廣大的生活動員的怒潮給洗蕩無餘！讓應該沒落的沒落下去，新的生力軍接防起來！未來的文藝火鎗手們，你們聽慣了「要寫親身經驗過的生活實感，」「要向生活去學習，」「題材要活生生的」……等等這些定不可移的指示，而一旦接觸到生活的表層，也許要茫然不知怎樣汲取了吧，出門遍得千江水，不知從那兒拋下吊桶去，好坐在屋子裏幻想，倒有條路可尋，因爲一切都按照你的意志安排，但是實生活卻是和你對立的，超過你的幻想，超過你的意志，對你是沒有矜憐的。有嘲不知如何下著的食客說：「老饕對長筵，未喫空顧朵。」一桌子的貴饌，已經把他饞得呆了。「我看過許多在傷兵醫院，火線上，農村宣傳……的報告，我實在不免覺得，大家還不够切實。就拿文字來說，在近來看的百十篇文章中，我常不免要起千篇一律的抗戰八股之感。」這是有人對於當前理論文字的感覺，而我發現同樣的事實存在我們文學的領域裏是更加可悲的。截至此刻爲止，一切的前方的後方的匆忙的抒寫，其實都是Data，都是需要將來用作研究，探討，整理和應用的。假設這些素材也都是千篇一律，也都是借口傳音，這種現象必須指出而且加以防止不可。「別人已經說過的話語，何必我來再說，頂多表示一個附議，也就够了。」有人禁不住這樣問着。這話問得雖然老實，但是卻可以斥責一個浪費。我們現在再來浪費精力，實在是罪惡。我們必須突破齊一！記得和××先生談到收容所的調查，他說收容所的現象也有許多可記的，譬如，剛剛開始的時候，這裏逃進的不止是難民，而且有時也包藏着小地主之類的人物，這樣人物通常在上海沒有什麼朋友，而這時又適當旅館漲價，皆懸客滿之時，讓他去分租房屋，一則捨不得，二則住不起，所以索興在這裏來避風。其實他日常生活都很節儉的，在這裏並不比從前壞，每天除了領一頓粥兩頓飯之外，還要吃點荳花，加釐牛肉湯，紅棗余三分錢一盌的十錦藕粉，把錢撒在「腰裏硬」裏面，用手撫着裝壯，痛閒來無事看立報，打聽停戰消息……還有……後來我問幾個收容所裏的人，據說果然有這種情形，但是一般的描寫這一角落的文字卻都是一致的憤慨口號，而不想寫「戰爭對於他們各個人到底起着什麼不同的感應，背着什麼不同的負担而祇是快意的記載他們的門面話，而快意的寫着報告結果祇是一張報告，多方面的排印（這裏是不能引用一般的泛泛的道德律的，說什麼隱惡揚善之類，其實看不見現實的人也不會看出什麼是善什麼是惡的。）

未來的文藝報告員，在這個偉大的抗戰的陣容裏，前方的，後方的，種種色相，種種成長結因，關係，發展，潰毀，逃亡（以爲有機遇時的再現）……這些觀察和認識，絕不會是以報告文學的形式來終結其任務的，而浩蕩的史詩，散文的禮讚，才是它的最後的備忘錄。我以爲這四萬萬五千萬的民族所發動的全民抗戰史，也必須以四萬萬五千萬言的文字才能將它描寫完美。我們的作品卽使不會比記載俄國革命事業的文件爲多，但也不會比馬賽流血的描寫爲少吧？我們要準備在東北修造一座「魯迅圖書館」來安放它們，因爲這對它們是再合適也不過的了！

我們未來的文學戰鬥員們，在這匆促的迫急的當兒，在第一個記錄寄出去之後，就不能肯定第二個報告是否能出於你的手筆，你的剛穿好的靴子，也許要由你的朋友無憐憫的在你尙不肯立刻僵化的脚上剝去，然後別人再去剝他的。……這時，報告文學——或者甚至我們再強調它的特點，使它成爲一種最新式的「廣播文學」也許是頂頂與我們軍事行動合拍的形式，但是我敢決定的說，未來的歷史家還是要向我們伸出手來，向我們要求着「巴爾扎克式」的紀錄，這是沒有辦法的，報告文學祇管獨立並且完成其底版的任務，但沒有「巴爾扎克」的手法，那底版絕不能成爲活動電影的主片，在將來，雞曼的形式將要按照世界的社會形態改變到至何種程度，這一問題的討論，此時在中國尙缺乏實驗價值，而巴爾扎爾的形式必須作爲我們最高的努力目標之一，則絕無疑義。固然，我們如能產出像「二漁夫」「最後一課」「在柏林」那樣短鍊的作品，當然很好，但是比一切左拉所同明的作品總是最好的作品，我們是迫切的期待着這樣的作品的，雖然不是馬上或現在，但是觀察和擷摘的工夫必須是從馬上或現在去開始，「三年之艾」原是最初握在你手中的那一把荒蕪！

至於其他的創作下去，我以爲應該先規定了目的（也就是你的理想）然後按照你能如何順暢的表現了這目的有利的條件，選擇你所需要的有兩個不同的板本的「紅樓夢」裏邊描寫林黛玉的體態有一個寫作「黛玉搖搖擺擺的走進來，」另一個寫作「黛玉搖搖的走進來。」一圈點這版本的人便選擇了後者，我以爲這眼光是很正確的。有個文學的巨匠說能够恰當的表現你的意思的祇有一個字。但是怎樣決定這個字是在此而非彼呢？惟一的標準就是爲了需要。倘是描寫的對象是「鐵鏡公主」那我們寫她是「搖搖擺擺的走進來，」則將是很好的手法。有一個外國人批評史太林的政策，說是完全「爲了需要，」我以爲這話很值得吟味。他的成功不是高蹈的理想家可以了解的，但是一個烏克蘭的農夫却可以懂得。

福樓拜告誡他的學生說「請以一句話使我看出一匹僱用馬車的馬和牠前後五十匹的馬有着什麼不同吧！」又說「爲着描寫一道正在燃燒着的火和一株生在平原上的樹，我們便得一直面對着這火和樹，待到它們在我們眼中同任何旁的樹和任何旁的火顯得不同才止，」這並不是描寫技巧的炫耀問題，乃是由於對於事務的特質的把握。所以我們必需探求一種創造衝破目前的齊一！不要把現象看成本質，不要把本質成沒有比重的量。（想一想人肉和水的比重，一樣的爲什麼會水的可以浮起來，不會水的便要沉下去，什麼東西決定他們中間的差異，而不管是會水的與不會水的尸首，却又都毫無區分的漂在水面。）把你所見的體之中某一個阿Q作一個孤單對象來看出他本身發展的歷史，然後再把他與「未莊」「趙司晨」「假洋子」等綜合的歷史聯繫起來看，挑發出他們互相間的影響，印証與關係，這樣來認識，能够寫出它本質的便我們所需要的。

有力的伙伴們，我想我們應該結束我們的談話了吧，雖然我的熱情像個沒有底的口袋，不能不向外傾出一些什麼。在不久的過去，有一個陌生的朋友寫信來問我，怎樣保證他自以爲寫得眞實的東西遇合在讀者心眼不被認作謊話呢？我的回答是——祇有服從科學說地球是動的本來是個謊，但通過科學便成眞理說「世界上沒有說謊的人，」稍稍一環視我們的社會，便知道吐出這句話的那位純潔的聖人原來是個大騙子。過去有位作家把「風媒花」誤認成「蜂媒花，」結果他心血結構出來的故事，因爲沒有蜜蜂來採，便都孤單的架了空。還有一位把海上繁華錄和故都的風光撮合在一起，強迫它倆結婚，將兩個不同的空間在同一個時間裏在一個舞台面上演出。這戲要是讓愛因斯坦來看看，也許到有些趣味，但是在我看來總覺未免的有幾分牽强。至於描寫北國的山裏的霧氣到日午還不消，寫東北的居民把武器藏在床底下等等，都是不肯向科學來請教的原故。自然，社會科學要比自然科學更應被我們重視，但它倆並不互相排斥，反之是互相的作爲見証。還有，不是說科學的觀察便會掃除一切抒情的契機，這種担心是過慮的。譬如在我寫的鴬鷺湖的憂鬱裏，將描寫霧露的部分單提出來，加個小標題，叫「露水的成結」不是依然可以的嗎？至於你描寫了戰場裏的蟀蟋並不爲大炮的聲音所驚嚇，依然在哀哀的震動羽翅，你覺得這是你在戰場上得來動人的實感，而同時可以襯託出大砲的慘烈程度。如果忽然來了一位義憤塡胸的批評家，指出你的沒讓蟋蟀來唱「義勇軍進行曲」爲不對，你不要理他。因爲批評的火把就像丟在馬路旁的一棵「紅頭火柴」是一樣的，隨便什麼人都可以一下把他擦着的。

有力的伙伴們，當你感到你所捉住的場面過分强大，而你想把它的絃綳得更緊些，以便中心貫的，使人從眞心裏得到感動，那時你便失敗了。感動化作疲倦，眞實成爲虛僞了。「在栖格夫里的生活中，最重要的關節不是他鍊鑄那神奇的實劍這一剎那，也不是他屠了毒龍拒退當路的神道這一剎那，甚至於不是在火焰山上遇愛這一炫目的剎那，然而却確實是當他和命運的判決相肉搏，他那一隻被他的神祕的犧牲者的血所染紅的手偶然曳近他的唇邊，他的眼和耳就突然開朗，——這小小的孩子氣的姿態，這了無足奇的一剎那。在這剎那間，他懂得了周圍的隱藏着的語言，偵出了那獻上惡之力的侏儒的詭詐，而且一下裏就知道去作那不得不做的事了。」這段文字雖然是描寫的命運的詭譎，但是處理題材也得如此的。項鍊的最重要的關節不是那跳舞的場面，女主人的美貌，人類的悲慘……而在後來那輕輕的一句說明那項鍊是假的。

未來的在戰爭中成長的文藝火鎗手們，題材在呼應你們，工作在呼應你們，只要你有耐力和它們配合！

我是那樣接近敵人的

草明

九月二十二晨三時，日本飛機闖進市空繼續六小時的轟炸之後，廣州市的每一個市民，都實感到生命的寶貴，和實感到自己已經千眞萬確地成爲解放中華民族戰爭的不可缺少的因素了。

人們還在沉沉的睡夢裏，繼續他們日裏還沒有滿足的幻想和慾望的時候，空襲警報沉着地叫醒了每一個市民。

開頭，牠用低沉的喉音對大家說這是該醒的時候了，那是和慈母催喚勞動的兒女起來上工一樣，柔和而一點也沒有姑息，牠對他們不斷地訴說他們所遭遇的厄運，牠用纏綿的，堅決的聲音安慰他們，但當牠要刺激他們，鼓舞他們的時候，牠底聲音就異常高亢，凄厲，使每個人的神經都緊張着，血液也沸騰起來。

我們底潮溼，泥土做牆壁的房子是夾在高聳的花塔和警備司令部中間的，附近不遠有中山紀念堂，光塔，而這次敵人目的剛好是警備司令部，卽是說敵機始終在我們屋頂上空盤旋，我們底高射炮和機鎗向我們屋頂上空放射。我們隣近的男，女，小孩都避到隔壁的一間較新的用青磚做成的兩層房子的下層。門是敞開的，我們望得見花塔大半截身子，望見牠底愁苦，焦急的臉孔。每一次敵人的炸彈用牠底猙獰，狂妄的獰笑炸裂我們土地和房屋的時候，大地震動了，牆壁搖撼了，人們激動得要狂叫了！那無恥的爆炸聲頻密地在各處降落，人們也把他們底憤怒累積起來，把牠當作最可貴的東西一樣藏在心的深處。——呵，那是可怕的，那是火藥庫，牠們將有爆發的一天，牠底巨大的，震動全人類的鳴叫將壓倒了一切的爆鳴，將洗淨了人們底一切恥辱。我們都是鎭定地，靜默地蹲在地面上，在敵機底馬達的清澌而雄亮的聲響裏，還隱隱約約地聽見一部分女人們在向觀音菩薩要求慰藉的喃喃聲。

敵機低飛了，突然，兇猛的巨獸似的一團金黃的火光用最迅速的步伐從我們門外滾過，而震蕩人們底魂魄的巨鳴在牠後面緊緊追趕上去，但同時在千分之一秒鐘內消失了，我們斜對着約莫五丈光景落了一個炸彈。……以後，敵機不住在我們頂上低飛，被牆壁壓着的炸壞了的人們，也不住在暴怒地慘叫。我們忍耐着，還是靜靜地蹲在地上聽着那些聲音，牠，正像一柄利刃似地穿過每一個人的心臟，穿過天空，穿過一切有正義，眞理的地域！

天亮了，清亮了。八點鐘過後警報剛剛解除，我們，和隣隣近近的帶着一張過度痛憤的面孔的人們一起，扶着年老的婆婆，背着還不會走路的小孩，挑了最簡便的衣服用品，準備離開我們這座給炸彈震壞了的破舊的房屋。一一從老城西北角移到城外西關去。

我是那樣接近敵人的，但我底力量還沒有把敵人擊倒。

英雄特寫·抗日·

葉挺印象記

東平

葉挺，革命者，天才的軍事家，我知道他的名字是在一九二七年。那時候，我們鄉下的人們都很喜歡提起他，一提起，總是低聲附耳彷彿一走漏就要給人抓去殺頭的樣子，情形是滿祕密的。

去年夏天，我在香港偶然碰到了×××先生，他和我談了關于上海文化界的一些情形，忽然低了聲，把嘴巴挨緊了我的耳朵說：

——葉挺在香港，你知道嗎？

祕密得很。不曉得怎樣我一聽到這名字就立即感到一陣興奮，——我好久沒有聽到這名字了。原來葉挺是在香港。我祕密着沒有告訴別人，這比×××先生把葉挺的消息告訴我的時候的情形還要祕密。

不久，在香港深水埔通菜街的一間小房子里，我會見了一位客人。L.君把他介紹給我，他就是葉挺。

三十五歲光景的一個男子，壯健，不十分高大，穿一副不甚講究的灰白色的西服，頭髮好像是梳過的，但聳得很高，說話的時候，略爲肥胖的兩腮堆着坦白熱烈的笑容，沒有什麼奇特，樣子很像我中學時代的一位愛弄數學的朋友，但當我想起一九二七年轟動一時的八一革命，他在我心中的姿影就立即擴大了，無疑的他是中國當代的一個了不起的鬥士。

那時候我們談的是關于聯合戰線的問題，他的發言很急速，有點像軍隊里的政治指導員。我好幾次問起他以前從南昌出發怎樣衝到汕頭來的情形，他只略爲提了提，好像覺得很沒趣的樣子。

L君對他說：

——他（指我）已經把你寫進小說里去了。

實在有這回事，那是在我最初發表的一個短篇通訊員中寫到的，但并沒有寫出什麼來。

葉挺聽了有點不高興，我想他也許怪我多事。

以後我們又見面了好幾次。

我想和密斯吳到澳門去玩一玩，藉以躲避關于人事上的一些糾纏，葉挺那時候是住在澳門，他答應和我一同去找一個適合的房子。但我忽然又走到廣西去了。到了九月，我又回來上海，在香港逗留的日子不久，我再沒有碰見葉挺。

一個嚴寒冬天的上午，我和密斯吳在上海福履理路的寓所，一間又小又破爛的前樓里，爲了禦冷，用煤球爐放在牀邊，燒菜，邊燒邊吃，弄得滿房子的魚骨，飯粒，菜頭菜尾。忽然葉挺和老友M君走進了我們的房子里，我請他們也吃一點，他們怕麻煩，倒反請我到隔壁的館子去喝酒。我告訴他，這間房子以前是他的老部下吳奚如住的，吳奚如住在這里寫了許多文章，現在我也希望能够寫一點。他告訴我，他這一次是從洛陽來的，在洛陽他和蔣委員長見了面。

——蔣委員長要不要抓你呢？我問。

——那里！抓他和我談得很好！他答。

那麼，我想，葉挺現在一點祕密也沒有了！

× × ×

葉挺離開上海的前一天，——這已經是八·一三戰爭爆發後的事了，——我和辛人到他的家里去看他。他簡單地對我們說明了全國抗戰的形勢，情緒非常緊張，他抓到一個要點，十分激動地這樣說：

——讓我們中國軍都潰敗下來吧！當我們沒有辦法控制這個戰局的時候，一切且由日本軍作爲主動者一手辦理，但日本軍要作爲一個主動者遠够不上，他們還薄弱得很，他們要把戰爭送給中國，正像一個人袋子里只有五塊錢，卻假裝闊氣要拿出一千塊錢給別人一樣！他們沒有贈送別人的餘裕！

我們靜默着，葉挺的話使我們沈入在一個大時代的幻想里面。——一個格調強盛的軍人，常常使我感覺着他的靈魂的單純，冷靜而缺乏情感，如果勝利正擺在失敗的後頭，他絕對地不會感受到目前受折磨的痛苦，這時候我才發現自己的嫩弱，我很想說出一句話來反詰他不這不是對葉挺個人的反詰，是對這殘酷的時代的哀訴

——但是直到今日，日本軍還是用猛烈的砲火對我們壓服着，蹂躪着，……

但是我沒有說出來，我不能爲了目前的艱苦而對將來的勝利表示冷淡，我的背脊這時候只好讓一塊大石塊重重地壓緊着。

秋天的鮮麗的太陽光從玻璃窗透射過來，使茶几上的玻璃杯發出強烈的閃光。葉挺變得很靜肅，他突着胸脯直坐着，雖在我們的對面，而他的凜然的影子卻使我感覺到對他有着很遠的距離，這在我以前的印象中是沒有的。——日本飛機正趁着這晴亮的天氣大肆活動，他們這天早上六點就在北新涇轟炸，此刻是午前九點五十分，牠們的轟炸還在繼續着。這地方距北新涇并不遠，坐五分錢的無軌電車就可到兆豐花園。每一顆炸彈在北新涇爆炸，玻璃窗就痛苦地痙攣地顫抖着。

我們的談話繼續着。我和辛人正爲了找不到適當的工作而苦悶，他對我們的工作問題所說的話很簡單，他叫我們頑強地活下去，在任何環境中——無論這環

境對我們適合不適合——永久頑强地活下去而且不斷地創造自己的工作的園地。

在上海和他分別之後，他從南京轉到上海前線去了，我和別的朋友也離開了上海，到平漢線與津浦線之間走了一趟，爲了報告翁照垣在前線受傷的事我回到南京來，在南京又和葉挺見了面。

葉挺穿起了一條黃色軍褲，上身是一件羊毛的大反領，顯得比前壯健而高大。鼓着肥胖的兩腮嚴肅而有怒意。他喜歡當說出了一句話之後就從椅上直站起來，理直氣壯地響着靴，跨着闊步，迅急地走了好幾步，然後又坐上了原來的位置，而他的緊張，激動的情緒卻和以前一個樣。

我們談了關于翁照垣這次受傷的事，又談了華北的戰爭。忽然牽連到中國文拉丁化的問題，他熱烈地表示對拉丁化運動的熱忱，他說軍隊的識字運動只有實行拉丁化是最好的法子，拉丁字母又可以改進中國軍隊的旂語，——一般的文化工作者爲了應付這嚴重的抗戰局面，無形中把拉丁化運動放開了，但他說他相信等這局面再展開之後，拉丁化運動必然地要重又勃發起來，而且必然地要從試驗的時期轉入實用。這個預期是很有意義的，我希望所有的文化工作者都能對這點加以充分的注意。

葉挺現在已經被委爲新編第四軍軍長，這天才的軍事家現在就要在全民族對日本帝國主義的決鬥中表現他的才能，我們預祝他的勝利，同時也預祝全民族的勝利！

（一九三七・十二・二十二）

吳履遜和季子夫人

東平

八・一三戰事爆發的一禮拜後，我接到我的弟弟從廣州中央軍校的來信，里面提到吳履遜因爲老婆是日本人的關係，把軍隊里的職務丟了，而且和他的季子夫人離了婚。

這個消息使我吃驚不小，——這是怎麼一回事呢？假如說吳履遜突然爲了什麼事給人槍斃了，這倒乾脆得多。吳履遜是一個壯健，有毅力的男子，他耐得苦，當得起大事，能够打破一切的困難，我曾經爲他這獨特人品立下了一個確定的公式：

廣東人十男子漢十軍人＝吳履遜

但是他逃不出一個關頭，他過分地愛他的季子夫人，在我所有的朋友中，我從不曾看過一個人愛他的夫人像吳履遜愛他的季子夫人那麼熱熾。當他們在東京戀愛的時期，他的同學翁照垣曾經對他表示反對，恐怕他把握不住，會把全生的意志和事業斷送在這日本女子的手中。但是吳履遜不聽他的話，那時候他像一隻燈蛾，拚命地望着季子的光圈猛撲，看他的樣子實是無期無刻不準備把自己投入愛情的火燄里面甚至燒成灰燼。

季子從東京澀谷實踐女學畢業，是一個出身世家的女子，父親做過官吏，是一個嚴肅而有氣節的老人。十九歲時她死了母親，她的父親就不再娶了。家里有賢淑的姊姊和活潑可愛的妹妹，大兄是個高級中學校的訓育主任，她過的就是這樣和平的家庭生活。

她漂亮，嚴肅而有德性，——不管家庭怎樣反對她，想種種的法子壓迫她，她能够在那險惡的環境中鮮明地表明自己的意志，不做日本式的[illegible]的封建家庭的奴婢，使真能愛戀她的人片刻不離地把握住她。從她最初認識這位中國青年軍人吳履遜的時候起，她們的愛情像一枝箭似的順着一條直線向前面突進着。

家庭沒收她們來往的信件，嚴密地監視她，又把她驅趕到秋田縣鄉下親戚的家里；對吳履遜警告，恫嚇，破壞他的名譽，冀圖使學校當局取消他的學籍。她呢，從鄉下又逃回東京來了；他也是不折不回，半點也不對這亂暴無理的壓迫表示畏懼，但是最後的警告到了，她的哥哥對她說，如果再不悔改，他要把她從家庭驅趕出去，而這以後，她的生命將要遇到什麼危險，家庭只好完全卸棄責任。當這最危急的時候，吳履遜對她說：

——現在，這世界上只剩了我們二人了，二人之外，都是我們的仇敵。我要保護你的安全，如果是別的人，這時候一定叫你立卽離開我，從新走回你的家庭中去，但是我卻不想這樣，我對你的要求是我們二人永遠在一起，我且和你一起作最後五分鐘的奮鬥！

這獅子吼一樣的暴烈，强悍的言辭正是堅決的季子所樂於接受的，季子在這時候等待他的鼓勇，猶如英武好鬥的戰士在等待將官的命令。她決定了，一切都決定了，她在寫給她哥哥的一封信中這樣寫：

——哥哥，婚姻應該自由，父親年老了，不了解我，我并不奇怪，但你是現代的人物，你應該了解我給我以援助！你們對我提出的問題似乎很有理由，但這只可以適用于平常的人，對于我卻毫無用處。現在逐一的答覆你吧！第一，你說我的對象是軍人，有危險，我想世界上因疾病而致死的人其數比世界大戰中的戰死者還要多吧，你們能替我找一個長生的人嗎？第二，我一個女子隨一個中國的青年到不知幾千里遠的中國去，你們不能放心，這是你們的立場和我不同的緣故，我知道這中國青年的人格，我信仰他，絕對地依賴他。第三，中日的國際關係將來會影響到我們的婚事，這我也考慮過，但我一到中國後就是中國人了，中日的國際關係將怎樣破壞我們的婚事呢？總之一切我都決定了，我有哥倫布驛新大陸的信心，我現在跟隨這中國青年到中國去，也正是哥倫布泛舟大海的時候，幸而我獲得了一生的幸福的話，就是哥倫布成功了，如果失敗呢，那就和哥倫布在大海里覆舟一樣，這在我并不算可怕，每一個人都要有自已的信仰，同時都應該努力使他的信仰實現才有意義。現在我堅決地向這信仰邁進，家庭這樣的不能對我了解，我只有抱着悲痛的心情脫離家庭，一如你們所說的做永田家的叛逆者，以後我的命運且由我自已去支配，去承受。請你將我的意思詳細地向父親說明。

這樣她逃出了她的家庭，在牛込區的一個公寓里獨自生活，過了相當的時間，父親知道她的頑强的意志無可挽回，爲了保全家庭的名譽，終于和她妥協了，條件是：婚姻由她自由，但得在東京舉行婚禮。她才重回到家里來，不料這時突然又出了亂子，哥哥强迫她和他到金澤去，像一個媒婆似的拉了許多帝大學生和慶應學生來和她糾纏，這使她氣得幾乎發瘋，嚴厲地把那些不要臉的日本男子都拒絕了。她懷着暴風雨一樣的情緒，寫了這樣一封信給她的父親，表明她最後的態度：

——父親，你阻止我和中國吳姓青年的婚事，爲的是女兒一生的幸福，但女兒現在認爲最幸福的就是和中國吳姓的青年結婚，除此以外，我已經一無所有，如果父親再不了解我的心情，我最後只有一死殉我的理想，我死之後，父親還能够爲女兒謀幸福嗎？如果父親眞的爲女兒計，就請再勿阻止我們的婚事！

這樣的一封果決而富于戰鬥性的信果然奠定了她在家庭中嶄新的位置，她又回到東京來了。一九三〇年七月二十日，在東京赤坂的禮拜堂里，他們勝利地舉行了婚禮。——不久他們都回到中國來，在中國的大陸性的氣候里，她開始了生活上的各種試練。

當他們在東京熱戀的時候，吳履遜曾經對她說；

——中國不像日本的富饒，我們到中國去，要準備過一種非常困苦的生活，我們將來的幸福也只能從這困苦的生活中去創造！

當時她堅決地回答說：

——這就是我們的工作，這種工作正是我一生所夢想的，如果我能够盡一點力量去幫助你改造中國，那是多麼可慰的呀！

其實回到中國以後他們并不曾經練過如何困苦的生活，吳履遜在軍隊里服務，軍隊的行止雖然游離不定，但是其中他們并不缺少共同生活的機會，在廣州，香港，廈門與上海之間，我屢次碰見季子夫人携帶着新生的孩子，成爲一個小小的新奇而活躍的隊伍，像一個好奇心永無饜足的旅行隊似的在奔波着，有一次在綠洲的花園飯店里我偶然又和季子夫人碰見了，她穿着中國的綠色旗袍，不重修飾的臉陽氣十足地呈着煥發快活的神情，看來不但是一位正式的中國太太，而且要比一般的中國太太壯健得多，美麗得多。

我問她：

——過這樣的居無定處的生活會不會感覺疲乏呢？

——這是我的理想生活，她爽快直截地回答我說；我追求我的生活的頂點，這不是物質生活舒服的頂點，是一個艱辛苦鬥的頂點，因此我無日不在興奮中，我覺得我期待的時間愈長久，我以後克服這個頂點就愈加有把握！

一九三一年的十二月，吳履遜駐軍閘北，她又從香港到上海來了。這時候她身上正懷了八個月的孕，家中一切的事情都由她獨自處理，吳履遜已經無暇過問，一自從九一八日本的陸軍下折一兵不費一彈的佔領了東三省之後，海軍也想到中國來建立一點功績，上海正是他們進擊的目標，他們對上海懷了不小的夢想，以爲炮聲一響，四小時內就可以把上海完全佔領，卻不想這敗壞破碎的國境，還有他們堂堂帝國的遠征軍所不能屈服的敵手。十九路軍在閘北的戰鬥準備，成爲中華民族在抗戰前夜中最緊張，最動人的歷史的一頁。

一九三二年一月二十八日午後六時，吳履遜在百忙中送季子夫人入靶子路的療養院，季子夫人知道是晚情勢的嚴重,即促吳履遜回到軍中去。中夜十二時,療養院來了電話,說季子夫人產了一個女孩。而這之間,正當十一點二十分光景,虬江路的警戒線已經發出了劇烈的槍聲,——敵人的海軍陸戰隊以爲十九路軍已經撤退,他們正實行占領閘北,卻不想遇到十九路軍强硬的逆襲,這槍聲,正是吳履遜的部隊最初和敵人接戰的槍聲,在這急激的變動中,吳履遜再不能從隊伍中抽身來到季子夫人的面前,季子夫人臨褥的痛苦沒有人給予她一點安慰,但是從她給吳履遜的信中,我們知道她這時候正爲中國軍抗戰的開始而感到如何興奮,臨褥的痛苦又是另外的一回事,她的信是這樣寫着:

——親愛的履遜,我想不到中國反抗日本侵略瘋狗的神聖戰爭在我昨夜的夢中展開了來,我期待這戰爭已經很久了,因爲太久不能看到這戰幕的揭開,我甚至由焦急而變爲懷疑,我疑心中國并不是我所理想的中國,但這顯然是我一時受了蒙蔽所致,其實我在中國的時間已有年餘了,我了解中國在日本軍部的壓迫下是如何蘊蓄着她的痛苦而急待爆炸的義憤,一切的是非是不能顚倒的。現在戰端終于爆發了,我要爲中國讚歎,謳歌,歌頌這自衞者對侵略者的神聖戰爭!我唯一的希望就是你們要勇敢,不屈,將你們的敵人打退,消滅他們侵略的野心,伸張正義和公理,樹立永遠的和平!我時時刻刻在祈求你們的勝利!

× × ×

如上所述,季子和吳履遜結婚以後的生活正和他們戀愛的生活一樣,是突進的,激發而緊張,幾乎沒有一時一刻不在一個最高的頂點上面。我一想起他們的姿影,就聯想到一對勇敢的海燕在暴風雨中猛擊着翅膀,快活地互相追逐。

一如季子夫人所期待,這最後的關頭終于到臨了她們的面前,這的確是一個頂點,是一個高入雲霄,難以飛躍的痛苦的頂點,但是季子夫人之所以爲季子夫人,在于她有更堅强的意志,更多的勇猛,而吳履遜之所以爲吳履遜,也正在于他有更鋒利的突破一切的雄心。不是如此,吳履遜和季子夫人這兩隻燕子將不免在暴風雨的鞭打下互相地碰成粉碎!

在接到我弟弟來信的十日後,我在南京和吳履遜見了面。

他依然是那樣的高大,壯健,卻不像以前那樣活潑,走路的步子變得穩定而沈重,排亮在他的脚底下顫抖着,面孔蘊蓄着不能消解的忿怒,但是沉毅而有自信。我問他說:

——你們的離婚,就是爲了季子夫人是日本人的關係這一事麼?爲什麼廣東當局這樣的「眞面目?」

吳履遜聽了,以爲我眞的不明白此中的道理,非常生氣,他用罵人的粗暴的口氣對我語:

——中國軍人是不准和日本女子結婚的,傻瓜,懂嗎?

我了解他此時的心境,也不怪責他。從談話中我知道他最近就要到前線去的意思,我看他殺氣騰騰的樣子,不敢對他問起季子夫人,但後來禁不住又問了。他沒有什麼話說,只說,

——你看郭(沫若)先生的在轟炸中來去就知道。

(附記)本文材料全由作者向吳履遜本人徵求而得,有事實根據,毫無虛構之處。

一九三七,十,廿五,南京

七月社明信片

各地方劇團都感到劇本底缺乏,我們這一期分出了三分一之的篇幅登載了反正。這劇本,據說在湖南各地上演過,而且獲得了很大的成功,那麼也許有被各地劇團上演的可能。我們希望能够得到上演後的報告,在武漢,更希望能有參觀的機會。

「哨崗」出了第一期以後,因爲經營的困難,停刊了。對於這個勇健的友軍,當和讀者同聲悼惜。因爲經濟能力不能在報紙上登啓事,特在這里向讀者傳達告別的意思。

承各地寄贈刊物,預備逐期登出目錄,以表謝意的,這一期彙齊在一起的刊物突然被一位來客不聲不响地攜去了一大部份,殘缺不完,只好留待下次了。

木刻展覽會,一再延期,實在抱歉,但不久一定可以和武漢文化界相見。

短稿務請留下底子,需要退回之長稿亦請附寄郵費,請原諒困難的情形。

野火

張慧木刻

烽煙雜記

曹白

1.

F兄屢次來信要我爲內地的讀者多抽些工夫用筆，我便惶惻了起來。因爲，自己畢竟是一個不會作文，而且也無文可作的人，叫我寫些什麼呢？自然，可寫的東西非常多：血與淚，愛與憎，荒淫無恥，衝鋒肉搏，復仇殺氣，烽煙。……但這些，都是驚心動魄的材料，是團團的血肉的堆積，一枚小小的筆尖是寫不出來的。

但一面也就往回想，自從八日十三戰爭起來後，十七號的早晨，我便進了難民收容所，管去理難民了。所謂「管理」，是好聽的說話，其實，自己又何嘗不是難民呢？

首先，閘北的大砲未响之前，立在露台上，我眼望着別人家的一汽車一汽車的行李，像具，什物，從向對面的弄堂里搬運着，搬運着，心就爲之焦愁，這里得快申明：托福，我是住在「中國人明生命○」的租界裏面的，一向很平安，而那些搬來的大抵是閘北的人們，臉色一律緊張着。然而幸乎不幸乎，我的二房東看得對過的房子生意興隆，不禁眼睛發癢了：他一定要我加房租。我覺得他大有「趁火打劫」的氣派，很憤恨，以理嚴拒了。終於還吵了一次架。但最後到底加了他一塊錢，我失敗了。——然而我加他的一塊錢，是從Z.S.處借來的。等到砲聲一起，我是只剩了兩袖清凡。

上海既入戰時狀態，秩序頓行混亂，「百事待舉。」馬路上是流離的難民的黑色的行列，有些人還把毒藥悄悄地投進公共茶筒去。後來被發覺，是很打死了幾個的。論理，戰時的工作人員應該立即動員起來的了，然而，據說爲嚴密防範「漢奸」計，不惜在工作的周圍高築城墻，與人們隔絕，使別人不得拈手。手不得拈，事就不好做，而肚子是不客氣的，他總是會飢餓。爲解決「民生問題」起見，我就只得走進難民收容所：美其名曰「管理員」，自已實在也是難民啊！

「難民」與「難民」之間，怎麼會不交流着脈脈的溫情呢！那時我的心熱烈而悲涼，在無可如何中，寫下了我的「這里，生命也在呼吸……」算是我的細微的流露。

2.

在這里索性說出我的實感罷，我總覺得難民收容所陰暗，兇狠，刻薄……彷彿像監獄。中國的老百姓一聽到監獄，便戚然「變色」——卽「談虎色變」的。你謚，監獄不但摧毀人命，而且兼有將囚犯弄成赤貧的特權，它怎麽不象一隻猛虎，使大衆聞而生畏呢！——然而他們此刻在日本砲火的摧毀之餘，又無可奈何的進了這「彷彿監獄」的難民收容所裏了。

而且我索性說出這里的實情罷，進難民收容所的「難民」，該是赤貧的窮漢，別人不能再施展刮剝的技倆的，——然而不盡然的有些收容所「主任」的本領眞偉大，他把領來的米只給難民每天喝兩碗薄薄的稀飯，賸下來的便車去賣給糧食行。戰時的米是飛貴的，他就此賺滿了腰包。

每過到上面的故事或類似上面的故事的時候，我便親切的溫習西遊記，因爲那裏面曾描寫過一個吃人腦髓的妖精。這妖精又在日本轟炸之餘的難民的面前出現了，而且是如此的活躍。——這怎不令人寒心呢！

在寒心中，我常常凝想「難民」這兩個字的涵意。自然，辭源裡的「難」字類下總歸是查不出的了，就只有迂腐的去推敲。推敲的結果，「難民」兩個子似乎有如下的幾種解釋：

一，從火線上逃出，無錢購賣外匯或儲存於外國銀行并租賃房屋而流離街頭者，謂之難民。

二，被收容於收容所者，謂之難民

三，被收容於收容所而遇嚼噬腦髓之怪物者，謂之

然而日本是有這樣善於轟炸非武裝的中國民衆的飛機，牠要將，正在，已經飛遍中國炸遍中國，難道收容所也能設漏中國嗎？所以又有一種解釋：

第四，全中國的人民都在受難中，全謂之難民。惟將毒藥悄悄的投入公共茶筒之類的大人物，不在此例。

3.

而眞的受難者的靈魂也確是堅强的，果敢的。譬如自己的收容所，有幾個年靑的難友，無論如何，他們定要去前線參加作戰，還要我領路。——我都答應了。就這樣，在一個烏暗的晚上，我們擁着一團拳拳的心，熱烈的心，藉着黑夜的屏障，開向前方去。

到了前線，像我這樣的人，什麽指揮長官，什麽高級將領，連一個都不認識。說起來，眞沒光彩得很。但小兵們，是遇到，見過，會談了不少：他們一律挺着悲憤的胸膛。

順便也去了附近的村莊，但大抵早已十室九空了。偶而也能遇見幾個農人，然而「差不多」都上了年紀，沒有了氣力，而有力氣的壯丁，業已不知去向。打聽打聽，卻說是——

「都走了。要拉夫哩。」

拉夫，唉，接着我就想，這是使農民搖頭嘆氣的事。記得在我的小時候，姨太太最多的張宗昌就到我家的村上來拉過夫。村西的潮榮叔就被拉去扛過子彈的。但潮榮叔中途脫逃；然而沒有逃得脫，又被抓住了，並且立刻被兵們打壞了一條腿，從此成了一個跛子，度着他的悽苦的歲月。——因爲他是靠着做做長工過活的。

但這是內戰的事。現在是懺悔——純然是對外的了，而農民們總還是不願意幫助軍隊去工作。自然，小兵的胸膛是悲憤的，因爲從前只把槍口對着自己們的心窩，現在是瞄準着年年堆積起來的仇恨發射了。這才找得了眞正的目標，但這里卻缺少了農民。於是我們的論客便議論蠭起，有的說：「缺少訓練。」有的說：「軍民不一致，——這些農民實在太可惡！」

或許是的罷，但也不盡然的。訓練訓練，甚囂塵上得不知若干年數了，然而結果呢：十室九空。而且歷來的措口結舌的政策，老百姓幾乎在還沒有動嘴，未說之前，先就犯了錯。何況還有「企圖不軌」，被請進牢監的危險呢。

其次，那歷年來的數不清的內戰，也太使做老百姓的焦頭爛額了。不說別的，單像潮榮叔那樣就已經很够辛苦的了，況且此外還要殃及生命，孩子和畜牲，將村莊院落踏成一片瓦礫呢。現在在對外，「軍民一致」，自然是最好不過的，但媽媽的，他們一起都走了。單是剩下我們的小兵的悲憤的胸膛，抵着日本帝國的殘酷的炮火了。

4.

反省就從這里開始罷。我以爲，這還不算遲。

我們的山河被日本轟燬得够多的了。但我們也得一面時時省察，將卑汚的精神，黑暗的靈魂，妖精的技倆，愚昧的方法，老譜的新翻，在這殘酷的猛烈的砲火中，一同轟燬，一同洗禮。鍛鍊自己，沉着堅韌，這才是到達新中國的大路。自然，要這樣鬥爭是會格外殘酷，格外猛烈的，但中國的靑年的運命不是註定了在鬥爭裏的麽？

一九三七，十一，四，上海。

戰爭的抒情小詩（四首）

田間

棕紅的土地

在亞細亞——
這棕紅的泥壤上，
染汚着
憤恨，
侮辱；
我祖國的耕牧者呵，
離開卑汚的溝壑，
和衰敗的
村莊，
去戰爭吧，
去驅逐
帝國底
軍隊，
以我們頑強而廣大的意志，
開始播種——
人類底
新生！

這年代

戰爭！
在出發着……
田觀呵，
沿着門檻沿着牆壁，
祈禱着——
中國的
嬰兒
奴隸的
嬰兒，
從砲子的
喧嘩裏，
從鉛彈的
嘈雜裏，
生長吶；
爲自由，爲祖國。
戰爭！
在前進着……

回憶着北方

北方，
日本——
在管束着，
顫動底祖國呀！
人民看見——
那沙漠，
那野園，
那荒血，
那嬰孩，
……
也被仇敵底眼睛檢查着，
被鐵底機械
無邊地
鎖着；
呵！
北方，
戰爭來了，
我們來」。

自由，向我們來了

悲哀的
種族，
我們必需戰爭呵！
九月的窗外，
亞細亞的
田野上，
自由呵……
從血的那邊，
從兄弟尸骸的那邊，
向我們來了，
像暴風雨，
像海燕。

他起來了

艾青

他起來了——
從幾十年的屈辱裏
從敵人爲他掘好的深坑旁邊

他的臉上淋着血
他的胸上也淋着血
但他却笑着
——他從來不曾如此地笑過

他笑着
兩眼前望且閃光
像在尋找
那給他倒地的一擊的敵人

他起來了
他起來
將比一切獸類更勇猛
又比一切人類更聰明

因爲他必須如此——
因爲他
必須從敵人的死亡
奪回來自已的生存

十月十二日一九三七

給怯懦者們

一

胡風

有一個
　古老的傳說：
眉間尺——
好漢的
　少年伙子，
只因爲
生父底
　血海寃仇
把他底寶劍
　還有
他底頭顱
交給了
　黑色的勇士

寶劍閃處
仇敵底頭顱
和頸項分離！
仇人見面
　心如煮，
好一個
眉間尺
　年少的頭顱
追着　跳着
　撲上去
向它搏擊
寶劍閃處
黑色的頭顱
　和頸項分離！
好一個
黑色人
　大勇底頭顱
追着　跳着
　撲上去
向它搏擊
年少的頭顱
黑色的頭顱
一頭顱
二頭顱
追着　跳着
　撲上去
搏擊那
君臨着
　千頭顱
萬頭顱的

屠殺了
千頭顱
萬頭顱的
仇敵底頭顱,
好一個
年少的頭顱
好一個
黑色的頭顱
追着 跳着
擊得它
咬得它
只剩有
稀爛 糢糊!
我用一頭顱二頭顱
嗚呼仇乎仇乎
仇兮仇兮
嗚呼愛兮愛兮
愛乎愛乎
嗚呼嗚呼……
在今天
被辱的
祖國上
仇人虎集
仇人虎踞,
在今天
被辱的
祖國上
好兒女
吼聲如海
流血成渠,
在今天
心頭火
燒得我
歌唱了
這個故事,
只因爲
怯懦的你們
怯懦的靈魂啊
聽着那
神聖的吼聲
對着那
神聖的血液
還不能
跳躍 歡呼
忘不掉
「權位」
躭心着
「享受」
吝嗇着
力量
收藏着
手脚
更無論
你們底寶劍
和
你們底頭顱,
只因爲
怯懦得狼心似的
你們呵
造謠言
買外匯
當奸細
在火邊搶獵
替仇人做狗,
只因爲
你們同樣是
來自一個歷史搖籃的
活在一個地母胸膛的
我底兄弟
祖國底兒女……
爲你們
我歌唱
這個故事
歌唱着
歌唱着
分不清
是惆悵?
是憐憫?
還是愛心?
心頭火
燒得我
滿眼熱淚
全身顫抖……

八月二十七日

附注：眉間尺和黑人的故事被寫在故事新編底鑄劍。

劍風。

獨幕劇：

反正

——獻給通州反正的弟兄們

洗羣

地：通州

時：二十六年

人：（以出場先後爲序）

王金榜　趙班長

張炳奎　陳班長

欒金標　「人」——中央軍的代表

吳國勝　劉隊長

曾長勝　王隊長

李隊長　張大隊長

孫隊長

景：

僞冀東自治政府保安隊第一大隊隊本部第一隊隊長室是一間破舊的民房改成的。

幕開——

王金榜和張炳奎在擦着槍。姓張的很沉默，一聲也不響。姓王的由於太興奮了，一邊擦着槍嘴裏却在哼着他生平第一傑作定軍山：

榜　……這一封書信來得巧，助某黃忠成功勞站立在營門，高聲叫大小兒郎聽根苗，頭通鼓……

外面遠遠有飛機的聲音，姓王的停了手中的工作，也住了他的好戲。

榜　（向張）喂，老張是咱們的飛機嗎？

奎　咱們的？

榜　唔！

奎　是中央的飛機！

榜　嘜！中央的飛機還不就是咱們的飛機。

奎　混蛋！（並不一定是駡他）咱們現在吃的那家的糧？

榜　殷汝耕，呵，殷長官的。

奎　殷汝耕做的是那一家的官？

榜　做的是……

奎　做的是？

榜　…反正他總是中國人哪！

奎　他是中國人？

榜　可不是嗎！

奎　那末，他爲甚麽要做日本人的官呢？

榜　…那，反正咱們總是中國人哪！

奎　你說你是中國人，可是人家都不把你當中國人呵！

榜　難道中央政府還不要咱們嗎？

奎　中央政府要你——

榜　還不是，要我。

奎　要你的腦袋瓜子！

榜　幹嗎？

奎　你旣是中國人，幹嗎你要打中國人呢？

榜　那是，那是日本人要咱打的。

奎　那你爲甚麽要幫日本人打自己人呢？

榜　所以……

榜　所以？

榜　所以咱就…

奎　所以你就不是中國人了。

榜　所以咱就不打中國人了！

奎　所以你就…

榜　所以咱就擦槍。

奎　好了，小子，擦槍吧，別「所以」了。

榜　對，趕快擦好槍，晚上就（做了一個殺人的姿勢）……哈哈哈……

他們停止了談話，又繼續着擦槍。姓張的還是一聲不響。姓王的又忍不住哼起來了：

榜　頭通鼓，戰飯造。二通鼓，緊戰袍。三通鼓，刀出鞘。四通鼓，把兵交。上前個個俱有賞，退後項上吃一刀。三軍與爺，歸營號。……

奎　（已經擦好了）小子，別一通鼓二通鼓的了，我的鎗已經擦好了。

榜　笑話，咱也擦好了，你瞧，雪亮亮的。（站起身來，拿起鎗對着姓張的）小娃娃，看鎗！

奎　去你媽的，到樂了。趕緊把屋子收拾一下，一會兒隊長們要來開會了。

他們都放下了鎗，一邊收拾着屋子：

榜　我說，老張，老是開會有甚鳥用？

奎　你知道甚麽，各隊不事先聯絡好，就靠咱們這一隊，三百來個人，有屁用！

榜　第二隊第三隊不都打算動手嗎？

奎　你懂得屁！

榜　咱不懂屁，你懂屁，那末你也該告訴咱這個屁啊！

奎　好吧，小子，告訴你吧。今天晚上隊長們在這屋裏開會，就是商量這個。

榜　商量那個？

奎　眞他媽的「狗賣！」那個？動手啊！

榜　隊長們先不是不贊成動手嗎？

奎　弟兄們要動手，他們敢怎麼樣？

標　他們不會報告上去嗎？

奎　哼，他們要命不要？

榜　誰要他們的命？

奎　弟兄們！

榜　可是他們也怕上頭要他們的命啊！

奎　上頭？弟兄們動起手來，連上頭也保不定有命沒有，他們敢要誰的命！

榜　上頭有日本人幫忙，也不能太小看他們。

奎　日本人，哼，動起手來，先就得宰了那些鬼子！

榜　嗯，對的，可不是，叫你這麼一說，咱就明白過來了……

……可是，就只咱們這三隊人嗎？

奎　當然不止，還聯絡第二大隊跟第三大隊一塊兒動手！

榜　呵，那就，那就有三千多人了。

奎　還不止呢。

榜　還不止？

奎　唔。

榜　（高興地）哈哈，我只知道今晚要動手，這些情形還沒聽說過。

奎　所以我說你懂得屁呵！

榜　你他媽的讀過書，認過字，自然比咱懂得多，老子要哼上幾年「孔子曰」「孟子曰」的，一樣也都懂了。

奎　去你媽的，誰叫你不去哼幾年去！

榜　老子沒錢，哼他媽甚麼鳥？

奎　那不活該。

榜　糟蛋，你別拿架子，咱要生來有個好爸爸，哼上幾年洋書，咱還懶得當這份窮兵呢！

奎　那才怪，唸過書就不能當兵了？

榜　當然，哪起碼也得撈一個官長幹幹。

奎　放屁，官長跟大兵不一樣嗎？

榜　當然不一樣呵！

奎　哼，你想錯了，小子！沒有士兵，官長有鳥的用？士兵不賣命，官長又有鳥的用？這一次咱們當弟兄的要反正了，官長們能夠怎麼樣？告訴你說，官長們錢是比咱們賺得多，道理是比咱們講得淸，上了操場，算是他們利害，說一誰也不敢二；可是上了戰場，嚇，就得數咱們的了！

榜　唔，你說的話倒有點道理。這一次要不是咱們當弟兄的不願意幹，官長們也許還得幫着日本鬼子賣賣命；反正打勝了仗，他們好升官發財。

奎　可不是，他要錢不要臉，黑良心。咱們雖然職份兒低，可有的是天良，誰也不肯殺自己人去向鬼子討好。

榜　眞是，咱們這一夥兩三千弟兄，誰不恨死日本鬼子。況且咱們中國老大老大的，他們日本算得甚麼！喂，老張，你說對不對？

雖然已經是傍晚了，外邊却還有飛機聲在響着。

奎　喂，老王，出去看一看是那邊的飛機。

榜　用不着看，一定是中央的飛機，說眞的，老子從前沒有瞧過中央的飛機。

奎　中央的飛機本來就沒有到這兒來過的嘿。

榜　喝，今早咱可瞅着中央的飛機了，一共是六架，他媽的，眞神氣，「嗡嗡嗡」只在咱們頂上打旋；咱心裏眞痛快。

奎　誰心裏不痛快！

榜　眞的，他媽的，咱們好些個人仰着頭，瞪了好半天，都只樂！咱們隊長也瞧着頂高興的，也偷偷地笑。後來大隊長來」，咱們全嚇跑了。

奎　（因為王金榜粗魯，怕他壞事，極力想打發他出去）喂，你出去看看好不好。

榜　不，咱怕又碰見大隊長了。

奎　不會的，去看看吧。

榜　（覺得張炳奎是支使他走）噢，你幹嗎一定要我出去呢？

奎　沒有甚麼，我是叫你出去看看飛機。

榜　哼，老張，你一定又要搗甚麼鬼，怕咱瞧見了，只想打發咱走。

奎　胡說，我搗甚麼鬼？

榜　我說，老張，你太瞧不起咱了，咱王金榜雖然是個窮小子，可是咱絕對不當漢奸的！

奎　（被他的話感動）好兄弟，你別誤會了，我沒有瞧

不起你，

榜　那麼你爲甚麼老想着要趕我出去呢？

奎　（逼得沒有法子只好說了）老王，呆會兒有一個人要來，我怕你性子急，弄壞了事，所以想叫你避一避。

榜　呵，笑話，咱姓王的明白這些個，只要你吩咐咱怎麼做，咱要把事情弄壞了，瞧，這個腦袋交給你，砍下來喂牲口去。

奎　（笑了）好吧，那麼勞你的駕，把這些傳單送到第二隊去交給鄭班長去吧。那兒離大隊長室近，可要做得機密一點。（由衣袋拿出幾張傳單）

榜　甚麼傳單？

奎　你拿去好了。（遞給他）

榜　（接過傳單，一個字也不認識）喂，老張，這上邊說的甚麼？

奎　快送去吧！

榜　你唸給咱聽聽好不好？

奎　好吧！我唸一點給你聽聽。（搶過傳單）「……親愛的弟兄們……」

榜　這是稱呼誰的？

奎　稱呼咱們的。「咱們都是中國人，不能幫日本鬼子來殺自已人的。希望你們今天晚上動起手來，把日本鬼子趕出去。……」

榜　呵，是中央發的傳單？

奎　是的，快去吧！

榜　好，我去。

王金榜很高興地出去了。張炳奎收拾完桌上的東西，也走進另外一間房裏去了。屋子裏沒有一個人。

是傍晚，屋子裏光綫很暗，外邊偶而有一兩聲號兵練號的聲音。

靜，非常的寂靜。

過了一會，忽然通外邊的門慢慢地推開，伸進一個人頭來，四邊打量了一會兒，見沒有人，才慢慢地輕輕地走了進來。

進來以後，他隨手就把門閂上。証明這屋裏，確實沒有人了，他方小聲向另外一個門裏喚着：

「張炳奎，張炳奎！」

屋裏有人輕聲問着：

「誰，是誰呀？」

外邊的這一個：

「是我」

屋裏裏的那一個：

「是欒金標？」

外邊這一個：

「是我。」

張炳奎從裏邊出來了，四邊望了一望。

奎　怎麼樣？來了嗎？

欒　來了。

奎　在那兒？

欒　陳班長領着他，一會兒就來。

奎　沒有人碰見吧？

欒　沒有。

奎　班長們呢？

欒　也就來了。呵，張炳奎，隊長剛出去嗎？

奎　剛出去。

欒　不會馬上就回來來？

奎　也許不會的。

外邊有人輕輕地敲門。

奎　誰呀？

外邊：「是我，趙得勝」

欒　呵，趙班長來了。

欒過去開門，讓趙得勝進來，隨手又把門閂上

趙　怎麼樣？

欒　馬上就來。

趙　隊長不會馬上就回來吧？

奎　不會的。

趙　越快越好，我們馬上決定了就好散；不然讓隊長礴見了麻煩。

奎　對的

欒　說老實話，來的這位先生也眞胆大，一個人敢跑到我們這兒來。

奎　這還不是因爲咱們事先約好了的。

趙　也難說，要給隊長碰見了，也得出岔！

欒　可不是，他…

外邊有人輕輕地敲門。

奎　誰呀？

外邊那個人：「是我。」

趙　是陳班長。

欒　來了！

張炳奎走過去打開門先進來了一個。

陳　沒人？

奎　沒人。

陳　（向門外）請進來吧。

另外走進一個「人」來。張炳奎閂上門。

人　對不住，勞你們久等了。

趙　沒有甚麼。（向陳班長）這位是？

陳　這位就是。

趙　呵，好的。

人　前天晚上，陳同志到我們那兒接洽這件事，我們團長非常欽佩各位愛國的熱忱，特地派兄弟今天過來具體地商量一下。

趙　是的，我們這邊已經沒有問題了。

奎　弟兄們的心都是一致的。

人　隊長們呢？

欒　我們這一隊的李隊長還比較好辦，其餘的……

趙　我想隊長們也不會有多大的問題的。

陳　他們當然有許多顧慮，可是弟兄們一條心地要動手，他們也不敢怎麼樣。

人　總得想個妥善的辦法。

趙　我可以代表我們這一隊的弟兄們說，只要約定時間，到時候決不會變卦。

人　也許隊長會制止你們發動的！

欒　那，我們硬幹好了。

人　不，能軟化他們最好。

奎　我想，最妥當的辦法，是弟兄們再來一次請求。

欒　假使他們還是不答應呢？

趙　那我們再用硬的方法包圍他們。

陳　弄得不好咱們就宰了他們好了。

趙　那是最後一條路。

人　對最好是先能用軟的方法，

奎　僅靠我們這一隊人不够呵！

人　唔，不够的。

榜　第二隊也不成問題，他們早就想動手了。

欒　我看，不僅第二隊，我們這兒三大隊都不會成問題。

趙　對了。我們三大隊一共三千多弟兄，沒有一個不早就想動手的。

人　可是事前也得有聯絡才好。

欒　我們分頭去接洽好了。

趙　好的。

外邊突然有很急地敲門聲。那一位「人」很機警地往牆脚一蹲。

奎　（很不自然地）誰？

外邊：「是我，快開！」

趙　好像是王金榜。

外邊：「快開！」

欒　打開吧！

奎　打開？

趙班長點點頭，張炳奎慢慢地打開門。王金榜很急地進來，馬上回身閂好門。

榜　哎呀！你們好大的膽子呀！

趙　怎麼？！

榜　咱在外面聽了好半天，你們都不知道。你們把咱當小子，你們自己才真渾蛋。

奎　甚麼事你說呀！

榜　咱送完傳單回來，走到門口，聽見你們正在裏邊商量着，咱就明白了。咱不好闖進來，只在外邊溜躂。順便咱放着哨，防着隊長回來呵，果然，咱們隊長一會兒就來了。

衆人都嚇了一跳。蹲在墻角的那位「人」也出來了。

欒　那怎麼辦呢？！

榜　後來咱急了，咱就撒了一個謊，趕上去對隊長說：「大隊長剛才好像是在找隊長。」隊長聽信了咱的話，就到大隊長屋裏去了。

奎　呵！想不到你這傻小子倒會撒謊。

榜　嗯，可不是，瞧咱姓王的！

欒　咱們快散了吧。

趙　不成，這位先生不能出去。

陳　對，出去一定會碰見隊長的。

奎　那怎麼辦呢？

趙　找一個地方藏一下吧！

奎　那末就藏到那個房裏去吧！

趙　好，就藏到那個房裏去吧，陳班長，欒金標，我們快走吧！

欒　有事情，王金榜來告訴我們一聲。

榜　好的。

人　準今晚動手好了，你們去準備一下。

趙　今晚，是的。我馬上去通知他們去。

陳　快走吧！

陳班長拉着趙班長和欒金標出去。王金榜去關上門。

奎 先生，到那個屋裏去藏一下吧！

人 好的。呆一會兒，你們再抽空去跟班長們說一聲，準今晚動手。

榜 呆一會兒我去說。

人 呵，還有幾張傳單你們設法給隊長們看看吧。（拿出幾張傳單來）

榜 讓咱給隊長吧，隊長知道咱不認識字的。

奎 好吧！那末，我領這位先生藏到那屋裏去，你在外邊照料一下。

榜 好的。（接過傳單）

奎 當心點！

榜 知道。

張炳奎急忙拉着那位「人」跑進裏屋去。外邊只剩下王金標一個人。他知道今晚動手的事情要實現了，所以格外高興；兩邊走着，嘴裏又哼起京調來：

榜 （京戲的道白）夏侯淵，我的兒，你中了老夫拖刀之計——也！

外邊突然有人敲門，王金榜停住了京戲，朝藏着「人」的那個門口望了一下，才去打開門。門開開，進來的是大隊長的勤務兵曾長勝。

榜 呵，是你這小子，把老子嚇一跳！你跑來幹嗎？

曾 張炳奎呢？

榜 不在家，你找他幹嗎？

曾 他上那兒去了？

榜 你別管他上那兒去了，咱只問你，你找他幹嗎？

曾 我有事要告訴他。

榜 他不在家，你告訴咱好了。

曾 （瞧了他一眼）不。（回身就跑。）

榜 （一把拉住他）這小子跑甚麼？張炳奎有要緊的事出去了，你有甚麼事告訴咱，回頭咱再對他說。

曾 （又瞧了他一眼）你可別胡說，呵！

榜 老子不是漢奸，你放心告訴咱是一樣的。

曾 好吧，我告訴你，大隊長剛才在發隊長們的脾氣。

榜 幹嗎？

曾 他說隊長們不中用，不能管束弟兄們，讓弟兄們胡鬧。

榜 胡鬧？

曾 就是爲了咱們動手的事。大隊長說從今天起，弟兄們誰鬧事，就槍斃！

榜 眞的嗎？

曾 是大隊長親口說的。他還說要處罰隊長們呢！

榜 嗯。

曾 我偷偷地來告訴你們，你囑咐大家當心一點。好，我去了。

回身往門外跑，剛到門口與由外面回來的李隊長撞了一個滿懷，他嚇得連忙站住，叫了一聲「隊長。」王金榜也嚇住了，叫了一聲「隊長，」呆站在那裏。

李 噢，曾長勝，你跑到我這兒來幹嗎？

曾 我……

李 你？

榜 （這一急，把他的聰明急出來了）呵，隊長，他檢到一張這個。

李 甚麼？

榜 咱倆全不認識。

李 拿過來看看。

榜 是。

李 （接過傳單）那麼，曾長勝你剛才那麼急着跑甚麼？

曾 我怕……

李 混蛋！（看完傳單，臉上稍爲有一點笑容）好，你去吧。可別胡說甚麼，這是一張反動的傳單，你小心大隊長要你的腦袋！

曾 呵，隊長，那不……

榜 （急以手示意）

李 去吧，還在這兒嚕囌些甚麼！

榜 （怕他說出來了）隊長叫你去！

曾 是，隊長。（很勉强地出去）

榜 （故意地）隊長，這是甚麼？

李 傳單。

榜 傳單，是說的些甚麼？

李 是中央那邊的反動傳單。

榜 中央的。

李 唔。

榜 是叫咱們動手的吧？

李 ……

榜 咱聽說……

李 甚麼？

榜 聽說咱們隊上要動手了。

李 誰說的？

榜 弟兄們都是這樣說的噻。

李 胡說，甚麼動手？

榜 不動手？

李 不動手。

榜 可是隊長，咱們不能幫日本鬼子幹呵！

李　爲甚麼？

榜　咱們中國老大老大的。

李　（也笑起來了）少胡說。

榜　是呵，隊長，咱們中國人比方是薛仁貴，他們日本鬼子比方是曹操……

李　（又好氣又好笑）我叫你去請二隊王隊長，你去過沒有？

榜　去過了，王隊長說八點鐘準來。

李　三隊劉隊長呢？

榜　也說八點鐘準來。

李　唔，好的。有人來過沒有？

榜　沒有。哦，有，第二大隊第三隊的周隊長派人送了一封信來。

李　在那兒？

榜　在這兒。（由衣袋裏拿出來信給他）

李　快拿來。（很興奮地折開，一口氣看完，樣子似乎很高興）

榜　第二大隊也鬧着動手呵！

李　誰告訴你的？

榜　咱聽見他們說的。

李　沒有這件事。

榜　有的，隊長，他們說這個叫「反正。」隊長，這個是叫反正嗎？

李　你爲甚麼這麼多話？！

榜　隊長，咱們也應該學學薛仁貴去征一下「東」去。

李　（望了他一眼，沒理他，往藏着人的房裏走去。）

榜　（嚇了一跳）呵，隊長。

李　甚麼？

榜　咱聽見本隊的弟兄說……

李　說甚麼？

榜　他們說，今天晚上……

李　（走回來）今天晚上？

榜　今天晚上要……

李　要甚麼？

榜　要動手吧！

李　動手？

榜　咱是聽來的。

李　（略停片刻）哼！討厭，王金榜，我告訴你，你以後再別這麼胡說了，一向我瞧着你傻頭傻腦的，我才關照你。這些日子，外邊風聲很緊，大隊長已經動了氣了，你可當心點，不要自討苦吃。

榜　可是隊長，……

李　少說話，聽見沒有？

榜　是，隊長，咱以後少說話。

李　我有一本小地圖，是在裏面屋裏吧？

榜　是的，你要用？

李　我自己去拿去吧！（預備進去）

榜　（慌了）呵，隊長……

李　（不理他，一直向那門口走去）

榜　（趕上去）隊長！

正當李隊長走到門口，忽然由裏邊走出一個人來，手裏拿着一本地圖，那是張炳奎。

奎　隊長，你要的是這本地圖吧？

李　（突然發現張炳奎，一怔。接過地圖，很懷疑地望了他一眼）唔，是這一本。

王金榜張炳奎相對地望了一望。李隊長回到桌旁，打開地圖看了一下，張炳奎瞅着隊長沒瞧見他，想向通外邊的門走去，正到門口。

李　張炳奎。

奎　（只好停住）是，隊長。

李　你剛才在我房裏幹嗎？

奎　……

李　（發現他形跡可疑）呵，你幹嗎呀？

奎　我……我在清理房間……

李　清理房間？這個時候清理房間？

奎　是……

李　究竟你在裏邊幹甚麼？快說！

奎　我……

李　咦，說呀！

奎　是在……清理……

李　放屁，瞧你這鬼頭鬼腦的樣子。……哼，你敢在我面前搗鬼。快說，你要是不老老實實地說出來，你可小心一點！

榜　隊長，他……

李　甚麼？呵？

奎　我……

正在不可開交的時候，門外突然有一陣很亂的腳步聲，接着有一個人喝了一聲「報告！」

李　（嚇了一跳）甚麼事？王金榜，你出去看看。

榜　是，隊長。

王金榜出去了，李隊長放下地圖，留神地注意着外邊。

榜　（進來）隊長，本隊的弟兄們，全體在外邊等着，要請隊長出去一下。

李　等我幹嗎？
榜　他們說有事情要向隊長報告。
李　好吧。（走到門口，又停住。返身回到原來的地方。）
你去叫他們班長來。
榜　咱剛才也是這樣說的，可是弟兄們的意思是想當面向隊長報告。
李　豈有此理，他們有甚麼事，讓班長代表說不是一樣的嗎？去，叫班長們來！
榜　是，隊長。（出去）
李隊長皺起眉頭來回蹤了兩趟。王金榜領着兩位班長一排站在那裏，班長們仝叫了一聲「隊長：」
李　你們有甚麼事情找我。
趙　報告隊長，弟兄們要求隊長一件事。
李　甚麼事？
趙　弟兄們再也忍耐不住了，要動手。
李　動手？
孫　是的，弟兄們準備今天晚上就動手。
李　今晚就動手？
陳　他們說：他們都是中國人，不能幇着日本人幹。
李　……
孫　他們說：他們有很多都是東北人。他們要打回老家去。
趙　弟兄們要求隊長下命令。
李　……你們勸過他們沒有？
趙　勸過了，可是沒有用。這主意弟兄們老早就打定了，怎麼也勸不聽的！
李　勸不聽？他們敢怎麼樣？
陳　他們說只要隊長們肯反正，他們絕對服從命令。不然……
李　怎麼樣？
陳　不然，……一定很麻煩。
李　嚀，麻煩，有些甚麼麻煩。
孫　恐怕會鬧出事來！
李　呵？……那麼依你們的意思呢？
趙　只好依了他們。
李　依了他們？
趙　隊長，你的意思？……
陳　最好，隊長能領導弟兄們一塊兒幹。
李　……今天大隊長發脾氣你們知道嗎？
趙　不知道。
李　大隊長說：「近來隊上的紀律太壞了，從今天起要嚴厲執行，弟兄們再要鬧事，不問情由一概鎗斃。
孫　鎗斃？
李　對了。我希望你們把大隊長的意思轉達給弟兄們。
陳　隊長，這不比別的事，可以吓唬他們的。弟兄們恐怕不能接受這個命令。
李　他們不怕鎗斃？
陳　他們說過，願意反正的就是他們的官長，不願意的就是——
李　就是甚麼？
陳　就是漢奸。
李　豈有此理，他們敢這樣胡鬧！好，你們去對他們說：大隊長的命令，不准弟兄們鬧事！
趙　隊長，最好你親自去向大家說。
李　為甚麼？
趙　弟兄們聽了這樣的命令，恐怕會鬧出事來。
李　不要緊，你去對他們說好了，你就說是我說的。
趙　隊長……
李　去，出了事有我負責。
趙　……好吧。
趙班長出去，在外面大聲地說：
「隊長有命令，凡是鬧事的弟兄，一概鎗斃！」話剛一說完，外邊的士兵們就怒吼起來：
「鎗斃，我們不怕！」
「我們要反正，不反正就是漢奸！」
「反正！」
「打倒漢奸！」
「我們不接受這個命令！」
「…………」
「…………」
屋子裏的人都沒有出聲，李隊長皺了皺眉，挺起胸脯走到門口，打開門，向外邊：
「不許鬧！不許鬧！是誰？是誰在鬧？」
外邊有一個士兵「是我。」
李　你？你吳國勝！
外邊的那個士兵：「是我，隊長！」
李　好，你有話進來跟我說。（走回桌旁。）
吳　（理壯氣直地走了進來）隊長！

李　你鬧些甚麼？

吳　我要反正！

李　反正？甚麼反正？

吳　我要殺日本鬼子，我要打回東北去！

李　哼，你知道你這是犯法的嗎？

吳　不，我這不犯法。

李　不犯法？你鼓動弟兄們鬧事，這就應該鎗斃。

吳　呵，隊長，鎗斃？不幫日本鬼子就應該鎗斃？

李　因爲你不服從命令

吳　隊長，我服從命令，我非常服從命令！可是，我是中國人，我是東北人，我不能不愛我的東北，我不能不愛我的國家呀！

李　軍人應該以服從爲天職，長官的命令，無論對不對，當弟兄的都應該服從。

吳　呵，隊長，這就叫做服從？

李　是的，我是大隊長的部下，我就得聽大隊長的命令。我是你的隊長，你就得聽我的命令。

吳　隊長，不服從命令就該鎗斃嗎？

李　是的，誰不服從命令，就得鎗斃誰。

吳　那末，隊長，我們是中國人，我們應該服從中國政府的命令呵！

李　我們應該服從殷長官的命令。

吳　殷長官不也是中國人嗎？

李　……渾蛋，我沒有功夫跟你多說。趙班長，把他送到禁閉室去！

趙　隊長，不，我不能送他去。

李　怎麼？

趙　我覺得吳國勝是對的。

李　甚麼，你也……

趙　是的：我也要反正。不全隊的弟兄都要反正。

李　你們……

吳　呵，隊長，我是東北人，我被日本鬼子弄得家破人亡，我的老娘被日本鬼子殺了，我的妹子被日本鬼子强姦死了。隊長，我，我不能不報仇，我不能幫日本鬼子，我不能當漢奸。隊長，我求你，我跪下來求你，隊長，你也是東北人，你難道忘掉了你自己的家鄉嗎？隊長，你難道忘了我們的父母姊妹都被日本鬼子欺侮得無路可走嗎？隊長，只要你肯答應弟兄們反正，我情願讓你鎗斃。隊長，我實在忍不住了，這麼多年我實在……隊長我求你，我……

孫　隊長，吳國勝的話是眞的，弟兄們實在忍耐不住了。

陳　隊長，我們都是中國人，我們不能幫着日本鬼子欺侮自己人的，我們不能當漢奸的隊長！

趙　隊長，我們大夥兒都跪下來求你。（大家都跪下）動手吧，隊長！

孫　只要你肯反正，你就把我們都鎗斃了，我們也甘心的，隊長！

李　……你們都起來吧，你們的意思我都明白，可是無論如何，我們不能違背上邊的命令。

吳　（突然跳起身來）隊長，我吳國勝是東北人，我不能當漢奸。隊長既不答應我們反正，我吳國勝先來一做個榜樣給弟兄們看看。（他興奮極了，抽出身後的刺刀，朝自己胸口猛然一刀，馬上就倒下了。）

屋裏的人同聲叫出：「呵！」趙班長走過去瞧瞧他的刀傷，撫摸他的胸口，試試他的呼吸。慢慢地回過身來，向隊長說：

趙　吳國勝死了！

李　（很低地）死了

沉默了片刻，站在旁邊好久沒開口的王金榜，被這件事激起了極大的興奮，他像一支受了傷的野獸似的跳到李隊長面前，

榜　隊長，咱受不了了，咱是一個傻小子，咱不懂得甚麼，可是吳國勝是死了，他這一死，給了咱一個教訓，吳甚麼都明白了，隊長，答應弟兄們動手吧，你瞧着咱國勝的份上，隊長，您不能叫咱們全變成吳國勝呵……

趙　（非常嚴肅地）隊長，您答應弟兄們嗎？

李　（非常痛苦地）呵，弟兄們，我難過極了，我慚愧極了，我的顧慮太多，我逼死了我的弟兄，……現在，我完全明白了，我也是中國人，爲了中國，不，不就是爲了咱們的吳國勝，我也不能不答應你們。班長們，請你們相信我，我去告訴弟兄們，我們反正！

大家都驚問：「眞？！的嗎」

李　當然是眞的。

趙　好，那我們就動手了！

李　不要慌，這件事不能張揚出去。

陳　那末甚麼時候動手呢？

李　今天晚上。

孫　今天晚上？

李　是的，今天晚上。

趙　我要去通知第二隊去了。

李　你不必去，我有辦法。你們千萬不能嚷嚷，壞了事，咱們都完了。安靜一點！聽我的命令。

趙　是。

李　趙班長，孫班長，你們先把弟兄們帶回去，把我的意思告訴他們，叫他們安靜一點，準備好，聽我的信。

趙孫　是，隊長。（出去）

李　陳班長，你跟王金榜把吳國勝抬出去，好好地找一個地方安葬了。這件事無論如何不能讓人家知道的，明白了沒有？

陳　明白了，隊長！

李　去吧！

陳班長跟王金榜抬了吳國勝的尸出去。

李隊長呆立在那兒，一動也不動，他心裏正在計畫今晚動手的事情。

張炳奎走到隊長身邊，輕輕地：

奎　（輕聲地）隊長。

李　（突然驚悟）呵，甚麼？

奎　您眞打算今晚動手嗎？

李　……

奎　我不大明白你的意思！

李　是的，你們都不明白我，

奎　你難道不贊成反正？

李　你說呢？

奎　我想隊長也是中國人，不會不贊成的。

李　唔，

奎　隊長的顧慮多。隊長比我們見識廣，想得週到。可是弟兄們也都是一片誠心，忍耐了這些日子，心裏覺得別扭得慌，所以說起話來都頂粗野的。隊長總不會不明白弟兄們的苦心。

李　我明白你們。可是你們不能明白我。

奎　是，隊長。我們是不明白您。

李　你的話是對的，我的顧慮比你們多。可是這麼大一件事，能夠不顧慮嗎？城外滿圍着日本兵，稍爲有一點不謹愼，我們就白白的犧牲了。

奎　那麼今天晚上，隊長準備怎麼樣動手呢？

李　我約好第二隊的劉隊長跟第三隊的王隊長八點鐘到這兒來開會商議的。

奎　今天晚上可以動手嗎？

李　大概總可以吧！……現在幾鐘點了？

奎　七點多鐘了。

李　他們也許就要來了。

藏在裏屋的那個人，這時突然由裏邊出來。

人　隊長。

李　（大吃一驚）呵！您是誰？（隨手拔出了手槍）

人　我是中央軍第七團派來的代表。

李　你怎麼敢……你怎麼跑到我屋裏來了？

人　我是來……

李　（搶着說）你是來幹甚麼的？

奎　隊長，這位先生是中央軍那邊的代表。弟兄們要反正，怕力量不够，幾位班長商量，派陳班長到中央軍那邊去接洽，想跟他們取得聯絡。那邊的團長今天就派了這位先生做代表，冒險跑到我們這兒來跟我們正式接頭。

李　呵！（慢慢地把手槍放回原處。）

人　隊長剛才的事我都聽見了。我很佩服隊長的見識，這件事本來應該多加審愼的。可是弟兄們高漲的愛國情緒也値得我們欽佩，尤其是那位自殺的弟兄，更是一位了不起的民族英雄。

李　張炳奎，去把門關上。呵，先生，請坐。

人　謝謝，隊長。今天晚上，敝團準備向這方面進攻了，打算先解決城外的日本軍隊，爲了使戰事更有把握，我們希望這邊也能在今天晚上發動，叫好日本軍腹背受敵。

李　好的，我也是在打算這件事。既然今天晚上貴團能進攻，那末我們這方面一定可以響應。

人　其餘的幾隊呢？

李　我們隊上是不成問題的，第二大隊剛才有封信給我，他們也打算動手，約好聽我們的信。

人　那麼隊長可以派人去通知他們一聲。

李　唔，我馬上就通知他們。第三大隊在城外，他們隊上的隊長們跟弟兄們都不成問題，不過那位大隊長是殷汝耕的表弟，恐怕是困難一點。

人　呵……（考慮了一會）那末那邊的事交給我吧，我親自去一趟。

李　您去？

人　唔，我去。只要弟兄們不成問題，大隊長我去對付他好了。

李　那再好都沒有了。

人　最好您能介紹我去會見他們隊上的那一位。

李　……這樣吧，你帶着我一張名片去會他們第二隊的徐隊長去。他跟我接過好幾次頭了。

人　好吧，那末您這邊就準備着只等城外一起事，這邊就動手。

李　好的。……不過……

人　怎麼樣？

李　不過萬一失敗了呢？

人　萬一失敗了，您這方面可以設法向永定河西邊退却，那兒也有我們的隊伍。

李　呵，對的，那就再好也沒有了！準定這樣辦吧。（拿出名片在上邊寫了幾個字）這張名片您帶着去會第三大隊的徐隊長吧。

人　好的，隊長再見。

李　（伸手與他握緊）再見。

外邊有敲門聲。

李　誰？

外邊「是我。」

李　呵，張炳奎去把門打開。

張炳奎打開門，王金榜急入。

榜　隊長，長官跟日本顧問官由天津來了。

李　呵！

人　怎麼殷汝耕來了。

李　唔。

人　那末，我們……

榜　是剛才到的。

李　大隊長呢？

榜　大隊長在那兒開會。

李　是嗎？

榜　說不定一會兒就到我們隊上來。

李　他要來？

榜　是的，我回來的時候，碰見王隊長，王隊長叫我來報告您。王隊長馬上就到這兒來。

李　那末你快去通知劉隊長吧。

榜　我已經去過了。

李　唔。

榜　是王隊長叫我去的。

李　好吧。回頭隊長們來了，你們到外邊去放着哨，有甚麼動靜，趕緊來報告。

榜　是，隊長。

李　張炳奎去叫班長們來。

奎　是。（急出。）

李　（向那位「人」）先生，你可以去了。

人　是的，我該去了。不過殷汝耕來了！……

李　沒有關係，我們還是照計劃行事。

人　不，我是說應該藉這個機會幹掉他。

李　幹掉他？

人　你覺得怎麼樣？

李　……不成問題，我一定想法子。

人　好極了，那麼再會吧，祝你成功！

李　大家成功！王金榜好好地送這位先生由後邊出去。

榜　是。

「人」隨着王金榜出去。隊長拿出地圖來看了一會，又燃上一支烟，張炳奎領着班長們進來。

李　啊，你們來了。我告訴你們，現在一切都決定好了，你們馬上召集弟兄們集合等我的命令。

班長們同聲「是，隊長。」

李　等一會長官跟日本顧問官來了，你們一得到我的信，立刻把大隊長室包圍起來，日本顧問官可以宰掉，殷汝耕可要活的。聽明白了沒有？

班長們「聽明白了。」

趙　那末大隊長呢？

李　能軟化最好，不然也硬幹好了。你們只聽着我的。好，去吧！

班長們出去。劉隊長匆匆地跑進來。

李　啊，你來了。怎麼樣？

劉　我已經命令我隊上的弟兄們準備了。

李　啊，好的。

王隊長進來。

王　（向劉）你先來了？

劉　剛到。

張炳奎出去。

李　老殷這時候趕來了。

劉　因爲前方的戰事打得不利。

王　他一會兒要來的。

劉　他來幹嗎？

王　聽說他現在在第二大隊訓話，一會兒來我們隊上。大約也是訓話吧！

李　半夜裏還訓話，這簡直是找死嘿。

劉　我們究竟怎麼辦呢？

李　我的意思是等他一來，我們就把他扣起來。

王　對，是一個辦法，

劉　他一定在大隊長那兒休息的，我們把大隊長那兒一包圍，捉活的好了！

王　我對弟兄們說過，叫他們等我的命令的。

劉　那麼我們先把老殷弄上了再說吧。

王　第二大隊呢？

李　他們有封信給我，他們全隊都不成問題，只等我們的信。

劉　第三大隊呢？

李　已經有人接洽去了，大半不成問題。

劉　這樣就好極了。

王　現在幾點了？

李　（看錶）快八點了。

奎　（急入）隊長，大隊長來了，（急出）

王　啊，他來了？

劉　我們怎麼對付他呢？

李　我看，讓他來也好，反正這事也瞞不了他的。

王　……

劉　唔，讓他來吧。

張大隊長輕輕地進來，三位隊長一齊立正。

張　嗯，你們幾位都在這兒，很好。你們知道長官來了嗎？

李　不知道。……

張　長官現在第二大隊訓話，馬上就到我們隊上來。

劉　可是，大隊長，弟兄們的情緒很高張……

張　我知道，我正是爲了這件事來找你們的。

王　大隊長的意思是……

張　不許他們！動

王　不許他們動？

張　是的，不許他們動。

李　大隊長，這個恐怕辦不

張　辦不到？

李　不是我們不肯這樣做，實在因爲弟兄們太……

張　學，當隊長的不能約束士兵，這是一個正當理由？

王　大隊長，我們也嚴厲地懲罰了他們好幾次，可是這件事不比別的，我們不好太壓迫他們了。

張　爲甚麼？

王　因爲我們沒有理由壓迫他們，

張　怎麼沒有理由？

劉　他們的要求是對的，他們是中國人，不願意帮日本人欺侮自己人，這誰也不好勉强。

張　當軍人的以服從爲天職，誰能反抗官長的命令？

李　可是也應該有理由呵！我們也是中國人！

張　（無話可辯）……唔，可是，我們當軍人的，不應該管那些對也得服從，不對還是得服從。

李　那末大隊長的意思是……

張　誰鬧事就鎗斃誰！

大家都沒話說，沉默了片刻。

張　長官馬上要來訓話，我把這個責任交給你們幾位，我希望能够平安無事。

李　不，大隊長，我們負不了這個責任。

張　甚麼？你們……

王　是的，我們負不了這個責任。

張　那麼你們的意思是順着弟兄們幹？

王　不，我們不是順着弟兄們幹，我們是……

李　不，我們也是中國人，我們應該順着弟兄們幹。

張　好，你敢……

張炳奎、突入。

奎　報告，長官跟日本顧問官到我們隊上來了，現在在大隊長屋裏。

張　好。……

李　（搶着說）張炳奎，你去通知班長們，殷長官已經來了，聽見了沒有？

奎　是，我知道。（急出）

張　好，隊長們，我去了，我希望你們能……

李　不，大隊長，你不能出去。

張　爲甚麼？

李　外邊危險！

張　危險？

李　你聽！

外邊人聲漸起。

張　呵，這是幹甚麼？

李　大隊長，隊上的弟兄們要反正了。

張　反正？

李　是的。大隊長，我不能管束弟兄們，大隊長鎗斃我吧！

外邊喊殺聲大起了，夾着還有鎗聲，邊砲聲。王金榜飛跑進來

榜　隊長，城外第三大隊反正了，錢大隊大被人刺死了，三大隊已經跟日本軍隊開火了。

張　呵，這是怎麼回事？

李　大隊長，這是三千弟兄的公意，他們是中國人，他們

不願意幫助日本鬼子!大隊長,我們隊上弟兄們一向是擁戴你的,你正式下命令讓他們動手吧!

張 不能,我不能這樣放縱他們!……

李 那末,出了事,我們就不能負責了,大隊長!

張 (拔出鎗來)哼,你們敢……

曾長勝急入

曾 大隊長!你的屋子被弟兄們包圍起來了,日本顧問官被趙班長殺了。

張 長官呢?

曾 長官被弟兄們細住了。

張 呵!這還了得!外邊現在怎麼樣了?

曾 第二大隊跟我們隊上都動手了。

張 (知大事已去,鎗慢慢放下)呵!

王 大隊長,這是名正言順的事,你還是早點下命令吧!

劉 不能再遲延了!

李 曾長勝,去對弟兄們說,大隊長在這兒召集弟兄們訓話!

曾 是。(急出)

大隊長一聲不響地坐在那裏。屋裏的幾個隊長都拿出鎗來。外邊的喊殺聲,漸漸逼近這屋子了,一會兒趙班長拿着一柄大刀衝進來。李隊長朝大隊長一指。

趙 大隊長!

張 (突然驚覺)呵,你!

趙 報告大隊長,殷汝耕被弟兄們殺了,弟兄們現在外邊等候大隊長的命令。

張 命令?

趙 反正的命令!

李 (故意地舉起手槍)趙班長,去對弟兄們說,大隊長不許弟兄們鬧事,誰敢不聽命令,就槍斃誰。

趙 呵!(明白了)呵,是,隊長!

趙班長跑到門口,大聲叫「喂,弟兄們,大隊長說不准我們反正,誰要反抗命令的就槍斃!

外邊的士兵們一陣狂吼:

「不成,不成!」

「不讓反正咱們就殺呵!」

「………………」

趙 (跑到大隊長面前)大隊長,聽見了吧?

張 我………

外邊羣衆聲音更大:

「我們不能等了!」

「反正呵!殺呵!」

李 大隊長,您決定了沒有?

趙 (大刀一晃)大隊長,我們不能等了!

張 (逼得無路可走)好…你們反正吧!

三位隊長走到大隊長面前,敬禮,同聲:「謝謝大隊長!」王陳二隊長興奮跑出。

李 (跑到門口)弟兄們,大隊長有命令,本隊反正!

外邊:

「大隊長萬歲!殺呵!」

「反正呵!」

「反正呵!」

「打倒日本帝國主義!」

「打回東北去!」

屋裏的人只剩有張大隊長默立在那兒。

張 (突然被砲聲震動)呵!(拿起槍,異常興奮地)呵,反正了!(跑出。)

外邊:喊殺聲,槍聲,人聲,砲聲,機關槍聲。

——幕落——

廿六,九,廿

·長篇連載·

第三代（第三部）

蕭軍

在這段前面是還有一段的，那是叙說汪大辮子從獄中被赦放出來，孤獨地走回了凌河村，當他第一眼看到了生長他的這村莊的感情，這第二段中和林榮說話的那個團圓的黑影就是他。第一段因為從上海走出忘記帶來，如今就從二段刊起，待通郵時，也許寄來再補刊。

——作者

二

沒有聲音的哭泣，那不是哭泣，
沒有聲音的人間那就不是人間！
凌河的流水也瘖啞了麽，
為什麽竟忘了你們那喧囂的波瀾？

晚飯過了，青年們洗去了自己身上一天積存下來的汗漬和泥垢，上衣搭在肩頭上，挺露着棕色的臂膊和胸脯，踱着過度閒散的脚步紛紛地走向井泉龍住居的那條街。他們在路上遇到，並不問候，祇是用各種各樣巧妙的罵詈代替着「晚安。」

會吸菸的把自己的小菸袋啣在嘴裏，或是一隻珍貴的匕首似的揷在了腰間。比較開通一點或是到過城市的人們對於小菸袋不再重視了，他們懂得了用「孔雀牌」的香烟來替代了，並且故意地把那未吸完的烟尾巴夾留在自己的耳朵上，必須要到了人多的地方，更是有着姑娘的地方，才能够再取下來，矜持地點着，吸着，如果若是表交情，在人前也可以把那燃燒着的烟尾慷慨地向你遞過來，但你得懂交情，輕輕吸幾口就應該歸還。

這吸烟的第一個應該練習的動作，就是看誰能够從鼻孔裏把烟像兩條柔軟的觸鬚似的噴吐出來。並且還應該噴吐得那樣遠，那樣自然。有誰不熟習這，那就要被人蔑視，罵他是「笨鱉」，還要用帶點殘酷味的輕蔑驚告着他：

「鱉啊！笨蛋！滾你的……去，到林榮那裏學一學呀！……不懂得翻身的「磨盤」。……」

凌河村的青年們，懂得把帽子歪歪地掛在後腦勺上了，這也是跟林榮學來的。一具奇妙的大翅的風車似的，林榮給這村莊帶來了各樣奇妙的風了，這風傳染了每個人的心，更是青年們，他們底心無節制地跳躍着，要插起翅膊，破裂那阻害它們的胸膛的肩骨掙脫出來，飛向自己所不知道的遠天。……

如今，凌河村的青年們，似乎開始感到了自己所存在的天地，自己所知道的天地，是不足數的狹小了：山變得低矮了，樹木變得凡庸了，就連那對於他們帶着甜味的，母親似的凌河，好像也淺薄得不足數了，甚至遭到了輕蔑：

——這簡直只是一條養泥鰍的溝啊！

他們同意了林榮這樣輕蔑它，可是林榮却又這樣嘆息似的說了：

——我也就是一條泥鰍似的被它養大的呀！無論到那裏，我還不能忘記了它，它簡直變成了我的記憶底累贅：越是看到比它大到不知多少倍的海啦，洋啦，江啦，河啦……我就越要想起這條把我養大起來的泥鰍溝！為什麼呢？它會這樣魔惑着我，累贅着我：……當我回家的那一天，第一眼看到它，我簡直要一下撲進它的懷裏去，讓它淹死我，吃了我……或是洗個澡再上來……真的，就是它把我完全浸沉了也決不埋怨啊！那些個大東西……就是我看見過的那些個大東西……越大它們對我就越生疎……

林榮回來整是五天了。這五天中凌河村底多眠蘇醒了，一種新的，從來沒有過的聲音開始在這村莊裏生了根芽。這聲音呼吸似的，常常到夜深還在響着，它一直浸進人底夢中，人們底靈魂也開始為了這浸澈底開始低弱地迴響着了。這聲音不是胡琴不是笛……它們是龐雜的，好像有很多人在什麼地方，你一聲我一聲……吹着的各種小喇八，它們是孩氣地，同時又是那樣自然而然地有秩序。

老年人坐在家裏聽着，嘆着氣，抹着歡喜的眼淚；青年們就要走出來了，他們不獨要聽得真切些，而且還要看着那拉琴人的手和臉的每一個不可捉摸的動作，那全是有興味的，就連那手風琴上的每一顆白色的骨釘，全是神祕的，希奇的，它也具着不可抗的魔惑的力量；

明天林榮要到城裏去看他的爹了，可是今天晚上，他還是被留在井泉龍的家裏，用他的手風琴款待着人們。所以今天更提一點，在那gagagaga的聲音還沒有響起來的時候，人們已經有的已經高高地坐在了井家的牆背上猪欄邊……等候着了。啞叭搬空了自己所有的家具：豐了一隻脚的板凳，沒了背靠的椅子，石塊，木墩，吃飯用的闊甲龜似的短腿棹子……。特別爲林榮預備了一個不甚高的坐位，那上面鋪着的一片紅褥墊，那是用染紅了的綿羊毛織成的，雖然它是被使用得過度久遠了，那身上用着不同顏色的布片釘補着，可是它依然還是那樣鮮艷的，一片大一點，圓形的胭脂餅似的紅着。坐位的前面，還放了一張短棹，上面安置着一隻大肚子的紅泥燒成的水壺和一疊粗瓷的飯碗

井泉龍坐在一邊，依然精神抖擻地指揮着啞叭

「你，讓人們全有個地方坐呀！全像高粱楷似地聳在院子裏像什麼樣子呢？你是主人呀……你應該像你自己娶媳婦那樣熱心才對——……」

井泉龍的每一句話的結尾那就是打開人們笑聲房廊的鑰匙，於是人們底顛狂的蝦蟆似的笑聲，孩子們底噪叫，一齊爆噴起來了！這使啞，的臉感到燃燒了，他躲避開衆人的眼睛，借着尋找坐位的緣故，走進屋裏去了，這裏，井泉龍更畢愉快地抖着那更顯得銀白的鬍鬚，兩隻眼睛不安定的星似的被快樂燃燒着，枴杖倚在了一邊，一時，他把它抓起來，要似乎使自已立起來行走行走，可是他又把它鬆開了，一種急速的深灰色的困厄，從他的臉上掠過去，這使他的牙骨咬到痛楚的地步，勉強地粗擴起自已的聲音，掩藏起他這被人所忽略的失敗：

「娃子們……小心我的房蓋被你們笑塌了啊！啞叭……你應該拿一條繩子來呀，串起這些娃子們」

他這呼喝的聲音，只有對於自己是眞切的，有效力的，他不能夠再混進人羣裏去擠動他的一條腿在那次領着全村的人打着鑼，經過楊洛中的門前，被射斷了。他如今除開這樣喊一喊而外，只有在自己的坐位上自由地扭轉着頭，看一看院子周圍的墻背上坐滿的人，他們全是無秩序的斑鳩似的咕咕地亂談着；不甚大的院心裏也一刻比一刻地聚結着人，孩子們和黃昏一樣在人與人底縫際間攢跑着……他的女兒來在了他的身後，指點着給他說：

「看呀！人全來了呀……」

眼見地給林榮留的坐位前邊那塊空地，一刻一刻地被浸沒了。

「是啊！」他孩氣地把自己的臉向上揚了揚：……是啊……爲什麽我們底主角兒還不到？主角兒不到戲是不能開鑼的的嘍。……」

他狡猾地笑着看一看也來在他身邊的老婆。

「是啊！」她並不多談話，祗是把手裡的蒲扇不停地搖打着。她看起來比井泉龍要減少二十年，平常他的頭髮人家還看不出斑白，總是那樣勻整地梳結在腦後，愛俏地挽成一個不甚大的球形的髮髻，她有一幅寬廣的前額，突起的鏡似的閃耀着，只有和自己的女兒比起來，纔像一個媽媽的深黑的眼睛和眉毛和女兒是相同的，那狹長的一條小柱似的鼻子，不甚大也不甚厚的嘴唇；長角形的臉幅……全是和女兒相同的，只是女兒從爸爸那裏承受的一雙較大的顴骨，是她所沒有的，因此她常要嘲弄地向丈夫說：

「你把你的顴骨陪送了我們的娃子啦！那算作嫁粧嗎？」

「沒有顴骨像什麼呢？像你一樣……腦袋不像腦袋，好像一顆大香瓜……」井泉龍也不相讓地回敬着。

「女兒總應該像媽媽的……」

「那，啞叭也並不全像我呀？……按理說他是兒子，應該全和爸爸一樣……」

她今天特別留心着女兒那要隱藏也不能隱藏的焦心的樣子，臉上的情感海裏潮汐似的時時升落着，走到這裏，走到那裏……她也留心到平常比她更多更濃黑的頭髮，於今是那樣光整地結成了一條辮子，盤捲在頭頂上。小簾幕似的在額前留的那排「劉海髮」，今天也是剪得更整齊了，一直垂壓到那兩條直線的小眉毛。最耀眼的還是那用桃色絨繩結成的「辮根」，那似乎是一段紅色的小棒似的，棒擊着每個青年小夥子們底心

「看啊！傢伙……大環子的辮根兒……那簡直快要燒着啦……」

「你小子……放到她的跟前，哼一聲嗎？她不扯破你小子的嘴……算你小子生得結實。……」

天雖然漸漸昏暗下來，可是每個青年們的眼睛卻是明亮的，他們像一些胆怯的弓手似的，不肯輕易使自已視線底箭，躲離開這個靶身。

不被注意地啞叭也又出現了。他和大環子不相同，除開那黑的眉毛和眼睛是屬媽媽的以外，其餘的他幾乎完全是從老子的模型裏澆製出來的了。臉上的每塊骨頭全是魯莽地突露着，更是那被媽媽所蔑視的腮頰

骨，比起老子來還要誇張，這是老子所引以高傲的

「只有這樣才是井泉龍的兒子咧！」

啞叭無論什麼時候，似乎總在用那過度强烈的眼光，在企圖燃燒着每個人的心，同時也似乎利用這燃燒傳達着自己的心！當每次林榮拉起那手風琴的時候，他完全變成一條瘋狂的不能言語的狗似的了，蹲着跳叫着，嗚嚕啊呀地抓打着自己的胸膛，似乎有着一種難忍的火，要從他的胸膛裡焚燒出來，……可是每張人底臉是無回應無理解的，眼睛是生疎的，空冷的，譏笑的：：於是他才又一塊岩石似的，把自己沉埋向自己的世界底深潭。

「誰去找一找啊？怎麼還不來？」性急的人們誇大着臊子滿院地叫了。啞叭怔怔地尋找這叫聲「對啊，誰去找一找啊？……找一找……」

這樣噪叫着的人依然停留在自己的地方。

「哥哥，你去找一找他吧？人全急了呀……」大環子把啞八的身子親切地推擁着。他却祗是移動了一下脚步，擺一擺手，神祕地笑了一下，又把那將才被移動的脚步收回到原來站立的地方。搖着蒲扇坐在旁邊的媽媽也幇同兒子會意地笑了一笑。

「你笑啥呀？！媽你也笑……你們全笑……」大環子的脖頸挺起來了，轉過身子向爸爸這邊申訴着：

「爹，我說教哥哥去找找他……他笑我……」

井泉龍正在無必要地一個一個數點着人底數目，並且自言自語地罵着：

「不少了呀……一百多了……儘是他媽的毛頭小夥子們孩子們！嗳嗳……——你說什麼？大點聲……說什麼？」

他故意裝着自己的耳朵不靈活的樣子，把自己那鷲鳥似的頭挨近了女兒的胸前：

「說呀？說淸楚點……」

「哥哥他不去呀……」大環子跺了一下脚，又努力說淸了自己的聲音。頭上盤捲的辮子有點鬆弛了，於是她就利用盤盤辮子的手臂把自己的臉遮攔起來。

「哥哥太累了呀！他割了一天的地……不用忙……他就會來啦……」

井泉龍翹起下巴要來看女兒的臉，但是大環子躲開了，他看着那康强的脖頸和圓滿的胸膛，自己默默地決定着：

——是時候了呀！應該到生一個娃娃的年輕了呀！這樣一個男孩子似的身體！

從墻頭從每個看不淸楚的角落……人聲開始了噪叫了：

「這裏的人……簡直象等新媳婦下車似的等着你呀……爲什麼你才來？那又是誰呀？走在你後面的？……」

宋八月他是第一個看到林榮的。他看見他轉過一個墻角，一隻手扶着他的拐杖，一隻手還抱着一隻小箱子似的東西，他猜想那大概就是每天晚上像一羣亂叫的小喇八似的響遍全村那個鬼玩意兒了。八月對於無論什麼帶有韵味的音響是疎遠的，幾乎存着輕蔑的成見。雖然林榮回來了五天，這音響幾乎也響了五個夜間，可是他這還是第一次來到井龍泉的家裏，在他來的時候依然還是用那成見把自己支持着：

——看看去，若是它再亂叫，我會當場摔碎了它……

……沒有出息的斷了腿的「螳螂子」……竟帶回這樣討飯用的窮玩意……使人半夜睡不舒服。……吱吱哇哇整夜地亂叫……老子自己叫進監牢去了，媽拉的……這個跛腿的兒子又來叫了。

現在他正積存着自己的憤怒等待，好容易他發見了林榮轉過墻角來了，可是林榮走了幾步又停止下竟和走在他身後的那個黑色的團影講說着什麼，這使他不能再忍耐：

「那是誰呀？」

「那是誰呀？」別人也跟着這粗憂的叫聲響起來了。

「快一點呀，偏在這時候說話的那是誰呀？活王八……」

可以看到，林榮對於這沒有秩序的歡迎和等待有了回應了，他搖幌了一下手裏的拐杖，扭轉過頭來：

「就來啦……兄弟們……」這樣說了，可是他的頭又『落下去，和那團黑影講談着」

當每天八月看着一些將吃過了晚飯的人從自己的家裏跑出來，像一些無恥的蒼蠅似的紛紛地向井家來集合，這就使他感到一種無名的怒惱，更是他的哥哥七月，平常本來是一顆熟透了的倭瓜似的，不容易有什麼能够影響了他，可是如今每天一落下飯碗，布衫向肩頭上一掛，竟也參加進了一些驢子似的青年的羣隊裏，跑出了自己的家。

——媽媽的，跑了一同江湖，什麼也沒落下，還跑丟

了一條腿……卻弄個什麼鬼東西整夜亂叫……叫得人狗不安……自己的老子被人囚在監牢裏……不獨不想報仇，連看全不去看一眼……要這樣的兒子有什麼屌用呢？還不如沒有……林青……曖眞是……

他忽然爲林青起了惋惜了。第二夜他正坐在自己的院心裏，引逗着己的孩子玩，還有一條狗……老婆爲他洗着日間被汗浸透過的衣服；他一聽到了這聲音，便吐了一口唾沫吩咐着老婆說：

「睡他媽的罷衣服用水漱漱就中啦，反正明天它還是一樣——抱着孩子呀……」

本來平常他不是這樣早就睡的，爲了示表反對這聲音，便吩咐老婆孩子一齊來睡，這夜，他很快的就睡着了。可是第三第四夜他就不能够再那樣安靜的睡過去，雖然他還是睡得那樣的早。睡下又坐起來……到院子裏來打轉……同時那聲音隨伴着夜也就越來越眞切，好像單單故意地抬到自己的耳邊來。……

——這小子，究竟弄的什麼混張東西啊？弄得人睡也睡不安。

日間，青年們聚會在一起，無論是在山坡還是在田端，甚至在手裏正揮動鐮刀收割着莊稼的時候，任憑那汗水快要把自己淹沒了，可是他們卻也不能够中斷了關於林榮底譚談。他們儘可能地摹擬着他的動作和裝束，甚至摹擬着他說話的習慣的口語和聲音。雖然他們也知道他也是一條泥鰍似的在這凌河村裏長大起來的，可是如今不同了，林榮曾經到過了他們連夢也不曾夢到過的世界裏去過了他如今已經變成非凡的存在

了。

「比方說」林榮說話總是要帶「比方說，」所以人們便無論相宜不相宜，也要把這口語想法安插進自己的話語裏面來。

「比方說……林榮……也是相同我們一樣地……小的時候光着屁股跑遍凌河村的呀！可是如今人家是見過世界了的呀，怎能和咱們比呢？咱們終一輩子我看也不會跑出自己劃的圓圈兒嘍！生在凌河村，活在凌河村，將來死了，也還不是臭爛凌河村的一塊土嗎？……」

八月可以到處聽到這樣的感嘆。於是他也決定要好好研究研究這個見過世界的人有什麼不同的地方了。雖然在林榮離鄉的時候，他們在年齡於上他們是有着那樣疎的距離。

——看看這個鳥……是不是也是肉做的？

在要看看這個鳥的背後，也還隱藏着一個神祕的連環，那就是青年們也開始在講着井老頭兒遲早要把自己的鮮花似的大閨女，嫁給這個少了一條腿的人了。這使完全强健和傑驁一點的小伙子們感到一點不平了。大環子平常是那樣一條不能够捉摸的刺魚似的於今卻被這條跛脚的鈎鈎牢了，並且似乎還是自願

——帶餌的魚鈎能鈎住魚的嘴，卻鈎不牢女人的心啊！

明天林榮要走了，也許回來，也許不再回來，八月決定今天也要來看看這個自己所憎恨的人便也來在了井家。但他是單獨地來的，也單獨地在一邊蹲踞着。起始，他感覺到每個人的眼睛全是用無言的諷刺，正着自

已，他只有顧預而粗魯地用以維護着自己的虛弱，可是接着這虛弱的自尊浸漸地消溶了，似一顆不被注意的流沙似的被這等待的熾熱的溶流沖洗着，同時自一己也感到一種被遺忘了的輕鬆，接着他變得比別人更焦急，他爬上了牆頭，又爬下來走到院外，又走回來……好像只有他才是這眞正等待的主人——所以第一個他先叫了。他不淸楚這是愉快還是焦煩.

「那到底是誰呀？活王八……讀裏的人要漲破了牆啦……他還在那裏絆着說呀……說呀……」

一來了呀……兄弟們……」

這次罵的是馮禿子了。接着那個團圓的黑影離開了林榮，轉進一個牆角不見了，林榮才一扭動一扭動走近這有一點上坡的院子裏來。

在初升的月亮底籠照中，林榮的身影看來雖然平常沒有什麼增減，可是當他今天一游到井泉龍的身邊那爲他預備的坐位上，馬上遇救似的就坐了下來。平常那樣碑柱似的坐着的姿式不見了，並且也沒有立地就把那琴盒子拉開。

「今天爲什麼來得這樣晚啦？看那些人……」井泉龍不能够控制自己的暴燥和喜悅，用手平面地向外揮動着指點那些人。那些人現在是安靜得像一些嶢啄的岩石。

「今天……晚啦！」

林榮今天的聲音是那樣低微陰沉帶着顫味的。

「放下它呀爲什麼還不放下它？」井泉龍一隻手用拐杖擣打着地面，一隻手竟企圖要把那挾在林榮脇下的琴盒替他拨下來。

「讓我自己來……人眞是來得不少啊!」他雖然這樣重復的說着，却並不向誰看一看，直到謹愼地把那琴盒放在面前的小棹上，才用眼睛向四周淡淡地看了一轉，最後把眼睛在大環子站着的地方停了一停，頭又低低地看着脚下的前方。一面把頭上的打鳥帽脫下來，放在棹上，從衣袋裏抽出一塊很大的粗布的手巾來，揩拭着額頭和前胸。和平常一樣，接着把一隻歪柄的茄子樣的烟斗也取出來了，擦了一根火柴，吸着。……

一種綿軟的，灰色綾綢似的靜默，包籠着每顆跳動的心。……以及那每一個動作，全是劇似的被每個青年們暗記着，背誦着，準備學習。

「該開始啦!」從人羣裏一個單簡的聲音開始了。接着就是：

「今天你來晚啦……要拉到半夜……還得唱……」

「傢伙們……安靜點……讓我們的寶貝吃一袋烟啊……誰再亂叫……我用掃帚全掃出你們這些小老鼠們去——」

「你是老老老……老白了毛的耗子啦……你是剩了一條腿的老白毛耗子啦……」孩子們毫不相讓地從各處向井泉龍回答過來了。他捋起自己的鬍子洪亮的大笑着。這笑聲人們很久不聽到有今天這樣洪亮了，這是一口久久被瘖啞了的洪鐘，今夜又歸復了那往日的吟鳴：「對呀……小傢伙們……你們不要儘對付我……等我腿好了……等着我……我要用麻繩全把你們串連起來，用柳條抽打你們的光

洛陽橋

辛人

九月卅日的早晨，我們兩輛救護傷兵的大卡車正停靠在上海公共租界的一條馬路旁。從早上五點鐘天剛黎明的時候，我們就已經在這裏的一家飯館裏集中，飯館裏駐紮着四川同鄉會的救護隊員。這兩輛卡車每天各需三十幾塊錢的汽油費和車夫的工錢，我們文藝界戰時服務團因爲剩有一筆捐欵，便決議拿來做救護運輸的經費，和四川同鄉會的救護隊聯合在一起。今天文藝界戰時服務團來參加出發的只有金人和我兩人，此外還有救亡日報記者金且同君。

薄弱的晨光映着僞裝在卡車上的枯萎了的竹枝，一些討厭的蒼蠅，儹鑽在那凝結着血汚的破帆布堆裏。我心裏迸出」一朶悲憤的苦笑。——英勇的民族革命戰士們的鮮血，却給這些整天鑽着糞坑的寄生虫，吮吸自肥，它們竟至於嗡嗡然地鼓着閃光的翅膀，招搖過市!我狠狠地驅逐它們。接着我們都把自已要戴的鋼盔，埋藏在帆布堆裏，因爲租界裏只有巡捕才能戴鋼盔，普通人戴鋼盔便得被沒收，縱然我們穿着救護隊的制服和掛着紅十字臂章。

我和金人金且同同坐在一輛車上，我們這一輛車得先開往法租界的一條弄堂裏，裝載大量的罐頭，餅乾，等慰勞品，這都是老百姓們捐給前線戰士的。我們和另一輛車約好在一處地點等齊，再一起到大場去。在弄堂裏，我們費了許多氣力，把一大袋一大袋的慰勞品堆在車上，卡車裝妥了充分的汽油，我們便坐在那粗硬的罐頭袋上，開出了租界。在租界最後的一道障礙物上，站着幾個巡捕，攔住我們的車，馬馬虎虎地搜查了車上的東西，rice Cake……all right!便放我們出去。我回頭一望，那裏還有一塊白底黑字的方牌，寫着「不允通行，違者開槍。」

鋼盔戴了起來，卡車興奮而戰顫地朝前面疾馳。車是顚播的，我們坐着的粗硬的罐頭袋，老實不客氣地儘要把我們頂起來，而頭上那一頂不合適的沉重的鋼盔，却像報仇一樣狠心的儘朝腦殼上槌個不停。然而卡車越知道我們難受却越是幸災樂禍，它放出白色的臭氣，又掀起公路上的沙塵，就像一個頑皮的孩子一樣。我看看天，一疊疊的雲塊快把陽光吞沒了。

在一家小屋前，我們的車停下來，等待後面的一輛。這小屋是八十八師的機關，有幾個士兵兄弟已經迎出來了。他們的第一句話是：「好早呵，有報紙嗎?」大家下車來，把幾份報紙和一部分慰勞品送把他們。我們坐在這小屋前，有一個士兵爲了表示歡迎我們的熱忱，竟至於拿出一把茶壺和一個茶杯來，一人一人地倒茶給我們喝。我們原是來慰勞他們的，他們却反而慰勞起我們來，這未免有點背理，然而我們終於喝了茶，因爲在那樣熱烈摯愛的瞬間，只有冷血的人才能用「等因奉此」的一套公式，計較到「理合」怎樣怎樣。

炮聲非常迫近地呻吟着，這幾天正當敵人第五大批增援總攻的時候，我們想前面受傷的兄弟一定不

屁股……」

「你的腿算不能好啦……你永遠是一個缺腿的老耗子啦！」

第二次井泉龍再引起來的笑聲，雖然還是那樣洪亮的，震盪着所有的人……但是在這笑聲的尾梢，忽然顯出一點空漠，乾枯，並且帶有一點寒涼似的顫味了。

「你們別和這老傢伙鬥嘴啦……他是用的緩兵計呀……」青年們是聰明的，他們分別地約束住了孩子們，同時叫着：

「你再這樣……我們要拆掉你的院牆啦……」

於第三次井泉龍的笑聲又歸復了那金屬味的洪亮和充實。

林榮嘴邊的烟火每次一閃動，人可以看到他那躲在尖尖的小鼻子兩邊的一對小眼睛，是那樣隧細地垂閉着。平常那眼睛就是深陷得兩口失了源泉的小井似的，於今却更顯得深陷得要不存在了。低壓的眉毛爲了過度的鬥蹙，簡直要形成了兩條小小的絨毛的簾幕，還要把那眼睛也遮蓋起來。橫截在眉頭的兩條紋縐，刻鐫似的呆板地聳立着。他的額頭和林青很相似，並不寬大，也是深深地刻鐫着紋縐，同時那頭髮是濃密的，連接生長着似的，有幾絡特殊長的，竟垂落到耳邊來。當嘴邊的烟火滅絕的時候，他才把琴取出來，起始是徐徐地伸縮着試驗鏈條似的響着，接着一聲兩聲吟嗚似的響着，急速地響着，悠徐地響着，淸遠的森林裏飄着的笛管似的聲音響着，接着突然是一種暴亂的，開闊的，洶湧的海洋似的響着了。……

（未完）

少。一架敵機正在不遠的雲層下低徊偵察。大家就談戰況，有的人又在挑選敵機的炸彈鉄片想帶回去做紀念。一個士兵忽然叫了起來；「唉喲！你看朱德做第八路總指揮了。」那天的救亡日報正刊着平型關大勝的電訊，還把朱總指揮的照片刊出來。那叫聲裏含着奇異和歡欣。我想全國的士氣一定也因爲民族革命統一戰線的再開始而倍加奮振吧。

一個士兵攙着一位白鬚光頭的老年人，緩緩地走來我們這裏：「他昨天在八字橋打傷了，今天自己爬出來。可憐得很，你們先替他包紮起來吧。」老人的衣服非常襤褸而且破碎，沾滿血污。他那枯瘦的左臂上給一顆子彈穿成一個半寸闊的肉洞，此外脖子，脚，腿都給彈片打傷了。他沒有說話，痛苦使他沉默了，然而他並不呻吟，只回答我們說他六十歲。我們都佩服他的康健，一個士兵說，一個壯年人出了這麼多血也要走不動了。

我們替他包紮好，扶進對面的矮屋裏。突然一聲哄大的呻吟從那屋裏出來，正像一頭壯獸被戮重傷時的全力的吼聲一樣。勤務兵告訴我們說，那裏還有一個今晨由大場那方面運來的傷兵同志，一隻手全打壞了。其他的情形這位勤務兵又用搖頭來表示了。在從前，傷兵還可以運進租界醫院裏，現在租界當局以豫防虎烈拉爲理由禁止了，我們的傷兵兄弟只能留在後方的簡陋醫院裏。

後面那輛車來了，於是我們都上車出發。路上是炸壞的電綫電桿，還有不少炸壞或黑夜裏傾倒了的汽車。太陽的光線已經給雲層完全遮住。一片碧綠和金黃的

兵走過時，我們就撤一張報紙下來，他們就冒着車後的塵埃趕快拾上手去看

一架敵機在我們後面出現了，接着又有兩架緊追着來。我們兩輛車都停在路旁樹下，全體的人都潛伏到兩邊的田圃裏。三架敵機剛從我們頭上正中低飛過去，我一手揑住鋼盔，仰面注視着。那是一架重轟炸機在中間的大推進機之外，兩旁還有兩個較小的推進機。它的飛行顯得非常笨拙遲滯，就像一個大胖子走不動路的狀態。兩架保護它的驅逐機却忽高忽低，忽前忽後地警戒着。它們飛過我們頭上後，我們便起身走到路上車傍。但正在這當兒，三聲連續的炸彈爆炸聲突然衝破了大地上的沉寂，前面一處矮林裏的鳥兒，都跟着驚飛在空際，那數目應該有兩三百隻，弄得我們的車再行前進時，分不清哪是鳥哪是飛機。

我們的車前進了多久，我已經記不淸楚。但是後來那二架驅逐機和一架重轟炸機，又在我們的車後出現了，一位四川同鄉會的救護隊長說，我們把車開快些，過了附近大概是敵機的轟炸目標，駛出目標地帶以外就沒有危險的。於是我們這輛卡車就用五六十哩的速率飛馳起來，敵機已經沿着公路迫近來了，路旁經過的個別士兵都潛伏起來了，但是我們的卡車依然瘋狂似地飛駛着。後面那一輛卡車不知什麼時候停了，已經看不見影子。糟糕的是這一帶路旁沒有一點樹木和掩護物。我想炸彈到是不怕的，因爲炸彈總不會很準確，但討厭的是飛機上的機關槍掃射。眼看着頭一架敵機數秒鐘內就到我們車上了，我們就不約而同的叫前面停車。然而

怪的聲響發出，我的一隻手緊緊地揑住旁邊的木欄以後的情形就完全失了知覺了。……

（後來才知道，我們的卡車這時是冒頭揷進一條橫小河裏，我們有的被拋入河裏，有的被拋震到對岸上，因爲這條小河是一丈左右寬闊，又很淺，我們的卡車一頭揷入水裏，那後輪却還露出在岸上。我是被拋震到對岸上的一個。而且據他們受傷較輕的人說，敵機會在我們旁邊投下小炸彈。）

當我稍微恢復知覺時，我發覺我依然坐在卡車上，背靠着木欄，我的右脚跟已包上綳帶。對面的一位四川同鄉會的少年救護隊員，他的臉和手都紮着綳帶，從鼻到嘴到下頷，都有鮮血和傷痕。金人的頭上紮了厚厚的綳帶，橫躺在我的右邊，車夫也一聲不響地和他並排躺着，天完全是灰色的，似乎下過雨，我很奇怪問金人說：「我們到什麼地方了？」「不知道呵！」我當時還以爲這輛車就是我們從上海坐來的那一輛，我看見車後路上亂擺着早上我們裝在車上的一袋袋的米和罐頭，有幾個人在那旁邊些，指劃那些袋都濕透了的樣子。我當時的腦筋還沒有完全清醒，什麼事也不會想，忽然金且同君從濕袋那邊走來了，他問我：「你覺得好嗎？」我就莫明其妙地回聲「很好！」他攙我下車來，扶着我走進路旁一座小屋，接着金人，車夫，和那位少年救護隊員都被搬進小屋裏來，金人和車夫躺在地上，我和那位少年救護隊員都能站着和走動。金且同君說：「你們請在這裏等一等，我們坐那輛車把慰勞品送去馬上就回來。」我仍然莫明其妙；但有一點直覺，以爲我是應該坐車的，便反問道「我們一輛車呢？」「落在河裏了。」這話並沒有使我吃驚，因爲我還未恢復吃驚的本能。不過還記得當時不知誰說

「這裏是南翔和大場間的洛陽橋。」

小屋裏留下我們四個受傷的人，周遭寂無人聲。那間小屋我現在還記得好像我們鄉下的「涼亭」一樣，孤立在野原中間，兩面沒有障壁，地下是土的。我覺得冷，把手揷在褲袋裏，來回地踱着。我吐了兩三口唾沫，那裏有小血塊，然而我毫不爲意，因爲我的腦筋依然不容我思想。那位少年救護隊員一聲不響地靠壁站着，一手倚着那根紅十字小旗。我似乎等了很久很久，才又上車向上海駛回來。雖然下着微雨，中途似乎又遇過一回飛機，車停了，有的人下去躲避，我們這些傷了的却毫不介意地躺着，其實我們已經沒有注意危險的能力。一路上，金人也是一聲不響地歪躺着，蓋着一塊帆布，只是那個車夫，在車震動時便發出一種絕望的痛苦的哀號：

「我的腿完了！唉——吓！」

「不，不，你的腿好好的。」有誰安慰他。

到了上海，我才恢復了完全的知覺。車停在仁濟醫院，醫生檢查的結果，金人的眼皮破裂了，耳朵一隻破裂了，左臂上關節壓破了。車夫的一條腿據說却得斷了。我沒有什麼，右脚跟是皮膚輕傷，喝了兩小杯藥水，自己便能搭公共汽車回寓所。這時才發覺我揷在胸前的一枝自來水筆已經不在了，但左手的錶却還好好的正指着下午四點。

在床上昏睡了一夜，才覺得全身筋骨酸得很，連翻身都難耐，第二天又去照了X光，別的沒有傷，只是醫生怕我薄弱的肺部因此受影響，囑我吃增强肺部的抵抗力的藥。

第四天我已經能去醫院裏看金人，醫生說他的傷要三四個星期或三四個月才能好，這眞急煞了他。金人是我們新文藝上寥若晨星的幾位俄文翻譯家中的一人，他正想在這全面抗戰開始時利用他特殊的工具盡民族盡力，不知這一傷竟要使他躺這麼久。他這醫院正靠近蘇州河，日夜都有淸晰的炮聲炸彈聲隆隆地響着。他幾年前才由東北流亡來上海，家鄉是在敵人鐵蹄底下，……聽，這炮聲！我們沉靜着，終於他微笑了，我也微笑了；我們緊熱地握着手（他的一隻手已給醫生縛在上身上，不能動彈，）相互衷心地祝勉着。

後來K先生說我當時大腦受震擊，如果再劇烈些，會變成白癡，我說我要變成白癡了，就不如自殺；其實成了百癡可不一定會想到自殺。人的腦子可以變成很偉大的東西，也很容易在一顆子彈或一下重擊下變成廢物，因此我要奉告一些視死亡爲畏途的同胞：人是終歸要死的，與其在侵略榨取者的鐵踵下，過着沒有光沒有自由的奴隸生活，讓腦子變成白癡的廢物，不如勇敢地抱必死的決心來粉碎侵略榨取者的統治，使腦子可以發達成偉大的東西。

十一月八日追記

附記：同是九月三十日那一天，在我們受傷後，晚間四川同鄉會的救護車又出發了，而在深夜回滬時，又在法界福履理路處和一外人汽車相撞，一個十六歲的救護隊員當場身死了。

從捕殺網裏脫出

姚烽

「好，明天下午在我那裏見！」

相互握了一下手，我便辭別了玲走出大門來。雖然是八月末尾下午的當兒，街裏却和往日相反地變得異常沈寂，沒有怎麼多的來往行人。街的兩旁高聳着秀美的建築物舖子的門面差不多關了一大半，剩下的也不過開着一扇門或留着一個小洞，電車雖然和從前一樣地噹匕地來回跑着，然而車上的人變得稀少了，就是在上面打拳也不會有人來防礙你。這樣子簡直像是一個深夜的都市一樣。變成了這種狀態已經月餘了，自從日本鬼子開進北平城以來，街上的繁華便被他們攪亂成這樣沒有什麼緊要的事情，誰都不願到街裏走一走，買賣人家因爲日本兵拿去東西不給錢，於是也便自動的關了門休息。

繁華的熱鬧的北平竟變成一個深秋的荒村了。

我沿着馬路的旁邊急促的向自已的宿舍走去，每經過一個十字路口心中就不免打一個痙攣，崗位上的警察再也提不起往日的精神，一個個都垂頭喪氣，再也沒有蘆溝橋事變當時的雄糾糾的氣像。街兩旁的壁上歪斜的貼着「華北人民結束起來建設華北人之華北，」「信任日軍鋤暴安良之善意」等不通的標語，有一些，顯然是被不願做亡國奴的人們在夜間撕掉了的！一條標語只剩下一個頭或是一個尾……

「軋軋……」，

像是開放了鷄窩一樣，每個門口都跑出一些人來。沒有一句話，大家都把頭仰向上看。因爲近日來有一種極流行的傳聞，說中國的飛機不日就要到此地轟炸。所以天空中每有飛機一到，大家便全都跑出來看。

「媽的，又是日本的，」

不知是誰的一句話，打斷了千百個人們的希望。果然，在那白亮色的翼下，塗着兩個鮮紅的日頭。大家一轟就又散開了。

我們拖着急促的脚步走回宿舍，宿舍工友老王向我做了個鬼臉：

「呀，好大胆，你又出去了。」

推開屋門，澍正在那裏等着我。他很熟習地過來握住我的手：

「怎麼？玲怎樣說？」

「怎樣說？一樣是沒辦法。她們同學去天津已經有八九天了，至今亦是沒有信息，不知是死是活。」

聽了我的話，澍停止住不言語了。突然間，他像是想起一件緊急的事情，搖着我的臂膀：

「你知道嗎！春信失蹤了，一定是……一定是被捕了去……」

「呀？聽誰說？……」

我很怛然。我知道我們中間總有人會如此的。

「今早，是他公寓主人跑到這裏來問我他到那裏去的，我立即向朋友處打了好幾個電話，都回答沒有見。……三天了，他已有三天沒有回去……。」

「喔，也許在街上我看好多輛汽車滿載着日兵，都是來幹這種勾當的……。」

我們全沈寂了，各自躺在牀上。一月來，我們全在這沈寂中過去的，再也不似從前那樣歡笑，打鬧，高歌。即使偶然苦悶時哼出一兩個小調，工友老王便疾忙跑出來干涉，恐怕鬧出了什麼亂子。

剛合上眼迷糊的當兒，門「通」的一聲開了。急忙坐起來看老王慌慌地跑了進來：

「快點跑，日本憲兵來查宿舍了……！」

我急忙的跳下床來，抓住澍的手趕快向外跑。街上有一羣人也在匆促地奔跑着，跑到街的拐灣處，恰好遇見了日兵的汽車正開足馬力向我們那裏駛去，看見了牠，心中却不免涼一陣子，好險啊，差點沒有把命送進去。澍我和停住脚沒有再敢向前進，轉回灣走向城角的太平湖去。太平湖也比往常沈寂了，往日當下午的當兒，這裏就集上各式各樣的人，有的是提着鳥籠，有的是練習騎車，還有一大部人是來這裏散步的，現在這一些人全不知那裏去了，剩下的只是靜靜的一片湖水，和角落裏的那一堆垃圾。

在一個高大的柳樹下面，我和澍全坐了下來。澍的心是一點也沈不下去，他急促的說：

「走吧！我們得提快離開北平。」

「是：」我回答着「可是我們要等到明天，玲來了之後再決定什麼日子動身才好。」

「等到明天再決定嗎？那時我們不知又怎樣了，還許永不能見面……」

澍很悲痛的說着。本來，這兩天來朋友們一個個被捕去或失踪了，再在這裏多停留一天，就是多一分的危險，況且玲是一個女子，即便是同伴走路上未必方便，徒步走路，身體亦未必受得了。從天津走吧，去天津的朋友至今都沒個信息。根据這三點，我倆決定在明早改扮成工人的服裝徒步離平南下。

第二天的早晨，恰好是一個濃霧，我倆空着手兒走出了永定門。一面走，我在心里悲哀地自語着

「故都，我們什麼時候再能看見你？」

十·廿八追記。

七月
4
民國廿六年十二月一日出版

●目　錄●

本刊已呈請主管機關登記中

七月　第四期

廿六年十二月一日出版

編輯兼發行　七月社　漢口漢潤里四十二號樓上

編輯人　胡　風

發行人　熊子民

總代售　生活書店　漢口交通路

印刷者　新昌印書館　漢口小董家巷　電話二一〇四五

另售每份一角

訂價　三個月……五角五分　六個月………乙圓

每月一日十六日出版

「清血」工作

田軍

有時就要接到一兩封奇妙的信,這並非說信的本身有什麼奇妙,而是說這投信的人有些奇妙了。比方下面這封信,按理說,他是應該投寄到高級的官衙,或類似主持正義與彈劾的輿論機關,那或許能發生一點作用,但偏偏投寄到我們這些無權無職的「寫文章」人的手裏,所以說是有點奇妙了。

從這信中,看得出這位寫信人的懇摯,大約不類漢奸,也好像不是要存心昧起自己的「天良」,破壞統一戰線,「肆意攻訐政府,」「抨擊國策,」「使政府在民間之信用發生動搖。」這是一個人民眞摯的呼聲,即使有些過火的地方,我想在政府底寬大爲懷,「抗戰第一」的政策之下,也許有被參考的意義的。所以我便把它節錄一點在這裏:

……………………

我國全面抗戰早已開始,在北方河南省就是頭道防綫,這時地方政治更是重要,所謂前方努力抗戰,後方努力生產,尤爲急需,可是有些當道者反而摧殘這些事業,敝縣就是處在這種情形之中。

1.築飛機場,計入佔耕地百公尺見方,由民間自己僱夫(官家按戶派夫)需二萬人,每名每月十元。

2.志願兵,這種也不是法定徵兵,也不是志願,就是晚上由當事者按戶抓,鬧得現在天一黑,各家閉戶,街上沒有做買賣的人同行人。

3.補充兵,就是不管×師×旅×團……只要打的兵額不足,全可以到縣要人,抓人辦法同上。

4.一個行政專員能在兩年內括二十多萬。

5.在第(1)裏保長,聯保主任可以賣夫,甲被派夫戶可以出錢,他們再向乙戶派夫。(2)同(3)也是如此,只要出錢他們可以找人代替。

6.現在因爲抗戰原故,豫省建設廳汽車被徵至保定……但失守時全部被炸,現在來往公路的車,是×軍,×師,……可是票價極昂,且用——偷飛機場汽油。

其他正大光明的徵兵派公債,捐棉襪,棉鞋,抗戰捐款,壯丁給養,警衛捐……更不用說,眞是引起民衆對於高尙的三民主義,我們的領袖懷疑,如此總覺得於長期抗戰不適宜,沒有幫助,不知然否?請暇時示知……。

……………………

這封信,除開首尾的不必要的話刪除外,其餘是照樣抄錄在這裡。格式標點也照舊。

儘「自我批判」,故意把自己的弱點資敵,同時對於敵人還做着無限度的寬縱,嚴格地說這就是內奸!這是同敵人一樣地應該消滅他。可是,儘管外殼怎樣變換,而肚子裡永是盛滿着同一的毒汁,也是危險的。這就相同一個人體要想基本健康,第一要先把血液健康起來。要想健康血液,那麼一面要吸食生血的養料,要運動,要呼吸新鮮空氣;同時那潛留在血液裏的腐敗了血輪也是非解決不可的了。不然,這新生的一點活潑的血輪,是要被這些腐敗的血輪所殺害的。我們想,要誠懇地指出一個要想活下去的人底病症,或者說明了這病症的根源,應該不是罪惡吧?除非他是個神經錯亂者,或者是犯了「愛己狂」的病症的人,才會說你是故意和他搗蛋,或者說你是居心不良,否則,他一定對自己要做一翻檢查工作的。何況一個政府,他是代表着人民的全身,每一個人民就是組成這全身的細胞,也就是血輪,又怎能容許這殺害新血輪的劊子手存在着呢?更是在目前,還身體需要更大的體力,更大健康的新鮮的血輪生長的時候,不必多說,這種「清血」的工作是必要的了,這些「腐敗」的血輪是再沒有姑息的餘地了,……如果再姑息下去,這是只有滅亡。如果是用各種巧詞大語來間接或直接「僅以之便利其個人或片面之企圖……」來掩護這「腐敗」的血輪生長,完成殺害新生血輪的工作,使那些「領抗戰之經費,而實際上不以之作抗戰之用途」的官員們,躲在這掩護的硬殼之下,遂行其吃民膏,吸民血,完成葬埋民族國家任務的官員們逍遙法外,那麼,這掩護者罪名是應該比那些腐敗的血輪更加一籌的,因爲他在幫助這滅亡,因爲他在「公開的刊物上」公開掩護。「分散抗戰之力量,吾人必須站在抗戰之立場加以制裁」

集中抗戰的力量是必要的,而還「清血」的工作也是必要的;不過,在這「清血」的工作未施行之先,卻應該細心地化驗一下,否則把新生的血輪,就是說抗戰所需要,健康所需要的血輪,故意或非故意地作爲腐敗的血輪而「清」了,這還是損害自己而已!同時對那專以掩護「腐敗」血輪爲惟一任務,專以高喊「制裁」爲唯一頌歌的「幫忙」們,大約也到了應該把自己橡皮臉上的眼孔口放大一點的時候了。看一看這是什麼時候?什麼世界?中華民族到了什麼地步?

一九三七,十一,十一日。

八·一三抗戰的特質

端木蕻良

在金仲華先生的一篇談論目前戰爭的策略的文字上，他說我們中國的勝利在於我們的人力，而不靠着機械力。我以爲這句話應該改成我們必須發展我們有限的機械力，來配合我們無限的人力，那麼最後的勝利，一定是落在我們這邊。

人類全部的工作，就是在武裝自已來向自然博鬥。人類沒有尖牙，利爪，原始的武裝是渾鈍的石塊，對於巨大的山岳沒有辦法，對於雄猛的老虎也沒有辦法。於是便感到人類的悲哀，向山岳低首稱他們爲大神，向老虎低首，稱他們爲山神。後來人們發現了鐵器，才知道山是可以用鎬頭來劊開的，虎是可以用箭鏃來射殺的。人是時時刻刻在武裝自己，而且常常向那更強固的寄託着無比的願望。這時人們的神，不復是山岳，老虎，而是「金剛不壞身」（以爲惟有神佛才配有這樣的堅兵利甲）對於比鐵更强的金剛石作成的武器是存在着小孩兒要求着糖菓一樣的渴望的。當着燒鐵的人把炭夾落在如鍊的鋼質裏，那鐵來得青而慘白，强度可以推落金石，人類就迸出喜悅的歡呼，把它叫作「鋼」。我每一想起這個字，都感覺到那聲音裏也顫抖着人類的自負。人類是怎樣用它克復了無數的障碍啊！這還是不够的。人們還要把它作成機械，作成複雜的螺旋，作成各種點線，面，各種角度，各種積體，各式各樣的應用。

這是不可否認的，人類的文化是在武裝自己，牽去一切的物質的使用，人便復回到洪荒時代。

人類的文化，就是一個生活的歷程，生活最簡括的義意，或者說最起碼的觀念是存在。鷲知道在巖石上作巢，麻雀知道洗刷白己的羽毛，白蟻修造的洞，可以比一個人高，懶惰的馬蜂，也會建築簡單的蜂房。人類則是用鐵道控制空間，用無線電來將時間縮短。

人類是並不怎樣受到上帝的寵愛的，相反的，人類卻是一個無告的旅人，常常要有颶風來襲擊他，風雪來凍虐他，暴雨來浸淋他，跳蚤出現在他左右，蚊蚋蒼蠅以他爲吮吸的對象，鼠子向他傳播病菌，野犬也會欺負他的。於是人們用棉來抵抗寒冷，用屋宇來抵抗風，用除虫粉來抵抗蚊虫，在這些過程之中，人們並不把血肉來拋頭露面，而且將它層層包裹。祇是在畫裸體人像的時候，才能讓他當塲出彩，炫耀他堅實的脈棲。爲什麼我們要數典忘祖，有權力將機械力根本否定？

將人類的一切武裝完全解除，還原成一堆血肉，人將是一個可憐的動物。在零下十五度的天氣，無衣無衣，凍斃而死在曠野裏，蚊虫也可咬死一個人，霍亂病菌把你當作比牛馬不如的更懦弱的對手，風雨可以殺死你，太陽對你不但無用，那時，反而將你灼爍爆虐，以至全部毀滅爲止。完全否定機械力的時候，人力絕不會發揮，人是比跳蚤更無能的，跳蚤不用竹竿子也可以跳躍到比己身要高十倍的高度。

我們所以被別人壓迫者，是很簡單的事實，其一就是我們沒有機械力。這是用不着腦筋，就是用脊椎骨也可以感覺到的。倘使蘇聯不是用堅苦卓絕的忍耐力來攫取機械力，而是將國基按放在一堆血肉上，那失敗的鉄錘一定會癱落在世界六分之一的和平的草原之上的。

怎樣攫取機械力呢，由於人力！人類的歷史就是用自己的發展機械力來爲人類的前途出產光明。如今我們神聖的抗戰，是爲了保衛文化的大路而戰，那我們也不會走時代所唾棄的路而獲勝。

想完全否定人力，全憑機械來獲取勝利，是不可能的。有如日本

想完全否定機械力，祇憑人力，而那結果也會得到同樣的悲慘。

在我國現在，固然高度的發展機械力爲不可能，但是我們的動向必得向這方面進行，而且它的價值必須被我們承認，因爲有了承認之後，方才能有獲得。

我們的社會停留在什麼時代呢？我們分明的是立

在不能把握物質的懷疑的時代，倘若我們再有勇氣去全般的來否認物質的力量，我們必定非潰滅不可。

這次我來武漢之前，我在兩浙的內地停留一個長久的晨光，我看見我們用來椿米的還是孔子時代的搗臼。阿Q時代不提他了，因爲離我們太近，但是四五千來我們到底幹些什麼來了呢？說是提倡禮義廉恥吧，或是新生活運動了吧，可是也看不見我在東陽因爲等車，不得已得留宿一天，早起我走到田地裏一道高崗去大便，因爲我覺得這兒空氣還好，而且也沒有那木製馬桶的不快之感，何況還可欣賞山景。忽然，從下面來了一位女人在離我有八尺遠的一個木桶上，拉下褲子，便溲溺起來，如入無人之境，並沒把我看在眼裏。後來我一看風頭不妙，自動敗北，潦草塞責，唯唯而退。我以爲在一切物質條件的種種缺乏之下，一切的被壓人們強制執行的道德律也不會得到飽滿的運用的。相反的，要是在最新式的洗澡間裏，用不着男女之大防，也不會有這種不愉快的邂逅。

親愛的讀者們，當我講着這個不愉快的故事時，你一定以爲多餘而且煩惱，實在是這些大糞對我印象太深刻了，令我擺脫不開的原故。我經過一個地方叫作「章家埠，」這裏是糞缸多於人家，還有一個村子叫「外江，」人戶祇有五家，而糞缸獨具十隻！其藏垢納汚有如此者。天然肥料竟成壞寶，由於沒有牲口馬糞，人便是再好不過的造糞機器了！

在我的觀察裏，沒有物質來肥養的臉色，必定是蒼白的，不管你侈說精神如何。人類克服困難的方法極爲簡單，餓了的肚子，把它飯吃呀！簡單之至，不必談起什麼什麼的原理和哲學，用不到的。

同樣的，想掃滅敵人，也得握有掃滅敵人的武器。

把血肉盡量來誇張，我反對，理由是和我反對把機械盡量誇張完全相同。我以爲固然我們的物質條件太差，但是我們應該在抗戰中把它盡可能的培養起來，否則我們的抗戰便毫無意義。不能說，物質太差，便不要物質，而且八·一三抗戰的代價，便在我們對於物質控制力的獲得。這一次廣大的抗戰，是我們七年來苦悶的象徵，是我們全民的一致要求，我們要求的就是我們不願用自己的皮給人家做鞭子。

八·一三的抗戰不管現在已走到怎樣慘險的階段，中國還是必須得到勝利的，那所謂勝利的意義，不是說單純的克服了敵人，而是說我們爭取了我們所沒有的。我們沒有的是機械，是工業，是物質的掌握，是混凝土，鋼鐵。……戰爭便是我們摧毀敵人限制我們去得到的桎梏和發揮我們主領的條件。這些物質不是在侵凌別人來得到，而是在打擊侵凌者的過程發展起來。

這一次的抗戰是中國要求現代化的苦悶的總爆發。通過這次抗戰的勝利，是中國政治民生化的獲得，經濟工業化的獲得。這一特質是中國輸用全部命運所寄託的熱望，他是以血肉來得到，却絕不是以血肉爲滿足。

無論如何，無論我們的血肉如何勇敢，我們動員人數如何廣大，我們必得把物質的落後的條件用全力來提高，使它得到昇弧的發展。否則一灘泥土加上一堆血肉，我對它們的價值將逐漸失去信任。當然所謂的人力是包含着政治的協調，後方的供應，人物的配合，但這配合的作用是向那個方向去發揮呢？倘不是向更多的物質條件去發展，便會失去中心，便會成了沒有螺絲釘的零件。我們無論陷落在怎樣艱苦的階段裏，我們必須把正確的路線放在混凝土的大路上。用靈敏的外交向可以合作的外國助力伸手，一捲紗布比一句人道的呵喊分量要重些，倘使我是督戰司令，我願意聽我們的大砲的聲音，我不願意聽那殺殺的喊聲。未來的戰事將是沉默的。

一直到現在，所謂國防工業不但是個名詞，在火線的後防連担架供應也不顯出熱烈。我從杭州來，到義烏沒有看見担架，到金華也沒有看見担架，到江山也沒有看見担架，一直到南昌才看見担架。好在傷兵會在月台上爬來爬去，用不着那最起碼的物質條件，然後僵死在冷風裏。

朱德將軍對一個記者談到我們的策略應該如何去避免敵人機械力的攻擊和如何使他們的機械力失去功效，這是對的，在武器窳陋的我們，必須將這種自衛當作有利的條件之一而後施展我們的攻擊，但是游擊戰爭絕不能成爲這次抗戰的全部主體，今後阻爽戰仍將成爲我們主要的戰略之一部。一般人以爲東北的義勇軍五七年之久未被他們消滅，那麼我們也可以如法泡製，這是全不合適的。東北義勇軍是個人作戰，是受到他們的傳統的精純技術和單獨馳騁工夫來支配的，他們不能適用在慓悍的風氣已經低落的地面上。至於第八路軍以前作戰的策略也不能毫不改變的抄襲過來。我在路上碰見一位第一軍兵站總監的官佐，他說「憑良心說講，山西要是沒有第八路軍早完了！」我問：「他們器械好嗎？」他說「不用，他們不用槍械，自有日本兵給他們送來！」

我聽了却非常憂鬱，一般人對第八路軍還堅持過去的觀察那是不對的。我以爲紅軍以前的作戰還是消極的意義多於積極的意義。而現在我們的戰事不止是不被敵人消滅，而且是去消滅敵人，所以今後所應考慮的是如何也能將一些機械力在游擊的活動裏得到巧妙的配合。這將是主要的課題。

我始終冥頭的相信，沒有物力，人力便無從發揮，想單憑人力來聳立在天地之間的巨人，絕不會有的。對於巨大的象，一些生物學家已經預感到他們絕種的悲哀，古代的恐龍更是很好的先例。一直到現在，中國人還不接受物質，還沒有感到缺乏物質的危懼，這是非常可怕的一個旋渦。倘是一個人跌落在旋渦裏的時候，他一定會想這要是有一根竹竿伸在水面上該多好呵，要是有一個橡皮圈，當然就更好了，雖然一隻船他是不敢願望的。否則他祇有溺死！

我們現在不急須有百萬噸的巨艦，我們祇要有一隻馬力迅速的小汽艇駛近就好。

・活動特寫・民來

河上別

王春江

在一個清爽的明朗的日子，我們離開巢縣向無爲進發了。

兩艘貨船上分乘了三十八位團員。聽說到無爲須在午夜，於是各人紛紛將行李打散，艙裏頓時睡滿了人，艙面也舖了被子。秋初的陽光溫煦的照耀着我們靜靜的睡下。

河上是一片靜。風在呼呼的吹過我們的臉頰。

有人在低微的哼着「松花江」，大家附和着。悲悽的旋調隨着水波的迴漩，流散開去。岸上的漁人和水畔的擣衣婦在傾聽，孩子啦啦的向我們招喚，幼小的手膀搖舉着。

——流浪，流浪，整日在關內流浪……

——哪年，哪月，才能回到我那可愛的故鄉！

——爹娘啊，爹娘啊！……

「哎，不要儘唱這樣的歌啊，我們的眼淚流够了！」

不知誰的聲音突破了這鉛一樣的氣氛。

結尾這一段果眞有些散碎紊亂，大家的神情鬆弛，聲音低沈了；在教堂裏唱完一首讚詩的瞬間，每每是這樣寂靜而神祕的。

船上的一切開始披上一層啞默的氣氛。太陽在沈悶的府視。天空是一塊蒼藍色；一條蒼灰的薄紗似的雲帶間，三兩隻燕子在迴翔。下面是無盡地展開着的蒼黃的大地，它沈着臉孔，悶悶的虎視着天空。

離開碼頭時的景象，又在我的心裏再現了。

我們在碼頭上，給廣大的人羣包圍着。他們是農民，店商，地方官吏，職員和多數的青年學生。他們走上來同我們握手，談着送別的話，好像離別多年的故友似的。的却站在後面，不肯走攏，只不時把關懷的目光投在我們身上。我們的女團員跑過去緊緊握住她們的手。

車站站長走來了，幾個團員圍了上去，互相握手。他隨即垂了頭。這是一位東北同胞，平素長於講話的，此刻却沈默了，眼裏閃着晶瑩的淚水。記得一次在他房裏唱「松花江」給他聽時，他曾這樣靜默過的。

曉風颯颯的吹着衣襟，發出卜卜的響聲。一種清爽的，舒適的感覺，使我們心裏發癢了。

「上船吧，開船！」

船夫用土白吆喝着。

我們一聲不響的，開始向船上移動。

我們希望馬上離開這裡，馬上到達無爲。我們知道那裏有無數同胞在焦急的想望着我們的到來。我們微微的笑了，當我們想到明天會在一個新地方開始工作的時候。

雖然如此，我們的脚步却不能放快一些，它們動作得相同一隻銹毀了的鐘錶的擺鍊。

我們低垂了頭，好像不是在上船，而是在登入載到墓地去的送葬車。

兩條綠色的怪物因着突然增加了的重量，艾怨的不平的慢着它那龐大的脊背。

我們微笑着向送別的人羣舉起我們的手臂，表示感謝。

——宣傳團永遠健康！

他們在喊口號了，是接轉着雷似的一聲：

——宣傳團永遠健康！

我們舉起手臂一同喊：

——打倒本日帝國主義！

——擁護政府抗戰到底！

——中華民族解放萬歲！……

接連發出的吼聲震盪着碼頭，船身，晴空，河水，以及岸上上千的巢縣的居民。

「解纜啦！」

船身開始左右的搖曳了；我們抓住船桅和帆蓬。

曙光　野夫木刻

岸上的一個角落裏飄出了「松花江」的歌聲。聲音漸漸增大起來，但還是悽涵的。

船上的我們附和着。

——我的家在東北松花江上，

——那裏有我的同胞，那裏還有老的爹娘。

——「九一八」「九一八」從那個悲慘的時候……

——脫離了我的家鄉……

——流浪，流浪，整日在關內流浪……

女同學在幽幽的嗚咽了，她們最先取出了手帕。

離別的不快和到處流亡的慘疼，這兩股熱流交滙着，別過我們的心，流過碼頭，船身以及河岸。

彷彿在葬場上似的，我們讓悲哀的鉛塊沈重的敲擊着胸膛。

船夫和岸上的觀衆漸漸啞咽了。悲哀的情緒是最訝感染的，我們的歌聲竟變成嗚咽了，他們起初只是緩會的着看，隨後也同情的垂下頭了。

——哪年哪月才能回到我那可愛的故鄉……

歌聲漸次轉入低啞了，結尾一句整個被嗚咽的聲音盪過，讓淚水流過我們的臉頰。

碼頭上是墳場一般的空氣。

天空以它那灰蒼的悲臉 祝着。蕎風帶着烟臭和水 吹過，留下颯颯的泣訴聲。河水在清晨的陽光下翻滾，然而只是一聲不響的，在觀看週圍的一切。

船身在傾斜了，這是它在不快的擺着脊背，白色的帆蓬緩緩的攀升着。

我們用淚眼望着岸上的朋友。

「再見罷！——」

船開始急遽的向下游奔馳了，碼頭上的人羣漸漸變得模糊起來，只剩灰白的一塊了，我們最後一次向他們搖着手帕同帽子。

救亡運動特寫

一條鐵路底完成

蕭紅

一九二八年的故事，這故事我講了好幾次。而每當我讀了一節關於學生運動記載的文章之後，我就想起那年在哈爾濱的學生運動，那時候我是一個女子中學裏的學生，是開始接近冬天的季節，我們是在二層樓上有着壁爐的課室裏面讀着英文課本，因爲窗子是裝着雙重玻璃，起初使我們聽到的聲音是從那小小的通氣窗傳進來的。英文教員在寫着一個英文字，他回一回頭，他看一看我們，可是接着又寫下去，一個字終于沒有寫完，外邊的聲音就大了，玻璃窗子好像在雨天裏被雷聲在抖着似的那麼轟響。短板牆以外的石頭道上在呼號着的有那許多人，我從來沒有見過，使我想像到軍隊，又想像到馬羣，又想像到波浪，……總之對於這個我有點害怕。校門前跑着拿長棒的童子軍，而後他們衝進了教員室，衝進了校長室，等我們全體走下樓梯的時候，我聽到校長室裏在鬧着。這件事情一點也不光榮，使我以後見到男學生們總帶着對不住或軟弱的心情。

『你不放你的學生出動嗎？……我們就是鋼鐵，我們就是溶爐……』跟着就聽到有木棒打在門扇上或是地板上，那亂糟糟的鞋底的響聲。這一切好像有一場大事件就等待着發生，於是有一種莊嚴而寬宏的情緒高漲在我們的血管耳。

『走！跟着走！』大概那是領袖，他的左邊的袖子上圍着一圈白布，沒有戴帽子，從樓梯口向上望着，我看他們快要變成播音機了：『走！跟着走！』

而後又看到了女校長的發青的臉色，她的眼和星子似的閃動在她的恐懼中。

『你們跟着去吧！要守秩序。』她好像被鷹類捉拿到的雞似的軟弱，她是被拖在兩個戴大帽子的童子軍的臂膀上。

我們四百多人在大操場上排着隊的時候，那些男同學們還滿院子跑着，搜索着，好像對於小偷那種形式，侮辱！侮辱！他們竟搜索到廁所。

女校長那昏蛋，剛一脫離了童子軍的臂膀，她又恢復了那假裝着女皇的架子。

『你們跟他們去，要守秩序，不能破格……不能和那些男學生們那麼沒有教養，那麼野蠻……』而後她抬起一隻袖子來『你們知道你們是女學生嗎？記得住嗎？是女學生。』

在男學生們的面前，她又說了這樣的話，可是一走出校門來不遠，連對這侮辱的憤怒都忘記了。向着喇嘛台，向着火車站，小學校，中學校，大學校，幾千人的行列……那時候我覺得我是在這幾千人之中，我的脚步我覺得很有力。凡是我看到的東西，已經都變成了嚴肅的東西，無論馬路上的石子，或是那已經落了葉子的街樹。反正我是站在『打倒日本帝國主義』的喊聲中了。

走向火車站必得經過日本領事館。我們正向着那座紅樓咆哮着的時候，一個穿和服的女人打開走廊的門扇而出現在閃爍的陽光裏。於是那『打倒日本帝國

弱者的強處

辛人

一個嚴寒的雨天，我和P正從法租界一座旅店裏出來，兩人用力地曳開大步在濕滑的馬路邊走，企圖使飢餓溫暖起來；同時爲了蔑視冷氣的滅迫，故意用拉雜的談話來使口鼻噴出一股股的白色熱氣。馬路上最先惹目的，是那鵠立在十字路口崗位上的巡捕，他們披着那寬大得毫無曲綫的冗長的灰白雨衣，戴着一頂尖頂的灰色小圓笠，一根短棍好像不是手拿着而是結垂在雨衣袖口下的樣子。那模樣就像是鄉下的農人，爲了防止榮穀被啄食，用稻草包紮來驚嚇鳥雀的假草人一樣。P聽到我這個幽默的比喻，不禁笑了起來，但接着他又嚴重萬分地說：那些巡捕所站的水門汀做成的崗位，你看他高不過兩三尺，但底下是挖空的，四邊有槍眼，這是巷戰最好的障礙物。實在的，這樣的崗位我生平還是在漢口第一次見到，眞是名副其實的一舉兩用，恰如列强平時建造的商船，一到戰時就可改裝成軍艦一樣。

正當我們這樣在談論着時，一個稻草人形的中國巡捕，似乎被通過了電流一樣忽然活過來了。他勇猛地從崗位上跳下來，直趨向路旁一個小黃包車夫奔去。這個車夫看年紀還不到十五六歲，稚氣的圓臉龐給凍得通紅，跟他的整個體積比較起來，那輛黃包車顯得非常的宏大。當他正在回頭的當兒，中國巡捕的叱駡聲和哭喪棒，已搶在他的皮靴前頭，沉重地槌落在那小車夫的背上。這樣的事情在「我們中國人」本來是司空見慣，我自已就見過不少；但是沒有這次這樣感到非常的意

主義」的大叫改爲『就打倒你!』她立刻就把身子抽回去了。那麼紅樸完全停在寂靜中,只是樓頂上的太陽旗被風在折合着。走在石頭道街又碰到一個日本女子,她背上背着一個小孩,腰間來了一條小白圍裙,圍裙上還帶着花邊,手中還提着一棵大白菜。我們又照樣做了,不說『打倒日本帝國主義』而說『就打倒你!』因爲她是走在馬路的旁邊,我們就用手指着她而喊着,另一方面我們又用自己光榮的情緒去體會她狼狽的樣子。

第一天再叫做「遊行,」「請願」道裏和南崗去了這兩部分市區,道市區有點像租界,住民多是外國人。長官公署,教育廳都去過了,只是「官們」出來拍手擊掌的演了一篇說,結果還是:「回學校去上課罷!」日本要完成吉敦路這回事情,究竟「官們」沒有提到。

在黃昏裏,大隊分散在道尹公署的門前,在那個孤立着的灰色的建築物前面,裝置着一個大圓的類似噴水池的東西。有一些同學就坐在那邊沿上,一直坐到星子們在那建築物的頂上閃亮了,那個「道尹」究竟轉沒有出來,只看見衛兵們在台階上,在我們的四圍掛着短槍來回的在戒備着。而我們則流着鼻涕,全身打着抖在等候着。倒底出來了一個姨太太,那聲音我們一些些也聽不見。男同學們跺着脚,並且叫着,在我聽來已經有點野蠻了:

「不要她……去……去……只有官僚才要她……」

接着又換了個大太太(誰知道是什麼,反正是個老一點的)不甚胖,有點短。至於說些什麼,恐怕也只有她自己的圓肚子才能够聽到。這還不算什麼慘事,我一回頭看見了有幾個女同學尿了褲子的(因爲一整天沒有遇到廁所的原故。)

第二天沒有男同學們來攪,是自動出發的,在南崗下許公路的大空場子上開的臨時會議。這一天不是「遊行,」不是「請願」而要「示威」了。脚踏車隊在空匝場四繞着行着,學生聯合會的主席是個很大的腦袋的人,他沒有戴帽子,只戴了一架眼睛,那天是個落着清雪的天氣,他的頭髮在雪花裏邊飛着,他說的話使我很佩服,因爲我從來沒有曉得日本還與我們有這樣大的關係,他說日本若完成了吉敦路就可以向東三省進兵,他又說又經過高麗又經過什麼……並且又聽他說進兵遁得那樣快,也不是二十幾小時就可以把多少大兵向我們的東三省開來,就可以滅我們的東三省。我覺得他真有學問,由于崇敬的關係,我覺得這學聯主席與我隔得好像大海那麼遠。

組識宣傳隊的時候,我站過去,我說我願意宣傳。別人都是被推舉的,而我是自告奮勇的。于是我就站在雪花裏開始讀着我已經得到的傳單。而後有人發給我一張小旗,過一會又有人來在我的胳臂上用扣針給我針上一條白布,那上面還卡着紅色的印章,究竟那紅印章是什麼字,我也沒有看出來。

大隊開到差不多是許公路的最終極,一轉彎到一個橫街裏去,那就是濱江縣的管界。因爲這界限內住的純粹是中國人,和上海的華界差不多。宣傳隊走在大隊的中間,我們前面的人已經站住了,並且那條橫街口上站着不少的警察,學聯代表們在大隊的旁邊跑來跑去

外的吃驚。按普通的情形,車夫應該在着了第一下哭裂棒之後,馬上就拉着車快走開去,於是最多就是貰包車上再吃一兩下棍子;更按諸普通的人情,巡捕既是中國人,最少也該知道那車夫是個中國小孩子,不必浪費氣力像對付成年人那樣去對付他的。然而這兩個常識的預想都是錯誤的,正因爲是小孩,這小車夫竟不懂得快跑,他驚嚇地抬起一隻凍紅臃腫的小手來招架巡捕的木棍,儘想把頭像龜兒一樣縮進體內,眼睛是跟着棍子的起落倏開倏閉;雖然他發出了短促的絕望的號叫,但他依然不懂得趕快跑開去。巡捕似乎在操演一套健身樣運動一,很遵守節拍地一下下的揮着短棍,也許他覺得咒罵不如棍子那樣可以表示他的「尊嚴」和「威武,」因此就緘口地把一切的氣力都運集在揮棍的手上,更可能的是他覺他所打的是一個卑賤的小孩子,小孩竟來當車夫,竟來觸犯「交通律,」這更增加了他的忿怒。

巨大的棍擊聲使我們愕然停住了脚步,一種由驚愕唐突開頭而以激怒終絕的感覺幾乎使我毫無考慮的餘地,要我用一響叱聲或是一下急速的動作,來喝止那欺幼凌弱的暴行的繼續。但正在這一瞬間,小車夫的短促的號叫突然轉成了拖長的哭聲,他意識到應該把車拉着快往前跑了。於是一切在這裏作了一個完結,或者說,一切在這裏遇到了一個新的轉換點。那巡捕又被電流吸到崗位上,回復了原來的稻草人的姿態。

「這孩子一定要致成不治的內傷了!」P一面走一面黯暗地說,似乎是對我,又似乎是在自語;「看了這樣的事情,才知道文化力量是偉大!」我知道P的意思,

昨天晚上他們就說：「衝衝！衝！」我想這回就眞的到了衝的時候了吧？

學聯會的主席從我們的旁邊經過，他手裏提着一個銀白色的大喇叭筒，他的嘴接到喇叭筒的口上，發出來的聲音好像牛鳴似的：

「諸位同學！我們是不是有血的動物！我們願不願意我們的老百姓來給日本帝國主義做奴才……」

而後他跳着，因爲激動，他把喇叭筒像是在向着天空。

「我們有決心沒有？我們怕不怕死！」

「不怕！」雖然我和別人一樣的喊着不怕，但我對這新的一刻工夫就要來到的感覺好像一棵嫩芽似的握在我的手中。

那喇叭筒的聲音到隊尾去了，雖然已經遙遠了，但還足够來震動我的心臟。我低下頭，去看着我自己的被踏汚了的鞋尖，我看着我身旁的那條陰溝，我整理着我的帽子，我摹摹那帽頂的毛球，沒有束圍巾，也沒有穿外套。對於這個給我生了一種僥幸的心情！

「衝的時候，這樣輕便不是可以飛上去嗎？」昨天計劃今天是要「衝」的，但不知爲什麼，我總覺得我有點特別聰明。

大喇叭筒跑到前面去時，我就閃開了那冒着白色泡沫的的陰溝，我知道「衝」的時候就到了。

我只感到我的心臟在受着擁擠，好像我的脚跟並沒有離開地面而自然它就會移動似的，我的耳邊鬧着許多種聲音，那聲音並不大，也不遠，也不響亮，可覺得沉重，帶來了壓力，好像皮球被穿了一個小洞絲絲的在透着氣似的，我對我自己毫沒有把握。

「有決心沒有？」

「有決心！」

「怕死不怕死？」

「不怕死。」

這還沒有反覆完，我們就退下來了。因爲是聽到了槍聲，起初是一兩聲，而後是接連着。大隊已經完全潰亂下來，只一秒鐘，我們旁邊那陰溝裏，好像豬似的浮遊着一些人。女同學被擁進去的最多，男同學在往岸上提着她們，被提的她們滿身帶着泡沫和氣味，她們那發瘋的樣子很可笑，用那掛着白沫和糟粕的戴着手套的手搔着頭髮，還有的和已經癲癇的人似的，她在人羣中不停的跑着，那被她擦過的人們，他們的衣服上就印着各種不同的花印。

大隊又從新收拾起來，又發着號令，可是槍聲又響了，對於槍聲，人們像是看到了火花似的那麼熱烈。至於「打倒日本帝國主義」「反對日本完成吉敦路」這事情的本身已經被人們忘記了，唯一所要打倒的就是濱江縣政府，到後來連縣政府也忘記了，只「打倒警察，打倒警察……」這一場鬥爭到後來我覺得比一開頭還有趣味，在那時，「日本帝國主義」我相信我絕對沒有見過，于是警察我是見過的，於是我就嚷着！

「打倒警察，打倒警察」

我手中的傳單，我都順着風讓它們飄走了，只帶着一張小白旗和自己的喉嚨從那零散下來的人縫中穿過去。

那天受輕傷的共有二十幾個。我所看到的只是從他們的身上流下來的血還凝結在石頭道上。

滿街開起電燈的夜晚，我在馬車和貨車的輪聲裏追着我們本校回去的隊伍，但沒有赶上，我就拿着那捲起來地小旗走在行人道上，我的影子混雜着別人的影子一起出現在商店的玻璃窗上。我每走一步，我看到了玻璃窗裏我帽頂的毛球也在顫動一下。

男同學們偶爾從我的身邊經過，我聽到他們關於受傷的議論和救急車。

第二天的報紙上躺着那些受傷的同學們的照片，好像現在的報紙上躺的傷兵一樣。

以後，那條鐵路到底完成了。

一九三七年十一月，二十七日。

是在諷刺那巡捕的毫無民族文化教育。但是我却在想着問題的另一面：一個弱者是有他的强處的，正如一個强者有他的弱處一樣。如果這個小車遲遲不跑的繼續下來，那末棍子是不會離開他背上的，他是應該作爲弱者來發揮他的强處，用快跑才能擺脫那兇狠的殘害的；弱者的强，根本上就是在弱中鍛鍊得來，正如强者的弱，根本上就是在强中聯結着來一樣。這就是「必然」，必然的前進和發展，就是一切「天才」和一切機智的活動領域。

我想到我們民族的現狀和命運。——誰都會說日本帝國主義的弱點是失却人民的擁護，我們的强處是「全民的」一致，然而在前線作戰的軍隊根本就找不到這個强處。民衆像柴塊，你不停止澆水它當然也燃不起勁。在我們實現了强處的時候，我們才是站在從慘敗到最終勝利的轉換點。

歸來啊，北平！

蕪麥哲

歸來吧，北平，
你靜穆
和平
美麗的古城！
我凝着淚握着拳，
啞着喉嚨，
向烽火連天的北方，
迎着血腥的風
喊出我顫抖着的激動的
歌聲：

北平，你依然奔跳着一顆
火熱的中華民族的心的北平喲！
幾世代的中華兒女們
在你的懷抱裏，
灑下了他們鬥爭的血滴！
你灼熱的呼吸
像一團熊熊的熔火
在你的懷抱裏
鑄成了千萬個鋼鐵般的
大時代的英健的戰士！

啊，北平，二十年來你，
雖然藏納着荒淫，無恥，

然而，每日踏着前代英勇的血路，
不也有那光明的
嚴肅的工作繼續？

北平，我嚮往着你——
你光榮的過去：
那五・四的狂潮，
三・一八的血笑，
一二・九的怒吼，
一二・一六的咆哮！

你中華民族的靈魂啊！
你年少，自由，幸福的，
新中國的搖籃！
在你，你歷史的祭壇上
有多少，多少
爭自由的碧血灑遍？

可是，你，北平喲，
誰想到今天
你卻與我的故鄉——
那淪亡六年了的黑水
白山
同遭了東方强盜的刦傷？

如今啊，十一月的風
吹來了北國的寒冷

流亡裏，我想像你
你，北平，
在塞北飛血的草原
沐着落日的斜暉
是否在默默地
咽泣？

你噴着歷史的芬芳的北平，
你噴着歷史的血腥的北平，
你已飽遭了敵人的
創痛，血刃
再何處尋你，
你美麗古遠的
傷影？

北平！
是一隻從東方伸來的
多毛，强壯而塗血的黑手，
扼住了你
幸福的歌喉，于是你
再不能，再不能
歌唱出亞州大陸的
怒吼！

呵，你十一月的眸子——那明潔的
北海
再不能閃動那矜持而美麗的
晚秋的安詳，
少婦樣的

因為，因為——

那裏,在蘊隱着深深的哀怨。

「在這裏,
　敵人正舉行瘋狂的血宴,
看殷紅的酒漿,
　一片鮮血的汪洋!」

啊,北平,四年間溫暖過我流亡者的
　孤獨的心的北平!
我不忍再想像,
　翹望着北方的
　　烽烟迷漫的天
禁不住滾熱的淚
　　在頰邊打顫!

然而,北平,
　你千萬人眷戀着的北平,
祖國少不了你,
看吧,在你的城郊,
　已有抗爭的野火在
　　憤怒地跳躍。
火光裏,出生入死地
　或許有我熟悉的
　　年青的朋友,
他們要冒着槍林彈雨
　等同你,
　等同你重歸到祖國的
懷抱!

還有那,在祖國大地的
北戰場,
　西戰場,南戰場……
一切不願受辱的土地上
和震天的喊殺聲一起,
祖國在思念着你,招喚着你:
「歸來啊,北平!

我,你的母親,
　在伸張着滿染着鮮血的
　　雙臂,
等着你,以及,以及
　一切被蹂躪的
　　我的土地!」

——十一月七日夜

「不够朋友」論　　海交

朋友底「够」不「够」實在很難說,因爲這並沒有一定的標準。大致不外「平常吃喝,臨事拆台」。

中國政府早先是誠心誠意地和人家日本講交情的,可是日本帝國主義老兄,却越來越不够朋友了,不獨不給點虛面子,不獨升堂入室,現在竟要把主人乾脆地趕入帕米爾高原去了,於是只好變成仇人。

有一天我看報,報上載政府發了四十枚名譽勳章。反正我沒事,便把這勳章做了一個小統計,計開:

德國…………十九枚

義大利…………六枚

美國…………三枚

英國…………一枚

法國…………一枚

荷蘭,墨西哥,捷克亦均各一枚。其餘還有幾枚,我忘記是給誰了,反正蘇聯是沒有。

從這勳章底給與中,我們可以看得出我們底政府過去,除開和日本套情以外,對於德國和義大利也眞是披肝瀝胆地在相交。在我們將一抗戰開始,據報載德義還在替我們憤慨,尊重我們底英勇……可是,接着就是「德義日同盟」,接着呢就是義大利『竟』承認「滿洲國」起來了……接着還怎樣呢?那咱作小百姓的就不知道了,反正……。

一九三七年七月的海

田間

暴風雨底七月呵……

在七月，我們決定離開海盜們底窩巢了，從橫濱我們爬上由英國開往上海的船隻。送行的幾百個祖國底兄弟，祖國底姊妹站在日本帝國的碼頭上，向這一羣將要脫險的，將要走出嘲笑與欺侮的我們告別着。那一瞬我們仍舊呼吸在日本帝國的領域；在善良的人類前面，仍舊看到帝國底建築像侵略者的屠刀在豎立着；仍舊看到帝國底警隊像看守罪犯般地在巡視着；在善良的人類前面，日本帝國主義者命令着暗探的惡眼，穿過我們兄弟姊妹們底溫熱的行列之間，穿過我們最後告別底情緒和呼吸之間。然而，我們這被諷刺得太苦了，被扭攪得太久了，被剝削得太深了的東方中華民族孩子，已經準備着巨大底死！爲了勝利的死，或者在日本帝國島的地面上，或者在中國戰。地的前哨上爲着生命底繁榮，爲着從我們黑色的靈魂上，黑色的眼淚上滅去仇敵底困惑。我們瘋狂着，哀怨着，有如吉卜賽人，有如曉野底旅者，在日本的岸邊，唱出祖國底歌，播向强盜底家，播向强盜底父母；把中華民族萬歲的呼聲，從亞細亞海面的黃色的水流上，從我們在船頭上和在甲板上的兄弟姊妹們手中里緊接的那紅色的綵帶上升起。……

當海船起錨了，最初底汽笛響過七月的灰黯的高空，我們是和這音波一道去了，我們開始慶祝自己能漸漸地接近偉大底海，沒有被日本暴徒們監禁起來，綑縛起來，以致把我們向戰爭，向自由，向將來的理想如葬，離開我們和祖國底擁抱，使我們看不見祖國囑咐他底人民去驅逐惡黨的勇敢的姿態，聽不見交流在北方的草原上與南方的港灣上的親愛底英雄的血片，這血片發出的鏗鏘的音節。我們更慶祝在這暴風雨的七月，在這亞細亞的夜晚，我們能够像海鷹一樣地謳歌着幸福底早晨，光榮底明天，勝利底反抗，而且當我們躍入祖國的胸膛時，我們就是今天保衛祖國的年青的死手了！

亞細亞海底呀……！

海船載着我們向中國前進着，從粗大的煙突上，那火焰向週圍的黑暗與夜的寒冷接觸着；從無邊的海上暴風雨也響得更激烈了。從每一粒堅强的青珠上，使一羣受害的人民，很友愛他，覺到海的力量與海的意志：

我們是幾百個，從狹小的第三等艙室裏起來，隨着廣東水手的招呼，走進一個那已經在板壁上釘起中華民族的國旗的房間。和着打光的散射，我們看見從舊金山，從長崎，或者從大坂等地回國的僑民們，那些像被燒均得抗焦的黑色臉扎堆積着；好幾個七八歲般大的着子，唱着不很熟悉的漁光曲一類的歌音調也像染着外國的氣味似的，含糊不自然，混在水手們的夜底熱流里面。

七月的風在吹着海濤在咆哮着……

祖國底水手，向我們演說，用着極跳動的一種屬於海的羣衆的頑强的言語，告訴我們：無論在紐約的市場上，在倫敦的街上，在橫濱的碼頭上，在那裏我們底中國，被侮辱着，被賤視着，好像一個失業者，曾經走過水波和污土的爛履那樣地被人見惡。而且中國人在那裏，常常會因爲一件至小的事，走進帝國的牢，走進無辜的死亡，生命是那樣地卑賤。這些殘酷，這些無理，這些不自由的非人的生活……我們就這樣活下去嗎？……

許多青年，還在外國，尤其是在日本，被禁監着，使他們孤獨地夢念故國，夢念同伴，夢念人生。最後連死了沒有的消息，我們也不得而知呵，尸骸被拋棄了，血液被拋了，棄鎖鏈的臭氣一起消滅了呀……。

「在外國……。」親愛的水手親不下去了。在繼續的片刻間，像回憶着中國人民所忍受的一切可怕的極刑，而顯露着一個弱小民族的悲痛和憤怒的姿態，口音以哭泣着又似燃燒着。

「我們是必需鬥爭呵！除非死……。」

海船帶着我們向祖國歸去，船頭板壁塗，欄杆，窗孔，染着我們明天一般的歌吟……。

「……………
要自由地，
要解放地，
開墾廣大底祖國，
我們起來了……
……………」

周圍是亞細亞底七月，
是海與夜。

一九三七年，一一，一日，追憶。

連載長篇·

第三代

蕭軍

三

汪大辮子別開了林榮，轉進了一條小街，茫然地走着。他不知道自己應該到那裏去也不知道應該在那裏停留停留？他除開盼望着等待在井家的那些個不顧別人如何，只顧貪饞地滿足自己的人們趕快把林榮解放以外，再就是盼望在路上連一隻熟識的狗也不要遇到罷！這使他難心。他用手一路摸撫着路邊人家的院墻走着；那每一塊石頭還有一點日間的溫暖存留。院裏面偶而響起來的人說話的聲全是熟悉的，他不獨能够叫出他們的名字，記清面貌，連他們那說出的每個字眼在臉上和手上所引起來的動作，也是清楚的。但是這些如今給與他的感覺全是生疏和寒涼，他覺得自己如今是世界上最孤獨，最可憐的人了，別人再大一點的不幸算得什麼呢？那是不能和他來比較的，只有他才是應該同情的，把世界上人類所有的同情全填補了自己，他覺得自己的可憐底陷坑也依然有無限的空隙存在着，何況這凌河村的人們竟是這樣毫不表示他底存在似的快樂着自己，這使他底憤怒遷移到那壘墻的每一塊石頭。正好在他摸撫着的石頭之中，一塊的棱角突然地劃到他的手指了，似乎還有了裂口，於是他停止下不再前進：

「勢利鬼，看咱大辮子倒了運，連你個小東西全敢不起咱了啊，等着瞧，我會用錐子把你錐得粉粉碎，塞進河裏去教你變成泥沙……永遠不得安定……永遠不得安定，滾滾滾……這是誰的墻啊？儘用這些媽的混張石頭？」

他狠狠地大罵，又伸手把那突出的石尖輕輕地摸觸了一下，而後又重重地向那石尖打了一拳。這一次好像疼痛的不再是他自己了，却從這石塊望上了墻頭，又從墻頭上望下來，又望向兩邊去。這墻身是並不嚴峻也不雄偉的，在這還不甚清明的月光渲染的夜裏看起來，祇是相同一條生有多數瘤癩的虫似的，委屈地伸展着幾棵高低不一的棗樹從院內伸過它們的頭頂，一動不動石頭彫成似的，聳立在空中。這使他記憶起，這是宋八月的家，一個再沒有理由可以掩護的壞人！他會幫同他的哥哥七月欺厭過他：

——鬼弟兄！只有他才會有這樣石頭的墻！等着罷……它自己就會攤塌的啦！

拍打了一下自己的頭額，似乎要避躲一種要襲擊的災難似的，連頭也不再回轉一下，吐了一口唾沫，就急速地走過去了。

已經來到了村西，可是那從村莊嘔出來的手風琴的聲音，依然有時還是那樣清亮不斷地送到自己的耳邊來，絮聒得像一個可厭的債主，使他不能够安寧地在什麼地方立一立或是蹲下來休息一下。爲了飢餓和微微有點夜間的寒冷，他也曾起意要走進隨便什麼人家去溫暖溫暖，或是好好的吃一頓晚餐，即使沒有菜僅是有剩餘的高粱米飯——要帶一點水的——再加上一點大醬和葱葉，那便什麼全滿足了，什麼全滿足了……可是他的自尊心抑時時地在把他這旋起旋落的欲望踢打着：

——這算什麼呀？人得講志氣，寧死要挺風而立；餓，即使要餓死了，也得挺肚而行……這算什麼呀？餓死在凌河村的街道上，也不能爬進人家……。

隨伴着這每次被踢打下來的慾望，就把束縛褲子的條帶更緊一點的移進一個新的紐結，這樣就更能使自己堅強一刻了。不過堅強是越來越不濟了，一刻一刻地減短下來，在他把褲帶結到了最後一個紐結的時候，肚子被緊縛疼痛得呼吸要斷絕，同時肚子裏面的響動也並不爲這緊縛而減輕，周身的脈管全感到了壅漲和疼痛。肚子裏一種難忍受的肚胃要遺墜了似的空虛，貫開着全身地在加增；兩條腿的膝關節似乎也斷了連結，開始鬆歎，兩腳要開始了在地上拖曳着行走，像兩具沒有目的的犂頭似的在田裏巡行，只要一塊再頑固一點的石頭，它就可以停止下來。忽然嘭的一聲，束縛褲子的條帶着了絕斷，因爲那已經是經了若干年月汗水浸漬的繩，用了碎布擰成的，如今的需要竟超過了它所能有的約束底力量，那它只有斷下來了，無能地委垂到地上。

——這怎能成啊？

大辮子朦朧地叫了一聲。同時驚訝地用手抓緊了隨着就要蛻落下來的褲身，慌亂地看一看四周，四周幸喜是沒有行人，祇是幾隻不安分的狗悄悄地沿着牆根溜走着，這使他才感到了一點安心。他用脚把那委落在地上的一半盤捲，一半伸長着的褲帶狠狠地踢了一脚罵起來了：

「你也要丢我的人啊！我受一千一萬個人的欺負，我怎能受你的欺負啊？你是我親手造成的啊，王八蛋，我會一寸一寸地斷了你……你却不能送我到監牢去啦……」

那被接連踢着的褲帶，無聲地滾開了。可是並沒滾出多遠，還是那樣一半盤捲，一半伸長地攤臥在那裏。於是他趕上去又是一脚，這一脚的力氣雖然比前幾脚更充足些，可是那褲帶却比第一次滾得更近了些，這使他不能再忍受下去，他一面用手把褲子絞好，不讓它墜下來——對於這絞褲子的方法他是熟習的，這是在監牢裏沒有褲帶的時候學成功的——從地上把那條多節的蜈蚣似的褲帶抓起來了。他企圖要掙碎它，一節一節地再抛出去。可是這褲帶如今好像故意變得頑強起來了，在他每次掙動的時候，它祗是微微地把身子顫顫一下，還是毫不損傷地在大辮子的兩手中間垂掛着。這使他更加增了非要毀滅它不可的決心，開始用牙齒來咬斷着那用以編成這繩索的每條布條，而後再用一隻脚把一端纏繞起來踹在地上，而後再用兩隻手掙扭着……同時還在罵詈着各樣他所知道的下流語言：

「你是我親手造成的啊……我還毀壞不了你嗎？你不是脚線啊？你是鐵打成的嗎？……」

一條褲帶被他掙成三段了，直到自己的額頭和背脊全有了汗滴，以及臟腑更顯得沉墜，兩隻小腿也更顯得發軟……要坐下來了，他才把那所有的掙斷的褲帶一齊撿起來在手裏憤怒地團捉着……而後用了所有的力氣又抛了開去。可是這並沒有多遠，那些斷了的帶身，在中途有的就無聲地落在地上，就是那抛得最遠，墜落得最後的幾段，也還是可以望得見的，那似一些瑣碎的不祥的黑點更激怒了他，一隻瘋狂了的狗似的跑過去，又把那每段零落的帶身集合起來，紐結成一個不正規的球，這回地不再抛出，却透力地抓在一隻手裏，準備投向前面的凌河。

四

村東的更梆聲，雖然在村西，有時也還是聽得很清明。那像不甚勻整的人底脈搏，它似乎代表着這村莊底存在、也似乎代表着這人類底存在而跳動着。

大辮子來到了河崖底上邊，他先不把手裏準備要投進河裏去的東西投落下去。竟遺忘了似的却茫然地看望起來了。後面人家的燈火是稀疏的，有幾處，連這稀疏的燈火也絕滅了，只有四姑娘家裏的燈火是特殊地清明。他明白，她們是在等待着林榮底歸來。可是那從村北傳過來的琴聲，好像更增加了響亮，並且還是那樣延綿不斷地，毫沒有要歸家樣子似的響亮着。這使大辮子將將沉靜下一點的心又燥煩起來，同時才想起他是應該把手裏那些碎亂的帶段投落下去，可是一個念頭却把他伸舉起來的手臂又垂落下來：

——這怎能丢了呢？沒有褲帶怎能走道啊？……還……噯……真是餓渾了心……羊角山那不是一里二里路，也不是在監獄裏，可以手提褲子跑來跑去的……這要爬山道……還要一百多里路呢直是……渾迷了心……

就在一刻比一刻清明的月光下，他又開始忍耐地把那被自己碎斷的褲帶連結起來，更緊一點束在腰上了。還在悔恨着自己，為什麼要欺騙自己的肚子呢？在四姑娘的家裏他是可以同他們吃一頓飽飽的晚飯的。那桃色的充滿誘惑味，發散着可惡的香氣的高粱米粥，溶解了的油脂似的閃着光亮，在盆裏微微地蕩漾着。還是那些用鹽醬醃漬了的各樣青菜，黃瓜，香瓜瓤，一條一條短繩似的綠豆角，鳳仙花的梗幹……這些他的老友是製造得更出色的。他們多天陪伴着兔子肉，輕輕地咀嚼着。他已經是久久地和它們斷絕着了，在監牢裏吃的只有苦味的鹽水豆，今天雖然擺在了自己的眼前，他竟為了一種奇妙的自尊心鼓惑着堅決地推辭了那誠懇的款待：

「……我總是吃過飯的啊！若不，就不是我給你們帶信來，我也可以上炕就吃的啊！我是這村莊長大起來的娃娃，誰不知道我大辮子身上有多少根寒毛？為什麼我要撒謊呢？林老叔，我們是什麼樣的交情？這回，又在一起蹲了一回大獄……這又是患難的朋友……楊三……我們又是……好弟兄……」

他是清明記得當時自己是用着僅有的巧妙的言詞來證明着自己吃過飯的理由，那是惟恐不周道的。當他提到楊三，自己的額頭長長地突起着，海豹似的眼睛靜靜地看着四姑娘的變化。他也記得她起始並沒什麼變動，甚至連眼皮兒也不抬一抬，還是安靜地吃着粥，用腿輕輕地顛動着樅在懷裏面的孩子。可是工夫不久，她不能再矜持下去了，兩頰有了紅的顏色，鮮豔得相同懷裏嬰兒的臉了，只是她比嬰兒的臉紅得更要焦灼些。在臉上那感情行走底踪跡也不能再掩藏，還是變幻得很不容易捉摸的，不能決定是喜悅還是哀愁。

「這孩子……這樣大了啊！就衝這賊似的眼睛……也是個非凡的角色啦！一定要好好練練槍法……」

爲了要表示一點親近和禮節，他還起身來把那孩子的過度濃黑的頭髮摸觸了一下。實際他是並不愛這孩子的，他也並不覺得這孩子會怎樣非凡起來，至多也不過像楊三似的，做一個出色點的槍手。在這孩子降生的一天，他已經和楊五爺辯論過了。他還堅信着，若是打起兒子來，這孩子那會不如他的兒子的。他會把自己的方法儘量傳給自己的兒孫。

「一定是個非凡的家伙啦！一定」……在這最後一句表示肯定的稱讚底下面，他想到自己的孩子，一想自己的孩子他的胸膛內感到了一陣空虛的疼痛。所有的肝腸好像絞轉了一個方向，也沒了再來摸觸一下那孩子頭髮的興致，他也忘了自己的嘴裏是在說着什麼，只覺得眼前泛起一陣可惡的昏黑，接着似乎要嘔吐……勉强地轉回身來，支持着那要棉軟下來的腳步把自己拖回那原先墻角落一隻豎腳的椅子裏，眼睛垂閉起來。只這一刻，他感到他是從這世界上不能自持地沉落下去了，沉落到什麼地方去呢？自己是沒有把握的。

「有什麼非凡的呢？人總是一個人……」

在他悠悠地醒來，林榮了柱一隻拐杖在地上輕輕地躁着，頭髮自然地披落在腦後，似乎在回答着什麼人，又似乎在自言自語。林老太一面收拾着棹子上的碟碗，一面還微笑地眼睛不離開地引逗着孩子在玩。孩子有時會笑出很大的聲音，這使大辮子又垂閉了自己的眼睛……。

四姑娘家裏窗上的燈影如今還是沒有改變地焦紅。那從村北傳來的琴聲，却斷下去了。他想林榮也許拉得煩厭了吧？是的，他不明白爲什麼林榮會那樣毫不吝惜自己，和他的老子林青一樣，用自己的力氣去快樂別人？他想：

——若是我嗎，哼！我要拉，我關閉起我的門窗來，哼連一隻蚊子我也不給他留……除開了和老婆……若是我……。

離開了那倚靠着的短墻頭，對於那崖下的河水他也再感不到興味，那對於他已經斷了關聯，因爲他的褲帶又束在了腰上。又開始沿着河崖走着，河水是不存在似的軟軟地流過，有時一隻魚會跳躍起來，這會引起大辮子的貪心：

——這若是半斤的一條……半斤的一條……只要兩條……只要——！喂他媽的又是一條……——就够了

兩隻手是空虛的捏緊着，他想要尋找一塊石頭抛下河岸去，憑運氣那也許確準確點魚就會被打傷了。當他拾起了一塊石頭，可是那時才有魚跳躍過的位置不見了，連一點紋波的痕跡也不存在了，只是那水面微微地無改變地在顫抖。沉落在水底的月亮也就要飄浮起來，一片非薄的明亮的黃銅片似的照常起着折皺、大辮子就照準了那月亮，把石頭無力地投落下去。那投落以後所激起了水花，對他也絕了興味。河水也就很快地補好了自己的傷痕……。

每一步他好像全踏在了虛空上；每一步踏過來的虛空的腳跡，對他也斷了關聯。只有一個願望是清明的就是那琴聲死滅下去吧！——可是那琴聲又烟火似的輕輕地燃燒起來。

——唉！這算什麼了啊？這算什麼事啊？……

連連地他打着自己的頭蓋骨，腳步也停止下，向那飛過琴聲來的方向，接連地詛咒。

——這全村的人，全應該到那牢獄裡住二十年！井泉龍那老頭……還有那些孩子們……全是生活在井裏的蝦蟆沒有見過鷹的兎子啦……飽漢不知餓漢飢，他們樂啊……樂啊……我汪大辮子……却在這裏受難哪！

無論可憐自己還是可憐人，平常這情緒在汪大辮子是不容易出現的。可是今天憐憫自己的火，竟在他的胸膛裏兇猛地焚燒起來了。他看一看那崖下靜靜地顫動着的河流，對岸那些輪廓清明的南山；以至於村莊沒有滅絕盡了的燈火……似乎也全向他接近起來了，好像它們自己全在伸出了人所看不見的帶有柔軟絨毛的手臂，撫摸到他的頭頂和臉邊來，他像一個孩子似的，坐下在河崖邊一帶矮墻外面的一塊石頭上，哭了！

起始他還是靜靜地使淚水自由自在地從眼睛裏爬出來，眼睛還是不轉動地注視着河那岸自己所拋擲悉的幾個山紊，接了把臉竟捧在了兩隻手上，背脊捲曲下去，使兩手疊墊在膝蓋上，大聲地嗚叫起來。

五

林榮這一次決定停止不再拉下去。當他把最後一個曲子拉，完臏到尾聲的時候，竟斬斷似的封閉了所有的鏈盤，同時所有人的呼吸也好像着了一個突擊，着了一次封閉。

「拉下去呀？拉下去呀……這沒有完啊……」

孩子們雖然疲困得有的在自已站立地方就要睡或是闔閉起眼睛，任着疲困把自己虐待，但無論怎樣也還要過去，努力支持着自己，只要這琴聲歌聲一斷絕，他們總是第一個先扯起噪叫，接着是青年人們打接應。中年人們却衹是微笑地等待着這噪叫的結果。宋八月他却感到一點困惑，自己應該屬於那個羣隊吧？青年？還是中年？他有一顆孩子似的喜歡噪叫的心，却還要保持自己中年人的莊重。最後他還是加入了孩子們的羣隊，不過他那粗嘎的聲音是和孩子們底童氣的尖銳而不正確的聲音，有着嚴格的分別了。這相同在一羣燕子們底噪叫中，忽然多了一隻破落的烏鴉。

「拉下去呀？」

「還沒完啊……我記得這個曲……你不能虎我，它還有那樣長一塊塊……那樣長一塊塊……沒完啊……」

朱三麻子的兒子，他用手還比量着這未完結的曲子應有的長短噪叫着。他是傑驁地維持在第一排，一直是頑強地抵抗着後面要把他擠得更向前的人底牆。

「對啦，吃一袋煙……完了再拉下去……喂！別向天看月亮啊……看看我們這些人吧，像元帥似的給你列着隊啊……」

「好大環子！……你又向那老傢伙出什麼妙計呵？不害羞……」

人底話是越來越拋開軌道無節制地行走着了。同時那人底環墻相同一條貪饕的彈性的鋼箍，越來越縮緊，那僅有的一片中間的空地，竟剩得那樣不足數地狹小。孩子們爲了不能堅定住自己的腳步，於是開口大罵；青年們並不生氣，衹是彼此擠弄着眉眼，微笑着，一些固執的蟲似的向前侵佔着自己的腳步和身子。一刻，那塊僅有的空地就完全遭了滅絕：

「擠破了壺啊……」

大環子絕望地叫起來了。接了一聲複雜的破裂，那隻放置着壺碗的棹子塌落下來，殘碎的瓷片在人底腳下便細碎地發響。

「別擠了啊……小心擠壞了琴啊……」宋七月爬上了墻頭，遠遠地就心地在叫，無可如何地搔抓着自己的發亮的頭皮。井泉龍的白鬍子也不再分明，雖然那洪亮的呵斥聲和笑聲也還可以聽得到，但這是沒有用的了，人們是海裏的浪羣顫頹地彼此玩笑着擠來擠去，嘴裏不知恥地學着那學得來的一句半句的歌。

「媽拉屄的……你們要反了呀！快快閃開……我要幹你們啦……」

誰也不知道宋八月什麼時候從井裏提到了兩桶冷水，他不等待人們回答，開始便把第一桶水潑了下來。一塊投落下來的岩石似的，這人底浪羣突然遭了碎破：

「八月你是駟子養的呀，你這是幹什麼呀？來，我們非撥死他不可……你……駟子養的……」

八月並不回答，也不等待，接着把第二桶水，又向着那聚結着人多的地方澆了下來

「媽拉屄的……你還趕盡殺絕呀……」

「要你們這些狗戀子……可，可，可，有什麼用啊？」

墻頭上的孩子打着手掌笑叫着，鼓勵着八月

「八叔……再來一桶……再來一桶……」

八月像一個建了奇功的王似的，頭微側在一邊，兩手按着腰眼，兩腳柱似的放縱地撒開立在那裏，粗魯地在喘息，整個的身影是那樣眞切地投映在地上。還挑戰似的大叫：

「你們有屄的小子……爬過一個來……嚐嚐我的耳光……」

林榮把手風琴已經關好在箱子裏，一口一口地吸着烟，始終沒有離開坐位，也沒說一句話，好像這人羣和噪叫對於他並不存在。大環子侍候在他的身邊；啞叭把那解了體的棹子拉開去，用腳尖撥弄那些殘碎了的瓷片，嘻嘻地向着那輕輕溜開去的人們獸笑着。井泉龍還是坐在椅子裏，一隻手揮動着拐杖：

「全給我滾回窩去罷……你們再一刻還要踢倒我的房子啦……小傢伙們我……等我好了腿……我非管教管教你們不可……還成什麼樣子啊？竟敢到老英雄家裏來撒野……鬧饑荒」

井泉龍的老婆到屋裏去了。

「你再叫他給我們拉一個調調……我們就走

……若不……我們在這裏等到大天亮……」

「對等到大天亮……」

「拉個屁……來，聽我的……來呀？」宋八月衝着這叫着聲音的方向把頭機械地扭轉着，遠遠地唾了一口痰沫過去。

「你，宋八月……不要臉……你算什麼呀？你敢驚扯大家伙的意思？」

幾個强壯的較高的青年人，從人羣中一齊走出來向八月站着的地方湊過來了：

「好小子們……你們還要和你八叔叔打一打嗎？」

八月的手從叉腰的姿勢變成交抱的姿勢。他一看接連地說出來了那些個人，這使自己也感到一點空虛，不自覺地把那放縱立在地上的腿脚收拉回來，他知道自己是應該準備一下了：「來吧，小毛團子們……八叔叔先讓你們打三拳……」

「八月兄弟……讓一讓他們罷。……你是作長輩的……」

林榮從他的坐位上顫顫地站起來，大環子急忙地遞過他的拐杖，但是他並沒有要，聲音低啞帶點顫味地接了說：

「好鄰居們……今天我實在疲累了，我明天還要進城……等我從城裏回來……我要每天使你們快樂一下……今天我不能了……」

「再給我們拉一個歌……你再唱一個……我們就走了……短短的就成……」

「不要，兩個……兩個……」

「三個……」

「……」

林榮直等得這些要求的聲音自己沉落下去，才又向八月和站在八月不遠地方那等待打架的青年人們揮一揮手說：

「全回到自己的地方去……八月兄弟……也找個地方歇一歇——好，我再拉一個……就不許再嗓叫了……好好回家去睡覺……明天好好起來去作工……」

他顯着一點艱難地又坐落下來，重新把那琴箱解開，取出琴來，簡單地試了幾個聲音，就開始了：

我的家在東方，是一片青青的草場，
多骨的醫巫閭山，
在春天
是一隻綠色的山羊。
有一條銀色的帶將它鎖綁……，
那就是凌河呀……我的家鄉。

反覆地林榮把這個歌配合着手琴唱了三遍，纔停止不唱了。唱的時候，頭有時候微側着，有時候也昂揚地看向天空，井泉龍一邊打拍着自己的不甚脆亮的手掌；一邊還左右地擺着自己的脫了毛的老腦袋，在林榮停止下他的歌聲和琴聲的時候，他跺一跺他的那隻沒有傷殘的腳，不能忍耐着激動地顫着聲叫了；

「啊！只有你和你的老子……才是我們凌河村真正的種子啊！——小傢伙們，這回你們該走了呀？再不走，我可真要掃出你們去啊！」

他向所有有人存在的地方揮動着拐杖。

「老傢伙……你留不住我們呀……還不是看來你這老瘸腿耗子來的啦！」

青年和孩子們一邊向外彼此推着背脊走着，一邊笑叫着和井泉龍相罵。

林榮無言地坐在坐位上，目送着那每個流去的人。一刻，這院子變得空曠了，好像這裏從來不曾有過存在的人跡似的，天中的月亮也變得小巧而晶瑩；只有井泉龍和啞叭還在身邊。啞叭各處收拾着零落下來的板凳和家具；井泉龍看看天，又似乎在諦聽着那院外走去的人們學着唱歌的不雅緻的人聲：

「這些個猴兒們……他們是看見什麼就學什麼的啦！你幾乎變成了們他們底蜜！——這天……明天是再好沒有啦……」

「但願是這樣……秋天走道是要這樣天才好呢。」

林榮站起身子來，大環子却從屋裏走出來接取他手中的琴箱：

「我自己會拿的。」林榮搖一搖頭，把琴箱挾在了自己的脅下。向大環子笑一笑說：

「你這個人……拿過來罷——」

不等待林榮允許，大環子已經從他的手臂下把琴箱硬取過來了。啞叭在一邊拍着自己的胸脯啊嗚着。

「你「啊嗚」啥呀？」

她在哥哥的背上打了一掌，啞叭啊得更厲害了。在一種絕望似的笑聲下，井泉龍也撑起自己的身子來，命令着啞叭

「傻東西……不要儘笑了呀，把飯棹子拿進屋

去，看看你媽把飯做好嗎？要快點啦……天不早了」。

大環子走在前面，林榮跟隨在後面，井泉龍也一同到屋子裏來大環子的媽媽正在忙碌着夜飯。院中收拾着東西的啞叭竟也啊嗚啊嗚地似唱非唱地唱起來，井泉龍踡着坐在棹邊的林榮：

「這個東西……他他啊嗚起來啦！」

「他的心並不啞叭……」林榮顯着困疲地伸一伸手臂搖一搖頭。大環子有時候快快走進屋來又快快地走出去幫同媽媽整理着夜餐。她說話的聲音較起平常是不平衡地高亮起來，呼叫「媽媽」的次數也增多起來：

「媽！」

「做啥呀？」起始媽媽總是承應着的。可是她這是沒必要的呼喚；正在忙碌着的媽媽警告她了：

「十八九的大丫頭了，怎麼還是這樣捨不開乳的孩子似的……嬌慣啊？你林哥哥人家是見過世界的人咧……要笑話你咧！」

媽媽雖然用着這樣裝做的責備的語氣，可是她的臉整個的却是笑散着驕傲和幸福的光輝，更是那鏡似的賢明的前額。

大環子有時候經過林榮的面前，脚步有點不能矜持荒亂。兩頰是康强地透明的紅着，好像和林榮變得越來越生疎，林榮却似毫無覺察地看着這個在自己面前蒙到了困惑的人。

「我們的環子是一匹了不起的小牝馬啊！那啞叭就不同了……那小子簡直是一個奇妙不知道底的洞……他有時候聰明得令全村的人全要吃驚啦！」

「我說過的……他的心並不啞叭……」

「人眞是……」井泉龍不說下去了。用手指漫然地撚燃着自己鬍子底尖端，眼睛細着對着棹上的洋瓶燈的時時跳動的焰火，似乎沉沉地反覆地思量着什麼。最後纔把眼睛又移到林榮的臉上，喟嘆似的說了：

「……人眞是……我不懂得……爲什麼「倒霉」總要照顧世間上善良的人？哪比方那啞叭……

……是個善良的孩子啦！你……若是兩條腿全好好的……你的老子是競爭不過你這傢伙啦……」

「嗯！」林榮也把眼睛困疲地看一看井泉龍的臉，自己的臉却沒有變動地回答了一聲。大環子已經擺好了四付盃筷在棹上；院子裏的啞叭却還在有聲有韻地自己在啊嗚，一邊Sara…Sara…地打掃着院心……

（未完）

游擊隊員　　李樺木刻

他們戰鬥了以後

（關於傷兵的報告六篇）

冉洮曲

臨死之前（京滬線上）

「同志，我還會好嗎？」他突然張開那雙垂着的眼皮用着低沉的聲音向我問。

「會的，會的，你一定會好的。」我連忙答着，我知道自己這話是撒謊的成分多，在這個醫院里，像他這麼重傷是很少的，他已經躺在隔離室里，看樣子是不會好的了。

然而我要這麼撒謊地對他說着，對着面前這個忠勇的負傷戰士說着。爲了安慰他，我做了一件不忠實的事，我的心跳着。

他的創口在右腹的上部，三星期前就到這個後方醫院里來了。是在上海攻日本海軍司令部時中的彈，據醫官說：這該是一個達姆彈，因爲傷口的出口要比進口大得多，而傷口內部的窟窿也大得可怕。現在的病勢是一天天沉重起來。

我用拑子慢慢地拑着那條昨天替他塞進傷口里的紗布。在我動作的時候，他縐着眉毛縮起肩膀來，用力地吸着氣，他的腹部也就癟下去，使我的工作也不得不停止下來。

我知道他在極度的痛楚中煎熬着。

「痛嗎，痛嗎？」我多餘地問着。

他却連連地搖頭。

終于，我把紗布拑了出來，那上面是滿綴着黃的濃水和鮮紅的血絲，在那傷口的邊沿更有許多白色的爛肉淋貼着。從那個窟窿里，有陣陣的臭氣透出來。照着醫生的囑咐，我用硝酸銀塗到那些爛肉上，想把它們燒掉；于是，爛肉就發着嗤嗤的響聲。

「唵——唵——」他痛得幾乎要捲起身子來，可是他不大聲叫，他把聲音咬緊在牙齒縫里不透出來。他不願意別人知道他在痛。

「痛嗎？」

他還是搖搖頭。

經過了半點鐘的光景，我替他換好了藥。他放出一種從極度的苦難里解放出來而得到的輕鬆，安詳地閉了眼睛。我看着他的臉，蠟黃顏色，深陷下去的眼窩上堆着兩簇粗黑的眉毛，兩個突得殘酷的顴骨跟那個尖的下巴擺成一個等腰三角形的三點。

「同志，我還會好嗎？真的還會好嗎？」他又張開眼來問我了，神情是那麼懇切。

「會的，會的，你就會好的。」

「你不要騙我，我不是已經被擱在隔離室里了嗎？我不會好了。」他轉着眼看看屋子的四週，這是一間孔廟的廊屋，四週是灰黯破舊的牆壁，在屋頂的角落里，掛着殘缺的有着小生物囚在里的蜘蛛網。

「同志，你就會好的，你不用亂想；把你睡在隔離室里，不過是叫你清靜點吧了。」

沉默着。我想起一個悲慘的結局。

「不久，你定會好起來的。那樣你就可以回家去休養，到家里……」爲了撕破這個痛苦的沉默，爲了切斷我不吉的遐思，我喃喃地說，像騙着一個孩子。

「不，不，同志，你錯了，不是這麼說！」他急切地阻止我，似乎我的話叫他受了委屈。「我不怕死——我怕死嗎？我也不想家，我是——我不過……」

「我知道，我知道。不過你是眞會好起來的，」我惶恐地說着。

接着他就告訴我，他不是怕死，他不過想知道究竟會不會好起來，要死就快點，省得麻煩別人和自己；要好也快點，他還想再到上海去跟日本鬼拚一拚。他還說在他帶花的時候，他們全營只剩了三個兄弟，他們曾經約好了的，待好了再去打。順着他就說到那天攻日本海軍司令部時的作戰，志描形摹得情那麼逼眞，他太興奮了，他開始喘息起來，我馬上就遏止他，叫他不要再說。可是他似乎沒有聽到我的話，反而激越地說下去，一道光像閃電那樣在他眼睛里轉，他那兩簇粗黑的眉毛也似乎倔強得要站起來。可是——

「可是我知道」他重重地嘆了一口氣，「我不會好了，我那能再去打呢？我……唉！」

一粒纍大纍大的淚珠凝出來，沿着那深陷下去的眼梢，爬到頰邊，再攤在那塊骯髒的枕布上。

一直，我站在他的床邊，靜靜地看着我沒有和他說一句話，我不能再激動他，他也不作聲，只不時地張開又閉起那疲乏的眼睛。

平常，我去傷兵醫院服務，總是每天上午七點鐘，等換完了藥就回來吃飯，來得及還跟他們談談，或者代他們寫封信。下午也有另外的工作，可是不在傷兵醫院。

夜晚的時間是我的。在夜晚我常常寫點東西，這天夜晚我也跟平常一樣地對着煤油燈想寫點什麼，可是總不能；因爲我的眼前幌着一張蠟黃色的臉，突得殘酷的顴骨……還有那被硝酸銀燒得嗤嗤響的爛肉。……

我覺得一個受難的巨人躺在我面前，我要哭，我覺得自已卑微，自私……

我像在對自己發着怒，憤然把一疊稿紙塞進口袋，拿起一個手電，就跑向他那里去。

「嚇，你來了，同志，怎麼會來的？」帶着點驚奇，他親切地仰着頭，拍拍床邊說：

「不礙」意思是叫我坐。

我坐下去，默默地。

「我在想寫封信家去，凑巧你來了，你就給我寫封，嗎？——唉，又麻煩你了。」他微微笑着，在一盞慘淡的電燈光之下，他的面頰上似乎泛着些紅光。我忽然想到一句話「迴光返照。」

我到窗口下面去拾起一塊相當大的破玻璃擱在膝上，再從口袋里拿出鋼筆和稿紙來，預備給他寫信。

「你說寫給什麼人，只要輕輕地說，我聽得見的。」

我把腰彎下去，叫自己的耳朶接近他的嘴巴。

「寫給我媽，是媽就說我這次——」

「就說你這次在上海受傷，現在在第×××後方醫院休養……」爲了要他少說些話，我就根据我替他們寫信的經驗，代他說下去。

「嚇，匕，是哇，叫他老人家不要傷心，就說我沒有望我知道了——哼我沒有巴望了，就說我已經拚了三個——呵，不止，至少總有七八個日本鬼，就是死了也值得的。問她今年菜園好不好——我家里是種菜的，叫他們好好種菜，菜種好了就不愁沒飯吃的。還有，還有我的家里，——我老婆，隨她自已，她要跟人也好，只是叫她把孩子丟下來，我性陳的總要留個後代的——嚇，不，這些也不用說了，隨她，隨她自己吧，叫她不要傷心——」說到這里他停住了，想起什麼似地嘆口氣接下去說：

「唉！我又沒個相片，有相片多好呵——沒有就沒有吧，就說——叫他們不要傷心，就說接到我這封信的日子，就算是我的忌日吧……」

他的每一句話像一支針，一針一針刺着我的毛孔，我的皮膚起了疙瘩。我的心感動得有些近乎受了委屈，我覺得他的話是一個大的威脅，牠把我壓得透不過氣來，我的手在趑趄着，寫不下去了。

我不敢正視他，我怕看他，因爲我想他現在是一定有着一張極苦難的臉子的，我怕看這種臉子。然而，當我偷偷地用眼珠斜睨着他的時候，他却正在安詳地微笑着，睜着眼睛，彷彿他在幻想着，捉摸着另一個世界的樂趣。

我怕消失在他的那雙眼里，我立起來向他告別。

我又告訴他，這時的郵局已經關了門，這封信只能待明天我替他挂號寄出去」。

「走嗎？走了嗎？」他依戀地說着，像是要我多留一會兒。可是他馬上又揮了揮手說：

「好，走吧，你苦辛了一天了。明天，明天——就是不知道明天——」

他吞吐說不出來，停一停才：

「明天恐怕不能再見了。」

我不會說一句話，我不敢再看他一面，就愴惶地衝出了屋子。

黑夜里的孔廟的甬道兩邊，立着陰森的古柏，我獨自走着，諦聽着自己的單調沉重的步聲。

忽然遙遠地傳來了悠鬱的古廟鐘聲，我的心一冷，——難道這是爲他敲的喪鐘嗎？

明天早晨，我照例地到傷兵醫院去。

剛跨進傷兵醫院的門，那個隔離室的看護兵迎上來告訴我，昨天還躺在隔離室的那個傷兵死了。

我木木地呆了一刻，才想起了在我的口袋里還有一封未寄的信呢。于是，我猛地跑向郵局去。

九月在[illegible]軍中

冷雨下面（開封）

蕭　雨

是一個秋雨洒洒的下午，我們懷着滿腔的熱忱，到車站去慰勞那前線上奮勇殺敵的受傷將士。

我們剛爬進車廂裏，還沒有把去意說明，一位穿黃色制服的軍官，可在月台上大聲吆喝了：「常在車廂裏也不是辦法啊！凍也凍毀啦！而且車廂還要用，重生辦法吧！」的確，在車廂裏不是辦法，雨淋風又吹，在那冷冰冰的鐵板上，怎好得過？但是我們學生有什麽辦法可生？只得再跳下來，商量的結果，是到陸軍醫院找院長去。事情就偏不湊巧，不但沒有見着院長，就連能負責的官員也沒有見一個。最後遇着了一位書記，而他還說辦公的時間過了。噫，眞急人！現在是什麽時候，還講什麽時間過不過？人馬上就死啦！我們逼着他找兩個担架兵去，可是當我們又到車站時，兩位忠勇的爲國傷身的將士，因爲冷餓和傷痛，已與世長別了。當時我們的心像炸碎了樣的難過，慚愧得混身抖顫，想着太對不起他們了。就在那萬分的悲憤中，看着抬了出去，熱刺刺的淚珠就不自主的奪出了眼框。這時候在車廂裡哭喊得更厲害了，加着那風吹雨打，越法哭叫得悲慘悽涼，使人陰森森的有點害怕。但是我們却非常興奮，不顧什麽風雨，自拖奮勇的把他們換了個地方——離車站不遠的迎賓旅館。店主當然有點不高興，但這種事情也無法推辭。一時，把一個旅館變成了一個臨時傷兵醫院，而哭聲喊聲仍不斷的叫着。

「諸位同志！先忍受一會吧！醫生馬上就來，我先給諸位一點東西吃，可不十分好，也不很多，是饅頭！」

「呀先生積福啦！」

「噫先生行好啊！」

「給我一個！」

「也給我一個！」

「我們都兩天沒吃飯啦！」

「兩天上頭才發一毛錢！」

「唉！自娘子關退下來，就沒有好好吃飯！」

「先生呀，給我留一個吧！我是腰斷啦，不能動啊！」

「噫，先生！你爲什麽給我們饅頭吃？」

「我嗎？我應該給你們饅頭吃，還應該給你們棉被蓋，你們可知道，這一次你們有無上的光榮？爲國家爲民族受了傷！」

「先生，太客氣了，衞國守土是我們的天職，這沒有什麽光榮？我覺得是我們的恥辱，」一位傷了臂的同志這樣說。

「噫，才是我們的恥辱哩！在全面抗戰下，我們不能和諸位一同到前線上殺敵，反累諸位受了傷，而現在還使諸位受罪。」我還沒有說完，一位同志可又搶着說

「先生，這是我們到河南來第一次得點安慰，自出潼關到開封，誰理過我們？誰給我們一口水喝過？」

「呀，苦啊！自娘子關退下來，就到潼關，潼關不收我們到洛陽，洛陽也不收，又到鄭州，鄭州同樣的不收。最後到開封來，誰知道還等於不收，你們想，我們經得着這樣顛波嗎？輕傷變成重傷，重傷變成死傷，我們還回來幹什麽？還是死在前線上痛快些！現在已經一天多了，除了諸位送點茶食外，誰來理我們？綏靖公署的人都全死啦！」

「他媽的，不說不生氣！」

「在山西，每站都有招待人，在河南倒是頭一遭！」

我有什麽話說，淚和血衝得我要發狂，但是，在他們那裏只得窒着氣，背着良心，和他們閑談，好解除他們暫時的寂寞！

「呀！我渴啊！」

「冷啊！痛啊！子彈在肚裏八天啦！」

「唉！傷處生了蛆啦！誰給我洗洗哩？先生你……你來看！我不活啦！你看！」他掙扎着要我看虫子。

「同志，你不要着急！醫生馬上就來，還不會死的！」

「哎喲，凍死我呀！」一位躺在迎門濕地上的同志，光着下身在那裏哭叫。

「媽呀！凍死我呀！」

「…………」

「同志們，好好休息一會吧！不久會有好的東西吃，好的房屋住，眼前先忍受一會罷，」

「天不早了！明天再來看您，望您好好的保重！」

雨下得更大了，嘩嘩地打着我們，風也吹來了，把我們每個人的心吹得像落花樣的難受。就在這風吹雨打的情況下，我們答答的踏上了歸路！

十，卅一日於開封義院

第五區重傷室（安慶）

曼倩

一・怕血成嘛！

還被稱爲第五區重傷室的房子，五丈長，二丈寬。六個窗子，空氣光線是很好的了。沒有地板，只鋪上了一層薄薄的稻草。二十幾個重傷兵，分成兩排，對躺着。他們都是由上海陣地移下來的。有幾個人身上還帶着一兩顆沒有取出的子彈。

誰也不想說話，也很少呻吟。臘黃，枯瘦的臉，露在被條外面，每個人的腔子裏，都懷着一顆憤怒，仇恨的心！

西斜的太陽，曬進屋內，雖然是十月的天氣了，蒼蠅還在大肆活躍着。血腥，汗臭，混成一片兒。兩個看護兵，捫着嘴和鼻子在插棒看。

醫官來了，室內起了一陣小小的騷動，大家在嚷着：

『醫官，你不能早一些兒來嗎？』

『有一定的時間呀！』

兩個醫官開始在活動着。有一個左臂傷了，就緊跟在肩頭的下面，給子彈穿了一個眼兒，五分法幣那麼大。一條約莫五六寸長浸着藥水的紗布，由創口往皮肉裏塞。

『哎喲！痛死了：醫……醫官，你……你慢一點兒：……』

被塞的是一個二十六七歲的小夥子，緊皺着眉頭，咬着牙。

裹好繃帶，他輕鬆的吐了一口氣，對醫官說：

『龜孫不給他痛了一頭的汗，咱衝了三次鋒，才打傷這隻臂兒。』

一個大腿傷了。子彈嵌在肉裏，痛苦得很，哭了。嚷着要開刀，取子彈兒。血流在軍毯上，透過來，把稻草都染紅了，凝成塊兒。看護兵怕髒，不肯把軍毯和稻草抽去。悄悄地溜到室外去了。旁邊一個傷兵罵了。

『奶奶的，怕血成嗎。在前方，流血的更多哩！』

大家換好了藥，又都默不作聲的睡下去了。要開刀的，都沒有開。醫官說才輪到三區呀！設備簡陋，工具不敷用，還不知候到那一天。

二・死了人了

夜深沉。

青燈如豆，不知從什麼時候起，窗外沙沙地落起細雨來了。淒風捲盪燈影，室內益顯陰森。

有人開始了呻吟，也有人在嚷着要開水吃。

『看護兵！看護兵』。

『看護兵那兒去了。』

是的，看護兵那兒去了，天知道呀！

喊了好久，沒有氣力了，有幾個人便睡着了。

有一個人，却哼得更利害了。旁邊的人聽得實在過不去，竟忘記了自已的傷痛，爬起來問：

『老鄉，怎麼啦？』

被問的，手向腿上指，『痛……痛呀……』

裹在小腿上的繃帶，全給血染赤了。軍毯上，還瀦集了一大塊兒。血仍是源源地，從紗布裏往外浸流。

『看護兵，快找醫官來呀！奶奶的！』

有些人又醒轉來了。漫罵的聲音，更大更嘈雜了。有人在拚命的敲着壁板。

『奶奶的，看護兵死了？』

看護兵可沒有死，但腿上流着血的人，却由大聲的哼吟而漸漸地，變成了低聲的喘息，而漸漸地，全身冰冷了……

天，慢慢地亮開來了。雨下得更大一些了。不知是誰，給死了的人的面孔上，蒙上了一層汚皺的白紙。

十一月，八日，安慶。

不給吃的（武漢）

吳健

……夜裏都在甜睡着，突然××來電話「有傷兵到，派五十人在十一時半到鮎魚套」我們趕快起來時，已經是十一點了。還好，我們用着跑步到那裏還差五分鐘。在車站等着，時間慢慢的溜走了，周圍黑漆漆的，刮着生厲的風，到兩點了，才有火車由遠處來。車在喘息的時候，就聽到戰士們的呻吟，直到很久才來了一位負責人，但實際上他還不是負全責的人哩！事到臨頭，我們找不到一個担架兵來抬他們，到末了，我們同學出動！有的是一個人背一個，有的是兩個人抬一個，有一位同學的衣服上還染上了光榮的血跡。把他們抬到房裏以後，官們都嚷着兩天沒有吃飯，這眞像一陣霹雷，想不到這忠勇的戰士，會連飯都沒有吃的。在沒有辦法中，同學們吳先生捐點錢，湊合起來，分給他們一人一毛。這樣他們才能吃着大餅。天色放亮的時候，我們才回來。

第二次傷兵一到的時候，他們都罵了「媽的！這是武昌嗎？人都死光了嗎？老子們在前方賣命，到後方來，連飯都沒有吃嗎？」「老子們要死在前方呵！」「……」「……」因此，我們的先生，就去問那位負全責的大主任先生，結果他說「飯已經煮好了，可是不能把他們吃，因爲他們馬上就開車到湖南去的。」主任先生搖頭擺尾的說了，這把一篇大道理「那不行，如果是這樣，我就去告訴我們的同學，以後接送傷兵的事，決不參加了。」我們的先生很強硬回答他。這一來，他到嚇倒了，連忙說把他們飯吃。這樣，我們才把飯提到車前，替他們盛飯添飯。

在下午，我們去送一批傷兵轉地就療，結果我們又看到一件稀奇事，那就是：只要是在今天出院的傷兵，那今天醫院就不替他們換藥，也不把飯他們吃。這眞太笑話了，對于這些前線的戰士都不拿出誠意來，這樣的後方辦事人，只會使前線的戰士灰心哩！我感到痛苦……

十一月，十三晚。

在傷兵醫院（武漢）

于方簡

當第一批傷兵到武漢來的時候，並沒有驚動武漢的救亡團體。車站上沒人接，下車後又沒有慰勞，他們暴躁起來，大罵起來（各界開始去慰勞那是在他們到來後二十幾天的事。）

那時，聽到這個消息，不知拿什麼來彌補我們的疏忽。第一次去看他們，說不上慰勞，我們不會給予他們什麼。他們對我們那麼有禮貌，實出意料之外，這更叫我們慚愧了。但他們不知爲什麼對我們又那麼不自然，生疏。只有幾位比較爽快的才叫我們替他們寫信。有一位叫我們寫給徐州的朋友，說請他不必來，因爲武漢沒人照護，醫院又不好，倘不如在火線上舒服。

第二次去看他們，在大雨中我們全身都濕了，越是這樣，我們越滿意。

這回他們都熟悉我們了，請我們坐在他們床上，很和平安逸的樣子給我們說前線的故事，——這些故事，我們珍惜着，因爲我們從未聽見過。

那個兵腿部受了傷，說：「受了傷並不痛，只是木，輕傷的自己可以慢慢走下來，雖然頭上的彈雨橫飛，重傷的只有等死。平常兄弟們在一起，和一母同胞一樣，但這時誰也不敢救誰，留下自己這條命再跟日本拚一拚，多值得。……」他的用語表現出他受過相當教育：「他們待遇比我們好，皮帶子，皮鞋，皮衣，吃麵包，但是，各位女同志，不拿薪水的義勇軍能幹一下子我們有什麼吃不來的苦？」

那時，聽他說話的人，我們，圍着他。我們怕他太累，於是請他休息，再回頭來對那位年紀較大的談話：

「你那裏受傷了？」我的樣子能多溫存就多溫存。

「手傷，」他送給我們一個天眞的微笑。

「現在疼不疼了？」

「還不知疼，就是麻。」

「受傷時你知道嗎？」

「那知道！一摸槍我的右手不能用了，手指直往後抽，怎麼也扒不開，我自個兒才慢慢的走下來……」

「衝鋒時怕嗎？」我們的好奇心像孩子一樣。

「怕什麼！逮着他們一刺刀就完了，咱們眞恨透他們！他們可捨不得打咱們，故意向空中放空槍！他們當兵的也很好，但是……」說到這，叫我想起東北同胞被日本迫得衝鋒而吃了啞吧藥的故事，眞不能不打冷戰了。

「我們一點也不怕死！上前綫去就沒打算活着，這是『國際戰爭，』絕不是從前自己打自己，鬧着玩似的『乎』的衝上去，又『乎』的退回來！」那位腿受傷的又繼續說。他的出語眞叫我們驚訝。

沉默了許久，我問：「你們天天看報吧？」

「看自然看的，但報紙專門吹牛，一點小事吹成大事，」粗魯的一個這麼回答。

「報是不大叫我們高興的，因爲有許多消息太不可靠，太過火。」腿受傷的也這麼回答。

「你們各位休息一下吧，太累了，你們都苦了，這眞叫我們過意不去。……別客氣，坐下吧。……」

我們又轉過許多屋子，屋子裏都是有着同樣的氣味，沒有一點陽光，連報紙鉛印的那些小字都不容易看清楚。他們穿的更不用說，有的還穿着受傷時帶血的衣服。他們仍然鋪着涼蓆，但是他們全都忍受了！

到了一個大的屋子裏，我們爲他們唱了許多支歌兒。

「好！好！」一陣掌聲。

「你們眞是中國的精神！」靠墻的那位山東的大聲喊：「我們團結精神啊！團結！」

「團結啊！」其餘的傷頭傷腦隨齊喊。

「諸位同志安靜一下，你們有要寫信的嗎？」

不久，一個小兵帶着藍布小帽，那麼高興的樣子：「小姐，我要寫。」

「給誰寫？」

「我父親。」

「叫什麼名字呢？」

「桐生，——咦，不對，桐生是我自己，我父親叫周光珠。」

「小混蛋兒，再過幾年連姓都忘了。」那位山東的逗他。帶着嗓子裏的那口痰笑出聲來。

「寫什麼？」我說。

「說說我掛彩了。」

當時，我感到我打了一個冷戰。雖然只這麼幾個字，其中的痛苦，我們看不見，但當他的父親看到這幾個字，將怎麼樣呢……。

「人家不懂什麼是掛彩，」……山東的又說了。

「對，你寫我受傷了。」小兵有點不好意思。

「還寫什麼？」我說。

「沒有什麼了！」

「小泥蛋兒，一句話就寫一封信？」

「對，你說我傷勢快好了，請父親別掛念。」

「嘻嘻，小混蛋兒，你準知道你快好了嗎？——你聽我說：「我受傷，傷快好，望父親大人勿念，」哈哈，我專會投稿，就是不會寫！」山東的抱着膝，那麼自然的笑了。

「你今年多大了？」我越瞧小兵越有意思，非問他多大不可。

「十八了。」

「那你幾歲就當兵了？」

「十三！」

「嚇嚇，爲什麼這麼小？——你會當什麼？不怕死？」

「怕死成嗎？這也是爲了國呀！」

這時候，我們中有一位的物理落在地上，那個山東的爲拾起，翻了幾翻。

「這上頭有月，日，我的朋友，對於日月很有研究呢，他專會這套玩藝兒。」

「諸位還有信要寫！」

「謝謝，我們不寫了，你們單寫信就有多大的功，再給我們買印花貼上，眞更對國家有功勞了。」山東的又說了。

「嘿，你是那的人，北平的嗎？一口北平話，我有位表嫂現住西安，她也是北平人！」

「是——嗎？」我笑了，我不再往下問什麼，我曉得他能很爽直的告訴我什麼都成。

後來，副官處請我們給全體唱歌。圍着我們的全是那些人頭，那些笑着的嘴。因爲今天下雨，他們沒法過江，所以全在這了。

有一個比較上級的小軍官說：「唱個桃花江吧，」

「不！這不是唱她的時候了，我們不能唱那個歌！」

他自己也不好意思，紅着臉出人羣退出去。

我們故意選了他們幾個會唱的歌，叫他們隨着唱。雖然音調不整齊，但是在我們很滿意。

那個山東的又說了：「唱個抗戰歌吧。」

他們含着笑送我們出大門，還說：「下回各位女同志，再來！」他們又熱烈的爲我們鼓掌。

現在，他們不知到那裏去了，醫院裏住着新的傷兵。衣住問題難得解決，而且天又冷了。

我們現在只坐在課堂中，連到那去的機會都沒有。教育當局說：「醫院怕你們費藥料，在這特別時期，一切都要節省的！」……

十月，二十五日，追憶。

護士的一日（武漢）

史錡

暮秋的早晨，天空泛着蔚藍色，地上躺着幾片紅葉，街頭似乎比平時顯得恬淡靜穆。一輛馬車載着幾個不懂事的孩子，在秋風的拂盪中，輕快地前進。起初，大家都保持着沉默，漸漸地馬車轉入了熱鬧的街道，空氣由沉寂而變成活躍，我們的精神也隨着興奮起來。半小時後，我們到了目的地——第五陸軍傷兵醫院。踏進院門，走到休息室，換上護士衣服，我們幾個人才三三兩兩地分散，各自向着平日工作慣了的病房走去。梳着兩條小辮子的魯小姐，知道我才來過一次，恐怕我不熟悉院內的情形，好意地走近我的身旁說道：

「我們兩人一同到第四號病房去，好嗎？」

對于她那種親切的態度，心里不禁起了一陣謝意。

一間長方形的房間裏，住着四五十位同志，有的靜靜地躺在床上，有的坐着談天，有的在房裏踱來踱去，口中哼着京戲，還有一位斜倚在床上，手拿着口琴，吹出桃花江，特別快車之類的軟性歌曲。就大體看來，這房間所給予我們的情調是很悠閒的，並沒有什麼刺激人的辛辣味兒。

大概是因爲我來得太晚了吧，他們的傷勢大半都很輕微，並不如我所想像的那樣可怕。有一位年紀約莫二十四五歲的傷兵，他的右臂被炸彈炸去了一段，傷口經過多日的醫治和休養，已經很乾淨，沒有膿也沒有血，不過四周的皮膚起了縐紋，中間還深深地凹入了幾條，那模樣可眞有些像被太陽晒乾了的橘子皮。旁邊有一位傷口已痊愈的兵，用他十足道地的河南口音帶着幾

分幽默的語調低下頭來說道

『喂，老鄉！這東西快好了吧！哈哈，要是就從這凹進去的地方長出五個手指來那多好呢！」

睡在床上的他聽了這句話，只微微地苦笑了一下，並不作聲。我替他換上藥，小心地用綳帶紮住，然後把所有應用的器具投入鍋內讓牠煮一會，一面用着探尋的眼光向四周觀望，恰巧對面靠窗口一隻床上，有一雙手向我搖動着，我便再拿起一套器具，走向那邊。這位同志的傷口是在左腿的上部，兩個棗子般大的窟窿分列在腿的前後兩面，這兩個窟窿中間已經是空空如也，沒有骨也沒有肉。當我用一個皮球裝滿了消毒藥水，灌進前面一個窟窿時，水恰巧由後面的窟窿中毫無阻礙地流出來。傷口洗淨後就要上藥，這對于胆怯的我是一件極殘忍的工作。每次當我鉗着藥水紗布，塞進傷口時，手總是顫慄着，嘴老是不停地問他：「疼不疼？」而他却毫不在乎似地笑道：「不疼，一點兒也不疼，你儘管塞進去，愈進愈好。」其實，我也明明知道藥水愈深入傷口，傷口愈好得快，但不知怎的，總覺得有些不忍。但事實上我還是咬緊牙關，鼓起勇氣，拚命地塞進去。上好藥，蓋上幾塊乾紗布和棉花，慢慢地用綳帶包紮。這當兒，我便開始和他談話：

「你從那兒來的？」

「上海，」雖然他盡力地學北方話，但這兩個字終於脫不了湖南口音。

「你家在湖南吧？」

「是的，請問你呢，恐怕也不是本省人吧？」

「不是，我家在上海。」

「上海？」露出驚異的神情接着便關心地加一句

「上海那裏？」

「法租界，」我囁嚅地回答，聲音比先前稍微低了些，心頭不禁暗暗地感到慚愧。

「哦那還不要緊，要是像閘北江灣一帶地方，早就變成平地了。」

我正想繼續向他探聽些戰地的情形，忽然房間裏起了一陣大的騷動，每個傷兵都從床上跳起來嚷着『吃飯！吃飯！』和我談話的這一位雖然腿部的傷口束縛了他的行動，使他不能離開床位，但他還是舞動着手向看護兵喊道：「這裏！這裏！」我回頭一看，只見一隻大洋盆盛滿了白飯，端端正正地放在地板上，旁邊還有許多四方形的小洋鐵匣子，每一個裏面裝了些青菜豆腐之類的蔬菜。房間混亂了一陣，不久看護兵已把菜肴分配完畢，大家專心一致地吃飯。或許是因爲飯太冷了，有幾位嚷着要熱湯喝，看護兵便忙着出去拿湯。據魯小姐說：「傷兵們每天吃兩餐飯，上午九時一次，下午三時一次。現在吃飯的秩序好多了，剛來的時候，傷勢重，脾氣也格外暴燥，老是吵着要肉吃。可是這麼多人，那兒有足够的錢給他們買肉呢？」我心裏暗想道：「怪也怪不得他們，這麼粗大結實的漢子，老是吃些蔬菜，的確是不够味兒的。」

吃飯對于他們是一件比什麼都需要的事，我們也不敢打擾他們，靜靜地離開了。

在走廊裏蹓了一會，忽然一個看護兵笑嘻嘻地走來，向我們說道：

「小姐，那邊樓下房裏還有幾個沒有換藥，請你家去換一換，好嗎？」

我們走下樓去，跟着魯小姐繞了幾個圈子，轉了幾個灣，不久就走進了一間光線不足，空氣潮濕的病房。看護兵手指着右面屋角裏一張床位說：「那一個開刀才三天，傷勢比較重，請先替他換一換吧！」我爲了要多得些經驗，便搶上前去替他換，這是一個極幽暗的地方，要不是看護兵在前面領路，我幾乎摔一個觔斗。我小心地走到那邊，只見一條灰白色的棉被下，靜靜地躺着一個衰弱無力的軀體。看護兵高聲喊道：「喂，換藥的來了！」他才勉强坐起來，背靠着床杆。我仔細向他觀察了一下。他是一個年紀很靑，大約祇有十八九歲的少年，有一個北方人所持有的誠實的臉，從他緊鎖的眉頭之間，可以想像到他所受的肉體的痛苦。他受傷的部分是在右腿的下部，傷口有三個，因爲疼得厲害，費了好久的工夫，才把舊的藥水紗布拉出，傷口內部還有膿和血，四周的皮膚好像被火燒焦了似的有些發黑。每當藥水棉花接觸上去時，他便把腿一縮，苦痛地叫着：

「啊呀，天哪！怎麼那麼疼啊！」

這時我的手顫抖着，不敢繼續工作，幸而旁邊一位年紀較大的同志站起來，輕輕地將他的腿按住，和顏悅色地說道：

「你眼睛別望着牠，就不疼了。」

「對了，別望着牠。我輕輕地替你換，這樣換幾次，就會好的。」我也附和着。

「會好的嗎？……這已經兩個月了。」慘白的面孔上略略露了一些喜色，語調是那麼急切而悽慘。

「會好的，膿已經不多了，只要沒有膿就快好了。」

「今天比昨天疼得好些，昨天眞疼死人媽的，昨天那個換藥的醫官眞壞，換得又疼又不行，人家疼得叫他理也不理，你換得好不大疼。」

「並不是他換得不好，是你的傷口比昨天好了些的緣故。」

「不，他換得不好，你好，小姐，明天還是請你替我換吧！」

「啊呀！那不成，因爲我在做事，不能天天來」

「那末，後天呢？」

「也不成。」

「不成啊……大後天呢？」

「眞對不起，除了星期二，什麼日子都不成。每逢星期二，我一定來，因爲這是我的休息天。」

「星期二，明天星期幾？」

「星期三，今天是星期二，所以我才有空來，你別扭心，今天換一次，明天一定格外不疼了。」

「噢！」他無可奈何似地應了一聲，就倒在床上。

「你該喝些稀飯了吧？老是不吃東西不好的呀。」邊的一位同志親切地問他。

「不，」他搖搖頭。

「一點兒却不想吃嗎？」

他仍是搖搖頭，我站在那兒出了一會神，才遲疑着走出來。對於他那樣單純的心理，懇切的態度，一方面很被感動，一方面又覺得可憐，像我們這種短時間的訓練出來的護士，手術決計不會比學識豐富的醫官高明，但他們却偏偏歡迎護士們去替他們工作。也許是因爲從表面上看來，醫官們比較忍心些的緣故吧。眞的感情是多麼爲人所需要啊！

依我的感覺，今天的時間似乎過得特別快，半天的光陰就這麼偷偷地溜走了。午飯後在休息室裡休息了一會，領導我們來服務的周太太手拿着針線說道：「會做活的人拿針線去補衣服，鎖紐扣洞；不會的去疊紗布捲繃帶。」在這位熱心慈祥，腳踏實地做事，絲毫沒有布爾喬亞氣派的太太面前一切吩咐，我們都是樂于接受的，本來我的針線做得太不成樣，照理應該去疊紗布捲繃帶，但魯小姐要我和她一同去做活，我也就隨着她走。好在借此機會也可以練習練習。

輝煌的太陽照在走廊的一隅，許多傷兵一堆一堆地坐在地板上玩牌，有幾位斜倚在門口談笑，我們三四個人站在一張黑色的長方形的桌子面前做活，棉背心很多，大半都沒有做紐扣，我們忙着鑽紐扣洞，釘紐子，間或有幾位傷兵拿着破衣服，或是把身上穿着的衣服拉開，要我們替他們補綴，大概是因爲衣服髒了，沒人洗，所以他們的衣服格外容易破，一位同志會對我們說：

「請問你們能洗衣服嗎？」

「怎麼，醫院裏沒人洗衣服嗎？」一位廣東小姐學着北方口音問他。

「他們只洗繃帶，被單，衣服是不給我們洗的，假若你們能洗的話，我這件衣服就脫下來洗。」

「我帶回去給你洗，好嗎？」我說。

「那不成，我馬上就要穿的，這麼好的太陽，現在洗，立刻會晒乾。」

「現在到什麼地方去洗呢？」我帶着爲難的神情回答。

「成不成？不成就算了。」說罷向我們注視了一下，便轉身回到房間裏去了，看那模樣好似有些生氣。我對着他的背影呆望了一會，深深地感到一陣歉意。

正在這內心感到不痛快的一剎那間，右邊走廊上傳來了一陣吵架的聲音，漸漸地聲音愈鬧愈大，好像兩方面已扭成一團，正式決鬥了。一位用三角巾支持着右手的同志，搖着頭從那面走來，口中長嘆道：

「唉，錢，錢都是爲了錢！」

「什麼？」倚門站着的一位同志問。

「還不是爲了賭錢，兩個人打得透不過氣來。」

「你們爲什老是喜歡賭錢？」我插嘴問。

「我們當兵的除了打仗外，只有賭錢，別的還有什麼事能做呢？我們在前方，不是打仗，便是打牌，要是仗也不打，牌也不打，那就要打瞌睡。」

「那你們可以想些別的消遣方法，賭錢總不是一件好事，不但傷精神，而且要傷弟兄們的感情，你想，爲了幾個錢，大家打得落花流水，何苦呢？」

「這算什麼？我們在前方會有兩位弟兄爲了幾分錢，大家拔出手槍，互相打死了呢，你得知道生死在我們當兵的眼光中看來，並不是一件重要的事啊！」

「可是，爲了國家，你們得保重自己」

「國家單靠我們幾個小兵有什麼用呢？我們在前方，子彈沒有了，上面也不肯發下來。記得有一次，幾位弟兄身邊一個子彈也沒有，只有幾把大刀，日本鬼子來了，他們只好把頭伏下去，等到鬼子走過時，很快地拔出大刀，一連砍去了十幾個鬼子的腿，但後來的幾個鬼子終於不再上當了，結果這幾位弟兄被日本鬼子捉去活活的埋死。你想，弟兄們也不能算不出力了，但還有什麼用呢？土地還不是給漢奸們一大塊一大塊地送走，媽的，說句老實話，要是沒有漢奸搗鬼，日本鬼子早就被我們打走了！」說到這裏他才停下來透一口氣；我恐怕他愈講愈興奮，對于精神方面有影響，再加所講的都是些令人消極的話，就不再和他講下去了。但回過頭來看見一位滿口廣東話的同志，正在和那位廣東小姐談天。他是從上海方面來的，雖然他講的話，我一句也不懂，但從他談話的表情看來，好像對於前方的戰事很抱樂觀，並不像剛才那一位那麼消極。我暗暗地推測道：「大概因爲他的長官是和他站在一條戰線上的緣故吧！」

大陽慢慢地淡下去，暮色漸漸地展開，我就在這薄薄的暮色中獨自歸來，心裏充滿了怔忡和抑鬱。

九，二十六夜

中國人與中國人之間

歐陽凡海

上海的戰爭開始之後不久，浙江省內到處傳述着一個老太婆底夢。夢到杭州的神佛非常生氣；因爲許多日本飛機都是他們打下來的，杭州所以沒有被日本飛機炸了，也是好在他們看見日本飛機一到，就把杭州城變成一片汪洋，日本飛機失了目標，才能倖免的，可是人們一點不知好壞，偏要說是自已底力量，所以很生氣。

人們異口同聲說杭州是佛地，是倖虧信佛的老太婆那麼多，才救了杭州的。

錢江上游各縣城裏的雞羽毛在一夜之內全被剪掉了，那是梅縣的烏龍大王要發十萬精兵去打日本屄，夜裏，誰都看得見滿田野全是神兵，雞羽毛是剪去做箭羽用的。又聽說烏龍大王還親自到空中去接過日本人丟下來的炸彈，使它不能落地。

後來，杭州終于被炸過了，上海的中國兵後退，浙邊吃緊，人心非常不安。雖是大家都巴不得中國打勝的，然而這事只有菩薩才知道。有人去問三太子，三太子底回答是：他自已也保不住自已了，怎麼知道。

看得見的僅僅是壯丁訓練和中央宣傳視察團經過，才在牆上寫起來的斗方大字的標語。至於我們爲什麼打敗，怎樣才能打勝，人民應該怎樣起來抗戰這類的話，點起燈籠也尋不到，尋得到的是當半夜深更，突然用電筒往對外一照射，想看見無數的神兵。

——你們出錢，就是爲了你們底子孫，爲了你們自已，爲了你們自已不做亡國奴，（加重）你們拿一點錢，對你們底損失很少，可是對於抗戰是有無限的幫助的。你們要知道，現在還有我們來向你們討錢，假使日本人來了，你們不拿錢，他們就要你們底命（加重）哪！……

從南昌到九江來的火車上，南潯鐵路抗敵後援會捐募工作團上車來募稅，一個軍官先來做了這一篇演說，過了一會就來募捐了。

最先被募的是一個鄉下老頭子，他說他沒有錢，那個剛才演說過的軍官說他有錢，他便站了起來要請軍官撿一撿，軍官趕快制住他，說那倒可以不必算了。去再募第二個，又是老頭子，他出兩毛錢，軍官要請他做做年輕人底模範，老頭子不肯，再三推讓，還是兩毛，軍官有點憤慨的樣子寫了收據，說，好像是問他討錢。這樣一個個募過去，好像討價錢一樣，軍官總要討高點，每寫一個收條總都覺得不滿足，越募越埋怨了。募完之後開門出去的時候，他在門口站下，大聲喝道：有錢的不肯出，比漢奸還厲害！

大家默然無聲。到底誰有錢，誰不肯出呢？面面相覷。接着緩緩地將那感得的重力弛懸了，大家談起話來，始誰都說應該出的，並沒有人表示不肯出。但軍官先前一篇演說所激起的興奮，經過了這一番連怨帶罵的勸募，此刻是只感到寒涼與亡國也似的酸心了

可是，像這樣的勸捐，在浙江就看不到。別省的情形，那不知道，浙江募救國公債是按戶分派的，派到多少，才出多少。既沒有人肯將救國的必要告訴民衆，既無所謂「勸，」自動起來認購的便沒有了。有許多僻縣下鄉，鄉下的財主都逃掉了。

從九江上了船，是已經半夜後了。我睡在一堆行李上，天亮的時候被一個工人貌樣的湖北人叫醒。他叫我不要把他底箱子睡塌了，他自已從床上起身。叫我坐到他床上去。隨後，船上的客人陸續起來洗面了。我們就談起天來，他告訴我說，他們四個人睡兩塊板，要出十元大洋，其餘的還有些人有出十五六元買一塊板睡睡的，有出十二元買一個風車口睡一晚的，對面一個水手房間，被一共廿口的一個人家包去了，要四百五十元。這情形，我在未上船之前也聽到說過，昨夜找不到地方睡，就知道的確是擁擠的了，聽了他底話自然很相信，站在旁邊聽的還有別一些人也加進來談，都很憤慨，那時候，剛好茶房送一桶熱水到對面那水手房間裏去，房門一開，便看見房內的人已經起身了，熱水是送進去給他們洗面的。那工人貌樣的人說：

——他們逃難，好帶着錢跑了，到那兒不是一樣。

——還不是……這麼一來，茶房有好幾千塊錢收入，好發財了。

——這些東西眞該死——一個睡在那裏的工人講笑話說：

——你有本事來打一架，我只用一隻手好了，另外一隻手綑起來。

他笑笑，那個商人貌樣的人合上他底耳朵說：

——你好在一張嘴巴生得好……要陪笑說好話的時候是要陪笑說好話的。

——我實在很氣！——他說。

——你氣他們比你還要氣呀！

一個寧波人的水手在旁邊，便接上去答道：

——你們逃難，他們把舖位賣得這麼貴，將來他們逃難還不是一樣的，到底是錢好呀，沒有錢，哼，凍到天亮，……這種時候，錢就是性命……所以那個不要賺錢呢？要是你們，你們也要賺的。

他平心靜氣，輕輕說了這一番市儈哲學，就是在國難臨頭的時候，粗人的他們也無話可說了。

我是二十六日到漢口的，二十七日的漢口大公報上登載這樣一段消息：

公和輪茶役敲索旅客

經客覺後認救國捐七百元

（本市消息）前晚由鎭江開抵漢口之公和輪，因鎭江一帶難民甚多，乘客擁擠異常。經開前後大艙容納，輪船茶役乃乘機向旅客敲索艙位錢。前後艙避難旅客共計四百餘人，每人繳納五元至十數元不等。經統計結果，茶役等共得洋二千八百五十二元。嗣經旅客發覺，即推派代表向船主交涉。幾經商洽，該茶役等始允以七百元作爲救國捐款。該款已於昨晨交由本報轉送征募委員會經收云。

同報第一面廣告欄內有「公和輪船全體工友啓事」一則。說：「我等自願將最近戰時所得利潤（卽乘客酒資項下）捐出國幣七百元正交漢口大公報館轉交漢口市徵募委員會分發難民以資救濟特此啓事。

二十六年十一月二十六日」

標點和字句都照報上原文，圈是我加的。

我所乘的大約不是公和輪。可見向旅客「敲索」而社會並不知道的還大有許多其他的輪船在。我覺得他們底生意是決不壞的，現得了二千八百五十二元，「幾經商洽，」也不過「允以七百元作爲救國捐款，」再化去幾塊錢登個報，總共還不過失了一個零頭，淨得二千元是一定的。敲索既合法了，又得了「分發難民以資救濟」的美名。把那些迷信，把南潯路上那募捐軍官臨走時的一句話和浙江派公債船上難民愛國的熱忱等放在念頭上，對於人與人之間的糾葛眞覺得來日方長。

十一月二十八日

貌樣的痲子說，——他們……全是這一夥子，上海南市有人做好事，把大餅丟給難民，讓難民去搶，可是年老的，女人，孩子那裏搶得到？他們年輕的搶到手了，拿來賣給人家，賣六個銅子一個。

——南市麼？那些漢奸身上掛着手溜彈在民國路上走，用手拍着胸脯說我是漢奸，你們怎麼樣？你怎麼他呢？

大家正談得非常憤慨的時候，甲板上爭噪起來了。只聽見說：

——他們爲什麼有熱水洗臉？我們是冷水！

——他們有錢！你們有鬼？

趕快從人堆的肩頭上看過去，看見一陣水潑在一個人底面上，甲板上便打起來了。

——打！打！——大家叫喊起來。那顯然是說打茶房。

大約是茶房面上被潑了水，但大家喊着要打他，他也無法報復，只好陪笑了。這陣風波就此平息，

爲着十塊錢兩塊板，人們越談越憤怒，這船上的人民，比起我以前看見的人民淸醒得多了。他們有的親眼看見過日本人底殘酷，有的在敍述中國人雖然此刻打敗，將來是一定勝利的，那工人貌樣的痲子，指手劃脚，在談漢奸，他說他不識字，以前什麼也不知道——這是多麼苦呀——他說——又沒有人跟我們說，現在總算知道一點。

那面上被潑過水的茶房走到我們面前來，笑皮嬉面，看他底樣子，實在不好意思下手打他。有個人便和他

奴隸社叢書

豐收（短篇）

八月的鄉村（長篇）

生死塲（中篇）

現已到漢

生活書店代售

沙喉嚨的故事

唐其羅

先生，這里是很太平的，人們照舊啃着爛紅苹硬麵饑。然而，近來却太不太平了，西壯的漢子們，不能親撫着喂活他們的母親大地，不敢走進他們的家里的門檻，在山頭，在墳頭，在所有的荒涼的原野，藏着他們自己。唯恐，甚至小虫也罷，倘是能傳達他們的消息，給任何一個「爲國奔走」的抓壯丁的「老爺。」

先生：壯丁都是抓來的！

許多人都嘆息：「鄉人太不愛國了！」

先生：我毫沒有感想，也不能感想，但誰許我重述幾個有血肉的事實吧！這是一個有「沙」的喉嚨的可親的鄉人說給我的。他遲鈍的眼光里，劃着隱痛，掛着不願流下的淚絲！

「鐵錘使我喂活了全家，我老了。火星炸毀我的左眼時，大兒子瘋顚了。老母，老伴，孩子，都是札不住嘴頭的，要吃，爲的是肚子。于是，二兒扭負了這沉重的挑子，靠着他年青，有力量，我們過的寬廠了！可是，這也是該應的，擡過了三代人口的鐵錘把子並沒斷哪！就這……」「鄉人」不斷的講着，我是連覗測他的表情的餘裕都沒有。

「……就這『犯法』啦！說是『老鄉』單找有錢的壯丁，我們是有錢的！所以我們，二兒抓去了，二兒抓去了！」

「還就是綁票呀！綁一個，綁了全家！誰能知道是夜里呢！天天不准我們好過！那有啥法？」

「我要去看他，他走了，一文都沒帶，衣裳又薄，不知道可有吃的，不然，不是活餓死了嗎？打仗是大官的事，可是要老百姓去墳命！」

他拿出三塊八角錢的鈔票，叫我帶他去看他的兒子。先生，我不能拒絕吧？可是，並沒找着他用粗糙的手指揩着快滴下來的眼淚，那靈魂的顫慄，叫出了非常悲慘的聲音：

「……天南地北！骨屍也找不着！……只有餓死！」

倘若你是愛聽可笑的傳說，或者，你想更知道這古老的農村的愚昧的程度，那麽，請你再聽我下面的複述吧！原諒我，文字缺乏着表現力，那沙的老者的喉嚨原來是動聽的．

「也是夜里，黑得像翻過來的鐵鍋，天哪！什麽『日子主』的東壯，被老鄉嚷啦幾天的桂七，抓去啦！不，不，不淹死啦！」

「不不，老鄉也淹死啦！桂七帶着老鄉們翻過墳頂，翻過牆頭，翻過無數的剛斫過的豆節地，跑！追，追！跑！于是，都掉在河里了！」

「不過，桂七太狠，咬壞了老鄉的骼膊，水里冒出血泡！以後，都淹死啦！抓壯丁的，壯丁，都命該這樣死只有死。」

「還是夜里，」他似乎無感情的繼續的說。「實在，夜是太恐怖了。北莊都正在死睡時候，很大的打門聲，把他們嚇醒了，從熱被窩里跑出去。翻過自己的後牆，全家都跑啦！（被拉壯丁嚇慣了的原故。）但打門的一夥人就一古腦進去搶起來，家物，器具，鍋瓢碗盞，衣被，行[illegible]，柴米油鹽，搶光啦光啦！屁都沒存啦！」

「先生，他腔調更痛切而溫軟了，好像老了的幾乎不能吃草的山羊，現在，前面又橫着一種不可抗拒的魔障。「咱們都窮，官家爲啥只抓咱家一個，怎不用刀索性殺死全家！」

「到底打誰的仗，甲長又叫我們買『棺材』（註）想必人死的孟多？」他表現着被難受與無助累得疲乏的樣子。「陳寨的三少爺被老鄉們逼跑啦！先是要抓，末了，塞囉錢，算沒事啦！」

抓壯丁的人的腰包是相當的滿的。先生：這是他們發財的機會！

我眞沒有一絲同情給他們，怎樣呢？這是不可能的。

「回去吧？」我低聲的問他。

「是哩，明兒再來。不過，先生：聽說抓去的壯丁是熬熬機油，所以只抓十八九的！熬過了，骨頭全化啦打，一天就得熬一天，熬一天就得抓一天」！

先生：我有什麼權利去冷笑這樣的愚昧呢？像一尊石彫，我不能有任何的情緒，在臉上或是在心里。

我無聲的看着這握過幾十年鉄鏈的手臂遲慢的划着，肯影移動着，我記得住這無助的蒼老的生命與忸永遠的是誠樸的沙的喉管！

然而，很多，很多！

先生：學校里派三個代表正去競賽防空講演的錦標，說是曾于民衆有利而且是攸關校譽的。這怎麼能够非議或多說呢

炮火聲越過越近了，民衆只多一些痛苦與恐懼。我訪問過貧與富的佃農與地主，他們是在黨醉的掙扎着怎樣挨過絕望的暮年的生涯，使悽慘的靈魂僥倖的可能的到麻木與簡單的慰安！這是如何的傷痛喲！

「抗戰的最後勝利是理論上必然的問題，同時也決定於技術實踐的程度！」這只是知識者羣的腹稿。並且，議論叫得很高。倘是寫出給本階層的讀者知道、固然也有利，然而却並不能「普及」到民衆，也還等于在肚里一樣。

先生：抗敵後援會是一個「自己不做，也不顧別人做」的機關。組織，宣傳，教育，訓練，這怎能不是最最迫切的工作呢？無論如何，我們要自己起來的看完這封信吧？

一個熱烈的敬禮！

十一月十五日，一個漢奸成串却並無國難的鄉里

註：公債誤音。

杜妹的罪行

力羣

我帶着杜妹透過死神的羅網，從上海來到了安慶。

在上海時，雖然杜妹是那樣的肯熱心地跟着女朋友在馬路上募捐，到紅十字醫院去慰勞傷兵，整天地在某味精廠給保衛祖國的戰士做口罩，而且後來還肯辛苦地在漢口路某傷兵醫院做夜班看護，但總因爲她的學識太差，常常妨害到她的工作，像一個帶着一把壞透了的步槍的戰士一樣，這眞是一件遺憾的事。

因此，兩個人一到安慶我就打定主意讓杜妹進學校。

自然，這個非常時期已經不是談「讀書救國」的時候了。但爲了使她今後做事時能得到更大的效果，所以我就主張她再進幾天學校，求點起碼的知識。

事情還算弄得好，我們離上海前，杜妹在工作中曾認識了一個從前在安慶sy女中畢業的丁女士，她聽說我們要來安慶了，便特地介紹了一位余女士，是她在sy學校時同班過的老朋友。現在杜妹要在安慶進學校，當然想從余女士那里想辦法。

一天的下午，我們找到余女士，談了一陣上海的情形之後，就把來意說明。同時還提出了兩個條件：一個是要學校前進，一個是要交費少。但余女士說：在安慶根本就沒有前進的學校，至於省錢的，就只有她們的母校了。因爲sy女中是省立的。可是，聽說最近同學們要組織一個歌詠隊都不許可，問我要不要進我想：這邊的學[illegible]然都是「一丘之貉」，sy女中省錢，那就進sy女中吧。

這時我對余女士說明：杜妹十七歲才開始讀的書，到現在還不過三年，當中一年多是在小學里，一年多是自修的。所以既沒有文憑，也沒有修學證書，能够讓她在初中一旁聽就好了。

過了一天，余女士到我這里來，說她已經問過她們母校的校長了，只是校長要先見一見杜妹。我想：這有什麼不可以呢？于是第二天早上杜妹就和余女士一道去見校長。臨行時，余女士關照杜妹說：「你最好裝得傻頭傻腦些，因爲你是從上海來的，他很害怕。」

三個鐘頭之後，杜妹回來了。從頭到尾的把經過的情形告訴了我說：當校長問話時，不許余女士同在，因此就只有她和校長兩個人，但問的話並不多，問過「從前在什麼學校讀書？」「爲什麼來安慶？」之後，就問「怎麼認識了余女士的？」杜妹這傢伙很老實，于是就照實說了：她告訴校長，說在上海做工作認識了丁女士，由丁女士的介紹才認識了余女士的。爲了這，我就很怪杜妹

怪她不該提到「工作」兩個字。因爲余女士已經說過：校長是很怕這些的。但下午余女士來，對我說：校長已經答應了，只是有點手續要寫一封證明信，証明杜妹曾在上海讀過書。我于是才放了心。校長既已答應，可見杜妹的答話沒有問題了。

星夜我把證明信寫好，就打開余女士的家門，交給她，

次日上午，余女士來，笑着對我說：「今天可以去交費了；只是校長嫌校里過去沒有『旁聽』的例，現在由他想辦法要讓劉女士（即杜妹）做借讀生。」我想：只說他允許進與校，一切都由他辦吧。

第二天杜妹交費回來，一進門就掛下了面孔，無精打彩地向我走來。這使我非常詫異，「難道她把交費的錢失掉了嗎？」我想。

「沒有交，人家不要我！」她氣憤地說了。

「這是什麼道理呢？」我奇急地問。

杜妹才漫騰騰地把今天去交費的情形告訴了我。據她說：她一到學校就先去會校長，校長坐在沙發上，吸着雪茄煙，一見面就又「口試」起來：

問：「你是什麼地方人？」

答：「江蘇常州。」

「家裏的人是在那一界服務的？」

「種田……」

「噢？……」校長竟表示着懷疑。

送別記

心一

「好些兵往車站去了，據說是到北方前線去……」

「什麼時候開？」

「歡送去，歡送去！」

聲音起來了，不斷地，轉遍了全校。每個同學都跳了起來，爲了想歡送殺敵的將士，他們心里的火燃起來了。——大家都搶着打綁腿，整服裝，湊角子……要立刻到車站去。

「年歲小的和身體弱的同學請不要去，因爲開車沒有一定時候，早了我們得跑步，晚了說不定要等到什麼時候……反正大家的熱誠……」

「不怕，等去。」

「等到天明也值得。」

學生軍童子軍按着次序出發了，穿過了一些街道以後，到來了不少民衆，在「歡送抗日將士」的旗子後面不僅是學生了。

「誓作抗敵將士後盾！」

「武漢民衆趕快起來！」

「起來，不願做奴隸的人們……」

口號在叫，歌聲在響，——聲音從街的兩旁，馬路中間迸發出來，也已不單是學生在唱了。

「武漢民衆趕快組織起來！」

「肅清漢奸！」

「逃避兵役的就是漢奸！」

兵士們正在忙碌着，有的抬，有的担，有的在那露天的鉄車上，有的在地上，地上滿是水泥。雖然那麼多的人在動作，却沒有一點喧鬧的聲音。

我們和跟在我們後面的民衆在「只有鉄，只有血……」地歌聲中到了循禮門車站，那些兵士們將要離開的地方。時間是七點半。

在泥和水的地上，我們不能整齊地站隊，只能各自沿着路軌站着。對面就是列車，裝滿了健兒的兩截露天的鉄車已經坐在車上的兄弟，見我們來到了，都轉身向着我們，雖然燈光暗淡，但那和愛的笑臉，是望得淸的。

跟在我們後面來的人有的半途去了，但有幾十個却始終熱心地跟着不走。一個四五十歲的人說：「這才對！可惜晚了些，爲啥到今天才來送？」慚愧和喜歡交襲着我。是的，我們做得太晚了。爲甚不早些來歡送？以前不

「對了，你那天說，在上海做工作認識了丁女士的，是做什麼工作？」

「做……」杜妹停頓了一下，似乎想要說做別的，但又馬上想不出個適當的工作來，于是就直截了當說的：「做救亡工作。」

「做救亡工作，」校長坐在沙發上，把頭點了一下。像法官審問似的繼續問：

「你和什麼人同來的呢？」

「和和我的……丈夫」——我已經說過，杜妹是非常老實的，她竟毫不轉灣的說出了。假如要是別的從上海來的小姐，將一定全撒謊的說：「是同我的哥哥來的」或者說：「和我的表哥來的」吧，可是杜妹說了個『丈夫』，就像供出犯了民法第幾條幾項的口供似的，把事體弄糟了。當校長繼續問過「你丈夫來安慶做什麼事」後，就立起身子，在地板上來回的走了兩下，把雪茄烟用手指彈了一彈，然後說。

「噢匕！很抱歉，劉女士，你還是到別的學校去吧，因爲我們學校一向不收結過婚的女子，哈哈，眞對不起。」

就這樣的，杜妹走出了校長室，像被判了徒刑的犯人，退出法庭似的。

但在我，除氣憤之外，却是有無限的悲哀的。我和杜妹結婚已經兩年了，却從來沒有想到我們的結婚將會成爲杜妹的罪行的！

但我又疑心也許是她做的救亡工作害了她吧？

這又使我想不穿了！

是也有許多戰士從此地出發嗎？

在歌聲，口號，鞭砲聲中，一位營長（當時是不會知道的）來給我們談話。大家都屏住了氣息，靜心地聽着：

「各位同學，團長因公不能來和大家見面，兄弟就代表團長向大家道謝。」他的手舉起向我們敬禮，我們還禮的時候，心忐忑地跳，想哭。他接着說了：「剛才，我知道你們要來，聽到你們的歌聲，口號，我的毛孔都張開了！當你們到這裏的時候，我的淚流下來了，我的淚流下來了！」他的話很簡單，但我們的眼都濕了。「我們要到前綫去殺敵人了，希望民衆眞正的組織起來，做我們的後盾，因爲救國，你有分，我有分，每個人都有分……」歌聲又起來了，比以前更有力，更雄壯。

兵士們正在忙碌然而鎮靜地向車上搬運着，站在旁邊的我們感到了不覺得怎樣才好。

「你看兵士們抬東西多出力。」

「我們去替他們抬罷！」

許多同學就跑到那將要裝車的柴包邊。他們到北方前線去還帶着柴。

「同志，這些東西搬到那個車上？我們替你們搬。」我們一邊說一邊就動手。

「同志，用不着，有伕子，請回去，……」兵士們客氣極了，又誠懇極了。

「沒有關係，你領着我們吧！」我們開始動手了。

「同志！」兵士們左手按着我們要抬的東西，右手伸出來和我們握手。「學生同志，謝謝你們的好意，但你們要明白：不是我們固執，這是軍用品！」兩三個兵士都在說。

恍然明白了以後，我們不抬了。

時間一秒一秒地過去，兵士們一個個都上了車。這時候他們的旅長來了。他也是和營長一樣，腰中緊繫着一條兵士用的窄皮帶，不同的恐怕只有那呢子衣服，因爲沒有了領章番號。

「聽說大衆來歡送，兄弟覺得非常慚愧，因爲我們還是在後方，還沒有到前綫和敵人對面。我們是吃民衆的，穿民衆的，即使殺了敵人，也不敢受大家的歡送。……這戰爭不是三月五月能結束的，所以後方的民衆組織很重要，諸位同學當在這時候鼓勵自己的父兄和有關係的人加緊生產，努力普及戰時教育……肅清漢奸。肅奸不只是殺，重要的是教的肅奸……望全國民衆結織起來做我們的後盾……」旅長的話很長，很有條理，可惜不能記全。「我們馬上就要走了，請諸位同學先回去，夜已深了，明天還有課呢！」我的淚出來了。旅長轉身對車上的士兵：「立正，向歡送我們的同學敬禮！」

「要」的一聲，兵士們的手都在胸前平行了。我們的手本能地舉起，我的淚珠不自主滾了出來。

這不是向我們敬禮，而是向武漢的學生，不，武漢的民衆，不，向全國的民衆敬禮！起來吧！我的同胞們！

旅長喊過了「禮畢」以後，又說：「諸位先回學校去吧！」我們說：

「沒有什麼，等將士們走了以後我們回去。」歌聲又起來了，是熱，是愛，是力，是奴隸們的悲憤的叫喊。

一個四川的同學說「前天四川出來的兵士，在重慶，在萬县……等處都受着熱烈的歡送。他們快到漢口時，想着武漢這地方，不知怎樣的歡迎，與歡送呢？他們在船上就等着歡迎，在未到車站時就等着歡送，但他們失望了，大大地失望了。」這同學轉頭一下，笑着說：「今晚，這些弟兄們總不會那樣的失望吧！」

哨子，軍號，鞭砲，歌聲，起來了，火車走動了。

「誓死作抗敵將士後盾！」

「殺死日本鬼子！」

「打回東四省！」

「一三八團萬歲！」

「中華民國萬歲，萬歲萬萬歲！」

拳頭在空中舞着，脚在跳，兵士們的拳頭從車上一齊伸起，他們，可愛的的兵士們也大呼起來了！最後一輛車，有窗然而無窗，從那窄窄地門中伸出無數的拳頭，軍帽，以及衝出的呼聲：

「殺盡日本鬼子！」

「不打回東四省不回來！」

弟兄們走了，我們沒一點聲響，也沒有淚珠了。

十二點前一刻鐘！

「起來，武漢的民衆趕快起來！」在國旗的微光上，我們依然喊着。那正是八日九日相交的時候。

七月

5

中華民國廿六年十二月十六日出版

●目錄●

本刊已呈請主管機關登記中

七月 第五期

廿六年十二月十六日出版

編輯兼發行 七月社 漢口漢潤里四十二號樓上

編輯人 胡風

發行人 熊子民

總代售 生活書店 漢口交通路

印刷者 漢口小董家巷 新昌印書館 電話二一〇四五

另售每份一角

訂價 三個月……五角五分 六個月……乙圓

每月一日十六日出版

論戰爭期的一個戰鬥的文藝形式

胡風

新情勢下的新形式

爲了打碎奴隸鎖鍊的神聖的民族革命戰爭揭開了以後，文學運動上就提出了兩個任務：一個是，蒐集在出版中心地的作家們向各地分散，各各提起和各地動員民衆的工作配合的，帶有特殊性的文藝活動；一個是，從各方面各領域誘起文藝的通訊員，使他們各各把在戰爭大潮里親身經歷的生活眞實隨時隨地寫給讀者。但在這兩個任務底實踐上，從表現在作品活動這一方面說來（我底意思是，除了作品活動應該有一般的文化活動和組織活動等，）無論既成的作家也罷，未來的作家（文藝通訊員）也罷，那主要的形式是「報告，」不過這所謂「報告，」是把普通所說的報告文學，速寫，特寫，通訊，慰勞記，訪問記等都包括在內的。由這發展出來的還有報告詩，報告劇（活報，）等等。

然而，「報告」這一形式並不是現在才有，從它底發生起，已經有了幾年的歷史。九・一八前後，上海工人底愛國工潮層出不絕，那時候的進步的文藝刊物上開始出現了把那里面的英勇的性格馬上反映出來的「報告文學。」那以後，「報告」式的作品一天天地發展，廣泛，尤其在一・二八戰爭和最近兩年來救亡運動澎湃的兩個期間，特別活躍；我們民族底偉大的史詩底序章，藉着它，才沒有完全被空間時間，以及特殊政策所淹沒，埋葬。這是「報告」底第一個源泉，從這里我們可以知道作爲文藝形式的「報告」底戰鬥的性質：它產生於走進了民族解放鬥爭的作家底手里，它產生於從民族解放鬥爭里成長的作家底手里。藉着它，文藝更直接地和生活結合，更迅速地替戰鬥服務。

另一方面，幾年來在日本帝國主義底兇暴到了極點的壓迫和侵略下面，中國人民對於民族危機感到憤激苦悶，同時又忍受着生活底不安痛苦，這就影響到了最經常地最廣泛地形成人民底文化生活的日報新聞；它爲了滿足讀者底要求，不能不在呆簡的消息和千篇一律的通訊社稿件以外設置專門的旅行記者，想把社會生活具體地活潑地提供出來。幾家大報底獨有的通訊，每個被人熟悉的旅行記者底出現，那主要的原因就在這里。我們試一翻閱這些通訊，就知道那和過去的通訊有兩點顯著的不同：一是大半注重在社會生活底反映，不祇是政治情況或地方風物底紀述，一是大半滲透着通訊者底個人的情愫，批判，不能夠對着血肉的生活還祇是「有聞必錄」地漠不關心。如果說作家或文藝預備軍底「報告」是由想像的文藝更直接地突進了生活，那麽，旅行記者底通訊是由事實底報導接近了文藝。它底讀者是最廣泛的，當我們評價它底影響的時候，就會找到了「報告」底第二個源泉。

所以，一提到「報告，」我們就模糊地感覺得到它底性質：和日本帝國主義底兇暴的壓迫和侵略結合着，和人民大衆底生活苦難結合着，和人民大衆爭取民族解放的血淚的鬥爭結合着。

是文藝形式上的這個「報告，」在蘆溝橋上的中華男兒放出了第一槍以後，就被更加強地提了出來，向着全中華民族底作家，也向着全中華民族底參加着民族解放鬥爭的文藝青年。五個多月以來，在文藝刊物上，在報紙底副刊上，在期刊底文藝欄上，我們試統計一下罷，最多的篇幅是由它担任的。它和戰鬥者一同怒吼，和受難者一同呻吟，用憎恨的目光注視着殘害祖國生命的卑污的勢力，也用帶淚的感激向獻給祖國的神聖的戰場敬禮。……而讀者的我們明顯地感受得到，作者們是希求着把這怒吼，這呻吟，這目光，這感激，當做一瓣心香射進不願在羞辱里面苟且偷生的中華兒女們底心里的。「報告，」在偉大而苦難的大時代下面，我們底作家在獲取着這個戰鬥的形式。

由平舖直叙到提要鈎玄

然而，就我個人數月來所看過的一百多篇的「報告」（發表的或原稿）說來，十分之八九是貧弱無力的。爲什麽？這並不是由於被報告的內容；在我看來，那第一是因爲作者墮入了「平鋪直叙」的寫法，不能扼要，沒有重點，寫慰勞傷兵就從結伴出門起寫到走出醫院止，寫敵機襲擊就一定是從怎樣聽到警報到警報解除後的情形……這是文藝上的身邊瑣事傾向底延長，不過把太平時的身邊瑣事換上戰時的身邊瑣事罷了。如果是私人日記，也許不妨這樣，但我們卻是面向着等候攝取精神食糧的萬千讀者。

要經濟地有效力地對讀者有所給與，那就非從「平鋪直敘」脫出不可。不容許浪費，不容許囉嗦，從繁雜的現象中間抓出那特殊的一點，把那在你底心里所引起的印象所擾起的感覺抒寫出來。但請不要誤會，我並不是主張一律地用幾句話了事；得躍馬而過的地方應該躍馬而過，應該留戀的地方還是要儘量留戀，應該盤桓的地方還是要儘量盤桓。與其詳細地敘述堆積在車站上的行李和擁擠着的人羣，倒不如用力地寫一寫在那里被擠散了孩子的痛苦的母性。「從一粒沙里看世界」這句話過於神祕了，但我們應該從特殊的側面來反映全體，應該在一般的現象中間注重特別激動我們的事件，卻是無疑的。

（本文還有「情緒的飽滿不等於狂叫」「要歌頌也要批判」「集體的史詩」三節，下期發表。）

通訊

從山西寄到武漢

奚如

風兄：

你給我和丁玲的信，已經由友人轉到了我們的手，是在我們剛到太原時，在八路軍駐晉辦事處收到的。你們幾個朋友到漢口繼續出版七月，在我是很贊成的，因爲只要有機會，文學這武器還是應該把持，而且還可以去號召廣大讀者，激起更壯烈的抗戰情緒，使抗戰深入到全面的全民族的。

我們離開延安已經有三個月了，大約你們也曉得我和丁玲組織了一個「第八路軍西北戰地服務團」，從延安出發，渡過黃河到了山西工作。

戰地服務團直屬八路軍總政治部，做些宣傳動員的工作。團員大部是抗大的學生，也在太原，吸收了一些平津流亡的學生及教員等。

到了太原，我們才眞切地投入到戰地的生活。敵機經常在我們的頭上飛，投彈。同胞們的血是鮮紅地流在各處。我們工作的目的地原來是在前線與總政治部一道工作，所以在太原工作三四天，就奉周恩來先生的指示，向晉東本軍×××師防地前進。但剛到榆次，東路的戰況即不利，娘子關一帶的防線（中央軍，陝軍，川軍等）已被敵人衝破，且向陽泉前進。於是我們不能不改變計劃，由榆次夜行軍到太谷停止待命。可是到達太谷不久，陽泉壽陽已失，榆次亦被敵包圍。在這種緊急的情況下，我們即決定將服務團分爲兩部，一部由丁玲率領向和順東進，與×××師會合，一部由我率領向孝義西進，與總政治部會合。這樣，我和丁玲便分別進行工作了。

我這一部份工作人員，到達孝義就得到了敵人包圍太原並攻下太原的消息。當我們從文水到孝義的途中，我們曾遭受過敵機九架的追擊，幸我們團員蔭蔽得快，沒有損失，只有一個女同志的棉袴被敵機的機關槍彈射穿了。

現在我們是已經與總政治部會見，並分配在××一帶工作。我們的任務也因戰局的變化由宣傳工作變爲組織工作了。我們正進行組織遊擊隊，自衛隊，農會，工會，婦女會等人民團體。在正規軍抗戰節節敗潰的現在，山西與華北的局面，將以八路軍爲骨幹，開發廣大的遊擊戰爭，與敵人作持久的戰鬥。同時，我們反對一切友軍爲失敗情緒所籠罩，紛紛潰散，企圖跑過黃河，夫苟且偷生的傾向。我們提出留在山西，堅決抗戰的口號，去穩定友軍。

這次山西之所以如比迅速的敗潰，除了戰略上的錯誤外，那就是這些軍隊的結構實在太腐敗，不亞於日俄戰爭時帝俄軍隊的情形。晉北晉東的敗仗不是敵人打敗的，而是自己「望風而逃」的。雖有八路軍依然在晉北晉東支持，且已部份的打到了察哈爾河北，但也無法挽回全局，原因是八路軍在今天還只佔較小的一部份力量，不能担任整個華北陣線的任務。在敵人雖已攻下太原，沿同蒲綫南進，如中央能迅速調派戰鬥力强的軍隊反攻，而八路軍又在平型關雁門關娘子關一帶截斷敵人的後路，則山西的危局還可挽回，也就是華北的局勢可以挽回。

我們這次在從榆次到太谷，再由太谷，到××的途中、我見了一些痛心疾首的事，就是敗退下來如水一樣奔流的幾十萬軍隊到處搶掠人民，姦淫婦女，殺害百姓。于是人民覺得「大概日本人來了也不比這更厲害吧？」客觀上，他們是在替敵人當開路先鋒，在替敵人製造順民的條件。祖國啊，人民啊，你是在重重黑暗包裹里喘息。有文學家能够將這些現象搜集，我相信一定可以寫出一本比[illegible]更可觀的傑作！

我們工作在這樣慘淡的環境里，一方面要將人民宣傳回家來，一方面貢獻意見給友軍整頓軍紀。當抗戰開始時，我們卽已指出原有政治軍事結構必須改革，人民民主權利必須給予，抗戰一定要由單純的政府軍隊抗戰轉變爲全面的全民族的抗戰才能戰勝敵人。今天的事實已經給人們以殘酷的教訓，如果還是這樣因襲下去，則抗戰前途將不堪設想。

七月在武漢發行第一期，今天我見到了，內容還好，我還希望能將我報告給你們的這種危機多多提出和批評，這樣才可以培養出將來更好的抗戰形勢，才可以爭取抗戰的勝利。

給七月寫稿當然是應盡的義務，但每天都在行軍奔走中消滅時光的我們恐怕一時不能有空坐下來思索寫作，但自然極願意能有機會寫點東西給你們。這封信暫告一個結束，祝你們康健，努力，紺弩，田軍，蕭紅諸君前祈致意！並慶祝山君的平安出獄！

奚如于××石×村大雪中一一，一八。

文學的寬度，深度和強度

端木蕻良

有一天晚上，大家談話，我的朋友受了團剿，因爲他說一件偉大的作品必須具備健康，精深，廣大這三條件不可，而聽的人都反對他，據說這團剿已經受過一次了，但那次我沒參加，不能知道。

我說：「是的，三個條件是對的，也不會多一個，也不會少一個。決定一件藝術品的偉大性的，是由於它的寬度，深度和強度，或者[illegible]是高度也可以。我們用的名詞雖然不同，但本質却都是說明的一個。」

他說：「精深是表明藝術的質，偉大是表明藝術的量，這質和量的區分不是絕對的，而是相對的，藝術上的質和量常常是不調配的，有時候量起於質，有時候質起於量。在同一質度上的藝術在量的比較上是有差別的，這差別就是「偉大」上的差別。

在托爾斯泰的戰爭與和平裏面可以找到類似屠格涅夫的散文詩那樣整部的形式和內容來，可是你在屠氏的散文詩裏，絕對找不到戰爭與和平的整部的內容與形式來。這就相同在一幅大壁畫裏面可以找到一個完整的人體和這人體的完整表情來。可是在一個完整的人體面畫裏，你祇能找到這人體所表現的，絕不能找到這人體所表現的以外的複雜的東西來，就是說，你不能從這人體尋出一張觸及更多的複雜[illegible]壁畫來。雖然在質上可以是同一的精深，在量上是有若干數的差別的。」

我是十分的謳歌托爾斯泰式和巴爾扎克式的宏闊的，我以爲想敘述我們這個時代，寬度非盡量展開不可。一般小家氣的人物總是躺在蝸牛殼裏把自己的視線永遠滑動在十五度角以內，這種蝸牛還是讓老鷹吃了去吧，老鷹兜圈子永遠是近於三百六十度的螺旋線而目的又祇在一個。巴爾扎克那大胖子，用譫啞的叫賣行的掌櫃的粗闊的喉嚨喊出的吼聲，我是十分喜歡的。老實說我是不喜歡他的追隨者的平庸的小市民氣質的謙抑和守分的，而且又扭扭搯搯的說着自己並不會[illegible]到的好點。

散布在各角落的文藝戰鬥員們，在此時此刻向你們要求偉大的作品，爲不可能，但是偉大的作品必須在此時胚胎，則爲必然的。所以在此刻來談這個問題，不但不是遙遠的不着邊際，而是非常親切而必要的。

文章必須從播種，發芽來着手，沒有不經過這些過程而能結出果實的植物。一樣的，我們的文藝戰鬥員，也得在這廣大的戰爭裏來使自己思想發酵，將觀察的毛根向舉凡認爲可以吸得養分的礦石伸張開去。

向托爾斯泰來學習，不要向屠格涅夫來學習。向巴爾扎克來學習，不必向紀德來學習，雖然以我個人來講，我更喜歡屠格涅夫在藝術手法上的精純和紀德的田園交響樂的冷豔氣氛的，我以爲十個巴爾扎克也抵不過那樣一篇文章。但是，有力的伙伴們，還是捨棄他們吧，踏着那法蘭西的熊和露西亞的象的寬闊而雄健的脚印向前走去吧，雖然托爾斯泰也許有時會使你嫌他粗俗，而巴爾扎克又有時使人覺得輕率，但是想寫出人間的諸色相絕不是有着「潔癖」的人可以勝任愉快的，愈是向人間去求發展的人愈是強壯的工匠。

向這些大師們來學習，那麽，在這個動亂的時代，你所擷取的華實才能有地方來安放，才不會感到侷促。

但是，這些還都不够向他們學習了依然還不够。

沒有一個精純的思想系統，而想寫出了不起的作品，是從來未發生過的事情。僅僅將文章的觸及面擴張開來，仍不能爲力，仍不能成爲第一流的作品。就以中國的茅盾先生來講，他的作品，觸及的角度非常廣泛，技巧的運用也到了精純的地步。但是，他對於人物的愛憎的強度還不够，所以藝術的價值也受到損失。在中國即使說在世界也可以的，對於小資產階級的虛僞的無血氣的蒼白色的存在和强烈的對於無目的的利已主義的摔奪戰，再也沒有人比他表現的再了解再明確了，但是他向它們拚命的排斥着嗎？疾惡如仇的排斥着嗎？不，他對它們排斥和打擊的力量是不够的，甚至有時還看見他含有得意的好笑的成分存在着，而且祇是將他們的弱點暴露得充分越是覺得愉快和滿足，然而却不是讚賞和憤怒。倘是有一個作者，能够向人間的虛僞的無血氣的蒼白色的存在和强烈的對於無目的的利己主義的搏戰，盡了猛烈駁斥的責任，無疑的那一定將成爲人類頂頂值得尊敬的作家中的一員。所以一個作品必須有他非凡的深度，羅曼羅蘭說托爾斯泰愛深入，對於眞理一這點，成爲他在中年所寫的傑作底獨有的價值，他的寫實主義所以和福樓拜式的寫實主義者有別者亦在此。福樓拜竭力不愛他書中的人物，姑無論這種態度如何偉大，它總是缺乏光明的存在！太陽的光明全然不够，必須有心的光明。托爾斯泰的寫實主義現身在每個生靈的內部，並且用他們的目光去觀察他時，在最下賤的的人中亦找到愛他們的必然，使我們感到這惡人與我們中間有兄弟般的情誼聯繫着，由了愛，他滲透了生命的根源。

一個作品的偉大，必定是他的人格和術藝的完全的統一。沒有思想，就不能是藝術家。

同樣，想紀錄這次抗戰的前方和後方衞護和動搖，叛變和進步，沒有深邃的思想也不會理解，也不會認出這變動時代的特質。

在很久已前我曾在自己的册子上。記下對於巴爾扎克的抗議。我以爲將人類從命運裏拯救出來而另外交給一種「情欲」，任它去支配在時代進展到現在的當兒已經不够來說明人類的活動了。「我想寫出的則是一種要求，我以爲把一個人的一生無條件的祇交給一種情欲去受無限制的支配和虐待，這種描寫必然的要遭受變更。尤其是社會的機構遇合在鉅烈的變異的現在，强固的影響隨時隨地向心理，理智情緒，起着接引和作用，人類的趣味要受到商人設計師的轉移，沈浮的下意識要受到政治宣傳員的利用和挑撥，情欲已由主人的失去了控制力，成爲另外一種東西，成爲一種對於物質的驕衿所把持，追求，怨尤或失望，不管你情願不情願。

由於一種要求，比如：由於飢餓，欲望只化成獲得飯盌的殘酷的追求，由於金錢的脫節，而引起歇斯底里的瘋狂。最好是用人類的饑的渴望相比擬。的貧苦的人對於受到肉的香氣的襲擊之後現出的那種可憐相，倘是他自已看到鏡子裏中那直勾勾的眼睛，半搖擺的嘴唇，流淌不止的口水他也要羞辱了吧？一個人的意志會屈服在一塊不足三兩的肉上，這是可笑的奇蹟。但是高雅的紳士們，請不要見笑吧。他這一個行動，正是每個沒有油質的細胞共同發出的願望，倘使他要是擁有三萬六千棵細胞，它們也會投出三萬六千張攫取那肉的一致要求的投票，一輛燒乾了的汽車，經過汽油站時，也要回顧一眼的。

我以爲要求也者，就是滿足其生活的意思。所謂滿足的限度是從低級的本能作用到高級的生活享用，那等差則由於他所佔據的社會的地位來決定。中國對於生活的平庸的要求，由於農業社會的生產手段的低落，統治階級的一貫的宣傳，鎮壓，和人們對於水平線以下的生活的苟且和保守（以爲突破這個限度是罪惡）一切的生存的條件都是勉强的，停滯的，退嬰的，而一般流傳在民間的佛老主義，又盡了冷却對於生活的熱心的幫閒，在小百姓的腦子裏，在鄉賢鄉長的嘴裏，在「路過居」的小飯館裏，都有「宣講拾遺」「觀世晋勸世文」等等的文字或口頭的宣傳散佈着。「城外土饅頭，稻草在城裏，一人吃一個，沒嫌沒滋味！」的虛無的悲哀，成了他們硬化的觀念。於是生活的道德水準，固定在粗茶淡飯布衣裳以下，人活着是爲了時時避免生前入獄（好人不見官）又時時避免死後入獄（好人可升天）。

這是從前準備在四個長篇的總記裏提到的意見，現在我仍保持這樣的觀察。對於物質的要求的缺乏，和對於物質認識的缺乏，將成爲此次抗戰的悲劇惟一的基因。不從這個苦悶出發，不從這種渴望來描寫，那麼任何的記錄和分析都將失去了內容。

文章的深度就是思想的深度，觀察的宏博，必須從思想來擴張。沒有思想的人絕不會體驗出身受的生活是什麼，過去一般指示者侈說什麼從實生活來體驗，哪，……之類的話，其實沒有思想的體驗是完全無用的，一個農夫想讓他說明出他自已的生活爲不可能，但是一種刻苦的觀察可以得到這些。

思想是一切文字的重心，沒有重心的投影是不會正確的。

我們要寫出達官貴人，小市民，百夫長，奴隸總管，都市女人，公務員，士兵，紳士，地痞，青皮，打十乂的女人，小廝，孔乙已，冬烘先生，英雄，傖夫，野小子，經紀人，俳客，皮條匠，店主人，老板，手工業學徒……不管我們把寬度如何寬放，但是必須有一個東西，把他們固執的貫串起來，沒有起伏在全文之中的思想，一切都成爲單弱的，沒有了認識也沒有了感動。

思想的健康決定於愛人類愛眞理的宇宙觀，這宇宙觀也決定了文學的强度。

記一個朋友底談話

耳耶

上海抗戰開始後，約莫四個月光景，日寇進逼首都，我前敵英勇將士正以血肉和敵人底最新式的飛機大砲相搏鬥的時候，京滬和江浙各地逃難的人民，都順着長江向西移動，同時西戰場北戰場一帶的居民，也因一戰爭的影響，好多都遷到武漢來，武漢一時成爲一種爲慘的「繁榮」，滿街滿巷，翻翻滾滾的盡是人，好像連悲張針都落不到地下去。如果不是原來住在武漢的人很多疏散到別處去了，眞不曉得會有什麼方法能够容納這些突然增加的人口。

因爲人多，因爲多是從別處來的，所以我在馬路上都意外地碰見了好幾個久已不知下落了的朋友。里頭有一個就是小學時候的同學老王，大概總有七八年沒有會見了。

「你不是老王麼？」我說。

「你不是……？」他說。

當他們在人叢里碰見的時候，我覺得湧起了一種欣悅的情感，拉着他底手向自己底寓所走。

他穿着軍服，顯得比從前神氣些，只是臉上似乎多些時間了在那里爬過的痕跡。

「怎麼你現在在軍隊里作事麼？」我知道他並不是個軍人，所以這樣問。

「可不是，好久了；在第××師當祕書，有什麼法子呢？」

「很好。這回從哪里來的呢？南京？平漢線，津浦線？」

雖然他說了那部隊的番號，可是我並不知道是誰底隊伍，和平常駐紮在什麼地方。

「都不是，」他說，「是從高頭下來的（高頭指上遊的地方）我們底部隊開到前方去了，我在這里留守。」

從路上回到寓所，走了很長的一段路，我們底話却說得很少。尤其是他，除了回答我底問話以外，幾乎沒有開口過，這在他可說完全是一種變態，他向來是高談雄辯。口若懸河，不說話喉嚨就像要發痒的角色。我有點驚奇，略略留心一下他底神態，發見他底頭時常低着，眉毛總是皺着，不知道有什麼苦悶抓住了他。

到了寓所，他把帽子一摘，武裝帶一解，向我底老婆說：

「嫂子，請你煨點肉吃吃，要多要爛，吃了去死的。」

說了，就坐着低着頭，不住地抽烟。

「我說老王你底情緒似乎太怎麼的了，你留守不上前線，何至于說到……」他不做聲。

吃晚飯的時候，老婆果眞弄了好多肉，可是他並不怎麼吃。

「吃呀，老王！」老婆把肉推在他底面前。

「嚇嚇！」他喝了一杯酒，略略苦笑了一下：「你們上當了，我不是眞地要吃肉哇，不過看見嫂子，觸景生情想起別人底話來了。」

「那末是……」我問。

「等等吧，等我喝幾杯酒。」

喝了幾杯酒之後，他抬起頭來望了我們一下，然後說：「你們不曉得，我做了一樁極其錯誤的事。」

「什麼！」我嚇了一跳，莫非……莫非……我想實在對不起朋友在這時候，所謂極其錯誤，自然只有當漢奸，莫非我朋友……，不過我沒有說出來。

「你們還記得我底老四麼？」他說。

「老四」

我想起來了，是他底一個弟弟，也是我小時候的同學，不過那時候年紀和班次都差得很遠，對于他，除了知道是個很好玩的小孩子以外，一向是很隔膜的。

「老四，」老王說，「是個很聰明的孩子。你曉得我們家里景況向來不好，他在小學畢業以後就沒有升學，起初在家學生意，後來又在外頭混小事。父親過得早，我又常常不跟他在一塊兒，自然誰也沒有管他。不知怎樣，他却讀了很多書，筆下也鬧得還不錯了。」

「這是眞的，」老婆說，「我看過他寫的一封信，雖然是普通托人找差事的信，却寫得很委婉誠摯，似乎很能寫文章的樣子。我以爲總讀過好幾年書，現在說起來不過是個小學生，眞難爲他了。」

「這豈不很好麼？」我說，「爲什麼……」

「唉唉！」老王歎氣說「他打仗去了，在湯山那邊，還幾天……」

「哦，他也在軍隊里麼？在什麼軍隊？」我問。

「還在別的什麼軍隊呢？就在我那一師，當排長，是我把他弄進去的，所以我說極其錯誤，他進去還不到一個月咧」

弟弟打仗去了，敵人底炮火是很猛烈的，幾個月以來，不知多少勇敢的將士犧牲了；做哥哥的心里懷念，本來也是人之常情；可是這一次是民族自救的抗戰，是以個人底生命換取民族生命的抗戰，在不懂得這意義的不必說，像老王這樣人，似乎不必因此而自認爲錯誤，苦悶得像這個樣子。何況打仗也未必一定就死呢？

我心里有點不滿，雖說一面在找話安慰他，却也微微透露了一點這種意思，

「怎麼？」他說，「你以爲我是涼血動物麼？以爲不懂民族抗戰的意義麼？你以爲我太看重了一個弟弟底生命麼？假如這樣，我根本不會弄他進去；他進軍隊的時候，戰爭已經開始了兩三個月，我們已經有部隊抽調到前綫去了。我所難過的決不在這里，也決不僅爲了他一個人，我覺得我們一開上去，一定會吃敗仗，很慘的敗仗，老四和整個隊伍都會當炮灰。然而他們是寃枉的！」

「爲什麼呢？」

我不懂得他何以知道一定會敗，更不懂得何以謂之寃枉。

「爲什麼呢？」他說，「他們都是新兵呵，老四自已就是一個，我以爲總要訓練三幾個月的，誰知不到一個月！他還是去得早的，還有許多人幾乎可說一天也沒有訓練過，恐怕連槍也不知道怎麼放咧！」

我和老婆都不懂得軍隊里的情形，聽了他底話，免不了發些問題，老王似乎覺得都是些愚問，他說：

「一句話，軍隊里頭像我們那樣的軍隊里頭，完全是黑暗的，是比黑暗還黑暗的那情形外面的人實在不容易想象，我雖然知道得不少，向以來沒有想到會產生這樣嚴重的結果。我們中國大概還不至于亡國吧，萬一要亡，那並不是因爲敵人底武力强大，也不是中國軍隊不能打仗，或者不肯犧牲，却是因爲軍隊里頭的黑暗，那吃人肉，喝人血，連骨帶皮都嚼得粉碎的黑暗底勢力太雄厚了。我底弟弟和無數的同胞都無緣無故不明不白地死在里頭。」

他說得很興奮，唾沫不住地噴在我底臉上和茶碗里頭；可是我們並不懂得他所說的黑暗究竟指的什麼。

「爲什麼我們底部隊幾乎全是新兵呢？」他乾一杯酒之後接着說，「那就是那黑暗的勢力在那里作怪。像我們那樣的部隊，好多都是一樣，『吃空』本是公開一秘密，可是你想不到吃到什麼程度。比如說，本來只有的萬人，向中央報告就說有兩萬，領兩萬人底薪餉和一切費用。難道還會發夾糧夾餉麼，還不是那些大軍官老爺們放到自已皮包里去了。不錯，中央有時候也派人來點驗一下，他們一聽見這消息，馬上就把地方上的老百姓拚命地拉來，穿上軍裝，學一點稍息立正就站隊給點驗委員看。事情一過，充數的老百姓就被釋放，千恩萬謝地回到家里去了。何況來點驗的人，大概也都是那些軍官們底『袍澤』，官官相護，瞞上不瞞下，只要面子敷衍得下去，就無論什麼都不成問題了。平常，大家馬馬虎虎，誰也沒有想到幾時會認眞起來，到了抗戰開始，中央按照各部隊所呈報的數目來估計自已底戰鬥力，隨時抽調部隊。在戰時軍律之下，自然無價可還，雖然抽調的只是一小部分，在像我們那樣的部隊却幾乎是全體了。這種被抽調的潰不成軍了的部隊，說不定馬上就有第二次第三次的抽調會來，沒有隊伍是不行的，說過去人數少也是不行的，只有向師管處團管處去拚命徵兵，徵來之後，往往來不及訓練，開到前線去的命令就來了。軍官們不敢說自已底隊伍都是新兵，就是想留着敎他們學會瞄準預備放，也怕落下『觀望不前，遺悞戎機』的罪名，于是硬着頭皮，咬緊牙關，眼睜睜地望着整千整萬，毫無軍事訓練，完完全全還只是鄉下老百姓的新兵送到戰地去做敵人底砲灰。明白了麼，這就是我們一定會吃敗仗的原因，也就是我後悔把老四弄到軍隊里去寃枉送死的原因。如果有好好的訓練，我何至于這樣自私，何至于說他們死得寃枉呢？尤其是老四自已，他比咱們都年靑，正是所謂血性靑年，絕對不是貪生怕死之徒；在要進軍隊去的時候，我問他怕打仗麼？他那激昂慷慨的回答是値得感動的。然而到了出發的時候，他知道所謂打仗跟他先所想像的不同，似乎也頹唐下來了。『嫂子，多煨點肉吃吃……』這話還像在我底耳朶旁邊響。」

說到這里，老王底聲音是顫動的，似乎傷感極了，我們也都默然，覺得無話可說。過了好一回，灌了一杯冷酒在口里，長歎一聲說：

「不但軍隊，在中國，無論哪一方面，都彌漫着這種黑暗勢力；這次戰爭，像巨大的探照燈一樣，把每一個黑暗的角落里都照明了。如果從此覺悟，竭力改悔，或者還來得及；如果反而掩飾，因循，甚至歌頌這種黑暗，那那……

……」這句話，老王並沒有說完。

十二月十日於漢口

一九二九年底愚昧

蕭紅

前一篇文章已經說過，一九二八年爲着吉敦路的叫喊我也叫喊過了，接着就是一九二九。於是根據着那第一次的經驗，我感覺到又是光榮的任務降落到我的頭上來。

這是一次佩花大會進行得很順利，學校當局並沒有加以阻止，而且那個白臉的女校長在我們用絨線剪作着小花朵的時候，她還跑過來站在旁邊指導着我們。一大堆藍色的盾牌完全整理好了的時候，是佩花大會的前一夜。樓窗下的石頭道上落着那麼厚的雪，一些外國人家的小房和房子旁邊的枯樹都澎漲得圓了，那笨重而粗鈍的輪廓就和穿得飽滿的孩子一樣臃腫。我背着遠近的從各種顏色的窗帘透出來的燈光而看着這些盾牌，盾牌上揷着那些藍色的小花，因着密度的關係，它們一個壓着一個幾乎是連成了排。那小小的黃色的花心蹲在藍色花的中央，好像小金點又像小銅釘……。

這不用說，對於我，我只盼想着明天，但有這一夜把我和明天隔離着，我是跳不過去的，還只得回到宿舍去睡覺。

這一次的佩花，我還對中國人起着不少的悲哀，他們差不多是絕對不肯佩上。有的已經爲他們揷在衣襟上了，他們又動手自己把它拔下來，他們一點禮節也不講究，簡直是蠻人！把花差不多是捏扁，弄得花心幾乎是看不見了。結果不獨毫元的，竟連一枚銅板也看不見貼在他們的手心上。這一天，我是帶着憤怒的，但也跑得最快，我們一小隊的其餘的三個人，常常是和我脫離開。我的手套跑丟了一隻，圍巾上結着冰花，因爲眼淚和鼻涕隨時地流，想用手帕來揩擦，在這樣的時候，在我是絕對顧不到的。等我的頭頂在冒着氣的時候，我們的那一小隊的人說：

『你太熱心啦，你看你的帽子已經被汗濕透啦！』

自己也覺得，我大概像是廚房裏烤在火爐旁的一張抹布那麼冒氣了吧？但還覺得不够。爲什麼不够呢？那時候是不能够分析的。現在我想，一定是一九二八年「遊行」和「示威」的時候喊着「打倒日本帝國主義」而這回只是給別人揷了一朵小花而沒有喊「帝國主義」的緣故。

我們這一小隊是兩個男同學和兩個女同學。男同學是「第三中學」的，一個大個，一個小個。那個小個的，咳嗽着，像個小老頭；那個大個的，在我看來，他的鼻子有點發歪。另一個女同學是我的同班，她胖，她笨，穿了一件閃亮的黑皮大衣，走起路來和鴨子似的，只是鴨子沒有全黑的。等到緊急的時候，我又看她像一隻猪。

『來呀！快點呀，好多，好多……』我幾乎要說：多買賣讓你們給躭誤了。

等他們跑上來，我把已經打着皺摺，捲成一團的一圓一圓的鈔票舒展開，放進用鐵作的小箱子裏去，那小箱子是掛在那個大個的男同學的胸前：小箱子的一邊接受着這鈔票，一邊不安定的在滾動。

『這是外國人的錢……這些完全是……是俄國人的……』往下我沒有說，「外國人，外國人多麼好哇！他們捐了錢去打他們本國，爲着『正義』」

我走在行人道上，我的鞋底起着很高的冰錐，爲着去追趕那個胖得好像行走的駝鳥似的俄國老太婆，我幾乎有幾次要滑倒。等我把錢接過來，她已經走得很遠，我還站在那裏看着她帽子上揷着的那棵顫抖着的大鳥毛。說不出是多麼感激和多麼佩服那黑色皮夾子因爲開關而起的響聲，那臉上因着微笑而起的皺摺，那藍色帶着黃心的小花恰恰是揷在她外衣的左領邊上，而且還是我揷的，不由得把自己也就高傲了起來，對於我們那小隊的其餘三個人，於是我就帶着絕頂侮蔑的眼光回頭看着他們。他們是離得我那麼遠，他們向我走來的時候，並不跑，而還是慢慢地走，他們對於國家這樣缺乏熱情，使我實在沒有理由把他們看成我的「同志。」他們稱贊着我，說我熱情，說我勇敢，說我最愛國。但我並不能够因爲這個，使我的心對他們寬容一點。

『打蘇聯，打蘇聯……』這話就是這麼簡單，在我覺得十分不够，想要給添上一個「帝國主義」吧！但是從學聯會發下來的就沒有這一個口號。

那麼，蘇聯爲什麼就應該打呢？「又不是帝國主義」這個我沒有思索過，雖然這中蘇事件的一開端我就親眼看過。

蘇聯大使館被檢查，這事情的發生是六月或者是七月，夜晚並不熱，我只記住天空是很黑的，對面跑來的馬車，因爲感覺上涼爽的關係，車夫台兩邊掛着的燈火就像發現在秋天樹林子裏的燈火一樣。我們這女子中學每晚在九點鐘的時候，有一百人以上的脚步必須經過大直街的東段跑到吉林街去。我們的宿舍就在和大直街交义着的那條吉林街上。

蘇聯大使館也在吉林街上，隔着一條馬路和我們的宿舍斜對着。

這天晚上，我們走到吉林街口就被停住了。手電燈幌在這條街上，雙輪的小卡車靠着街口停着好幾個。行人必得經過檢査才能够通過。我們是經過了交涉才通過的，

蘇聯大使館門前的衛兵沒有了，從門口穿來穿往的人們，手中都拿着手電燈，他們行走得非常機械，忙亂的，不留心的用手電燈四處照着，以致行人道上的短楊樹的葉子的閃光和玻璃似的一陣一陣的出現。大使館樓頂那個圓圈形的裏邊閃着幾個外國字母的電燈盤不見了。黑沉沉的樓頂上連紅星旗子也看不見了，也許是被拔掉了。並且所有的樓窗好像埋下地窖去那麼昏黑。

關於蘇聯，或者就叫做俄國吧，雖然我的生地和它那麼接近，但我怎麼能够知道呢？我不知道。那還是在我小的時候，「買羌貼，」「買羌貼，」「羌貼，」是舊俄的紙幣（「紙魯布」）隣居們買它，親戚們也買它，而我的母親好像買得最多，夜裏她有時候不睡覺，一聽門響，她就跑出去開門，而後就是那個老廚子咳嗽着，也許是提着用紗布作的，過年的時候掛在門前的紅燈籠，在廚房裏他用什麼東西打着他鞋底上結着的冰錐。他和母親說的是什麼呢？微小得像是什麼也沒有說；廚房裏好像並沒有人，只是那些冰錐從鞋底打落下的聲音我能够聽得到，有時候他就把紅燈籠也提進內房來，站在炕沿旁邊的小箱子上。母親趕快就去裝一袋烟，母親從來對於老廚子沒有這樣做過。還不止裝烟，我還看見了給他燙酒，給他切了幾片臘肉放在小碟心裏，老廚子一邊吃着臘肉，一邊上唇的鬍子流着水珠，母親趕快在旁邊拿了一塊方手巾給他。我認識那方手巾就是我的。而後母親說：

『天冷啊！「三九」天有鬍子的年紀出門就是這手不容易。』

這一句話高於方才他們所說的那一大些話。什麼「行市」啦！「漲」啦！「落」啦！應該賣啦吧！這些話我不知爲什麼他們說得那麼嚴重而低小。

家裏這些日子在我覺得好像鬧鬼一樣，竈王爺的香爐裏整夜的燒着香，母親夜裏起來，洗手洗臉，半夜她還去再燒一次，有的時候她還小聲一個人在說着話，我問她的時候，她就說她的是「金剛經」，而那香火的氣味滿屋子都是並且她和父親吵架，父親罵她「受窮等不到天亮，」母親罵他「愚頭不靈，」因爲買「羌帖」這件事情父親始終是不贊成的。父親說：

『皇黨和窮黨是俄國的事情，誰勝誰敗我們怎能够知道！』

而祖父就不那麼沒他和老廚子一樣：

『那窮黨啊！那是個胡子頭，馬糞蛋不進糞缸，走到那兒不也還是個臭？』

有一夜，那老廚子回來了，並沒有敲打鞋底的冰錐，也沒有說話，母親和他在廚房裏都像被消滅了一樣。而後我以爲我是聽到了哭聲，趕快跑起來去看，並沒有誰在哭，是老廚子的鼻頭流着清水的緣故。他的燈籠並不放下，拖得很低，幾乎燈籠底就落在地上，好像隨時他都要走。母親和逃跑似的跑到內房來，她就把臉伏在我的小枕頭上。我的小枕頭就被母親站據了一夜。

第二天他們都說「窮黨」上台了。

所以這次佩花大會，我無論做得怎樣吃力，也覺得我是沒有中心思想，「蘇聯」就是「蘇聯，」它怎麼就不是『帝國主義』呢？同時在我宣傳的時候，就感到種種的困難。困難也照樣做了。比方我向着一個「苦力」狂追過去，我攔斷了他的行路，我把花給他，他不要，只是把幾個銅板托在手心上，說

『先生，這花像我們做「苦力」的帶不得，我們這穿着就是帶上也不好看，還是給別人去帶吧！』

雖然只那麼幾個銅板，我也收過來。

還有比這個現在想起來使我臉皮更發燒的事情：我募捐竟募到了一分郵票和一盒火柴。那小烟紙店的老板無論如何擺脫不了我的纏繞之後，竟把一盒火柴摔在櫃台上，火柴在櫃台上花喇喇的滾到我的旁邊，我立刻替國家感到一種侮辱。並不把火柴收起來，照舊向他講演。接着又捐給我一分郵票。我雖然像一個叫花子似的被人接待着，但在精神上我相信是絕對高傲的，火柴沒有要，郵票到底收下了。

我們的女校，到後來竟公開的領導我們，把一個蘇聯的也不知爲是什麼「子弟學校」給站過來做我們的宿舍，那眞闊氣，和蓆子紋一樣的拼花地板，玻璃窗子好像商店的窗子那麼明朗。

在那時節我讀着辛克來的屠場，本來非常苦悶，于是對於這本小說用了一百二十分的熱情讀下去的，在那麼明朗的玻璃窗下讀。因爲起早到學校去讀，路上時常遇到戒嚴期的兵士們的盤問和刺刀的閃光，結果恰恰相反，這本小說和中蘇戰爭同時啓發着我，是越啓發越壞的。

正在那時候，就是佩花大會上，我們同組那個大個的，鼻子有點發歪的男同學，還給我來一封信，說我勇敢，說我可欽佩，這樣的女子他從前沒有見過。而後是要和我交朋友，那時候我想不出什麼理由來，現在想他和我原來是一樣混蛋

一九三七，十二，十三日．

重逢

丁玲

地點：一個剛被日本軍隊佔領後的小城

時間：抗戰中

人物：李白芝（女） 抗日軍中政治部地方工作人員，

張大山（男） 抗日軍中政治部地方工作人員，

王光仁 同上（以上三人均青年）

齊新 同上（三十餘歲）

（均着老百姓裝）

山本 （日本人）日本軍第七十五團特務部長

張瑋明 二十五六歲，特務科中之情報科長，（白芝之愛人但已一年餘沒有見面）

日本衛兵甲、乙、丙、

佈景：陋而簡之日本特科密室，爲普通內地旅舍之類，牆壁極陰暗，或一處懸黑布使室中之空氣特別恐佈，台上左後有一小門，門前斜置一舊板床，右前方一門，通走廊，室中偏右方一點，置一方桌，桌上有一小洋燈。

開幕時 白芝靜睡床上，半分鐘後始起身環顧室中，在室中來回蹀步作焦思狀，又趨至桌前望燭，拍桌，情怒不可忍耐。

白芝 我不能再留在這兒了，我要離開，我一定要逃走。（跑到小門邊輕輕的搖撼撫摸，失望的又走了回來。）

白芝 不，我是走不了的。好，就讓我留在這兒（咬牙）讓我殺他兩個人也好，殺兩個人來抵命吧。我，我可眞完結了，我死，多死我一個人，打什麼緊，只是……他們，他們也許還在等我的回信。而且……該會有些警覺吧……（遠處有足聲傳來，白芝轉耳細聽，又趨至右門悄聽。足聲漸近，白回至室中打一圈，連聲自語鬼子來了！我不能忍受，我一看見日本人我的心就發氣，好像要炸開似的。我可以咬，咬，我要……來了，來了，鬼子來了！（白芝急走到桌邊裝着無事似的鎮靜的坐着。三衛兵、押張、王、齊三人上，三人均帶鐐，白芝瞪目視之，無語。衛甲走至白前。）

衛甲 爲什麼還不睡，支那姑娘，這牀並不壞，是不是爲嫌冷靜呢？（做得笑）

（白極力忍受，瞪目注視室內的前方後，又昂頭怒視衛兵。）

衛乙 姑娘生氣了，別說了吧！

衛丙 走吧，山本部長馬上就要來了，要是聽見，又該倒霉了，走吧，走吧！

衛乙 他是一個疑心多的人。

衛甲 等着，不準動！死囚，支那豬！（躡三人做不屑狀，出去時累用目回視，台上稍靜後，白芝急躍至三人前，熱淚迸流，用力握住王齊（眼望張含淚。）

白 想不到我們還會再見！我以爲這世不能看見你們了，誰，和你們也到了這裏。只是太壞了，所以這見面也是我最不願意的！唉，你們怎麼也被他們弄來了？外面的情形到底怎樣了？快點告訴我一些吧！

張 外面的情形，眞是不大好，他們殺人放火，姦淫擄搶不講他，光[illegible]我們被捕的人也實在不少，羅一龍、劉小妹、李大個子都……全被捕了！

王 商會那條街，小學校的濟灘北裏，都推滿了屍首，血腥臭充滿了一城，眞是不能看，也不忍看！

（白芝以手擦目，[illegible]極難過極憤恨之狀）

齊 白芝你到底什麼時候被捉進來的？我們已經算是一整天了，啊，你還有運氣沒有……還有許多比你後來的人都犧牲了！這個事……爲什麼呢？

（白芝一下就鬆開了手，不安地又走動起來。）

難道你不相信我，你懷疑我麼，齊同志！

王 不，白芝你莫多心他，我們都絕對的相信你，譬如我們屋子被搜查，我們就不會疑心是你說的，雖說我們都決定你是被捕了。

張 是的，我們從來就沒有懷疑過你，我們總以爲你一定也像劉小妹她們一樣。不過我們實在忙的很，找不出時間爲這事難過，却是眞的，但是我們的心裏總不舒服，好像有什麼壓着似的。

白 唉！我是願意死的，我不怕，但他們都不來殺我。我也準備了挨打受刑，我一定連一聲也不哼。但他們又不來，我可以咬他們幾口，那個山本是來過的，他可眞機警，就不讓我近他。那樣子我眞恨他，他們把我們關在這裏一天又快一夜了，我就疑心我已呆在這兒有十年了，我覺得我的血，就在脈管裏奔湧，也許甚麼時候就會爆炸開來的，我的心在腔子裏亂跳，也許一下就會停止也說不定的。（齊坐在桌邊弄洋燭沉思，張王也拖着脚鐐走到桌邊坐下，白芝無奈的也立攏去面朝外）

齊 那個什麼王八蛋的山本就要來了，時間也沒有好多了，（視門）讓我們商量商量吧，他帶我們來，無非還想從我們三人裏得點材料去。我們絕不會有一點希望的，我們絕不可上當，而他對待白芝呢，就有點不同，……白芝他們知道你的底細麼？

白 不大知道，我說是中學生。

齊 那末，你要堅持着，不要叫他看出我們的關係來。大山光仁我們絕對沒有希望的，也許等不到太陽再出來，我們就離開着人世了，可是白芝却……

白 你說什麼？爲了那一樁，你要平白地侮辱我？難道白芝是那樣無恥，甘心做亡國奴的人麼？你太看輕我了！

（說話時露出萬分憤激）

張 （對齊）白芝不是那樣的人，你不可以這種樣子說（對白）白芝讓我們一塊兒勇敢的去死吧，你是好的模範。我到死也相信你敬重你，你是我的好同志。

（白芝用感激之色視張握張手。）

王 （對齊）你不要這樣說了，這時候還說這些做什麼？

（對白）白芝你也不必多心，我們活着，就做工作，我們死，也平常。你看，自從蘆溝橋事件以來，北方與南方死了多多少少，死些人是沒有辦法的，只要保住國家不亡。

齊 「這時還說這些做什麼！」就是因爲到了這時候，才不能不來談一下呢！（注視白芝有笑意）我說你也許還有一點希望，並不是如同你想的那樣說你現在你靠不住，我的意思是第一、因爲你漂亮，第二、你也可以被利用，替他們做點事。你們不曉得麼？日本人專喜歡弄這個玩藝，什麼玩藝，就是所謂「桃色間諜。」

白 該死！虧你想到，我不能做。

（氣走到台前後床邊）

王 這是可能的，可能的！不過白芝不是這種人，誰，她怎末肯呢？

齊 白芝可以做的，我們一定要她作。既然你可以活動，那末，要去找死幹什麼？白芝！我們決定了，不准你死，只要你假投降，你怎麼樣？

（白芝又衝到他面前）

白 你瘋了，你簡直瘋了，你想你說些什麼話？要我投降，替日本人先做間諜，做偵探，幫助他們做滅亡中國的事，我能嗎；我的那末沒有良心嗎？你眞瘋了！你能說出那樣的話，你這個懦夫，一嚇就嚇到這樣顚顚倒倒！告訴你，白芝可以死一百次，也不會投降的！投降，給日本帝國主義做漢奸，做賣國賊，做狗去嗎？

（齊拖白芝至身邊，親熱的憐憫的撫她）

齊 我統統了解，我懂得，你不過我們應該找機會活着，因爲活着總可以替自己替人類做一點事，個人暫時受委曲，受一點罪，有什麼要緊呢？白芝你是好孩子，你聰明堅決，勇敢，你懂得我的意思嗎？

（白芝無語露躊躇深思狀。）

王 呀！是不是你要白芝假投降？

（台上均小心的注視門口）

王 我認爲這意見……白芝你可以這樣做。

張 怕她做不了。（聲音軟而猶疑，望白芝。）

白 我做不了！（聲音硬而果決）

齊 做不了，做不了的時候，最多也不過是犧牲，現在只問應不應該這樣。白芝拿出勇氣來吧！咬着牙齒硬着肩膀，爲了國家的存亡，去担受一切罷，你是中華的好女兒呀，聽，外邊已有聲音，有人來了！白芝，那邊去，坐在床上，不要理我們，裝着不認識好了。去，快去！

白 我……我做不了。（聲音弱）

（白芝依着齊的命令，至床邊坐下，三人均用憐憫的眼光望他）

王 白芝白芝努力呀！祝你成功，再見了！（遙遙舉手致敬）

（室外嘈聲雜亂）

齊 不要響了，把臉轉過去！白芝，沒法活，沒法建立工作，留着最後的一口氣，也是因爲殺敵呀！好大家不要響！

白 我……我做不了……

（足聲已近，台上稍靜片刻，山本偕二衛兵上，山本獰視台上數人，衛兵將三人抓起，推至一邊）

山本 問這起狗，要活還是要死？要死呢容易，要活也容易。喊他說出幾個機關來，說隊伍往那兒走了多少人，多少槍，城裏有多少埋伏，……鬧呀！

衛甲　說呀！說呀！招來，不招揍你！

（山本忽視白芝走到白前）

山本　姑娘！有人告訴我，這起人你都認識的，那末，現在我想請教你，這些反日分子是些什麼東西，這些搗蛋破壞我們大日本的。

（半晌，白始勉強答應。）

白芝　我不懂，我不懂，我不認識什麼是反日分子。

山本　你不懂，哼，好，讓我們以後再說吧？不過他們又告訴我，說你今天現在還沒吃飯呢！（轉臉的衛兵）來！你們這羣該死的東西，也不替我招待招待。（又轉臉向白）請原諒，原諒，原諒他們，我也得請你原諒，我實在太忙了。（哈欠）

（山本退至桌邊坐下，將腿蹺在其他凳蹬上，從口袋掏出煙來抽。）

山本　不說，哼，打算我不清楚，在我山本的面前，就不必玩什麼花樣。（故意用目示意，望白芝）你也該打聽打聽，我山本不大不小也有一點名氣的呢？我這人喜歡的是痛快坦白，只要你們老老實實的告訴我，我要答應你們自由，就不會做，要是你們還願意留在我這裏，那末，七八十元一月的薪水也容易的很，有破獲還額外有賞。

（三人無語，山本走到三人面前）

山本　不說好的很，你們這起不受抬舉的東西。

（山本沈吟一刻，在台上來回走來趟，注視三人，忽然大聲呼叱。）

山本　死囚豬！難道你們還想做別的夢嗎？哈呀！把這些暗號統統說出來。（從口袋中掏出一捲紙，在三人面前揚着，又摟在自己的眼前。）什麼「察哈爾」什麼「熱河，」什麼「甘肅，」……不對，統統不對，這些數目字又是什麼意思呢？——他媽的，……（對衛甲）把這個拿去，交馬科長要他即速即翻來！（將紙擲給衛甲，甲拾起出去。）哼，好的很，你們是有本領的人，是角色，到了我這裏還硬！（齊看見只有一個衛兵了，以目示意，同時張猛向山本撲去）

齊　捉住他，打死他，打死他，同志們，快快來！

張王　打死這隻凶狼，打倒日本帝國主義！（二人亦去山本）

（三人一齊捉住山本，衛兵乙跑來混戰，白芝起站在旁邊，露警慌狀，……幫着……動，想動手又怕，而且怕山本看出她來。山本從腰中掏出日本小刀，欲刺齊，被張大山一拳打去，刀落在一邊，但張大山爲鐐所絆也絆倒了。欲拾刀但衛兵乙一脚踢來，張暈倒了，門開，衛兵甲丙同上，齊奔三人，一陣亂打，三人皆就逮，山本得救，狂亂的叫。）

山本　反叛，該死狗，拖出去，活活的治死他們，快些帶走，

（三兵連聲答應是，亂拖三人下，山本怒氣冲天，亦下。白芝無意識的在無人的舞台上，亦追至門邊）

白　啊呀！齊……你們……

（外邊傳來抽打之聲）

聲　打呀！用力的抽！（白錯亂的又走回來）

白　啊呀！……

（被地下小刃所絆，倒地，注視地下，見刃，驚疑，拾刃，悄聲的：）

白　這是什麼刀？一把小刀，這個從什麼地方來的？眞鋒利呀！太好了，這於我眞太好了！

（外面傳來更大的抽打和哼聲及喘息聲。）

白　我一定要報仇的，替你們，替……山本，山本，山本看你還能逃脫我白芝的手？（白芝直衝至門口，欲衝出去，但門已被扣緊，白芝回至小門邊，亦不得。於是無主的立在室中。這時外邊忽然聽到大聲的警「描準」槍拚然三響，白芝憤極，促極力支持。）

白　齊同志，張……你們……啊喲，我要幹你們的，我一定要一個人留在這裏，我要設法，我做……我要試一試，我可以的。白芝只要你有勇氣，拿出力量來吧！來担負這艱難的工作吧！你是不會投降的，但現在却不能不投降一次了！

（由外面傳來足音，白急藏好小刀，奔至床上躺着。山本抽着煙進來）

山本　哼！到我這裏還兇，這些不怕死的匪徒！

（白坐起稍現山本故做女嬌聲）

白　啊呀！

（山本不答，回頭看看）

白　幾乎把我駭死了！

山本　眞的嗎，姑娘？你看你們這些人，再看看我們大日本還是誰兒誰不講理？本來我還預備讓他們多活兩天，他們自已都不願意等。這些人眞蠢，哈…………姑娘，你可別糊塗，你年紀青，你漂亮，……

支那人在我這裏的也就不少慢慢的就可以懂得了。我們大日本帝國對於那馴順的支那人民是寬容的，姑娘，你是明白人，在我面前還有什麼隱瞞吧，聽說你同這些人有些糾葛，是嗎？

白　長官，求你莫冤枉好人，看天父的面上，饒了我吧！我是暴貞女校的學生，天主堂裏洋人辦的。我會祈禱（跪下，）主啊，我將聽你的命令，忍受一切，求你賜給我力量，幫助我，我將為世上一切兇暴和罪惡贖罪。主啊，我永遠是你的，我永遠歸服於你，……（站起）長官，我……你不知道，當你們還沒有進城的時候，學校裏的人都逃空了，我的家住在鄉下也不能回去只好找一個親戚，誰知他也走了，可不知道逃到什麼地方去了，可憐我又一個人走回來，那個曉得你們就進了城。長官，求你饒了我吧，我家裏還有一個媽。啊啊，天父呀，幫助我，讓我害怕，啊呀，我怕呀……長官！

山　（微笑）姑娘別害怕，我山本是人。好姑娘，你多大了？

白　十九歲。

山　結婚了沒有？

白　不知道，（故作媚態）

山　（笑）不知道！……哈哈。哈哈姑娘，你那眼睛真美透了，支那人的眼睛都是這個樣子末？哈哈、姑娘，請你望我一望。

白　我不。（但故意投去一眼。）

山　哈吟……（大聲向外）來一個人！（又向白）姑娘，你真有趣極了。（衛兵甲下）

山　看看馬科長在不在，請他來一次。

衛甲　是。（下）

山　你的名字我忘了，請你再告訴我，好麼；

白　李白芝

山　「白芝」啊，多麼漂亮的名字！白芝姑娘，你不要急，大日本是最和愛的，不信，我請一個支那人同你談談，你就會明白的。支那人到這裏是享着同等的待遇的，白芝姑娘，你沒有到過日本吧！日本真好玩啊，那富士山，那日比谷，上野公園，多麼美呀！姑娘要是你穿起大和服來，你就更出落得漂亮，秀麗，東京的舞女也沒有你那種風彩。白芝姑娘，做大日本特務部長的太太，不會有什麼虧沒你的吧！（輕薄的撫弄她）

（白芝極力忍着，門口扣了三下。）

山　進來（馬達明上。白垂目）

馬　敬禮！部長有什麼吩咐？

（白聞聲視馬，認出是她一年多未見面的愛人，駭急，苦痛萬分，手起痙攣，但極力掩飾着。轉過身去，不欲使馬看見。）

山　那些暗號查出來沒有？

馬　在查。

山　這裏有一個你們支那的姑娘，我想找你來和他談談，必讓她曉得曉得大日本是怎樣的寬大和愛。

馬　是。（看白芝後影一眼）

（山本竟到台前，輕聲與馬耳語，笑。）

馬　是……是……我明白……辦到就是……放心……在我身上。

山　好，我出去就來，姑娘，這位馬科長人很好，又是你們同國的人，你們談談吧，明天我再來看你。假如要什麼東西，叫他們給你辦，你儘管安心吧！

（山本下，馬徘徊室中，時望白芝，白芝欲語又止者數次。）

馬　姑娘，你來到這兒不多時光吧？（搭訕的）

（白芝昂頭欲語，但又走往台後。）

馬　日本人我是清楚的！姑娘，人可以有理想，有希望，可是幻想卻總是使人失望的！

白　够了！科長！（馬審視之後認出白芝大驚）

（白芝即趨至馬前昂首直立）

馬　啊！……是你……

白　不敢當，你還認得我？

馬　啊！……白芝……（喜極欲擁她，白跳開）

馬　啊！白芝（仍伸手，但已呈苦痛色。）

白　請你不用再叫我了，我只不過是一個俘擄，够不上同你說話，要割要殺請你下令就是了！

馬　白芝暫且不說這些話了吧！你什麼時候來的？想不到……

白　想不到，我也想不到竟會在這兒碰着你！你是大日本的座上官，我是階下囚，還有什麼話說？

馬　（稍等一下）自從你坐獄不久，我就到這兒來了，我也沒有方法打聽你的消息，但我時時都懷念着你！啊！什麼時候你出來的？不是聽說要判五年徒刑的麼？（白芝為往事所動，不覺嘆了一聲。）

馬　請你相信我，告訴我一點吧！唉！這一年多真把我想死了！我常常想到我們最後的那次見面，你剛剛被押進囚車，我呢？從紙煙舖出來，望着你，你的鎭靜和勇敢，把你的臉顯的格外有光彩，但是我不能多看你，我又轉進舖子裏去了，可是那時候我的心……（白芝用手蒙臉作愁苦狀。）

馬　白芝你到底什麼時候出來的，怎樣出來的？

白　今年三月被釋放出來的。（馬又走攏去）

馬　都不敢希望能再看見你了，誰知……你，你又是什麼時候到這兒來的呢？聽說你同這兒的軍隊還有一點關係，是麼？（白芝本已稍靜，但一聽到問她的關係，於是又跳了起來。）

白　你打聽我麼？審問我嗎？我是不怕的，拖出去打靶得了！你盡管去告訴你的主人，說我不是一個本地的中學生，是一個反日分子，而且老早就是的，去，去邀功去！

馬　（馬表示爲難，不知舉措，無可耐何的精神。）啊！原來你是這裏的一個中學生，而我呢！也剛從日本回來，一個留學生，哈……現在又碰在一塊，眞不算不巧了！

白　（冷笑）太巧了！

馬　那麼，白芝我們就應該利用這個不容易得的機會呀！我說，問你，你怎末來的！

白　難道你作科長的人還不知道麼？總之，是抓來的就得了！

馬　那末這三個人……

白　這三個人……啊……（極難受的樣子。）

馬　是一塊兒的麼唉……我要早來一步也好點，你認識他們麼，

白　認識，爲什麼不認識？三個中國人，三個有良心的，有骨氣的，死在你們大日本帝國的手裏了！我親眼看見的，什麼科部長，科長，漢奸走狗，都跑來參加了這個慘殺，天呀！我一定要替他們報仇的，今天就是你們這些走狗的末日了！（手去摸刀，但馬一下就握住了她的手）

馬　不要亂說，小聲一點，說這些話有什麼用呢？

白　你怕，我不怕，你這膽小的東西，你這懦夫！

馬　好，我就是懦夫吧！白芝請你……

白　想不到一年多沒有看見你，你就變到這步田地，啊！時間是這樣殘酷，要是過去不認識你也好點，要是不相好也罷了，偏偏……啊！

馬　白芝感情放深刻點，理性一點，請你了解我！

白　了解你，我了解從前的達明是誠實的聰明的毅力的，但，現在……

馬　現在是誠實的，而且永遠都是……

白　鬼話！你還想騙人還想騙我……媽的這種無恥的東西，還是應該讓他早點死，我不聽你那些花言巧語，我恨你比恨一切賣國賊都厲害，我要你死，我不准你活……（白芝手想摸刀，但門忽開，衛甲上，白又藏刀。）

衛甲　馬科長，時間不早了！天都快亮了，部長吩咐過的，不用多吵擾姑娘，她該休息休息了！

馬　我知道，你去告訴部長，我還有很多話要談一談，那些關於暗號的事。

衛甲　是。（下）（馬走至門前，將門關好）

馬　白芝求你不用這麼生氣了，安靜一點，讓我們商量商量吧！

白　沒有事好同你商量的。

馬　有，擺在眼前的全是要緊的事，我問你，請你本心的答應我。你到底打算怎末辦呢？

白　我麼？我沒有主意了，沒有你在這裏，我還有主意，你一來，簡直把我氣昏了！

馬　爲什麼？你是一個勇敢的女人，又是一個有理智的，你不應該這樣！那末，白芝還是讓我們合夥永遠做同志好麼？

白　放屁！

馬　白芝我不會害你的！我永遠都愛你，我一定要幫助你，尤其現在，你知道麼？那山本他對你頗有一點野心呢！本來照事實，日本人對待一個中國的女人是無須來客氣的，不過山本却很看得起你，要我徵求你的意見，自然，他還有一個日本老婆的。

白　請不用講下去！

馬　白芝你以爲我會幫他麼？你可以放心，我一定要救你出來，不過你無論如何得要答應幫我的忙，在我這裡作事。我現在是這裏情報科的科長。

白　哼！好一個情報科長，好一個無恥的科長，要我在這裡，替這種大日本帝國的奴才處作事！奴才，你別作夢了！

馬　有個時候！白芝！你不用固執了，我求你不用固執了，我求你……慢慢的你就懂得！

白　看你這個樣子，啊！眞氣死我了，我不能讓你再活在

這個世界上了，你——

（白急袖刀刺下，馬不備，倒地，白神經緊張，昏亂，呆視馬，馬宛轉地下，仰視白用平靜感激的目光，但稍含怨意）

馬　好！白芝你殺得好！；來拿去！（馬從胸中拔刀還白）只是白芝你不用後悔，你實在作錯了。

（白芝見刀駭極，不敢接，倒退。）

馬　不用怕，攏來吧！你不是剛作了你要作的事麼？你不是正殺了一個你恨的人麼？但是，白芝你攏來讓我告訴你。

白　達明我做了——

馬　你殺了一個日本的情報科長是對的，但你還殺了一個你的同志。自然這錯誤是怪不得你的，怪時間使我們分離，自從你坐牢後我就被派到這裏來，我們各在各一個世界，再也不會互相知道，可是天讓我們在這裏又碰到，我滿想把你救出來，你又的確可以幫助我一些工作。我在這裏的幫手並不多，誰想到……（白芝猶疑的走到他面前）

白　難道你是在這裏作偵探的嗎？

馬　難道我同你講的話，你就一點也不明白的麼？

白　那叫我那裏去明白，而且你……你講過些什麼……（想象狀）

馬　白芝，這實在也不能怪你，環境是這樣，我的暗示只成為白費了。不過，現在你該快樂些了，就是你的達明並沒有留給你恥辱，他是誠實的，永遠也是他的心裏只有兩個東西，一個是祖國，一個是白芝……！……啊我的白芝啊！我已經受傷了，也許不能同你一塊兒活下去了，你能……我要……你的手……

……

（白欲俯身，但仍猶疑懼怕）

馬　你還不相信我，你的心真硬啊！快來，解開這衣服吧！裏面口袋裏有地圖，秘密的有文件，還有報告你拿去保存着，莫丟了，很重要的啊。

白　（白解衣得物，閱後瘋似的撲到他身邊撫他。）天啊！我做了什麼事了，我怎麼這樣糊塗，我真該死！達明，達明，你為什麼不早說，你為什麼不早說呢？（白撫着傷口，哭了。）

（馬伸身擁她）

馬　不要難過，事已至此……

白　唉！我殺了我自己的愛人，我殺一位剛強有為的男子漢！我毀壞了中華民族的神聖工作，只是，我死了又有什麼用？又補償得到什麼呢？

馬　白芝你完全明白了吧！你不再恨我吧？白芝我要……吻我一下吧！

白　我恨我自己。（兩人接吻）

（馬又將白推開）

馬　褲子袋裏去拿，還有兩把鑰匙是開這小門的啊！我幾乎忘了……

（白掏出匙）

白　達明，我更昏了，我也快死了吧！

馬　不，你不能死，重要的事情正等着你在完成呢！快從後門出去，還有道小門，出去後是小街，沒有哨兵的，轉一個灣，到廣元街三十八號敲四下門，趕快將東西交給一個老太太，說是符記着，莫忘了！

白　不能走，我不能丟棄你啊！達明你原諒我嗎？

馬　我原諒你

白　你不會死麼？

馬　大半不會死。

白　我要你活着。

馬　我一定活着，白芝傷並不重。（白芝站起後又跪下）

白　我不能走，我不忍離開你……

馬　不行……白芝拿出勇氣來，你是有的，沒有多的時間了，你走吧！你是中華的好兒女，別了，再見，我親愛的，（門外已傳來足聲，馬示意要她快走，白荒急的站起，將刀在地上抬起吻刀藏入懷中……）

白　刀呀刀呀！……我只望靠你殺幾個漢奸……！誰知却殺了自己人！

馬　快點來了，看外邊已經有些亮光了。（白站起離開馬）

白　達明，我走了，你好好的保重自己，我祝福你，而且請你相信我，我這一生都將我最可愛的心情供給你，愛你？

馬　好，好，快走，不，白芝希望能再見。（足聲已停門邊，白芝回顧數次後始下決心。）

白　好！我走了！

馬　快走！（白芝在緊急扣門聲中，慢慢從小門裏進去，時時回顧，作依依不捨之狀。）

馬　（向門揚手，又垂下，撫病處。）啊，也好，我去休息了，人總是有今天的，……！祝你好好的，啊痛，讓大夥兒踏過我的屍身衝向前進吧！

（頹然倒地下，嘆氣。）

一九三七，十，三十——幕急落——

一個義勇隊員的前史

柏山

「八・一三」戰事發生以後，我由蘇州回到上海。因爲V君的介紹，我到靜安寺××難民收容所去做點教育的工作。說是教育工作，當然是替自己張面子，實際上我也是急待收容的難民之一，所以這工作對於我是最爲恰當的了。

難民畢竟和難民能够融洽，我一跑進那個破舊的影戲院，一種羣衆的行動，就使我那寂寞的心境激動起來。那是在一個等邊三個形的小樓上。因爲窗子靠弄堂裏，屋子裏顯得非常晦暗，更加上我從外邊陽光底下跑進去，那樓板上團團坐着的一圈人，祇是模糊的辨得出許多個陰影。然而那種靜謐而森嚴的空氣，却使我有些喫驚了，好在我是習慣於這種黑暗中的集會，我也就放輕脚步，悄悄地在一個木桶側邊蹲下了。

當我聽到他們談論了一會以後，知道這集會原來就是要我來担任教育的義勇隊。於是我用冷靜的眼光向着我對面的一個個臉孔凝視。那樸素而眞誠的印象，却喚起了幾年前的一個秋天的晚上，我和一羣農民被迫在一個山頂上的情形，完全相像。從這印象中，激動了我的感覺，對於坐在我周圍的人們起着無限的敬意。

一直到我把遊擊戰術的意義講完了，我發覺身邊有一雙銳厲的眼睛，似乎在偵察我，使我的感覺頓然緊縮起來。可是，爲要不使旁人看出我心上在注意什麼，我還是裝做若無其事地回答各個隊員對於我的疑問，同時暗暗地留心身邊這一雙銳厲的眼睛。可是這眼睛，愈來愈使我惶惑了。一個菱形的臉，兩隻陷凹的眼眶，還有那太陽穴側邊的一個刀痕，這在我的記憶上，是很熟識的，不過我心目中的那人，沒有這麼瘦。這又使我稍稍有些懷疑末了，我想從他講話的聲音裏去証明我的記憶，於是請他發言，他那銳厲的眼光，一接觸我的視綫，驟然變得馴良了。他很不自然的回答：

「陳先生，儂曉得阿拉勿會講閒話……」

跟着，他羞怯地笑了，並且他那瘦削的臉上變得紅潤起來。我知道他已經被某種情緒激動了，也就不去爲難他，祇是暗暗地招呼他一聲『你是太古糖嗎？』我笑着說：「等等我們再談話。……」

他似乎懂得我的意思，很快的移過臉去。我也回過頭。周圍許多的眼睛都向着我。我疑心人家早已注意我和「太古糖」之間，別有蹊蹺，不知不覺心裏慌亂起來。

正在這時樓底下嚷着開飯，所有的人黃蜂似的湧到樓下去了，把我從這種慌亂的心境中打救出來。可是人一處到孤獨的境界，就不免想着過去的事——當然，小時候，是朝前面想的，所以首先出現在我的腦膜上的，就是「太古糖」給予我的最初的印象。

說起來，這已經是三年前的事了。是秋天，還是冬天，我已不很記得清楚。只是那天下午，落着牛毛雨，號子裏好像停靈柩的會館一樣：陰凄冷峭。坐在裏邊的人，一個個老鼠似的蜷縮在破爛的被底下，似乎都在期待命運之神把這些人從人間拔了出去一樣。

當時，惟有我一個人盤着腿坐在靠號子門左面的高鋪上，閉上眼睛在那裏養神。突然，號子門上爲鐵鎖响了。一種不祥的感覺，使得我睜開眼來：一條露出棉絮的髒被頭，像垃圾似的拋進號子裏來。跟着，一個著灰衣服的看守立在門口喊：

「小癩痢把碗筷拿進去。」

小癩痢骨碌地滾下床，跑到號子門口。奉承地把碗接過來。立在小癩痢旁邊的，就是剛才注視我的「太古糖。」然而那一天，他戴的是黑皮毡帽，穿的是一件線春長襖，和今天的「太古糖」比較，完全是兩個世界的人物，在那時，他的這一身穿著，委實使小癩痢有些眼紅。他立在號子當中，不看人也不說話，如同一隻木雞似的。但是小癩痢却賣弄地拿起拖帚，很勤快地拖起地板來，並且故意用拖帚推到「新客」的脚跟上，使得他感覺站在那裏，怪不自在，我看得有些厭煩，於是叫他在我對面的低床上坐下來。

當他機械地坐在那裏，小癩痢又將拖帚伸到他的床底下去。就便摸一摸，他身上那件線春袍子的衣角。大概是貨色好，在小癩痢的手上起了愉快的感覺吧。我聽到小癩痢對他說：

「你沒有喫飯，我替你去叫麵好不好？」

不知是新客聽不懂小癩痢的話，還是被恐怖所懾住了，他一聲也不响。這可使小癩痢生氣了，他把拖帚往地上一扔，駡道：

「不識抬舉的東西！」

跟着小癩痢從鐵門的空格上伸出手去，自己拉開鐵鎖，跑出去了。這一來，新客對小癩痢更奇怪起來，他用驚異的眼光望一望鐵門，便雙手捧着頭，似乎要哭泣起來。

號子裏是更加陰沉了。睡在我對面高舖上的兩位「老槍」從那油膩的被頭邊探出兩隻死人般的眼睛，張望了一下、又縮進被裏面去了。我向四壁凝視着，一種寂寞的空虛，無端襲擊着我的心胸，使我自然而然的對着那位新客，發生一種莫名的同情，說道：

「喂！老鄉，你家裏啥地方。」

他的臉變得發青了。望望我，又低下頭去，在他看着我穿的一身青嗶嘰西裝，以爲是在審問他，更侷促不敢說話了，我懂得這一點，於是告訴他我是賣紅丸的老板，同時給他一番安慰。他的臉上漸漸顯得有些光彩。跟着，就跑到我床跟前來求救似的，要我告訴他是不是會殺頭

由於他這素樸的質問，我深深的悟到，人處到縲境的時候，是多麽需要同情啊！我細問了他的案情，原來他是太古糖老板僱來運貨的一個夥計——也就是後來他的綽號太古糖的來源。我告訴他，過兩天就會釋放的。他聽了我這句話，以爲我有權力釋放他似的，很感激的對我說：

「先生，儂眞個是救神，求儂帮帮忙。」

我聽了不覺要笑起來。可是望着他那眞誠的面孔，反使我感覺人類生活的悲慘，心裏難受了，爲了抑壓這種心境，隨手在枕頭底下摸出一本唐詩，哼起來。

小癩痢進來了，而且把號子門完全闖開在這一點上，我們的號子是特殊的。不過我已經知道這是王大師傅要回號子了。接着，他就「梯欏！」「梯欏！」拖着兩隻拖鞋跑進來。兩手捧着褲子，挺出一個大肚皮，表示他洗過熱水澡了。我對於他這種樣子，照例是不大理睬的。可是對面那兩位「老槍」，似乎老百姓接官似的，趕忙從被裏鑽出來，恭維道：

「王大師傅，洗得舒服啦！」

「洗得舒服，怎麽樣？你老槍也想洗！」

王大師傅用大話壓倒老槍，意思是要在新客面前，顯示他的得意，同時使喚小癩痢跟他去把褲帶找回來。他呢，獨個兒點起一枝香烟，躺在床上，慢慢地把青烟吐出一個圓圈，一個圓圈向天花板上送出去。

「老槍！今天那裏來這麽個『豬頭三』」

他目不轉睛的朝空中說。

「怕是豬頭三的弟弟，豬頭四罷。」

那矮個子「老槍」打趣地應和着。

我合起手上的書，望着對面的新客。從他那緊皺的眉額上，知道他有些懂得他們在奚落他。然而，他只對他們咬一咬牙，又低下頭去。當時我爲了避免麻煩，一慣的守着不理政策。

小癩痢拿着褲帶又進來了。孝敬地喊一聲大師傅，換得了一點香烟屁股。這在他，是很可以驕傲的，一邊笑着，一邊蹲在馬桶旁邊抽起來。但他沒有想到這香煙的魔力，會激起「老槍」的野心，偷偷地從被裏伸出一隻手來，無情地把它奪下去。這使得小癩痢在號子裏叫跳起來。

「小癩痢，你討死！」王大師傅命令說，「天天看見你爭香煙屁股，眼前的生意都不會做」

小癩痢很敏感的體會上司的意旨，向新客做了一個鬼臉，跑到王大師傅眼前，嘰咕了一會之後，拏着一枝香煙，迎向新客面前走來

「喂！」小癩痢用着主子喚奴僕的口調說：「香烟，要吃嗎？」

坐着的新客被他嚇得往後退了。

「不吃，拿繩子來！」

老槍在上邊帮兇地威脅着。

新客對小癩痢的臉上窺望了一番，似乎感覺到有什麽不詳的預兆，很勉強的把煙接下來，但是他並不懂得怎樣處理這枝烟，隨手放在床邊上，然後更苦惱地低下頭去。

對於這種卑劣的行爲，我已經看得生厭了。同時激起我對於這位新客發生更深的同情。依着我在學校裏的脾氣，早已把他的煙甩到馬桶裏去了。爲了現實的地位的限制，我也只有咬咬牙根了事。

這時，外邊在叫着小癩痢帮忙賣包子，他出去了。我也就跟出去散散悶氣。在弄堂裏，我的同案已經拿着包子向我走過來。大慨由於我的臉色不好，他很吃驚的看着我。

「你不要胡思亂想囉！」他帶一種斥責的口氣安慰我說，「吃官司就吃官司，」

我對於他這種冒昧的譴責，生氣了。

「誰怕吃官司啦，」我唐突的回答。

「既不怕吃官司，還愁什麽。」

但我不睬他，兩手插在褲袋裏，倚靠着第二道鐵門側邊。從鐵欄柵的空格當中，瞭望半空的愁雲，像是火車不斷地在天邊走來走去，一種別離的情緒，從心嵌的深處悠然生長出來了。我知道這情緒是不應該有的，於是趕忙回到號子裏。

首先使我感覺不同的是那位新客光着一個頭，還有太陽穴側邊露出一個刀痕。這刀痕單看它那樣光滑，那樣深凹，就知道有攸久的歷史的。不過我倒不注意研究這個。所奇怪的，是他那頂黑皮毡帽不見了。依着我在號子裏住了十四天的經驗，當然可以揣想到。但是，把這黑幕揭穿起來，也不會有什麼結果，因爲我早已知道所謂王大師傅和看守們是一氣的，由於這種人吃人的事實，使得我更加苦惱了。

晚上，我不知自己怎麼睡下去的，也不知那位新客怎麼睡下去，只是模模糊糊聽到鉄窗外邊的雞鳴，又快要天亮了。也許在外邊有了太陽，也說不定，但在我們那裏，還看不到一點微光。所以這鷄鳴，便是我們的定時鐘。

當這時鐘一響，小癩痢就在被窩裏發話了。

「太古糖，起來倒馬桶！」

那新客不知是沒有醒，還是懂不到他的話，他縮在被裏面，沒有動靜。

「他媽的，不起來，把他拖下床來，」

王大師傅也發話了。

我看着這事有點不妙，先坐起來，然後叫，他醒去倒馬桶，可是他對我生氣的回答：

「不倒，」說着甩開我的手，「只想阿拉好欺侮……

……」

這一來，小癩痢得勢了。從被窩裏滾出來做出一種打人的姿勢。我一把攔住他，之後，勸慰着太古糖說：

「新客倒馬桶，是號子裏的規矩。」

他看看形勢有些不對，也就忍聲吞氣地和我扛着馬桶出去了。倒馬桶的地方，是在弄堂的盡頭。因爲水少，洗起來，那股臭味，實在有點惡心。我們扛出去就縮回床上去睡了，一直到開早飯，太古糖還躺在被窩裏。我疑心他因爲倒馬桶的事，受了委屈，揭開他的被頭一看，他果然在那裏暗暗地流着眼淚：

我很奇怪：這樣一個漢子會哭起來，這眞是沒有出息的東西。對於這樣沒出息的人，我向來是鄙視的。於是大家端着碗喫飯，我也就不響了。雖說不響，人究竟是有血肉的，看着他飯也不喫，又在被裏面翻來復去，一種憐恤之情，或多或少地梗住着自己的心崁。

過一會，他坐起來了。頭頂着高舖的床板，瞪着眼，直視着對面的牆頭，彷彿要從牆底裏拔出什麼來似的。一邊用他那台州土話，咕嚕咕嚕自語着，誰也不懂他說的什麼。祇有他最後在床板上很很的擊了一拳，似乎嘴裏罵着，他媽的，不拿出來，老子跟他拚命。

起初，我還以爲他在發神經病，後來仔細一看，他的頭上光露出一個刀痕：再看他身上，一件土布棉襖；最後我發覺他的線春長袍，已經離開他的舖位，渺無音信了。

生活是殘酷的，

我感覺這殘酷的生活，實在使人難於容忍，這長袍的去路，不消說，是和那頂黑皮毡帽共着同一命運的，我於是用一種戲謔的口調對號子裏人說：

「你們何必跟這種鄉下人打棒。把衣服早些還他拉倒。」

「誰跟這種豬頭三打棒，」小癩痢隨即對我反攻道：「看他的氣焰，他好像請了看門巡捕。……」

「不管請了巡捕也好，沒有也好，衣服橫竪沒有長翅膀！」

我感覺小癩痢的話，簡直對我是一種侮辱，於是忿忿的說了、

「老陳，你不必動氣，」王大師傅插上來說：「這種豬頭三，不拿點顏色給他看，他不知道利害。」

「不管怎麼樣，衣服總要給人家穿。」

但是我的話沒有完，看守已經在外邊喊「放風。」全號字裏人都滾出去了。我因爲滿肚子的氣憤，一個人在號子裏兜圈子，此外，還有床上坐着的那位新客。在我和他之間，本來，好像築起有一道高牆似的。雖說是面對面，但是說不上相識。這膈膜，是人類歷史的悲劇。可是因了這殘酷的生活的壓榨，無形中把這膈膜突破了。我懷着滿腔的熱淚，坐到他的床沿上，問道。

「你身邊帶了點錢沒有？」

他很痙攣的望着我。

「這些人都是强盜。」我解釋地說，「他們眼睛裏祇認識錢。」

他似乎有些相信我的話。

「先生，阿拉老板跑掉了，」他嚅囁地回答，「等打信到家裏去。……」

「你家裏還好嗎？」

他有些躊躇，望望我的眉額說：

「就是喫了家裏賤貨的虧。……」

我知道他的話裏，似乎在埋怨他的老婆，追問着說

「你家裏有些什麼人？」

「有一個小孩。」

「有田地嗎？」

他沉默着了。

最後我想要是他不能請他們一次客，這衣服是沒有回來的希望，可是像現在這樣打開號子門，冷峭的霜風，針刺般地觸着人的筋骨，實在吃不消。我雖則披上大衣，背脊裏還是冷颼颼的，於是在自已的褲袋裏摸出唯一的一張鈔票，遞到他的跟前說：

「午上，你拿出這塊錢請他們一次客，衣服就會回來了。」

他對着這塊錢躊躇着：像是要接受，又害怕其中別有作用，不接受又實在冷不過。爲了開釋他內心的這種疑團，我又補充的說。

「你暫時拿着沒有關係，等你家裡錢到了，再還我。」

「不曉得家裏啥辰光有錢來。」

「沒有也不要緊。」

這一來，他似乎放心了，並且漸漸和我攀談起來。告訴我他從前做錫匠？因爲同行的人跟他搶生意，在鄰區的保衛團告他是土匪偵探，把他用繩子吊起來，吊過一整夜，還毒打了一頓，就是頭上的那個刀痕，也是那一次做下來的記號，以後，生意冷淡了，他家裏這賤貨就替他找到這生意，把他弄到這個地步。

他說，額上的青筋，都紫漲起來很明顯，這一段生活，是他生命史上最痛苦的一頁。我聽着他那種毫無做作的說，覺得他的性格很有特徵，雖說樣子很粗笨，但他有一顆爽直的心，我彷彿在一堆很雜亂的草莽中發現一朶秀麗的花似的，感覺着無限的愉悅和興趣。

可是「放風」的人一進來，這興趣就被打斷了。的確，我對於這批人並不是因爲他們吃的盜案官司，有成見。實在他們的行爲，太使人厭惡了。我一望見他們跑進來，就趁着門沒有上鎖也跑出去「放風」去了。

放風的處所，是在第二道到第三道鐵門的當中。那兒有塊空地，算是可以見着天日。可是四周的原野，卻被高高的圍牆堵住了。我一跨出第一道鐵門，那迎面掛着的脚鐐和手銬，就使我感覺到跑進了屠宰場一樣。雖說有一點流通的空氣，但是那陰沉的天，似乎把空氣也攪得混濁了。在那平列着的甲乙丙三條監房門口走過，好像三座巨大的墳墓，活埋着無數人的生命。一股仇恨與怒氣，如同火煙似的像要在每個屋頂上冒出來。然而我呢？低下頭默默的回到號子裏。

這里，使我愉快的，是太古糖穿上長袍，戴起帽子，對我笑了，我彷彿從他的笑影里，看見自己的生命的微光。於是把所有積壓在心上的狹隘的思想，全驅逐走了，覺得活着是有意思的。彷彿征服某種困難，獲得最後勝利一般的愉快。

之後，太古糖和我一天天親近起來。

有一天，我的一個女朋友來「接見」我了。她來的時候，帶來許多食物，固不消說，最使人惹目的，是她穿的高跟皮鞋皮大衣，儼然一位貴族小姐一樣。而且一見到我，就從鐵欄柵裏伸進手來和我握手。這事實，完全被太古糖見到，他可高興極了。我一進第二道鐵門，他就笑嘻嘻地幫忙我拾着一箱餅乾和十多個罐頭。此外，我自已拿着一包密棗，進到號子裏，就分給大家了。我因爲太興奮，一點什麼也不要喫，太古糖卻故意和我們玩笑似地，拿一片密棗送到我的嘴邊說：

「師母的東西，不喫也要喫一點。」

我搖搖頭。

「陳先生，」他跟着說，「師母蠻嶄啊！」

因爲他的說笑，我感到有點侮辱了她。於是說明這並不是我的師母，而是一個初相識的朋友。他似乎有些失望。不，他覺得有些驚異。他很誠懇地問我道：

「阿拉不相信儂做紅丸生意。」

「怎麼不相信呢？」

我微笑的回答。

「儂師母就不像。……」

「難道我像嗎？」

「儂也不像。」

這時，號子裡一陣哄笑了。

「豬頭三，「王大師傅嚼着一片密棗，很得意地譏刺道，「以爲人家都像他一樣，沒出息。……」

「大師傅，」小癩痢說，「不要說他沒出息，他還懂得陳師母蠻嶄哩！」

跟着，又是一陣哄笑。

因爲周圍給予他的譏笑，他也感到某種侮辱似的。立在我的床端頭好像一個三歲的小孩被大人罵了，又不敢回嘴一樣。我覺得這人太純厚了，於是告訴他我是教學生子的，因爲要學生起來打倒東洋鬼子，就被抓來了。但他對於我這說明，似乎並不感到滿足，悄悄地走開了。

過一天，當號子裏的人全出去放風的時候，他在門口窺望了一下，然後又跑到我的床端頭來。當初，我以爲他有什麼祕密要來告訴我，使我嚇的一跳，但他輕輕的對我說：

「他們說儂是××黨。」

「××黨怎麼樣？」我信口回答。

「××黨殺人放火啦！——」

我臉色顯得很驚訝的說：

「你看我像不像？」

我訕笑着。

「儂不會做……」

他說着就溜出去了。

從此，太古糖和我之間的一道高牆，似乎又建造起來了，每當我說話，他像老鼠一般蹲在側邊聽着。無論是好是壞，他都不插嘴。並且我叫他做什麼事，他好像履行某種義務似的，不作聲的做了。最使我難堪的，是我早上買的大餅他堅決的拒絕不要。這一來，使我起了一種不自覺的反省，往常因爲懶和不習慣，換下來的衣服，就請太古糖替我打一打。由於他不喫我的大餅，我也就自己動手了。

但是有一晚上，使我肋到極大的感動了。那是醫生給我注射過一次診治肋膜炎的藥針以後，全身發燒，燒到幾乎不省人事的程度，醫生拿來一大瓶紅藥水，吩咐每隔兩小時服一次。那時外邊已經下雪，號子裏裝在臉盆上的冷水都結冰了。太古糖身上裹着一條破棉被，就像一隻猿猴似的，坐在我的床頭邊。他按照醫生的吩咐，把藥水送到我的嘴裏。有時，因爲心裏燒得難受，我把蓋在身上的被頭一齊掀開，他又細心地給我蓋上。在當時我只是朦朦糊糊醒過來，又朦朦糊糊睡過去，一直到外邊雞鳴了，我似乎有些懂得，這時，我才發覺坐在床頭邊的，是太古糖。他的眼睛半睜半閉，好像醉酒了的公雞似

・長篇連載・

第三代（三部四續）

蕭軍

六

從河對岸山腳下的樹林中不時要有梟鳴的啼叫悠遠地起伏着。惡劣的流開軌道碾軋在亂石上的車輪似的破敗；一個嬰兒惡劣的哭聲似的……使人背脊感到不平衡的森涼。——却只有它，如今對於大辮子變成親切的了。他不獨不再憎惡這帶有輕狂和殘忍味的聲音，還在發着誓願：

——人人算什麼呀？和你比，還不值你一根翎毛……我算看透人了。……咱大辮子有朝一日，尋到我的老婆，再住進那自己的小屋……一定要打一隻兎子喂喂你們……一定要囑咐我的兒孫們，世世代代要不礙到你們底一根翎毛……比方我……就沒用槍打過一隻貓頭鷹。

他想着，這也許是自己不打貓頭鷹的報償？在今夜這樣遼闊的孤獨底海裏，却只有這個不祥的鳥雀還陪伴着自己，這是比村中那些毫不注意到自己存在的人們，要值得感念得多了。雖然他平時也並不愛這種鳥雀，可是也並不肯平白地浪費自己的火藥在他們底身上，那肉和翎毛對於人底用處，是並不如一隻肥滿的兎子底價值。

——一定啦！「夜貓子」（即梟鳥）王八蛋，我大辮子和你起誓，一輩子也不讓我的圖槍碰到你啦……只要我再有了我的家。……

提到家，他就不能再好好地坐下去了，站起來沿着河崖邊走了兩步，又走回來，起始還不肯直截地看向北面的山坡，只是盤旋地看看起崖下的河水，又看看投在地上自己的那蹲矬矬的身影……意想着，也許當他這一次抬起眼睛來，那北面灰灰的山坡上，忽然就有燈光閃亮起來，那就是他自己的家！他的孩子們全要安詳地取着自己所樂意的姿勢睡在炕上；翠屏正在忙碌地爲他預備着晚餐，一邊工作着，她的小嘴還是平常那樣習慣地兩片菲薄的小刀似的在叨咕……即使是帶一點罵詈，那也是溜熨的甜味的，是一種說不出的幸福！只有他才懂得這幸福，那就相同一顆飽滿的橡皮球，越被拍打，那幸福也就越升騰。……

——活兎崽子們，你們算崩碎了，我的家啦！像川炸藥一樣！……

山坡後面是幾棵高挺的馬尾松，菌蓋似的，依然那樣沉默而超出了羣山線地聳立着。那松樹過去是刻劃着他的童年和青年，幸福和災害；也是刻劃着這淩河村人們底童年和老年，災害和不幸……於今對於大辮子却更顯得有了單獨的意義，那幾乎變成了他底家存在位置底標旗，雖然平常它們對於大辮子是被忽略地存在着的。

松樹是經常沉默孤冷地行走着自己壽命的征途，人類底災害和幸福，那就相同從自己的枝椏上飄落一

的他的手上還拿着一個瓶子。我輕輕地推動他說：

「對不起，你去睡啦！」

「阿拉不要緊，祇要儂身體好了。」

聽着他的話，我不知不覺落下兩顆眼淚了。

不久以後，我就被解到蘇州軍人監獄去了。由於剛才的巧遇，這全部的印象就像是昨天才有過的事一樣，一點一滴的在腦筋裏復活起來。我想着太古糖這幾年的生活，究竟怎樣呢？怎麼又到難民收容所裏來了呢？這一切，我比什麼都要感覺興趣。看着他跑下樓去喫飯，很久還沒有上來，漸漸有些急燥起來了。

終於他嘴裏嚼着滿口的飯，一個人先上來了。好像長遠不見面的親戚似的，兩手抓住我的臂膀，很興奮地問。

「儂啥辰光出來呢？」

「出來已經十多天了。」

我冷靜的回答。

「陳先生，這幾年阿拉眞倒霉，」他像有說不盡的苦衷似的哀訴道：「看守所跑出來，家裏的賤貨，跟人逃跑了，還有那個小孩，也偷了去。儂想，還要幹啥事體，阿拉祇要找着這娼婦，殺了她，就出了氣了。上海等了兩年多，人沒有找到，又碰到打仗，一爿小大餅店，在靑雲路又打塌了，如今除跟東洋鬼子去拚命，還有那個生路……」

「你的話，是對的」

我肯定地回答。

跟着下樓去吃飯的人，一個個上來了。小小的樓上，又充滿着瞎鬧的聲音，我們的談話也就被壓下去了。於是重新在樓坂上坐着一個圓圈，繼續我們的工作，每當我一發言，太古糖的臉上就起着痙攣的表情。

這印象到今天，還深深的刻在我的心嵌，然而從閘北到南市，四周的火燄，已經燒得滿天通紅，上海淪陷於敵人的手中了。

太古糖在那裏呢：我懷念着他。

枚松針，一顆松塔一般地平凡，沒有眷念，沒有衿憐

大瓣子癡癡地望着那松樹下面右邊一堆突起的黑影，那黑影雖然一刻比一刻看起來輪廓漸漸變得濃淡清明，可是他的眼睛却一刻比一刻顯得模糊起來了，周身發動着不能够制遏的痙攣，雙頰燃燒，一直到那包圍着眼球的淚水衝流下來，那眼睛底視覺才又恢復了清明：

『看呀！那就是咱的家……』

這是向誰說呢？他不知道，同時還用手直直地指點着，他在指示給誰呢？他似乎也不知道。他的家，在他回到村莊的時候，就已經去看過了，那已經不再是一個「家，」只是一所連野狗也不屑居留的荒場了：院墻參差地堆落下來，護墻的石頭有的停留在半路，有的已經紛紛地滾下了山坡。那些石頭底搬運上山，他也是清楚記得那艱難的：從河灘邊，從山脚下，一塊一塊地拾聚起來，而後再一塊一塊地運上山坡……從他的祖父，到他的父親，到他自身，才將這院墻修壘得成了形，而每年也還要增補。……這時，他看着山坡下滾得可以看得到的石頭，他是認得出那幾塊是他自己搬運的，那幾塊是他的祖父和父親們底遺留……

院子裏隨處無節制地生滿着蒿草；房頂塌落了兩個很大的漏孔，有太陽的日間，天光是可以隨便地透落到地上。每根朽爛了的椽木和鋪房的秫楷，全是不知羞恥人底肢骨似的，隨處撐出和透露，只是這顏色是灰黑。屋頂也是生滿了無廉恥的不規則的蒿草，它們全似各得其所似的茂盛着自已。

屋子裏的什物不見了，剩餘的只有空空的墻壁。平常他掛圍棆和藥袋那棵出色的大洋釘，却還釘留在屋樑上原來的方地，只是有了不自然的彎曲。他爬上坑去，試驗着要想把那釘身拔下來，但爲了銹蝕過久，終於遭了摧折：

『你也斷了呀？』

他曾這樣氣憤地罵了一聲，同時把那拚斷的釘身慣出了院墻。

一切是荒涼和無情……

他幾乎就要停留在那裏，似乎就使那地方做了自己的墳坑，埋葬在那裏吧！他已經沒有了再走下山坡的力氣，他曾是坐在那荒殘了的院落裏一直到昏黑；也清明地描摹着那個不祥的早晨：他是怎樣被那些騎着驃肥白馬突然而來的人們綑綁着；又是怎樣不能自主被風吹着似的走下了山坡，最後又曾經怎樣把狐皮帽用被綑綁着的一隻手臂，勉強從自已的頭上扯下來，又扣在那孩子的頭上。孩子又是怎樣企圖把自已的眼睛閃露出來，而用那發着紅腫的小手來推動那帽身……

——一切全是鏡一般地清明啊！一定，還要去看看我的家呀！不然，就是死了……眼睛又怎能够閉起來呀？

順着河崖，他堅決着脚步，昂起頭，向村東走去。他要由村東繞向北山坡，……他不願意再經行村中的街道，不獨怕碰到巡夜的楊洛中的炮手們和團丁，他也不能够和解似的憎惡着這凌河村所有的人們了。——他覺得自己是一條野狗似的被人們遺忘在他們快樂墻壁底後面了。

七

踏隨着別人底噪叫宋七月和兄弟八月從井家一同走出。在路上他看着每個青年人精力旺盛他互相打鬧着走路，聳聲地高笑；孩子們不被注意地衛星似的走在他們底後面，只要一到分乂的路口，那要別開去的人，也總是用拳頭打在所有人們的肩頭上，算作告別禮節。有的就被追逐一段路，而後才聽到那被追逐的撒野而勝利似的笑聲，接着是不顧韵節地唱着，轉回自己的家。

七月和八月的家，是靠近村西的，他們必須義務地送盡了所有的人，再走一段斷絕了人家的街，才能來到自己的家。

『你要到屋裏坐一會嗎？』七月停止在自己的門前，讓着八月。

『不罷。明天還要下地咧……』八月躊躇着。

『過節還剩有一點酒……還有一點酒菜……
……進去吃光了它吧？……』

八月不再言語了，就跟在了七月的後面。七月熟習地撥開了大門，編組大門的柳條，吱嗞地輕輕發着碎響，屋裏面七月的老婆，顯預地帶着驚詫味地叫了：

『誰呀？』

七月並不回答。仍復閂好了門扇。一隻瘦弱的小癩皮狗應酬似的也汪啷汪啷地從什麼地方叫了兩聲。屋裏的人沒有聽到回答，還次發問的聲音就有點不正常，還挾雜一些顫味：

『誰呀？怎不知聲呀？』

『誰還有誰呀？賊會來偷你嗎？』

小狗聽出了是主人的聲音，從墻角一個有陰影的地方跳出來了。雖然在月光下看起來她也還是那樣低綣和瘦弱，但她却還遲强地搖擺着自己那繩似的小尾巴跳躍着，用舌頭來企圖追踮着七月的手尖：

『讓開去……又是將吃過孩子們糞啦……』

七月把手提向胸前，屋裏的燈火點起來了，從窗外可以看到那女人的頭影搖搖幌幌，蓬亂地幾乎要佔滿了窗。

『快點呀……』七月用脚尖觸動着屋門扇，機械地叫着，聽得出裏面的人是着了慌亂，來開門的時候，路上發出了各樣被磕碰的聲音。

『孩子們全睡了嗎？』七月並不看閃立在門邊的老婆說。

『他們要等你回來睡呀……他們不肯呀……
……現在睡得像一隻狗似的了。』

越焦急她的聲音就越不分明，遇到這樣的時候，七月就不再向下問他什麼。

門外的小癩皮狗把翹起來的小尾巴搖一搖，轉過身來向天空又應酬似的吠叫了兩聲，仍復把那翹揚起的小尾巴垂落下去，躲進那原來墻角下的暗影中。

七月走進屋來端過了燈，第一步便來到了兩個孩子睡着的近邊。孩子似兩隻青蛙似的赤光着身子，那大的一個生長得與大辮子更相像了；小的一個和翠屛也更相像。他在大的那突誇的額頭上摸撫了一下，覺得已經睡出汗來了；又在小的那紅得要溶解的臉蛋上也摸了一下，可是這感覺是不同的，他的心底跳動突然起了增加，臉馬上也好像着了燃燒，站在他身邊的老婆又重複地說着：

『他們要等你回來睡呀……「伯伯怎還不回來？伯伯怎還不回來？」……直說直說的……更是小的一個他還哭……他不要我……』

七月哀憫地向她看了一眼說：

『把剩的一點酒菜弄出來……熱一熱……我要和老八吃一盅……』

七嫂去了，八月轉過來並肩地也站在哥哥的身邊，指點着大孩子說：

『這個小王八蛋……和他那塊爹……簡直是一模一樣……眞是沒差了種……小的一個可生得怪好看的……也眞像翠屛那小老婆……單看那小臉和小嘴……他媽的……眞……』

『聽說大辮子回來了……』七月把燈放在了炕上一張飯棹子上，靜靜地說着。同時轉過身去擦着自己的眼睛。

『誰說的？』八月放寬了聲音但是粗魯的眼眉門聳地，看着哥哥底圓圓的背影。

『三麻子的兒子在山梁上看見過他了……』

『他？……』八月等着哥哥轉過身來，又眼看着他那脫毛的前額和有點濕潤了的小眼睛說：『他怎樣回來的呢？他怎能呢？我知道城裏大獄的墻是高的咧……
……憑大辮子那樣尿包……就是十個也爬不出來的啦……他怎能呢？那看的也許是鬼魂罷……三麻子的兒子那小子……媽拉的……也許是撒謊
……』

八月不信任地，把身子一順躺在了炕上，兩手交疊在腦後，眼睛還是不離捨地追隨着哥哥。一種困惑的不能够解脫的感情似乎在開始擒拿着七月了，他從不肯把眼睛抬起來給八月一個酬答，祇是在地上各處沒有必要地走着，或是整理整理這裏又整理整理那裏。一刻又走出屋外，七、丬老婆在輕一聲重一聲地在談論。……

……八月他不想再追求這個於己無關的謎，卻把自己的思想輕輕地扯向那失去不久的一個溫煖的花園裏去遊行，這對於他是新奇的，快愉的……以一種神祕的鎖頭把自己鎖進了自己造成的一間神祕的暖屋，又用一柄神祕的鑰匙把自已解放出……這樣戲耍着自己。──這就是那林榮的琴聲和歌聲」

──媽的，簡直是鬼付了身啊！眞能耐，連咱宋八月全魔惑住了……大環子那孩子……也眞有眼珠……人就是腿完了！這眞是……

屋外秫楷的折勁聲，刀勻底鉄和鉄底交礚聲斷下去了，一刻七月已經將酒菜端上桌來。八月馬上也就斬斷了自己的思想，挺起身來叫着：

『啊……』

『這是過節剩下的一點酒菜……那天想找你來……你沒在家……』七月把一隻小沙瓷壺從棹上提起來，給弟弟面前的酒盃斟滿了，自己也斟了一個八分盃，而後又把酒壺安放原來的地方。那酒壺像一隻直起脖子來的小鸊鷉，肚子圓胖胖地渾圓。

『那天是前天吧？那天他媽的……』八月把第一盃還冒着熱氣的酒很簡單地就送進嘴裏，而後自己把酒壺抓過來又斟滿了自己的盃，也把哥哥那原來就是八分滿的酒盃──雖然七月也已經喝過了一口，可是那酒好像並沒有傷害，依然八分盃似的存在着──斟滿了七月謙讓地一隻手沒甚必要似的撫遮在酒盃的旁邊：

『我還是不能喝，一喝點就臉紅……頭也暈……還是你自己喝了它罷……這酒還是爲你預備的呢……』

『那天……他媽的……被楊洛中僱去了……到城裏去接他的兒子……』七月殘忍地用筷子絞了一口菜送進嘴裏嚼着，一面也把那盤子中的兩隻豬耳扇提近一隻在自己的面前；正在地上站立不定，採晃着身子接連揩着自己的眼水的七嫂沒有必要地鼓勵着說了：

『吃吧，吃吧……吃完了這一隻把那一隻也吃了它……你七哥他不大喜歡吃肉……我又常常吃素……孩子也不能儘吃這東西……』

發着碎亂的响亮的聲音八月接連地嚼着耳扇骨；七月看着弟弟那樣一隻貪饞的野獸似的吃着各樣東西，自己微笑着，又把那面前的酒盃平舉起來，輕輕地在嘴唇上沾潤了一下。

『七嫂，你也來呀來喝一盃……在地上儘晃富什麼呀？看你那小脚……小猪蹄似的，小心栽倒啦……』

七嫂的眼水好像流得更多了，這是爲了愉快，同時那身子晃當的角度也就愈大，一隻沒定見的不倒翁似的閃閃搖搖。……

『來罷？……叫八月向炕裏一點……』七月看了她一眼說。

『來罷……就坐在這裏……』八月笨拙地把自己的身子向炕裏移動了一下，手拍着那狹窄的炕沿木發响，粗糙地叫着：『坐下罷呀……頭髮快白光了呀！還裝新媳婦咧……害羞咧……』

『我不呀……我站着好……我看着你們吃喝……比我自己還好……』

位置雖然空留出來，可是她卻固執地搖擺着她那廣大禿禿的袖管不肯坐下來。爲了這袖子底搖幌，飯掉上的瓷壺煤油燈的火焰幾次歪墜下來，又復原。……

七月提起筷子，點打着菜碗說：

『吃我們的罷……她的脾氣你還不知道嗎？就是我自己吃飯，她也要自己後來吃……』

七嫂又走出屋子去，向灶膛內增加點新柴。從她那腦後的一隻短柄的小匙勺似的小髻子，看得出她如今已經是不凡，她是可以同丈夫隨便地說話，隨便地笑着了。雖然她的眼水還是照常地流，那隻已經瞎陷下去的眼睛也並沒什麼改變……可是她已經很自負地把這些作爲了她底光榮的印記。

『聽說揚洛中的大兒子是從日本國回來的……還沒見到……你們見過他的啦？』

『當然見過啦……不像孩子樣了……臉色蒼白……還有一個日本老婆咧！另外還有一個男日本人……』

『娶一個外國老婆？』七月思索地不以爲然地搖一搖頭，把酒盃在嘴唇上沾了一沾，輕輕地又放落下；絞了一口粉條送進嘴裏來說：『外國老婆總是不妥當的吧？……萬一將來兩國再一交兵……就麻煩了。並且這生出來的孩子也不能像樣啊，外國老婆？……』

七月一直把嘴裏邊的茶早就嚼完了並且也早就流下了咽喉，但還在動着顴骨。一隻反芻的山羊似的，眼睛要睡的樣子，微微顯出一點渾濁，凝定地毫不關聯地看着棹子上的茶碗。

『什麼中國外國……老婆總是一樣的……生孩子管什麼？……在猪窩裏長大的就是猪，狗窩裏長大的就是狗……狗還不是狼變的？』

八月的脖臉是一直在漲紅着了。七月的臉雖然也漸漸地紅起來，但那是只限於眼圈四周，和兩面顴骨上。他看着弟弟那樣孩氣地貪婪地收拾着每個碗裏的殘菜，是快樂的，同時在這快樂的後面又是一隻哀涼的矛頭在等待着他，於是自己的眼睛輕輕地被一層淚底網膜包裹着了。他急速地拭淨了它們，鼓勵着弟弟說：

『吃，全吃淨了它們；酒？……』他搖一搖那隻鵪鶉似的小沙瓷壺，已經沒了聲音，問着坐在八月背後的老婆：

『酒還有嗎？全倒來……』

『你不留一點喝了嗎？』

七嫂沒有得到回答。她知道丈夫這又是感到了自己底煩瑣，便以一個出奇的迅速的動作翻下炕來，來提取酒壺，八月把酒壺代她遞過去，同時罵着：

『你這老婆……還留一手咧……』

『你看你喝得那個樣，臉像螃蟹的蓋啦害（還）灑啦！等八嬸回家……哼……』七嫂賣弄着自己的快樂，眼睛像一隻孤獨的燈火似的閃轉着，接着那眼水又輕輕地掛流下來。

『滾……倒酒來……』

八月揮着手，嚼動着顴骨。

『這回大辮子回來，你想會怎樣呢？』七月揉着自己的眼睛說。

『我想會怎樣？』八月重重地把自己手裏的筷子按放在棹子上，又把突出在棹沿外面的筷端微微向裏面推了推：『……我想會怎樣？……我想那傢伙決不敢報仇……連林榮也算上……不要看他跑過外國……全不像能報仇的坯子……眞是不如喇叭……那傢伙……嘴裏雖然不能說……倒有一般橫勁……你記得，那回我們拉着大隊經過楊洛中的門前……井老頭子被打倒了……喇叭不是簡直是紅了眼嗎？每根頭髮和眉毛全像豎起來了……：不瞞你說，連我看見全有點胆寒……若不是井老頭子顧了大家，親手攔下他……哼……那傢伙也許完了……可是楊洛中確是也胆落了呀……我看這仇口是不容易解的啦……除非楊洛中死了……可是這還有他的兒孫們哪……』，

七嫂把酒壺燙好了，從外面提進來，故意帶一點響動地放在了八月的面前：

『灌吧！他八嬸子……』

『誰八嬸子呀？這個「他」是誰呀？你不是連一個響亮的屁也全沒給咱們七哥放一個嗎？這個「他」是誰呀？不害臊……你今天非給我指出來……』

八月不等待七嫂的話說完就截留下來，並且一隻右手還扯緊了她的那寬闊但是顯得禿短的袖口嚷叫着：

『指出來……指出來』

七嫂的臉紅了。每顆麻子底陷坑全好像填滿了羞恥，只有這一刻她底二十年被壓抑的靑春才又閃了一次光輝：

『你眞是醉了呀！看呀……那不是嗎？』她指點睡在坑頭上的兩個孩子說。趁着八月扭頭去看望一疎忽的空隙，她使自己的袖子掙脫，潦草地倒退了幾步，不安地揩拭着眼水。

『呸！不要『麻臉子』！那是從你的腸子爬出來的嗎？那是人家大辮子的兒孫咧……。虧你還像個眼珠子似的給人家侍弄着啦……、還說是自己的……？這回人家大辮子回來，就要帶上羊角山……人家親媽在那裏坐「女寨主」咧……』

八月只顧自己無遮攔地說着，他却忽略了對面七月的頭是一刻比一刻勾垂下去；站在地上的七嫂底臉，也由紅轉到了灰暗，最後竟似沒有感覺的出現了一層蒼白

『把這點酒喝了回家去睡吧……天不早了：……………』七月抬起臉來提示着兄弟。

七月送走了八月，他還停留在大門外邊，目送着弟弟那打着廻旋，歪歪斜斜搖幌着走去的身影。他想着：

——他會跌留在路上吧？

當他向前走了幾步，八月的兩臂忽然揚向空中，一種難堪的粗嘎的聲音响起來了，那竟是在歌唱：

我的家呀……我的家呀……

山呀……羊呀……

我的老婆呀……孩子呀……

分明他這是他在學着林榮，却並沒有和林榮有一點相像的地方；他是在唱，可是這聲音比起不優美的哭聲還要使人不能禁受。七月一直看着他摸到了自己的家門，開始懂得捶打着門扇的時候，才又默默地走回了自己的門前。

拴好門，却並不馬上走進屋裏去睡，看一看天；又似乎要想諦聽出一點什麼聲音來，河那岸，有時候嘎叫起來的梟鳥的聲音，這使他起了憎惡，這並非爲了哪不祥的傳說，而是爲了牠們這不調協的聲音，常常會碎裂了他時時渴愛着調協，而又不能够調協下來的心！那山背後聳嗥起來的野狼們底長嚎，他也是同樣的憎惡和詛咒：

——這些不良的東西們，爲什麼也要和善良的鳥獸同樣生長着啊？這是天的意思？還是人的意思？……

不獨他尋不出——他也不想尋出——這『同在』的理由，他也從不想弄一隻圍槍來消滅消滅自己所憎惡的東西：

——這是沒有法子的。人是消滅不了所有的狼，所有的「貓頭鷹」……。

可是當別人偶爾打到一隻狼，或是一隻「猫頭鷹，」他也總是含着眼淚鼓勵着：

『打呀！全打死牠們………下一次我借給你們火藥……也借給你們槍……』

他不惜吝火藥，也不吝惜槍，更不貪愛一張狼皮，一根梟鳥的翎毛。——他却只愛惜着自己的善良，不要爲了一隻鳥獸的血把它沾污了。

愛着弟弟那樣無遮攔似的粗魯，同時他也憎恨他，那是，在這「粗魯」妨害到自己，或是這「粗魯」妨害到自己所認爲應該得到善良待遇的人們……。

他思慮似的走在院子裏，癩皮的小狗，從什麼地方呢？又轉出來了，照樣地動着自己光禿禿的尾巴，胆怯地來舐吮着七月的手尖。

『去——』

七月抽回自己的手，用脚尖驅逐着牠。牠起始牠閃開幾步，尾巴低垂下來，等待着機會，一到他忘了牠底存在的時候，就又毫無嫌隙地貼近了主人的身邊，並且用着自己的脖子和嘴巴擦撞着主人的腿，叫出哽哽的聲音。

『你沒吃飽嗎？』他在狗的頭頂上順便地拍打了下，尋找回答似的停住脚步，看着那狗翹起來的尖瘦的狐狸似的咀巴和有點發綠的眼睛。癩皮却祇能儘可能廉價地搖着自己的尾巴，用牙齒有限度地咬着，扯着……人底褲子，更嬌慣地哽叫着——算作感恩和回答。

一種記憶，像一條行走的金箭，描劃着火色的長弧，從那暗遠的自己的記憶的遠天，貫透出來……他記得，自從有了這兩個孩子以來，癩皮就被遺忘了，雖然牠還是無改變地愛戀着自己的主人，可是這愛戀每次所得到的報償却祇是冷落和罵詈。沒有理解也沒有溫情。

『你這壞蛋……祇有你會送我的終啦！』

蒼涼的七月揩一揩自己的鼻頭，又在狗的頭上拍打了一下，接着又恢復了他底蹀走。癩皮這次却更貼近一點地走在自己主人的身邊。

『睡啦呀？』

獨眼七嫂在門內出現了。一隻手揩抹着眠水，一隻手擎着燈，那燈火微微有點不安地在動擺……。

『睡你的去罷……』他有一看她，又走了過去。

『孩子……那總歸是人家的啦……養大了也還是人家的呀……鴿子的窠裏總是養不長久「家雀」……』

她好像故意爲說着這句警句而來的。說完了還停留了一刻，還好像要看一看自己的聰明所結出來的菓實。可是七月並沒有什麼反應，那不是一片肥沃的黑色的土地，却只是一片無言的寒涼的海洋；對於這種子祇有吞沒，沒有發芽，一直是疑遲而思慮地蕩着自己的步子，身影投落在地上，孩子似的刻刻增加地縮短着……。

『我要先睡去啦？……』

『…………』

等到七月走進房來要睡下的時候，莊村已經拋起了第一遍的鷄聲。

『小東西們……我們底緣分盡了！去罷……』

他在孩子們底頭前停留住，並不點起燈火，趁了從窗外投映進來的月光，孩子們底輪廓也還可以看得分明；老婆勾曲得一隻沒有甲殼的蝦似的睡在一邊。他伸出手來似乎要在孩子的額頭上摸撫一下，可是當他快要接觸到的時候，忽然又把手撤回來，相互地搓磨着，走了開去。——他的額頭微微地閃映着一點柔和的光亮。

（未完）

冉洮曲，曼倩，吳徤先生：通訊處遺失，請來信示知，以便把刊物寄上。

雨雪中行進

黃明

一・是一條好漢子

到了貴陽以後，滇軍宿營在次南門外講武堂。

我們走進里面，便會着了團長。

團長個子很高，面目黧黑，有一個典型軍人的氣概，他站在階沿上問我：

「是你願意參加我們隊伍到前綫去作戰嗎？」

「是的，」我再加以解釋道：「本來在現在這種立體戰爭，是無所謂前方與後方的，不過，無前方就根本無後方，所以，我以為能有機會參加到前方作戰，是比較實際點。」

「好的，那麼你回去收拾簡單行李跟我們走好了。」他笑。「可是很苦呢，你受得了嗎？」

事情就是這樣簡單解決了。

回到局後，年青的妹妹不但不感到分離的怨哀，反而鼓勵我道：「好的，哥哥，你眞有勇氣。」

她格外高興的幫助我收拾了最簡單的行李，——一條灰毯和一套換洗衣服，和老蘇王君再送我們到營房里來。

夜色逐漸濃厚，我們很少言語的又走到了南明河畔。老蘇朝着左面的衛兵行了一個軍禮。

「這位同志，」他指着我說：「是參加貴軍到前綫去作戰的，已經得到一〇七八團團長的許可，我們三人送他到這里來，可以一同進去嗎？」

得到衛兵的許可後，我們一同走了進去，遙遠的聽到左面的衛兵朝另一個說道：「……眞是一條好漢子。」

聽到這話，老蘇笑，王笑，妹妹也笑，我也笑。

二・從幾千里外家鄉帶出來的傘

天未亮，便被起床號催了起來。第一個工作是把昨日新買的布草鞋穿起，一面結着草鞋上的帶子，心里還一面想：

「穿草鞋這是第一次，走長路這也是第一次。」

隊伍出發，天已是大亮，我和新認識的董、涂二君在一起走，公路被昨晚的雨淋濕，還沒有全乾，草鞋踏在柔軟的沙土上，感覺異常的舒適。可是，眞不幸，還走不到十里路，天便下起雨來。我因為昨天過于匆忙的原故，竟把攜帶雨具這一件重要的事情都忘懷了。

我一面懊悔，一面便羨慕的望着董的背上所揹着的雨傘了。

董似乎已窺測到我的意思，一面解下他的雨傘，一面說：

「這把傘還是從我的家鄉——雲南雲縣帶出來的，自從從昆明出發以來，還沒有使用過，很多人都笑我傻。但我因為牠跟了我這好幾千里路，總感覺捨不得丟掉牠，想不到今天竟有用處了，」

他說着便把傘撐開，但是，想不到傘還是一把撐不開的壞傘，我極力忍住了笑，找了一小節樹枝塞着，才算能免强撐開。

我和他就在這把半開的傘下遮着雨。

三・等打敗了日本鬼子回來再下雨吧

到鎮遠的途程中，一連七天沒有停過雨。我的草鞋在第三天便被磨破了。

那天路途較長，我到達宿營地時已經天黑了。我一個人慢慢的摸到廚房里去洗脚，坐在一張被煤薰黑的小靠椅上去解綁在布鞋上的草鞋時，才發現左脚的草鞋底已被磨破了。

我異常的驚訝，像這樣一雙用布和蔴打成的草鞋，怎麼只穿三天工夫便破了呢？

洗脚後，脚反而感到更其的疼痛，於是又一個人摸到軍醫處，這時，軍醫處的工作人員正在忙碌的替病兵們醫治，而病兵中又以脚病的為最多。

我一面帮他們倒着碘酒，一面問答着。

「怎麼都是脚病呢？」

「唉，」作軍醫的輕輕歎了一口氣：「他們沒有草鞋穿呢？」

「沒有草鞋穿？」我更其驚訝了，孩子氣的問：「沿途不是都有賣草鞋的嗎？」

軍醫咊笑了：「有是有，可是他們那里有錢買呢？在貴州，草鞋要賣一兩角錢一雙，像這樣的下雨天氣，草鞋又不經穿。唉，」

最後用感歎的聲氣了結他的話，同時，我想到我那雙只穿了三天的布草鞋，也就不再繼續追問下去了。

回來後坐在灰毯上，正用燒酒擦着脚，恰巧團長進來了。

「黃明苦得了嗎？」

「笑話，」我說「年青人還苦不了，中國要亡國了。」

「也難說，像這樣的下雨天氣，弟兄們負担又重，又沒草鞋穿……」他先笑，而後嚴肅，而後像祈禱似的：「等打敗了日本鬼子回來再下雨吧？」

四·不光榮的流血

第四天以後，我已漸漸能趕上隊伍了。

大概是在從巔邊到芷江的途中，天天還是飄落着霏霏的細雨，但鬱結的心情却隨着高峻的山勢逐漸平坦而活躍了。

有一天，我撐着雨傘，唱着「義勇軍進行曲」在[illegible]沙的公路上大踏着步子向前行進，——和我同行的董[illegible]也用着他那粗大的嗓子和着不相協的歌聲。

蹻的，在公路旁發現兩個新築的土墳，上面各插着條仄小的木片，寫着「逃兵×××」的字樣。

我好奇而且有所感的站住了。

「走吧，」董沒有停住步子，「有什麼可聽的？」

「不，我是感覺着爲什麼在這種對日抗戰的情況下，還會有這類事情發生？」

隨即我便趕上了他，他和我並走着說：

「說起來原因可就太多了，主要的固然是我們的政治工作作得不大澈底，一般士兵多缺乏國家觀念的意識；另一方面也因爲我們的負担太重，槍，子彈，灰毯等，足是的有四十華斤，同時天氣又這樣壞，草鞋價値又貴，一些體力不勝的……唉，還不是就開小差嗎，」

我默然的聽着，走到前面又見到一個剛剛槍斃的逃兵，曲着脚，還沒有完全失掉知覺的躺在地上，鮮紅的血從他的後腦流出來。

出征　力羣木刻

我忍心的鄙夷的罵了：

「不光榮的流血！」

五·雪下苦行軍

芷江至沅陵的途中晴了幾天，沅陵以後又過着了雨。

在沅陵休息一天，已經把人逗懶了，頭一天出來就遇着了雨，使人眞不高興，大家在行進中都沒有精神。

但是，雨却隨着時間的逝去相反的更加狂暴起來：風也一陣一陣的更加凄切，沁人肌骨。

公路附近的樹林已聽不到鳥叫，換了一種樹枝樹葉抖索的聲音，路途上偶然有一兩個籠着袖的農人迎頭走來，每每都側過頭來投下憐憫的一眼。

我和董在這羣沉默的戰士行列中，也以同樣的靜肅行進着。突然，董「呀」的一聲打破了這種靜的局面：

「原來已經下雪了，」他指着前面山凹處零落的雪跡。「怪道我雨傘上的響聲都不同呢！」

由于他的解釋，才使我意識到果眞是下雪了，逐漸的前進，就有很素淨的雪景更解艷的呈現在我們眼前。

董又太息着；「雪景是美麗極了，可是，弟兄們却太苦了，他們還是穿着單衣呢！」

「可是，」我說：「這還算不了什麼苦，還有更苦更艱難的工作在後面呢！」

我挺起了胸脯，改用輕快的步子向前走去：

「努力前進吧，在寒風苦雨下的戰士們，現在是一步一步更接近敵人了！」

十一月底，于常德軍次。

關于八路軍的種種

西聖

一

我去山西是和一二九師（八路軍）同走的，沿途老百姓對我們很好，他們聽到八路軍勝利的消息就誇大起來，說八路軍已經打下大同，南口，接近北平了，從這誇大中可以看出羣衆對八路軍的信仰。

在八路軍所經過的路上，羣衆成千成萬的担着慰勞品到八路軍的隊伍裏面去，而八路軍的政治宣傳和演戲都大大的感動了羣衆。當八路軍渡河時，一個漢奸縣長延遲八路軍的渡河，八路軍渡河以後，便捉住這個縣長，開羣衆大會來宣佈他的罪狀，羣衆熱烈的鼓掌歡迎，就在這個會上，一個鄉下老頭子出來講話，揭發了這個縣長過去的一切惡行，許多的年青人加入了八路軍，到了另一個地方，一個從山東派來的偵探也給八路軍捉到了，也公開在羣衆大會中審判。這偵探說他的任務是在偵探八路軍的情形，是不是很能打仗。

八路軍部隊裏的抗戰情緒是非常高的，一二九師的戰士們，聽到了前方勝利的消息，急得什麼似的，他們都說『要趕快到前方去同他們進行「作戰競賽」！』羣衆見到一二九師總是說，前邊過去的八路軍部隊「同」他們如何如何好，他們也「同」八路軍怎樣怎樣好，總是表現了非常親熱的「一家人」的純情。不僅這樣，就是最頑固的外國傳教士，這時也來稱讚八路軍。他問我關于八路軍的事，我的回答是「八路軍就在你的眼前，你自已看好啦！」我覺得這時用不着和他做另外的解釋或說明。

在部隊坐上火車，經過每個火車站的時候，有很多人來送開水，而且擁擠不堪。在一個小縣的車站上，一個老頭子挑着開水担子，邊走邊喊「喝開水，打日本」「喝開水，打日本」……表現得非常的快樂和興奮。有些村莊的羣衆簡直自已跑來找八路軍教他們「打游擊戰爭」。他們說，給他們學好了，他們一定會打敗日本的。丁玲女士的戰地服務團，每到一個地方演戲，也總是給羣衆追問「丁玲同志，教我們打遊擊戰爭罷！」弄得丁玲同志無法答覆。

我到太原，天已經黑了，想起在這樣的時候進城一定有很大的麻煩，可是因爲我戴了頂紅軍帽子，衛兵連問也不問就放我進城了。後來我才曉得在太原羣衆也好，軍隊也好，都以爲只要是「八路軍」，什麼都沒有問題的。「八路軍」並不是「客」，而是太原的「自己人」。在一次大會上，周恩來講演後，羣衆的鼓掌足足有十分鐘。對于戰地服務團，他們也不放走，要求他們至少要在太原停留一禮拜。

在太原，捉到逃兵總是馬上執行槍決的，一次，一個八路軍的戰士不戴符號出去，被認爲是逃兵，也要拿去槍決，幸好他們在那戰士的衣領上發現了過去時候紅無用的紅布領號，他們於是轉而深信他決不是逃兵，馬上又把那位戰士放了。他們有一條天經地義的眞理，八路軍是不會有「逃兵」的。

二

當我找到八路軍司令部門口，我嚇了一大跳，因爲這明明是一個「日本軍」司令部，而不像八路軍司令部，正在遲疑不決的時候，恰好看見個熟人，我才敢放心走進去，到裏面一看，到處堆滿了繳來的勝利品，吃的，用的，穿的，一切都是搶來日本的。我這才明白，爲甚麼八路軍的司令部倒像日本的司令部，八路軍的戰士看去倒和日本士兵相差不遠了。

「大戰平型關」是大家知道的事。參加這次作戰的日本軍隊，正是他們國內著名的板垣第五師團，但這回給八路軍完全打垮」他的一個旅，不過那些士兵所受的法西教育的確很深，當八路軍的戰士們很和氣的捉俘虜的時候，他們兵士仍不屈服，仍拿起刺刀來跟我們拚，許多戰鬥員不防備，就這時受傷了，但在這次戰鬥中，我們也有些小小的趣事。

在他們打死的隨軍記者身邊，搜出了許多未洗的照片，戰士們不知道，都拿在太陽光下看，想知道這是些什麼，結果倒什麼都沒有了。當把日本部隊完全打垮了的時候，許多紅色戰士照舊興奮的和藹的招呼日本士兵「老鄉，繳槍呀！」「老鄉，繳槍呀」……他們竟忘記了雖然外國的士兵也是我們的兄弟，然而究竟不是「老鄉」，而且就認他做老鄉，他們也不懂，還有，戰鬥員們奪得了無數的紅皮鞋，他們都不喜歡，說穿起來一點也不方便，所以一穿一拋了。

陽明堡的襲擊那天晚上，是由我們最善于夜襲的兩個連担任的。那時停在那里的日本有五十二架飛機，他們保衛飛機的兵力是一個營我們的兩個連則從兩面去襲，一從正面，一從側面，結果是飛機全部着火，而我們全部安全退去，「第二天去看只有五架還像飛機，其餘二十架已經變成一堆不能認識的東西了。」——崗是一個連長親口告訴我的。他是一個青年同志。

太原北面的戰線，日軍的三條交通線都給八路軍截斷了，到我離開那里的時候，日本軍已經沒有了汽車的運輸，而只好用騾車了，但騾車也還是一樣的要截獲，後來使他們就用飛機運輸。但是飛機拋東西是並不怎樣準確的，所以常常拋來我軍的部隊裏。

現在來說說我們撿到的日記。一個高級長官的日記上寫着；「我們作戰的地區正是紅軍出沒的地區，提到紅軍我就頭痛。」另外一個下級官兵的日記，第一天記他出發後在路上的痛苦跋涉情形；第二天記他想念他的家庭；第三天記他的苦悶；第四天記他偷吃老百姓鷄子的那頓晚餐的豐富；而在第五天……給我們打死了。

我們前方的部隊，總說打日本比打反內仗好，收獲的東西也多。一次我們的一個班和敵人的一個連遭遇，把他們全部消滅。結果每人穿上兩件黃呢大衣，肩上還背兩件。但因爲太多，後來又拋掉了。自然在另一面，前方也是非常堅苦的，但是因爲他們情緒很高，不拿這些當一回事，却不覺得似的。

因爲是對日作戰，所以八路軍在前方組織了一個「對日作戰工作部，」這裏邊工作的同志，都是從日本回來的同志和朝鮮同志。他們不斷的發出許許多多日文宣傳品，這些宣傳品引起了「華北駐屯軍」的恐慌，就像八路軍的戰士們給他們的恐慌一樣。

八路軍每經過一個地方，無論縣城或村莊，總要留幾個老於游擊戰術的同志在那裏，到處的遊擊戰，到處都碰到襲擊，敵人雖跑到那里都不平安。……

八路軍一次收到了一個電報，是「華北駐屯軍司令部」給他的部隊的，內中說以後對付紅軍非用毒瓦斯不可！

三

我要離開山西的時候，給八路軍要得一張護照，由于這張護照，我就非常順利的離開了山西，在歸途上，旅店裏，馬路上，火車中……到處都聽得「八路軍」「八路軍」的熱心的傳說，但這些熱心的傳說正確的說來，都是些表示廣大民衆內心願望「神話」……

中央和山西的士兵們都了解八路軍作戰的情形，知道八路軍爲甚麼會打勝仗，而且知道「要八路軍怎樣才能打勝仗。」太原國民黨傷兵醫院醫好了的傷兵，總是跑到八路軍司令部來要求加入紅軍。

一路上的華北難民，也了解八路軍的情形，在他們中間，也同樣流行着「八路軍」「八路軍」……的故事。

（十一月二十日）

在西安某報有署名「田間」者，作文攻擊「上海救亡演劇隊第一隊」的文章，那個「田間」不是在本刊發表詩文的「田間」。田間君恐怖有人誤會，囑代爲聲明。

奇聞二章

勁草

一　飛熬機油

走到鄉村，你就可以看出農民對徵兵是如何的恐怖，問起來他們怕的不是打仗，而是「熬飛機油」「祭大炮。」

「熬飛機油」「祭大炮，」這些無稽的謠言，却能順利的在農村間流行着。他們認爲飛機能飛，大炮能打幾十里路，是神秘的，自然得用人來熬油和用人來祭。在他們幼稚的心裏做夢也想不出這是漢奸的詭計！

本來民衆對國家的觀念就薄弱，況且「熬飛機油」「祭大炮」又是準死的事，無怪他們怕得要命，青年壯丁不敢在家內睡，耕田也得有一個人做瞭望哨。

二　發救國財

發救國財的人，眞比漢奸更可惡，更可殺，借救國的美名以自肥。這類人在大都市裏，發現的還不多，但在農村內，備有不少人在幹這勾當。

有錢的人被徵了，拿錢給保長，就可免徵，用窮人頂替；捐錢的時候，政府要一個，他可以向農民要三個，五個，政府發十個，農民連一個也摸不着。就拿這次買救國公債來說：農民是被一視同仁的照每畝一角攤派，可是錢要去了，却不把收據交給農民，大概這些救國公債全算保長一人買的了，眞是『名利雙收，大吉大利！』

政府的眼光應該放遠一點，不要使這一般魑魅魍魎，再得在暗角裏喝人民的血，去「發救國財」！

於安徽　阜陽。

我們怎樣生活的？

——延安特區印刷廠的工人們

一　我們是這樣生活着

在全國區域中有一種叫做「解放」的小冊子到處流佈着。不錯，它是全中國大多數人民的喉舌，是抗戰的最堅決的鬥士，它指示着爭取抗戰勝利的道路。我們，就是把一篇篇碎亂的原稿印成這本小冊子的一羣工作在現在叫作「特區印刷廠」里。

我們一共有一百多個人；有從上海來的，有從西安來的，有參加過二萬五千里長征的從江西來的，也有參加紅軍打過仗的四川人，湖南人，……這是全國革命的印刷工人的集中地。雖然生長在不同的地方，來自不同的路徑，但當我們聚集在一起時，卻像弟兄姊妹一樣，愉快地共同生活起來了。

每天工作八小時，星期日休息一天，工作分排字，機器（即印刷）、紙版、鑄字、裝訂、刻字、石印七個部份；每部有一個「主任，」但他不是「工頭，」他只是負責分配工作，自己也同樣做工。

工作是愉快的，因爲沒有人壓迫，侮辱，更沒有人剝削。假如有人做錯了事，也只是在自己的小組會議上受到自己人的善意的批評，不說打罵，開除，連白眼譏諷在這里也失去了用處。

我們這兒，「學徒」也是有的，但他眞正是「技術的學習者，」整天親近着工作，而且除親近工作之外，就沒有別的什麼事做，不被繁瑣的差遣，不被呵斥，打罵，和掛個「學徒」的空名，實際上不能「學」習。

也有「廠長，」但廠長和我們的關係是完全平等融和的，住同一起，吃同一堆。他過去也是一個工人，現在也還是一樣結合在我們的工作裏。

工資是特別的豐富，每個人的收入，至少在共產黨中央常委，特區政府的最高首長們底津貼（就是薪水）的一倍以上！

由于勞動是解放了的，我們也在參加新中國的創造，所以個個都活潑，快樂，臉上充滿了健康的紅色，眼睛裏放出晶澈的芒光！走路腰是挺直的，頭是抬起的；工作是自動的，互相間的關係是親切的，督促的；工作是興奮的：沒有疲倦，更沒有「揩油，」什麼「罷工」「怠工，」安心回牠的老家去吧，我們是連想也沒有人去想到。因爲這已經是我們「自己的」世界，這些工作也有我們「自己的」一部份在內！

我們休息，我們開會，我們娛樂，但我們照樣得到工資。我們自由，我們生活最好，我們的特區政府對於我們是無比地關心的。

二　我們還做了些甚麼事？

我們有「工會，」但我們的工會是我們「自己的。」它是由我們自己選舉組織起來而被選舉的也是我們自己。我們靠它做了許多事情。

「技術研究會」經常開會研究技術，使技術進步，生產增加（不是工作時間延長，工資減少，）而「資本家」的「利潤」增加；「衛生委員會」要使廠裏沒有

西行

艾青

金華車站。早上八九點鐘，
我追上一個車站裏的辦事員：「先生，幾點鐘有車到南昌？」
「十二點，」他並不停止走路，也不把頭朝向我。
我們繼續等。
在月臺的旁邊，還是停着那早已到站了的列車，裏面擠滿了傷兵，難民，行李。
據說，我們就要等這車開走了之後，另外的車來了才可以上車。
時間過去，我們等着。……
「先生，到南昌的車還不賣票麼？」我又追上了另一個辦事員。
「不賣票，有車，擠上去就是了。」聲音是很低的。
車站裡，很多傷兵睡在舖了一層稻草的地上。
有幾個用稻草燃起了火，伸手取煖。
牆上貼了一些路工團體的標語，漫畫，在走進月台的門口那兒，貼了一份。
「浙閩贛邊爲共產黨員來歸告民衆書。」
妹跑來，說在擠滿了人的那排列車的那面，還有一排列車，很多人就從車箱下面的鐵輪邊屈着身子走過去。
我們也就從車厢下面的鐵輪邊走過去。
一排列車停着，從每個車窗看去，裏面都擠滿了人，這也是到南昌的車。
我們擠上去。

一個人生病萬一有人生了病也有「勞動保護委員會」下的別的部門負責好好調養；「伙食委員會」自己直接管理我們的伙食。

「文化教育委員會，」也就是我們的俱樂部。它是我們工人的學校，裏面有「軍事課，」每星期上三次早操，使我們也懂得一點軍事常識，鍛練我們身體。因爲我的身體有病，所以向連長請了假，但是每隔一天的清晨，我在床上就聽到「一二三！」「一二三！」的吼聲。

又有「政治課，」參加的人差不多是全廠。課目分三種：社會常識，中日問題，工人運動。教員是工會聘請來的總工會的工作同志和「黨報委員會」的工作同志；上課的方式是講解以後我們自已又分組討論。上課的時候，教員還沒有來，學生就擠滿了課堂，大家看見上課的×同志來了，就很高興的歡呼起來。正式上課的時候是很靜的，但我們的精神是平等的，隨便可以問他：

「×同志，我有一個問題……」

×同志是「教員，」但是他回答我們，像兄弟一樣。有一次，他跟我們講到「人和猴子的分家。」講完了，却有一個同志這樣問他：

「×同志，現在的猴子跟從前的猴子有什麼不同？」

他回答說：「我們人是變了，已經不再是猴子；但是猴子並沒有變，——或許也有點小改變吧，但是他們大體上還是猴子。」

別的同志問他：

「我們可以從猴子變成人，爲甚麼猴子不會照樣也變成人呢？」

又有同志這樣問他：

「爲什麼以前的人那樣强壯，現在的人一點也不强壯？」

他都一個一個詳詳細細的答覆，而回答得很有趣，引得大家發笑。

後來有個同志又問：

「×同志，現在猴子的頭髮跟以前猴子的頭髮是不是一樣？」

他回答說：

「你用不着完全去注意在猴子身上，同志，現在我們講的是『人，』不是在研究猴子。所以關於猴子的頭髮問題，等將來我們成立『猴子研究所』的時候再談吧……」

他還沒有說完，大家都笑起來了。……

此外，還有消滅文盲的識字班，參加的人大多數是不識字的婦女同志。識字班從開始到現在，大約有六個月，現在每個人最少認得了六百多個漢字。

我們還有一個「新文字促進會，」是專門負責推動新文字工作的。成立到現在不個三個月，裝訂房那些不識字的同志，現在都可以看報、讀書、寫日記了。

俱樂部還有「壁報，」我們每個月出版兩次，它的內容和意義，是發動自我批評的精神，反映實際生活，練習寫作，等等。

今年七月八日，我們成立了一個戲劇團體，定名爲「工人劇社。」成立之後第一次公演「三代，」這是一個反對日本帝國主義的劇本，在延市民衆教育館公演，看的都是工人和本城羣衆。我們表演到日本强盜殺我

在厨房車的過道間用舖蓋和皮箱安排了我們的坐位。

時間過去，我們等着。……

我旁邊點的是一個傷兵，他是從前綫歸來的，我們談上了——談話的中心是後方的民衆運動的欠缺。他時常搖着頭嘆着氣，陰鬱的眼射出灰暗的光，凝視着車窗外面。

「昨天，我在這裡（金華）看見一個傷兵在街上賣他的僅有的一條軍用氈——他是已餓了兩天了。後來，我給了他兩毛錢。」

「到處的傷兵醫院都說人滿，拒絕收容。」

搖頭，嘆氣，失望的眼。

夜了，車還是停着。

在黑暗中只看見火車頭在軌道上徐徐地，來回地駛行着。强烈的燈光掃射着車站附近的景物。汽笛的尖銳的嘶叫衝破這黑夜的靜寂——真的，我曾極度的爲這現代的生物所感動，而且愛上了牠。

九點多鐘時，車終於開了。

車廂裏沒有一點燈光，很靜。間或有小孩的哭聲，也很快就被母親們的催眠聲音帶走了。

我看着車窗的外面……

機頭的燈火照耀着軌道兩旁的原野。我這黑夜裏的乘車者，很安慰地讓自已內心的波動隨着這鐵輪的轉軋的有節律的聲響展開我的思緒，我是如此的堅定：我披示給我的漫長的行程和廣大的中國的土地，都使我有做一個中國人的强烈的歡喜與驕傲。

黑夜甚至帶給我一種家教的情感，純撲地願望着

同胞佔我土地的時候，觀衆們都捲起袖子伸出拳頭叫起來：

「打倒日本帝國主義！」

「我們要抵抗！」

「…………」

第二次公演在十一月八日的晚上，爲了慶祝十月革命節，同時慶祝我們工人總俱樂部成立，所以特別高興。上演地點也是在民衆教育館，劇本的名字叫「血灑蘆溝橋。」這劇本說的是二十九軍士兵戰在蘆溝橋的故事。表現的成績也不錯。特區政府教育部還送給了我們一面紅綢的旗子，上面這樣寫着「工人劇社是國防藝術的先鋒隊。」

三　在七號的那一天

「喔…喔…喔…」的鷄啼，還夾雜着一聲一聲豬的叫喚。我被這種聲音所驚醒了。

我起來，把門推開一看，天還是如同黑漆一般；清晰地聽得山脚下的水聲，知道它——這條延河仍舊是在流着，但前面的黑暗裏，却亮着幾點巨大的火光。我心中非常懷疑：爲甚麼在這樣早——或者不如說這樣深的夜裏吧，還有這種火光？那是甚麼地方？我用手揩一揩眼睛，再往前看去，呵，原來是延安城裏。我再想看個究竟，但天正在這個時候下霜，太冷，再也不能站下去了，我便反轉身來把門關上，去摸到被子裏面去，但還是睡不着。我在翻來覆去的當中，禁不住想：爲什麼在這樣的深夜裏就有鷄叫、豬叫和火光？在別的晚上却沒有？難道是城裏的豬或鷄被什麼東西咬了一口嗎？一定是有人點起火把去找豬吧？……但我却想起了白天的事：今天下午，伙食委員會召集了一次會議，會開後有人關照伙房的「大師傅」殺豬，說我們要最快活的過一回十月革命節。

……哦，剛才城裏的火把、豬叫，倒不是別的，原來是他們在準備過十月革命節。

窗外的麻雀「吱吱、吱、」的吵鬧起來了，從窗子的縫隙中透進了光亮，起床的號音也突地四面飛起。我翻身跳下床來，走出門外。這時前面給白霧輕籠着延城，露出了的漸漸的昇高、分散，由我身後山頭射下去的陽光，正撒在散霧的身上，起了反映，交織成繽紛的彩色，人聲也在沸湧了。

俱樂部門口貼出了一張工會的通知，說：「爲了慶祝十月革命節，本廠全部停止工作兩天。」

早飯以後，每個人都穿上新衣服，或者換上新洗的衣服，臉上都帶着一種興奮的微笑，男男女女都來在俱樂部門口，說笑的說笑，唱救亡歌曲的唱救亡歌曲，跳舞的跳舞……把一個俱樂部門口鬧得昏天黑地。

下午三點鐘到了，自衞軍連長的哨子也响了，於是男的，女的，青工，成工，雜務員，伙食員，大師傅——全體工友都在俱樂部門口結成了一個連橫隊，等着連長發口令。接着——「向右……轉！」「齊步……走！」下了清涼山「一，二，一」「一，二，一！」的朝着「延安市慶祝十月革命二十週年紀念羣衆大會」的大會會場前進。

按：本稿爲本刊特區印刷廠的工人通訊員所執筆。「我們是這樣生活着」的執筆者是沈鎭衍同志；「我們還做了些甚麼事？」的執筆者是趙鶴同志；「七號的那一天」的執筆者則是朱華民同志。

——整理者

祖國能早日從少數人的自私與頑固的枷鎖裏解脫，明日的自由的天國，不就在我們的前面了麼。……

夜行的列車啊，願你加速馳行吧。……

醒來時，感到寒冷，知道天快要亮了。

在晨光晞微中，三四個六七歲的小孩，唱着「打回老家去。」

歌聲裏，傳出了中國的悲哀與對于解放的遙遙的呼叫。這歌聲，給我在我的眼前描出了一幅在冰天雪地中的東北義勇軍行軍的美麗的圖畫。

到玉山時，天已完全亮了。

當車離開玉山時，我就留心着要發現「碉堡」——昨日的，我們民族的不幸的瘡痕。

看吧，那土紅色的岩石的砌成的「碉堡，」對牠們，除掉古舊的憑吊的感情之外，還能說什麼呢？歷史帶給人們的常是對于已往的罪愆的寬恕麼？

有些「碉堡」上，依然還留有「剿匪安民，」「土匪不滅，民衆不安」等標語，倒是可哀的古蹟呢！

車至南昌已是夜間十時左右了。

出車站時，路警强索車票。

爭執的結果，補半票（他得錢，我們不得票。）我們一共六人，我就眼見他把二十四塊錢的紙幣放進了褲袋裏去。

關於「反正」二件

一 對於「反正」的辯正

逕啓者頃閱

貴社第三期刊行之獨幕劇「反正」一則，核與事實，全不相符，且於首義主動之民族英雄張慶餘（按即劇中所指之張大隊長）任意醜詆，頗多汚蠖之處，閱悉之下，曷勝駭異。張公爲冀東軍政主要首腦人物，自民二十二年塘沽協定簽訂之後，戰區二十二縣，不准我方正式部隊駐防，由五十一軍抽撥勁旅，改編爲戰區特種警察，即由張公負責統率，嗣殷汝耕利用地位，實現冀東僞組織，當時固不難將其同類一網打盡，縛送中央，但因戰區情形特殊，深恐一發而不可收拾，牽動國家大局，中央亦迭次派人授意，囑以容忍待時，以顧地方，處心積慮，委曲求全，用心之苦，遠非國內各部隊所可比擬，迨盧溝橋戰起，認爲時機已至，逐決意發動，然猶向寇僞兩方表示誠意，虛與委蛇，爲恐啓其疑也，當七月二十八日倭寇總攻豐台南苑時，通縣敵人軍力稍薄，遂於當晚三點鐘，乘機而動，向敵兵營圍攻，一鼓盪平，厥功甚偉，並其特務機關，憲兵隊，警察署，日鮮僑民等，悉數殲滅無餘，軍用粮秣服裝及儲備之軍械彈藥汽油一併焚燒淨盡，所有冀東僞組織之各部署，同時摧毀，爲抗戰史上有聲有色之戰役也，但事先極爲機密，出令發動，決於俄頃之間，即局內之人亦鮮有知者，劇中演述係由某班長鼓勵脅迫，完全與事實相反，閉門造車，未免厚誣賢者，現張公已受任中央某項要職，訓練部伍，準備繼續殺敵，以竟其未竟之志，凡我國人，均應予以熱烈之贊揚，以激發共愛國之情緒，藉以昭示來者，用資觀感，鄙人伴職冀東，參與斯役，知之較詳，用特函陳概略，並請轉達劇團，勿予公演，免遭反感，或賜予更正，以昭翔實，實爲厚幸，此致

七月社並頌

撰祺

楊士博謹啓十二月九日

二 作者的申明

胡風先生：

來信收到了。

關於楊士博先生對於「冀東保安隊反正眞象」的辯正，除了感謝楊先生的好意以外，我覺得還有稍加解釋的必要；有機會把我的解釋轉致楊先生最好。

（一）我曾經告訴過您，寫「反正」是根據着七月間的號外和新聞紙上的一條簡短的新聞的。號外和新聞紙上，並沒有提到這次的反正是由於張慶餘先生的發動，僅僅只說是「張慶餘部若干人反正。」因爲沒有說是「張慶餘率部反正。」所以我就疑心這次的反正是下層發動的。而且，這樣的情形——部下反正，長官仍在敵方的，不是不多。所以更讓我相信這次的反正是下層發動的了。

再說到這次反正的眞象，我始終——一直到昨天，沒有看見過官方的正式的消息；各方面的傳說雖然不少，但又都是揣測之詞，衆說不一。

張慶餘先生担任保安隊長，事實上是屬於僞政府的，雖然他早有反正的計劃，我們卻無從知道，不僅我，一般人至今也還莫明眞象。那麼，對於張慶餘先生的懷疑，不好算是一種「醜詆」或「汚蠖。」

（二）說老實話，我寫「反正」時，並沒有存心跟誰過不去。我同情保安隊的弟兄們，是眞的。我敬佩弟兄們也是眞的，所以寫的時候，我就以弟兄們做主體，把同情都擱在弟兄們身上。同情弟兄們並不就是故意「汚蠖」官長。因爲保安隊的官長們沒有把眞象告訴我們，我們無法同情。而且在劇中，我還是極力地設法同情官長們，我所寫的李隊長和其餘的幾個隊長，不都是打算「反正」嗎？不過，「他們的見識廣，想得週到，」所以不肯冒昧從事。至於那位張大隊長，我並不是存心影射，或者指明說張慶餘先生的，「張」只是偶然採用的一個「姓」而已。

（三）爲甚麼我那樣寫張大隊長呢，這是一個「編劇的技術」問題，我不能把劇中人物寫得完全一樣，完全一樣，就無戲可寫了。況且結尾時我還是把大隊長寫得贊成「反正」了。

簡單地解釋幾點，說明我寫反正的動機，和對於那些劇中人的處理，無非是表示我的並不是故意地「醜詆」或「汚蠖。」

至於現在由於張士博先生的辯正，我知道了這件事實的眞象，對於張慶餘先生這樣的一位民族戰士，我不能不表示歉意！

關於更正，我的意見是：

A 把大隊長改姓「孫。」或者

B 把冀東改成東北，把殷汝耕改成別的漢奸，

您覺得如何？「反正」不是一個了不起的劇作，不上演也無關係，我以爲！ 匆覆，即頌

撰祺：

洗羣上 十二月十四

七月

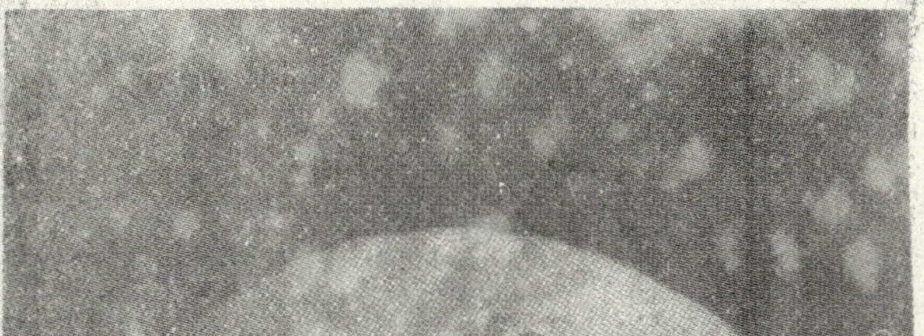

中華民國廿七年一月一日出版

● 目 錄 ●

本刊已呈請主管機關登…

七月

第六期

廿七年一月一日出版

編輯兼發行 漢口漢潤里四十二號樓上 七月社

編輯人 胡風

發行人 熊子民

總代售 漢口交通路 生活書店

印刷者 漢口小董家巷 新昌印書館 電話二一〇四五

另售每份一角

訂價 三個月……五角五分 六個月……乙圓

每月一日十六日出版

談公式化

辛人

人類進化的歷史，是由單純到複雜，由低級到高級的。我們的祖宗在幾千年前，只能用結繩當做文字，用石斧當做生產工具和武器，如果「他」覺得「她」可愛，只能多發出幾句的奇異的咿咿呀呀。然而現在人類却能用文字來表發思想，甚至竟有時間和精力弄些駢體文，八股文，韻文，十四行詩；又能運用蒸氣機關和電力，甚至竟有時間和精力製造殺人的飛機，大炮，炸彈，坦克車，在戀愛的場合又能產生許多情書，情詩，我們可以放心地相信像哥德的維特等創造品，在我們幾十年與的祖宗，一定是用幾句簡短的咿咿呀呀了之的。

從這個常識看來，我們這幾輩子人根本就沒有資格來哭訴什麼「工作公式化，」「作品公式化。」因爲我們正是生在空前複雜的時代，人類社會本身複雜了，古時只能三跪九叩敬而遠之的大自然，現在却變成複雜的可支配的物質擺在人類的面前。我們應該做可以做的工作是多種多樣的。如果你一味覺得生活是灰色的，而天空，青的，那是你的精神靜止在固定的一個時間空間上的緣故，事實上生活和大空是變化多端的，運動和發展的事物。哲學家都推崇康德是一個空前的偉人，但我們覺得康德是一條比「阿美巴」或草履虫更單純的動物，不然他爲什麼毫無辦法地造出他的「物如」說，肯定事物和世界的本質是「不可知」的？康德教授說美是抽象的，和現實的利害無關的，用我們的老調來說，是「油然而生」的，這何異原始人對美的咿咿呀呀？只有黑格爾的美學，才發現了比康德更複雜的對象世界，到了馬克思的美學，美的對象的現實世界，更是無上豐富和多樣了。所以我說只有草履虫才有資格同歷史哭訴「工作的公式化，」「作品的公式化，」因爲草履虫這種生物，是原始的細胞，微小而簡單，它的生殖也是只憑本身的分裂，决沒有雌雄異體的生物那一套麻煩。一個具有比草履虫複雜千萬倍的頭腦的廿世紀的人，除非已成無用的白癡，否則在複雜豐富的現實裏，絕不應該像草履虫一樣向歷史哭訴「生活的單調，」哭訴「作品公式化，」「工作公式化」的。

然而向來我們却常常聽到工作和作品的公式化的警戒聲。

聰明的讀者，你當然知道這樣的結果是有它的原因的。現實是一個矛盾的發展的客體，它有時竟變得那樣詭計多端，把你的眼睛幌亂了！現實是一個最殘酷最無慈悲的冷血漢，如果你不想辦法支配它，它便不嘗三七二十一的要反過來支配你。世界的現實就像一個危險而珍貴的礦藏，你不去發現它，不用最有效的辦法採掘它，那末，它不但把你當做不存在，甚至要奪去你的存在。所以，工作和作品的公式化的第一個原因，應該是自己主觀沒有最有效地最積極地控制現實的緣故。說一句老生常談，是沒有深入現實。不過，也許你覺得這句話對于你是一種侮辱吧？可是請緩對我生氣！我也了解你是儘量貼近現實的，正如我了解那些最近在前線敗退的我們若干軍隊，確是處在前線一樣。但是這些軍隊的潰敗也是實情，爲什麼呢？因爲他們不能把自己的被動的地位轉變成主動的地位，就如你雖然貼近現實，但並沒有控制現實的手段一樣。科學的方法只指示你一個方針，你想充實工作和作品，只能藉這方針之助，自己把每一刻都在發展着的現實，粉骨碎屍地加以解剖控制，這樣你才能發現出新的方法和內容，這樣你才能創造出方法和內容的多樣性和複雜性。聖經上說，夏娃因爲受了一條蛇的教唆，偷吃了智慧的禁果，終於覺悟自己一絲不掛太不像樣，雖然她因此和亞當被逐出伊甸樂園，降落塵寰，但她却由此而有了人類的認識。海涅曾說這條蛇比黑格爾還聰明偉大，她在黑格爾誕生的二千多年前，就證明人類的認識是可以逐漸接近眞理的，所謂不可知的神祕的神，只要人類把握到智慧，由實踐而加深認識，那就要被拆穿西洋鏡，人類就是神的支配者。

這裏我想提醒讀者的注意：現實世界的發展雖然是日趨複雜多樣，但另一方面，又好像是日形公式化的。神祕簡單的雷電，被公式化爲機械的機器，最抽象的預言，被演出爲數學的公式。作爲人類文明的結晶的自然科學和社會科學，它們的主要任務之一，也就是求出自然和社會的發展的規律法則。意大利的未來派那些先生們，着實也聰明得很，他們曾經用數字的方式來代替藝術的形象，以歌頌這種公式化機械化的文明。但是他們的瞎眼只有現實發展的一面的形式，而不懂得現實的真正內容倒是在那複雜的一面的。他們可以說是時代的近視者！只看這種人探不到現實的底網，就以爲現實是公式的集合，就那紀德老先生來說，他是最重「個性發展」的人，帶着一套近視的有色眼鏡，在蘇聯兜了一個圈子，便感慨無限地覺得蘇聯是一個公式的世界，國民都沒個性，但他竟不慚愧自己未能深入接觸到那裏的豐富的個性。紀德也許以爲自由的個性應像杜紀退夫斯基作品的主人公一樣每個人都爆發着病毒的爛濃，而且是形形色色的，假若這樣，那我們應該承認斯德是對的，因爲像靜靜的頓河，被開墾的處女地等作品裏的主人公實在是連根帶地和杜斯退夫斯基的主人公不同。因爲杜斯退夫斯基是企圖在人類的獸性中去追求眞理，而蘇聯今日的大衆呢，他們却要把一切的獸性從全人類中掃除。

假如你聽見一隊青年喊着「打倒日本帝國主義」的口號，你便覺得他們都是同一公式化了，這是你自己的膚淺。假如你深入他們之間，你會覺得他們每個人的聲音，表情是不同的，每個人的性格，行爲是不同的。打倒敵人不是閉上眼睛發盡子彈就完事，這中間隱藏着無上豐富的精采的內容，所以，通常所謂工作和作品的公式化，只不過證明該負責者，該創造者所應做的程度的低淺，一個深入現實的深造的人，應該和這問題是無緣的。

敌機去後　力羣木刻

續論戰爭期的一個戰鬥的文藝形式

胡風

情緒的飽滿不等於狂叫

相反地還有一種傾向：作者雖然寫了一長篇，但並沒有向我們報告出具體的事象——具體的事象里的社會相或人生相，所有的只是作者自己底對於那事象（作者所要報告的事象）的情緒：或者高喊、或者悲嘆……

我們反對作者底情緒麼？不的，文學底路，現實主義的文學底路，一向是，現在是，將來也永遠是要求情緒的飽滿的，沒有情緒，作者將不能突入對象里面，沒有情緒，作者更不能把他所要傳達的對象在形象上，在感覺上，在主觀與客觀的溶和上表現出來。如果說，文藝底任務不僅僅是要使人知道些什麼，得到人生底知識，而更重要的是要使人感受些什麼，得到人生底力量，那就更容易明白情緒底必要了。但我們所要求的情緒，一定是附着在對象上面的，也就是「和」對象「一同」放射的東西。作者可以哭泣，可以狂叫，可以有任何種類的情緒激動，不但可以，而且還是應該的，但他却不能把他底哭泣他底狂叫照直地吐在紙上，而是要壓縮在凝結在那使他哭泣使他狂叫的對象里面，那使他哭泣使他狂叫的對象底表現里面。這樣，即令讀者在字面上看不見他底哭泣他底狂叫，但能够從作者所表現的對象上，從那表現過程底顫動上感受到不能不哭泣，不能不狂叫的力量。只有這樣，文藝才能取得它底功用，也只有這樣，作家才算達到了他底任務。

投身在神聖的民族革命戰爭里面，我們遇得到太多的可以感泣，可以狂叫，可以痛恨的事實，應該報告出來。但問題不在這裏，問題是：作家們怎樣才能使讀者從他們底報告感受到像他們自己從事實裏面感受到了的那種不得不感泣，不得不狂叫，不得不痛恨的力量。換一個說法，作家應該表現出蘊含在事象裏面的眞實，應該在他底報告裏不把那眞實換成了概念的發洩，猶如不應該把那換成瑣瑣的舖陳一樣。

但一般地說來，今天我們還很少做到這個地步。譬如說罷，「打倒日本帝國主義，」這是一個包含着科學的內容和無限力量的口號。然而，無論它底內容是受着了怎樣嚴整的科學的規定，但在各個不同的場合上，使這個口號發生力量的內容是不齊一的，也就是這個口號所由發生力量的徑路是不能千篇一律的。一個人關在房子裏面大喊「打倒日本帝國主義」，聽的人不會感動，一個羣衆大會上沒有報告，沒有講演，只由主席跳起來大喊一通「打倒日本帝國主義，」羣衆也不會興奮，這大家是懂得的，但許多文藝通訊員在寫他們底報告的時候，丟掉了他所參加的羣衆行動底性格，跳過了活的內容，只捉着一些抽象的熱烈的詞句和「打倒日本帝國主義」「抗戰到底」……等等不附帶實際內容的口號。這和在羣衆大會上不報告不講演而只喊口號有什麼不同呢？文學上的標語口號主義，和對於現實的觀念的看法，概念的看法是分割不開的，在現在我們也還有時時給以警戒的要。

在這裏，我們就不能不提醒一句：不論在什麼場合，文藝底問題不僅僅是「寫什麼，」同時也是和「怎樣寫」一同存在的，有許多作家，特別是投身在羣衆行動裏的通訊員，每每一味寶貴他底題材（寫什麼），說這樣了不得的題材爲什麼不給發表呢？他沒有想到，無論是怎樣珍貴的題材，無論他所報告的是怎樣悲壯的事實，但如果他沒有寫出內容，沒有能夠在表現力上說服讀者，感動讀者，只是主觀上興奮一陣，那他底努力將毫無收穫。不要太相信了熱烈的字句罷，能夠使萬人感動萬人興起的只有當活的生活內容從你底筆尖劃出了的時候。

要歌頌也要批判

不能控制住自已底情緒，也就是不能把握着對象，那結果，當歌頌的時候只是單純地歌頌，當批判的時候只是單純地非難。

友人某君曾寄來一篇描寫一個抗日將領的文章；論「文章」本身，是寫得很好的，但他把對象寫成了「神，」使讀者無從把他和他底生活環境連在一起，更無從對于他底戰鬥意志取得理解。當回信的時候，我提到了「批判」問題，說，我們應該在美點和缺陷的交錯中畫出一個人物，丟掉了批判就不能滿足對於讀者的義務；說我自已是尊重抒情的成份的，但抒情的成份也有它底限度和它底複雜的依存關係但我得到的却是這樣的回答：

我在寫那篇文章的時候，心裏就想我是不是在盲目地歌頌民族戰爭的英雄。他們是有很多缺點的，我同他們一起生活過，他們也是平常的同我們一樣的人。不過我又想到，在這激烈抗戰的今日，他們在前綫浴血苦鬥，死的機會至少要比我們多上十倍。…………一想到這裏，我的筆就批判不下去。人總是感情的。……

顯然地，這裏面存有一個誤會。這誤會不僅是由於他把批判看成了對於對象的攻擊，看成了作者本人對於對象的否定，也由於他不明白眞正的歌頌只有從對象底全面性格關聯裏面才可以得到，才可以使讀者發生親切的感動，猶如眞正的批判也應該如此一樣。我們生在二十世紀，不會相信有萬善的神和萬惡的魔鬼，那我們就不能用快刀切豆腐的辦法來區劃人生。歌頌也罷，批判也罷，它底對象都是和我們一同生活在負着數千年歷史重壓的祖國大地上面，即使不是「平常得同我們一樣，」至少也不致相差異得無從撫摸地那麼遙遠。惟其是和我們一樣的人，那他們在缺點當中，在困難當中，甚至在罪惡當中所開闢出來的戰鬥道路才能使我們以血肉作基礎的精神作用發生息息的感應。惟其是和我們一樣的人作家底批判才能暗示出那缺點那罪惡能夠在主觀的努力和客觀的條件下得救。只這樣才算得眞實的歌頌，也只這樣才算得眞實的批判。所以，我們說歌頌，說批判，並沒有絲毫的意思說作家可以「上下其手，」也沒有絲毫的意思說作家可以抹殺對象底性格全面的關聯。歌頌也罷，批判也罷，只是我們想在對象中間强調的側面不同，而且，無論你要强調的哪一面，要說出對象底眞實來這一任務却是相同的。因爲，你要强調的側面也正是由於被對象本身所規定了的呀。

在今天，有人說批判得太多了，例如對於政治底黑暗面和軍隊底腐敗成份；也有人說歌頌得太過火了，例如對於第八路軍的戰績果眞是這樣麼？我底回答是否定的。我們實際上聽到的黑暗情形腐敗情形，要比已經寫出的利害萬倍，而第八路軍將士底眞實的相貌也還很少活在紙上。實際上應該成爲問題的恐怕是：當對於黑暗或腐敗進行批判的時候每每忘掉了另外的一面，參加戰鬥趨向進步的一，而關於第八路軍的報告又大抵是簡單的勝利消息，很少看到具體地描寫出他們在戰鬥中的困苦情況。所以，面對着這個無限豐富無限深刻的民族戰爭，我們還求更多的更廣泛的歌頌，也要求更多的更廣泛的批判。例如，第十三軍在南口的驚天動地的戰績，上海戰場的壯烈的故事，以及北京潰退、保定潰退、南京潰退的悲痛的事實，我們還沒有看到滿足的描寫，也未能汲取應有的教訓。

集體的史詩

假使文藝底任務是爲了表現人生，假使偉大的作家不能站在偉大的戰鬥外面成長，那麽，在這個民族戰爭期間，既成的作家將向被戰爭要求動員的民衆裏面突進，未來的作家將從被戰爭動員了的民衆裏面出現。假使這個老生常談不失爲必然的事實，那麽，從戰場，從農村，從都市，從叢林茂草間，將有和戰爭一樣豐富的「報告」輸送給想真心了解戰爭和真心參加戰爭的萬千讀者。

然而，也許要問了：如果作家都是這樣，那我們底戰爭與和平呢？我們底人間喜劇呢？………

要回答是並不困難的。在這裏，可以舉出J.里德底震動了世界的十日間來，也可以舉出A.瑪爾洛底征服者來，這是「報告」，但同時也正是巨大的雄壯的史詩。當作家跳躍在時代底激流里的時候，他底想像作用就退居在更次要的地位，能够在事實底旋律里找到他底史詩底形態了。

但我們應該把問題更推進一步。

在現實主義的道路上，是爲人生而文藝，並不是爲文藝而人生，這雖然是陳舊了的原則，但對于任何具體問題底解釋都能取得新的意義。在現在，與其更多地就心文藝本身底將來，倒不如更密地和當前的戰鬥結合，因爲現實主義者底第一義的任務是參加戰鬥，用他底文藝活動，也用他底行動全部。法捷耶夫說當他戰鬥着的時候，並沒有想到將來要寫毀滅，所以遺棄了許 貴的材料，但我們可以說如果他當時的參加戰鬥只是爲的將來要寫毀滅，時時存着 站在客位上收集材料的心思，那他底毀滅就一定會寫失敗。意識地儲蓄戰鬥經驗是好的，但這個意識不能超過對於戰鬥的關心，對於戰鬥的皈依的情熱。文藝從人生（戰鬥）產生，要能够和戰鬥溶合才能把握到產生偉大作品的基礎的條件。

所以，現在我們關心到將來的文藝的時候，還是荷馬底奧德賽和依里亞德，高爾基底內戰史和工廠史要比戰爭與和平和人間喜劇來得更爲恰當罷，因爲在戰爭的時代（荷馬），在戰爭與革命的時代（高爾基），作家・戰鬥者是爲了服務戰爭而存在的，用他底文藝活動（詩歌，報告，等等，）更用他底全身（實踐。）要樣才 生出兩個結果：一是養成了能够理解那時代能够表現那時代的作家底靈魂，一是積起了形成那時代底史詩底草稿。因爲有了無數的爲了歌舞戰爭或描寫戰爭的行吟詩人，荷馬才能收集溶合起來，完成了光耀古今的偉作，而高爾基底畫也是從內戰期的一切紀載和內戰期的許多戰士底口述來綜合溶鑄成俄羅斯計革命底雄壯的繪卷。

我們幸運地生在這個戰爭與革命的時代裏面，我們幸運地在養育着偉大作品底「胚胎」。然而，我們底作家不應過於就心將來的文藝怎樣，還是把我們底實踐和文藝活動獻給當前的神聖的戰爭罷，因爲，將來的偉大的「民族革命戰爭史」非得有這樣成長起來的靈魂和這樣積集起來的底稿就無從出現的。從個人願望擴展到全民族底命運，從文藝工作擴展到創造歷史的偉業，歷史使我們享有着這麽宏大的胸懷。

十二月。三十一日，

·特寫·陣地

第七連

——記第七連連長丘俊談話

東平

我們是……第七連。我是本連的連長。

我們原是中央軍校廣州分校的學生，此次被派出一百五十人，這一百五十人要算是八·一三戰事爆發後被派出的第一批，我便是其中的一個

在羅店担任作戰的××軍因爲有三分之二的幹部遭了傷亡，陳誠將軍拍電報到我們廣州分校要求撥給他一百五十個幹部。我們就是這樣被派出的。

我了解這次戰爭的嚴重性。我這一去是並不預備回來的。

我的姪兒在廣州華夏中學讀書，臨行的時候他送給我一個黑皮的圖囊，他說：

——這圖囊去的時候裝地圖，文件用的。回來的時候裝什麼呢？我要你裝三件東西：敵人的骨頭，敵人的旂子，敵人的機關槍的零件。

他要把這個規約寫在圖囊上面，但嫌字太多，只得簡單地寫着：

——請記住我送給你這圖囊的用意吧！

我覺得好笑。我想，到了什麼時候，這圖囊就要見到一個意想不到的場面，牠也許給抛在小河邊或田野上，……

一種不必要的情感牽累着我，我除了明白自己這時候必須戰鬥之外，對於戰鬥的恐怖有着非常複什的想象。這使我覺得詫異，我漸漸懷疑自已，是不是所有的同學中最胆怯的一個。我是否能够在火綫上作起戰來呢？我時時對自己這樣考驗着。

我們第七連全是老兵，但並不是本連原來的老兵，原來的老兵大概都沒有了，他們都是從別的被擊潰了的隊伍收容過來的。我們所用的鎗械幾乎全是從死去的同伴的手里接收過來的。我們全連只配備了兩架重機關槍，其餘都是步槍，而支援我們的炮兵一個也沒有。

我們的團長是法國留學生，在法國學陸軍回來的。瘦長的個子，活潑而又精警，態度和靄，說話很有道理，不像普通的以暴戾，愁苦的臭面孔統率下屬的草莽軍人。但他並沒有留存半點不必要的書生氣概，如果有，我也不怎麼覺得。我自己是一個學生，我要求人與人之間的較高的理性生活，我們的團長無疑的這一點是切合于我的理想的。我對他很信仰。

有一次他對我們全營的官兵訓話。當他的說話完了的時候，突然叫我出來向大家說話。我知道他有意要試驗我，心理有點着慌，但不能逃避這個試驗。——這一次我的話說得特別好，普通話用得狠流暢。團長臨走的時候和我熱烈地握手。他低聲地對我說：

——我決定提昇你做第七連的連長。

這之前，我還是負責整頓隊伍的一個普通教練官。

★

從崑山出發之後，我開始走上了一條嚴肅，奇異的路程。在錢門塘附近的小河流的岸邊，我們的隊伍的前頭出現了一個年輕，貌美，穿綠袍子的女人。我對所有的弟兄們說：

——停止。我們在這里歇一歇吧！

排長陳偉英後來偷偷地問我：

——爲什麼要歇一歇呢？追上去，我們和她並肩的走，爲什麼不好？

——這是我自己的哲學，我說；我現在一碰到漂亮的女人都要避開，因爲她要引動我想起了許多不必要而且有害的想頭，……

我們的特務長從太倉帶來了一個留聲機，我叫他把這留聲機交給我，我把所有的膠片完全毀壞。因爲我連音樂也怕聽。

我非常小心地在修築我自已的，鋪石塊似的，——爲了要使自己能够成功爲一個像樣的戰鬥員，能够在這嚴重的陣地上站得牢，我處處防備着情感的毒害。

★

有一禮拜的時間，我們的駐地在羅店西面徐家行一帶的小村莊里。整天到晚沒有停止的炮聲使我的耳朶陷入了半聾的狀態，我彷彿覺得自己是處身在一個非常熱鬧，非常嘈什的街市里面。——我參加過一二八的戰爭，一二八的炮火在我的心中已經遠了，淡了，現在又和牠重見於這離去了很久的吳越平原上，我彷彿記不起牠，不認識牠，牠用那種震天動地的音響開闢了一個世界，一個神祕的，可怕的世界，使我深深地沈入了憂

，愁這世界對於我幾乎完全地不可理解，……

十月十八日的晚上，下着微雨，天很快就黑下來，我們沿着小河流的岸畔走，像在蛇的背脊上行走似的，很滑，有些人已經跌在泥溝里。我們有了新的任務，經過嘉定，趁小火輪拖的木艇向南翔方面推進。……二十日下午，我們在南翔東面相距約三十里的洛陽橋地方構築陣地。

密集不斷的炮聲，沉重的飛機聲和炸彈聲使我重新熟習了這過去很久的戰鬥生活。繁重的職務使我驅除了懼怕的心理。

排長陳偉英，那久經戰陣的廣東人告訴我：

——恐怖是在想象中才有的，在深夜中想象的恐怖和在白天里想象的完全兩樣。一旦身歷其境，所謂恐怖者都不是原來的想象中所有，恐怖變成沒有恐怖。

二十日以後，我們開始沒有飯吃了。火伕雖然照舊在每晚十點鐘左右送飯，但已無飯可送。我們吃的是一些又黑又硬的炒米。弟兄們在吃田里的黃韮子和葵瓜子。

老百姓都走光了。他們是預備回來的，把糧食和貴重些的用物都埋在地下。為了要消滅不利於戰鬥的陣地前面的死角，我們拆了不少的房子。有一次我們在地里掘出了三個火腿。

吃飯，這時候幾乎成為和生活完全無關的一回事。我在一個禮拜的時間中完全斷絕了大便，小便少到只有兩滴，顏色和醬油無二樣。我不會覺得肚餓，我只反問自己到底成不成為一個戰鬥員，當不當得起一個連長，能不能達成戰鬥的任務？

任務占據了我的生命的全部，我不懂得怎樣是勇敢，怎樣是懦怯，我只記得任務，除了任務，一切都與我無關。

我們的工事還沒有完成，我們的隊伍已開始有了傷亡。傳令兵告訴我：

——連長，又有一個弟兄死了

我本已知道死亡毫無足怕，但傳令兵的這一類的報告卻很有擾亂軍心的作用。我屢次告誡那傳令兵：

——不要多說。為了戰鬥，等一等我們大家都要和他一樣。

兩個班長都死了。剩下來的一個班長又在左臂上受了傷。

我下條子叫一等兵翁泉担任代理班長，帶這條子去的傳令兵剛剛回來，就有第二個傳令兵隨着他的背後走到我的面前說：

——代理班長也打死了。

三天之後，我們全連長約八百米達的陣地大體已算完成，但還太淺，缺少交通壕，又不够寬，只有七十生的左右，兩個人來往，當挨身的時候必須一個跳出壕外。

這已經是十月二十三的晚上了。

雨繼續在下着，還未完成的壕溝裝滿了水，兵士們疲勞的身體再也不能支持，鏟子和鐵鍬都變得鈍而無力。有一半的工事是依附着竹林構築起來的，橫行地下的竹根常常絆落了兵士們手中的鏟子。中夜十二點左右，我在全線的壕溝里作一回總檢閱，發現所有的排長和兵士都在壕溝睡着了。

我一點也不慌亂。我決定給他們熟睡三十分鐘的時間。

三十分鐘過後，我一個一個的搖醒他們，攙起他們。他們一個個都混得滿身的泥土，而且一個個都變成了死的泥人，我能够把他們搖醒，攙起的只有一半。

★

二十四日正午，我們的第一線宣告全滅，砲火繼着淹沒了第二綫。——我們是第三線，眼看着六百米突外的第二線（現在正是第一綫）在敵人的猛烈的砲火下崩陷下來。失去了戰鬥力的散兵在我們陣地的前後左右結集着。敵人的砲兵的射擊是驚人的準確，砲彈像一羣附有性靈的，活動的魔鬼，緊緊地毫不放鬆地在我們的潰兵的背後尾隨着，追逐着。丟開了武器，帶着滿身鮮血和污泥的兵士像瘋狂的狼似的在濃黑的火烟中流竄着。敵人的砲火是威猛的，當牠造成了陣地的恐怖，迫使我們第一線的軍士不能不可悲地，狼狽地潰敗下來，而構成我們從未見過的非常驚人的畫面的時候，就顯得尤其威猛。牠不但擾亂我們的軍心，簡直要把我們的軍心完全擾亂。我想，不必等敵人的砲火來殲滅我們，單是這驚人的情景就可以瓦解我們的戰鬥力。

恐怖就在這時候到臨了我的身上，這之後，我再也見不到恐怖。我命令弟兄們把所有結集在我們陣地上的潰兵全都趕走，把我們的陣地弄得整肅，乾淨，以等待戰鬥的到臨。

大約過了三個鐘頭的樣子，我們的陣地已經從這紛亂可怖的情景中救出了。我們陣地前後左右的潰兵都撤退完了，而正式的戰鬥竟使我的靈魂由惶急漸趨安靜。

我計算着這難以挨煞的時間，我預想着當猛烈的砲火停止之後，敵人的步兵將依據怎樣的姿態出現。

砲火終于停止了。

一架敵人的偵察機在我們的頭上作着低飛，不時的把機身傾側，驕縱成性的飛行士也不用望遠鏡，他在機上探出頭來對于我們的射擊毫不介意。

飛機偵察過之後，我們發見先前放棄了的第二線的陣地上出現了五個敵人的斥候兵。一面日本旂子插在麥出上，十一年式的手提機關槍立卽發出了顫動的叫鳴。

由第三排負責的營的前進陣地突然發出違反命令的舉動，——對于敵人的斥候，如果不能一舉手把他們活捉，或消滅，就必須切誡自已的暴露，要把自已掩藏得無影無踪。我曾經吩咐第三排要特別注意這一點，但他們竟完全忽略了，第三排的排長的反乎理性的瘋狂行動使我除了氣得暴跳之外，簡直無計可施。這個中年的四川人太勇敢了，但他的勇敢對于我們戰鬥的任務毫無裨補，他在敵人的監視之下把重機關槍的陣地一再移動，自已的機關槍沒有發射過半顆子彈，就叫他率領下的十個戰鬥兵一個個的倒仆下去，第一排的排長想率領他的一排躍出壕溝給第三排以援助，但我嚴厲地制止了。我寧願讓第三排排長所率領的十個人全數犧牲，卻不能使我們全連的陣地在敵人的監視之下完全暴露。但我的計算完全地被否定了，在我們右邊的友軍，他們非分地完全躍出了戰鬥的軌道，他們毫不在意地去接受詭譎如蛇的敵人的試探，他們犯了比我們的第三排更嚴重的錯誤。爲了要對付五個敵人的斥兵候，他們動員了全線的火力，把自已全線的陣地完全暴露了。

敵人的猛烈的砲攻又開始了。

敵人的準確的砲彈和我們中國軍的陣地開了非常利害的玩笑。砲彈的落着點所構成的曲線和我們的散兵溝所構成的曲線完全一致，密集的砲火使陣地的顫動改變了方式，牠再不像彈簧一樣的顫動了，牠完全變成了溶液，像淵深的海似的泛起了汹湧的波濤。

★

我們的團長給了我一個電話機，他直接用電話對我發問：

——你能不能支持得住呢？

——支持得住的，團長。我答

——我希望你深切地了解，這是你立功成名的時候，你必須深明大義，抱定與陣地共存亡的決心！

我彷彿覺得，我的團長是在和我的靈魂說話，他的話（依據我們中國人和鬼的通訊法）應該寫在紙上，焚化，——而我對於他的話也是從靈魂上去發生感動，我感動得幾乎掉下淚來。我不明白那幾句僵尸一樣的死的辭句爲什麼會這樣的感動我。

——團長，你放心吧！我自從穿起了軍服，就決定了一生必走的途徑，我是一個軍人，我已經以身許給戰鬥。

於是我報告他第三排的排長如何違反命令的情形，他叫我立卽把他槍斃。但第三排的排長已經受傷回來了，我請求團長饒恕了。他那中年的四川人掛着滿臉的鮮血，跑在我的的近邊，團長和我在電話中談話他完全聽見的。他以爲我就要槍斃他，像一隻瘋狂的野獸似的逃走了，我以後再也沒有碰見他。

夜是人類天然的休息時間，到了夜里，敵我兩方的槍砲聲都自然地停止了。弟兄們除了一半在陣地外放哨之外，其餘的都在壕溝里熟睡起來。我的身體原來比別人好，我能够繼續支持五天五夜的時間在清醒中，我圍着一張軍毡，獨自個在陣地上來往，看着別的人在熟睡，而我自已醒着，我感受到很大的安慰，我這時候才對自已有了深切的了解，我很可以做這些戰士們的朋友。

我的鼻管塞滿着砲煙，混身爛泥，鞋子丟了，不曉得膠住在那處的泥醬里，只好把襪子當鞋。我的袋子還有小許的炒米，但我的嘴髒得像一個屎缸，這張嘴老早就失卻了吃東西的本能，而我也不曉得這時候是否應該向嘴里送一點食品。

★

第二天拂曉，我們的第二排，由何博排長率領向敵人的陣地出擊。微雨停止了。曉色濛曨中我看見二十四個黑色的影子迅速地跳出了戰壕。約莫過了二十分鐘的樣子，前面發出了激烈的機關槍聲，敵人的和我們的都可以清楚地判別出來。這槍聲一連繼續了半個鐘頭之久，我派了三次的支援兵去接應。一個傳令兵報告我排長已經被俘虜了。我覺得有些悵然，只得叫他們全退回來。

原來何博太勇敢了，到了半路，他吩咐弟兄們暫在後頭等着，自已一個人前進到相距兩百米突的地方去作試探，恰巧這時候有一小隊的敵人從右角斜向左角的友軍的陣地實行暗襲，給第二排的弟兄碰見了，立即開起火來。但排長卻還是留在敵人的陣地的背面，天亮了，排長何博不願意把自已的地位暴露，在我們的陣地前面獨戰了一天，直到晚上我們全線退卻的時候方才回來。他已經傷了左手的手掌，我和他重見的地點是在南昌陸象山路六眼井的一個臨時醫院里，因爲我也是在這天受了傷的。

這天的戰況是這樣的，

從上午八點起，敵人對我們開始了正面的總攻。這次總攻的砲火的猛烈是空前的，我們伏在壕溝里，咬緊着牙關，忍熬這不能抵禦的砲火的重壓。對於自已的生命，起初是用一個月，一個禮拜來計算，慢慢的用一天，用一個鐘頭，用一秒，現在是用秒的千分之一的時間。

「與陣地共存亡。」我很冷靜，我刻刻的防備着，恐怕會上這句話的當。我覺得這句話非常錯誤，中國軍的將官最喜歡說這句話，我本來很了解這句話的神聖的意義，但我還是恐怕自已會受這句話的愚弄，人的「存」和「亡，」在這里都不成問題，而對於陣地的據守，卻是超越了人的「存」「亡」的又一回事。

我這時候的心境是悲苦的，我哀切地望盼在敵人的無敵的砲火之下，我們的第兄還能留存了五分之一的人數，而我自已第七連的靈魂，必須還是活的，我必須親眼看到一幅比一切都鮮麗的畫景：我們中華民國的勇士，如何從毁壞不堪的壕溝里躍出，如何在陣地的前面去迎接敵人的鮮麗的畫景。

特寫·地方，

失掉南京得到無窮

耳耶

上海抗戰開始後四個月，我們底首都南京失陷在日寇手里了。那時候被困在南京的部隊聽說有多少師，人數有多少萬，在寇軍底飛機大炮底追擊之下，倉皇退卻，奪路而走，所謂「兵退如山倒，」不說直接死于敵人底砲火，就是自相踐踏而死的戰士聽說也要用千，甚至用萬來計算。我想南京的市街，那時候一定成了血的長江，血的大海，無論是敵人或自已底戰士，活過來的，恐怕都免不了有一雙紅的脚和腿了。敵人自然是喊殺連天聲威百倍；就是我們底奉令撤退的大軍，料想也有悲壯的呼號和怒吼，如果這樣，那聲音恐怕會遮沒了飛機炸彈底聲音，吞蝕了大砲和步槍底聲音，一句話，人底聲音壓倒了一切的聲音。有人不知道帝國主義國家怎樣屠殺弱小民族的人民麼？不知道日本法西司蒂底瘋狂到了怎樣的程度麼？請到我們中國來，在這里，南京底失守，已經不是第一次的大血戰，大概也不會是最後一次的。哦！多麼大的一筆血債喲！

然而我們底損失還不僅這些。那從異族手里奪回了漢家天下的朱洪武底墓上，那推翻了愛親覺羅氏底統治，一生里高喊打倒帝國主義的孫中山先生底墓上，如今，聖潔的貞女被淫污了似地，有了侵略底脚印了，十年來政府底建築（這里通常用「建設」）大學，研究院，圖書館，一切文化事業上的設備，軍械庫，飛機場，汽油汽車底堆棧，無綫電台，一切軍事或交通上的設備，都被敵人或自已燒成灰燼了！豪商，小市民，公務員們底產業，貧民的底草棚，種田的，稀菜的人們底田莊或菜圃，一定也給澈底地破壞了；多少逃出了的人民，失了業，失了家，離開了家人父子，在百里之外，千里之外，遙遙地望着那龍蟠虎踞的石頭城里，從自已底產業，自已底辛勤的成果上發出來的烟火而悲傷歎息！

南京是我底第二故鄉，我在南京足足住了五年之久。初到南京的時候，城內還沒有一條寬闊平坦的馬路，街面上盡是破舊低矮的瓦屋，從北門橋到唱經樓那一條又窄又短的小街，在那時候還是南北交通的要道，汽車，馬車，人力車，和步行的人們，每天都擠得水洩不通，每天都會有幾件爲了擁擠而發生的爭吵，撞傷而至撞[illegible]人的事情。至于路邊的建築，更是什麼都沒有，古拙的[illegible]樓算是這城里唯一的壯觀。一年兩年，五年十年，南京完全改換了面目，有了全國最好的柏油路，有了富麗雄偉的會堂，官廨，學校，戲院，商號，飯店，茶館，咖啡店乃至人住宅，不說別的，只說那荒涼空寂的玄武湖，在最近一兩年去的時候，都幾乎認不出是什麼地方了。南京，猛進中的南京，繁榮的南京，如今，全被日寇底砲火燬得干干淨淨了！

然而南京底失守，對于全面抗戰，決不算是嚴重的打擊，剛剛相反，在無意中倒給予抗戰一個莫大的幫助。何以見得呢？這里讓我講一個故事。

但敵人的猛烈的砲火已擊潰了右側方的友軍的陣地。

我們出擊了,我們零丁地剩下了的能够動員的二十五個像發瘋了似的暈濛地懞懂地在砲火的濃黑的煙幕中尋覓着,我清楚地瞧見隔着一條小河,和我們相距約二十米突的地方有一大隊的敵人像潮水似的向着我們右側被冲破了的缺口湧進。他們有一大半是北方人,大叫着「殺呀!——殺呀!」用了非常笨重愚蠢的聲音,挺着刺刀,彎着兩股。

我立刻一個人衝到我們本陣地的右端,這里有一架重機關槍,叫這重機關槍立即快放。

這重機關槍吝嗇地响了五發左右就不再繼續。

——壞了。

那射擊手簡單地說着,隨即拿起了一枝步槍,對着那密集的目標作個別的瞄準射擊。

我們一齊地對那密集的目標放牌樓火。但敵人的强大的壓迫使我們又退回了原來的壕溝。

右側方的陣地是無望了,我決定把我們的陣地當作一個據點扼守下去,因此我在萬分的危殆中開始整頓我們的殘破的陣容。而我們左側方的友軍,卻誤會我們的陣地已經被敵人佔領,用密集的火力對我們的背後射擊。爲了要聯絡左側方的友軍,我自己不能不從陣地的右端向左端移動。

這時候,我們的營長從地洞里爬出來了。他只是從電話聽取我的報告,還不會看到這陣地成了個什麼樣子。他的黧黑的面孔顯得非常愁苦。他好像從睡夢里初

有一個朋友是和我同時到南京的,也和我一樣是個窮光蛋,憑着一張法政什麼學校的畢業證書特爲到新的首都來找職業。我覺得他是誠樸,豪爽而又熱情的青年,在那時候像那樣的青年要找個小小的位置還不很困難,似乎沒有多費力就到某機關辦公去了。薪資很微薄,他底生活也很簡單,他一面做事一面很努力讀書,年紀青,離開學校不久,對于所學的東西有着不小的自信力,常常表示只要職業能够保存,只要不至于眞正餓飯,對于法學總要繼續研究下去,三年兩載總會把研究的心得發表一點出來。一句話,很有點想成爲一個法學家的野心。他不但留心書本子,還留心各種各樣的問題,像醫生看社會上人們底生活,許多都不合乎衛生,許多人底行動都是病態表現一樣,在這位未來的法學家底眼睛里,就到處都是無法非法玩法違法的現象。前面說過,他是個熱情的青年,無論什麼,一認爲不滿,就表出極端的憤慨,一點也不含蓄。然而這種態度和他底生活環境并不適宜,爲了這我也曾費過不少勸慰的唇舌,甚至于使他認我爲富于妥協性的分子,終于不大和我來往了。五年以後我離開了南京,似乎不到一年,忽然聽說他不知由于怎樣的因緣,平地一聲雷似地做了某某部的司長了。在社會上混了好些年,人多少變得乖覺些了,雖說知道他所學的東西和所担任職務沒有絲毫關係,也并沒有覺得稀奇;只是想像他那樣的青年,既然佔得相當高的地位,總會多少認眞做點事吧。但是等我再會見他的時候,他已變成了汽車階級,有一個極其摩登的太太人發了胖,臉上添了不少的紅潤,那樣子幾乎比從前還要年青些。這自然都不足爲奇,奇怪的是他和我談了大半天的話,簡直沒有對于任何事情表示不滿。從前那種憤慨的詞色,似乎完全絕了跡。

南京的官員們,不,公務員們,有一個共同的嗜好,喜歡買地皮蓋房子。舊的南京,本來很少或者說簡直沒有適當的住宅,連那舊式的不適當的住宅,因爲人口增加,房租也被抬高得教人難以相信的程度。于是和機關造衙門一齊,公務員們只要怎樣能弄幾個錢就把錢拿來蓋房子。由于那些公務員們底努力,南京就有了許許多多的什麼里什麼坊什麼村和許多單家獨院的嶄新的洋房子。每月只有百十塊錢的薪水的都有人住着自己底新的住宅,甚至于房子租給別人。大概他們除了節儉之外,還有我們不懂得的辦法。

這位朋友既然已經是汽車階級,蓋房子的能力當然比許多人要充分得多。這時候他已經在某某部背後造起了一座相當宏敞的樓房了,我正是在他底府上會見他的。大門以內,正房四旁,是一片青葱的草地,有各種各樣的花木,房子底某一邊旁凌空架着不少的鴿子籠,成羣的鴿子在邊旁飛舞,他告訴我許多種鴿子底名字,出產的地方,購買的價格,以及烹調出來的滋味。他對于鴿子底知識,似乎超過了他底法學的知識,至少是更有興趣些。那園裏的動物,并不只鴿子,還有猴子兎子小狗小貓之類,沒有事的時候,他就很高興地和那些小動物們玩耍。

這房子底樓下有一間寬大的客廳。牆上糊着不知是什麼圖案的花紙;玻璃窗上絕對尋不出一顆灰塵,淺

腿似的爬出來了，對我用力地揮手。一顆子彈射中了他的左肺，他　咳了兩聲就倒下了。

敵人的炮口已經對我們直接瞄準了，從炮口冲出的火餤可以清楚地瞧見着。

我開始在破爛不堪的陣地上向左躍進，第二次剛剛抬起頭來，一顆炮彈就落在我的身邊。我只聽見頭上的鋼帽噹的響了一聲，接着暈沈了約莫十五分鐘之久。

我是決定在重傷的時候自殺的。但後來竟沒有自殺。我叫兩個弟兄把我拖走，他們拖了好久，還不曾使我移動一步。這時候我突然發覺自已還有一付健全的腿，自已還可以走的。我傷在左頸，左手和左眼皮。鮮紅的血把半邊軍服淋得透溼。

當我離開那險惡的陣地的時候，我猛然記起了兩件事。

第一，我曾經叫我的勤務兵在陣地上拾槍，我看他已經拾了一大堆了，他退下來沒有呢？那一大堆的槍呢？

第二，我的黑皮圖囊，我在壕溝里曾經用牠來墊坐，後來丟在壕溝里。記得特務長問我：

——連長，這皮袋要不要呢？

我看他似乎有「如果不要，我就拿走」的意思，覺得那圖囊可愛起來，重新把牠背在身上。

不錯，現在這圖囊還在我的身邊。

九三七年

十二月

二十一日

漢口

碧色的細緻的窗帘使光線變得比較陰暗，雖然天氣已經很熱，但在屋子里，縱然沒有那天花板下的電扇不停地轉動，也正像休息在大菩提樹底下一樣涼爽。西洋油畫，都錦生彩色織錦，宋徽宗仇十洲以及幾個當代名人底書畫，掛在壁上；我不能辨認的什麼瓷瓶，瓷羅漢，金屬的小小的工藝品之類擺在紅木桌上；收音機，鋼琴，書櫥，沙發，茶几……都陳設在好像由各自選擇的一個最適合于自己的位置上，并且各各有一點點模糊的倒影，被攝進那光亮的地板里；那地板，除了我剛才踏上的灰土的脚印以外，沒有一處有半點不應該有的痕跡

我那時候的心情已經記不很清楚了。對于炫赫在自已眼前的陳設，大概有些羨慕的吧。然而那完全是個陌生的地方，我面前的主人也完全是個陌生的人！我想，這位華貴的官邸里的老爺，公務員，就是七八年前的我所熟識的那位窮光蛋麼？就是那立志要做個法學家的法政學生麼？就是那對于這也不滿，那也不滿，成天在憤慨里對生活的熱情的青年麼？我把周遭的環境打量了一下，又把他從上到下，從下到上打量了一下，發見他和從前的那一位，簡直沒有絲毫不同的地方啊！一個人的變化是太大了！

我和這位朋友是從小在一塊兒長大的，他家里的景況，我知道得清清楚楚，這房子和房子里的一切自然不是他家里原有的東西，却也決不是現在做了官特爲從家里拿一筆錢來造房子撑門面的，他家里根本就沒有錢，不言可知，都是做了一兩年什麼長的成績。于是我一半開玩笑，一半也是其實地說；

「『富貴不歸故鄉，如衣錦夜行，』只憑這客廳里的這點東西，如果是在故鄉，該使多少人縮不進舌頭去呀！』

「莫亂說！」他有點忸怩却又很正經似地說，「這算什麼呢，還是一種腐化的生活呀！』

「眞的麼」我底反問是一種欣悅的表示，我想他既然知道這一點，總該有把自已拯拔出來的可能，我很希望他能够眞正自覺。可是這意思很難出適當的話來傳達，口里只是離題萬里似地說；「你近來對于法學自然格外進步了？」

「哪里哪里，我的法學知識本來很淺，又丟了幾年，早已摸頭不是腦了。年紀一天大一天，記憶和穎悟的能力也不比從前，做了官，要辦公，要應酬；要帮親戚朋友想法子……在這種生活里頭，還談什麼呢。」

「你不是嫌這生活腐化麼？我相信這腐化只是表面，你個人一定還有不腐化的私生活。」

「沒有，慚愧得很，眞正沒有。我只覺得這種生活不對，有時候還眞想擺脫，不過，有什麼法子呢？我有父親，母親，丈人，丈母，弟弟，妹妹，老婆，兒子，我不過這種生活，這一大家子人就沒有飯吃，中國這社會，眞不叫玩意兒，把不知多少底人生活負担壓在很少的幾個人頭上。那些把自已底負担担壓在別人頭上的人們，除了虛榮，除了物質慾望，什麼也沒有，什麼也不懂得，并不說他們有意地這樣幹，可是事實上却眞像擺下了誅仙陣萬仙陣一樣，向你包圍，不動聲色地逼你向墮落的路上走，朋友，我不是聖賢，也不是豪傑，對于自已底周圍，看不十分清楚，所以不知不覺上了他們底當，而且現在縱然覺察了一點，却已經騎虎不能下虎了！你想像我這樣的人在南京，

簡直要多少有多少，除了做官還能做什麼呢？一句老話。『文不能當謄錄生，武不能當扭架兵，』只有還是做自已底官做得一天算兩個半天自已咀嚼着自已底靈魂過日子！這自然只是我現在的心境，至于不久的過去却比現在更爲麻木，成天在設法打洞找升官找兼差，找發點不義之財的機會，你瞧這房子這一切，你以爲是靠規規矩矩的薪水換來的麼？一個月幾百塊錢够什麼用呢？不過那不消談的，反正你也不一定懂。雖說你在南京過幾年，政治舞台上的黑暗，官僚們的貪污和卑鄙，那情形你未必眞正看見了什麼。」

他臉上表露出來的苦悶，證明他底話有相當眞誠，可是仍然不知對他說什麼的好。于是我撇開他個人，就一般的情形說說。我說國家的現勢，可說是危亡無日，日本强盜隨時都準備併吞中國；中國的政治機構如果不改革，政治舞台上的人們如果還不覺悟，一定無法抵抗。怎麼還一般官老爺們還在爲個人爲家庭打算呢？

「對呀」他說「中國的政治這樣腐敗，决不能抵禦外侮，不是老早就有這們一句話麼？「中國不亡是無天理」，你說這話在那些官僚們中間引起了怎樣的反應？他們說趁現在還未亡國的時候，多做幾天官，多弄幾個錢，多舒服幾天，日本人一來，就什麼都完了。」

這也許是個很高明的見解，可是也是個無藥可醫的病痼；我想說日本人一來就什麼都完了也未見得，日本人來了也需要中國人做官，并且正需要這樣的官，不過這話不能告訴他們，一告訴他們就更無忌憚了，所以當時對那位朋友也什麼都沒有說。

和這位朋友一別又是幾年，最近偶然碰到一個故鄉人告訴我說是他死了，起初我還以爲是日寇轟炸南京的時候被炸死了的，那位同鄉說不是，上海抗戰發生後一個星期他就請了兩個月的假，送家眷回鄉里，不知怎麼在鄉下生了病，假期滿了還不能去銷假，于是撤了差；近來寇機無情地轟炸南京，南京不知受了多大的損失，他底房子好像也被炸燬了。走的時候仗打得還好，他沒有想到會這樣的，所以回鄉也并不打算搬家，聽說房子里很有些值錢的東西，他有病，又丢了官，丢了房子和一切東西，正是火上添油，病上加病，在南京失守以前就死了。

別人說他死的原因是這樣，證以從前他對我談的話，至少死去的心理還要複雜一點。不過我也無暇分析；只是想他的房子毁了，那房子里的鴿子，猴子也一定毁了；名貴的書畫古董，收音機，汽車之類自然也都毁了，他說過，在南京像他那樣的人，要多少有多少，那末，那些什麼坊什麼村什麼寓的人，大大小小的貴人公子們是不是也受了和他一樣的遭遇呢？縱然不完全一樣也該部分地一樣吧，那末，他們要在亡國之前多享受些舒服的企圖現在怎樣了呢？爲了生活的負担爲了供應父母妻子親戚朋友而不能不貪污卑鄙的辯解又怎樣了呢？

不錯，南京是中國的首都，然而是腐化的首都，不足以領導全國抗戰的首都，像我底朋友那樣的人們底房產底存在就是鉄証！現在這首都失陷了，不用說，爲了保衛它而犧牲了的戰士是應該哀悼的，文化機關教育機關可以剿滅日寇的軍火儲藏機關以及居民們底室家底被摧毀值得惋惜的；朱洪武孫中山底聖地底被淫汚，是應該引爲恥辱的，日寇底暴行是可憎恨的，然而只是如斯而已，其它的什麼建築之類自然也是中國人底智力體力財力，中國老百姓底血汗底成果吧；可是都是於國計民生沒有什麼補益的東西，讓那些秦淮河邊的歌台舞榭去吧，讓那些飯店，咖啡館，影戲院……去吧，讓那什麼院什麼部的衙門，什麼禮堂會場之類去吧，讓那些達官貴人們底邸宅和那里頭的秦磚汗瓦，巴黎香水，紐約雪花膏之類去吧，在這抗戰期間，那些都是無用的廢物！

魯迅先生有一句詩：「金風蕭索走千官，」現在這般「走」着的「千官」們回想起在南京的高樓大廈及一切，是不是像做了一場春夢呢？如果是，現在是覺醒的時候了！澈頭澈尾地懺悔吧，革面洗心地改過吧，誠心誠意地感謝抗戰把你們從腐爛生活中極救出來了吧！能够這樣，沒有了南京那腐化的首都，無論在什麼地方都可以建立起一個堅强的能够抗戰到底的新的首都來，能够這樣，我們一定可以收回南京和每一寸失去了的土地。

南京是失陷了，然而官老爺們底腐化生活的憑藉，貪污卑鄙的成績，也在被摧毀了，如果這能够促成他們底覺醒，加强他們抗戰到底的決心，于民族解放運動的前途是有莫大的利益的。失掉的是南京，得到的將是無窮。

一九三七，一二，二〇，漢口。

·特寫·地方

憶杭州

艾青

（中央社杭州廿四日電）錢塘江已實行封鎖，義渡亦已停航，船隻集中南岸江干，備調他處，義渡碼頭及杭州電廠水廠均經我軍自動破壞，浙贛路江邊站最後一次客車係于二十四日晨零時開出，杭州城內萬戶闃然，行人絕蹤，街巷通衢滿佈防禦品物，西子湖上畫舫盡沉水底，蓋已入于戰時狀態矣。兩日來陰霾四合，黯雲欲雪，雖則六橋三竺，烟水依然，但湖上無一葉扁舟，有三潭寂影，細雨濛迷，寒風蕭索，獨南山朱梅，西冷松柏與湖濱陳英士像遙相瞻對，景物淒凉，已非昔比。

九年前的這些日子——

每天，在吃稀飯以前，不論是晴天還是細雨罩住湖面的早晨，我常是一個人背了畫具彳亍在西湖的邊上，或是孤山的樹林間，或是附近西湖的田野裏，用自己喜愛的灰暗的調子，誠摯的心，去描畫自己所喜愛的景色。

那時的我，當是一個勤苦的畫學生，對于自然，有農人的固執的愛心；對于社會，取着羞澀的嫌避的態度，而對于貧苦的人羣，則是人道主義的，懷着深切的同情——那些小販，那些划子，那些車夫，以及那些鄉間的茅屋與牠們的貧窮的主人和污穢的兒女們，成了我作畫的最慣用的對象。

因爲自已處境的孤獨，那種飄忽與迷矇，清晨與黃昏的，浮動着水蒸汽的野景，和那種爲近海地帶所常有的，靄氣候在幻變的天色，也常爲我所愛。

除了繪畫，少年時代的我，從人間得到的溫熱是什麼呢？

我曾凝視過一個少女的側影，但那側影却不曾在我的畫冊上留下眞實的筆觸之前就消隱了。

我曾徘徊于橋頭，曾在黑夜看過遙遠的窗戶上的燈光。

就在那時，我開始讀了屠格涅夫而且也愛上了屠格涅夫。

西湖，是我的藝術的搖籃，但牠對于我是曖昧的，痛苦的。牠所給我的，是最初我能意識到的人生的寂寞與悲涼——我如今依然很清楚的記憶到，在一個細雨的冬天的早晨，寒風從那些殘敗了的荷葉叢中溜過，我在一個牆角，曾落下了冰冷的眼淚。

杭州是可咒詛的了。

第二年的春天，我離開了杭州。想起牠時，只是充滿了懊喪與埋怨。

大海的浪，沖去了我心中的那種結鬱，旅行給我以對于世俗的忘懷。

我所住的不再是那中世紀式的城市：機械與人羣的永不休止的呼嘯，使我忘去了孤獨，生活影響了我的思想，也改變了我的審美的觀念，我開始使自己了解人類文明的成果，我能用鮮明的對照的彩色來塗抹我的畫冊了。

幾年後，我曾幾度在旅行中經過杭州，每次經過時，也不知由于畏懼呢還是由於憎厭，心底裏像有一種隱微的聲音催促着我：「不要停留呵，不要停留呵……」就像我是從牠那裏逃亡了似的。

今年九月，我又在杭州住下了。

牠仍是使我感到沉悶，窒息，難於呼吸。

我仍是用逃避的脚步，在街上走着，在湖邊走着。

西湖沒有什麼變化——迷濛，飄忽，柔軟。人們依然保持着中世紀的情感在過着日子。一種近似僞飾的安閒浮泛在各處。

戰爭並不曾驚動他們，他們——杭州的市民，有多少曾爲民族的運命顧慮過呢？

我的畫學生時代的教師們，多數仍在西湖，他們都買了地皮，造了洋房，成了當地的名流，有的簡直不再畫畫了。

十一月，敵人已從金山衛登陸，杭州在軍事上已極重要，但除了單純的軍事的調防之外，負責當局仍不曾在民衆運動上開放過——個人的地位與榮祿使他們忘却了整個民族的厄運。

最後，我教書的學校，沒有學生來上課了，我也就借了盤費，離開杭州。

不久，聽說杭州的居民已逃走，省政府與省黨部都早已遷至金華，而那在臨走前兩天還勸人們「高枕而臥」的東南日報，也改在金華出版了。

有一天，我在一個村上遇見了一個背了包袱的警察，他說是從杭州逃出來的——他走時，城裏已三四里路看不見一個人影了。

那時，敵軍還不曾攻嘉興。

今天，我在想念着杭州……

我不能違心的說我愛杭州，牠像中國的許多城市一樣，擠滿了偏窄的自私的市民與自滿的卑俗的小職員，以及慣于諂媚的小官僚，和專事奉迎的文化人，他們常以爲自己生活在無比的幸福裏，就像母親似的安謐。在他們，從不曾想到會有如此大的禍患眞實的落在自己的頭上，他們恐怖着災難，但他們不會反抗，而且也不想反抗，最後，他們逃跑了——却仍舊不曾放棄掉偏窄，自私，自滿，諂媚與奉迎；所放棄的是農人們給他們耕植的土地，和工人們給他們建築在土地上的房屋。

今天，敵人已迫近了杭州，明天或後天，我們的英勇士兵，將以溫熱的血與肉，作着保衛杭州的防禦戰了。

杭州，從來迷漫着和平的煙霧的西湖，將要迷漫着戰爭的烟火了。

或許，敵人的殘暴的脚步，很快就踏遍了整個的杭州，或許，敵人的獸性會把西湖的一切摧毀；或許，西湖的血會染成紫紅的顏色……

但是，我們却應該爲杭州欣喜，因牠愈爲怯懦的，滅恥的人們所棄，却愈爲英勇的，堅强的戰士們所愛，牠將在敵人與我們間的爭奪戰中驚醒過來……

今天，我想念着杭州，我想念着，眼前就浮起了牠少時的悽涼，我是極度的悲痛着，但我却不再流淚了。

我以安慰自已的心情，默誦着這爲我最近所愛的話『讓沒有能力的，腐敗的一切在砲火中消滅吧；讓堅强的，無畏的，新的，在炮火中生長而且存在下去。』

一九三七，十二月，二十五日。

·特寫·地方·

某城防空紀事

陶雄

徐州西南五十里，在龍鳳虎三山的環抱中，一座小小的縣城與世無爭的恬然酣睡著已經三百餘年了。

出城一里便是山麓。山上終年蒼翠一片，初夏點綴起朵朵紅石榴花，仲秋則漫山遍野都是成串的紫色葡萄隨風曳盪。五十萬人口，除去種植高粱大麥以求自飽外，整個的時間與精力都爲這鮮美的花果所耗盡了。

今秋，這些和平淳樸的農民照例把他們的生命恬靜地灌注到這些嬌嫩的小生物中，使他們蓬勃地生長起來時，打從東北鄰縣突然吹來了一捲狂飈，驚擾了他們平靜的心，把他們從中世紀的幽謐帶進了大時代的騷亂中來。

先是三個果商到那大城裡去送貨，回來却賸了兩個人和一幅深印在他們心版上的血的空襲圖畫。那圖畫由這兩個鄉愿口中描繪出來是那樣慘絕，立刻十幾個果行布店娛樂場老板夾著大包小裹妻妾子女一溜下鄉去了。

緊接著是大批的機關商店——師範學校，××銀行，路員公會，彭城大藥房，救亡協會，九綸綢緞局——紛紛從那大城遷到這小縣來裏。

「幹啥的，這是？」亘古未有的綢緞局搬家激起了這班冷漠的鄉民的好奇心。

「徐州挨了日本鬼子的炸彈——死了七百多！」一個無情的回答。

「瞎說，是三百七十多。」另一個挺有把握地矯正著。

但不論徐州炸死了多少人，這小縣城可在半小時內已經被那狂飈激盪得天翻地覆了。

日本飛機會光顧到五十里外的鄰縣來，日本飛機當眞會用炸彈殺死我們幾百條生命，這些不近人情的事情現在對于他們已不像夢境一樣的虛無縹渺了。

午後，四位豪紳相約拜訪縣長。縣長，一個愛喫辣椒省分的典型人物，以修橋補路使自已的政聲與石榴葡萄同樣馳名，關于敵機空襲鄰縣所得的情報比較詳盡多了。四位豪紳聯袂走進他的辦公室時，他正顫抖著手在一張手令上親自蓋印——

「本縣一應文武機關著卽遷往鳳山山麓照常辦公不得遺誤」

縣長是一縣的父母，皇皇政令一出，百姓如像被遺棄的孤兒似的不由起了身世飄零之感。儘管「大綸」「錦綸」不斷的由大城往這里搬，這里的人們却對自已的里門桑梓厭棄恐懼起來了。

於是，巳下鄉的老板們重又回到城裏，過門不入地登上火車往西去了；城中大戶席捲所有，一輛牛車嚶嚶唔唔下到鄉裏，補了老板的缺；小家小戶無處可逃，就抄著手彳亍在布店門前，一壁看天，一壁賞玩著當門懸掛的各色東洋花布擺果攤近三十年的張佬佬無生意可做，怔怔地站在十字路口，逢人便說：

「今年石榴又是大年，再三天不摘，個個都得裂個

B大的口子唉……」

鼓樓上新添的一座警報鐘，鳳山下挖掘的一道防空壕，（据說是縣長自已捐廉建築的，）使×縣長在防空建設這一政蹟上獲得了專員公署一個最優良的評語。

半月來，隨著徐州警報的發出，這警鐘也淸脆瞭亮的響了十一次。×縣長和他的同鄉僚屬在那八百元修築的防空壕內蟄伏了若干小時，他的子民們便也在各自的灶膛裏顫慄了若干小時。

可是事實上敵人飛機却從未在這小縣上空露過臉面。漸漸認淸所謂空襲的嚴重性究竟有多大，縣長的幕僚們對于那「風雨無阻」的草頂民房生出不可消解的憎惡來了。他們慫恿縣長遷回城裏。

「緩一緩，看看情景再說罷。」縣長躊躇再三地說。

三天後，公安局長終于以去就力爭完成了自已的主張。

夜晚，縣長悄悄回到城裏，不使一個人知道。

「漢奸知道了，我的生命就一秒鐘都保不住了。」他縮著頸子想。聽到一片秋葉落地，心房就會跳到口腔裏。

深夜，公安局長過府訪謁。兩人促膝密譚著動用田賦在鳳山腳下建築一個大規模地下室的計畫。

夜靜了。枯葉受了暴風的欺凌哀憐地泣訴著。遠處幾隻狗汪汪的吠叫。夜凝重得使人呼吸都感到急促起來。

突然，×縣長一把抓住公安局長的手，他臉手白得怕人，上下牙互相碰擊得像是在打電急——

「××，你豎起耳朵聽聽，日本飛機來了！」

當眞有嗚——嗚的響聲在他們耳際縈繞，可是××：

「哪里，哪里，一定是什麼虫子……」

「不，準是漢奸報告了，這回飛機來的一定數目還不小。」

××的眼睛突然亮了一下，他不說話，躡足走到窗前，在紙隔扇上輕輕一彈，一隻屎殼浪笨重地落到了地上。他撲嗤笑了。

縣長打了個寒噤，從噩夢中覺醒過來。他一壁揩拭額上的冷汗，一壁自已叨叨著：

「這是不祥之兆，對于一切防空設施必須從嚴辦理，唔，必須從嚴從嚴辦理……」

於是他就接連下了十道手令。

第二天那些抄手遊街的壯丁們全都有了工作；他們被分爲若干組，分頭去折那五座城門樓，和一些高到像戲台上潘金蓮挑簾打中西門慶時所用的布景那樣。

「太危險了，這麼大的目標唔……」縣長晃搖著油亮的光頭說。

再以後是白色衣服的所有百色事物一律染黑。某次警報來了，一個十六歲的毛頭小夥正在院中喂鵝。這白羽毛的漂亮畜生在這非常時期不見喫香，毛頭小夥是深切知道的。他一手執箒，一手拏碗，想把牠驅入籠中；牠却像一個頑皮孩子，偏不就範。他們沿著墻根競逐了幾遭，毛頭小夥一時性起，口裏罵著，使氣把那一碗的白孳飯竄著那畜用力摔了過去。

狂！一碗的白飯雪花樣的飛濺起來。三個警察兩個保安隊一齊來了。毛頭小夥被拘入公安局內隨即以「執白色信號指示敵機」的漢奸罪名被轉解到專員公署去了。

其實那天敵機仍舊和歷次一樣，根本並未蒞臨這小城的上空！

××區在這小城西北七十里，因了隴海路的通過，設了站，形成了牠在縣屬各區中的首席地位區長一個老於世故的中年人，受了縣長的重托專事探防空襲情報，白日眼耳並用，夜晚睡不安席，真個是鞠躬盡瘁不知有身了。

這天，一大清早，縣長剛從牌桌上走下來（用我的名譽爲担保，縣長已經二十天沒打牌了）預備去睡覺，××區的電話突然來了。

「飛機……」

只聽到兩個字，縣長臉色就白了。他摔掉聽筒，轉身就走。全體××籍的幕僚在後面緊緊跟隨著，他們不及，到鳳山腳下防空壕內，

到達壕內，縣長突然想起警報還未發出，就跳著腳喊「發警報！關城門！」

等警報發出，百姓狂奔到五個城門口，準備出城時，城門已經鐵樣的關牢了。

「哪個小舅子叫關城的？」

「入他奶奶！」

「揍他個老丈人！」

「俺不出城叫俺出城，俺要出城小舅子的牢門又關上了！」

一羣烏鴉似的人們，亂嘈亂嚷著，手在鐵門上狠狠地播，那鉅人紋絲不動，却傲岸地啞然笑了。

「哼，用俺縣裏八百塊錢築的防空壕，只許他十來個××人避飛機，這是他娘的老大人理性！」

「那防空壕，架俺下去俺也不去，那是他小舅子的××公墓！」這小城的人也很懂得幽默。

大家哄然笑了。就這麼嘈嘈嚷嚷，三四個鐘頭過去了，誰也不知道敵人飛機倒底有沒有來。

那邊縣長和僚屬們在地窟裏煎熬了幾個鐘頭，漸漸不能忍耐了。先由公安局長探頭出來看了一看，蔚藍的天一望無際，連個黑點都找不到。於是縣長接著也顫巍巍地爬了出來他們叫通××區的電話，詢問究竟。那邊的回答是

「我才說了飛機兩個字，縣長那邊的電話就斷了很高，——再叫也叫不通。剛才看見一架飛機經過××，飛得從哪兒來到哪兒去的，偵察還是轟炸，是我們的還是敵人的，都打聽不出來。我，我，無用，該死。」

縣長把聽筒狠命一摔，學著這小城人的口罵了

「小舅子……」

另一個夜晚，另一個鄉區——第×區又來了空襲的報告，縣長照例不問下文就把聽筒摔掉，可是經過前的訓練，他的胆魄畢竟壯雄多了。他摔去聽筒並不轉身就走，掏出手怕把額汗揩掉之後，他又把聽筒拾了起來，轉接專員公署的電話。他和專員這樣答問著；

「報告專員，屬縣發現敵機。」

「偵察還是轟炸？」

「不清楚。」

「胡塗！水上還是陸上機？」

「不清楚。」

「胡塗！幾架？」

「不清楚。」

「胡塗！從哪里來，往哪兒去？」

「不清楚。」

專員暴跳起來，連假嗓子都喊出來了：

「哪兒來的情報？」

「第×區，」

於是專員直接打電話給第×區。×區聽說是專員公署來的電話，畏葸不敢去接，就叫人回說區長出外用飯去了。專員立刻又打電話給縣長，罵他報事不清，最後還加上一句：

「像你這樣胡報消息，擾亂聽聞，簡直無異是漢奸！」

縣長受了一肚皮委屈，轉向區長發洩。區長自知錯誤，戰戰兢兢地解釋著：

「剛才我實在看見一點亮光流過長空，不過事後研究，有人認為是螢火虫，有人又說是掃箒星……」

第二天，縣長區長各接到一道訓令：縣長被記一過；區長捲起鋪蓋走路了。

現在石榴的季節已經過去了，這小城的人們坐在山上看著滿地熟過了頭的，自行墜落下來的鮮紅肥美的果子，感覺到無限凄傷，就以自編自唱的山歌來抒發胸中的鬱悶：

×縣長，胡主張　泥屋頂，染衣裳。
鵝被捕，狗遭殃。　拆城樓，平高房
遷機關，挪學堂。　勒居民，趕下鄉。
挖地窖，把身藏。　聞警報，跑他娘……

這邊沒有唱完，那邊已經接上來了：

警訊一到，縣長先行。　城北山麓，做有工程。
身入地窖，才准敲鐘。　百姓聞警，皆想出城。
城門緊閉，禁止人行。　老民切齒，罵他先靈。

這山城為狂飆所襲，已由中世紀的幽謐捲入大時代的騷亂中了，牠需要「大時代的人」來支持，領導

二十六年十一月

慶安一斑

力羣

——截來信的一節

我初來安慶做救亡工作，完全是「盲幹」的，這並不是說：我閉起眼睛來胡幹，而是說，我初來這裡，生，並不知道什麼地方有暗礁，在毫世忌避不一切的向前走，正好像一個怕鬼的人，因為不知道某路會有過吊死的人，他走過時毫不覺得「毛髮慄然」的一樣。所以我把這謂之曰「盲幹」。

現在來此已一月多了，才知道這裏的老爺們互相間磨擦極大，尤其是忌妬青年們做的救亡工作有成績。當我預備提倡拉丁化的時候，突然有兩個不相識的青年跑來了，他們再三好意地叮囑我，不要開快車，說：不然將會妨害到整個工作前途的，而且會飛來什麼「帽子」！這樣一來，像在帳幕裏發現了蛇蝎似的把我却嚇了一跳。這裏我不願多說了……

給戰鬥者

田間

在沒有燈光
沒有熱氣的晚上，
我們底敵人
來了，
從我們的
手裏，
從我們的
懷抱裏，
把無罪的伙伴，
關進强暴底柵欄。
他們身上
裸露着
傷疤，
他們永遠
呼吸着
仇恨，
他們顫料，
在大連，在滿州的
野營裏，
讓喝了酒的
吃了肉的
殘忍的總管，
用它底刀，
嬉戲着——
荒蕪的
生命，
飢餓的
血……。

一

親愛的
人民！
人民，
在蘆溝橋
……
在豐台
……
在這悲劇的種族生活着的南方與北方的地帶裏，
被日本帝國主義者底槍殺
斥醒了……
…………

二

是開始了偉大戰鬥的
七月呵！
七月，
我們
起來了。
我們
起來了，
撫摩悲憤的
眼睛呀；
我們
起來了，
揉擦紅色的脚跟，
與黑色的
手指呀；
我們
起來了，
在血的農場上，在血的沙漠上，在血的水流上，
守望着
中部，
邊疆。
經過冰雪，經過烟霧，
遙遠地
遙遠地
我們
呼喚着
愛與幸福，
自由和解放…………
七月，
我們
起來了，
呼嘯的河流呵，叛變的土地呵，爆烈的火焰呵，
和應該激動在這悽慘的殖民地上的
復活的
歌呵！

因爲，
我們，
是生長在中國。

在中國，
人民的
幼兒，
需要飼養呀，
人民的
牲羣，
需要畜牧呀，
人民的
樹木，
需要砍伐呀，
人民的
禾麥，
需要收穫呀！

在中國，
我們懷愛着——
五月的
麥酒，
九月的
米粉，
十月的
燃料，
十二月的
蔬菜，
從村落底家裏，
從四萬萬五千萬靈魂底幻想的領域裏，
漂散着
祖國的
熱情，
祖國的
芬芳。

每天，
每天，
我們
要收藏——
在自己的大地上紡織着的
祖國的
白麻，
祖國的
藍布。

……………
……………

因爲
我們，
要活着，永遠地活着，歡喜地活着，
在中國。

三

我們
是偉大的中國底偉大的養子呵！

我們，
曾經
在揚子江和黃河底
熱燥的
水流上，
搖起
捕魚的木船；

我們，
曾經
在烏蘭哈達沙土與南部草地的
周圍，
負起着
狩獵的器具；

強壯的
少女，
曾經在亞西亞夜間燃燒的篝火底
野性的
烈焰底
左右，
靠近紡車，
辛勤地
紡織着…………

……………
……………

我們，
曾經

用筋骨，用脊背，
開括着——
粗魯的
中國。

我們，
懶惰嗎？
犯罪嗎？

我們，
沒有生活的權利，
與自由的
法律嗎？

為什麼——
親愛的
人民，
不能寬敞地活下去，平安地活下去呢！

四

偉大的
祖國，
悲劇的日子來了，暴風雨來了，敵人來了………
敵人，
突破着
海岸和關卡，
從天津，
從上海。
敵人，
散佈着
炸藥和瓦斯，
到田園，
到沼池。
敵人來了，
惡笑着，
走向
我們。
惡笑着，
掃射，
絞殺。
它要走過我們四萬萬五千萬被害死了的
無聲息的屍具上，
播着武士道底
勝利的放蕩的呼喊………
今天，
你將告訴我們以鬥爭或者以死呢？
偉大的
祖國！

五

我們
必需
戰爭了，
昨天是懦弱的，是慘呼的，是掙扎的
四萬萬五千萬呵！
鬥爭，
或者死………
我們
必需
拔出敵人的刀刃，
從自己的
血管。
我們
人性的
呼吸，
不能停止；
血肉的
行列，
不能拆散；
復仇的
槍，
不能扭斷，
因為
我們
——不能屈辱地活着，也不能屈辱地死去呀………

…………

……………………

太陽被掩覆了，
疆土的
烽火，
在生長着；

堡壘被破壞了，
兄弟的
尸骸，
在堆積着；

親愛的
人民，
讓我們戰爭，
更頑强，
更堅韌。

六

…………

……………

我們，
往哪哩去？

在世界，
沒有大地，
沒有海河，
沒有意志，
匐匍地
活着；
也是死呀！

今天呀，
讓我們
死吧，
但必需付出我們
最後的靈魂，
到保護祖國的
神聖的
歌聲去………
親愛的
人民！

親愛的
人民！
抓出
木廠裏，
牆角裏，
泥濘裏，
我們的
武器，
挺起
我們
被火烤的，被暴風雨淋的，被鞭子抽打的肺，
鬥爭吧！

在戰鬥裏，
勝利
或者死………

七

在詩篇上，
戰士底墳場
會比奴隸底國家
要溫暖，
要明亮。

一二，二四，一九三七，武昌。

連載・長篇・

第三代（三部五續）

蕭軍

八

啞叭像一個沒有倦怠的哨兵，迴旋地行走在自已的望台上那樣，行走在院中。

院心並不寬大，形狀也不是正規的方圓，但却是一面沒有閃光的鏡似的平坦和光潔。掃了又掃，甚至連一片隨便飄流來的樹葉，他也不准許它們存留，必定要拾起來拋向墻外，好像才能安心。

『你還在院心裏轉啥呀？像個『寃魂』似的……掃箒還抗着作啥呀？你還想把整院子的一點泥土全掃完了嗎？傻貨……』

這一次出現在房門口呼喚的是媽媽了，可是隱約的啞叭看得出大環子也還是站在媽媽的身影後邊。他起始聽到媽媽的聲音，像一隻受了驚恐的狍兒似的，停止了行走的脚步，挺長着脖頸，傻傻地望着，可是接着他就不再聽下去，腦袋固執地搖動了兩下，又開始轉走着了。這一次的脚步走得更張狂，着了激怒的馬鹿似的，頭高昂地舉起着，膝關節的彎屈似乎全要不見了。

「媽，你再叫他呀……他要衝出院墻到街上去發瘋啦……」

大環子急燥地在後面推搖着媽媽的肩胛叫着，同時還忍耐地蹀着脚。

「你要到那裏去呀？這樣深更半夜的……你也來聽一聽人家你林大哥儘講說的是什麼……爺兒倆一對『棒子骨』（卽固執）……」

好像這話不是在向自已說的，如果這話不說出來的時候，他還許不到街上去了，如今他竟把掃箒從肩頭上拋向了一個墻角，扯開了大門閂，啊嗚着打開了門扇，讓自已擠出去，又把門扇掩好，走了。

媽媽和大壞子眼看着這個執拗的熊安然地走去，是沒有辦法的。她們也知道只要他一執拗起來，那是任什麼方法也要失掉效用，那只有任他自已去奔跑，自已來平安，再自已走回安甯的窠、連井泉龍也是沒有辦法的。他有時向人有時也面當着啞叭，拗絞着自已的鬍子說：

『我是征服不了你啦……可是一生誰也沒征服過我啊？……我是鐵，你他媽的倒是鋼啦……教你「鋼」去吧……鋼是脆的啦……但總也比鉛要强啦……那是什麼東西呢？既不能軟……又不能硬……』

大環子雖然焦急地推着媽媽的肩頭：

『看，是不是啊？……走了！……這一來至少又要三天挨餓不回家啦！』

『讓他去吧……你還不知道這廢物的脾氣嗎？連你爹……好腿好脚的時候全管不了他……』

娘兒兩個嘆怨着走出了房門，重新把大門扇挪開了一個祇能容人身子通過的縫，走出來。明知沒有希望，但還是各處探望着。……

一隻野貓，正在對面人家的房頂上，思量似的踱着步，聽見了這邊門扇開動的吱喳聲，忽然停止下，頭扭轉來向着她們。

『……』大環子淘氣地叫了一聲，同時還把手舉起來，做成拋擲的樣子在搖動。那貓就不再思量，一隻魚似的跳躍着不見了，於是大壞子才放肆地搖着媽媽的肩頭揚聲大笑。

『你怎還是這樣孩子似的啊？……』媽媽矜持地回頭看了女兒一眼，又示意地看一看窗紙上搖擺着的頭影：

「他們還在喝咧……你爹……今天好像眞高興啦……他笑了足有一百遍……」

「他喝得也不少呀？為什麼……他一點也不笑……還不如不喝咧……」

媽媽回頭看一看女兒這憨稚的樣子，覺得自己的女兒還依然是一個孩子。雖然她的身量是和自己有同等的高大了，看起來自已還沒有女兒粗壯……可是她覺得女兒還依然是一顆掛在自己秧脖上的瓜葉，生命和呼吸底交流，從來沒有過斷絕。自從林榮出現以來，她覺得不同了，她覺得這瓜葉的重量和叛離的力量已經逐在增加；也意識到，這個割離底悲痛總有一日是要到來的。她恐懼這割離，但同時她似乎又在盼望着這『割離』早一日出來吧！她可以縮短了猶等待……她一直是等待到今天，她忍耐着，想着：

——今夜總會有一定了呀！女孩兒終歸是爲別人栽培的花朶……早晚是要被採折去的啦！『女兒大了不可留，留來留去結怨愁』……早一點嫁了吧……

嫁了吧……也快一點給啞叭尋一房媳婦……兒媳閨女總是一樣的……只要誠心相待……為什麼這老傢伙總不提呀？儘喝酒……大笑……。

她曾焦急在地上走來走去過用眼睛向丈夫示意着，可是那老頭却只作沒有看見，祇一盃連着一盃地勸着林榮喝酒，也在勸着自己。……她憤怒了，携了女兒就再不等待在屋中。

『看見嗎』

『那不是一隻貓才被我們唬跑了嗎？』

『這傻貨……又發的什麼痺氣呢？』媽媽無可如何地向四外張望着，悲涼地嘆了一口氣。

『誰知道呀……他又發的什麼倔痺氣？看人家林榮哥……決不能像他這樣……！媽你還是別給他娶媳婦吧……教人家好模好樣的大姑娘配一個啞叭就該委屈到十八層地獄啦……還要發倔痺氣……那更是不教人家活啦……那時候就够你們老倆口子操心……』

大環子凄涼地勉强逼迫着自已不能够壓抑的快樂，縮下去應酬似的說着。這使媽媽更感到這個要斷離了自已跌胖的瓜菓，竟殘忍到有點可惡的地步了，她用一枝手指在大環子的額上點撥了一下，恨恨地說：

『你簡直是一個吃爹娘的「貓頭鷹」啊！你的心是鉄做的啦……你呀，他是怎樣愛着你，關心着你呀？從小到大……』

『為什麼又報怨我呀？你那寶貝般兒子投了河……還要我償命啊！我知道你們偏心……說閨女總是人家的人……賠錢貨……只有兒子總是你們井家的人……能够養你們老，送你們終……女兒算什麼呀？女兒算什麼呀？』……

大環子的辮根倔翹起來了，把自已的手也從媽媽的手裏抽撤出來，袖管來復地揩拭着自已的眼睛。這使媽媽的心又感到一種說不出的酸軟，她不再用眼睛尋找啞叭的蹤影，却把女兒的手從臉上扯下來，又握在了自已的身中，聲音顯得溫軟地說：

『雖為你……十八九的大丫頭了，動不動就哭了……還像一個將捨乳的孩子似的嗎？眼看就要成大人了……就要做孩子的媽媽……』

『你別說……』

『是啦……媽媽不說……媽媽不知道好歹……老糊涂了……』

大環子不能控制地嘤地一聲笑出了聲，同時還要把手從媽媽的手中假裝做要掙脫出來：

『你別說，不准你說……我明天自已走……到羊角山找大辮子的老婆去……不屑得再在你們這破窠裏啦……將來看看是你那啞叭兒子有用……還是誰……？』

『是啦……明天咱就去羊角山……也做女寨主去……這個破窠是養不住我們底鳳凰啦……走屋去罷……看看他們灕得怎樣了，為什麼老東西還半天不聽見笑了呢？』

媽媽向窗上望了一眼；環子也跟着望了一眼，她覺得這又該被媽媽嘲笑了，於是又企圖把手掙擺出來，但是媽媽的手是握得很透力的，這使她不忍，只好口頭抗辯着，姣氣地躁蹤自已的脚，

『什麼鳳凰呀？不准你說……』

『不說……走進去吧……把眼睛擦乾了……若不……紅眼睛耗子似的，你林榮哥哥該笑話的……去罷，那傻東西……隨你滾到那裏去受罪吧……！』

雖然這樣說了，但在她們還沒有走進大門來之前，還是那樣貪戀地的望着望着……似乎還希望在這僅僅的彌留底中間，那啞叭會自己走出來一隻饅頭盤腦的小狗似的，和平常一樣，跟隨圍繞在自己的身邊。可是一切是絕望，光潔，和平安——相同天空的月色。

九

帶有焮味的酒香和煙氣，悠閒地會合地向門外流走着。每條烟絲自由在打着曲蜷，蕩遊在秋空裏的游絲似的，一直到經過門底通口時，纔顯得有一點飈急，拉長了身腰飄流過去。媽媽和大環子一走進來，這一切美麗的均衡便遭了破收，烟絲們倉皇地閃躲着……連炕桌上小油燭全好像感到了一點惱惑，輕輕起了兩個小小的擺顫……

『你們喊叫麼呀？傻子哩？……』

井泉龍已經不再直坐在炕桌邊。兩手交疊在腦後，一隻腿伸直，一隻腿舉曲地立着，仰臥在身後的行李綑捲上，眼睛紅濕，帶有點暗濁地窺着走進來的女兒和媽媽。

『啞叭哩？叫他進來……把那點酒打掃喝了吧……你們娘兒倆個也少吃點……不要多吃……你們胃口不好……不能比我……』

他看着媽媽和女兒全陰沉着臉色不回答，才又添

搭地問了一聲。他是總在企圖破碎着人與人之間的沉默和寂寞，他要使每個人全要生活在春天裏。那春天的力，雖然亂攀一點，不安一點……他以爲總是强於那使人的靈魂分解着，墮沉着……的秋天。

『他又要痒氣啦！——你大哥……吃好了嗎？你的飯量……還不如你大伯哩……那簡直是個老飯桶……從我來沒見過他平白地餓過一頓飯……』

『這是什麽話呢？「人是鐵飯是鋼，」人不吃飯怎能活下去吶？你的胃不好，還咒詛別人……也像你一樣就好啦……那好啦……田地也不用種啦……那我這條老腿……也不至於挨那王八崽子一槍……人，不全是要活下去嗎？活着就得像個活的樣……死就像個死的樣……「人爲一口氣，佛爲一柱香，」半活不死的那算什麼東西呢？連一條蚯蚓……它要活得像個樣還兒呢……你碰它它也知道硬一硬身子，你弄斷了它這一節，它那一節還要活着……還要活着……呸……』

井泉龍他不等待林榮回答，就用了一篇不必要的議論把老婆的話承接過來了。說完並且還發聲地大笑着引得久久像封鎖在一隻籠框裏似的林榮也舒展地笑起來了。大環子在媽媽身後邊永久是利用着媽媽的身影，毫不寬縱地監察着林榮臉上每條紋綹底展動，也笑得起了聲音。她爲什麼笑呢？自己似乎不知道，祇是當這笑聲引起林榮向她看過來的時候，才覺得自己的喜悅，被人洩漏了，一扭身就又跑出了屋外。任是媽媽在後面呼喚，她的辮梗就愈挺得出奇，這使媽媽的笑聲也隨着別人的笑聲響亮起來。

『老伯母……你就坐在這裏罷……嗰叭兄弟到那裏去啦？……還有大環妹妹……』林榮不說下去了，好像也感到一點什麼不自然的阻閡，祇是企圖把身子忙着從炕上向地下挪動……。

『不必啦……你就坐在原地方……他們全不能吃來啦……我坐在你大伯這邊……』

『不……我也要到地上走動走動……這成了習慣……在外國……也是這樣的……』

林榮沒有接受井老太的勸阻，仍然從炕上移動到地上，想試驗着不拿取拐杖，要在地上行走行走。

『對啦……吃完飯總要走動走動……那才合道理……常言說得好：「不管黑貓白貓捉住耗子的就是好貓；」「規矩」也是一樣，不管是外國還是內國，只要它合道理……人就應該遵守！……「不管公鷄母鷄能下蛋的就是好鷄……」』

『呸！公鷄還能下蛋嗎？』

毫不相讓地這個罅洞被老婆捉住了。這使井泉龍的臉更紅了，要勉强地解嘲着自己，一面用手指剔除着牙齒，故意嗚嚕着聲音說：

『也許……呸』——他把剔出來的肉渣，輕輕地向地下唾了一口，而後眼睛求解救似的看望着一跛一跛瞟走在地上的林榮問着『……也許在外國……隨便那個外國罷……也許公鷄會生蛋的啦……好姪兒……你跑過外國啦……給作個見證呢……一定有公鷄會生蛋的地方……外國不是什麼全和我們相反嗎？你說過……我們這裏的鷄蛋是黑色，他們那裏的雞蛋是白色……我們這裏過黑夜，他們那裏就過白天……給作個見證罷！』

『不，那裏的鷄也只是母的會生蛋哪！生孩子的也只有女人……』

譏諷地，媽媽一面吃喝着那殘剩的酒菜，眼睛却還不轉動地扭回頭來看着丈夫那發紅的頭臉和那頭頂上幾根森立着的白毛。

『中啦！這回就算你得勝！殺人也不過頭點地呀？還看什麼？反正……公鷄和母鷄是一樣的重要啦……能報曉打鳴的……作哨兵看管老鷹的還不是公鷄嗎？公鷄也是一樣重要呀……』

林榮從新又裝滿了自己的烟斗，坤着，在地上轉了兩轉，才又就近地坐進靠近炕邊的一張椅子裏，頭低垂下去，用手摺着自己的衣前襟，這樣沉默了一刻，才又緩緩地把頭擡起來，眼睛困惑地望向井泉龍這面，似乎無所見地那樣顯得空茫：

『老伯……』剛剛吐露了兩個字，又吞鎖住聲音是難堪地低啞，接連地把烟斗裏的烟火吸得發亮，又不甚爽利地接續下去說：

『老伯……伯母……』大環子像一隻狡猾的貓又走進來，沿着墻邊躲進一個有陰影的屋角，這又使林榮的話遭了阻隔，他思量了一刻，最終他覺得這吸烟斗和沉默，這是代替不了回答的，向存在在暗影裏的大環子望了一望，似乎大環子也早就在那裏等待着這個探詢，也似乎就準備好了自己的回答：

——只要你……我是一切全如心……我也懂得你貧窮，你是一個殘廢的人……

『大妹妹也在這裏……我們兩家不是一天的交情了……我們說話總得明明白白……我雖然離開過我們這淩河村……我還是這村莊的娃子啦……我敢說……我沒有改變……』

『是啦……你是眞沒有什麼改變……不過隔一天看你是生疎的啦……無論誰說……你到你爹那年紀……你簡直就是那個小老鼠……』

井泉龍尋找見證似的又叮問了自己的老婆一句：

『你說這孩子有什麼改變嗎？除開那鬍子……』

『這就是改變呀……』

「哪裏，……鬍子變……關人什麼事呀？比方我的頭毛和鬍子全白了……我的心可還是完全孩子似的紅的啊……只要心是紅的……頭毛……鬍子管個屁呀……？」

「我不來和你講這些……聽林姪子說正經的話啦……你已經是一輩子快完啦……還像一個初脫蛋殼的雞崽似的……嫩毛嫩骨頭一個孩子似的老沒正行……林姪子你說下去……不要聽他……」

「好好好……不要聽我……不要聽我……還是說你的吧……老「蠶眉鳥」叫不出好調兒啦……」

繼續有點醉意地，井泉龍向林榮笑着，同時用手搖擺地請林榮坐下去，自己的腿在變換着顛抑和伸屈，頭卻有點顯出沉重地垂落下來，但他卻刻刻勉強提醒着自己。

又喝醉啦……」這是大環子的聲音，

「啦……一來就是娘兒倆一對……眞是上陣母子兵……我的喀叭呢？……」

他似乎眞是認眞地在尋找喀叭了，身子坐直起來，眼睛閃亮地左右顧盼。

「不是向你說過嗎，那個東西又犯毛病了……跑出去了啦……」媽媽喝完了所有的殘酒，又絞了一口菜送進嘴裏，而後才算吃完，放下了筷子。

「又犯傻毛病啦？啊？」他又把身子放平下去，不言語了，眼睛也垂閉下來。林榮才又接續起自己的聲音，這一次到顯得有點嘶啞了：

「我怎麼說呢？我很難心……我又不能不說呀……我是不能娶大環子妹妹的……我不能……」

「我說過的啦……我什麼也不要你的……我不是靠賣兒女的血肉活着的虫子……你只管娶了她……她並不屬於你……你應該有一個這樣強壯的能幹媳婦……她能幫助你……你已經是殘廢了一條腿……你不要忘了你爹……他只有你……——你應該不要讓他絕了香烟……他已經是快六十歲的人了……還捐在監牢裏啊……你再不要飄蕩去啦……水流千周總要歸海的啦……比方我，年輕也是飄蕩過的啦，如今還不是坐在自己家裏的炕頭上吹牛皮嗎？喀叭是個傻東西……可是我是懂得他的聰明的……他比大環子聰明……」

「不是這樣說……老伯……」林榮截斷了井泉龍的沒有停留的列車似的話頭：「大環子妹妹是好的……她也聰明，也強壯……她是我們這淩河村裡的鳳凰……我是說……」

「對啦……這丫頭眞有點鳳凰的派頭啊！我們的小鳳凰……到這裏來……大大方方的……鳳凰總是落在梧桐樹上……怎能躲在黑屋角裏哪？」

「你眞是醉透頂啦嗎？也不管有人沒有人……自己的閨女也開玩笑……」

媽媽正收拾着盤盞，瞪了井老頭一眼，同時表示氣憤地還把盤盞故意磕碰得發着碎響：

「你又來啦……小心碰破了又得花錢買哪……林榮她大哥又不是外人……就是外人……又有什麼？人活總得活個大大方方的……那像什麼呢？做猴兒戲似的……皺着鬼兒臉……裝模作樣……活一輩子？…

「越有人……你就越生風……我不理你……」

「是啦……誰讓你惹我來？……」

媽媽在屋外洗漱着盤盞，大環子也跟了出去，一刻在一個白地藍花的大瓷盤裏安放着一大朵飽滿的紫色大葡萄和發着油光的大棗，兩塊月餅，還有幾隻顯着點倨傲的大梨……：一齊端進來了，井泉龍一看見就拍着自己的頭頂高聲大叫：

「對啦！總是我們大環子……我忘記啦……這是過節剩的啊……吃呀……好肥的葡萄……」

他雖然是在讓着林榮，可是還不等待客人來拿，自己卻用那長甲的烏啄角似的手指，捏了兩顆肥大的葡萄送進嘴裏，又撿了一枚紅得要透明的大棗迅速地也放進嘴裏去，還咬嚼出碎細而清脆的響聲。腮骨不停地在掀動……

「這是我和媽媽的份呀……你自己的份不是全吃完了嗎？」大環子的辮根又梗翹起來了，嘴巴還故意鼓突起，光光的嘴唇，新綻的鷄冠花似的敦厚而鮮紅、可是井泉龍又是一個棗子投進了嘴。

「媽！你看爸爸呀……全教他吃啦……」屋外的媽媽並沒有回應。

「你這孩子爲什麼這樣沒良心哪？……還是我的喀叭好啦——吃了這個就不吃啦……」

又是一個梨子拿到了自己的手裏。

「這是你們的園子那幾顆樹結的棗嗎？多少年了沒有吃到你們樹上的！……」

林榮熄滅了自己的烟斗；也取了一顆較大棗，但這棗並不是通紅的，臨近尾巴地方還有一點綠色存在着。

「你吃這紅透的呀……」大環子儘可能把所有的紅棗檢向盤頂尖，殷勤地讓着林榮。

「一樣……帶點綠心的更甜……也更脆幾哪……我喜歡這樣的啊……」

林榮並不馬上吞吃下去，却祇是愚蠢地看望着他擺在自己掌心上的棗身，那棗身是顯得那樣可愛地飽滿和鮮紅。……

（未完）

記傷兵

宋之的

1.

我想告訴你一點關於兵的故事：

你知道，三年前我曾經到過風陵渡口，——這是出潼關渡黃河到山西境來的要塞。當時，站在渡口那荒漠的山頭上，遠望彼岸蜿蜒入山坳里的隴海列車，靜聽山下老船夫的吆喝，僅感到一點寂寞，一些沒內容的不着邊際的寂寞。

我絕沒有想到山下那滾滾的逆流，對於人們，會有這們重大的意義！這們強烈的意義！現在，千萬人的眼睛望着它，它，仍舊以三年前的姿態在河裏翻滾着，然而卻威脅着人的生命，威脅着人們的一切希望。

一些渡不了河的人和兵擁擠在渡口那泥濘的街道裏。特別是傷兵，用深不可測的眼睛望着那深不可測的水！

你不會想到這些傷兵的，你更不會想到他們用怎樣大的忍耐力忍耐着死亡，用怎樣大的戰鬥力和發霉的瘡口，擁腫的身體，和飢餓寒冷博鬥！這些兵，我們前綫的戰士！

他們會感到一種眞正的寂寞吧！

某處集合號響了。

一個睡在泥窩裏的兵驚醒了。

「他奶奶的閻王又吹號了！」

發現了自己不過是夢囈，便害羞的倒下。用慄顫的手指撫摸着顫慄的瘡口，用乾渴的眼睛望着那激蕩着的河流。

假如能够，也許有喝盡那巨流的雄心吧？因爲這是他最低的慾望。他怕它，又需要它，但兩者卻都不能滿足他！

他會感到他自己那寄滿微生菌的污穢的手得以觸着自己身上那塊腐爛的肉，是一種幸福吧！

他們中間的一個告訴我：他們所害怕的，不是死，更不是敵人的飛機，重砲，坦克車，對於這些他們有着一個很好的也是很恰當的字，是：

「殺！」

殺盡日本帝國主義的侵略者！

但在戰地裏眼看着重傷的弟兄呻吟，喊叫，而終于寂寞的死掉，他們胆寒了！眼看着輕傷的弟兄竭盡自己的力氣爬出了陣地，卻一任那傷口腐爛，一任那旅途的顚波，也終不免寂寞的死掉，他們胆寒了！

這得以掙扎到風陵渡口的輕傷兵，十個裏面頂多地只能佔得四個。

這四個便把希望寄在那滾滾的逆流上。一天，又一天，沒有船，更很少有人理睬！

你想得到嗎？還是我們中國的兵，勇敢的戰士，爲了抵抗敵人的侵略而受了傷兵

2.

還是告訴你一點關於兵的故事：

在十一月杪，我們這個戲劇的游擊隊到了關林——一個距洛陽城廂三十五里地的小鎮，相傳是關羽鑄刀的地方，如今變做臨時的傷兵醫院了。

你自然知道，十一月杪的北方天氣已經很涼了。

在八十斤重的青龍偃月刀旁邊，廟台上冷落的階留着幾片落葉，也頹敗的倒臥着幾個傷兵。我不知道那落葉和傷兵究竟有什麼地方相同，但卻屢次的重覆着一些傷兵和落葉的奇異的聯想。

幾百株松柏在西北風的威脅下，那枝葉的磨擦聲，是悽涼的。但這音響反映在傷兵的身上，怕是慘酷的吧！

他們都沒有足以禦寒的衣，連整潔的衫褲都沒有！

「受了傷了嘛！」他們苦笑着說。

我感到一種難言的羞愧。

這是我們的兵呀！「兵」，在民族革命戰爭裏的一個最榮譽的字！

據他們以後告訴我，他們是受着虐待。

你曾徑感到過難堪嗎？我相信你沒有，一種眞正的難堪是難以形容的。我永遠忘不了當我的眼睛和他們的眼睛碰到的一剎那，那是一種什麼樣的眼睛啊，那樣的空漠，懷疑和猜忌。

我難堪到落淚了。

自然，這並不是他們的本性，他們的本性表露在描繪在跟敵人作戰的時候！

是眞的激動了，以致于吐沫都噴射到我的臉上，以致于全身的肌肉都緊燥起來，以致于茶色的臉變成了醬色，以致于眼淚鼻涕和汗液渾合在一道都不覺得了。

彷彿是在他們眼前又聳立起八達嶺一帶的峰巒，又恢復了以手溜彈轟擊敵人的舊觀，又再現了以血肉搶防南口的雄姿。

他們握緊了拳頭。

可是——

「先生，咱們自己人爲什麼打自己人啊!?」

是南口不支奉命撤退的時候了，某堡壘是撤退時必經的要地，要地的守軍是自已人劉××部，這自已人送給他們的禮物却是機關槍的掃射。吹號，不行；升旗，不行；用盡一切方法顯示自已的身份也不行！「我就是這樣受了傷，他奶奶個老梆子，爲什麼呢!?」

我回答不出爲什麼！

「受了傷，我們不難過，丟了地方上的老百姓，我們才難過呢！昌平縣的老百姓太好了！」

我沉默的低下了頭。回憶到某女士溫和的向我們講的話：「傷兵來的時候，學生們就都要去慰勞，可是當局告訴我們，傷兵太野蠻，沒禮貌，怕出亂子，所以才……

……」

所以才使得這些兵，勇敢的戰士，不得不忍着夜寒，以自已僅存的體溫去和那冰冷的石板去博鬥；半條氈子，假如再有一點稻草，算是幸福的了。

說是要吃飯了，一鉛桶渾泥豆芽湯，一堆碎石共柴灰的白米飯，你可以想到，一個會求乞的丐者比他們的飯强多了。

聽說區長爲了款待我們而殺雞的時候，我打了個冷戰。

「走！走！走！不行不行！不行絕對的不行！沒這們多的錢，怎麼養這們多的人，額數早滿了！這又不是豬圈！」

一個肥頭大耳的人在庭院裏大駡了。回答這駡聲的只有躺在廟台上的傷兵的呻吟——新近被同伴拖了來要求入院的兵。

你想得到嗎？這是我們中國的兵，勇敢的戰士，爲了抵抗敵人的侵略而受了傷的兵！

3.

仍是告訴你一點關於兵的故事——

當我們踏上了隴海列車，準備向西安遠征的時候，因爲人多，我們一羣便被擁塞在一個陰暗而狹隘的角落裏。

車裏很氣悶，只見人匆忙的蠕動着，大家都有點喘不過氣，但經過一陣短促的咒咀後，也便心安了。

突然從另一角落裏伸過一隻黧黑的手，按住了我的肩，我抬起了頭，一個兵向我笑了笑。

在我還沒來得及想出他的名字的時候，他先講了話：

「到那兒去？」

「西安！你是——。」

「忘了嗎？你們不是還給我們演過戲嗎？在關林這才幾天！」

「啊！」同伴都興奮起來了：

「你們上那兒？」

「回前線！」

「傷好了嗎？」

「傷沒什麼！在醫院裏倒氣悶，不如上前綫去打鬼子！」

「又要過潼關了！」

「嘿！」

接着是沉默，這幾天風陵渡ロイテ着的人羣怕更多了吧？

一共是兩個人：一個，顯然是因爲鎗傷以後沒得好好的養，才瘦弱下來的，看來很憔悴，聲音低啞而破裂：「打到這兒了，」一手指着咽喉旁邊的新疤「差點沒打斷喉嚨，打斷喉嚨，可就活不了啊！你們看，你們看！」

到人人的眼睛都注意到他的疤痕時，才滿意的嘆口氣：

「留下這條命，總還要拚他兩條，嘿嘿嘿！」

另一個，顯得很稚氣，當別人注意的時候，他常常中途挿半句嘴，另半句，老是在沒有注意的時候吞沒在自己的肚子裏。

兩人都很興奮，手不停的重覆着同一的却顯然是無意義的動作。

「趕的上隊伍嗎？」

「要趕沒有個趕不上的，到太原就可以打聽了。」

一種欽敬和感謝的心情，在我們的的心裏交流着。

「看！」把自已那裏有的革氈打開「鬼子的機關鎗多厲害，這上面滿是洞！」

說着，然後笑了。

列車在夜半三點鐘，駛過了陝州，風在田野裏急遽的嘯着。隴海路上本來多風沙，今天在風的波動下，沙土更鋪滿了車廂。

人們都昏昏入睡了。

「不行，不行！」

我們都被强烈的爭吵聲驚醒了。

「這是快車，怎麼好亂來，前面下去！」

「我們是上前線的！」

「不管，前面下去！」

「嗳，巡警，看着他們，前面下去！」

查票員和憲兵走了以後，兩個傷兵躺在椅子靠上不自然的蠕動着。

「兒，去打日本人哪！」

大家都很激忿，可是大家都無力幫助他們。車停在某小站，他們便一面咕嚕一面被押下了車。

風在嘯着。

他們在這荒漠的小站上，寒冰的長夜裏，會想什麼呢？

人們都睡了。

同伴中有人嘆息了：

「這就是我們中國的兵！」

一九三七，十，二十六晨。

鐵門外與鐵門內

狄耕

一

一九三七，十一月十一日，在南市。

雖然蔡勁軍局長咬定牙根表示了「死守，」然而以毫無作戰經驗的警察來和侵略軍對打，那悲慘的結果是不難想象得出的；而且前線上的潰退消息，像南國的秋雨，不斷地飄了下來，這被人認爲安全地帶的「難民區」不管怎麼自慰吧，但終於有些慌亂了。

礮彈不斷地從頭上擦響空氣飛過，有時竟落到我們百米附近的地方，飛機驕傲地在空中翻着斛斗，炸彈爆發的聲音，把我們的說話聲整個的淹沒了。

老蔡似乎有些兒沉着，兩道眉毛仍和平日那麼平平的，他用眼睛瞟一下空中底機影，從嘴角周遭扯出一個痙攣式的苦笑：

「好白相，……人生那得幾回見？……人生那得幾回聞？……」接着，他故意把嘴用力地抽成一響：

「我滿意，這一輩子總算沒白活！」

然而，他這種「打氣」究竟也當不了什麼，人們的恐懼，焦急，並不因此而減少半分，王隊長背着兩隻手來回走着，老嘆氣，時時拍響大腿，作出一個無可奈何的神情。…………

「壞了，陳英士塔已擺開散步線了！」老許滿面大汗的跑回來報告消息。

「哦，朋友們，暴風雨已捲到了，我們開始這一個偉大的沐浴吧！」老蔡彷彿是一個講道的牧師，又彷彿是一個西洋明星在作表情，他把兩手舉過了頭頂，詩人朗誦得意句子似的一個字一個字的高讀着。

「算了，我的蔡老爺！別裘演啦，快想法逃命吧。」王隊長哭喪着臉說。

無可奈何的恐慌裏，大家苦笑了。

但是，逃？談何容易！南市已被周圍的毒火包圍了！租界的鉄門在昨天已經關閉，華法民國路上，正露宿着幾萬難民，黃浦江被敵人扼住了咽喉，松江——這唯一的退路，在前天便告陷落，我們逃到那裏去呢？除非是會地遁！

大家漫漫的長期沉默，彼此交換着沉重的眼光，似乎一羣待判的罪犯，靜候着不敢想像的命運降臨……

時間在寂靜裏漫步着，換到了下午五點鐘。

「快逃呀，東洋人來啦！」不知是誰，在街上這麼拚命的喊了一聲。

這恐怕比一個二千磅炸彈落地底威脅還大，人羣立刻擁起了空前的騷動，我們跟隨着瘋狂的羣衆無目的底狂奔，途中不住的呼喚着每個人的名字。

然而，我們號稱「沉着家」的老蔡卻不見了。

「老蔡！……老蔡！……」

沒回應。

「老蔡！……老蔡！……老蔡呢！？」

不曉得，……大概是跑散了。」

二

仍然，法租界的鉄門是緊緊關閉着。

老蔡不知跑到什麼地方去了，祇剩下我們這三個月來在礮火中相依爲命的六個人。

十六舖方面的機關槍聲加緊的嗬着遠遠地隱地聽到駭人底喊殺聲，華法民國路上是死沉般的安雖然在這裏有着幾萬逃不出圈子的難民。

法國巡捕在這條路上來往巡邏着，沉重的皮鞋似乎直踏着人們的心，天空籠罩着灰色底濃雲，太陽紅地像個切開的爛西瓜似的向西下垂，景象是空虛悲哀，彷彿誰故意擺佈成這副一生也忘不了底「逃圖。」

我深深地低着頭，心裏充滿了莫名底情緒，我覺自已底渺小，同時又蒙上一層過多底汚辱！從東北故被逼到北平，從北平被逼到上海，而現在，它們又逼到眼前——他媽的，還要把人怎麼樣！

於是我想到了家…………

於是，在我眼前展開廣茫的原野，被壓迫者的人革命者的鮮血，粗大的拳頭，流亡的脚…………

是時候了，雜種！咱們東北老哥要報這六年的血

但是，我孤獨地又在準備着「逃。」

我偷偷地拭去眼角上的淚，抬起頭看着王隊長在急燥地搓着兩隻手。

「怎麼能逃到租界去呢——！對，咱們擺在眼前祇是這一個先決問題」他說。

「其實呢，就是後決了也好，就是怕不能決！」老煩惱的蹙着眉說。

這「出路」擾亂了我們，大家不自主地低嘈着。

「等一會兒東洋人來了，我們還些青年人，決無個可以倖免，它們就這樣噗吃——一刺刀一個，噗吃噗吃——」老許做着姿勢講，似乎故意在嚇唬誰

「這……這……這……」王隊長的嘴唇顫動起了。

「唉——」沉重地不約而同地，大家同聲吁出一口氣。

「看那邊的小門兒開了，衝——」老許遙指着許多人正在擁擠着的一個商店的門。

「衝呵——」

我們都瘋狂了，提起了最高速度的雙腿，向那方面飛跑過去，可是還沒等我們跑到，乓的一聲，兩個世界的關健——這個鐵門，又關閉了！

「操他個娘，慢了一步！」

「喂，老板，方便大方便吧！我們都是公務人員，比不難民，東洋人來了，我們一定——一定，老板，咱們都是國人……」王隊長哀求似地對門裏的人說。

我們以爲這樣便可以賺開鐵門，然而那知道……

「不行！」裏邊的聲音。

「方便方便吧！我們都是——」

「不行，不行！」

「王八蛋！你是不是中國人？中國人爲什麼不幫中國人的忙？老子記得你，終有一天——王八蛋！」老許的臉漲得腓紅，回頭對大家說：「不用跟他們說廢話啦，這些傢伙比東洋人還壞，王八蛋！終有一天——老子——王八蛋！」

自然，殘留着的是整個的失望了。

但機會還正多着，不久，那邊又有人在開門——

「衝呵——」

結果仍是一個照舊的失望。天就在這東西碰壁中撒下黑幕來。

「完啦，一切完啦！」

「也好，死就死吧，我也眞不愿意活在逃難裏了！」

我忿慨地說。

「可是——可是——喂！看那邊又在開門，衝呵——
——」

這一次，我們都抱着一種决心，不論如何，非拚全力衝出這個鐵門不可，因爲整個的上海——最後掙扎地底南市已經暫時陷落了。

「衝呵——衝出了這道鐵門！進去的人把門把着，不准他關，誰關門就是漢奸，先打死他！……」

「打死他！……不准關門！……王八蛋操地！……老子……打死他！」

也許是「死之掙扎」，潮水般的人羣，像衝鋒，像驚了的牛羣，一口氣擠進去了八十多個！

三

劃分開兩個絕對不同世界底鐵門呵……

一面是浴血抗戰，一面是歌舞昇平……

六個人擦了擦頭上的汗，輕鬆地感嘆地長吁了一口氣。

黃浦江的外灘仍是一片輝煌底燈光，爵士樂正響亮地迴蕩在空間，快樂底夜將開始神底序幕，陶醉吧，公子小姐們，粉紅色底荒淫夢也許不得久了呢！

「讓這罪惡底租界全部毀滅吧，他媽的中國——中國！……」老許扼不住感情底沖激，憤然的淚水在眼角上打滾，右手握緊了拳頭。

我們都落下淚來，老想抱攏來放聲大哭，我默默地仰望高空，漆黑的夜正豫約着一個未到底天明，然而，夜將開始呵……

轉過去南京路，我們要分手了，十二隻手大家握了個圓圈；像宣誓，老許說着：

「同志們，奮鬥下去吧！大礮的聲音還沒停止、我們同志還要繼續死下去，如果有機會，也許不久會在另一個角落上見！」

他的聲音低而顫，到這裏再說不下去了。忽然他又重提一句：「老蔡呢？」

沒有答覆，大家慢慢地撒開了手。我底眼睛便又望到」江面上水光反映的金紅色……

遭難者的葬禮

草明

十一月二十四日中午，日本飛機企圖炸毀我們底海珠鐵橋和電力總局，繼續了三小時以上的轟炸，我們底砲火過於猛烈，使對方的架駛員完全失却了準確的能力，炸彈在珠江南岸河南底寶安卡，蒙聖街，豬屎地降落了。——那兒的居民，用了他們底生命和財產，換回那些偉大的建築物（祂們曾經帶給他們許多便利和幸福的）底安全。

警號解除了，我和許許多多的人們，懷着了過分沉重的心情走過海珠鐵橋直到馬涌橋附近的豬屎地——那貧民的地帶。

天空是那麼晴朗，海藍色的雲幕沒有一點縐紋，彷彿那上面並未發生過什麼紛擾似地。海珠橋底雄偉的身軀還是坦然伏臥在珠江底兩岸，祂還是往常一樣從容和藹，挺起肚子讓人們在那上面任意踐踏，任意玩弄，只不過在我們輕輕地走過的時候，略帶憂抑地用低沉的，含着無限溫暖的聲音對我們說：

「對他們說吧，我還是好好的；對他們說吧，敵人炸不毀我們底心！……」

我擰回頭望祂，祂在苦笑着，喃喃地不知在對我說些什麼。

這里落了兩顆炸彈，東岸有五座房子完全被毀掉了，前前後後的房屋有牆壁給震壞了，彎曲得像駝背的孱弱的老頭子的；有些屋頂像給誰提了去，房裏突然光亮起來的；也有倒塌了一半的。我們趕到的時候，給救護隊發現了的屍體已經有十具，其中三具躺在他們底半倒的屋子裏，親屬們圍着死者低低地哭着在燒紙錢，她們頭俯得很低，似乎不願意別人知道她們在哭泣；沒有

污暴的行進

十二月三日在上海

孫鈿

中午時分，太陽悲慘地射着膿水似的光。我底心上，重壓着的是寂寞與緊張，一切都像是失去了力量，手裏拏着的一張早刊，它似乎跟一支來福槍一樣的沈重呢。街上的羣衆，今天特別使我感到異樣，他們都很紊亂，很不安，又很歡喜。我曾聽到一個手腕上掛了菜藍在買菜的中年伙子說

「東洋兵敗了！今天有一大批敗兵，從小南翔來要經過租界……」

當時我很詫異，我想租界當局是不會放他們走過的；也許消息不確實吧？……從湯的屋子裏出來，想走到霞飛路去時，在同孚路底給木柵欄住了，許多人都站在木柵邊等着，木柵外，巡警一個個直立着，有三四個人站在紅綠燈的底下；本來很熱鬧的十字街口，現在却墳墓一樣的死寂，恐怖。

我悄悄地問一個巡警：

「什麼事？」

「有日本軍隊走過！」

「敗兵？」

「那裏！是他們行軍呀。」

「很快嗎？」

「那可不曉得。」他說着，走開了。

於是我只能和其餘的人們那麼厭煩地站着，我底肚子餓極了，我想：「大概很快就可以走完的，管它媽的等着吧。」

約模有十分鐘了，十多輛淡綠色的一九三八年式的汽車扯起了白綢的紅膏藥旗子，駛過了。有兩輛在轉角口停了下來，從汽車裏走出四五個穿黃呢軍服的日本人，他們抽出照相機來向我們攝照。

中國人和異國人都喊：

「喂，大家回轉頭去！」

「大家回轉了頭，不要給他們照呀！」

「小出老，你不要發呆呀！」

「不要給他們照！」

中國人和異國人都一齊回轉了頭，不給日本人攝照，無恥的幾個日本浪人手裏拏了許多日本旗子擠在羣衆間亂搖，照相就如此地攝好了。

大家都很小心地回過頭去，一輛裝滿了日本兵的卡車掠過了我們的眼睛；接着，馬蹄聲近來了，那些短身子的兵士也出現了，吹着嘀嘀達達的行軍號，每個兵士都一點也沒有精神，他們完全像拙劣的工人手中製造出來的木偶，我望着他們每一張罩滿着憂愁與苦痛的臉孔，我心裏不禁爲他們而難過極了。我似乎瞧見了他們底哭紅了眼珠急壞了心臟的母親，妻女……我似乎瞧見了他們的伙伴在覺悟地喊着「我們死錯在戰線上了」而悲痛地死去的情況……我的血在奔流，我的血在狂沸，我欲痛哭了，我欲爲這些不幸的生命而痛哭了！那些坐在漂亮的汽車裏的士官們，撬起了那短短的一撮鬍髭，在獰笑着，他們一方面在向我們獰笑，一方面也在向那些走酸了腿的可憐的日本兵士們獰笑：我知道這獰笑是用了多少生命多少肉血多少眼淚去幀

被炸着的人們就一句話也不說，默默地檢拾破板碎了的枕頭，和不完全的衣服和棉被。馬老二（那收買爛東西的六十三歲的老頭子）和他弟弟兩家一共五個都給炸死和壓死了，他底女兒阿琪（在海珠都南首華興織造廠做工的）是從瓦礫裏給救了出來的，她大體沒有受很重的傷，只是面部像給油蟲嚙過的樣子，一塊一塊紅印，右頰有點腫，當她知道人們在給她撒開身上的瓦片的時候，她大聲問道：

「他們呢？我家裏人都齊了麼？」她一面翻起身來，一面又說：「我早就叫他們老人家慢點洗那些舊東西的了，他們偏不聽我底話，可是我底弟弟呢？——」

她抖了抖頭上和身上沾滿的木屑泥塵，站起來，神氣很煩燥，好像她底生命意外地得保全了，對她反而是多餘的似地，她看見了自已的父親和母親的屍體了，他兩老靜靜地躺在路旁，老婦人底下頷給炸彈片打歪了，彷彿生了誰的氣的樣子，把面孔掉轉去，老頭子還緊緊地抱住一柄舊雨傘。

「還有我底弟弟呢？我底阿叔阿嬸呢？——」她看見了自己的爸媽，倒覺得放了心似地透一口氣。

旁邊的一個婦人表示無可挽救地搖頭說：「看看你自己有些什麼重要的東西，快點檢拾一下吧。」

「我手裏拿着五十七個銅板，都掉到地上去了，此外，我還有什麼呢？我家裏的人都死光了呵，我底阿深呢？」這時她才感到自己的不幸的遭遇，喉嚨沙啞得簡直發不出聲音。她開始用手按着盤骨站起來找她底弟弟了，但沒有多久，因爲支持不住，跌了一交。

人們都勸她上救護車，但她那裏依呢？救護人員總

時換來的。然而,在這種混蛋面前,同情和我們分離了。

有幾個浪人,擎了旗嗚拉嗚拉地喊着,冷清清地喊着。

是砲車了,一匹匹棕黑的馬繃緊了肌肉沈重地拖着它們,轆轆的聲音像昨夜打滬西傳來的機關槍聲。——這幾天每天晚上幾乎都可以聽到機關槍聲和砲聲,「那是我們的游擊隊在突擊呀!」一聽到那聲音,我們很輕鬆地會這樣說的——每一架砲車後有四個兵跟着走,他們瘦弱得可怕,他們的眼睛圓圓地睜得很大地注視着那對着他們胸口的砲口;他們也許在想着「坐在汽車裏的軍官還第一次見到這一尊大砲吧?」——當然,要他們的軍官撫摸到大砲,是決沒有像他們撫摸女人的大腿那樣地容易的呵。

日本浪人又舉起旗子嗚拉嗚拉地喊了起來,因為一輛漂亮的汽車駛過了。

一個青年挾了幾本動物與數學學的教科書,他推推我,握着拳頭說「我們一起唱義勇軍進行曲好嗎?」

我苦笑。

他悄然打我旁邊走開了。這時,我發見在我後面已擠滿了人與車。幾個鄉差在談話

「誰願意特地來瞧這種鬼把戲的呢?」

「倒霉,剛剛碰到這種喪禮!」

一個騎脚踏車的勞動人說:「我繞了很多路想不看見這些氣事,操娘的戾偏偏碰來碰去總是碰到。……

……」

砲隊之後又來了步兵,騎兵,一排排地走不完,我們都站得腿酸了。太陽給一片烏雲蓋上,一切都陷於陰沈中。可是,每一個不願做奴隸的人們的心,卻更光明了,為着,每一個人都在這陰暗的侵略的行列前,默默地在同一的或不同的時間裏下了誓:「我們死也不做奴隸,死也不與敵人妥協。」有一個婦女掛了淚說:「我的家都給這些小鬼燒光了呀!……」她要大喊了,給一個巡警的手掩住了她底嘴把她攞走了。那些異國的碧眼珠的男人和女人都對那行列搖着頭,有一個異國人用兩只手指捏住了鼻子,其餘三只手指便滑稽地撥動着。

一個鐘點過去了,繼着又是一個鐘點過去了,行列也完了,最後是兩卡車的日本人民擎了旗子嗚拉嗚拉地叫着而過。

街口的木柵一擊走,使潮水一樣地湧過了許多人,交通恢復了

晚上,讀報見到兩段記載:

「日軍六千人,遊行至南京路廣西路時突有一青年拋擲手溜彈一枚,傷日兵三人日警一人……兇手當場為華捕開槍擊斃。」

「日軍行經大世界附近時有一青年工人,見日軍武裝經過,氣憤填膺,精神失常,狂呼『中華民國萬歲,』旋即自高處墜地傷重斃命」

一九三七年十二月四日晚上海。

於強硬地攙她上車去後,來一個婦人對我說,那個女工一心一意想撫育年幼的弟弟,使他受相當的教育,於是抱了獨身主義的。

「她今天早上就是為了叫阿琛進學校念書的事和她底父母吵了一場的。她說她父母吃苦一世,都是因為沒有學問的原故。」那婦人這樣結束她底話。

消防隊和救護隊繼續發掘着,在一間屋頂只穿了一個大洞的小屋子裏,一個裹了棉被的老婦人,給彈殼炸穿了肚皮,聽說她是無親無近的七十五歲的孤獨的人,她靜靜地躺着了,毫無牽掛地永遠躺着了。一些隣人們正和過往的人商量給她預備一口棺材。他們底熱烈和興奮,好像他們在幹着一件什麼國家的公益大事一樣。

馬老二底小兒子,那女工的弟弟阿琛是後來從涌邊廢物堆裏找出來的,他的一條腿早已被彈到水邊的一棵番石榴樹上擱着了,那受傷的,包紮好了回來的姊姊看見她弟弟底殘缺屍體,那時候她面部的肌肉鬆弛,左眼以下紅腫起來,眼睛混濁而黯淡,好像在一兩個鐘頭以內經歷了過多的苦難似地,默默地讓別人抬走了她底父,母,叔嬸和弟弟,沒有眼淚,也沒有別樣表情,冷冷地低聲說着:

「好了,你們可以瞑目了,你們是為國家犧牲了自己的。我知道,你如果好好讀幾年書,你一定會替國家多做點事情的,阿琛!……」

遠道的親戚漸漸把那些遇難者的屍體認去,有些呆呆地看守着,一些低低地哭泣着

充溢在週遭的人們底心上的無言的悲戚和沉痛的憤恨,做了遭難者的葬禮。

由戴名世想起

位忒

我常常愛翻翻戴南山集。

雖然戴名世的文名並不如方苞姚鼐在世俗人心目中那樣大，然而我就特別喜歡翻翻這個人的文集，也許有所謂「偏見」或「劣根性」吧。

明朝亡了國，士大夫也有不少懷着故國哀思的，如黃宗羲的赴日求救，顧炎武的到西北圖恢復，都是很顯然的，自然，奉旨稱臣，三呼萬歲的漢奸們，也頗不乏其人其事，錢謙益吳偉業之流，就遠不如人意。雖然牧齋先生也有許多隱痛，「沖冠一怒爲紅顏，」像有點痛惡吳三桂這類漢奸的意味，很想筆誅一頓，以表示自己總比吳三桂好些，其實依我想來，我們的士大夫，總有一部份是不大可靠的，「士爲知己者死，」不是早已成了格言嗎？

近來，聽說北平的「名士」們，都早已在醞釀「和平，」奉行「王道，」彷彿還在西山賞紅葉，並哼舊詩說：「霜葉紅於二月花，」豈不是大大的顯出了從來「誤國」「禍國」和「賣國」的士大夫特色嗎？

我也常常的想，亡明朝的固然是女眞和吳三桂之流，然而魏忠賢這一流的閹豎，確是實在的禍根！試看南渡後的小朝廷，在南京，在紹興，在福洲，在肇慶等處，不都是還有着門戶之見，大爭特爭麼？「東林」與非東林的黨見，依然還是鬧得很激烈，直隨着北師的渡江，小朝廷的復亡，才算終止了。其結果，確是非「東林」的乾兒義子們先頭迎降，至不足齒於淸議，可是，「東林」的正人君子們，也並未隔到一世，就有人應徵赴博學鴻詞，作了一隊一隊的走下首陽山的夷齊了。

我也想到，歷來破壞民族統一戰綫的，大約不能歸咎於大衆，倒是少數的士大夫們應該負一點責任。一個人淸宵寂坐，瞻望來日，當然不無一點隱憂，也許又該有人要說了：「這是幼稚病呀！」

戴名世在當明亡十年之後，一肚皮的孤憤，倒頭爲了要採輯亡明軼事，竟被當時「漢奸的子孫」趙申喬之流所構陷。據說「坐擬凌遲，聖祖皇帝特恩減等罪死。」這件事情發生在康熙五十年，戴年五十九歲，其人年過半百，大約不是患了「幼稚病，」而是爲了爭取公是非，算要是有一點正義感的人吧。據說是爲了戴的一篇文章「與余生書」所引起的亂子，其實這只是被羅織的近因；其遠因當在淸朝消滅漢族復國意識，早就不痛快戴的想搜羅亡明軼事，恐怕刺激起民族的對立，動搖了女眞族的統治。戴「與余生書」中也只說到亡明「永歷」中宦者，隱於浮屠，法名犂支，深悉明代掌故，戴寄書余生，希望召之來，面談明事，不幸就因此引起趙申喬之流，構詞誣陷，終竟被殺，甚至於還波及到方苞，這件事已經很夠看出亡國的士大夫，是沒有充分自由的，不做純臣，就是大逆，終不能免於一死，這很可以啓發啓發我們今日之近視眼知識份子。

與余生書說：『近日方寬文字之禁，而天下所以避忌諱者萬端；其或菰蘆山澤之間，有僅僅誌其梗概，所謂存什一於千百，而其書未出，又無好事者爲之掇拾，流傳不久，而已蕩爲清風，化爲冷灰。至於老將退卒，故家舊臣，遺民父老相繼漸盡，而文献無徵，凋殘零落，使一世成敗得失，與夫孤忠效死，亂賊誤國，流離播遷之情狀，無以示於後世，豈不可歎也哉』。

由這席話看來，戴是一個很熱情於搜輯明代掌故的人。自然，這作用不只是在主觀上作爲治史學的意味了事，且在客觀上具有很大的政治宣傳意味。假令戴的事業要作成，女眞族統治的血腥，就淸淸楚楚的可以嗅到每個人的鼻尖上。其實「聖祖仁皇帝」的殺戴本事，也就盡到了自己暴露自已的兇殘的極點。同時，我又想到，該書中聲稱「近日方寬文字之禁，」這依然是一句被極壓迫的敷衍話，試看下文「而天下所以避忌諱者萬端，」豈不是明明白白的証明了當時的奴才並未得主子的優容嗎？

偶然想到，半年前曾對許多學生談過戴名世案，我的結論是，少數士大夫，如居心破壞民族大衆救亡運動，則其自身或其子孫，將絕不會得到異族主子的諒解，可以享到特別自由出版權的。

這個結論恐怕還依然要被應用着吧？

兩種教育底結果

蕭軍

「種瓜得瓜，種豆得豆，」這是佛家講報應的一句名言。我們並不是要講佛家所謂的「報應，」我們是在講我們底「報應。」我們底「報應」是什麼呢？那就應該說一說過去的「奴才教育」的功績，也就是說，我們存心要把人教育成一個奴才，用着種種惟恐其不「奴」的方法來從事，那結果當然也就是「種瓜得瓜種豆得豆」了。明明想要教育的是奴才，一旦忽然有所領悟，要使這奴才的胚子們也來執行執行主子的任務，在起始多少他們要感到一點胆怯，不自然，甚至敗事的……

……這時候你又要說了：

「畢竟是奴才的材料啊！做主子怎能成呢？」這樣人可眞有一點渾蛋，就相同埋下一顆核桃，你却盼望它會生出一棵蘋菓樹那樣渾蛋，所以說佛家的另外那些胡說八道，我們且不去理它，只是這句話在這裏——僅僅是在這裏——那是應該信服的。

大凡一個人要說一句話或是寫一篇文章，總是有它的勤機和目的的。在我寫了上面那些話的勤機，當然也是有所本了，所本的就是下面的這封信，和我們目前一些奇奇妙妙的情形。至於我的目的是什麼呢？那當留在下面再說。

這裏先節錄一個自稱是十五歲的學生寄給我們的一封信：

「……你們知道的，在南方（此係湖南也）的封建思想及迷信遺毒是深藏在每一個人的心中，以至於幾歲的小孩，我在過去的十幾年，朦朧的也陷入這危機中了。

我當時的性格又非常的脆弱，所以那危險更易傳到我的身上了，我以爲世界上有神，我以爲要做官纔是一個所謂『名人』或想要洪洋房吃大菜，我的思想是『極端的』『個人主義，』我不能吃一點虧，我賤視所謂『下人』之流，我更有時欺騙人。

但是我現在却覺悟了！

這使我覺悟的是什麼？是魯迅先生，我偶然從書櫃中弄到先生的而已集和華蓋集續編，於是我忽然轉變了我的思想，我知道我應該創造新的思想新的世界觀！

我於是看着新的書報，半知半解地嚼着，但是我忍不住寂寞，我想耗寫文章來。

我的文章終於在長沙報上登出來了。可是我仍是非常不高興，因爲在嚴重的。。。監視下，說不出我所要說的話。

所以從今年起，我陷入苦悶之下了，我想把這些迷沉了的同胞喊起來，可是不行呀！聯合伙伴吧，伙件也都有封建思想呀！我在學校裏祇看見一個個的死書家，他們背誦着幾千。百。年前的死文章，他們所求的祇是學校裏的分數

我怎樣呢？我想從苦悶中跳出來，可是不能呀！……

……」

接到這信的第幾天呢？一個早晨，忽然又來了三個學生，他們却是在武昌一個某某高中學校讀「文科」的。在談了一些文學上的閑話之後，其中一位忽然要看一看我的舊詩了：

蕭先生，把你的舊詩拿給我們看看好吧？」

「你學過舊詩嗎？」我問他。

「學過的，不過做的不好…」

這使我感到一點窘迫了，我又仔細地估計了他的一下年紀，就補問了一句：

「你感到有趣味嗎？」

「有趣味的……比新詩……」

他的年紀也不過二十歲，我不知道他怎麼會對這些古董的東西感到趣味了？我告訴他：

「我舊詩有是有的，但我不想給你看，這對於你沒有用處……還是應該致力新的吧。像一些已經學過這些玩意的人，並且已經懂得這是什麼了，偶爾自己玩一玩倒可以，若再存心公之於衆，那簡直等於公賣鴉片一樣可惡……」

「舊詩也是好的呀，可以消遣消遣……」他的臉微微有點紅了，試驗着反駁着我。

「我們不是說它好不好，而是說它們對我們現在必要不必要，以及這東西能對我們有多少益處？它能給我們怎樣的前途？就拿舊詩說，在盛唐，它已經走到它底頂峯——無論形式或內容——此後的舊詩無論做得好與惡，總也不過在那延續的連環裏跑跑而已，就是說，一枝竹笛無論怎樣吹，那終歸也是一枝笛子的聲音而已，絕不能吹出一曲悲多汶的交響樂來。如今我們的感情和意志，決不是一枝竹笛那樣簡單的樂器能夠表現得了，也就是說，那些舊的形式除了殺滅我們的『內容』而外，作爲一種文字上的游戲而外——文學的本身並不是游戲的——是什麼用處也沒有，什麼用處也沒有……。我們底精力和時間是有限的，可是迫切等待我們研究的知識是無窮的。單就文學一部門，我們要學習的要知道的東西正多！——更是小說和詩歌！一定要多從西洋去學習，這並不是『拜洋』主義，因爲他們把文學獨立起來的歷史，是比我們悠久的。不過有一點是應該明白的，就是藝術的原理是同一的。根據這同一的原理，要實現藝術最高的理想，那走的道路就應該採取那捷進的，寬闊的，容易自由奔馳，儘可能發展自己的力量的走了！那就是不要抱住死古董不放。如果將待

來有富裕的時間，安定的環境；如果對於中國學問無論那一部門有了趣味，是可以作一番研究的，就是現在要知道知道當然也可以，不過，即使不知道它也沒什麼要緊，還並不是必要的：……」

三位學生走了以後，我想他們也許聽不懂我的話，也許聽懂了他們不以爲然，不過我的話總是應該這樣說。

一個不足十五歲的青年，他懂得苦悶了，懂得要把沉迷了的同胞喊起來，懂得那些背誦着幾千百年的死文章，只求的是學校裏的分數的同學們感到失望了——這是一種教育的結果。

一個不足二十歲的青年，他居然對於一些腐朽了的文學上的骸骨感到了趣味，他懂得了用文字底戲游可以「消遣自己了」——這也是「一種教育的結果」；前者是魯迅先生那裏學得來的，後者抑是從他們的學校裏學得來的。前者，在他還沒懂得苦悶之先，那「極端的」「個人主義」不能吃一點虧，賤視所謂「下人」之流的想頭，我想這大概要由他的家庭和他的周遭環境想負一點責任了。

聽說，日本是敬孔尊王的，很講究孔子之道，「滿洲國」我是知道的也是敬孔尊王，讀經，講禮（禮記）的，向「精忠塔」行跪拜禮……。不過，我知道他們是有「皇上」的國家，爲的是造就奴才，可是我不知道一個號稱民主的國家——比方我們中華民國——是要把它底人民造成一個「奴才」呢，還造成一個「人」？如果目的是爲製造「奴才」，那當然還是「原方不換」；造下去就是若還想要造製一個「人」，我們覺得過去那些方法是應該有研究研究或者改換改換的必要了。否則……那是危險的！

一九三七，十一，十八夜

從上海寄到武漢

·通訊·

曹白

X兄：

此刻，我此刻在等着上司的會計員來算賬，然而他還沒有來，我便乘此給你寫信了。前五天從香港轉寄你的一封航空信，收得了沒有？還有柏山的稿子，也收得了沒有？

昨天晚九點，經過郵政局，一想，我得買幾分郵票哩，便跑了進去。但身邊只有一張五塊的鈔票，沒有零的。又一想，買幾分郵票而用五塊的鈔票，定會給櫃里的人怒目橫掃，說郵政局並非兌換店的。——由牠去吧，其時我已經摸出了我唯一的五塊的鈔票來了。「買多少？」櫃里的人問。我想了一秒鐘，現在同我通訊的反正只有你老哥，還是買航空郵票吧，主意既定，便開口說：

「買一個航空郵票。」

「找不出！」櫃里的人果然對我怒目橫掃了，說。

「那麼買一塊航空郵票吧，找得出嗎？」

「找不出」櫃里的人愈加對我怒目橫掃了，說。

「買兩塊，行不行呢？」

「兩塊，唔——」

我仍在怒目橫掃中接了郵票和他找給我的二張單圓鈔票和一塊錢的角票，匆匆走出大門去。但我忽然想，這兩塊錢的航空郵票可以寄六封航空信，然而，然而上海的郵政，萬一不用中國郵票了，該怎麼辦呢？那不是白白的丟了金錢嗎？如此貧困的我，再丟金錢，這實在是一種貧窮的奢侈，萬不應該的啊！

然而，無論如何，在這淪陷後的上海，活在世界上的我們，已經成了奴隸了

立報早已停刊，那是不必說的。昨天呢，「老申報」大公報也宣告停刊了，報章雜誌，一無可看，交通漸斷，米糧柴火沒有來路，居在租界上的「上等華人」與難民」一道，變成老牌的飢餓的人物，嗁嗁哭哭，熙攘在這黑色的汚穢的猶如地獄的上海了。……

但你就說牠全沒有一點歡樂的地方了嗎？並不然的。從前金城大戲院不是充難民收容所的嗎？現在不了，牠在開映「紅運高照」，教同胞以「發財」的方法。從前演「太平天國」的卡爾登，此刻在「溫暖如春標準水汀」里演「方孝儒」和「三戲白牡丹」，而南京的方孝儒的血跡石不知有沒有被炸壞呢？——但南京是已經失去了，（據上海的報載）我們的瑪德里啊！

柏山和我暫時倒還是「尚稱平安」的，切弗掛念。然而地獄只會永遠的黑暗，我們大概會同黑暗一同消亡了吧。這並不是悲哀的事。悲哀的是我們消亡了而黑暗不消亡，這是需要大家的鮮血的，——逃到內地去幹你的。

匆匆。以後，如果可能，當將尚在喘息的呼吸，寄來給你的。

平安！平安！

小弟　××十二月，十五日。